福建師範大學文學院百年學術論叢　第八輯

光復初期臺灣的文化場域與文學思潮

徐秀慧　著

第八輯
總序

　　甲辰春和，歲律肇新。纘述古今之論，弘通文史之思。

　　《福建師範大學文學院百年學術論叢》第八輯，以嶄新的面貌，在臺北萬卷樓圖書公司出版發行，甚可喜也。此輯所涉作者及專著，凡十有五，略列其目如次：

　　蔡英杰《說文解字的闡釋體系及其說解得失研究》。
　　陳　瑤《徽州方言音韻研究》。
　　　　　　以上文字音韻學二種。
　　林安梧《道家思想與存有三態論》。
　　賴貴三《韓國朝鮮王朝《易》學研究》。
　　　　　　以上哲學二種。
　　劉紅娟《西秦戲研究》。
　　李連生《戲曲藝術形態與理論研究》。
　　陳益源《元明中篇傳奇小說與中越漢文小說之研究》。
　　傅修海《中國左翼文學現場研究》。
　　雷文學《老莊與中國現代文學》。
　　徐秀慧《光復初期臺灣的文化場域與文學思潮》。
　　王炳中《現代散文理論的個性說研究》。
　　顏桂堤《文化研究的變奏：理論旅行與本土化實踐》。
　　許俊雅《鯤洋探驪——臺灣詩詞賦文全編述論》。
　　　　　　以上文學九種。
　　林清華《水袖光影集》。
　　　　　　以上影視學一種。

林文寶《歷代啟蒙教材初探與朗誦研究》。

以上蒙學一種。

知者覽觀此目，倘將本輯與前七輯相為比較，不難發見：本輯的規模，頗呈新貌。約而言之，此輯面貌之「新」處，略可見諸兩端：

一曰，內容豐富而廣篇幅。

如上所列，本輯所收論著十五種，較先前諸輯各收十種者，已增多百分之五十的分量，內容篇幅之豐廣不言而喻。復就諸論之類別觀之，各作品大致包括文字音韻學、哲學、文學、影視學、蒙學等五方面的研究，而文學之中，又含有戲曲、小說、詩詞賦文、現代散文、左翼文學各節目的探討，以及較廣義之文化場域、文藝理論、文學思潮諸領域的闡述，可謂春華競放，異彩紛呈！是為本輯「新貌」之一。

二曰，作者增益而兼兩岸。

倘從作者情況分析，前七輯各論著的作者，均為服務於福建師範大學的大陸學者。本輯作者十五位乃頗不同：其中十位屬福建師範大學文學院，另五位則為臺灣各高校教授，分別服務於成功大學中國文學系、臺灣師範大學國文系、臺東大學兒童文學研究所、東華大學哲學系等高教部門。增益五位臺灣學者，不僅是作者群體的更新，更是學術融合的拓展，可謂文壇春暖，鴻論爭鳴！是為本輯「新貌」之二。

惟本輯較之前七輯，雖別呈新氣象，然於弘揚優秀中華文化，促進兩岸學者交流的本恉，與夫注重學術品質，考據細密嚴謹之特色，卻毫無二致。縱觀第八輯中的十五書，無論是研究古典文史的著述，還是探索現當代文學的論說，其縱筆抒墨，平章群言，或尋文心內涵，或覓哲理規律，有宏觀鋪敘，有微觀研求，有跨域比較，有本土衍索，均充分體現了厚實純真的學術根底，創新卓異的學術追求。

「苟非其人，道不虛行」，高雅的著作，基於優秀學人的「任道」情懷。這是純正學者的學術本能，也是兩岸學界俊英值得珍惜的專業初心。唯其貞循本能，不忘初心，遂足以全面發揮學術研究的創造性，足以不斷增強研究成果的生命力。於是乎本輯十五種專著，與前七輯的七十種作品，同樣具備了堪經歷史檢驗而宜當傳世的學術質量，而本校文學院「百年學術論叢」的十載經營，十載傳播，亦將因之彰顯出重大的學術意義！每思及此，我深感欣慰，以諸位作者對叢書作出的種種貢獻引為自豪。至若臺北萬卷樓圖書公司各同道多年竭力協謀，辛勤工作，確保了叢書順利而高品格地出版發行，我始終懷抱兄弟般的感荷之情！

　　中華文化，源遠流長。歷代學人對中國悠久傳統文化的研討，代代相承，綿綿不絕，形成了千百年來象徵華夏民族國魂的文化「道統」。《易》曰：「觀乎人文，以化成天下。」即言聖人深切注重中華文明的雄厚積澱，期盼以此垂教天下後世，以使全社會呈現「崇經嚮道」的美善教化。嘗讀《晦庵集》，朱子〈春日〉詩云：「勝日尋芳泗水濱，無邊光景一時新。等閒識得東風面，萬紫千紅總是春。」又有〈春日偶作〉云：「聞道西園春色深，急穿芒屨去登臨。千葩萬蕊爭紅紫，誰識乾坤造化心？」此二詩暢詠春日勝景。我想，只要兩岸學者心存華夏優秀道統，持續合力協作，密切溝通交流，我們共同丕揚五千年中華文化的「春天」必然永在，朱子所謂「萬紫千紅」、「千葩萬蕊」的春芳必然永在。願《福建師範大學文學院百年學術論叢》的學術光華，永遠沁溢於兩岸文化學術交融互通的春日文苑！

汪文頂

謹撰於閩都福州

二〇二三年十二月一日

推薦序
深深祝願兩岸同胞未來能夠攜手同行

　　一九九九年到二〇〇四年間，秀慧在臺灣清華大學中文系修讀博士，本書就是在她博士論文的基礎上修改而成的。以我看來，在有關臺灣文學的博士論文中，這是較優秀的一本。我想在這篇序言裡說明，從二十世紀八十年代後半期開始，臺灣文學為什麼會逐漸成為大家關心的話題。這樣，我們才能理解秀慧這本博士論文在選題上的獨特性，以及她的研究成果所顯示的意義。這本博士論文奠定了她的研究方向，而且最終導致她放棄在臺灣已有的教職到大陸尋求發展。這個結局看來有點意外，但回顧來看，也並非純屬偶然。

　　一九七一年十月二十五日，聯大通過決議，恢復了中華人民共和國在聯合國的合法席位，這樣臺灣地區在「國際上的地位」立即產生了問題，這讓生活在臺灣地區並受到國民黨長期教育的臺灣人感受到了強烈的危機。在這之前，臺灣人可以很自然地說他是中國人，在這之後他就不知道該如何表明自己的身分了。在國民黨的教育下，大陸長期被說成是「為共匪所竊據」，所以它是「匪區」。現在「匪區」被聯合國恢復合法席位，臺灣人一時難以適應這種「意外」的結果。

　　關於這個問題，可以有兩種思考方式。第一種方式會質疑，中華人民共和國為什麼在長達二十一年的時間裡，不能在聯合國獲得中國代表權，而只佔據臺澎金馬這麼小的地區的「中華民國」竟然可以「代表中國」。在國民黨的教育下，會有這種想法的極其稀少，但還是有一些。從國民黨的立場來看，這些人竟然認同「共匪」，那當然

是「叛亂犯」，譬如二十世紀六十年代的陳映真就因此而被捕。

　　一九八七年臺灣解除「戒嚴令」以後，有這種想法的人雖然不再會被逮捕，但在臺灣的處境還是非常艱難的。我是從一九七一年開始思考這個問題的，並在二十世紀八、九十年代之交認識到，承認中華人民共和國的合法性是唯一可能的選擇，從當時臺灣一般人的眼光來看，我當然被歸為統派，並被認為是難以理解的。

　　當時大部分的臺灣人不可能這樣思考。既然他們長期把共產黨視為「共匪」，把大陸視為「匪區」，他們就不可能認同現在已經被聯合國恢復合法席位的中華人民共和國。這些人中有些人還是長期反對國民黨的，但在對大陸的看法上，仍然繼承了國民黨的偏見。就是在這種認同的困境下，臺灣人開始關心臺灣的歷史與文化，想要從中尋求解決之道。這種想法本身，其實多少蘊含了脫離大陸、另外尋求自己前途的可能性，其實這就是「分離主義」的苗頭。當時一般人不可能想得這麼清楚，但其思考方向無疑會導致這樣的結果。當時還無法從政治上直接談論臺灣前途問題，但借著談論臺灣文學，並在其中隱含自己的政治取向，雖然有點迂迴，但還是比較安全的。以上所說的這些，大概是二十世紀八、九十年代之交臺灣文學突然成為文化界熱門話題的主要原因。

　　到了秀慧在一九九九年考上臺灣清華大學博士班時，文化界的統、獨分野已經相當明確，在這種情況下她還找我擔任博導，至少表明她不會是「獨」派，而且可能更傾向統派。在這之前，曾健民醫生已經從日本回臺灣地區定居，並且和陳映真一起主持臺灣社會科學研究會，想要探討當前臺灣社會的性質。曾醫師跟我說他搜集了一批光復初期的資料，問我有沒有學生可以利用這些資料來寫一本博士論文。我立即想到秀慧，並且希望她考慮考慮。她稍加考慮後，就同意了這個選題。秀慧把曾醫師提供的資料仔細閱讀後，感到很困惑。她跟我說資料所顯示的訊息，和她在學界所聽到有關臺灣文學的論述，

好像有很大的矛盾。此後我們的討論，就集中在如何解決這些矛盾上。我跟秀慧說，你原先所接受的一些觀念實際上是「臺獨」派的觀念，你現在應該更認真地閱讀這些原始資料，先整理成自己的系統認識，凡是碰到跟這些資料不合的觀念，都要想辦法加以反駁。如果你覺得，你有能力利用原始資料來反駁這些「臺獨」派的論點，那就表示你已經形成自己的見解，就可以開始寫論文了。其後幾年，秀慧確實非常認真，除了反覆閱讀原始資料、尋找更多的原始資料外，還跟日本學者橫地剛先生請教，並且隨時閱讀陳映真和曾健民所寫的一些文章，以幫助自己整理思緒。這樣經過幾年的努力，終於把論文寫出來。秀慧的論文讓很多人（包括「臺獨」派和國民黨派）都很驚訝，因為資料極其完整，所有論述都是根據資料而來，沒有不合情理的地方，因此得到很高的評價，很快就找到教職。這本論文後來還申請到編譯館的補助，很快就於二○○七年由稻鄉出版社出版。

　　秀慧在寫博士論文期間，逐漸發現「臺獨」派學者常常沒有獨立的學術觀點，為了宣揚他們的「臺獨」論，他們根本不在乎他們的立論是否在學術上站得住腳。秀慧在本書的引言中談到「臺獨」文學論的鼻祖葉石濤，在一九九一年時還說「光復初期的知識分子最大的心理癥結，並非現實的統獨之事，而是馬克思主義的蔓延」，「絕沒有分離主義的傾向，倒有左傾思想卻是事實」（見本書「引言」，頁2-3）。葉石濤講這些話，是自己的經驗之談，他在二二八事件後，親身經歷到「左」傾思想在臺灣知識界的蔓延，那時候根本沒有統「獨」之爭。可是，在同一時段內，葉石濤又在另一些地方宣揚臺灣文學內部「省籍對立」的觀點。從這個觀點再往前進一步，就會形成「臺灣文學是臺灣人的文學」、「外省人的文學不是臺灣文學」這種極端的立場。葉石濤從游移不定，到最終確定自己的「臺獨」立場，是在民進黨的政治勢力完全站穩了以後。在博士論文的寫作期間，秀慧終於認識到一些「臺獨」論者其實並沒有始終如一的立場，有的只是政治上的機會

主義，什麼時機該講什麼話就講什麼話，這哪裡算得上「學術研究」。

　　以葉石濤為代表的「臺獨」派的臺灣文學論的另一特點是，當他們形成自己的臺灣文學史論以後，後繼者即不斷地重複、加強這一論述，經過反覆宣說，在文化界「形成共識」，彷彿是定論。此後即使遭遇到強有力的反駁，他們也完全置之不理，彷彿這些反駁完全不存在，並繼續宣揚他們的史論。譬如葉石濤在《臺灣文學史綱》這本書中特別突出臺灣文學史上的三次論爭，第一次是二十世紀三十年代的「臺灣話文論爭」，第二次是一九四七年發生在《新生報・橋》副刊上關於臺灣文學未來發展方向的論爭，第三次是二十世紀七十年代的鄉土文學論爭。葉石濤認為，這一系列的論爭，「在臺灣文學發展的歷史性的每一個階段猶如不死鳥再次出現」，證明臺灣文學一直堅持追求自己的「主體性」。實際上，葉石濤按照自己的需要，完全扭曲了這三次論爭的性質，根本無法以當時的資料來佐證。其後，筆者和趙遐秋對於第一次論爭、陳映真和曾健民對於第二次論爭，應用了歷史資料，以當時的背景為基礎，提出了更合理的詮釋，但「臺獨」派卻對這些說法從不辯駁，這就有一點像是將它們「冷凍」起來，讓它們不會引起注意。至於葉石濤關於二十世紀七十年代鄉土文學論爭的說法，就更為離譜，因為當時的鄉土文學主要是以陳映真的理論為代表，而葉石濤當時所寫的唯一一篇文章〈臺灣鄉土文學史導論〉還遭到陳映真委婉的批駁。

　　秀慧的博士論文即是以光復初期臺灣的文化場域作為研究對象，從更廣泛的角度來論證，光復初期的臺灣文學和文化其實是非常複雜的，根本沒有辦法以「臺獨」派的視角來加以詮釋。正如前面已經說過的，她的論文在學術上獲得很高的評價，但對當時流行的「臺獨」文學論根本沒有任何影響，就像以前曾健民、陳映真和筆者的文章一樣。這根本無法形成所謂的學術論爭，真正產生影響的卻是政治勢力的大小。「獨」派的政治勢力越來越大，群眾越來越多，「獨」派學者

所占有的資源遠勝過統派，統派的歷史詮釋不論多麼合理，最終還是會被淹沒，以至於很少人知道，甚至被忘卻。這也就是秀慧博士論文所遭遇的命運，她雖然因為這篇論文而謀得教職，但這篇論文所呈現的深厚的學術功力，卻無法在一個不友善的環境中，對她後來的發展產生積極的作用。

　　文學「臺獨論」立論的基礎是在於，以極其歪曲歷史的方式，否定了一九四五年日本戰敗後中國光復臺灣這一事實。民進黨後來根本不再使用「光復」一詞，十月二十五日光復節這一天不再放假，就是最好的證明。在這之前，葉石濤的臺灣文學史論已為此發出先聲，其後陳芳明將國民黨接收臺灣，稱之為對臺灣的「再殖民」，不過是這種議論的進一步發展而已。秀慧的博士論文將一九四五至一九四九年這關鍵的四年作為研究對象，終於完全瞭解了，從「臺灣光復」到國民黨當局於一九四九年退踞臺灣，是一個非常複雜的歷史現象，絕對不能像葉石濤、陳芳明，以至於整個民進黨那樣，以極其扭曲而簡化的方式來加以表述。因此可以說，秀慧寫作這本博士論文的過程，也是她認識臺灣史的過程，她終於成為一個堅定的統派。

　　因為這一緣故，秀慧在臺灣學術界的發展碰到一些困難。她和大陸學界的交流非常頻繁，更願意把論文發表在大陸刊物上；而臺灣學界一向自以為是，輕視大陸刊物上的論文，認為水平不夠，不知道秀慧的某些論文所發表的地方是大陸的一流刊物。她當時所碰到的院領導，是一個非常頑固的「臺獨」派，這導致她在升教授時受到刁難，讓她非常生氣。

　　二○一四年的所謂「反服貿學運」，把全島的「反中」浪潮又推向另一波高潮，非常歇斯底里，讓秀慧完全不能忍受，因為她發現一向交往的朋友中竟然也有些人受到影響。那時候我已從臺灣淡江大學退休，正在重慶大學客座，她寫信向我訴苦，覺得日子很難過。第二年我回臺灣後，她跟我說，「反服貿學運」的鬧劇終於讓她理解，我

在二十世紀九十年代為什麼會那麼孤獨。我面對的是全島第一波的「反中」浪潮，讓我難以接受，因此才下定決心加入陳映真領導下的中國統一聯盟。現在的秀慧就像當年的我，不過，現在她已經可以考慮到大陸就業了，而那個時候的我根本沒有這種可能性。秀慧又考慮到，如果她兩個非常聰明而可愛的小孩繼續留在臺灣受教育，前途恐怕難以想像。她開始尋找大陸教職，很幸運被福建師範大學所錄用，而且待遇比她想像的要好得多。二○二○年新冠疫情爆發以後，我們一些受困在臺灣的統派朋友，每天面對蔡英文「跪舔」美日、仇視對岸同胞的那種醜態，想起定居在福州的秀慧一家，都不由得產生了歆羨之情。

　　現在秀慧的博士論文就要在大陸出版了，她希望我寫一篇序，我也知道我應該寫。二○一九年十一、十二月我到大陸辦事，年底回到臺灣後，因受新冠疫情影響，困守臺灣已經一年半。看到世事的變化，知道中國的全面統一已經為期不遠，在期待中既充滿了焦慮，同時也滿懷希望。我相信秀慧一家在大陸的未來日子裡，一定可以過得很幸福。而兩岸同胞被有心人操弄出來的敵對情緒，也終將在國家的統一中消失於無形，一起為祖國的偉大復興攜手同行。

呂正惠

福建師範大學閩臺區域研究中心兼任研究員

二○二一年六月二十五日

目次

引言

第一節　研究動機與問題意識

　　光復初期的臺灣研究在二十一世紀日漸受到重視，起因於臺灣地區的身份認同的分化與對立，從而影響臺灣文學史的分期與定位的問題，首先對此一研究軌跡稍作回顧後，以提出筆者的問題意識。

　　一九七一年中華人民共和國在聯合國恢復代表權，臺灣地區的國民黨當局在國際關係中失去代表中國的法理性，在島內引發了關於文化主體性的思考。民間社會開始展開關於日據時期臺灣史的挖掘，同時開啟了臺灣文學的研究風氣。相應於出版業著手日據時代臺灣文學的出版，學院裡臺灣文學的研究也蔚為風潮。一九八七年二月，葉石濤出版了《臺灣文學史綱》，如今回顧，可說是臺灣文學轉向「本土化」的分水嶺，大有為臺灣文學定調之勢。日後的研究者大抵以《臺灣文學史綱》按圖索驥進行更深入的研究，基本上不脫葉石濤的臺灣文學史觀。

　　葉石濤關於臺灣文學「本土化」的論述，始於鄉土文學論戰拉開序幕不久，一九七七年五月他在〈臺灣鄉土文學史導論〉一文中以「臺灣意識」定義臺灣鄉土文學的內容與性質。隔月，陳映真隨即以〈「鄉土文學」的盲點〉一文針對葉石濤的鄉土文學史觀具有「分離主義」的傾向提出異議。對陳映真的觀點雖然有《夏潮》雜誌系統的人士，在二十世紀八十年代初「中國結」與「臺灣結」的論爭中繼續闡發，[1]

1　有關此一論爭可參考陳芳明（施敏輝）編：《臺灣意識論戰選集》（臺北市：前衛出版社，1995年）。

不但有留日學者戴國煇聲援，日後在學院裡也有王曉波、呂正惠等人呼應持續批判「本土化」的「臺獨」論述，但仍舊不敵「本土化」的浪潮。

　　二十世紀九十年代以後，在現有的臺灣文學研究基礎上，重新編寫一部更細緻更深入的文學史的呼聲日益高漲，一九九九年陳芳明的《臺灣新文學史》開始在《聯合文學》連載，接續葉石濤「本土化」的臺灣文學史觀，並且呼應二○○○年後執政的民進黨當局採取「去中國化」的政策，將戰後國民黨政權的接收與統治定義為「外來政權」的「再殖民時期」。陳芳明撰寫的《臺灣新文學史》在《聯合文學》連載一年後，二○○○年的夏天，陳映真與陳芳明為了臺灣社會性質與文學史觀的問題，尤其針對陳芳明定義臺灣文學史的分期：從「一九四五年國民政府的接收臺灣，到一九八七年戒嚴體制的終結」為「再殖民時期」[2]，展開了持續一年多的長期筆戰。引人注目的是兩人面對光復初期同樣的文學史料，卻有南轅北轍的歷史解釋。這場文學史觀的筆戰，其實是二十世紀八十年代「中國結」與「臺灣結」論爭的延續，牽涉的是臺灣社會甚囂塵上的身份認同的論爭。這場文

2　陳芳明在〈臺灣新文學史的建構與分期〉一文中認為臺灣新文學運動歷經三個階段的發展：「第一個殖民時期」（1895-1945）、「再殖民時期」（1945-1987）以及「後殖民時期」（1987-）。文中指出：「來臺接收的臺灣行政長官公署，無論在權力結構或組織規格上，都是日本臺灣總督府的翻版。」政治的特殊化加上經濟統治政策，形成「高度的權力支配的形式，迫使臺灣社會淪為再殖民的時期。也正是透過政治與經濟的雙重鉗制，戰後初期的文化霸權論述終於能夠次第建構起來」。又說：「從殖民者與被殖民者的架構來看，戰後初期臺灣社會的文化支配就已形成，一方面是中原‧中心文化，另一方面是邊疆‧邊緣文化；一方面是中國化的優勢，另一方面是被奴化的劣勢。陳儀政府利用國家權力與文化權力的重疊關係，對臺灣社會進行帝國主義式的控制。日本殖民體制誠然已經消失，但是帝國文化與衛星文化的關係並沒有因國民政府的接收而產生變化；相反的，這種宰制的結構更加強化而鞏固。」因此他提出：「必須從再殖民時期的觀點來看戰後初期的臺灣文學，才能夠理解當時臺灣作家的心裡深層結構。」見陳芳明：〈臺灣新文學的建構與分期〉，《聯合文學》第178期（1999年8月），頁164。

學史觀的筆戰，說明了臺灣文學的研究，各方的注意力已從日據時期的文學尋根逐漸擴大到其他時期的研究，尤其是對於光復初期的文化研究，繼二十世紀九十年代的熱潮，儼然有持續加溫之勢。二〇〇〇年民進黨執政後，各大學高校也紛紛開設臺灣文學相關的課程，臺灣研究系、所林立，臺灣文學也邁入學科化進而體制化的階段。

筆者在閱讀前人的研究文獻時，發現大多數的研究往往局限於孤立臺灣情勢，而忽略了戰後臺灣復歸中國，在國共內戰的局勢下，臺灣受制於內戰情勢的影響，同時也受制於世界性冷戰結構形成期間國際情勢的影響。因此研究此一時期的臺灣文學，除了研究國民黨政權的接收，還不能避談當時左翼思潮的影響。葉石濤在二十世紀九十年代初還曾說過「光復初期的知識分子最大的心理癥結，並非現實的統獨之事，而是馬克思主義的蔓延」，「絕沒有分離主義的傾向，倒有左傾思想卻是事實」[3]。葉石濤這段親身經歷的歷史證言，卻常常被其後繼者刻意忽略，改從統、獨的角度去詮釋光復初期的文學思想。因此我們有必要回到當日的文化情境，探索文化人「左傾」的歷史、社會與心理等等因素。

首先令筆者疑惑的是從日據時期的社會、文化研究中，幾乎都不避談社會主義的思潮與藝術表現，但到光復初期這部分卻突然被「噤聲」一般，或僅剩一連串的「犧牲就義」事蹟，對於行動者的動機，必須聯繫到整體社會文化思想的討論，截至目前，缺乏全面的考察。甚至許多研究焦點因圍繞二‧二八事件，往往從「身份認同」的問題意識出發，掩蓋了二‧二八事件中「社會改革」的要求。包括筆者一開始接觸這個時期的文獻史料時，也是希望能釐清當時臺灣人的身份認同在「政權轉換」之際發生了什麼樣的轉折。但當筆者深入史料之後，隨即發現這個問題雖然困擾著當時的文化人，但更多的時候，「臺灣的出路」問題是與「社會改革」、「民主體制」建立、「反內

3　葉石濤：《一個臺灣老朽作家的五〇年代》（臺北市：前衛出版社，1991年），頁20。

戰」與「和平建國」等問題相聯繫的，這使筆者不得不重新調整自己的問題意識。

　　有關光復初期的文化研究，因牽涉到戰後臺灣「認同政治」的議題，往往成為歷史解釋權的爭奪戰。但若是訴諸自身先驗的身份認同的詮釋，一味帶著當下身份認同的意識，去追問對光復初期文化人而言還不構成現實的問題，如此面對歷史的態度不免粗疏。因此，唯有放下眼前關於臺灣人的「身份認同」的爭議，深入分析光復初期社會文化思想的脈絡，才能對當時文化人的處境與抉擇有深刻的理解，也才能得到以史為鑒的契機，否則我們恐怕還是會與這段與我們當今的處境息息相關的歷史錯身而過。經過一段時間的搜羅，筆者發現光復初期許多文化史料確實有待梳理，才能掌握知識分子如何因應政局的演變，將「臺灣的出路」的問題投射到「重建臺灣文化」的思維。

　　本書的動機即在釐清光復初期政治、經濟、社會、文化等等權力場域對文學生產的影響，分析光復初期報刊所形構的文化場域，以及作用於此一文化場域的國民黨派系政治與知識分子、人民團體之間各方勢力的角力；借此探究文化人在文化場域的介入與實踐，以及他們和官方文化宣傳的意識形態或重合或對抗的內容。在此基礎上，再進一步探討與文化人的社會、文化實踐相應的文學思潮，以及兩岸文化人如何重估、繼承日據時代與五四新文化運動以來的文化資產，如何與戰後的現實處境對話，他們對臺灣文學的性質與方向的討論呈現出怎樣的歷史意義？

　　對這些問題的釐清，首先將有助於理解光復初期的文化人，在尚未經過後來國民黨官方意識形態壓制時，他們如何對日本殖民地時代的文化遺產進行評價，如何思索臺灣文化的「主體性」與現代性的問題；其次將有助於對戰後臺灣文學發展的結構性社會因素有更清楚的認知。筆者希望這對臺灣文學的定位，或影響文學史分期的社會性質問題，能發揮一些澄清紛爭、分歧的可能性。

第二節　文獻回顧與研究方法

　　首先回顧目前涉及臺灣光復初期文學研究與文化研究的成果，再提出筆者的方法論。

　　針對光復初期臺灣文學內在發展的研究，始於一九八四年的《文學界》雜誌刊登一系列光復初期的作品以及伴隨刊出的評論文章，包括：葉石濤的〈流淚撒種的，必歡呼收割——光復初期的日語文學〉、林梵（林瑞明）的〈讓他們出土〉與彭瑞金的〈記一九四八年前後的一場臺灣文學論戰〉等三篇論著。葉石濤在評論《中華日報》龍瑛宗主編日文欄《文藝》副刊的日文作品時，已初步提出他對「光復初期」的文學評價：「（臺灣作家）從戰爭的重壓下復甦，極欲繼續完成他們未完的事業——建立富於本土色彩的文學躋身世界文學之林。」[4]林瑞明對《臺灣新生報・橋》副刊上的省籍作家的小說選刊作了導論，肯定主編歌雷「識見深遠，鼓勵臺灣作家創作，對當時的文學運動，有不可抹滅的貢獻」[5]，並花了相當的篇幅分析葉石濤以二・二八事件為背景的小說《三月的媽祖》。彭瑞金綜論了《臺灣新生報・橋》副刊論爭的來龍去脈，並綜括這段論爭，「省內外作家一致服膺『新現實主義』，主張『人民的』文學，也一致肯定臺灣文學具有特殊性，具備共同的意識形態，也同時具有推動臺灣文藝工作的熾熱情懷，然而卻始終無力跨越之間的『澎湖溝』」，省內外作家無一不抱著淑世的熱情，「所有的歧見只是方法與步驟的不同……譬如對『方言』問題的看法，省內作家的看法與做法比省外作家更保守更謹慎」，又舉麥芳嫻、林曙光對陳大禹實驗的閩南語寫的劇本《臺北酒家》的討伐為例，指出：「那個時代的省內外作家雖有某些無法克服

4　葉石濤：〈流淚灑種的，必歡呼收割——光復初期的日語文學〉，《文學界》第9期（1984年），頁3。

5　林梵（林瑞明）：〈讓他們出土〉，《文學界》第10期（1984年），頁215。

的意識分歧，但卻不是預存的對立意識或地域區分，只是對臺灣文學的認識和建設的步調不同而已」[6]。彭瑞金的〈記一九四八年前後的一場臺灣文學論戰〉一文擴充後改題為〈戰後初期的重建運動（1945-1949）〉，收錄於《臺灣新文學運動四十年》一書[7]，但上述所引的三段話在一九九一年的《臺灣新文學運動四十年》中都已刪除，顯然對「戰後初期」臺灣文學背後隱含的「身份認同」的論斷，因「解嚴」後言論自由的開放，使彭瑞金強化了省籍分野，因而指出：「關於臺灣文學建設理論的爭論……差不多就在省內、省外意識分野上決定了他們的立場」。[8]但是上述被「刪除」的論點，至少在筆者看來，卻是比較能客觀、持平地貼近當時文學論爭的分析。

日後葉石濤《臺灣文學史綱》第三章〈四○年代的臺灣文學〉[9]除了綜合以上三文的論點，又對當時比較重要的文學雜誌與報紙副刊予以介紹。其中，葉石濤延續彭瑞金的看法，對光復初期省內外作家在《臺灣文化》、《臺灣新生報‧橋》副刊的合作、交流都持肯定的態度。然而，彭瑞金也指出了《臺灣新生報‧橋》副刊論爭中省內、外作家立場的不同：「省內作家傾向於綜合臺灣歷史與地理環境特質來發展臺灣文學的特性，省外作家多半懷著『特殊』寬容的心情和眼色，以撫平歷史傷痕、推動地域上的邊疆文學祖國化為鵠的，的確存在著不易媾和的歧異。」[10]日後，葉石濤的《臺灣文學史綱》在彭瑞金的立論基礎上，出現下文這段話：

6　彭瑞金：〈記一九四八年前後的一場臺灣文學論戰〉，《文學界》第10期（1984年5月），頁12-13。

7　彭瑞金：《臺灣新文學運動四十年》（臺北市：自立晚報社文化出版部，1991年），頁33-64。

8　彭瑞金：《臺灣新文學運動四十年》，頁57。

9　葉石濤：《臺灣文學史綱》（高雄市：文學界雜誌社，1987年）。

10　彭瑞金：〈記一九八四年前後的一場臺灣文學論戰〉，《文學界》第10期（1984年），頁12。

省外作家與省籍作家的歧見並沒有經過這一次論爭而獲得釐清，而這種見解的對立猶如甩不掉的包袱，在臺灣文學發展的歷史性的每一個階段猶如不死鳥（phonenix）再次出現，爭論不休。在一九七○年代的鄉土文學論爭裡，歷史又重演，到了一九八○年代更有深度的激化。[11]

葉石濤此一論斷顯然否定了彭瑞金在《文學界》根據當時出土的作品所分析的省內外作家：「不是預存的對立意識或地域區分，只是對臺灣文學的認識和建設的步調不同而已」[12]。葉石濤此一以「省籍意識」區分文學立場對立的論點，後來彭瑞金在《臺灣新文學運動四十年》中的一章〈戰後初期的重建運動（1945-1949）〉也繼續闡發，指出《臺灣新生報‧橋》副刊上的外省作家據以指導臺灣文學的發展，是「用寫實或新寫實主義包裝的代表左翼文人、具有濃厚普羅意識的文學主張，成為自說自話，未能得到臺灣作家的熱烈共鳴……因為臺灣作家另有所思」[13]。至此則推翻了他在一九八四年的論點：「省內外作家一致服膺『新現實主義』，主張『人民的』文學，也一致肯定臺灣文學具有特殊性，具備共同的意識形態，也同時具有推動臺灣文藝工作的熾熱情懷……所有的歧見只是方法與步驟的不同」[14]。雖然後來彭瑞金在〈《橋》副刊始末〉一文還是肯定了《臺灣新生報‧橋》副刊對臺灣文學的善意：

二‧二八事件並沒有造成文學的本省、外省壁壘分明，《橋》

11　葉石濤：《臺灣文學史綱》，頁77。

12　彭瑞金：〈記一九八四年前後的一場臺灣文學論戰〉，《文學界》第10期（1984年），頁12-13。

13　彭瑞金：《臺灣新文學運動四十年》，頁50。

14　彭瑞金：〈記一九八四年前後的一場臺灣文學論戰〉，《文學界》第10期（1984年），頁12-13。

所致力的溝通工作，經由辯論，雖未必達成一致的結論，卻有
明顯的互相瞭解，如果不是此一具有善意、良性的溝通管道後
來被橫刀截斷，《橋》的確已經引渡、潛化了臺灣文學與中國
文學交流所衍生的問題，也可能使戰後的臺灣新文學的建設走
上比較平順的道路。[15]

但彭瑞金更強調：

臺灣文學是中國文學的一支流，並朝向中國文學的目標發展是
「未經辯論便被默認」，立下「依政治權力接掌文學」的「惡
例」，外表看來「本土與外省作家呈現分庭抗禮的對等局面，
實質上夾雜在『中國文學之一環』、『邊疆文學』及『地域性』
等論述之間的臺灣文學，已經從臺灣文學的活動場域裡，退居
客位。」[16]

到了游勝冠的《臺灣文學本土論的興起與發展》即延續葉石濤、
彭瑞金以「省籍意識」區分文學立場的詮釋，進一步說明戰後四年「中
國正統」意識對「臺灣」特性與自主性的扼殺[17]。之後，陳建忠出版
《被詛咒的文學：戰後初期（1945-1949）臺灣文學論集》[18]，其中〈戰
後初期臺灣現實主義思潮與臺灣文學場域的再建構——文學史的一個
側面〉一文，區分大陸、臺灣「現實主義」傳統的繼承，指出：

---

15 彭瑞金：〈《橋》副刊始末〉，《臺灣史料研究》第9期（1997年），頁38。
16 彭瑞金：〈《橋》副刊始末〉，《臺灣史料研究》第9期（1997年），頁47。
17 游勝冠：《臺灣文學本土論的興起與發展》（臺北市：前衛出版社，1996年），頁143-
　145。
18 陳建忠：《被詛咒的文學：戰後初期（1945-1949）臺灣文學論集》（臺北市：五南圖
　書出版公司，2007年）。

戰後初期新現實主義論爭，是大陸普羅文藝路線之爭的隔海延續；臺灣帶有左翼精神的現實主義文論與創作，則是本土文藝論爭發揚與實踐，前者被視為「一般化」的價值，具有與其他「中國化」話語一般的發言權，後者僅具有「特殊化」的價值，必須向「一般化」即「中國化」轉化，這種文化場域中權力關係的不均等，並非因為他們都是反獨裁、反國府的現實主義思潮就能夠泯除差異。[19]

　　陳建忠此文運用了「文化場域」的概念，更加確立了彭瑞金的論點：「二·二八事件後，臺灣新文學運動最重大的變化就是臺灣文學的主導權落入成為統治者認同的外省人手裡」[20]，「外省作家反客為主，臺灣作家只能作些被動的辯駁和澄清」[21]。

　　本書同樣以「文化場域」作為考察文化活動的視角與方法，但與陳建忠有不同的觀察，因為在對抗官方抹殺臺灣的「特殊性」時，省外作家一樣與本省作家同聲譴責，二·二八事件後的文化場域的複雜性，除了「中國化」的文藝政策、省籍因素（外省作家占據副刊主編的文化領導權），還有如何因應國共內戰、美蘇冷戰日益急迫的現實產生的意識形態上或文化選擇的差異，而後者才是兩岸文化人感到組織文藝陣線的迫切性的根源。二·二八事件加深了此一現實的迫切感，兩岸文化人重新面對臺灣文學的「特殊性」與「一般性」時，才有如何繼承日據時期的臺灣新文學與五四新文化傳統的文化資本、審美形式的討論，在此歷史脈絡下談論文化生產與社會關係的互相連帶性，才更能貼近當時文化人論爭的問題意識。

　　陳芳明在《聯合文學》連載的〈臺灣新文學史：第九章　戰後初

19 陳建忠：《被詛咒的文學：戰後初期（1945-1949）臺灣文學論集》，頁208。

20 彭瑞金：《臺灣新文學運動四十年》，頁45。

21 彭瑞金：《臺灣新文學運動四十年》，頁51。

期文學的重建與頓挫〉[22]、〈第十章　二‧二八事件後的文學認同與論戰〉[23]，將國民政府的接收視為外來政權，指出「戰後初期」是國民政府的「再殖民時期」，並明顯區分外省、本省作家文學立場的不同。例如他指出「臺灣作家與中國作家能夠互相結盟，就在魯迅的介紹工作上找到了共同的基礎」，但他斷定臺灣作家黃得時、楊雲萍、龍瑛宗尊敬魯迅是「視他為世界性文豪」，而楊逵與藍明谷則「視他為弱勢者的代言人，具有反迫害、反階級的意識」；而「來臺大陸左翼作家則凸顯魯迅的社會主義思想，視他為反封建、反獨裁的象徵」，這兩股「抗日精神」與「五四精神」文學傳統的結盟，因為陳儀政府極力予以阻撓並鎮壓，二‧二八事件的發生，使雙方結盟宣告中斷[24]。然而，根據筆者考察，不獨是楊逵、藍明谷，就是楊雲萍、龍瑛宗，自然以中國出現一個「世界性的文豪」為榮，但他們也極為關注中國從「文學革命」到「革命文學」的發展。臺灣文化人從二十世紀二、三十年代以來即分別透過中國大陸、日本對魯迅「左傾」有清楚的認知，除了肯定魯迅的現實主義的戰鬥精神是中國新文學的主流，也認為這是建設新中國與新臺灣的希望之所在。

　　陳芳明還指出極力宣傳魯迅思想的許壽裳在一九四八年二月在家中遭到殺害，「現在已是公認陳儀政府所下的毒手」。事實上陳儀為許壽裳、魯迅好友已廣為人知，他力邀許壽裳赴臺主持編譯館，二‧二八事件以前的「魯迅熱」，根本就是陳儀任內所默許的；而許壽裳被殺，當政者已是魏道明省主席。在目前光復初期的研究中把一切罪責歸諸陳儀政府，陳芳明並非特例，把國民政府視同鐵板一塊的論述恐

22 陳芳明：〈臺灣新文學史：第九章　戰後初期文學的重建與頓挫〉，《聯合文學》第197期（2001年3月），頁150-163。

23 陳芳明：〈臺灣新文學史：第十章　二‧二八事件後的文學認同與論戰〉，《聯合文學》第198期（2001年4月），頁162-175。

24 陳芳明：〈臺灣新文學史：第九章　戰後初期文學的重建與頓挫〉，《聯合文學》第197期（2001年3月），頁161。

怕無法釐清二·二八事件發生前、後的政治力源，更遑論深入探討與權力場域一樣交錯多股勢力的文化場域的複雜性。

　　一九八七年國民黨當局解除戒嚴令後，從葉石濤、彭瑞金以來，上述研究者對臺灣作家堅持臺灣文學的「特殊性」已累積了相當多的研究論述。然而，對於光復初期的本省文化人援引「五四精神」、「魯迅戰鬥精神」作為「文化抗爭」的方法；以及對於《臺灣新生報·橋》副刊論爭中省籍作家楊逵、賴明弘呼籲結成「文藝陣線」的用心；還有對於葉石濤當時發表在《臺灣新生報·橋》副刊上的〈一九四一年以後臺灣文學〉（1948年4月16日）一文中，反省戰爭期「在日本帝國主義的彈壓下，臺灣文學走了畸形的，不成熟的一條路，我們必須打開窗口自祖國導入進步的、人民的文學，使中國最弱的一環能夠充實起來」的論點，都略而不提。種種本省文化人致力於與「祖國文化」接軌的努力，實為整個文化界共同的時代氛圍，都未被列入討論。對於本省作家之所以強調臺灣文學的發展方向與中國文學的「一般性」，不是缺乏相對的討論，就是以「中國化」的「文化霸權」、外省人占據文化主導權的位置予以詮釋。對外省作家同樣力主臺灣文學的「特殊性」，而與臺灣作家並肩反對國民黨官方抹殺臺灣的「特殊性」，視而不見。筆者則認為堅持表現與力陳臺灣文學的「抗議」傳統的省籍作家，在二·二八事件以後還能打破「緘默」，願意與外省作家攜手合作，勇於陳述建設「臺灣文化」的主見，那麼論斷他們在國民黨當局的霸權底下，在外省作家面前「矮人一截」，未免太低估省籍作家的抗爭性與戰鬥力。同時，無論省內、省外作家，不同的「行動者」本身，實由各自不同的「習性」與「美學品味」支撐他們的行動理念，需要更細緻地與社會歷史、個人身世經驗聯繫討論。

　　相關領域的學位論文，有許詩萱的碩士論文《戰後初期（1945.8-1949.12）臺灣文學的重建——以〈臺灣新生報·橋〉副刊為主要探討

對象》[25]，花了相當的功夫整理《臺灣新生報》的《文藝》副刊與
《橋》副刊的論爭與作品，以及龍瑛宗主編的《中華日報》日文欄的
創作。許詩萱將《臺灣新生報・橋》副刊上省內外作家的身份盡可能
地考察出來，分析省內外作家作品的主題內容，並把本省作家在《臺
灣新生報・橋》上的詩作一一收錄，有助於吾人掌握光復初期文學創
作的特色。然而，許詩萱對《臺灣新生報・橋》副刊的文學論爭的討
論，還是在彭瑞金的論述基礎上，代表著新生代的評論家也延續了葉
石濤「扎根於臺灣的特殊性，建立自主性的文學」的論點，進行疊磚
砌牆的史料重建與研究分析的工作。另有蔡淑滿的碩士論文《戰後初
期臺北的文學活動研究》[26]，嘗試以地區性的研究分析光復初期的臺
北文壇，在重建臺北文化生態方面，除了報刊的發行，還述及文化沙
龍、中山堂等地目標重要性，對掌握當時的文化氛圍頗有貢獻；但也
因缺乏整體的關照，並不能凸顯作為光復初期時空一部分的臺北文壇
有何特色。其中，對作家作品的歸納分析並未超出許詩萱的分析。

　　除了上述不超出葉石濤的文學史觀之下的研究之外，葉芸芸〈試
論戰後初期的臺灣智識分子及其文學活動〉[27]是最早鳥瞰光復初期的
報刊與文學活動的論文，在後繼者何義麟[28]和莊惠惇[29]的持續考察

---

25 許詩萱：《戰後初期（1945年8月-1949年12月）臺灣文學的重建──以〈臺灣新生報・
　橋〉副刊為主要探討對象》（臺中市：中興大學中國文學系碩士論文，1999年）。

26 蔡淑滿：《戰後初期臺北的文學活動研究》（桃園市：中央大學中國文學系碩士論文，
　2002年）。

27 葉芸芸：〈試論戰後初期的臺灣智識分子及其文學活動〉，收於《先人之血、土地之
　花──臺灣文學研究論文精選輯》（臺北市：前衛出版社，1989年）。

28 何義麟：〈戰後初期臺灣報紙之保存現況與史料價值〉，《臺灣史料研究》第8期
　（1996年8月），頁88-97；何義麟：〈戰後初期臺灣出版事業發展之傳承與移植
　（1945-1950）〉，《臺灣史料研究》第10期（1997年12月），頁3-24；何義麟：〈《政經
　報》與《臺灣評論》解題──從兩份刊物看戰後臺灣左翼勢力之言論活動〉，《臺灣
　史料研究》第10期（1997年12月），頁25-43。

29 莊惠惇：《文化霸權、抗爭論述──戰後初期臺灣的雜誌文化分析》（桃園市：中央
　大學歷史系碩士論文，1998年）。

下，二・二八事件以前報刊的發行已有較完整的研究與考察。相對來說，二・二八事件以後僅止於何義麟的表列，有待加強考察。陳昭瑛〈光復初期「臺灣文化」的概念〉嘗試以「民間漢文化」以及「新中國新世界的臺灣新文化」兩個面向分析，說明光復初期「臺灣文化」的內容，是日據時代被壓抑的「傳統文化」與「世界新思潮」的繼承，至於這兩種文化意識之間因對「漢文化傳統中較腐敗封建的部分」根本認知態度的不同，是否如陳昭瑛所言「光復之初，也不再看到精英階層以歧視的眼光看待這些民間文化」[30]，筆者認為是有待商榷的。

一九九九年，陳映真的人間出版社發行的「思想創作叢刊」《1947-1949臺灣文學論議集》比一九八四年的《文學界》更完整地刊出了《臺灣新生報・橋》副刊的論爭史料。石家駒（陳映真）以〈一場被遮斷的文學論爭〉一文對《臺灣新生報・橋》副刊論爭的議題作了導論，不以「省籍」為準則歸納這些議論的異同，歷史地看待這些議論發生的社會根源[31]。陳映真又以許南村的筆名發表了〈「臺灣文學」是增進兩岸民族團結的渠道——讀楊逵〈臺灣文學問答〉〉，對楊逵在《臺灣新生報・橋》副刊論爭中辯證地總結臺灣文學的「特殊性」與「一般性」的問題，放在馬克思主義文藝理論在臺灣的發展史中給予高度的評價[32]。另外，曾健民的〈建設人民的現實主義的臺灣新文學〉一文中，以二・二八事件為界，結合光復初期的重要時局轉折，綱要性地

---

30 陳昭瑛：〈光復初期「臺灣文化」的概念〉，《臺灣文學與本土化運動》（臺北市：正中書局，1998年），頁217-265。

31 陳映真：〈一場被遮斷的文學爭論〉，收入陳映真、曾健民主編：《人間思想與創作叢刊：臺灣文學問題論議集》（臺北市：人間出版社，1999年），頁9-27。

32 陳映真：〈「臺灣文學」是增進兩岸民族團結的渠道——讀楊逵〈臺灣文學問答〉〉，收入陳映真、曾健民主編：《人間思想與創作叢刊：噤啞的論爭》（臺北市：人間出版社，1999年），頁32-44。

總結、歸納此一時期文學思想的特質[33]。兩位前輩關於歷史的考證與
理論方法的運用，讓筆者深受啟發。

　　日本民間學者橫地剛的《南天之虹——把二・二八事件刻在版畫
上的人》[34]，雖是木刻畫家黃榮燦的思想評傳，但對整體光復初期臺
灣文化對「祖國」文化的「回歸」與「交流」有相當精闢的考察與分
析。橫地剛不把臺灣孤立起來，以實證的做法，收集、整理兩岸大量
的報刊史料，考察二・二八事件前、後臺灣與上海之間的文化交流。
他又陸續發表了〈「民主刊物」と台湾の文学状況〉[35]、〈范泉的臺灣
認識——四十年代後期臺灣的文學狀況〉[36]、〈由〈改造〉連載〈中國
傑作小說〉所見日中知識分子之姿態——從魯迅佚文／蕭軍〈羊〉所
附〈作者小傳〉說起〉[37]、〈一九四七年的「五四」文藝節——「緘
默」如何被打破〉[38]、〈讀〈第三代〉及其他——楊逵一九三七年的
再次訪日〉[39]共計五篇文章，論證了二十世紀四十年代後半期，臺灣
與大陸面對著相同歷史困境，在政治、經濟上逐漸一體化。在國民黨

---

33 曾健民：〈建設人民的現實主義的臺灣新文學〉，趙遐秋、呂正惠主編：《臺灣新文
　　學思潮史綱》（臺北市：人間出版社，2002年），頁155-202。

34 橫地剛著，陸平舟譯：《南天之虹——把二・二八事件刻在版畫上的人》，臺北市：
　　人間出版社，2002年。

35 橫地剛：〈「民主刊物」と台湾の文学状況〉（未刊稿），2003年發表於日本臺灣學會
　　第五屆學術大會，作者於同年8月30日修訂，經同意後引用。

36 橫地剛撰，陳映真、吳魯鄂譯：〈范泉的臺灣認識——四十年代灣後期臺灣的文學狀
　　況〉，收於《人間思想創作叢刊：告別革命文學》，臺北市：人間出版社，2003年。

37 橫地剛撰，陸平舟譯：〈由〈改造〉連載〈中國傑作小說〉所見日中知識分子之姿
　　態——從魯迅佚文／蕭軍〈羊〉所附〈作者小傳〉說起〉，收於《人間思想創作叢
　　刊：迎回尾崎秀樹》（臺北市：人間出版社，2005年），頁198-248。

38 橫地剛撰，金培懿譯：〈一九四七年的「五四」文藝節——「緘默」如何被打破〉，
　　《光復初期的臺灣思想與文化的轉型》（臺北市：臺灣大學出版中心，2005年），頁
　　243-276。

39 橫地剛撰，陸平舟譯，曾建民校訂：〈讀〈第三代〉及其他——楊逵一九三七年的再
　　次訪日〉，《人間思想創作叢刊：學習楊逵精神》（臺北市：人間出版社，2007年），
　　頁50-86。

當局退臺前，臺灣的文化界也與大陸上要求「民主化」的發展同步化。[40]橫地剛認為：「臺灣的近現代史並不是單純的臺灣的歷史。它包含了中國近現代史以及中日關係史中最尖銳的矛盾。」[41]他借由研究二十世紀四十年代後半期臺灣復歸中國的困境，提出他對日本近現代化過程中文化、思想的反省。筆者深受橫地剛先生研究的啟發，從中獲益良多。

　　另外，上述這些針對文學內在發展的研究，雖偶亦涉及當時的歷史背景，但限於篇幅而缺乏與當時文學場域、權力場域聯繫起來觀察，常止於在作家活動、單篇文章的「點狀」討論，或文化思潮的「線狀」描述；對於文學生產與社會關係的橫向面的聯繫研究則需再加強。而且對於文化思潮的分析，大都集中於由《臺灣新生報‧橋》副刊論戰延伸出來的「臺灣文化重建」、「新現實主義」的論爭，這部分可說是目前較完整地被討論的。除此之外，還有許多文化現象，或是文化人搏鬥、抗爭的歷程都被忽略了。尤其是關於官方文化勢力、政策與意識形態的討論，幾乎都被當作鐵板一塊地論述。事實上，官方文化勢力與意識形態在二‧二八事件前後的差異，對文化場域與文學生產的影響，是考察此一時期文化思潮的演繹不可忽略的力源。惟有釐清文化場域中複雜的權力角力，我們才能清楚認知文化界要「抗爭」的「對立面」是什麼，這是筆者的研究取徑著力最多的部分。

　　其次，回顧有關光復初期文學發展的外在因素的研究文獻，即文

---

40 橫地剛：「四十年代後期，包括臺灣在內的中國皆同處於摸索『抗戰建國』到『和平建國』道路的歷史潮流中，民眾積極投身於政治協商會議所通過的《和平建國綱領》的實施，以及反對內戰的民主運動。人們回顧歷史，交流了不同的歷史經驗，在此基礎上，向建設『民國』邁進。」見橫地剛：〈范泉的臺灣認識——四十年代灣後期臺灣的文學狀況〉，《人間思想創作叢刊：告別革命文學》，頁82。
41 橫地剛著，陸平舟譯：《南天之虹——把二‧二八事件刻在版畫上的人》，頁403。

化研究的成果，包括：楊聰榮[42]、蔡其昌[43]、曾士榮[44]、莊惠惇[45]、黃英哲[46]、陳翠蓮等人的研究，大抵偏重在官方由上而下進行的文化重編的分析，與上述針對文學內在發展的研究缺乏聯繫，茲說明其論點與研究成果如下：

　　楊聰榮在《文化建構與國民認同：戰後臺灣的中國化》中，探討戰後臺灣「中國化」的文化建構，始於行政長官公署推行的「中國化」（去日本化）的「文化（心理）建設」政策。楊聰榮認為這種為了扭轉殖民差異所實行的社會工程，漠視由殖民主義所造成的差異，想在最短時間抹除差異，對於清楚可以認知這個差異的後殖民之民，無疑是再殖民主義的同化主義。[47]楊聰榮認為雖然在光復初期文化上的分離主義運動仍未發展，具有社會基礎的分離主義的出現，是國民黨當局退臺後，在建立正統中國化的同時而產生的對本地文化的貶抑，但是「國家暴力」的「中國化」的文化建構，是臺灣社會出現「國民認同」莫衷一是之困境的根源。楊聰榮據此指出「中國化」的文化建構，伴隨著「民族國家」的模式對「國民一致化」的要求，形成「民族國家」的暴力。[48]並期許臺灣在尋求統一的「國民認同」的過程中，應減低官方主導文化發展方向的暴力性格，不再以民族文化的本質主義思維「同質化」不同族群、群體的文化差異。

---

42 楊聰榮：《文化建構與國民認同：戰後臺灣的中國化》（新竹市：清華大學社會人類學系碩士論文，1992年）。

43 蔡其昌：《戰後（1945-1959）臺灣文學與國家角色》（臺中市：東海大學歷史學系碩士論文，1994年）。

44 曾士榮：《戰後臺灣文化之重編與族群關係》（臺北市：臺灣大學歷史學系碩士論文，1994年）。

45 莊惠惇：《文化霸權、抗爭論述——戰後初期臺灣的雜誌分析》（桃園市：中央大學歷史學系碩士論文，1998年）。

46 黃英哲：《臺灣文化再構築1945-1947の光と影魯迅思想受容の行方》，收於《愛知大學國研叢書》第3期第1冊（東京：創土社，1999年）。

47 楊聰榮：《文化建構與國民認同：戰後臺灣的中國化》，頁88。

48 楊聰榮：《文化建構與國民認同：戰後臺灣的中國化》，頁115。

　　蔡其昌在《戰後（1945-1959）臺灣文學與國家角色》的第二章中，運用路易・阿杜塞（Louis Althusser）的「國家機器」與葛蘭西的「文化霸權」的理論視角，將文學生產放進整體「國家」運作機制及社會關係中進行結構性的外部考察。蔡其昌由此分析了戰後初期的文學雜誌與集團，探討語言政策和二・二八事件對文學發展的影響，作為探討二十世紀五十年代「反共文學」的「國策文學」形成主流時，臺籍作家或消失在文壇、或淪落至邊緣位置的社會、歷史結構性因素的一部分。

　　曾士榮的《戰後臺灣文化之重編與族群關係》，除了探討「國家機器」的作用，另外加入了族群（省籍）關係的視野，分析戰後臺灣文化的重編，因此有部分涉及臺灣知識分子的回應，例如：臺灣人的日據經驗對赴臺大陸人的觀感，還有臺灣知識分子對「奴化」（日本化）論述的反駁。曾士榮的結論指出：經過「朝鮮臺灣人產業處理辦法」風波、「全省性漢奸檢舉運動」、到「范壽康失言」引爆的「奴化論爭」，省籍對立不斷升高，直到二・二八事件的爆發，基本上是一個省籍族群之間的衝突。二・二八事件以後的「三月鎮壓」，導致日漸淡薄的國家認同與民族認同（漢族中國人）被捨棄；而帶有「國族性」（nationality）意涵的「本省人族群認同」終於形成。[49]

　　莊惠惇的《文化霸權、抗爭論述──戰後初期臺灣的雜誌分析》，則從知識、權力的角度，分析此一時期的雜誌文化生產，她依據刊物發行者的背景，以外省／本省、官方／親官方／民間創辦為兩大分類標準，進而分析雜誌文化所呈現的「國族論述」文化霸權，及與其對抗的民間文化的「抗爭論述」。莊惠惇認為國民政府挾接收前日本殖民政府的文化生產資源之勢力，以「國家機器」建構一套「中國化」的「國族論述霸權」，民間的抗爭論述僅能在此「國族共同

49　曾士榮：《戰後臺灣文化之重編與族群關係》，頁169。

體」的籠罩下，針對「臺灣人受日本奴化」的指控提出反駁，並沒有提出顛覆統治者的國族論述。莊惠惇的結論指出：「民間的抗爭論述都是在統治者『國族論述』所能夠接受的尺度下，所進行的策略性建言，也就是說戰後初期臺灣民間反抗統治政權而產生的抗爭論述，只是強調策略的運用而不是採取全面的反攻。因此可以說統治者的『國族論述』達到某種程度的成功，民間毫無察覺已被統治者收編於『國族共同體』之內。」[50]莊惠惇由此總結臺灣的「主體意識」是建立在「臺灣／人民／被統治者」的立場。

　　以上四位研究者，皆運用了路易‧阿杜塞（Louis Althusser）的「國家機器」理論，考察國民黨當局「壓迫性國家機器」與「意識形態國家機器」如何對戰後臺灣進行「中國化」政策的文化重編。

　　黃英哲[51]的《台湾文化再構築1945-1947の光と影——魯迅思想受容の行方》[52]，主要探討長官公署的文化政策與文化機構，兼論臺灣知識分子對魯迅思想的接受。黃英哲考察在國民黨以「國民化」與「中國化」的文化政策下，臺灣知識分子藉著書寫紀念魯迅的文章，

---

50 莊惠惇：《文化霸權、抗爭論述——戰後初期臺灣的雜誌分析》，頁203。

51 黃英哲的相關中文論著篇章有：〈許壽裳與臺灣（1946-1948）——兼論二‧二八前夕長官公署時代的文化政策〉，收入《二‧二八學術研討會論文集（1991）》，臺美文化基金會發行，1992年3月。〈試論戰後臺灣文學研究的成立與現階段臺灣文學研究的問題點〉，收入《臺灣文學發展現象》，臺北市：行政院文化建設委員會，1996年。〈戰後初期臺灣的文化重編（1945-1947）——臺灣人「奴化」了嗎？〉，收入《何謂臺灣？近代臺灣美術與文化認同論文集》，行政院文建會策劃，臺北市：雄師美術月刊社，1997年。〈臺灣省編譯館研究（1946年8月-1947年5月）〉，見張炎憲、陳美容、楊雅惠編：《二‧二八事件研究論文集》（臺北市：吳三連臺灣史料基金會出版，1998年）。〈戰後魯迅思想在臺灣的傳播（1945-1949）〉，見中島利郎主編：《臺灣新文學與魯迅》（臺北市：前衛出版社，2000年）。〈黃榮燦與戰後臺灣的魯迅傳播〉，《臺灣文學學報》第2期，政治大學中文系出版，2001年2月。〈「臺灣文化協進會」研究：論戰後臺灣之「文化體制」的建立〉，《葉石濤及其同時代作家文學國際學術研討會論文集》（高雄市：春暉出版社，2002年2月）。

52 黃英哲：《台湾文化再構築1945-1947の光と影——魯迅思想受容の行方》，《愛知大學國研叢書》第3期第1冊，東京：創土社，1999年。

表達對現實的不滿。其中，有許壽裳主持「編譯館」、宣傳魯迅思想，以及長官公署外圍團體「臺灣文化協進會」的存在；另外，臺灣省黨部卻高舉三民主義旗幟、高唱臺灣文化改造論。黃英哲據此指出：國民黨內部有著進步／保守、民主／獨裁之對立、矛盾的存在。[53]在進一步分析臺灣知識分子對「中國化」政策的回應後，黃英哲認為經過了「奴化」問題的爭議，知識分子感到臺灣社會與大陸社會之間的鴻溝，主張「日本化」的另一面其實也包含「近代化」與「世界化」，由此肯定臺灣社會的優越性，並開始摸索臺灣文化的出路。他說：「臺灣知識分子們對臺灣文化出路觀點的共通處，他們一致認為未來臺灣文化的面貌，應該是在由外而內、由上而下蜂擁而來的『中國化』與前代繼承而來的『世界化』之間，尋求其均衡點。」[54]黃英哲因此歸結說：「一年多文化重編政策執行的結果，臺灣本地知識分子對『中國化』相當有意見，而且臺灣與中國之間不但沒有縮短距離，反而是越走越遠。」因此發生了「臺灣人和中國人對立的二・二八事件」。[55]

　　陳翠蓮〈去殖民與再殖民的對抗——以一九四六年「臺人奴化」論戰為焦點〉一文，針對一九四六年「奴化論戰」的研究指出：對臺灣人而言，「祖國」的「光復」只不過是同族的「再殖民」，臺灣人為了自我防衛，提出「日本統治近代化論」作為官方「臺人奴化論」的反論，「從臺灣被殖民經驗中尋求差異，重新界定自我」，由此歸結知識分子臺灣文化主體性的主張，說明二・二八事件以前臺灣人的「祖國」認同已逐漸消退。[56]

---

53 黃英哲：《台湾文化再構築1945-1947の光と影——魯迅思想受容の行方》，頁165。

54 黃英哲：〈戰後初期臺灣的文化重編（1945-1947）——臺灣人「奴化」了嗎？〉，《何謂臺灣？近代臺灣美術與文化認同論文集》，頁340；黃英哲：《台湾文化再構築1945-1947の光と影——魯迅思想受容の行方》，頁186。

55 〈戰後初期臺灣的文化重編（1945-1947）——臺灣人「奴化」了嗎？〉，頁339。《台湾文化再構築1945-1947の光と影——魯迅思想受容の行方》，頁189。

56 陳翠蓮：〈去殖民與再殖民的對抗——以一九四六年「臺人奴化」論戰為焦點〉，《臺灣史研究》第9卷第2期（2002年12月），頁145。

　　上述的研究者或考察官方的文教政策、新聞言論管制、「臺人奴化論述」，或舉陳報刊的言論和作品作為文化重編的分析對象，其中或多或少涉及文化場域的權力機制。這些研究者共同指陳「中國化‧去日本化」的文教政策為此一時期的霸權論述與主流意識形態。前面四位研究者楊聰榮、蔡其昌、曾士榮、莊惠惇著眼於分析國民黨當局為了在臺灣建立「國家機器」[57]的合法秩序與正當性，並以葛蘭西「文化霸權」的理論，分析國民黨當局推行的「中國化」的文化霸權，如何獲取「意識形態國家機器」在道德知識的領導權；後面四位學者曾士榮、莊惠惇、黃英哲、陳翠蓮的研究（其中兩位曾士榮、莊惠惇重疊），其研究動機在於探討光復初期臺灣人的「國族認同」的問題，也盡可能地舉證當時知識分子的「主張」為根據，說明這些「主張」是為了要對抗官方的「中國化」論述。尤其是到了陳翠蓮的研究更明確地指出：臺灣人以日本殖民時期的「現代化」社會基礎對抗「中國化」與「臺人奴化論」，「從臺灣被殖民經驗中尋求差異，重新界定自我」。陳翠蓮並且認為：相較於臺灣光復時熱烈期待祖國的接收，二‧二八事件的爆發象徵著臺灣人的「身份認同」的轉變，對祖國的認同已日漸淡薄。[58]

　　筆者考察當時報刊的言論與上述研究者有不一樣的發現。光復初始，對日勝利的時代氣氛與民族情感復發的情緒中，省籍知識分子對「中國化‧去日本化」，誠如莊惠惇指出的：在進程的緩急與官方有

---

57 阿杜塞（Louis Althusser）將「國家機器」分為「壓迫性國家機器」與「意識形態國家機器」，前者包括國家元首、政府、行政機關、軍隊、警察、法庭、監獄等屬於「公共領域」的機構，「以暴力方式產生作用」（至少最後是如此）；後者包括宗教的、教育的、法律的、政治的、工會的、大眾傳播……種種獨立的專門機構，「以意識形態的方式產生作用」，兩者相輔相成以維護統治階級的利益，意識形態中的暴力是隱而不彰的，如教育中的懲戒制度和文化中的書報檢查制度等見阿杜塞著，杜章譯：《列寧與哲學》，臺北市：遠流出版社，1990年。

58 陳翠蓮：〈去殖民與再殖民的對抗——以一九四六年「臺人奴化」論戰為焦點〉，《臺灣史研究》第9卷第2期（2002年12月），頁145-201。

所差異[59]。對於日本的殖民統治引進的「現代化」[60]，官方與民間一致認為，除卻其殖民統治的剝削目的之外，對其「方法」有必要予以保存作為「建設三民主義的模範省」的基礎；但顯然對「現代化」的「方法」，陳儀政府與臺灣知識分子的認知有很大的差異。臺灣社會「現代化」的生產、法治基礎，的確是當時輿論界稱許的臺灣的優勢。不只是本省人，包括官方與外省人也同樣稱讚，才有所謂「建設臺灣為三民主義模範省」的口號。上述的研究者共同忽略了當時對政府的最強力的批判，來自戰後迅速在臺灣復甦的思想主潮：社會主義的批判。這幾年有關二・二八事件的研究文獻已經釐清了在二・二八事件中，「二・二八事件處理委員會」提出的三十二條政治改革的要求，以及部分社會運動分子的「武裝革命」，這兩條路線，並非中共黨員有「組織」的行動，但很多行動卻是以臺灣日據時代以來原有的「臺共」分子或抗日社會運動分子為主導力量的。換言之，文化人並不是沒有對「國民政府」提出顛覆「政權」的論述，左翼文化人早在一九四六年就提出了階級革命的論述。[61]他們一面提出體制外改革的顛覆論述，一面在體制內與傳統士紳倡議「地方自治」，共同呼應大陸民主黨派要求政治民主化的運動。他們認為此一「中國化」的方案才是臺灣必須與之相聯繫的，以避免臺灣變成國民黨當局專政的「孤島」。換言之，在以復歸中國為前提，但面臨著國共內戰在政、經層面上威脅臺灣的民生現實的情勢下，臺灣人關心的恐怕不是「民族認同」的問題，而是如何和平建國的問題，也就是「新中國」的「民主體制」如何走上坦途、建立完備的問題。

　　接收政府與臺灣社會之間的對立，除了省籍、族群的矛盾外，正

---

59 莊惠惇：《文化霸權、抗爭論述——戰後初期臺灣的雜誌分析》，頁203-205。

60 實質上是殖民政治、經濟底下「跛腳的現代化」。見劉進慶：〈序論臺灣近代化問題——晚清洋務近代化與日據殖民近代化之評比〉，「臺灣殖民地史學術研討會」會議論文，頁10。

61 例如：蔣時欽：〈憲政運動與地方自治〉，《政經報》第2卷第5期（1946年），頁6。

如二・二八事件的爆發，更根本的對立，是社會體制「民主」與否的問題，是「政治改革」的官民對立。筆者以為僅從「民族認同」論述的研究視角，探索當時知識分子的政治抗爭，很容易抹殺他們政治抗爭的現實意義，導出知識分子言論籠罩在「中國化」的話語底下的結論，反而突顯不出他們要求改變政經權力結構的社會改革的呼籲。

關於光復初期「民族認同」的問題，上述研究者中，楊聰榮認為戰後初期時文化上的分離主義運動因沒有社會基礎，仍未發展。蔡其昌只論及省籍作家在語言轉換與二・二八事件以後的白色恐怖中，迅速沒落，並沒有涉及「民族認同的問題」。而全面考察雜誌言論的莊惠惇的研究，則指出民間的「抗爭論述」籠罩在「中國化」的「國族論述」之下，沒有顛覆當權者的主流論述，說明此一時期「臺灣主體意識」是形構在「臺灣／人民／被統治者」的立場。另三位研究者曾士榮、黃英哲與陳翠蓮，都傾向指出臺灣人對抗「中國化」的政策，二・二八事件的爆發以及隨之而來的鎮壓，不但象徵臺灣人對祖國的認同已日漸淡薄，也導致了帶有「國族性」（nationality）意涵的「本省人族群認同」或臺灣文化主體性終於形成。筆者提出質疑的是，他們的研究範圍僅止於二・二八事件之前的文獻，就能論證二・二八事件以後臺灣人的「民族認同」已經產生這麼大的轉向嗎？

筆者繼續考察二・二八事件以後的言論，卻與這三位研究者的結論有些差異。在「民族認同」的層次上，無論是二・二八事件前、後，無法預知兩岸將因國共內戰與美蘇冷戰結構而走向對立的知識分子，對「中國化」的方向都沒有異議。一九四七年至一九四九年，發生在《臺灣新生報・橋》副刊上，關於臺灣文學的定位與重建的方向的議論，就是一個很好的例證。同時，筆者要具體論證的是，臺籍文化人以及赴臺的「進步」[62]文化人，對「中國化」的內容，從光復一

---

62 「進步」一詞為當時媒體言論上普遍使用的詞語，基本上意指在思想、言論、行動上具有對抗官方獨裁、保守的特質者，有時特指具有階級反抗色彩的左派文化人，

開始就與國民政府並非完全同調。兩岸文化人很清楚地認識到並不因為承認「中國化」的必要，就意味著放棄了臺灣的「文化主體性」。他們是以文化、政治的普遍性（一般性）來看待「中國化」，並主張「中國化」的內容也必須是在「民主化」的前提下，其中尤以國民黨封建官僚的專制化傾向被文化人抨擊最力。至於臺灣的「特殊性」，除了臺灣「工業化」產業的基礎，小學教育的普及、法治觀念與「地方自治」的發展的經驗與優點，可以作為「模範」，需要被尊重；但也有其「殖民性」需要清理，例如：「奪還我們的語言」（楊雲萍語，〈奪還我們的語言〉，《民報》1945年10月22日）、「殖民地的文學不是文學」（龍瑛宗語，〈建設──文學〉，《新新》，1945年11月20日）等等。這些對重建臺灣文化的主張，必須聯繫到當時的社會存在處境，才能彰顯它們的時代意義。

戰後，「臺灣主體性」的建立過程，在「族群政治」與「民族政治」的光譜之間游移，當然有可能從「族群政治」走到「民族政治」的層次。然而，將臺灣的政治主體採「民族政治」分離主義的「意識」，基本上要到兩岸對峙以後才提供了現實的條件[63]，甚至要到二十世紀八十年代以後才在臺灣內部出現了傾向「臺灣民族主義」的聲音與主張[64]。但截至目前為止，臺灣內部對於「獨立」與否並沒有達成共識。因此，我必須就上述研究者的問題意識層次，就方法論提出異議，並由此指向另一個問題意識的研究路徑。

首先檢討上述前面四位研究者所提出的阿杜塞（Louis Althusser）

但顯然未經嚴格的定義，雖然此一語詞明顯帶有價值判斷，但筆者為了行文方便，也為了貼近當時的社會語境，還是沿用此一語詞，行文中不再以引號（「」）標注。但特此聲明在使用此一語詞時不限定指稱「左派文化人」，以此和嚴格定義的「左派」做出區隔。

63 楊聰榮：《文化建構與國民認同：戰後臺灣的中國化》，頁115。

64 蕭阿勤：〈1980年代以來臺灣文化民族主義的發展：以「臺灣（民族）文學」為主的分析〉，《臺灣社會學研究》第3期（1999年7月），頁1-51。

的「國家機器」的分析路徑。必須釐清的是，阿杜塞明白地闡釋馬克思主義國家理論的要點：「國家」（政權）和「國家機器」是必須區分的。他說：「正如十九世紀法國的資產階級『革命』（1830年，1840年）、政變（12月2日，1958年5月）、國家的崩潰（1870年帝國的覆亡，1940年第三共和國的覆亡）或小資資產在政治上的興起（1890-1895年在法國）等所證明的，儘管發生了導致國家權力易手的政治事件，國家機器卻可以不受影響或不加改變地存在下去。」[65]換言之，階級鬥爭的目標在於爭奪國家權力（政權），並藉以取得國家機器的使用權。阿杜塞接著指出，無產階級革命在取得國家機器的使用權後，為了摧毀現存的資產階級國家機器，第一階段要以完全不同的無產階級的國家機器取代它，隨後的階段則開始一個徹底的過程，即消滅國家的過程，包括國家權力和一切國家機器的消滅。阿杜塞在闡發馬克思主義的國家理論時，並沒有涉及民族運動對抗「異族」的統治，那是屬於「民族主義」運動的理論範疇。

　　而後面三位研究者的論述動機，明顯是以二‧二八事件的發生談論臺灣人對「中國化」政策的對抗。但是二‧二八事件的「主因」並非省籍衝突，而是官民衝突，省籍衝突是情緒外化的表現，更根源的是社會體制的問題。同時這些研究者又無法確切地提出臺灣人將「中國人」視為「異族」的論據。因此，我認為這正是從「族群認同」的問題意識出發，探討民間的抗爭論述，而掉入「族群認同」的泥淖中，無法釐清當時政治思想的問題層次。誠如全面地考察雜誌言論的莊惠惇所指出的，當時知識分子是在「國族共同體」的架構下，承認臺灣文化有「中國化」的必要，只是對進程緩急和內容與官方有不同的意見。[66]

---

65 阿杜塞著，杜智章譯：《列寧與哲學》，頁162。
66 莊惠惇：《文化霸權、抗爭論述——戰後初期臺灣的雜誌文化分析》，頁203-205。

　　讓我們再回到阿杜塞「國家機器」的理論層次。如前文所述，當時文化人並非沒有對「國家權力」（政權）提出顛覆性的論述，尤其是左翼文化人要求「政治民主化」的社會革命論述就是最好的例證。省籍知識分子對文化場域中官方「民族論述」的發展方向，的確沒有異議；但在「民族認同」範疇之外，因應社會現實革新政治的要求，「民主論述」是當時的文化人自發形成的論述，卻經常為論者所忽略。其實踐的社會行動力，分別展現在政治場域的參與，以及在文化場域的「民主政治」論述，又可簡單的分為傳統士紳資產階級與左翼分子分別尋求體制內和體制外的抗爭路線。這是占據兩種不同「位置」的文化人抗爭策略的不同，他們之間有合作的空間，亦有思想、路線與意識形態的差異。因此本書第二、三章即在探索政治、權力場域與文化場域複雜的勢力角力，說明民間自主性文化場域生成的現實條件。

　　關於研究者運用葛蘭西的「文化霸權」的方法論。葛蘭西將「國家」理解為政治社會和市民社會。前者是指國家權力與法律上政府直接能支配的範圍；後者則是一堆私人組織的總和，國家無法直接主導，必須要靠「文化霸權」的運作，也就是「知識與道德的領導權」。[67]換言之，國家在權力運作過程中除「強迫」外，還有「同意」的部分。葛蘭西認為一個社會集團在取得國家政權之前，勢必已取得知識與道德的文化領導權，之後國家也必須繼續領導，才能確保政權的穩固[68]，筆者認為如最早的兩位研究者楊聰榮、蔡其昌把「中國化」的「文化霸權」，當作探討國民黨當局在戰後長期強化民族認同與主導文學發展的根源因素，的確是事實；但繼起的研究若範圍只限

---

67 臺灣學界習慣將葛蘭西的「文化領導權」翻譯為「文化霸權」，其實不太精準，也容易引起誤讀。

68 Antonio Gramsci (葛蘭西), *Selection From the Prison Notebook* (New York: International Publishers,1979), p.57, 141, 262.

於戰後到二‧二八事件期間，筆者質疑國民黨當局是否已經建立了取得「知識與道德的領導權」的「文化霸權」？二‧二八事件的發生，也說明了國民黨的「文化霸權」（文化領導權）並不穩固，所以才要靠「國家機器」的暴力行使。上述的研究者如果僅以「國家機器」「文化霸權」的研究路徑，只看到官方「中國化」政策的文化重編的一個面向，容易忽略了「行動者」（agent）的能動性。[69]筆者有意從知識分子的政治、文化抗爭，重新審視光復初期文化場域中民間抗爭論述的意義。

　　本書意在釐清光復初期臺灣回歸中國後所遭遇的政治經濟層面的難題後，進一步追究本省、外省的知識分子（文化場域中的「行動者」）相應於這些時代課題，如何運用日據時代以來與五四以來的「文化資本」，並據以在臺灣文化場域中「再生產」？兩岸文化人各自在其所占據的「位置」，在報刊上與官方爭取文化生產的支配權，並與官方的文化宣傳進行意識形態與文學內部美學的鬥爭。由於赴臺的國民黨派系政治的糾葛，以及臺灣原有的左、右翼思想與政治路線的差異性，造成國民黨官方與民間知識分子各方勢力在文化場域的角力更趨複雜。因此探究知識分子的文化抗爭時，有必要瞭解他們在文化場域的「位置」與介入現實的關係。

　　法國學者布爾迪厄（Pierre Bourdieu）關於「文化場域」（cultural field）的觀念及方法論的提出，始於他分析法國大革命前後，處於資本主義上升期，從宮廷藝術解放出來的文藝生產的社會關係，旨在析論「文化場域」與「政治場域」、「經濟場域」的關係及其鬥爭。由此說明「自主性」文化場域的生成與結構，以及作家的文學創作在此過

---

69 agent（行動者）一詞，乃從agency（能動作用）變化而來，其所強調的是行為者（actors）獨立作業，不受社會結構（social structure）的決定性約束的力量，用來表達人類活動的自發性和有目的性。見戴維‧賈里、朱莉婭‧賈里著，周業謙、周光淦譯：《社會學辭典》（臺北市：貓頭鷹出版社，1998年），頁14。

程中如何繼承「文化資本」，進行文學內部美學的鬥爭。布爾迪厄所謂「自主性」的文藝，指的是作家「為藝術而藝術」的高度自主性的實踐。但這種「為藝術而藝術」的文藝主體性的追求，並非意謂沒有社會實踐在其中。而是其最終極的追求在擺脫市場機制、貴族沙龍與國家資助的制約，而完成作家高度自主的文藝實踐，當然包括作家的社會關懷在其中。換言之，作家的社會實踐是包含在藝術實踐之中。布爾迪厄分析文化人通過與資產階級、統治階級的決裂，而確立了藝術自主的原則[70]，但此種決裂有時受到政治場域與經濟場域的作用而顯出曖昧、搖擺的態度。布爾迪厄指出：

> 作家、藝術家與市場建立了聯繫，市場的無名制約可以在它們之間創造出前所未有的差別，這些關係無形中有助於左右他們對「大眾的雙重表現」。他們認為大眾既是迷人的，又是可鄙的，將大眾中忙於日常鑽營的「資產階級」和從事愚鈍的生產活動的「老百姓」混淆起來。這種雙重的矛盾情緒對自身在社會空間中的位置和社會功能形成一種模稜兩可的觀念：這說明了為何他們在政治上搖擺不定。而且一八三〇～一八八〇年間發生頻繁政體變化也說明了這一點，他們就像鐵屑一樣，趨向暫時強化的場（域）的極點。因此，七月王朝的最後幾年，當場（域）的重心轉向左翼時，人們就會看到向「社會藝術」和社會主義觀念的普遍偏移（波德萊爾本人也談到了「為藝術而藝術的幼稚烏托邦」），激烈地反對純藝術。相反，在第二帝國時代，許多純藝術的捍衛者雖然不公開表示歸順，有時甚至會像福樓拜一樣對「巴丹蓋」（一個水泥匠，路易－拿破崙・波

---

70 布爾迪厄著，劉暉譯：《藝術的法則——文學廠的生成與結構》（北京市：中央編譯出版社，2001年），頁76。

拿巴借其衣服逃出被關押的要塞——譯者注）表示極大的輕
蔑，但他們仍經常出入宮廷要人舉辦的這樣那樣的沙龍。[71]

　　回顧臺灣文學史的發展，我們可以發現臺灣文化人在社會空間中
的位置和功能的確出現布爾迪厄所言，隨著文學生產「場域」的趨向
而變異的現象。舉例來說，一九二〇年代新、舊文學論爭拉開新文學
的序幕，儘管「漢詩」在日本統治者的默許下被鼓舞。但一次大戰
後，臺灣文化人受到世界性民主思潮、社會主義思潮與五四新文化運
動的影響，從「啟蒙」的觀點鼓吹「白話文」文學、民主、科學與婦
女解放等思潮[72]。臺灣文學生產「場域」的重心逐漸向左翼「社會主
義」的極點偏移，一直到二十世紀三十年代初期達到最高峰，卻因受
到政治的阻力而開始弱化。與此同時逐漸浮現的，是隨著日語作家數
量的成長，現代派文藝思潮透過日本從歐洲譯介進來，臺灣也出現超
現實主義詩風、頹廢派等，宣稱「為藝術而藝術」的作家與作品，如
水蔭萍、翁鬧等。一九三七年進入戰時體制，日本御用作家西川滿等
人的鼓吹「唯美主義」以及「文學奉公」，政治場域強化「皇民」文
學意識形態的要求，臺灣作家亦難逃「被支配者」的命運，或出席
「大東亞文學會議」、或被動員去寫「決戰小說」；直到戰爭結束前，
「公開」表現普羅文藝理念已不可能。頂多只能在小說中寄寓言外之
意，如楊逵的《鵝媽媽出嫁》；或採取不合作主義，如呂赫若從具有
階級批判的小說轉而改寫批判封建家族的小說，還稱得上是臺灣作家
抵抗政治力的自主表現。戰後，臺灣因政權轉換的權力重組，文化場
域也出現與權力場域同構的紛雜面貌。顯然以官方／民間、外省／本
省、大陸／臺灣等等，簡化而主觀的二元對立的概念，無法釐清文化
生產勢力消長的關係。

---

71 布爾迪厄著，劉暉譯：《藝術的法則——文學廠的生成與結構》，頁72。
72 陳少廷：〈五四與臺灣新文學運動〉，《大學雜誌》第53期（1972年5月），頁18-25。

　　因此現階段對臺灣光復初期的研究，布爾迪厄所指引的「文化場域」理論的分析架構，可突破傳統文學研究限於「內在發展因素」所缺乏的文化社會經濟層面的考察，以及文化研究局限於「外在因素」而忽略「行動者」（agent）的能動性。布爾迪厄強調文學生產存在於一個龐大而複雜的社會互動關係網絡中，借由「場域」（field）與「行動者」、「位置」（position）與「習性」（habitus）等等觀念，描述主客之間彼此滲透的途徑和必然性。[73]布爾迪厄此一理論方法的視野，有關「場域」與「行動者」、「位置」與「習性」等等概念的運用，最終要分析的是「行動者」如何運用「文化資本」的再生產與轉化，形成自主性的文化場域。

　　上述幾個關鍵詞中，涉及布爾迪厄「文化場域」的核心觀念，又較不易被理解（或較容易被曲解）的是關於「文化資本」與「行動者」和「習性」的概念，這些觀念彼此環環相扣，構成「文化場域」的理論架構。布爾迪厄之所以提出「行動者」的概念，在於：

> 我想把列維－斯特勞斯和其他結構主義者諸如阿爾都賽（Louis Althusser，本書譯為阿杜塞），傾向於廢除「行動者」概念重新引進來，使之成為結構的簡單的副現象（epiphnoma）。我指的是行動者，而不是主體，行動不是僅僅執行一條規則或服從一條規則。社會的行動者無論是古代社會還是在我們現在社會，都不是像鐘錶那樣依照它們不理解的法律而被自動化控制著。（中略）行動者採用了生成習性的具體化原則。這個性情系統是……通過經驗獲得的性情。[74]

---

73 張誦聖：《文化場域的變遷》（臺北市：聯合文學出版社，2001年），頁115。

74 布爾迪厄著，包亞明譯：《布爾迪厄訪談錄──文化資本與社會煉金術》（上海市：上海人民出版社，1997年），頁10。

　　布爾迪厄「行動者」的概念，說明了「行動者」在「場域」中，既受制於「場域」各種條件的牽制，但「行動者」又依據一連串後天的經驗法則做出行動的「抉擇」。他又說：

> 行動者通常並不是隨意地行動，而的確是做了「唯一要做的事」。這是因為行動追隨「實踐的邏輯」的直覺，實踐的邏輯是持續接觸某些條件後的產物，而這些條件與行動者置身於其間的條件非常相似，因而行動者能夠以某種方式預料到世界的內在固有的必然性。[75]

　　本書行文中以「文化人」代替「行動者」的一詞，以符合中文閱讀的習慣，並區別於「作家」一詞，以強調其「實踐邏輯」。即筆者用「文化人」一詞來強調其介入現實的方式，是經過他的後天「習性」（通過經驗獲得的性情）有意識的選擇的結果。至於本書使用「作家」時，則不具有「行動者」的概念，純粹只是說明其從事文學書寫的身份。

　　另外，布爾迪厄解釋運用「習性」[76]觀念的目的在於：

> 把被唯物主義傳統明顯地在反映論裡拋棄的、有關實踐的知識的「積極方面」，從唯心主義那裡找回來是十分必要的。把習性的概念構築成在實踐層面上起作用的後天獲得的性情系統，

---

75 布爾迪厄著，包亞明譯：《布爾迪厄訪談錄——文化資本與社會煉金術》，頁12-13。
76 譯者包亞明譯注「習性」：「習性就是由一整套性情構成的，性情通過社會環境，注入到了個人對他們在人際關係中要求什麼和能夠得到什麼的預見之中，例如，一個典型的中產階級人是會比無產者更容易與律師、教授等權威人士相處，因為他們共享了某些價值觀念、生活體驗和教育背景。」而張誦聖定義「habitus」為「習性、氣質、身態、心態、受形塑並具有形塑潛能的秉性和行為模式。」見張誦聖：《文化場的變遷》，頁115。

　　並把它作為感情認識和評論活動的範疇，或作為分類的原則和
　　行為的組織原則，這意味把社會性的行動者的真正角色，指派
　　為建構客體的實踐性的操作者。[77]

　　布爾迪厄企圖運用「習性」概念，既描繪了「行動者」自主的能
動性，又強調此一能動性仍是在後天經驗與現實環境制約，做出判
斷，選擇「唯一要作的事」。

　　至於「文化資本」有兩層含意，除了文化人在文化場域中的「位
置」所占據的文化資源，例如官方政策執行者、報刊主編與出版商所
擁有的文化生產的主導權；還包括文化人各自因「習性」與「美學品
味」的不同，選擇性地繼承不同的「文學遺產」在文化場域裡「再
現」或「轉換」，並得到讀者的支持與公認的地位。筆者認為布爾迪
厄「文化場域」的方法論，是釐清光復初期雖然短暫卻複雜的「歷史
過渡期」的文學生產，適切的研究路徑。因為光復初期「臺灣文學的
重建」，牽涉的正是文化人如何「選擇」日據時代或五四以來的「新
文學」遺產進行「再生產」，並以之介入現實的問題。

　　筆者援引布爾迪厄「文化場域」的理論視野，分析光復初期報刊
及其人脈集團，瞭解此一文化場域中有哪些勢力介入其中，作家如何
占據有形的報刊的位置，以及無形的「文化資本」的繼承性的「位
置」，取得文化生產的支配權，實踐文學的外部生產與內部美學的鬥
爭。筆者的目的即在於透過這些考察，探索光復初期文化人在複雜的
權力場域中，如何形成「自主性的文化場域」？此一自主性文化場域
在二・二八事件前、後歷經怎樣的生態擠壓、演繹與重組，文化人的
聚合、論辯又形成哪些具有自主性、批判性文學的理念，足以和官方
的文化宣傳相抗衡。而這些文化理念，對今日仍處於「認同」困擾、

---

77 布爾迪厄著，包亞明譯：《布爾迪厄訪談錄──文化資本與社會煉金術》，頁12-13。

並與大陸有著不同的「政治路線」主張的臺灣文化場域，同樣是一種「文化資本」，值得我們正視它的局限，以及對我們的啟發。

　　必須特別說明的是，由於歷史社會的差異，光復初期的文化生產環境，並不完全相應於布爾迪厄的理論，譬如文學市場尚未形成消費機制，又例如光復初期短暫的四年，文藝實踐尚未成氣候即遭遇「國家機器」暴力的介入而頓挫，文藝創作的美學形式還有待確立與實踐；然而占據不同文化位置的文化人對文藝理念、文藝發展方向的論辯或主張，卻已足以顯現他們的美學觀念，得據以考察文化資本的爭奪或繼承，評估文化場域意識形態鬥爭的歷程。因此，筆者認為布爾迪厄的「文化場域」的方法論，還是提供了一個很有啟發性的思維模式，使我們可以透視脫殖民統治而回歸中國的臺灣，文化場域中各方勢力的角逐與內部美學的鬥爭內容。

　　本書的章節架構：除引言，結語以外，第一章以「光復前史」到美軍協防的「光復變奏曲」，探討光復初期四年臺灣社會危機的政經問題根源。第二、三章分析文化場域中官方的文化重編與文化人之間多重勢力的角力關係，民間自主性文化場域的形成，並探究民主思潮與二‧二八事件的關係。第四、五章集中探討二‧二八事件前後臺灣文化的重建，社會主義文藝思潮的復甦與中挫，並分析日據時代、五四以來的文化資本的繼承與美學形式的選擇與現實處境的關係。

第一章
回歸中國與臺灣政經社會的危機

　　一九四五年八月十五日，日本天皇裕仁透過廣播宣布無條件投降，接受同盟國一九四五年七月二十六日發表的《波茨坦公告》：「《開羅宣言》之條件必將實施。」根據一九四三年十二月一日中、美、英三國發表的《開羅宣言》：「三國之宗旨，在剝奪日本從一九一四年第一次世界大戰開始以後，在太平洋上所奪得或占領之一切島嶼，在使日本所竊取於中國之領土，例如滿州、臺灣、澎湖群島，歸還中華民國。」[1]據此國際公法，自一八九五年清政府簽署馬關條約割讓臺灣給日本五十年後，重回中國的政治版圖。

　　依據中華民國政府國防最高委員會一九四四年七月三十一日通過的「復員計劃綱要」，抗日勝利後臺灣和東北被劃為光復區（東北於一九三一年由日本扶持傀儡政權成立了偽滿洲國），其他地區為收復區（戰時日本占領區）和後方區（戰時國民黨統治區）。[2]光復區與收復區接收方式不同，收復區採黨、政、軍、財政金融、交通通信、經濟工礦等分頭並進的接收方式，光復區則設立特別行政區，採取單獨

1　臺灣省文獻會主編：《臺灣省通志》（南投市：臺灣省文獻委員會，1952年），卷10「光復志」，頁7-8。

2　這些是國民黨管轄的區域，除此之外還有國民黨政令無法下達的共產黨的根據地。從抗戰時期國共合作期間，共產黨一直有自己的根據地，並實施與國民黨不同的管理方式。共產黨當時稱自己的管轄區為「解放區」，稱國民黨管轄的區域為「蔣管區」，一九四九年中華人民共和國成立則改稱為「國統區」。《復員計劃綱要》見秦孝儀主編：《中華民國重要史料初編——對日抗戰時期：第七編戰後中國（四）》（臺北市：中國國民黨中央委員會黨史委員會，1981年），頁352。

派遣大員全權綜合接收的方式。[3]因此國民政府在臺灣設立臺灣省行
政長官公署（下文簡稱長官公署），派陳儀主政；在東北的長春，設
立軍事委員會東北行轅指揮一切。[4]由於蘇聯的「援助接收」，東北很
快就變成國共內戰的首要戰場，此乃國民政府由勝轉敗的因素之一。
一九四九年暌離中國五十年的臺灣竟成為國民黨的「反共」堡壘，恐
怕不是臺灣人，也不是國民黨當局在收復臺灣之前，所能料想的。

　　關於臺灣光復初期的研究，大多圍繞著二‧二八事件發生前的政
經社會文化背景，也就是陳儀主政期間的研究文獻相當多。然而，要
深入瞭解影響光復初期社會發展的各項因果關係，僅僅探討陳儀的施
政是不夠的。就縱向而言，須向上追溯臺灣的「光復前史」，復臺政
策的制訂是赴大陸抗日的臺灣人士與國民政府既「合作」又「抗爭」
的結果。其次，更須往下考察陳儀被撤職後臺灣政經社會的「變
化」，而不能僅止於二‧二八事件。以上第二個面向，促使筆者思索
橫向影響的問題，也就是說被納入中國的政經社會圈之後，臺灣的問
題已經不可能獨立於中國之外而得到解決，當時的臺灣問題反映的是
中國問題的一個切面。

　　基於上述縱向與橫向的考察思維，本章分為四節，第一節探討臺
灣省行政長官公署的設置與臺灣人的「光復運動」，期能瞭解國民政
府「收復臺灣」政策的決策過程與各方勢力的運作，這些勢力在光復
初期的臺灣社會也繼續發酵。第二、三、四節探討國民政府的接收對

3　鄭梓：《戰後臺灣的接收與重建──臺灣現代史研究論集》（臺北市：新化圖書公
　　司，1994年），頁72。
4　許介鱗：「一九四五年八月三十日國民政府頒布收復東北各省處理辦法，在長春設
　　立軍事委員會東北行轅指揮一切，行轅設政治委員會與經濟委員會：劃東北為⋯⋯
　　九省；在長春設外交部東北特派員公署。九月四日，蔣介石任命中央設計局秘書長
　　熊式輝兼任東北行轅主任暨政治委員會主委，張嘉璈為經濟委員會主任委員兼中國
　　長春鐵路理事長，蔣經國為外交部特派員。張嘉璈遲至任命前三天才知道將被派往
　　東北，根本不可能充分籌劃方略，種下東北失敗的原因。」見許介鱗：《戰後臺灣
　　史記‧卷一》（臺北市：文英堂出版社，1998年），頁24。

臺灣政、經、社會的影響，臺人對「光復」充滿期待到失望的心理轉折，以及二·二八事件發生的整體社會危機。

第一節　光復前史：光復運動與行政長官公署的設立

日本戰敗後，臺灣回歸中國的政治版圖，這是中國向美國積極爭取參加開羅會議所協議的。[5]另一方面，經常被史學家所忽略的是：「收復臺灣」也是在大陸的臺灣抗日團體不斷地向國民政府呼籲臺灣地位的重要性的結果。早在國民政府將「收復臺灣」作為既定政策之前，臺灣抗日團體就不斷地籲請國民政府及早展開收復臺灣的工作，而這些光復前在大陸上從事光復運動的臺灣抗日分子，光復後在臺灣的社會、文化界亦有其不可小覷的影響力。在進入光復初期臺灣的政經社會問題的討論之前，有必要先瞭解此一「光復前史」。

一九一五年西來庵事件遭受日本殖民當局鎮壓後，象徵著臺人武裝抗日的結束。臺灣人對政治主體的追求，改以社會、文化運動的形式呈現。此乃受到第一次世界大戰後全世界民族自決與蘇聯社會主義思潮的影響，以及一九一九年朝鮮「三一」獨立運動與中國大陸「五四」民主運動的鼓舞；從二十世紀二十年代開始，由東京留學生返回臺灣，透過集會演講、創辦刊物、組織團體等方式，而與西方的左翼社會主義、右翼自由主義的現代政治思潮碰觸。一九二七年臺灣文化

5　戰後臺灣回歸中國的處置牽涉國際間認定的臺灣法定地位，其關鍵是「開羅會議」所決定的，此中糾葛著同盟國之間的利益折衝。許介鱗指出在一九四〇年九月德軍攻入波蘭後，蔣介石的重慶政權即積極與日軍接觸，並且藉此要求美國支持。另一方面以宋子文、胡適、蔣宋美齡等人組成「中國遊說團」，向羅斯福爭取亞洲戰線、中國戰區的美援。羅斯福擔心蔣介石屈服於日本的「誘和」，希望以中國戰區牽制日本大軍，減少美國在太平洋戰爭中的傷亡與損失，蔣介石乃得以盟軍中國戰區最高統帥的地位出席開羅會議，向同盟國爭取戰後臺灣歸還中國的處置。見許介鱗：《戰後臺灣史記·卷一》（臺北市：文英堂出版社，1998年），頁29-33。

協會的左、右分裂，說明了臺灣社會民主運動陣營的分道揚鑣。儘管臺灣的社會民主運動屢受日本殖民當局的鎮壓，尤其是一九二九年日本以「治安維持法」進行全島性的鎮壓，於二月十二日搜捕各地新文協、農組、工會、民眾黨的幹部成員，是為著名的「212事件」，鎮壓行動持續到一九三一年。

　　臺灣的反殖社會運動並沒有因日本殖民當局的鎮壓完全沈寂，而是轉移陣地西渡祖國大陸。事實上，早在二十世紀二十年代中期就陸續有臺灣學生青年在大陸各地組織抗日團體。[6]一九三七年日本發動侵華戰爭後，反封建、反帝的抗日運動在臺灣喪失生存的條件，島內除了一些零星學生的抗爭事件，赴大陸的抗日青年愈來愈多，紛紛尋求各式管道西渡。[7]在大陸的臺灣抗日團體則在原有的基礎上結集，聯合陣線，積極展開「保衛祖國，收復臺灣」的宣傳與行動，向官方喊話，要求各項建省、建軍的政治制度，最後歸結為實施「省憲」與「地方自治」的民主要求。臺灣光復後，「長官公署」赴臺接收，民間的媒體言論上也持續著此一民主要求的基調。

　　底下分別討論國民政府收復臺灣的政策走向，以及在大陸的臺灣

6　有關臺灣社會運動與中國革命的關係，可參考若林正丈：〈臺灣抗日運動中的「中國坐標」與「臺灣坐標」〉（《當代》第17期，頁14-57）、〈尋找遙遠的連帶──中國國民革命與臺灣青年（上）、（下）〉（《臺灣風物》第53卷第2、3期，頁131-166、137-172）。

7　藍博洲針對相關的個案研究發表〈尋找祖國三千里──日據末期臺灣青年學生的抗日之路〉（《雨花》2015年第9期，頁104-109），藍文有助於吾人瞭解日本發動侵華戰爭後，臺灣學生青年一個又一個的個案，奔赴祖國尋找抗日團體的艱辛與曲折。有些個案就是後來眾所知曉的一些在二‧二八事件中或在二十世紀五十年代白色恐怖中罹難、逃亡、受難的左翼分子，例如「尋找重慶」的有張深切、鍾浩東（和鳴）與蔣碧玉夫婦、蕭道應與黃素貞夫婦、李南鋒、吳思漢、吳克泰、藍明谷與蔡川燕兄弟，以及「尋找延安」的有呂芳魁、李中志、林如堉、林思平、劉燕瑟、楊美華等，還有如郭琇琮、陳炳基、謝娥、蔡忠恕、雷燦南等一些計劃前往大陸而未能成功的個案，這些青年因在島內密謀從事抗日行動而被逮捕的也不在少數。據估計一九三七年抗日戰爭爆發後，為實現臺灣光復，先後歸返大陸，參加祖國抗日行列的臺灣志士，高達五萬多人。

抗日分子的建言與他們的憂心。在此過程中除了反映了臺灣人對政治主體的追求，其中關於「復臺」、「建臺」等事宜所做的努力與發言，代表了光復前臺灣抗日團體與國民政府之間，展開了既是抗日合作又是治權抗爭的關係。雖然有為數不少的臺灣人試圖參與大陸抗日戰爭的行列，但誠如戴國煇所指出：「臺灣的『解放』並不是臺灣人自己與日帝對抗從日帝手中爭取過來的，而是因日帝戰敗、第二次世界大戰結束而撿來的」。[8]正因為「解放臺灣」的革命主動權不是出於臺灣自發的力量，戰後政治體制的選擇與制訂，自然還有很長的抗爭之路。

一　國民政府收復臺灣的政策走向

一九三七年盧溝橋事變爆發，日本全面展開侵華戰爭，蔣介石於一九三八年四月一日的國民黨全國代表大會中，曾公開表明總理（孫中山）生前指示該黨的革命對策就是「恢復高（麗）臺（灣），鞏固中華」，「因為高麗原來是我們的屬國，臺灣是我們中國的領土……為要達成國民革命的使命……以解放高麗臺灣人民為我們的職志」。[9]蔣介石雖然表示要「解放臺灣」，但對於收復臺灣失土並無明確的宣示與政策。[10]直到一九四一年十二月八日，日本發動太平洋戰爭，美國捲入遠東的戰場，中國經歷四年不宣而戰的艱苦抗戰後，馬上於隔天發表對日宣戰文，明文表示「茲特正式對日宣戰，昭告中外，所有一切條約協議合同，有涉及中日間之關係者一律廢止」[11]，自然也包括廢

8　戴國煇、葉芸芸：《愛憎二・二八》（臺北市：遠流出版社，1992年），頁21-22。

9　張瑞成編：〈抗戰時期收復臺灣之重要言論〉，收入秦孝儀主編：《中國現代史史料叢編第三集》（臺北市：國民黨黨史會，1990年），頁2。

10　曾健民：〈日據末期（抗戰末期）的臺灣光復運動〉，氏著：《臺灣光復史春秋：去殖民、祖國化和民主化的大合唱》（臺北市：海峽學術出版社，2010年），頁25。

11　張瑞成編：〈抗戰時期收復臺灣之重要言論〉，秦孝儀主編：《中國現代史史料叢編第三集》，頁3。

止了清政府於「馬關條約」中將臺灣地區割讓日本的協議。[12]一九四二年十一月三日外交部長宋子文在重慶國際宣傳處記者招待會中公開聲明：戰後「中國應收回東北四省、臺灣及琉球，朝鮮必須獨立」[13]，闡明我國恢復領土以甲午戰爭前狀態為目標。至此國民政府當局對於臺灣問題，才由聲援臺灣同胞的民族獨立與解放運動，進而發展為「收復失土」的既定政策。[14]經過了一年多以後，一九四三年十一月在開羅會議上獲得國際公認後，國民政府才正式展開「收復臺灣」的籌備工作。在此前後，「收復臺灣」的輿論從醞釀、鼓吹、到達高潮，主要是以留居大陸的臺籍人士及其抗日團體為發動的主力。[15]

　　一九四四年三月十五日，時任行政院秘書長的張厲生，曾呈文蔣介石建議在行政院成立「臺灣設省籌備委員會」，以為統籌臺灣建省的機關，主張「臺灣收復後，我國自應於該地恢復以前行省組織」。[16]蔣介石否決了這項提議，於一九四四年四月十七日在統合黨、政、軍的「國防委員會」轄下的中央設計局[17]內設立了「臺灣調查委員會」（以下簡稱「臺調會」），負責調查臺灣的實際狀況，及展開收復臺灣的各項準備工作。「臺調會」成立後，蔣介石即任命陳儀主持一切復

---

12 呂芳上：《臺灣革命同盟會與臺灣光復運動（一九四〇～一九四五）》，收入中華民國研究中心編：《中國現代史專題研究報告：第三輯》（臺北市：中華民國史料研究中心，1973年），頁262。

13 張瑞成編：〈抗戰時期收復臺灣之重要言論〉，秦孝儀主編：《中國現代史史料叢編第三集》，頁3

14 鄭梓：《戰後臺灣的接收與重建──臺灣現代史研究論集》，頁5。

15 鄭梓：《戰後臺灣的接收與重建──臺灣現代史研究論集》，頁30。

16 張瑞成：《光復臺灣之籌劃與受降接收》，收入秦孝儀主編：《中國現代史史料叢編第四集》（臺北市：國民黨黨史會，1990年），頁41。

17 中央設計局隸屬於國防最高委員會，而國防最高委員會是戰時之政治、經濟設計暨審議的最高機構，蔣介石為委員長。中央設計局的主管長官稱為「總裁」，也是由蔣介石委員長擔任。見鄭梓：《戰後臺灣的接收與重建──臺灣現代史研究論集》，頁48。

臺工作。[18]早在「臺調會」成立之前，在大陸的臺灣革命聯合陣線組織「臺灣革命同盟會」就不斷籲請國民政府早日實施臺灣建省、建軍、組訓幹部等「復臺建臺」的工作，蔣介石不顧臺灣革命團體的呼籲，否決行政院的建議，而囑意以「國防最高委員會」主導臺灣的接收工作，實已埋下臺灣省制特殊化的開端。可見蔣介石是從軍政的角度籌劃收復臺灣之各項人事、組織，與臺灣革命團體出於臺灣的實情、願望的「復省運動」，有很大的落差。[19]

　　「臺調會」採委員合議制，陳儀為主任委員，成立之初指派的委員，幾乎都是他當福建省主席任內的班底，如：沈仲九、夏濤聲、錢宗起、周一鶚等人，日後也成為陳儀接收臺灣的班底，另一位是日本政情專家，國際問題研究所所長王芃生，六位委員中並無任何臺籍人士。該會運作五個月後，一九四四年九月二十五日始加派五名居留大陸的臺灣人，包括丘念台、謝南光（春木）、黃朝琴、游彌堅、李友邦[20]（見戴國煇、葉芸芸[21]，鄭梓[22]二書），最後又因派系之爭，應

18 許介鱗：「陳儀在國府中是有名的『知日派』，與日本軍政界關係密切，蔣介石遇到對日重大事件時，常密電徵詢其意見，一九三〇年代，日本積極侵略中國，陳儀被任命為福建省主席（1943-1941），奉蔣介石密諭『對日應採緩衝態度』，充當戰爭期間中日兩國的『窗口』，與海峽對岸的臺灣總督府往來甚為密切，因此對臺灣事務頗為熟悉。」見許介鱗：《戰後臺灣史記・卷一》（臺北市：文英堂出版社，1998年），頁60。另參見錢履周：《陳儀主閩事略》，收入李敖編著：《二・二八研究三集》（臺北市：李敖出版社，1989年），頁53-56；以及胡允恭：〈地下十五年與陳儀〉，《傳記文學》第60卷第6期（1992年6月），頁60。

19 曾健民：〈日據末期（抗戰末期）的臺灣光復運動〉，氏著：《臺灣光復史春秋：去殖民、祖國化和民主化的大合唱》，頁46。

20 這批臺灣人大部分在光復後返臺活躍於黨政經文化界，日後協助臺灣省行政長官公署赴臺接收時被稱為「半山」。關於抗戰期間臺灣人在大陸的活動情形，可參考J.B. Jacobs撰：〈臺灣人與中國國民黨（1937-1945）──臺灣人「半山人」的起源〉，見陳俐甫、夏榮和、林偉盛編譯：《臺灣・中國・二・二八》（臺北市：稻鄉出版社，1992年），頁3-52。

21 戴國煇、葉芸芸：《愛憎二・二八》，頁87。

22 鄭梓：《戰後臺灣的接收與重建──臺灣現代史研究論集》，頁136。

「CC派」首領陳果夫之要求，加派臺灣省黨部主委旅菲華僑王泉笙。抗戰時期上述臺籍委員大都因供職於黨政軍特、外交、財經各部門，[23]應聘為委員，多屬是榮譽職，困於本職本務，難以參與籌備會議，後來加入的王泉笙也只出席第一次黨政軍聯席會議。[24]委員會的實權主要在醉心於社會主義的統制經濟的陳儀和他的政治班底手中。此一經濟理念在臺調會通過的「臺灣接管計劃綱要」和「臺灣省行政長官組織大綱」中，都可以窺見。[25]儘管如此，臺籍委員並不放棄發揮各種輿論視聽影響力，或發表公開文章，或於任職機關、或以組織團體的名義呈文，企圖影響各項復臺方案。

臺調會主任委員陳儀，曾任福建省省主席近八年（1934-1941），[26]曾於任內的一九三五年渡海赴臺，參觀日帝為了誇耀殖民統治成果的「始政四十周年紀念博覽會」，陳儀有感於日本治臺經濟建設的現代化，乃於翌年派遣十一人之「臺灣考察團」，由廈門市長李時霖領隊，而後於一九三七年六月出版《臺灣考察報告》一書，陳儀在序中表示

23 五位加派的臺籍委員，都另有要職，例如黃朝琴任職外交部，經過一番周折，退還初聘的專任專員，才爭取到委員的榮銜；李友邦在浙江金華山區組訓「臺灣義勇隊」，豈有餘暇參與「臺調會」會議及工作，或如丘念台遠處廣東前線淪陷區從事敵後工作，事後始得知獲聘為委員，根本未能赴任。表面上臺籍人士占委員會的一半，亦不過形同虛設。見鄭梓：《戰後臺灣的接收與重建──臺灣現代史研究論集》，頁136。

24 臺籍人士參加會議出席率最高的是軍事委員會國際問題研究所的謝南光，共有四次記錄，分別是一九四四年七月二十一日以臺胞為主的座談會，一九四五年八月十五日最後一次座談會，以及一九四五年六月二十七日的第一次黨政軍聯席會議，還有一次一九四五年三月十五日關於行政區域研究會；至於其他臺籍委員黃朝琴只出席那次以臺胞為主的座談會，而李友邦、丘念台則全程不克參與會議。見鄭梓：《戰後臺灣的接收與重建──臺灣現代史研究論集》，頁136。

25 許介鱗：《戰後臺灣史記・卷一》，頁61-62。

26 陳儀治閩的功過評價不一，目前有賴澤涵、戴國輝專文評述，治閩期間，陳儀培養了一批幕僚，成為後來治臺的班底。賴澤涵：〈陳儀在閩、臺的施政措施〉，《中國論壇》第31卷第5期（1991年），頁27-32。戴國輝：〈陳儀的為人、為政與政治班底〉，見戴國輝、葉芸芸：《愛憎二・二八》，頁61-104。

希望以臺灣作為閩省經濟建設的借鏡，[27]提出「福建經濟學臺灣」的口號。[28]日後陳儀之所以建議蔣介石設立臺灣省行政長官公署，採取統一接收臺灣的特殊省制，[29]除了他對孫中山民生主義、社會主義與蘇聯計劃經濟等思潮的信仰，和他的赴臺經驗應該也不無關係。儘管陳儀治閩的功過不一，在治閩期間曾引起極大的爭議，並且與國民黨內各政治勢力時有摩擦，蔣介石仍舊委任陳儀主持收復領土臺灣的設計規劃工作，顯然已為日後收復臺灣的人事布局做了預備的安排。除了陳儀在黨政要員當中是知名的知日派，對臺灣有切身經驗等客觀條件，蔣介石主觀的信任，以及為撫平其他派系的不滿，將陳儀派往偏遠的海角，也可能是重要的因素。[30]

「臺調會」主要從事三項的工作：一是擬定「臺灣接管計劃綱要」，經過中央設計局、國防最高委員會審核，於一九四五年三月二十三日奉蔣委員長修正頒布。「臺調會」的第二項工作是培訓日後接管臺灣的幹部，計培訓了行政幹部、警察幹員及銀行金融專員共一千多名幹部，比起全國其他各區籌劃接收與復員的人力動員方案，臺灣算是起步較早，且各項人才配置亦較周全。「臺調會」的最後一項工作是編輯臺灣之概況、選譯法令、研究專題等，至一九四五年七月，一年多的時間，出版了數十種，兩三百萬字與臺灣有關的資料書刊。

27　陳儀：《臺灣考察報告‧序》，參見張良澤主編：《臺灣文化》專刊（1984年5月2日），頁5。

28　許介鱗：《戰後臺灣史記‧卷一》，頁60。

29　陳儀曾在〈臺灣省參議會成立大會開幕典禮演講詞〉中透露：「本人主持臺灣調查委員會，那時曾把臺灣的各種比較重要的問題，預先研究，並擬定一接管計劃綱要，經委員長核准，關於政權的行使，主張統一。」由此可見，「臺灣省行政長官公署組織條例」的定案，陳儀有意對臺灣統一接收獲得蔣介石充分的信任和授權。

30　關於蔣介石派陳儀主政臺灣的原因，丁果、戴國煇已有詳論。丁果：〈臺灣「二‧二八事件之一考察」──以陳儀與臺灣省行政長官公署為中心〉，見陳俐甫、夏榮和、林偉盛編譯：《臺灣‧中國‧二‧二八》，頁93-95；戴國煇、葉芸芸：《愛憎二‧二八》，頁130。

從「臺調會」的功能及成果看來，可瞭解重慶方面對收復臺灣的準備
工作之一斑。[31]

二　臺灣抗日聯合陣線團體爭取「復省建省」

一九二一年到一九三七年為止，臺灣人士共計在大陸境內設立四
十餘處抗日團體，先以上海、廈門活動中心，隨抗戰轉移至華南和重
慶。[32]一九三七年日本發動侵華戰爭，受到國、共第二次合作「抗日
民族聯合戰線」告成的客觀情勢催化下。在大陸境內的臺灣抗日團
體，體認到此時唯有加入祖國的抗日聯合戰線，才有機會爭取臺灣的
「解放」。

二十世紀二十年代先後在祖國成立的抗日團體有：一九二二年留
學北平的鄭明祿、蔡惠如組成「北平臺灣青年會」，一九二三年蔡惠
如、許乃昌、彭英華召集上海學生組成「上海青年會」，北平、上海
兩個青年會共同聲援「臺灣議會設置運動」，另外又組織了「臺灣自
治協會」，主張民族自決的自治運動。一九二四年「上海青年會」與
「臺灣自治協會」結合上海的朝鮮革命志士組成秘密社團「臺韓同志
會」，規約第一條為：「本會以完成臺韓獨立，建設自由聯邦，為唯一
目的」首次提出臺韓獨立共組聯邦的主張。同年社會主義者彭華英結
合中國大陸、朝鮮、臺灣的左翼分子組成「平社」，出版《平平》旬
刊運回臺灣散發，該社反對臺灣議會設置運動，主張聯合東亞弱小民
族共同反對日本帝國主義，一九二五年有「上海臺灣學生聯合會」成
立，一九二七年謝雪紅、林木順、翁澤生等左翼分子在上海發起「上
海臺灣讀書會」，一九二八年，在共產黨協助下，創立「日本共產黨

31 鄭梓：《戰後臺灣的接收與重建──臺灣現代史研究論集》，頁46-57。

32 呂芳上：《臺灣革命同盟會與臺灣光復運動（一九四〇～一九四五）》，「中華民國研
　　究中心」編：《中國現代史專題研究報告：第三輯》，頁262。

臺灣民族支部」，提出「反帝反封建」的政治綱領。一九二三年廈門
大學李思禎組成「臺灣尚志社」，一九二四年進一步與翁澤生、洪朝
宗組織了「閩南臺灣學生聯合會」，出版刊物《共鳴》，聲援臺灣議會
設置運動。一九二五年與中國學生共組「廈門中國臺灣同志會」揭露
日本當局「限制臺人回祖國，妨害同胞間相愛互助」，呼籲廢除與日
的一切不平等條約，負起援助臺灣的義務。而在南京有羅東青年吳麗
水、李振芳在一九二六年與中國愛國志士共組「中臺同志會」、廣東
學生於一九二六年在中山大學校長戴季陶的暗中支持下，成立「廣東
臺灣青年革命團」，發行《臺灣先鋒》雜誌，後來領導臺灣義勇隊抗
日的李友邦就是創會成員之一。一九三一年日本發動九一八事變，劉
邦漢在廣東成立之「臺灣民主黨」。「中臺同志會」、「廣東臺灣青年革
命團」與「臺灣民主黨」因先後受到日本殖民當局密偵檢舉，大舉搜
捕判刑，震驚社會。[33]

　　臺人努力向國民黨中央反映「建制、建省、建軍」的要求，希望
確立臺灣的法定地位，以自己的武裝力量加入抗日的行列。國民政府
亦體認到吸收臺灣優異分子的重要，以備必要時在島內展開裡應外合
的抗日工作。在國民政府的協助下陸續成立了李友邦[34]領導的「軍事

33　關於抗戰時期臺灣的光復運動，曾健民曾詳述從二十世紀二十年代開始在大陸的臺
　　灣抗日團體，於一九三七年抗戰後如何結集形成統一抗日陣線的過程，考察在國民
　　政府協助下的四個主要的革命團體：臺灣義勇隊、臺灣革命同盟會、臺灣黨部與臺
　　灣調查委員會，在臺灣光復運動過程中所扮演的角色與建言。見曾健民：《臺灣光
　　復史春秋：去殖民、祖國化和民主化的大合唱》，頁9-64。

34　李友邦於一九二四年因參加臺北師範學潮、襲擊日警，為躲避日警追捕逃到上海。
　　在孫中山「聯俄容共」的政策下開啟國共第一次合作時，李友邦南下廣州進入黃埔
　　軍校第二期。同年受孫中山思想與廖仲愷的影響下奠定臺灣革命的思想。廖氏乃曾
　　向孫中山遊說延請俄籍鮑羅廷出任國民黨高級顧問者。見丘念台：《嶺海微颿》（臺
　　北市：海峽學術出版社，2002年），頁113-115。一九二七年李友邦與張深切、張月
　　澄（張秀哲）等臺灣學生共同組成「廣東臺灣青年革命團」，主張以革命手段推翻
　　日本的殖民統治，並積極援助中國大陸的革命，以求臺灣的解放。旋因國民黨清
　　黨，離開廣州，一九二九年在杭州投入地下革命運動，一九三二年為革命特務偵

委員會直屬臺灣義勇隊」[35]、「臺灣革命同盟會」以及「中國國民黨直屬臺灣黨部」。下文一一陳述其籌組過程。

一九三八年十一月李友邦受閩省主席陳儀的贊助，[36]並在昔日獄中共產黨友人駱耕漠的協助下，組建一支臺灣人的武裝抗日隊伍「臺灣義勇隊」，一九四二年正式在浙江金華成立，直屬於軍事委員會政治部。[37]一九四三年三月三民主義青年團在義勇隊設直屬分團，直接接受中央團部的指導。[38]

一九四〇年李友邦在臺灣義勇隊的機關刊物《臺灣先鋒》月刊創刊號上發表〈臺灣要獨立也要歸返祖國〉，重申：「臺灣革命的兩面性，一方面要求獨立，另一方面要求返歸祖國。」因為「臺灣獨立，是在國家關係上，脫離外族（日本）的統治」，是對現在的統治者鬥爭，爭取能夠自己決定自己的前途的權利；但另一方面「臺灣曾是中國的一省」，清政府因「馬關條約」將臺灣地區割讓給日本，除非祖國政府公開提出「收復臺灣」的政策，否則無法公開支持臺灣的光復運動。李友邦據此現實條件，分析臺灣的革命的複雜性在於：「第

獲，逮捕入杭州陸軍監獄。見曾健民：《臺灣光復史春秋：去殖民、祖國化和民主化的大合唱》，頁23。

35 一九三七年盧溝橋事件日本發動侵華戰爭，經過「西安事變」與全國興論的壓力，國民黨停止剿共，開啟國共第二次合作，聯合抗日。此時，一九三二年因從事地下工作被國民黨逮捕的李友邦得以出獄。一九三八年九月李友邦隨即恢復昔日在廣東成立的「臺灣獨立革命黨」的公開活動。為適應抗戰形勢，李友邦將黨章做了適度修正。見曾健民：《臺灣光復史春秋：去殖民、祖國化和民主化的大合唱》，頁10。總綱規定：「本黨宗旨為團結臺灣民族，驅除日本帝國主義在臺灣一切勢力；在國家關係上，脫離其統治，而返歸祖國，以共同建立三民主義新國家。」行動綱領則提出：拒繳賦稅、反對抽徵壯丁來華作戰、破壞臺灣生產、組織日韓臺反法西斯大同盟、統一臺灣革命組織……等十項綱領。見《臺灣先鋒》創刊號（1940年），頁88-93。

36 呂芳上：《臺灣革命同盟會與臺灣光復運動（一九四〇～一九四五）》，「中華民國研究中心」編：《中國現代史專題研究報告：第三輯》，頁263。

37 曾健民：《臺灣光復史春秋：去殖民、祖國化和民主化的大合唱》，頁24-27。

38 呂芳上：〈抗戰時期在大陸的臺灣抗日團體及其活動〉，《近代中國雙月刊》1985年第49期，頁18。

一，必須以臺灣作為日本帝國主義者的殖民地向他爭取獨立，第二，
他又須以臺灣作為中國之一部分，而且適應全民的要求要歸返祖
國。」[39]與此同時，一九三八年九月十八日謝南光聯合在華南的「臺
灣民眾再建委員會」、「臺灣反戰同盟」、「臺灣光復團」及「臺灣眾友
會」等五團體成立「臺灣民族革命總聯盟」。它的共同綱領針對統一
戰線特別指出：「一、本同盟的共同目的，在推翻日本帝國主義的統
治，建立各民族平等的民主革命政權。二、本同盟認為臺灣革命乃中
國革命的一環，中國抗戰成功之日，即臺灣各民族爭得自由解放之
時，故必須發動臺灣各民族參加中國抗戰。」[40]基於臺灣抗日團體對
臺灣革命為中國革命之一環已形成共識，一九四〇年三月二十九日在
任職於重慶軍委會政治部的劉啟光（原名侯朝宗，原臺灣農民組合幹
部）的推動下，李友邦領導的「臺灣獨立革命黨」、「臺灣義勇隊」與
謝南光所領導「臺灣民族革命總聯盟」在重慶共組「臺灣革命團體聯
合會」[41]（以下簡稱「革聯」）。臺灣抗日團體自發性地聯合陣線，已
使「革聯」成為陣容最龐大、最具號召力的復臺宣傳組織。一九四〇
年開始，國民黨中央積極策動「敵後方革命運動」，[42]包括贊助策動日
韓臺革命運動、推動中央直屬臺灣黨部等工作，顯示了國民黨抗日作
戰「攻略」的變化。在國民黨積極協助臺灣革命工作的新「攻略」鼓
舞下，臺灣抗日統一陣線「革聯」進一步於一九四一年二月十日於重

---

39 李友邦：〈臺灣要獨立也要歸返祖國〉，《臺灣先鋒》第1期（1940年），頁7-8。

40 謝南光：〈中國抗戰與臺灣革命〉，《中國青年》第1期（1939年10月20日），頁4，轉
引自張瑞成編：《抗戰時期收復臺灣之重要言論》，收入《中國現代史史料叢編第三
集》，頁14。

41 一九四〇年，七月陳友欽、林士賢領導的「臺灣青年革命黨」和宋斐如、柯台山領
導的「臺灣國民革命黨」也加入組織，十一月張邦傑領導的「臺灣革命黨」又加入。

42 一九四〇年汪精衛在日帝的操控下，在南京成立「中華民國國民政府」的傀儡政
權，並改編一部分國民黨的投敵部隊名為「和平建國軍」。為抵制日帝的此一戰
略，蔣介石於四月決定「贊助日本臺灣朝鮮的各項革命運動」，推展「敵後方革命
運動」。

慶成立「臺灣革命同盟會」，使數十年來分散在祖國各地的臺灣革命團體向更緊密的統一組織發展，團結在「保衛祖國、收復臺灣」的共同目標下，其宗旨明白表示接受國民黨中央的領導，並首次提出了「建設三民主義新中國」的目標[43]。隨著戰爭的形勢變化，「收復臺灣」目標日漸接近，「革盟」屢屢向中央提出對於臺灣「建省」「建軍」「建政」等建言，希望早日確立臺灣的地位。[44]

一九四〇年四月，蔣介石命黨中央組織部長朱家驊與任職軍事委員會政治部的劉啟光、宣傳部的林忠、謝東閔商量，商請在香港行醫的翁俊明擔任臺灣黨部籌備處主任，一九四一年「中央直屬臺灣黨部籌備處」在香港秘密成立，[45]劉啟光任秘書，臺灣島內北部由周天望、南部由莊孟侯負責。一九四三年開羅會議前夕十一月十八日翁俊

---

43 儘管此時國民政府尚未對外公開宣示「收復臺灣」的政策，但「革盟」的成立，是在國民政府中央的允諾下：確保其「復歸祖國」、「依照地方自治原則組織地方政府」、組織名稱「可暫稱為臺灣國民黨」、統屬關係上「可暫保獨立性」、協助建立武裝、及不經法律程序取得公民權等保證中。參見〈康澤致朱家驊轉達臺灣革命團體聯合會對臺灣革命問題之請示與擬答之意見函〉1940年6月4日，見張瑞成編：《臺籍志士在祖國的復臺努力》，頁307-308，增強了臺灣革命者的向心力，拉近與國民政府的關係，無怪乎李友邦視一九四〇年為「復省運動」的開始（1943年1月15日），李友邦：〈三年來之臺灣復省運動〉，1943年7月30日中國國民黨直屬臺灣黨部編印《臺灣問題參考資料》第二輯，油印件（1943），頁10-18；參見張瑞成編：《抗戰時期收復臺灣之重要言論》，收入《中國現代史史料叢編第三集》，頁64。

44 曾健民：《臺灣光復史春秋：去殖民、祖國化和民主化的大合唱》，頁29-42。

45 後因香港被日軍占領，撤往內陸經廣東曲江、江西泰和，期間曾開設「臺灣黨務工作人員訓練班」，由宋斐如任教育長，廣招臺、閩、浙及學員六十人。最後於一九四三年三月十五日在福建漳州正式成立「中央直屬臺灣黨部」，翁俊明仍任主委，改林忠任執委兼書記長，設組訓、宣傳、總務三科以「中正醫院」為掩護展開工作。除派大批工作人員潛赴大陸各淪陷區做宣傳策反工作，並聯絡島內同志竊取情報，鼓勵臺胞在敵方軍政機關「乘機反正」。據一九四四年《臺灣黨務意見書》共徵得黨員四百一十四人「分布島內各地參加組織」，在島內曾以「思宗會」名義進行組訓，且運用「北京語研究會」名義，建立了二十五個據點小組。見張瑞成編：《臺籍志士在祖國的復臺努力》，收入秦孝儀主編：《中國現代史史料叢編第二集》（臺北市：國民黨黨史會，1990年），頁302-308、327。

明遭人食物下毒斃命，林忠暫代主委，至一九四四年改派旅菲華僑王泉笙繼任主委，並將黨部遷往福建永安，但主委一直未到職，被丘念台在《臺灣黨務改進管見》中批評為「太遠隔工作」[46]、「無群眾少黨員、任職者多不知臺、臺島人才不參加」。[47]顯現了臺灣黨部內部有人事矛盾，而國民黨中央亦表現出對臺人的不信任。

一九四一年十二月八日日本偷襲珍珠港，同時攻擊美國殖民地菲律賓等地，發動太平洋戰爭。英、美立即對日宣戰，捲入遠東的戰場。中國於翌日馬上發表正式對日宣戰，此舉等於宣告廢止中日兩國間所有不平等條約，對臺人最大的鼓舞莫過於馬關條約的廢止可期。於是，「革盟」不再顧忌為難中國對臺政策，復臺宣傳正式搬上臺面，積極展開各項公開的活動。每逢「四一七」馬關條約割臺簽字日，以及「六一七」日總督領臺始政日，皆訂為島恥紀念日，並趁此機會舉行紀念大會以鼓動風潮、擴張聲勢[48]。臺灣抗日分子主要透過兩種管道密集鼓吹「收復臺灣」的各項事宜，一是透過集會方式發表公開宣言，二是經由組織或任職機構向黨政中央呈文與提案[49]。

一九四三年開羅會議之後，受到國民政府向國際社會表明收復臺灣為既定政策的鼓舞，在國民政府成立「臺調會」制定臺灣復員計劃的期間，「革盟」的幹部更加積極提出復臺、建制等建言，並集中言

46　張瑞成編：《臺籍志士在祖國的復臺努力》，頁384-385。

47　曾健民：《臺灣光復史春秋：去殖民、祖國化和民主化的大合唱》，頁45。

48　呂芳上：《臺灣革命同盟會與臺灣光復運動（一九四○～一九四五）》，「中華民國研究中心」編：《中國現代史專題研究報告：第三輯》，頁275。林忠：《臺灣光復前後史料概述》增訂版（臺北市：皇極出版社，1985年），頁21-25。

49　關於在大陸的臺灣人透過組織、集會或任職機構向國民政府表達臺灣問題的重要性、提出的建言，包括抗日團體的宣言、直屬軍事委員會的臺灣義勇隊、臺灣革命同盟會、直屬於中國國民黨的臺灣黨部的文件檔案，參見〈臺灣志士在祖國的復臺努力〉，收錄於張瑞成編：《臺籍志士在祖國的復臺努力》；鄭梓：《戰後臺灣的接收與重建──臺灣現代史研究論集》，頁27。

論到機關刊物《臺灣民聲報》[50]。另外,「臺灣接管計劃綱要」中的部分條款和《臺灣民聲報》上的言論在「立意精神」還有不少契合之處,例如在「通則」的第二條「接管之後之政治設施:預備實施憲政,建立民權基礎」,第五條「民國一切法令均適應於臺灣」,第八條「地方政制:以臺灣為省,接管後正式成立省政府」,第十條「各機關舊有人員除敵國人民及有違法行為者外,暫予留用」,[51]以及「內政」部門第四條「接管後應積極推行地方自治」[52]等,比後來倉促定案的「臺灣省行政長官公署組織條例」更符合臺灣人士的期望。

　　《臺灣民聲報》上的言論向國民政府要求正視臺灣的特性與臺人的心理,期望從臺胞數十年反抗日本殖民統治,在已奠定的民權覺醒、自治訓練趨於成熟的基礎上重建政制[53]。鄭梓歸結他們的主張,第一項是力爭臺灣主權歸屬以及法定地位,[54]使臺人與所有大陸人同

---

50 《臺灣民聲報》一九四五年四月十六日創刊,發行的期間跨越抗日勝利前後的一九四五年四月至十月之間,關於每一期的篇目與著者身份之分析,見鄭梓:《戰後臺灣的接收與重建——臺灣現代史研究論集》,頁94-104。《臺灣民聲報》上,對復臺計劃中各項應興應革的具體方案,多所建言。例如謝南光、黃朝琴、李友邦被「臺調會」聘為委員,李萬居、連震東任職於國際問題研究所,李純青為大公報記者,林忠任職於國民黨直屬臺灣黨部,這些「革盟」的臺籍幹部對復臺事宜都發表了為數不少的建言,有部分文章收錄於張瑞成編:《抗戰時期收復臺灣之重要言論》,收入《中國現代史史料叢編第三集》,頁229-324。參見張瑞成編:《臺灣志士在祖國的復臺努力》、《抗戰時期收復臺灣之重要言論》,以及鄭梓關於《臺灣民聲報》上著者發表篇數之統計。見鄭梓:《戰後臺灣的接收與重建——臺灣現代史研究論集》,頁103-104。

51 張瑞成編:《光復臺灣之籌劃與受降接收》,收入秦孝儀主編:《中國現代史史料叢編第四集》(臺北市:國民黨黨史會,1990年),頁109-120。

52 鄭梓:《戰後臺灣的接收與重建——臺灣現代史研究論集》,頁123-124。

53 關於光復前後臺灣革命同盟會與《臺灣民聲報》的復臺宣傳與規劃方案的言論,詳見鄭梓:〈第三章　復臺前夕祖國派臺籍人士的最後言論與主張〉,《戰後臺灣的接收與重建——臺灣現代史研究論集》,頁30、89-131。

54 例如謝南光在〈對第四屆參政會的期望〉中說:「我們切望參政會能促進中央提早宣布臺灣在中華民國憲法上的定位,給臺灣同胞以政治上各種機會,堅定他們對祖

享國家主權的同等保障與待遇，而不至於戰後被同盟國當戰犯處置。[55]
第二項是要求政治地位的平等，關於戰後臺灣的政治變革，必須設立
「臺灣省政府」，以抵制「國際託管臺灣」的觀點。如針對一九四二
年八月美國《幸福》、《時代》、《生活》三大雜誌所倡議的「戰後臺灣
由國際託管」的論調，〈臺灣革命同盟會第二屆宣言〉首先發表嚴正
聲明抗議，並正式備文〈臺灣革命同盟會請設臺灣省府〉，呈請中央
准予設立與全國一體的臺灣省政府。[56]政治地位平等的要求，同時也
對所謂臺民被日寇奴化說予以駁斥，要求實施憲政，尊重有自治經驗
的臺民，實行地方自治。謝南光在〈制定臺灣省憲〉一文中說「一旦
我克復全島的時候，我們隨時可以成立參議會，制定省憲法」，又說：
「要取得人民的合作就要實施憲政，實行地方自治，尤其是民主主義
運動有了五十年的歷史的臺灣，地方自治有二十五年立的臺灣，不尊
重人民的自治，政治就不容易上軌道。[57]」謝掙強的〈憲政實施與臺
灣〉批駁反對復臺實施憲政的人士說道：「竟有人昧於臺灣情勢，而
主張臺灣收復後應經過幾年的軍政和幾年的訓政，然後才開始實施憲
政，這無疑是一種開倒車，把臺灣拉退二十年的做法。這些人所持的
理論是臺灣經過日寇統治奴化五十年，一切條件都不適合地方自治和
實施憲政的要求，但這些人都是對臺灣情形不瞭解的。」謝掙強強調

　　國的忠誠，大量爭取他們來參加復臺工作。」《臺灣民聲報》第6期，張瑞成編：
　　《抗戰時期收復臺灣之重要言論》，頁274-277。

55 李萬居：〈確立臺灣的法律地位〉，《臺灣民聲報》第4期，頁1。李萬居：〈臺灣淪陷
　　五十周年紀念感言〉，《臺灣民聲報》第5期，頁3。見張瑞成編：《抗戰時期收復臺
　　灣之重要言論》，頁253-256、258-261。

56 兩文原收入《臺灣問題言論集》一九四三年，見張瑞成編：《臺籍志士在祖國的復
　　臺努力》，頁124-126、126-127。謝東閔又發表〈國際托治制與臺灣〉一文，再度對
　　此問題籲請中央籌備設立臺灣省政府，《臺灣民聲報》第3期，頁2，見張瑞成編：
　　《抗戰時期收復臺灣之重要言論》，頁247-248。

57 《臺灣民聲報》第1期，頁2-3，見張瑞成編：《抗戰時期收復臺灣之重要言論》，頁
　　229-231。

臺民百分九十五受過教育，二十五年的地方自治經驗，不管是否完全根據民意，抑或是摻雜半「御用式」，總之受過相當的訓練，殆無疑義。[58]第三項是復臺必須以臺灣為本位，政府應以「服務與被服務」代替以往日本與臺灣之間「統治與被統治」的關係，語言文字宜採緩進暫替政策，一方面普及普通話，一方面承認閩南語為暫時的公用語，[59]並應多用臺人、以臺人為主體。[60]

臺灣抗日分子一再提醒祖國切勿以歧視臺人的心態，勿以統治殖民地的方式收復臺灣，孟萱在〈爭取臺灣解放是時候了〉中指出：

> 臺胞的歸宗與臺灣的解放必須是人民的、民主的、和革命的戰鬥。……否則，只著眼於收復後的接管，那只能是消極的，甚至是有害的。……對戰後，尤其戰爭結束後的初期，很容易使解放後的臺胞誤認為不是自己的政權，而是大批來自祖國的行政官吏。加以收復官員未盡諳語言、習俗及已被日寇近代工業化了的臺灣行政與社會，難免不因技術上的措施失當，而招致政治上的不滿。[61]

雖非臺籍但長期旅居臺灣的孝紹，[62]發表〈假如我是臺灣人試提以下三項管見〉，則提出臺灣人具有民族意識與革命精神反駁臺人被日本奴化說，並且主張：應善用臺人從日本所習得的科學技術建設臺

58　《臺灣民聲報》第1期，頁2-3，見張瑞成編：《抗戰時期收復臺灣之重要言論》，頁231-233。

59　泉紹：〈臺灣人民之中心信仰與觀念〉，《臺灣民聲報》第8期，頁3，見張瑞成編：《抗戰時期收復臺灣之重要言論》，頁304-309。

60　鄭梓：《戰後臺灣的接收與重建——臺灣現代史研究論集》，頁104-107。

61　《臺灣民聲報》第8期，頁2，見張瑞成編：《抗戰時期收復臺灣之重要言論》，頁285-287。

62　鄭梓：《戰後臺灣的接收與重建——臺灣現代史研究論集》，頁102。

灣，並「要祖國上下以留東五十的老學生看待臺灣人」，需切實施行
地方自治，作為三民主義的基礎，推行「做」的三民主義，慎防實行
「講的」的三民主義，而行取利之實的弊害。[63]這些「革盟」的成員
由於深知國民政府成立以來空談「三民主義」與空喊「施行憲政」的
作風，更憂心祖國歧視臺灣，以殖民地的統治重臨臺灣。[64]

　　「革盟」成員這番憂心並非杯弓蛇影，國民黨中央執行委員會秘
書處的汪公紀視「臺人治臺」為謬見，認為：「臺人恆自視為異族，
自劃範圍以與中國之其他部分有別，察其目的不外在攫取政治地位，
以滿其大欲。」並批評臺人之間黨同伐異，意見不能一致，舉明清兩
朝迴避制度的法典為例，說「本省人不得任本省地方官吏」經過歷代
施行，必有其優點，臺人治臺無異將重責大任付以無黨務與行政經驗
的浪人，臺人必失望而恐「今日謳歌祖國者將謳歌日本矣」[65]。汪公
紀的言論將國民政府官僚停留在封建時代的統治心態表露無遺。[66]

63　《臺灣民聲報》第5期，頁4，見張瑞成編：《抗戰時期收復臺灣之重要言論》，頁
　　264-268。

64　這些建言散見下列文章：林嘯鯤：〈如何領導臺灣革命工作〉原收入《臺灣問題言
　　論集》（1943年），頁66-67，現收入張瑞成編：《抗戰時期收復臺灣之重要言論》，頁
　　81-85。連震東：〈五十年來之臺灣〉，《西京日報》1943年12月30-31日；丘念台：
　　〈丘念台呈中央執行委員會秘書處陳述治臺意見電——民國45年8月30日〉；謝東
　　閔：〈臺灣收復後的問題〉，原收入（《臺灣問題參考資料》2重慶：1943年7月30
　　日），見張瑞成編：《抗戰時期收復臺灣之重要言論》，頁103-107。另詳參鄭梓：《戰
　　後臺灣的接收與重建——臺灣現代史研究論集》，頁62-63、103-113。

65　汪公紀：〈處理東方各小民族之原則〉（民國三十三年汪公紀上吳（鐵城）秘書長簽
　　呈，毛筆原件），轉引自鄭梓：《戰後臺灣的接收與重建——臺灣現代史研究論集》，
　　頁63-64。

66　從後來陳儀的治臺政策看來，汪公紀慎防臺人治臺的論調竟被相信，而無視於臺灣
　　抗日分子曾舉出臺灣各項可資動員人才的數目，例如謝南光〈光明普下的臺灣〉就
　　曾提出：「倭寇一旦退出臺灣，三萬九千餘人的行政人員，四分之三將隨軍撤退，
　　臺灣人受過倭各大學專門學校教育的至少五萬人，隨時可以取而代之。」《臺灣民
　　聲報》（9、10）合刊，重慶：1945年10月25日，見張瑞成編：《抗戰時期收復臺灣
　　之重要言論》，頁320。黃朝琴：《臺灣收回後的設計》中亦有同樣的言論，見鄭
　　梓：《戰後臺灣的接收與重建——臺灣現代史研究論集》，頁63-64。

　　但汪公紀也代表祖國人士排拒臺人的典型心理，此中關於「臺灣浪人」的刻板印象，則肇因於日本據臺期間，執行「對岸政策」，驅使海峽對岸廈門、福建等地的「臺灣籍民」，借領事裁判權之庇護，橫行鄉曲，以販賣鴉片、走私維生。[67]從二十世紀十年代至四十年代，由數百名激增到數萬人[68]。鄭梓指出陳儀集團政治班底在制定收

67　臺灣籍民當中有些是廈門、福州當地的移民以不正當的方式取得臺籍的「假冒籍民」，這些大多是當地的資本家，受到「臺灣總督府的引誘，另一方面也是因為取得日籍（臺籍）的托庇下，可免向中國官廳納稅，又可免受中國官僚、政客以及偽軍、偽警的敲詐」。以地域不同各稱為「廈門籍民」、「福州籍民」。據一九三五年廈門公安局之全廈戶口調查及保甲編組（每十戶為一甲，每十甲為一保）的結果，發現全數一五四保的保長中「臺灣人竟占其三，加入日本國籍的漢奸（即假冒臺籍民）則占其十八」，「假冒籍民」依附日本官方勢力尤甚於臺人。臺灣籍民到閩粵者，有一部分是憑正當職業去發展者，有一部分則是不務正業的流氓，或因犯案被官方押解到閩粵，在領事館的庇護從事走私販毒的非法勾當，使臺人在大陸背負「臺灣呆狗」、「臺灣浪人」的罪名，離間臺人與祖國同胞之間的民族情感。其中廈門由「御用紳商」組成的「臺灣公會」與其出資設立的「旭瀛書院」，可說是與販毒有關暴力集團的大本營，將閩臺人本出同源之血肉關係變成讎敵關係。在七七事變發生前一年，成為祖國軍民反日示威的重要目標。可見日本刻意以「赴華旅卷制度」的「一面束縛良民的渡航，一面卻縱使無賴漢到中國胡作非為」。臺籍抗日志士屢屢努力扭轉此一形象，例如「廣東臺灣青年團」（1927年成立）的張深切出面轟擊「臺灣歹狗」勸他們棄邪歸正，差點喪命。「臺灣義勇隊」（1939年成立）的李友邦與在其創辦的《臺灣先鋒》上為消弭祖國同胞對臺灣籍民的惡劣印象的文章，屢見不鮮。但國民政府卻仍無積極招撫臺灣籍民的措施。此一民族隔閡嫌隙的陰影一直影響到戰後臺灣的二‧二八事件，黨政軍特官員與官方的調查報告屢屢指出事件中的暴徒，尤其以「那些海南島回去的兵，從福建回去的浪人，行動最為凶暴」，幾乎認定臺灣浪人是元兇，可見國民政府歧視臺灣籍民的觀念根深柢固，也埋下一九四九年遷臺後對臺人的歧視、打壓與差別待遇，造成省籍情結。以上論點分見梁華璜：〈日據時代臺民赴華之旅券制度〉、〈日據時代臺灣籍民在閩省的活動及處境〉、〈臺總督府與廈門旭瀛書院〉，見梁華璜：《臺灣總督府的「對岸」政策研究──日據時代的臺閩關係史》（臺北市：稻鄉出版社，2001年），頁101-130、131-182、183-214。

68　在廈門的臺灣籍民數量，截至一九二六年六月底，向日本在廈門領事館登記及未登記（包括護照交予基隆警察署，轉送廈門領事館，也就是抵廈門為向領事館登記領回護照者）的總共有六八三二人，除此之外，還有（1）偷渡者、（2）出生尚未申報者、（3）無護照者，估計約在八千至一萬人左右。見井上庚二郎（駐廈門日本帝

復臺灣的人力動員計劃時，跳不開歷史創傷的迷思與心結，「則已為
戰後激蕩不已的臺灣政局埋下『省籍歧視』的伏因」。[69]從後來長官公
署赴臺接收時的行政官員編制來看，陳儀的確有防範臺人治臺的心
態，重要處會與各縣市長，除了網羅少數從重慶返臺的臺籍人士，幾
乎沒有在地的臺人擔任官方要職。赴臺接收的官僚體系延續了國民政
府封建體質與派系鬥爭的惡風。在國民黨官僚派系鬥爭的生態下，陳
儀自己的接收權力被架空，[70]在自己的權力範圍內也嚴防臺籍人士再
瓜分僅有的政治勢力。這樣的心態反被其他派系所利用，與陳儀「政
學系」對峙的「軍統」和「CC派」趁勢拉攏臺籍士紳、精英，在
二‧二八事件中上演了派系惡鬥的戲碼。[71]

　　另外，在接管計劃定案的過程中，較具爭議性的是省制問題。茲
根據鄭梓的研究簡要說明如下。[72]主張省政特殊化者主要是具有「中

國領事〉:〈厦门二於ケリル台湾籍民問題〉，見戴國煇:《日本の殖民地支配と台湾籍
民》附資料介紹，日本《台湾近現代史研究》1980年第3期，資料介紹。中譯文〈厦
門的臺灣籍民問題〉收入梁華璜:《臺灣總督府的「對岸」政策研究——日據時代的
臺閩關係史》一書附錄，頁215-240。梁華璜:〈臺灣總督府在福建省的教育設
施——東瀛學堂與旭瀛書院〉，《成大歷史學報》第11期（1984年12月），頁39-56。

69 鄭梓:《戰後臺灣的接收與重建——臺灣現代史研究論集》，頁64。

70 許介鱗、陳翠蓮力舉陳儀被架空的事實，來說明戰後初期政局的複雜。經濟接收上
「作為省最高行政長官的陳儀，在其實力的企業接收上，幾乎完全失去主導權。」
（陳翠蓮:《派系鬥爭與權謀政治——二‧二八悲劇的另一面》，頁82。）許介鱗認
為陳儀的權力被架空，「政學系」的陳儀和「CC派」的陳果夫和陳立夫早有芥蒂，因
此二陳建議蔣介石同意二陳心腹李翼中擔任臺灣省黨部主委，以便監視。經濟上的接
收，最賺錢的單位都被中央政府的行政院資源委員會所囊括，行政長官公署所接收
的單位是資源委員會揀剩的，在種種的牽制與監視下，陳儀還想實行社會主義式的
經濟計劃，開創國府和中共之外的第三條路。許介鱗顯然認為陳儀以一個省級省長
的身份，難以跟中央抗拮。〈陳儀是土皇帝嗎？〉，《戰後臺灣史記‧卷一》，頁75-80。

71 關於赴臺的國民黨派系鬥爭與臺灣人政治團體之間，錯綜複雜的政治權利角力，請
參看陳翠蓮:〈第四章　派系鬥爭與二‧二八事件〉有詳細的考察（《派系鬥爭與權
謀政治——二‧二八悲劇的另一面》，頁211-317）。

72 鄭梓:〈第二章　國民政府對於「收復臺灣」的設計〉，《戰後臺灣的接收與重建——
臺灣現代史研究論集》，頁47-65。

土本位」心態的政府官員，如一九三八年二月才奉令從臺北撤館歸國
的駐臺總領事郭彝民就認為：「臺灣行政最高機構應斟酌現狀，暫行
特別組織，以便指揮。」郭彝民同時提出具體做法：「收復之後，須
一面實行三民主義，一面加以宣撫，以敦其內向之心，第一任臺灣主
政之人，須派大員充督使總理政務，以示中央鄭重愛護之意，及一切
收復就緒，行政各臻治理之時，再行撤回督使，令與內地各省政府組
織相同。」[73]另一極端的看法是臺籍人士謝南光、謝掙強等人提出：
一收復臺灣，立即制定「臺灣省憲」，實行地方自治，加深對祖國的
信心。他們呼籲：「為要保持臺灣原有的繁榮與進步，為要爭取臺灣
人心的內向，我主張要將臺灣提早實施憲政，以作為全國實施憲政的
示範。」[74]兩極之間持折中看法的是另一臺籍人士黃朝琴，他因提出
〈臺灣收回後的設計〉而備受「國府」重視。他主張：「設置臺灣實
驗省，委任省參議會立法之權。」黃氏認為臺灣原為我國行省之一，
收復後本應當回復行省制，但由於日本五十年的殖民統治，與國內各
省情形有別，故「不應遽以尚在討論未經實驗之新省制，施行於臺
灣」，而建議以六年為過渡時期，「施以實驗省制，將總督改為省長，
仍採用幕僚長制以總務長官輔助省長綜理全島政務。不但執行中央法
令，監督地方自治，且賦予委任立法權，劃定某種事項為臺灣省參議
會立法的範圍，藉以維持臺灣之現狀，一俟國內憲法公布，自治完成
後，徐圖改革採用新省制，未為晚也」。[75]

　　牽涉此爭議的問題是，當時大陸各省所實施的是屬何種省制？依
據法制層面，國民政府廣州時期一九二五年七月一日頒布的「省政府

---

73 郭彝民：〈收復臺灣意見書〉，油印原件，臺灣圖書館藏。轉引自鄭梓：《戰後臺灣
　　的接收與重建──臺灣現代史研究論集》，頁60。

74 謝掙強：〈憲政實施與臺灣〉、謝南光：〈制定臺灣省憲〉，《臺灣民聲報》創刊號（重
　　慶市，1945年4月16日，頁2-3），見張瑞成編：《抗戰時期收復臺灣之重要言論》，
　　1990，頁231-233。

75 黃朝琴：〈臺灣收回後的設計〉，《臺灣民聲報》創刊號（重慶市，1944年6月），見
　　張瑞成編：《臺籍志士在祖國的復臺努力》，頁240-241。

組織法」，採省府委員合議制，但國民政府成立以來因應剿共抗日，
規範省制的法令屢經修改、組織形態歷次演變，以致各省區對其地
位、權責，以及與中央之關係亦日趨混亂不清。[76]由此可見，各方人
士皆體認臺灣情形特殊，曾經駐臺的總領事郭彝民著眼於宣撫臺人、
敦民心之內向，仍不脫統治者高高在上的優越感。時任外交官的黃朝
琴對於大陸尚未建立完善制度的省政府組織形態心存疑慮，但仍舊傾
向幕僚長制的特殊「實驗省制」，似乎有曲從上意之嫌，其後返臺協
助接收的行徑也被徐瓊二公開點名批判。而以謝南光、謝掙強提出的
制定臺灣省憲、實行地方自治最符合民主精神，乃真正基於臺灣的自
主性立場提出建言。

　　從上述的臺人向國民政府爭取臺灣的法定地位與省憲民主制度的
過程看來，臺灣戰後長期的「省籍情結」，實根源於赴大陸的臺籍人
士不分良莠地被國民黨權力核心疑為間諜，背負「臺灣呆狗」、「臺籍
浪人」的負面形象，然而切不可或忘罪責乃根植於日帝的殖民統治政
策，刻意離間臺灣與祖國之關係。

三　特殊省制的定案與臺籍人士的建言與憂心

　　本節探討「臺灣省行政長官公署制組織條例」定案的過程，以及
臺籍抗日人士聞訊後的憂心與建言。

　　一九四五年六月「臺調會」經蔣介石委員長之核准組成黨政軍聯
席會議，對收復臺灣的各項規劃與設計工作進入最後的審議階段。陳
儀在六月二十七日第一次黨政軍聯席會議以及臺幹班的演講中，說明
將要定案的臺灣接管計劃與方案，陳儀的談話傾向於特殊化的行政組

---

76 鄭梓：〈第二章　國民政府對於「收復臺灣」的設計〉，《戰後臺灣的接收與重建──
　　臺灣現代史研究論集》，頁58-61。

織形態，顯然關係著臺灣行政體系的定案方向。[77]一個多月後，當美
國在八月六日與八日接連在日本廣島、長崎投下兩顆原子彈，迫使日
方於十日透過瑞士政府轉達中、美、英、蘇表示願意接受波茨坦宣
言，請求投降，亞洲戰場掩兵息鼓，二次大戰迅速終結，顯然超乎同
盟國、國民政府的意料之外。[78]隨著情勢急轉直下，導致國民政府的
復臺政策倉促定案，八月二十九日國民政府令「特任陳儀為臺灣省行
政長官」，隨後於三十一日未經立法程序公布的「臺灣省行政長官公
署組織大綱」，以「國民政府訓令」名義頒布，果然採取了有別收復
區的特別行政組織。九月二十日，國民政府才經立法程序正式公布
「臺灣省行政長官公署組織大綱」，以取代八月三十一日所頒發臨時
性的「臺灣省行政長官公署組織大綱」，作為赴臺建制的法令依據。[79]

---

77 鄭梓將陳儀的主張歸納為三項：一、主張採取黨政軍統一接收方式，實行三民主
　義。二、主張實驗民生主義國有公營政策。陳儀主張一切產業必須國有或公營，如
　銀行需國有，土地實行耕者有其田，市地收為國有，交通事業公營。臺灣全島實現
　全部總理遺教，如有好成績可以影響國內。三、主張杜絕大陸惡習、續走現代化之
　路。陳儀認為論動機、論目的，日本統治臺灣是壓迫臺人，只謀統治者的利益；論
　事業不能不說有進步，論方法卻是比較現代化，如果把那些比較現代化的方法、進
　步的事業，用以施行三民主義，用以為臺灣人謀福利，那就好了。見鄭梓：《戰後
　臺灣的接收與重建——臺灣現代史研究論集》，頁187。陳儀的演講見〈臺灣調查委
　員會黨政軍聯席會第一次會議記錄〉，見張瑞成編：《光復臺灣之籌劃與受降接
　收》，139-143。
78 美國為了減少在太平洋戰爭中的負荷、美軍的死傷，一直積極於邀請蘇聯參加對日
　宣戰的行列，一九四三年十一月二十八日至十二月一日美、英、蘇召開德黑蘭會
　議，斯大林明確表示願意參加對日戰爭，使得中國牽制日軍的地位驟然失去絕對的
　重要性。蘇聯同時提出對日參戰的三條件，後於一九四五年二月四日至十一日簽訂
　了「蘇聯參加日本作戰協議書」，此即所謂的「雅爾達密約」，蘇聯於一九四五年八
　月八日對日宣戰，此密約關係到中國的很多利益，包括承認外蒙獨立，以及蘇聯在
　東北的利益，必須中國同意。蔣介石竟於一九四五年八月十四日提出：蘇聯不幫助
　中共、蘇聯幫助國府平定新疆，以及將援助全部給代表中華民國中央政府的國民政
　府等等讓步的條件，承認了出賣外蒙的雅爾達密約。見許介鱗：《戰後臺灣史記・
　卷一》，頁35-39。
79 鄭梓：《戰後臺灣的接收與重建——臺灣現代史研究論集》，頁64。

　　當此之際，雖然國民政府接收臺灣前夕頒布的各項復員法令、接管方案及人員派遣，都已經定案，臺籍抗日分子卻仍鍥而不捨地提出最後的諍言直諫，發表在最後一期的《臺灣民聲報》上。皋紹的〈公理聲中提論臺灣人民合理要求〉、謝南光的〈光明普照下的臺灣〉與連震東的〈臺灣人的政治理想和對做官的觀念〉，不約而同地一致在文章開頭回顧臺灣人民致力於社會文化運動、反抗日本奴化政策的歷史，接著提出自由平等的民主政治的要求。皋紹綜論以往及當前臺灣人對生活環境的合理要求，一一提舉，如：類似關於總督府權力的退出臺灣、地方自治制度的改善和延續、派遣高度教育水平足以示範的公僕赴臺服務、確立以當前臺灣物價為標準的新幣制、語言文字的漸替政策（法定閩南語為暫時五年或八年的公用語，並規定日文通用期間）、防止政局變換的失業、防止流動及固定資本的急遽變動、給予言論思想及結社的自由、制止紛亂及不正當的事物搬進臺灣等等。針對各項臺灣光復後復員工作可能引起的問題都一一提出建言。連震東特別針對行政長官公署的行政專制與委任立法，比擬為日據「六三法」下的臺灣總督府，委婉地告誡：這樣將使臺灣人民產生「總督制復活」的錯覺，以為行政長官又是以「統治殖民地」的姿態出現。

　　另外，李純青的〈送陳儀將軍〉，則特別針對「登用人才」的問題，提出：「難道臺灣一省，完全沒有政治人才嗎？即使如此，人必不怪臺灣人，而怪陳長官乃以統治殖民地的姿態出現。」[80]事後看來，臺灣革命同盟會成員發表在《臺灣民聲報》上的憂心之見，卻一一應驗，這並非他們具備未卜先知的能力，而是這批戰時赴大陸被稱「祖國派」或「光復派」的臺籍抗日分子，[81]是當時最熟悉兩岸社會

80　皋紹、謝南光、李純青、連震東的文章，原刊載《臺灣民聲報》（9、10）合刊（重慶市：1945年10月25日），頁5-6，見張瑞成編：《抗戰時期收復臺灣之重要言論》，頁315-328。

81　所謂「祖國派」又稱「光復派」，參見楊肇嘉：《楊肇嘉回憶錄（一）》（臺北市：三民書局，1980年），頁189-190。

現實的人士，自然最能預見即將脫離日本殖民統治回歸祖國的臺灣，在祖國政治未上軌道之際，可能發生的情狀。

這些臺籍抗日分子誠如澳洲學者家博（J. B. Jacobs）的考察、親訪當年的臺籍人士後所指出的：

> 戰後臺灣繼起的事件，揭示「半山人」恐懼之中深邃的預言本質。「半山人」教育中國國民黨領導人的嘗試何以會失敗？呂芳上認為發行《臺灣民聲報》的臺灣革命同盟會，它的弱點是源自於雖經行政上一再改組，卻始終存在的派系鬥爭、[82]領導乏人、經費困難和聯絡不易。[83]……筆者無寧相信，在較大的戰爭之中，臺灣事務的相形見輕、臺籍領導人的少不更事和缺乏資歷，以及是中國政治圈內的少數，都使他們力有未逮。[84]

另外，這些臺灣抗日分子日後也有不少人參與接收臺灣的各項工作，比諸「本土精英」勢力受到國民政府的信任而占盡優勢，被視為「半山」[85]系統。在臺灣戰後的派系政治生態中，自成一股勢力，與地方領袖勢力，形成相互對峙的系統。[86]此一問題留待後文再續論

---

82 呂芳上：《臺灣革命同盟會與臺灣光復運動（一九四〇～一九四五）》，頁273。

83 呂芳上：《臺灣革命同盟會與臺灣光復運動（一九四〇～一九四五）》，頁288。

84 陳俐甫、夏榮和、林偉盛編譯：《臺灣・中國・二・二八》，頁29。

85 「半山」此一俗稱，語帶貶意，意指半個「阿山」，孫萬國指出有關文獻指涉半山者，其界說不下數十種：「半山既繼『阿山』而起，詞義間已蘊內外之別及『非我族類，其心必異』的價值默認。而論者每以半山比『臺奸』、『政府走狗』、『阿山之爪牙幫兇』、『出賣臺灣之敗類』，乃至『政治蟑螂』云云，無怪乎游彌堅曾於一九五〇年一月二十六日主張禁用『半山』一詞。」見孫萬國：〈半山與二・二八初探〉，《二・二八事件研究論文集》（臺北市：「吳三連臺灣史料基金會」，1998年），頁259。本書使用此一語詞時，意指戰前臺灣人赴大陸從事「光復運動」，後隨國民政府赴臺接收的公職人員，並特別用引號標注，以示無貶抑之意。並借用陳翠蓮「當權半山」一詞的用法（2002），形容親國民黨權貴而得勢的「半山」，以為甄別。

86 李筱峰：《臺灣戰後初期的民意代表》（臺北市：自立晚報出版社，1986年），頁274。

「半山」團體的傾向性與光復初期文化發展的關係。

對日勝利後，頒布的「臺灣省行政長官公署組織大綱」實行「特殊省制」，中央政府任命的行政長官一手掌握行政、立法、司法三權，條例第一條規定「置行政長官一人，依據法令綜理臺灣全省政務」，而非一般省長制之下的省政府委員合議制；第二條規定「行政長官公署，於職權範圍內，得發布署令」；第三條規定「行政長官對於臺灣省之中央各機關有指揮監督之權」，透過長官公署法治委員會接收原臺灣總督府各級法院，對省內司法權之行使擁有統制力。[87]另外，陳儀身為警備總司令還掌握了軍事權，其權限相較於日本的臺灣總督毫無遜色。[88]省公署的行政體系普遍被認為是「新總督府」，[89]在長官公署赴臺接收後一直到二・二八事件爆發以前，「特殊省制」一直為關心時局的臺灣人所批評，「地方自治」的民主要求呼聲不斷。

鄭梓比較「臺調會」一九四四年三月二十三日擬定的《臺灣接管計劃綱要》與收復臺灣後重建政制之法律依據《臺灣省行政長官公署組織條例》，認為《臺灣省行政長官公署組織條例》倉促定案，比諸《臺灣接管計劃綱要》，不進反退，兩者之間的治臺方略：「南轅北轍、大相逕庭」，批評《臺灣省行政長官公署組織條例》與臺籍人士發揮過影響力制定的《臺灣接管計劃綱要》背道而馳。[90]長官公署的行政組織形態，完全延續日本臺灣總督府的舊制，而棄「臺灣調查委員會」費時費力多方折衝而成的各項方案不顧，對在大陸的臺籍人士之接收臺灣的建言與忠告置若罔聞。[91]

---

87 鄭梓：《戰後臺灣的接收與重建──臺灣現代史研究論集》，頁235-241。

88 若林正丈：《臺灣──分裂國家與民主化》，臺北市：月旦出版社，2000年。

89 鄭一禾：〈臺灣的秘密〉，《新聞天地》第18期（1946年11月30日），頁3。轉引自許介鱗：〈陳儀是土皇帝嗎？〉，《戰後臺灣史記・卷一》，頁75。

90 鄭梓：《戰後臺灣的接收與重建──臺灣現代史研究論集》，頁124。

91 鄭梓指出：「先就戰後臺灣行政長官公署的權力運作方式若與戰前日據的武官總督相較，實有許多隔代相似之處，諸如二者同操軍政二柄、同領軍政與民政二部，同

　　臺灣回歸祖國後，光復初期四年，在政治、經濟、文化與社會上種種的隔閡與衝突，事實上延續了戰爭期間臺籍抗日分子與國民政府之間的政治角力。臺灣人不願意作為被日本殖民統治的臣民，也極力拒斥反駁美國軍方運作頻頻的「國際託管」論，要求國民政府維護臺灣的法定地位，也向國民政府要求政治地位的平等，表達以臺灣為主體之「復省建省」的治臺要求，無奈國民政府抱持以鞏固統治權位為優先考慮的心態對待懷抱孺慕之情回歸祖國的臺灣人民。

　　光復初期四年，臺灣的高壓統治隨著國共內戰、美蘇冷戰陣營對立而日益緊縮，「白色恐怖」的清鄉肅殺日趨高升，尤其是一九四九年五月國民黨當局潰退臺灣前，就已經在「四六事件」中借機展開「白色恐怖」，肅清異議分子，牽連無數的錯冤假案，將在大陸四年「山河變色」、「驚弓之鳥」的「恐共」心態嫁禍到臺灣人身上。楊逵在一九四九年一月二十一日起草刊登在上海《大公報》的「和平宣言」，防止內戰波及臺灣的憂心，不幸應驗。國民黨一連串戒嚴統治的手段，埋下了臺灣社會長期的省籍對立情結，在高壓統治下一時噤默、失語的臺灣人並未因此失憶，其潛伏的不滿、反對情緒隨著經濟、社會力的提升，終於在二十世紀八十年代，因應世界性冷戰對立結構的瓦解而衝破政治力的禁錮，爆發「臺灣人出頭天」的政治口號，平反二・二八事件被移用為政權轉換的要求。在盤根錯節的歷史情境中積累的「省籍情結」，[92]實肇因於日本殖民統治五十年後回歸祖

樣享有委任立法之權、同樣實施行政專制，再就行政長官長官公署各級行政組織形態大體又皆承襲自日據總督府之行政規劃，因此不論從權力運作或組織形態等方面分析，已可探知戰後臺灣行政體系與大陸各地的省制迥異，且棄『臺調會』費時費力多方面折衝而成各項方案於不顧，卻直接承繼了日據五十年的殖民統治遺規，行政長官公署也無異就是總督府的翻版。」見鄭梓：《戰後臺灣的接收與重建——臺灣現代史研究論集》，頁207。

92　關於二・二八事件與臺灣戰後社會省籍矛盾的形成，若林正丈認為：二・二八事件是民眾的「官逼民反」誘發了知識分子尚未準備好的民主化與要求自治運動（「臺

國的最初四年中，在風雲詭譎的局勢變幻下遺留下來的歷史傷痕。但
歷史研究若僅僅訴諸省籍對立並無法看清光復初期臺灣回歸祖國後發
生二・二八事件種種矛盾問題的根源，也無助於我們從歷史中獲得借
鏡、反省的契機。

第二節　國民政府的接收與官僚體制的確立

　　國民黨高層公開收復臺灣的政策後，成立「臺灣調查委員會」展
開各項復臺工作，點綴其中幾位臺灣代表人士，雖然也曾發揮過影響
力，但在日本投降的最後關鍵時刻，罔顧了臺灣抗日陣線多年來的奔
走與忠告。陳儀及其政治班底赴臺接收後，極力一展他們在福建主政
時未能伸展的宏圖，無奈臺灣與其他收復區一樣成為各方勢力角逐的
場域。而一心一意希望回歸祖國就是重見天日、重獲自由民主的臺灣
人，在臺灣回歸中國、納入中國的政治、經濟、文化圈後，才發現不
過是換了「主人」，並未得到政治上的自治與解放。如蔣時欽就指
出：「自治是臺灣民主運動目標，光復與真正的解放是兩回事，我們
須與全國民主戰線相應」。[93]

　　臺灣省行政長官陳儀身兼警備總司令，手操軍、政二柄，制度面
又集行政、立法、司法三權於一身，因此被批評為為「土皇帝」[94]，

灣七日民主」），但國民黨政權卻以報復性的虐殺作為響應。由於二・二八事件的省
籍矛盾，在一九四九年國家分裂後，自大陸失去地盤的蔣介石的疑似「黨國體制」
的國民政府，再生產並再強化此一「省籍」分化的結構，包括在軍、公、教等社會
階層、教育的語言政策、族群的分居以及選舉的操作等等。見若林正丈：《東洋民
主主義——台湾政治の考現学》（京都：田畑書店，1994年），頁75-80。

93 蔣時欽：〈憲政運動與地方自治〉，《政經報》第2卷第5、6期（1946年7月25日）。

94 「土皇帝」一詞語出自黃昭堂：〈第五章　臺灣總督府的權力〉，《臺灣總督府》，
「土」乃地方之意，臺灣人稱日本總督為「土皇帝」。見黃昭堂：《臺灣總督府》，
頁228。許介鱗：《戰後臺灣史記・卷一》，頁75-80。

禁止法幣在臺流通的臺幣政策，也被議論為搞特殊化、搞獨立王國。[95]
陳儀在二‧二八事件後，撤離臺灣前夕，在最後一次主持總理紀念周
的會議上公開坦承：「自己的歷史正是一部失敗史。」[96]陳儀治臺的功
過，至今也毀多於譽。

　　長官公署轄內，於一九四七年爆發了二‧二八事件，國民政府遂
於四月二十四日下令撤銷行政長官公署制，五月十五日臺灣正式設
省，行政長官陳儀被調回大陸，改派出身於外交界的文官魏道明為臺
灣省政府委員兼主席。[97]臺灣省行政長官公署從一九四五年十月二十
五日赴臺接收，到一九四七年五月十五日，歷經一年半左右的時間。

　　在陳儀主政的期間，是臺灣被清政府割讓予日本經過五十年的分
離，重回中國政治版圖，兩岸各層面正式展開交流，更精確的說法是
臺灣從此捲入中國處於國共政治鬥爭不穩的政經社會局勢中。光復初
期四年回歸祖國所產生的社會矛盾，無論是政治、經濟，以及社會文
化所面臨的問題，基本上在陳儀主政的期間已逐漸浮現，例如：通貨
膨脹的經濟問題，產業復員緩慢引起的失業問題，統制經濟、公營事
業形成與民爭利的現象，支持內戰導致的糧食不足、糧價暴漲問題，
以及因制度性失衡加上「貪贓枉法」的人治而變本加厲的省籍矛盾、
語言隔閡、心理失調等等問題都一一浮現。

　　二‧二八事件後，臺灣省行政長官公署改制為臺灣省政府，但許
多問題並無法得到根本的解決，只是靠著二‧二八事件清鄉開始的
「白色恐怖」鎮壓臺灣人對國民政府的反抗聲浪。由此可見，問題的
根源並不完全在於省制的特殊性。臺灣的政治、經濟、社會問題最主

---

95 章英：〈臺灣鱗爪〉，《觀察》第1卷第9期（1946年10月26日）。全文見戴國煇、葉芸
　　芸：《愛憎228》，頁138-142。

96 周一鶚：〈陳儀在臺灣〉，見全國政協等編：《陳儀生平及被害內幕》（北京市：中國
　　文史出版社，1987年），頁111。

97 《臺灣省政府公報》，1947年5月6日（夏字號），頁1-2。

要是受制於戰後中國整體社會結構性因素的影響。本節探討行政長官
公署的施政，以及光復初期四年受制於戰後中國整體結構性因素之影
響，導致臺灣政經社會各層面的問題，反映了臺灣人對時局從「期
待」到「失望」的歷程。光復初期短短的四年，卻在政、經、文化、
社會、心理層面留下了種種影響日後認同政治變遷的「歷史情結」。
此一「歷史情結」，至今也仍在發酵，「歷史」並沒有成為「過去」。

一　臺灣人的「光復」期待與戰後國民黨官僚體制的確立

　　對國民政府而言，相較於東北接收的不順利；臺灣的接收則進行
得相當順利[98]。畢竟接收臺灣地區比接收「偽滿州國」，在腹地上、行
政體系上、外交因素上都單純得多。這一方面首先得益於在臺日本
軍、政界的配合，可說是蔣介石對戰敗國日本「以德報怨」的外交政
策的「成果」之一。關於日本軍、政界配合國民政府接收事宜，許介
鱗指出：「一九四五年八月十五日，臺灣總督府安藤利吉發表日皇
『終戰之詔』，這宣示日本終結戰爭而不明示戰敗。當天，國民政府
主席蔣介石電日軍在華最高指揮官岡村寧次，指示六項投降原則，同
時向全國軍民廣播『以德報怨』，不要對日本軍民施行報復。」[99]蔣介
石的對日政策，是刻意對日本釋放善意，期望日本軍、政在國民政府
進駐前維持日本占領區的地方秩序，以防止中共搶先接收。臺灣的接
收也在日本軍、政界對國民政府接收工作的配合下順利完成，許介鱗
指出：

98　針對光復區的接收，鄭梓認為臺灣在接收未及一年四個月卻爆發了二‧二八的社
　　會大變亂，表面上臺灣和東北兩個光復區，戰後復員計劃似乎皆告失敗。見鄭
　　梓：《戰後臺灣的接收與重建──臺灣現代史研究論集》，頁72。許介鱗：《戰後臺
　　灣史記‧卷一》，頁46。
99　許介鱗：《戰後臺灣史記‧卷一》，頁53。

（日本軍、政界）在國府進駐前，作成確實詳密之全目錄。日
方相當合作，負責接收的各單位只要按圖索驥即可，因此頗為
迅速。

臺灣省行政長官公署於十一月一日起開始各項行政接收，十二
月底除軍事之外，各單位悉數接收完畢。一九四六年一月三十
一日，軍事接收完畢。前後僅三個月時間即告完竣，在國府各
接收地區，臺灣顯得最有效率。[100]

　　對國民政府而言，臺灣的重要性，與共產黨勢力「威脅」下的華
北和東北相較起來，顯然須投注更多在後者。許介鱗說明臺灣與東北
一如其他淪陷區，都爆發了各股勢力的接收爭奪，相較之下，國民政
府高層對小小的臺灣顯然較為忽略，他舉負責接收的人員為例，負責
東北接收的是熊式輝、張嘉璈、杜聿明、蔣經國等重量級人物分掌政、
經、軍各部門，但各方接收勢力，亂成一氣。「然而臺灣則由陳儀統
一接收，除經濟部資源委員會將最賺錢的企業奪走以外，其他派系並
無可觀之分沾，導致日後各派系聯合起來鬥垮陳儀，並在二‧二八事
件中煽風點火」。並且「熊式輝等人對東北的瞭解與掌握，遠不如陳儀
之於臺灣。加上蘇聯（在東北，筆者案）與美國（在臺灣，筆者案）
所採取的策略不同，以及戰後中國共產黨的主力往北方發展，致使國
民政府在東北灰頭土臉，相較之下，在臺灣的接收工作堪稱成功」。
為國民黨當局日後在臺灣的執政奠下基礎，而不至於全軍覆沒。[101]

　　另一方面，臺灣接收的「成功」，還有賴於臺灣人——除了少數
士紳受日人的鼓惑，感到些許不安，曾密謀「臺灣獨立」之外[102]——

---

100 許介鱗：《戰後臺灣史記‧卷一》，頁46。
101 許介鱗：《戰後臺灣史記‧卷一》，頁44-49。
102 「臺灣獨立事件」經過，見許介鱗：〈戰後「臺獨」的始作俑者〉，指出「臺獨」
　　的發端，乃受「外人」的陰謀鼓動。日本戰敗發表「終戰之詔」的第二天，八月
　　十六日，在臺日軍參謀中宮悟郎、牧澤義夫在草山集會，密謀策劃「臺灣獨立」，

大部分都以熱情迎接勝利國軍與國民政府官員的來臺接收。日本宣布
無條件投降後，臺灣人日夜盼望國民政府赴臺展開接收工作，各地歡
慶臺灣光復、自動自發地掛起國旗慶祝在臺灣的第一次雙十國慶，國
語講習會林立，同時刮起三民主義學習風潮。但直到十月二十五日陳
儀才代表「國府」，從臺灣總督安藤利吉手中接收臺灣的統治權，臺
灣脫離日本殖民地的處境，重新納入中國的政治版圖。在等待國府赴
臺接收的七十天期間，臺灣各地由地方士紳出面，積極熱烈地組織
「歡迎國民政府籌備會」，以表達回歸祖國的熱切之情。

　　從八月十五日日本投降到十月五日臺灣前進指揮所成立，首批中
國政府與軍隊登陸接收，期間歷經五十天的「歷史的真空時期」。不
久，各地毆打日人，尤其是日本警察，或是毆打曾擔任警察的臺灣
人，種種暴力事件頻傳。吳新榮對民眾的暴動詮釋為：「這樣的民族
感情漸漸昂揚起來，由潛在性的變為表面性的。」[103]葉榮鐘在〈臺灣
省光復前後的回憶〉中指出這時各地的「歡迎國民政府籌備會」適時
發生一點政治的作用，因為「它是過去民族解放運動的領導人物的集
團，他們過去的活動，猶鮮明地印在民眾的心目中」，由他們主持勸

擬定「臺灣自治草案」，由中宮密會辜振甫提示「臺灣自治草案」，並商議「臺灣
自治協會」名單。八月二十二日臺紳辜振甫、許丙、林熊祥與杜聰明、林呈祿、
簡朗山兩批人馬先後拜會安藤總督，安藤隨即發表談話，告誡島民不得輕舉妄
動，並明示絕對禁止臺灣「獨立」或「自治」，二十四日安藤的談話發表於報端。
一九四六年一月十五日，長官公署公布臺灣漢奸總檢舉規程，辜振甫、林熊祥、
許丙、簡朗山等遭人指控參與「臺灣獨立運動」，三月被逮捕，經過一年多後，一
九四七年七月二十九日，臺灣戰犯軍事法庭判決，辜振甫被處有期徒刑二年二個
月，許丙、林熊祥處一年四個月，簡朗山、徐坤泉獲判無罪。見許介鱗：《戰後臺
灣史記・卷一》，頁53-55。關於「獨立事件」經過可參考《臺灣新生報》1947年7
月30日刊載29日警備司令部戰犯軍事法庭針對「臺灣八一五獨立（自治）事件」
所做的判決書，可知原委。見陳幼鮭：〈戰後日軍日僑在臺行蹤的考察（上）〉，
《臺灣史料研究》第14期（1999年12月），頁5。

103 吳新榮：《吳新榮選集3・震瀛回憶錄》（臺南縣：臺南縣立文化中心，1997年），頁
156。

誠疏導、維持秩序的工作，無人敢予異議。[104]可見臺灣的士紳、社會
運動分子長期建立了地方性的威望，其地方性的領導力量不可忽視。
由於臺灣人回歸祖國的熱忱、自動配合，或者應該說對祖國國情的隔
閡，「祖國只是觀念的產物而沒有經驗的實感」，憑著一股「民族精
神」的向心力，使臺人「自動地擁護政府保全公物」，以愛國熱忱等
待官員接收。[105]

　　臺人不知道他們擁護的國民政府在政治、經濟上的腐敗無能，這
隔閡不但導致重建臺灣民主自由的理想幻滅，最後終於爆發了「官逼
民反」的二‧二八事件。日後陳儀政府赴臺後，對這些地方勢力不但
不願借重，反而多所猜忌，也種下了政局不穩的潛因，導致二‧二八
事件發生時各地士紳、文化人或多或少投入領導政治改革的運動中。
在國民黨展開清鄉鎮壓時，有些犧牲性命，如王添灯、陳炘、林茂
生，有些則迅速離開臺灣，暫避風頭，被捕者入獄者更不在少數。也
有文化人因此而認清國民黨的封建專制性質而投身中共臺灣省工作委
員會的地下黨工作。

　　戰後臺灣，原來的日本殖民社會體制迅速瓦解，社會開始失序，
戰時饑荒持續惡化。同時負起維繫社會秩序的還有「軍統」人員張士
德籌組的「三民主義青年團中央直屬臺灣區團」，張士德出身於日據
時期農民組合，透過臺北知名執業律師陳逸松聯絡地方有志青年籌組
「三民主義青年團」，[106]由於張士德對臺人宣稱國民黨的一貫作風是
「黨外無黨、團外無團」，所以存在的團體或擬將組織的團體，一切
都要解散或納入「三民主義青年團」。[107]因此曾經吸引不少進步分子和

---

104 葉榮鐘：〈臺灣省光復前後的回憶〉，《臺灣人物群像》（臺中市：晨星出版社，2000
　　年改版），頁441。
105 葉榮鐘：〈臺灣省光復前後的回憶〉，《臺灣人物群像》，頁441、445。
106 關於「三青團」的籌組，文化人的派系色彩與思想傾向，在戰後初期文化界發揮的
　　功能與作用，相當複雜。詳見本書第三章第一節。
107 吳新榮：《吳新榮選集3‧震瀛回憶錄》，頁156。

熱血青年加入，例如：呂赫若、吳新榮、蘇新、楊逵、簡吉等等。[108]
吳濁流稱許：「三民主義青年團，自動擔當各地的治安工作。這種處
在真空狀態而能夠完成民心一致地完成自治工作的，恐怕在世界政治
史上是罕見的吧。」[109]

　　與此同時，國民政府抵臺的時間，卻一再延後，而各地民眾翹首
欲爭賭官員國軍抵臺的熱情卻未減，民眾望眼欲穿，甚至有人露宿基
隆碼頭以待。[110]接收、復員速度的緩慢，並非臺灣獨有的現象。對國
民政府來說，勝利來得太突然，「連迎接勝利的準備時間都沒有」。[111]
抗日勝利半年後，一九四六年五月一日才由重慶還都南京，而國民政
府派系傾軋，接收的不當與復員的失策，在全國各地引起的反彈情
緒，也隨著臺灣省行政長官公署的接收蔓延至臺。

　　臺灣的接收雖然在全國算是迅速的，但對臺人來說已是望穿秋
水，一九四五年十月五日長官公署秘書長葛敬恩率領「臺灣省前進指
揮所」，包括臺灣省警備總司令部副參謀長范頌堯等四十七名人員，及
憲兵一排，一行人共七十一人搭五架美軍運輸機抵臺北，第一批接收
人員才到達臺灣。[112]與葛敬恩同行的中央社特派員葉明勳曾回憶說：
「當五架專機降落松山機場時，總督府諫山參謀長等高級官員與臺灣
士紳，還有挺著軍刀的日本兵，都在那裡列隊相迎，葛主任竟躲在飛
機上，推著王民寧先生出來露面，這是什麼漢官威儀？」[113]連接收官
員都全無戰勝國的威儀，更何況是接收國軍的老弱殘兵像，與在臺灣

---

108 陳翠蓮：《派系鬥爭與權謀政治──二‧二八悲劇的另一面》，頁243-244。

109 吳濁流：《無花果》（臺北市：前衛出版社，1990年），頁70。

110 葉榮鐘：《臺灣人物群像》，頁442。

111 邵毓麟：《勝利前後》（臺北市：傳記文學出版社，1967年），頁75。

112 臺灣省文獻會主編：《臺灣省通志》（南投市：臺灣省文獻委員會，1952年），卷10
「光復志」，頁31。

113 葉明勳：〈後世忠邪自有評〉，《傳記文學》第52卷第5期（1988年5月），頁47。

養精蓄銳、軍紀森嚴、兵力無損的十六萬日本軍隊相較之下[114]，似乎國軍才是敗戰國的軍隊。吳濁流描寫迎接祖國部隊來臺時的心情：

> 「哦！來了來了！祖國的部隊來了……」
> 我盡量站高身子去看，但那些軍人都背著雨傘，使我產生奇異的感覺。其中也有挑著鍋子、食器以及被褥的。感到非常奇怪，這就是陳軍長所屬的第七十軍嗎？我壓抑著自己強烈的感情，自我解釋說，就是外表不好看，但八年間勇敢地和日軍作戰的就是這些人哩。實在太勇敢了！當我想到這點以安慰自己的時候，有一種滿足感湧了上來。[115]

葉榮鐘也描述過形同難民的國軍，對興奮迎接勝利國軍的臺人，造成不小的衝擊：

> 日本軍人裝備精良，行動活潑，雄糾糾，惡狠狠，令人望而生畏。省民看慣了日本軍人的威風，見到我們自己的士兵裝備簡陋，風采不揚，甚至肩挑鋪蓋鍋缽，形同難民，心中未免失望，只是口頭不忍說出來。但是少年人心直嘴快，背地裡就不客氣的批評，筆者的岳伯住在臺北，他老人家當時已望七，當

---

114 葉榮鐘：「因盟軍採取跳板戰略，由菲島一躍上陸沖繩。緣此日本軍在臺灣的武力絲毫未受到損失，這些失去統制又心理失常的武力，會發生如何的作用，實在是一項令人擔心的問題。」《臺灣人物群像》，頁436。吳濁流則指出戰後日本在台的兵力：「國軍只有先來三千，日本的正規軍有十八萬三千，加上在鄉軍人合起來三十五萬」〈第十章　歡呼「光復的陰影」〉，吳濁流：《無花果》，頁171。許介鱗：「如果……美軍與十六萬精銳日軍相互廝殺的結果，就算不及登陸琉球時所造成的『玉碎』，對臺灣人的生活也必然造成極大的傷害。更重要的是，一旦臺灣被美軍占領，美國基於自身利益的考慮，在戰後未必會依開羅宣言將臺灣歸還中國。」見許介鱗：〈第三章　美國也有臺灣占領計劃〉，《戰後臺灣史記・卷一》，頁25。
115 吳濁流：《無花果》，頁70。

國軍開到臺北的消息傳到他耳朵時，他一日數次去火車站恭
候，十七日那天他自然也是夾道歡呼的民眾之一。他的外孫們
交口奚落國軍，不意被他聽到，於是大發雷霆。把那些大孩子
罵得狗血淋頭……這樣的事例到處都有，大概年青人看不慣，
老年人卻極力袒護，……這也可以瞭解他們五十年在異族欺凌
壓迫下，盼望王師的心情是如何熱切的，於是拜謝天地，祭告
祖先，也就成為他們興致勃勃的行事了。[116]

具有祖國經驗的吳濁流以國軍勇敢抗日來自我安慰，而葉榮鐘則
描述有祖國情懷的老一輩人「從好處著眼，用善意解釋」，「奇想天
外」地解釋說：國軍綁腿下部分隆起（與日軍束腿不同），一定是包
著鉛板練功，一旦卸下即可健步如飛，來為國軍遮瑕。[117]但心口直快
在「皇民」精神教育下成長的青年，就不太能接受這種毫無威嚴的軍
容，彭明敏形容國軍抵臺登陸的情景時是這樣的形容的：

軍艦開入船塢，放下旋梯，勝利的中國軍隊，走下船來，第一
個出現的，是個邋遢的傢伙，像貌舉止不像軍人，較像苦力，
一根扁擔跨著肩頭，兩頭吊著的是雨傘、棉被、鍋子和鞋子，
有的沒有的。大都連槍都沒有。他們似乎一點都不想維持秩序，
推擠著下船，終於能踏上穩固的地面，很感欣慰似的，但卻遲
疑不敢面對排列在兩旁、帥氣地向他們敬禮的日本軍隊。[118]

對國軍的形容猶如「苦力」，其實更像是神色倉皇的「難民」，對

---

116 葉榮鐘：《臺灣人物群像》，頁443。
117 葉榮鐘：《臺灣人物群像》，頁443。
118 彭明敏：《自由的滋味——彭明敏回憶錄》（臺北市：前衛出版社，1988年），頁64-
65。

日軍的描寫是整齊、帥氣，字裡行間透露出對雙方人馬的價值判斷。彭明敏的父親彭清靠，[119]由於「家庭與美國教會、日本人之間建立了相當關係的」，[120]面對軍紀散漫的國軍時，出現這樣的評語：「他覺得一生中還沒有像這樣羞愧過。他用日語形容說：『如果旁邊有個地穴，我早已鑽入了。』」[121]這種心情不只是失望而已，而是強烈的羞愧感。由此也可見經過日本帝國殖民經營、初具現代化社會條件的臺灣，遭遇長期外患連連、軍閥內戰不斷的中國接收，第一次接觸時心理上的衝擊力有多大。

但與祖國暌違五十年的臺灣人，大部分還是強忍著心中的疑惑，以「盼望王師」的心情，扶老攜幼熱情迎接國民政府的接收，如同迎神般流水席招待國軍官員，出現「到處感人的鏡頭」。[122]臺民怎樣也想不到日後會以「狗去豬來」形容這批他們盛情款待的接收人員。這「第一印象」的失落，說明的是經過日本帝國主義以資本殖民體制進行初步「現代化」的臺灣社會，遭遇了國民政府「半殖民半封建」社會體制的接收，臺灣民眾以「對日勝利」的預期心理下，將接收的祖國政權視為榮登「世界四大強國」來歡迎，所造成的期望與現實的落差。而這樣的落差，恐怕在接下來的「接收政策」與「劫收現實」之間將形成更大的裂縫，回歸祖國之日即是解放臺灣之日的期待因此落空。

國民政府接收臺灣，關於政治權力的接收與重建，若林正丈指出：

> 接收臺灣的所有手續，是由大陸派來的國民黨勢力獨占，國民
> 黨政權在臺灣迅速而且沒有受到阻撓地接收臺灣總督府的統制

---

119 彭清靠光復後當選高雄市參議會議長，二・二八事件中，曾出面與高雄要塞司令彭
　　孟緝交涉，險遭不測。見張炎憲、李筱峰編：《二二八事件回憶集》（新北市：稻
　　香出版社，1993年），頁87。

120 陳翠蓮：《派系鬥爭與權謀政治——二・二八悲劇的另一面》，頁66。

121 彭明敏：《自由的滋味——彭明敏回憶錄》，頁64-65。

122 葉榮鐘：《臺灣人物群像》，頁441。

機構，同時將日本留下的龐大資產變成自己控制下的國家資本加以重組。從歷史的後見之明來說，國民黨政權因此取得了控制臺灣社會的政治、經濟資源。[123]

　　光復初期，掌握國民黨黨務的「CC派」（陳果夫、陳立夫兄弟所領導的黨內勢力）勢力較弱，陳儀所屬的「政學系」（起源於民國初年的政治團體「政學會」）和「軍統系」（以特務機關軍事統計局為大本營）之力量較強。黨的關係組織「三民主義青年團」則廣及全島，但因為這個組織成員在二・二八事件中多被殺或逮捕，一九四七年六月又因國民黨內部斷然進行「黨團合併」而崩潰。所以，此一時期國民黨政權在臺灣的權力掌握，並不是經由黨組織的滲透，而是由行政長官的專制權力繼承殖民地的行政機構來進行的[124]。

　　至於經濟上的接收與重建，劉進慶指出國民黨接收臺灣後：

戰前的日本獨占資本現在以國家資本的形態而更形集中，這種國家資本，統轄著臺灣的產業、金融和貿易等「制高點」。[125]簡中意義在理解戰後臺灣經濟體制性格上有決定性的重要性，換言之，戰後臺灣經濟，基本上由國家資本所支配。而且國家資本支配的經濟體制之形成，是由殖民地遺制及國民黨政權的

---

123 若林正丈：《臺灣──分裂國家與民主化》，頁58。

124 若林正丈：《臺灣──分裂國家與民主化》，頁62。

125 這種公營部門佔據「制高點」，民間部門從屬公營部門，同時由國民黨政權的官僚控制經濟營運的狀況，「並不是暫時的或過渡的，而是被正當化為符合國民黨政策之國家理念，亦即民生主義的實現，在其後也一貫地被堅持」。隨著出口導向的民間資本急速成長，創造了臺灣「經濟奇跡」，使公營部門產業的比率逐漸降低，才使「產業部門的國家資本主義體制開始崩潰」，卻形成臺灣特有的「公營以國內為中心，民間企業以出口為導向」的產業結構。劉進慶：〈ニクスの発展と新たな経済──民主化政治経済の底流〉，若林正丈編：《台湾転換期の政治と経済》（田畑書局，1987年）。轉引自若林正丈：《臺灣──分裂國家與民主化》，頁65。

階級性這二種歷史社會條件的制約所造成的，這種國民黨國家
資本支配的體制構成了戰後臺灣經濟的起點。[126]

　　劉進慶形容此一國民政府官僚經濟體制生成史是「臺灣殖民地遺
制與中國國民黨官僚資本的私生子」。[127]

　　光復初始，臺灣人熱烈歡迎「國府」軍、政接收人員，學習國
語、三民主義的熱潮持續了一段時間，高度參與民意代表的選舉，媒
體言論也表現出對時政的高度關懷，這些社會現象都顯現了臺灣人脫
殖民地化的高昂意願。赴臺接收的國民政府官僚卻只看到臺民「回歸
熱」，而沒有意識支撐此一「回歸熱」背後是「脫殖民地化」的需
求，甚至在政、經各層面都流露出防範臺人、歧視臺人的心態與施
政。唯一能稍微平撫臺人差別待遇所造成的「不平衡」心態的，就屬
民意機關的設立與一連串民意代表的選舉，儘管這些民意機關的權
限，都只能算是「半自治」的程度，也因此追求「地方自治」的完全
實現一直是光復後臺人政治改革的目標。底下是從政治上的差別待遇
以及地方自治的施行兩個角度探討「政權轉換」時期的政治轉型。

二　政治上的差別待遇

　　如前一節所述，「臺灣省行政長官公署」特殊省制，甫經頒訂公
布，即被在大陸的臺籍人士比為「總督府制的復活」，臺人要求廢除
特殊省制的請願、要求不斷，依序為：一九四六年一月十日政治協商
會議前向國民政府行政院提出九項請願事項，其中第二項提請「中央
依各省例設立臺灣省政府，以求政制統一，實行軍政分治，切實使臺

---

126 劉進慶著，王宏仁等譯：《臺灣戰後經濟分析》（臺北市：人間出版社，1995年），
　　頁28。
127 劉進慶著，王宏仁等譯：《臺灣戰後經濟分析》，頁9。

灣中央化，而避免有重新殖民政策之非議。」一九四六年二月十日「民眾協會」（後改為臺灣政治建設協會）向楊監察使及李宣慰提出的二十一項建議，要求興革臺灣政治措施，也提到「關於本省最高行政組織應予改正」。臺灣人民向二中全會請願的十二項事項中，也提出兩點：「統一政制實行軍政分治改組各級政府」、「指定臺灣為實驗省，省市縣鄉鎮長官試行民選」。[128]

　　一九四六年七月十八日，旅居上海的臺灣人六團體（包括閩臺建設協進會上海分會、臺灣重建協會上海分會、福建旅滬同鄉會、上海興安會館、上海三山會館、臺灣省政治建設協會上海分會）到南京，向國民政府行政院、立法院、國防最高委員會、國民參政會及國民黨中央黨部等機關請願，提出撤廢《臺灣省行政長官公署組織條例》，改設與各省相同的省政府於臺灣，因「該條例實施以來，弊害叢生，人民受專制獨裁統治之壓榨，生機幾斷、呼籲無門、怨聲載道、危機四伏」，而且此條例授權行政長官在臺統攬軍權與政權，不獨行政、立法兩權握於一人之手，且可以侵犯中央權限及司法權。[129]不只臺灣人反對此一特殊省制，當時上海的民主刊物《觀察》週刊就曾指出：此制「給臺胞以不愉快之感的，便是中樞對臺灣並不是用同等的眼光來衡量，一如對其他省份。最直覺的看法：這與日本在臺灣採用總督府制有什麼區別？這問題心理的因素比政治的因素大。」[130]二・二八

128　一九四六年閩臺通訊社《臺灣政治現況報告書》，見王曉波編：《二・二八真相》（臺北市：海峽學術出版社，2002年），頁25-30。

129　楊肇嘉：《楊肇嘉回憶錄》，卷2，頁354。

130　參見〈隨時可以發生事變的臺灣局面〉，上海市：《觀察》週刊第2卷第2期（1947年3月8日）。收錄於陳芳明編：《臺灣戰後史資料選──二・二八事件專輯》（臺北市：二・二八和平促進會發行，1991年），頁15-21。日本的總督府制，一八九六年四月一日到一九二一年十二月三十一日期間，為「六三法」（又稱為殖民地法）施行的時期，確立委任立法制度。黃靜嘉：「由於總督府既為行政長官，復兼領司法及享有立法權之結果，總督遂及立法、司法、行政三權於一身，以施行其對殖民地之專制政治。」此後則以「三一法」代替之，然其內容仍為「六三法」之延

事件前後在臺灣進行採訪的中國新聞社記者唐賢龍於一九四七年在南京出版了《臺灣事變的主因》[131]中，也提到「長官公署」的特殊制度實是造成事變的主因之一。[132]

　　日據時代臺灣人被歧視為「次等國民」，無論在行政上專業上及技術上均難獲公平地位。臺灣光復，不少臺人以為「脫殖民地化」後，從此應可由臺灣人自治，甚至盛傳謝春木（南光）將出任省主席，其餘有聲望的臺人如宋斐如、游彌堅、連震東等人均可領導臺灣。[133]事與願違，「長官公署」在行政官員的編制呈現出陳儀政治集團歧視臺人的統治心態。

　　　　一九四六年初行政長官公署一級單位正副首長十八人之中，僅
　　　　有教育處副處長宋斐如一人是臺籍，而長官公署直屬各機關十
　　　　六位主管中，只有省立臺北保健館主任王耀東、天然瓦斯研究
　　　　所所長陳尚文兩位是臺籍。另外十七個縣市首長中，只有臺北
　　　　市長黃朝琴、新竹縣長劉啟光、高雄縣長謝東閔三人是臺籍。
　　　　而且上述六位臺籍人士中，除了王耀東之外，其餘五人都是自
　　　　重慶返臺的所謂「半山」人士。[134]

　　長，只是為了配合政治宣傳的「內地」延長主義，進入敕令立法為原則，「以敕令實行其本土法律（全部或一部）」，仍然有「但書」，即「以臺灣特殊情形有涉特例必要者」，得以臺灣總督之命令規定之」，所以儘管宣布施行「地方自治」，但有關殖民地人民權益之重要事項，仍多由律令加以規範，故言其內容仍為「六三法」的延長。見黃靜嘉：〈第七章　由律令立法到敕令立法時期〉《春帆樓下晚濤急：日本對臺灣殖民統治及其影響》，頁92-110。

131 唐賢龍：《臺灣事變的主因》，南京市：中國新聞社出版，1947年。見陳芳明編：《臺灣戰後史資料選──二‧二八事件專輯》，頁22-88。

132 陳芳明編：《臺灣戰後史資料選──二‧二八事件專輯》，頁23。

133 《吳新榮日記（戰後）》，《吳新榮全集》，卷7，頁21-22。

134 陳翠蓮：《派系鬥爭與權謀政治──二‧二八悲劇的另一面》，頁75-76。

　　此一不信任臺人的人才編制政策，形成外省人獨占上層政治的現象。

　　陳儀對臺人的不信任，顯然與他主政福建省主席期間對「臺灣籍民」的偏見有關。在日本領事館及臺灣總督府包庇下的「臺灣呆狗」、「臺籍浪人」，享受領事裁判權和免稅權等特權，而從事販毒、開煙館、開賭場、走私軍火等不法勾當，在大陸可謂聲名狼藉。[135]陳儀從籌備接收臺灣之始，始終對臺灣受日人的奴化教育、奴化思想耿耿於懷，認為接收後首要加強的心理重建的文化、教育工作。[136]

　　陳儀赴臺後，對臺灣的地主士紳多所防範。一九四六年一月十五日，長官公署公布臺灣漢奸總檢舉規程，辜振甫、林熊祥、許丙、簡朗山等遭人指控參與「臺灣獨立運動」，三月被逮捕，經過一年多後，一九四七年七月二十九日，臺灣戰犯軍事法庭判決，辜振甫被處有期徒刑二年二個月，許丙、林熊祥處一年四個月，簡朗山、徐坤泉獲判無罪。[137]此外，據聞還有一百數十位臺人被列入預定拘捕的名單中，包括林獻堂在內。後在丘念台向陳儀疏通，說明林獻堂是日據下倡導反日的領導人，在日本軍政的壓力下有不得不與日人虛與周旋之苦，又奔走南京向中央說明後，「漢奸逮捕事件」始告落幕。中央延至一九四六年十一月，才正式通令各省對前被日人徵用的臺胞不能以漢奸治罪。[138]

　　但臺人仕紳對陳儀的「下馬威」，深表不以為然。有人傳言陳炘

135 梁華璜：《臺灣總督府的「對岸」政策研究──日據時代的臺閩關係史》，頁129。

136 一九四四年五月十四日〈陳儀致陳立夫關於臺灣收復後教育準備工作之意見函〉，見張瑞成編：《光復臺灣之籌劃與受降接收》，頁53-54。一九四五年三月頒布的「臺灣接管計劃綱要」「通則」第四條也載明：「接管後之文化設施：應增強民族意識、毒化思想，普及教育機會，提高文化水平」。見張瑞成編：《光復臺灣之籌劃與受降接收》，頁109。

137 許介鱗：《戰後臺灣史記‧卷一》，頁53-55。

138 丘念台：《嶺海微颻》（臺北市：海峽學術出版社，2002年），頁243。

受「臺獨」事件牽連被「拘捕」，是因為他到南京參加一九四五年九月九日的受降典禮返臺後，在一次聚餐席上，無意中曾講述江浙財閥的橫暴和種種可怕的作風，因此光復後創設大公企業公司，攖了陳儀的逆鱗。[139]蘇新的《政經日記》也提到：「巷間說，此公司是利用民眾資本來對抗浙江財閥進出臺灣的。」[140]陳儀抵臺不久，即下令凍結日銀券和千圓券，「政治經濟研究會」舉辦「金融問題對策」座談會時，有人說陳儀此一舉措目的在「先下手凍結臺灣土著資產階級的資金，使其不能活動，而期間某某財閥可悠悠地準備他的獨占計劃」，引起臺灣土著資產階級的反感。[141]大公企業公司成立不到兩月，陳炘以「漢奸」罪名遭到陳儀的逮捕，大公企業還被陳儀誣指違背三民主義。閩臺通訊社編的《臺灣政治現況報告書》批評陳儀「摧殘民族資本」，指出：「如陳炘可用漢奸名義逮捕，陳儀用一大批御用紳士當區長等職，這又作何解釋？」[142]陳炘後雖獲不起訴處分，但當局對大公企業仍百般鉗制，「申購的物資，經常不予批准，或拖延時日」。[143]

　　丘念台有鑒於「最初接管期間，各種措施未盡適當，以致造成上下隔膜，甚至引起臺民的蔑視抱怨」，有意疏解臺灣上層士紳與國民黨領導層間的隔膜[144]，乃推動籌組「臺灣光復致敬團」[145]。長官公署

---

139 葉榮鐘：〈臺灣省光復前後的回憶〉，《臺灣人物群像》改版，頁449。

140 《政經報》第1卷第3期（1945年11月25日），頁23。

141 座談會上對陳儀此一舉措有正反面的評價，有認為是對的，因為「千圓券的流通是前政府的陰謀」，也有認為對實業家影響比較大。（《政經報》第1卷第3期）

142 王曉波編：《二‧二八真相》，頁25。

143 李筱峰：《林茂生‧陳炘和他們的時代》（臺北市：玉山社，1996年），頁177。

144 戴國煇、葉芸芸：《愛憎228》，頁170。

145 丘念台的回憶錄提到其動機在「邀集各界知名人士到國內去訪問，讓他們瞭解中央和國內同胞對臺灣實有深厚的民族愛，在這個大範圍下，原諒部分接收人員的過失；同時也讓中央瞭解臺民的熱心愛國，以及臺民對政府的擁護和敬意；用以加強上下的聯繫，進而疏通日據時代所遺下的長期隔膜」。見丘念台：《嶺海微颸》，頁249。

對欲前往南京的「光復致敬團」,「表面上雖不加阻止,但內心是不甚
贊成的」,還提出五項奇怪的條件:「一、不許做過日本貴族院議員的
林獻堂出任團長,二、不許曾受公署拘留過的臺紳陳炘做團員,三、
必須自臺北直赴南京,不必在上海停留及先接受臺灣人團體的招待,
四、不可上廬山晉見蔣主席,五、不必前往西安祭黃陵」。[146]行前陳
儀又諸多「叮嚀」,如:應該用中國人眼光,遠大地用望遠鏡觀摩整
體的優點,不宜像日本人用顯微鏡窺局部的劣點云云。從丘念台與葉
榮鐘留下來的回憶錄與日記看來,「光復致敬團」一行從一九四六年
八月二十九日出發到十月五日返臺,也使得這些臺籍地方士紳從中瞭
解國內「國共」對立的情勢。陳儀與地主士紳的嫌隙,還有一件是林
獻堂與黃朝琴競選省參議會議長時,陳儀阻撓林獻堂,而厚植重慶歸
臺的「權貴半山」黃朝琴。[147]這些過節都使得臺人士紳階層的不滿與
日俱增,也因此產生未被重視的失落感。[148]

　　臺人感受政治上差別待遇不僅在「上層階級」,就是民間也普遍感
受此差別待遇。重要職位幾乎由外省人獨占,臺人不僅當不上政府、
公司及工廠的高級主管,連最小的主管也沾不上邊,各機關的「秘書、
科長、股長、總務、財務、甚至會計出納主任」都沒有機會擔任,使
臺人深感與日據時期無多大差別。[149]一九四六年十月臺灣公職人員中,
簡任的有三百八十五人,臺人僅二十七人,占7.01%,薦任有二九九

---

146 葉榮鐘:《臺灣人物群像》,頁456。

147 對於林獻堂有意競選省參議會議長一事,由於丘念台深怕林獻堂不諳大陸政情及
　　中國傳統政治文化的「惡劣、複雜與玄虛」,恐林獻堂本身受害,善意勸退,戴國
　　煇有詳論及評價,文中提到據聞林獻堂一直把臺灣與大陸的未來關係設想、推類
　　為愛爾蘭與英國的關係,但陳儀赴臺後,此一想像逐一破滅。見戴國煇、葉芸
　　芸:《愛憎228》,頁168-169。

148 葉明勳:〈後世忠邪自有評〉,《傳記文學》第52卷第5期(1988年5月),頁45。

149 賴澤涵總主筆,召集人陳重光,葉明勳:《「二‧二八事件」研究報告》(臺北市:
　　行政院研究二‧二八事件小組,2000年),頁19。

○人，臺人為八百十七人，占27.32%，委任有二○三四一人，臺人有一四一三三人，占69.48%。（見附錄表7-1）臺人以擔任低層者多。[150]

　　一九四六年三月第一波日僑遣返之後，公教機關中空出職位由臺籍和外省籍人士遞補，但從一九四六年三月到十月，臺籍公教人員所占比例，不增反減，外省籍的比例卻節節上升（見附錄表7-2）。其中還蘊含用人浮濫的惡習，「往往設立一機構，不是因事，而是因人，為了應付介紹人的面子，以致冗員充斥」[151]。外省人「壟斷權位」不說，偏偏又「外行領導內行」[152]，更令臺人不服的是和日據時代一樣仍舊有著「同工不同酬」的待遇，[153]例如「郵電局國內同胞在本薪外有六千元臺幣的津貼，臺灣同胞則一文津貼也沒有。一面花天酒地，一面衣食不濟，因而臺灣同胞極仇視這些國內同胞」。[154]對於無法登用臺人，政府的說辭是因為臺人不懂國語，不會撰寫公文。臺人雖已有地方自治的經驗，陳儀仍堅持需經過二、三年的訓練，於一九四六年十一月二十一日（一九四六年十月二十五日禁止報紙日文欄後）在臺北賓館招待記者會時發言：

　　　臺灣雖然歸還我國，但是還有許多臺胞不懂得國語與國文，這是中國的恥辱，所以要普遍的訓練臺胞懂得國語與國文，我準

---

150 臺灣省行政長官公署人事室編：《臺灣一年來之人事行政》附表一。轉引自陳翠蓮：《派系鬥爭與權謀政治——二‧二八悲劇的另一面》，頁77。

151 《臺灣政治現況報告書》，見王曉波編：《二‧二八真相》，頁25

152 《民報》社論多次反映此一問題在公營事業、交通事業、糖業與警察界採用沒有經驗不熟本省實情的外省人，造成脫軌、反開倒車的情形。1946年10月29日〈經濟再建的快捷方式〉、1946年11月6日〈要急整備交通機關〉、1946年9月28日〈復興糖業也要人民協助〉、1946年10月16日〈治安問題嚴重極了〉。詳參李筱峰：〈從《民報》看戰後初期的政經社會〉，《臺灣史料研究》第8期（1996年8月），頁197-198。

153 吳濁流：《無花果》，頁176-177。

154 胡允恭：〈臺灣真相〉，原刊上海《文萃》叢刊（1947年4月5日），頁2。轉引自戴國煇、葉芸芸：《愛憎228》，頁116。

備將全省三萬多的臺籍公務員，積極嚴格訓練，希望在明年有
二萬多的臺籍公務員能通曉國文國語，並提高他們的工作，好
讓他們在不久的將來能進步到有主管的能力，升做科長或秘書
等工作。[155]

在陳儀帶有歧視臺人心態的政策下，部分舞弊營私的大陸赴臺官
員竟啟用「自己人」，主管任意撤換人員，省參議員林日高就曾指出兩
例：「臺北縣縣長上任時帶了兩百多人，因為要安插這批人，就不管舊
有人員究竟有沒有能力，隨便把許多人免職了。」「農林處檢驗局將
任職三十年的技術人員范錦堂免職，而任用局長姨太太謝吟秋」[156]。
一九四六年一月三十日《民報》亦揭發「高雄工業專修學校，牙醫劉
某任校長，擅收束修稱聘教員，竟以親族充數，目不識丁的校長岳父
任教員，四百學生開會反對，向市府請願」。諸如此類報導牽親引戚
的官場文化、「家族式政治」的案例不勝枚舉，[157]被批評為「封建性
包辦政治」，令臺胞生厭。[158]

尤有甚者，長官公署行政機關、公營企業一方面認為臺人受日本
統治的「奴化」，心存偏見不予錄用，另一方面卻又大量留用「日籍人
員」。例如一九四六年初省政機關接收留用人員，日人有一百七十人，
臺人僅六十八人；地方機關共有一三〇六九人留用，臺人為七五一七

---

155 《和平日報》（1946年11月23日第3版）。
156 臺灣省參議會秘書處《臺灣省參議會第一屆第一次大會特輯》（1946年），頁48、
　　65，轉引自陳翠蓮：《派系鬥爭與權謀政治——二・二八悲劇的另一面》，頁80。
157 一九四六年七月六日《民報》也報導：「臺南法院之妻，現為臺南法院檢查處書記
　　官長、該檢查處主席檢察官之妻，則任該法院書記官、臺中法院之大部分職員為
　　該院長之親戚而『清一色』、即院長妻舅之子三人、妻舅之女婿一人，在其弟一
　　人、妻舅之外孫一人及其遠親近戚等二十餘人，在該法院任職，占全法院職員約
　　五十人之過半數，又花蓮港法院院長之妻、現任該院之錄事，花蓮港監獄長之岳
　　父，任該監獄之教誨師、其妻舅亦任職獄內，現各界人士皆指斥譏笑云。」
158 《民報》社論〈嚴辦貪官與實施自治〉，1946年9月16日。

人，日人有五五五二人。[159]其中所持的理由是，實行蔣介石指示之接收時保持「行政不中斷」之原則，但大陸赴臺接收人員人數不足，又以臺人中的知識分子受日人歧視，多未曾參與中上級以上的行政工作為由不便任用，形成留用日籍人員反較臺籍為多的現象。[160]

　　日本戰敗後從日本返回臺灣負責日僑遣返的塩見俊二在一九四六年四月四日的日記中寫道：「由於中國政府『以德報怨』政策之故，陳儀長官到臺後，中國官員及軍人對日本人的態度意外地友善。」[161]截至一九四五年十一月以前，在臺日本人希望回國者為數甚少，希望留臺人數推算超出二十萬人。後因臺灣物價高漲、治安惡化與反日情緒高漲，日僑歸國意願才激增。因陳儀在主、客觀因素上倚賴日本技術人員維持各項產業，一九四六年三月前後還曾向中央提出「承認日僑的居留和歸化」。[162]至三月正式遣返工作展開，經陳儀向中央、美國方面商議，決定留用的日本人共五千人，連眷屬總計兩萬八千人，[163]

---

159 臺灣省行政長官公署民政處編：《臺灣民政》第一輯（1946年5月），頁70-71，轉引自賴澤涵總主筆：《「二・二八事件」研究報告》，頁35。

160 黃玉齋主編：《臺灣年鑒》2001年第2期，頁453。

161 塩見俊二：《秘錄・終戰前後的臺灣》（臺北市：文英堂出版社，2001年），頁74。

162 閩臺通訊社《臺灣政治現狀報告書》1946年3月出版，見王曉波編：《二・二八真相》，頁21。另外，陳儀力爭留用日僑人數除了主觀上較相信日本的技術人員外，客觀現實上各產業有留用日籍技術人員的需求反映，如一九四六年三月十六日臺灣電力公司電告資源調查委員會，說明留用日籍技術人員不足維持，三月二十七日臺灣區特派員包可永分呈經濟部和資調會電文，說明留用日籍人士至少需要五千人方可維持，在五個月後始能陸續減少。臺籍技術人員以教育素質關係，識見不足，不能填補日人缺額，若遵來電辦理，勢必影響生產，例如糖業僅可辦兩廠，其餘個業大部分勢必停頓，設備將多被盜竊及損蝕、失業驟降，交通阻滯、治安解體云云。見薛月順編：《資源委員會檔案史料彙編——光復初期臺灣經濟建設》（臺北市：國史館印行，1993年），上冊，頁1、2。從前述《民報》上臺人反映「人才登用」的問題來看，也有可能外省接收人員存私心，欲借拖延留用日籍人員的時間從而取得技術，刻意不讓臺籍技術人員遞補日籍技術人員遣返後的缺額。

163 陳幼鮭：「徵用日僑人數，中國政府必須與美國在日本的盟軍總部取得協調。一開始美國建議臺灣以一千人為原則，連其家屬只可共五千人。此事經陳儀在重慶與中

除此之外大約有五千名的潛藏日僑，包括受刑人、生病者與在日本無依靠者不願意回日本。[164]

　　引起臺人不滿的徵用日人政策，正是塩見俊二如下證詞所指出的「留用日僑之大部分都是官員」，「留用人員大多數官員薪給自四月份（案：一九四六年）起大幅提高，我也月領五千八百元，所以吃飯是沒問題的。現在日本，連吃飯都成問題，因此對這一點應該表示感謝之意才對……日僑學校也成立，治安亦逐漸安定，大家所擔心的糧食危機因大多數臺灣人節約食米而勉強度過難關」。[165]在接收過程中，並未任用臺人以接替日人，對被日人欺壓多年的臺人而言，中國打敗日本，竟繼續留用日人，此一矛盾的策略，使臺人大失所望。[166]這種歧視臺人的用人政策，被批評是「監理政治」：各行政機關換用中國人任主管，其餘完全留用日官日警，各事業機關派駐主管監理之外，各公司、工廠、鐵路、電信和郵政，完全交由日本人代替我們統治，替我們經營。[167]

　　日據時代，在高壓統治下，養成奉公守法習慣的臺灣人，「不懂『因等奉此』的體面國語，工作能力不受重視，職位低落，領受差別待遇，一如日本殖民統治時代。目睹位居上方的外省同事，能力低劣卻一副勝利者的傲慢，舞弊營私目無法紀，臺灣人心有不平，完全不

央、美方數度洽商結果，最後決定徵用日僑五千六百人，連同家屬以不超過二萬八千人為限。」見陳幼鮭：〈戰後日軍日僑在臺行蹤的考察（附錄）〉，《臺灣史料研究》第16期（2000年12月），頁67。據日俘管理處處長周夢麟指出：陳儀的工作能力、作風有「駕輕就熟」的優點，曾祕密留下約萬人以上的日人冒充臺籍，安置在警務、工礦企業和地方行政等工作崗位。何漢文：〈臺灣二‧二八起義見聞紀略〉，見李敖編著：《二‧二八研究》，頁110。

164 塩見俊二：《祕錄‧終戰前後的臺灣》，頁67、93。
165 塩見俊二：《祕錄‧終戰前後的臺灣》，頁93、104
166 賴澤涵總主筆：《「二‧二八事件」研究報告》，頁35。
167 《臺灣政治現況報告書》，見王曉波編：《二‧二八真相》，頁4。

足為奇。」[168]長官公署的接收政策，沒有充分關懷臺灣人，在政治權
利中給予相應的地位，在制度面上，已使臺灣人在心理上有被歧視之
感，再加上「人治」帶來的牽親引戚、貪贓舞弊、蠻橫惡霸，以及經
濟失調所引起的通貨膨脹、糧食問題與失業問題，使光復後的社會失
序雪上加霜，危機日甚一日，民間口耳相傳以「狗去豬來」形容國民
政府取代日本的殖民統治。在一九四六年初「五天五地」的流行語，
道盡了臺民五個月來的心情轉折：「盟軍轟炸驚天動地，臺灣光復歡
天喜地、接收人員花天酒地、政治混亂黑天暗地、物價飛漲呼天喚
地。」[169]

　　這些政治上的差別待遇引起臺籍人士心理上的不平衡，在民間創
辦的《民報》、《政經報》、《人民導報》上屢屢反映「人才錄用」問題
而發出不平之鳴。其中左翼文化人所著眼的不限於省籍問題，主要是
從「去殖民地化」的角度反省「御用士紳」重新登場與留用日人的問
題，對人事任用有比較理性客觀的看法。蘇新在《政經報》的社論
〈論人事問題〉[170]出於言論人應負起「下情上達」的輿論責任，從日
據時期的歷史角度，羅列了民眾不喜歡當局任用御用紳士、奸黨與日
籍官吏的理由。並進一步建議登用人才的辦法，舉出中等學校以上畢
業的本省人人才濟濟，希望當局能根據「五權憲法」的考試制度舉用
有正義感和服務熱忱者，杜絕私人不正當的推介，或是從派遣赴臺的
軍兵士中選拔適當的警察和教員。蘇新並且建議設一個「人士考查
局」，把過去的土豪劣紳予以罷免。王溪森〈起用人才應有的認識〉
[171]和蘇新一樣認為臺灣人才濟濟，不僅夠用於新臺灣的建設，還可輸
出一部分到大陸去幫忙，但是要避免舉用在日本帝國主義下「適者生

168　戴國煇、葉芸芸：《愛憎228》，頁222。
169　《臺灣政治現況報告書》，見王曉波編：《二·二八真相》，頁2。
170　《政經報》第1卷第2期（1945年11月25日）。
171　《政經報》第2卷第1期（1946年1月10日）。

存」而被「皇民化」的「御用紳士」，強調要到中流以下、保留民族
精神的群眾中開發優秀人才。

　　徐瓊二以新聞記者的敏銳度，在報章雜誌上發表了十六篇文章，
分析光復後一年之間的臺灣社會發展動向，於一九四六年十月結集成
《台湾の現實を語る》一書出版。徐瓊二對光復後的人才錄用問題曾
經諷刺地說：「日本人撤退後，日本人曾佔據的位子按常理該由本省
人取代。而事實上，和日本人統治時代一樣，臺灣被殖民地化，本省
人還要對這一點點的恩惠感恩戴德。」[172]但徐瓊二提出「臺灣被殖民
地化」的說法是著眼於民主政治、地方自治的觀點，而非基於「排
他」（排斥外省人）的觀點。他在〈排他觀念的謬誤和確立自治精
神〉與〈本、外省感情隔閡〉兩篇文章中的論點，有助於吾人釐清關
於臺灣「被殖民地化」的問題層次。他說道：

> 無論是怎樣的民主國家，都不存在與中央脫離的自治體。所謂
> 以省為單位，指的是在中央底下的省。因此不論本省人還是外
> 省人，如果認為要完全自治就是要排擠外省人，那就是一大錯
> 誤。而且為了排擠外省人而進行自治運動，可謂動機不純。……
> 為排擠外省人而提倡地方自治的動機和民主精神理念相去甚遠。
> 我們追求的不是以「排外」為目的的地方自治，而是立足于民
> 主精神的地方自治，是採納反映多數人意志的政治，是由民眾
> 決定的自治。[173]

　　光復一年後本省、外省的感情隔閡的確愈來愈嚴重，但徐瓊二以
為根本的解決之道，在於實行「地方自治」，而不在於一味地「排

---

172 徐瓊二：〈失業問題──建議自主的工業臺灣的緊急任務〉，原收1946年10月大成企
　　業局出版部出版《台湾の現實を語る》，見蕭友山，徐瓊二著，陳景平譯：《臺灣
　　光復前後的回顧與現狀》（臺北市：海峽學術出版社，2002年），頁17。
173 蕭友山、徐瓊二著，陳景平譯：《臺灣光復前後的回顧與現狀》，頁58-59。

外」。從其思想脈絡來看，徐瓊二並非基於「族群政治」的觀點來看臺灣被「殖民地化」的問題，而是從「民主政治」的觀點批判國民政府沿襲日本的殖民統治。出於對地方自治的政治民主化要求，徐瓊二一方面反省本省人「排外」觀念的謬誤，一方面批判中央以此為藉口拖延完全自治的施行；呼籲當局「在人民生活、文化程度較高的臺灣即刻實施完全自治。」同時提出作為中國一部分的臺灣「不可避免地受國內形勢的影響，這一歷史事實同時會反映在政治和經濟部分」，唯有消除省內外隔閡，全國步調一致地建設民主新國家才能度過此歷史的過渡期。[174]

三　地方自治的實施與權限

國民黨的接收與重建過程中，唯一符合臺灣人意願的，當屬基層到省參議會民意機關的設立。一九四五年十二月二十六日長官公署發表新行政區劃分後，接著公布「臺灣省各級民意機關成立方案」，規定一九四六年二月底前舉行最基層的「民意代表」選舉（在縣選舉鄉民或鎮民代表，在各市則選舉區代表）；三月十五日之前，以這些代表為選舉人，選舉縣參議員和市參議員，在四月十五日以前以這些縣市參議員為選舉人，選舉臺灣省參議員，五月一日召開臺灣省參議會第一次會議，這一年的八月十六日和十月三十一日，為了參與全國的憲政機構，又分別舉行了由省參議員選舉的中央級的民意代表「國民參政員」與「制憲國民大會」的選舉。一九四七年一月二十一至二十三日直接由全民普選出第一期國民大會代表二十七名，一九四八年一月二十一至二十三日又由全民普選出八名立法委員。[175]

174　蕭友山、徐瓊二著，陳景平譯：《臺灣光復前後的回顧與現狀》，頁59。
175　見李筱峯：《臺灣戰後初期的民意代表》，頁16-38。

　　民意代表的選舉反映臺灣人的政治自主性和參與的高度熱情。[176]
一連串的民意代表選舉，把臺灣的各種社會精英正式編組成地方政治
精英。若林正丈指出：光復初期忙於內戰的國民黨在臺灣的黨部組織
尚未充分展開，黨與行政體系——不像二十世紀五十年代以後國民黨
在臺灣的疑似「黨國體制」的形構——幾乎沒有介入選舉，所以臺灣
各社會勢力的分布，在毫無國民黨的操縱下，反映到選舉結果上。[177]

　　根據李筱峰分析戰後初期民意代表的組成，其中政治角色的組成
分為三類：一為日本殖民體制下的順應者，二是文化社會政治運動分
子，三是「半山」分子。其中日據時期文化社會運動分子在三級民意
代表所占的比例，分別占縣市參議員七百四十三名中的三十二名
（4.32%），占省參議員四十七名中的十六名（34.04%），在中央民意
代表五十六名中占十二名（21.43%），李筱峰說明：「日據時代的社會
政治運動是全島性的運動，這些運動的要角已建立他們全島性的聲
望。因此，他們在戰後，依然能受到肯定而在省級民意代表上占有相
當的比例。[178]其中中央級的民意代表的比例雖不算低，但還是不如
「半山」，反映了大陸歸來的半山分子在中央級民代的政治實力超越
日據時期的社會運動分子，此乃由於「半山」集團努力在長官公署權
力與臺灣社會諸集團之間擴大勢力，並拉攏包括舊日本協力者在內的
各地地方勢力。[179]

---

176 從一九四六年一月二十五日到二月十五日短短的時間內，全島二十歲以上男女有
　　選民資格者，高達90.8%的做了登記；被選人資格審查合格者，高達三萬六千九百
　　六十八人；最後階段三十個名額的省參議員選舉（由縣市參議員投票），竟有一千
　　一百八十人登記候選。見李筱峰：《臺灣戰後初期的民意代表》，頁16-38。

177 若林正丈：《臺灣——分裂國家與民主化》，頁70-71。

178 李筱峰：《臺灣戰後初期的民意代表》，頁137-147。

179 陳明通的研究指出，經過一連串民意代表的選舉，代表臺灣社會的政治勢力可分成
　　「半山集團」、舊抗日分子集團以及「三民主義青年團」。其中「三青團」乃透過部
　　分「半山」分子如李友邦、張士德吸收，結合了舊抗日分子，如：王添灯、林日高
　　（以上兩人為省參議員）、連溫卿、潘欽信、陳逸松、王萬得、吳新榮等負責各地

　　光復初期民意機關迅速成立，並舉辦各項公職人員的選舉，若將此納入對當時政局的考察，包括地方省縣市參議員以及中央民意代表如國民參政員、制憲國民大會以及立法委員的選舉等等，由於是在國民政府「訓政」時期的架構下，大多是間接選舉產生的「代議制」民意代表，而且省參議員只有諮詢權沒有議決權。李筱峰在《臺灣戰後初期的民意代表》一書中，考察臺人高度參與公職人員與民意代表的選舉的過程與政局變化的關係，他指出：雖然「戰後臺灣各級民意代表的產生除第一屆國民代表、立法委員，以及最低層的鄉鎮代表係由直接選舉產生外，餘皆係間接（甚至間接再間接）選舉產生。」但他對民意代表的民意基礎也作了某種程度的肯定：戰後約半年內，「臺灣省各縣市參議會及省參議會便相繼成立完竣。臺灣史上首次產生大批全面民選的地方民意代表。雖然這些地方級民意代表皆係間接選舉產生，但總也經過相當程度的民主程序，具有相當程度的民意基礎」。[180]這些政治事務都不是日據時期殖民地臺灣的人民所能參與的。若林正丈就指出：

　　　　日本殖民地主義接受清朝以來的「士紳」層之社會權威，並為了順利進行統治，而在地方行政層級加以利用，但截至統治終止以前，卻未實施賦予他們政治權威的制度。在這個意義上來說，五十年代的地方公職選舉，雖說是「半自由」，但「光復」

分團的籌組工作，而在「半山集團」中自成一系統。見陳明通：《威權體制下臺灣地方政治菁英的流動（1945-1986）——省參議員及省議員的流動分析》（臺灣大學政治學研究所博士論文，1990年），頁476；陳明通：《派系政治與臺灣政治變遷》（臺北市：新自然主義出版社，2001年），頁70。但二‧二八事件後，舊抗日運動人士與「三青團」各地領導人，這些可構成全島性聲望和全島聯繫資源的一批人，遭受極大的打擊，「半山」集團補此空隙急速擴大影響力。半山分子獲得二‧二八事件空出來的所有省參議會議席，在一九五一年實施臨時省議會選舉中，在五十五議席中占了五十席之多。見若林正丈：《臺灣——分裂國家與民主化》，頁127。

180 李筱峰：《臺灣戰後初期的民意代表》，頁15、271。

　　後所導入的民意代表選舉，仍不失為脫殖民地化的實行。[181]

　　再進一步考察民意代表所發揮的政治功能，從鄭梓的研究專著《本土精英與議會政治》中可以管窺此一時期省參議會的設置及其所發揮的功能。儘管省參議會的職權僅為一諮詢機構而不具有議決權，但鄭梓認為在島內外政局激蕩的時代，「本土精英」在此一過渡型代議機構中終究維繫議政於不墜，從初期不避不諱地觸及省政各敏感與尖銳課題，轉向後期（二・二八事件以後）退居「力爭地方自治」一隅，[182]始終不懈地向中央爭權，曾使得法定職權範圍兩度擴張，[183]從諮詢的機構逐漸擴張成具有部分議決權。例如：一九四九年後，因應陸續赴臺的公營事業等單位和省內的產業民生發生犬牙交錯的關係，臺省議員常針對涉及省內的中央事務表示意見，實質上已把關係省政的中央事務納入其議決權行使的範圍內。[184]鄭梓針對參議會「決議

181 若林正丈分析國民政府遷臺以後政治精英的二重結構與黨國體制確立的關係時指出：「國府進行的黨『改造』後，對重組的政治精英（黨國精英）而言，新地方政治精英的登場，帶來了政治經濟的二重結構，前者幾乎都是大陸人，後者幾乎是臺灣人，所以是族群的二重結構。從臺灣人對黨國體制壓抑的憤恨看來，這還是另一個疑似殖民地的構造。美國的支持提供了國民黨政權外部的正統性，在此條件下，A.新地方政治精英的權威是有界限的，是黨國體制精英所設計的；B.執黨國體制牛耳的統治精英維持高度的閉鎖性，封住地方政治精英上升為統制精英的可能性。」見若林正丈：《臺灣——分裂國家與民主化》，頁127。將國民黨當局二十世紀五十年代確立政治體制後的政治精英結構與戰後初期民意代表（可視為地方政治精英）的省籍比例比較一下，就可知道戰後初期的省籍精英的政治活動空間大得多。

182 鄭梓：《本土菁英與議會政治——臺灣省參議會史研究（1946-1951）》（作者發行，1985年），頁3。

183 於一九四七年六月二十三日中央令修正「省參議會組織條例」第三條，將省參議會七項職權中的第三項擴充為「省總預算之初步審議及省決算之初步審核事項」，使原本只能審查省預算的歲出分配部分，變成可就歲出歲入進行整體審查議決，且對審計單位提出的省決算報告也有審查核對是否恰當之權。中央因一九四八年大陸局面漸呈逆轉，為了凝聚民心，又於一九四九年一月二十日增加對省內中央機構的詢問權與建議權。

184 鄭梓：《本土菁英與議會政治——臺灣省參議會史研究（1946-1951）》，頁92-93。

案」的質量兩方面加以分析，並選擇當時最重大的「土地改革政策」進行個案研究，評估省參議會參與決策的實際效力。臺省參議會雖然受限於訓政的格局，無立法權，亦無行政監督權，有其難以跨越的局限性，[185] 但在省參議會從一九四六年五月一日設立（離憲法公布施行尚有一年七個月），至一九五一年十二月改制為臨時省議會，維持了五年七個月的過渡型代議機構，「為往後三十年的臺灣議會政治留下些許『維繫議政、善盡言責』的風範，同時也形成多項遺規，如質詢、聽證、省政考察以及公營事業監督等制度，皆為後世議會（臨時省議會、臺灣省議會）所繼承」。[186]

　　繼二・二八事件後的省政改革，一九四九年，國民黨當局以強權手腕在臺灣開辦土地改革，這是有鑒於共產黨在大陸的「土地改革」普獲人心，而且在臺灣實施土地改革又有壓制地主勢力的政治實惠。殘酷地說，這兩項省制、土地改革，是以二・二八事件與白色恐怖中數萬名受難者的生命為代價的；光復初期的議會政治，各個派系整合出來的民意代表的介入與參與，儘管大多是為了爭取自己所屬的階層利益，但也還能在法定民主程序的基礎上，逐步發揮些許民意的功能，透過議會政治爭取政治改革的幅度，恐怕不是日本殖民統治末期（1935年後），虛飾的地方自治的臺籍民意代表所能參與完成的。[187]

---

185 鄭梓指出省參政會的過渡性，包括法規限制責由臺灣省參議員大部分皆由各縣市參議會間接選舉產生，少部分則由遴派而來。先天上缺乏普遍而直接的代表性。組成分子大多數來自地主及士紳階層，當面臨與其階層利益攸關的重大決策，亦難免為其階層意識所牽絆。後天上，由於任期一延再延，組織結構屢經重整，到了末期臺省行政區域又全面重劃，不論就法定和實質的代表性皆更趨低落，議事功能亦欲振乏力。詳參《本土菁英與議會政治——臺灣省參議會史研究（1946-1951）》，頁190。

186 鄭梓：《本土菁英與議會政治——臺灣省參議會史研究（1946-1951）》，頁190。

187 日本殖民政府於一九三五年十一月十二日在臺灣舉行第一次民選議員選舉，迫於「臺灣地方自治聯盟」民選議員的要求聲浪下，賦予臺灣人一半的自治權，選舉半數的臺灣的州、市會員、街莊協議會員。但根據黃靜嘉的研究，指出：「本階段

　　何況光復初期臺灣民意代表的層級高達第一屆國大代表、立法委員的選舉，並且是透過直接全民普選，[188]與日據時代地方自治的層級不可同日而語；作為中國的一省，臺灣儘管在省制上屬特別行政區，但在參與全國公共行政事務上仍具有國民代表、制憲代表與立法委員等民意代表的法定名額。比較一九三五年後日據時期的選舉權，當時則限制選舉權與被選舉權的資格，須年滿廿五歲、男性，以及繳納市街莊稅五圓以上者，[189]導致人口比率與選舉權者不能相稱，如臺中市人口，臺人與日人比率為五比一，而有權者日人竟多於臺人，日人為二千餘人，而臺人只有一千八百餘人，殖民地統治者倡言推行「地方自治」，亦不過藉此為幌子收攬、敷衍「臺灣地方自治聯盟」的知識精英，迫使其解散組織。而此時日本軍部勢力抬頭，連臺灣總督府都不放在眼裡，並於一九三六年製造「祖國事件」，唆使日本流氓圍毆林獻堂，致使一般知識分子惶惶不可終日，林獻堂、楊肇嘉先後避難東京。[190]

　　光復初期臺灣人的政治參與空間，往前與日據時期、往後與國民黨當局退臺後相比，從地方士紳與社會運動分子在政界掌握諮詢權、在文化界發揮言論批判力（詳後文）都可以一窺其社會力。二·二八事件爆發之際，這些昔日的社會運動者在各縣市發揮了組織民眾的影響力，積極者扮演社會改革推動者的角色，消極者亦力圖穩定時局，

地方制度的『改革』，殖民地統治者倡言係直接以推行『地方自治』為內容，然僅限於形式上增加若干妝點，但在實質上則地方自治之權能極為微弱，官治之性格並未改變。新制雖以州、市、街莊為具有法人人格之公共團體，然不僅其執行即理事機關未經公選，即以議決機關而論，最基層之街莊協議會仍為名實一致之諮詢機關。」見黃靜嘉：《春帆樓下晚濤急：日本對臺灣殖民統治及其影響》，頁249-253。

188 一九四七年十一月二十一至二十三日選出第一屆區域國大代表十七名、婦女保障名額二名。一九四八年一月二十一至二十三日選出八名（其中包括婦女一名）臺省立委。見李筱峰：《臺灣戰後初期的民意代表》，頁38-41。

189 李筱峰：《臺灣戰後初期的民意代表》，頁11。

190 葉榮鐘：《臺灣民族運動史》（臺北市：自立晚報出版社，1987年），頁490-491。

當然亦不乏趁亂借機坐大政治權力者。經過了日本高壓殖民統治五十年，回歸中國一年內同樣感到政治地位被壓抑的臺灣人，因為亟思當家作主的心理驅使，上演了一場「政治狂想曲」。大陸派遣的援軍抵達鎮壓之後，在警備總司令部參謀柯遠芬「寧可錯殺九十九個，也不放過一個」的處理原則下持續了九個月的「清鄉」，「可明顯看出抹殺臺灣人知識分子和社會精英的模式」[191]。若林正丈認為臺灣社會經歷此次鎮壓而失去自日本殖民統治時代在對抗殖民地差別待遇中培養出來的最優秀的人才。[192]更精確的說法應該是：二·二八事件後，因「內戰加冷戰」的結構制約，白色恐怖肅殺統治手段與戒嚴體制的實行，成為國民黨當局禁錮臺灣社會力的源頭並因此確立其在臺灣長達三十八年的官僚專制統治。

前述地主士紳林獻堂，光復後當選臺中縣參議員、國民參政員，儘管被陳儀猜忌，依舊在一定的群眾基礎上參與政治事務，比諸日據殖民統治者在戰時體制「皇民化」運動時期懷柔拉攏為「皇民奉公會委員」（1941）、「貴族院敕選議員」，自是意氣風發多了，其間的境遇差別不言可喻。二·二八事件後被任命為省府委員此一無實權的閒差位置，顯然為安撫臺民的象徵性之舉，一九四九年一月陳誠任省主席跨海赴臺替蔣介石「布陣」，十月林獻堂稱病避居日本，十二月十五日閻錫山內閣自重慶退往臺灣，吳國楨繼陳誠上任為省主席，同一天林獻堂辭去省府委員與通志館館長獲准，從此未再返臺，林獻堂此舉與日據時期因「祖國事件」避居日本有異曲同工之妙。隨著林獻堂淡出臺灣政界，也象徵著臺灣日據時代的社會運動分子的失勢；二·二八事件後坐大的「半山」勢力，黨國精英對其「挾勢奪權，離間臺灣同胞，挑戰政府」也抱持強烈的警戒，從一九五〇年二月臺北市市長

---

191 Gold, Thomas B., *State and Society in the Taiwan Miracle*, M. E. Sharpe, Armonk, New York（1986：51）轉引自若林正丈：《臺灣——分裂國家與民主化》，頁75。

192 若林正丈：《臺灣——分裂國家與民主化》，頁75。

游彌堅被罷免開始，到一九五六年為止劉啟光、林頂立等「半山」有
力者陸續被「左」遷而沒落。二‧二八事件時擔任《臺灣新生報》社
長的青年黨人李萬居，一九五一年臨時參議會議長選舉失敗，後涉入
「自由中國」事件，繼續留在政界只剩下和黨國精英有良好關係的黃
朝琴、連震東和謝東閔等人。[193]光復初期，懷抱孫中山政治理想的公
署長官陳儀與自由主義文人的省主席魏道明，兩人主政期間都還借著
拉攏「半山」勢力，作為舉用臺人的象徵，二十世紀五十年代以後國
民黨當局在臺鞏固根基之際，卻連這種妝點性策略都不用了。從日據
時代到國民黨當局一九八七年「解嚴」以前，臺灣人享有的政治、輿
論空間，恐怕還是要屬光復初期最寬闊吧。難怪光復初期的研究先驅
葉芸芸說：「知識分子的昂揚自信與文化界的生氣勃勃，是光復初期
臺灣予人深刻印象的景觀，也是臺灣歷史上，文化界難得一現的黃金
時代。」[194]

第三節　中央、長官公署雙重經濟接收

　　清末臺灣的社會經濟是以輸出導向的商品作物（砂糖、樟腦、
茶）為支柱，貿易事業呈現空前的發達。甲午戰爭後，落入日本帝國
主義的支配下，臺灣的產業配合日本資本主義的需求，被重組成糖業
與米作特殊的單一農作物——種植經濟。直到二十世紀三十年代經濟
大恐慌，在日本資本主義轉化為國家獨占資本主義的過程中，為推進
其對外擴張之一環的「南進」政策，必須以臺灣為南進基地，才開始
進行臺灣的工業化。[195]一九三七年中日戰爭爆發，臺灣的軍事地位急

---

193 若林正丈：《臺灣——分裂國家與民主化》，頁128。

194 葉芸芸：〈試論戰後初期的臺灣知識份子及其文學活動〉，收入《先人之血、土地
　　之花——臺灣文學研究論文精選集》（臺北市：前衛出版社，1989年），頁63。

195 劉進慶著，王宏仁等譯：《臺灣戰後經濟分析》，頁13-14。

速上升，轉以軍需工業為重點，實行戰時統制，使得臺灣的殖民地畸
形發展更加嚴重。[196]而日本在臺灣所引進的「工業化」，是日本資本
主義向戰時經濟轉換的一個環節而已，統制措施與日本國內相配合，
並不是臺灣殖民地經濟發展過程中獨自完成的。[197]雖然在臺灣近
（現）代化的過程中此一經濟工業化奠下了一些基礎，但把日本的殖
民近代化與清末劉銘傳的撫臺新政的近代化兩者互相評比，經濟學家
劉進慶認為劉銘傳在清賦、建設鐵道和振興新產業三方面留下臺灣近
代化的光輝史跡，是由外而內的自主近代化，農工全面的產業化，經
濟整體的近代化，是臺灣近代化的原點與典範。日本對臺灣的殖民近
代化，雖然踏襲劉銘傳近代化的基礎，但是初期產業非工唯農，以差
別政策壓制本地糖商，護航日資獨占糖業市場；中期開發稻作，特化
糖、米兩項農業；末期因應日本軍國主義需要，引進財閥投資軍需工
業，而置臺籍資本於圈外。[198]所以是外在的、從屬的近代化，非工唯
農的產業化，是差別、跛行的近代化。[199]

　　戰前臺灣的日本獨占資本在戰後全部原封不動地被編入國家資本
當中。而早在戰爭期間國民政府的經濟政策已經可以看到這種國家資
本支配體制的端緒了。對日勝利後，國民黨官僚資本主義體制處於確
立過程，全國的經濟機構，正往國民政府的中央統合與一元化邁進。
具體的事例就是設置、強化各種機構，如工業部門的資源委員會、貿

---

196 涂照彥：《日本帝國主義下的臺灣》（臺北市：人間出版社，1999年），頁143-148。

197 翁嘉禧：《臺灣光復初期的經濟轉型與政策（1945-1947）》（高雄：復文圖書公司，
　　1998年），頁52。

198 日據末期臺灣的現代化產業幾乎由日本資本掌握，資本額五百萬以上的公司，日籍
　　占97%，臺灣公司只占2.8%，顯示日本壟斷資本的支配關係。見劉進慶、涂照彥、
　　隅谷喜三男，雷慧英等譯：《臺灣之經濟——典型NIES之成就與問題》（臺北市：人
　　間出版社，1993年），頁25。

199 劉進慶：〈序論臺灣近代化問題——晚清洋務近代化與日據殖民近代化之評比〉（夏
　　潮聯合會，臺灣大學東亞文明研究中心主辦：「臺灣殖民地史學術研討會」會議論
　　文，2003年），頁1。

易部門的中央信託局，金融部門的四家銀行（指中央、中國、交通、
農民四銀行）聯合辦事總處等機構的設置。[200]

　　然而內戰的軍費支出擴大，據美國特使馬歇爾指出軍費消耗占國
民政府總預算百分之七十。[201]臺灣的經濟在光復後納入國民政府的國
家資本體制之中。此一階段，打贏內戰成為最高目標，軍事資金的調
度成為最重要的任務，劉進慶的研究指出：

> 結果是臺灣龐大的國家資本，與「民生經濟」所聲稱的「社會
> 建設之物質手段」的方針背道而馳，……在國營與國省合營中
> 所累積的社會經濟剩餘，大部分被國民政府中央所吸納而在內
> 戰中化為烏有。

　　掠取臺灣經濟剩餘而注入中國大陸內戰的龐大經濟裝置，主要是
透過公營企業本身扮演了刺激物價膨脹的主角，來達成此一階段國家
資本的任務。將生產、流通、金融等所有基幹部門予以國有化是此一
時期臺灣經濟的特質，一言以蔽之就是公營經濟。復興公營經濟的重
建，當然唯有靠公營銀行——臺灣銀行的融資，以增印貨幣發行為槓
桿而放款以支持公營企業的重建資金及軍政資金。儘管陳儀政府有意
圍堵法幣的通貨膨脹，避免波及帶動臺灣的通貨膨脹，其出發點為構
築一道「金融防波堤」，立意甚佳。但是臺幣的發行準備制度與法幣
的聯結（例如以移出大陸市場的砂糖販賣而得的法幣存入中央銀行，
作為增加臺幣發行的準備），變成臺幣全面承受法幣膨脹影響的一種
機制，可以說是以臺幣的信用來支持法幣的一種機制。臺銀不健全的
發行準備制度——大量發行公債和亂印貨幣以支持軍費的調度和公營

---

200 劉進慶著，王宏仁等譯：《臺灣戰後經濟分析》，頁29。
201 陳翠蓮：《派系鬥爭與權謀政治——二‧二八悲劇的另一面》（臺北市：時報出版
　　社，1995年），頁41。

企業重建的基金，於是成了通貨膨脹的元兇。公營企業的產品價格不斷漲價以追求利潤，又成為帶動此一階段物價暴漲的主要領導者，不僅不具有抑制通貨膨脹的作用，反而成為了籌措財政資金，高利潤的追求變成主要的運作邏輯。[202]

　　在這種情形下陳儀還想要實踐孫中山「民生主義」的公營企業、統制經濟，以「用之於民」，把臺灣作為他們心目中的「三民主義實驗區」來施展其政治抱負，開創在國府中央與中共之外的第三條路線，無疑是緣木求魚。難怪史學家戴國煇以「唐吉訶德」來形容陳儀和沈仲九[203]的組合，沈仲九一直是從陳儀主閩、治臺到最後出任浙江省主席時力主實行社會主義式計劃經濟的重要智囊。[204]許介鱗也以「陳儀稱霸臺灣，不知天外有天，寧不失算！」評論陳儀的「理想」僅是「南柯一夢」，而徒然背上種種惡名。[205]

　　關於光復初期的經濟轉型與政策，除了前引劉進慶關於臺灣戰後經濟的研究外，已有翁嘉禧針對陳儀主政臺灣時期、與劉士永針對光復初期（1945-1952）經濟政策的分析研究，可供吾人參考。此經濟領域亦非筆者所長，在此僅提舉政權過渡期兩大經濟特色，同時也是

---

202 劉進慶著，王宏仁等譯：《臺灣戰後經濟分析》，頁30-39。

203 沈仲九，字銘訓，與陳儀有親戚關係（沈為陳第一任中國籍夫人的堂弟）。沈於日本留學時期，是許壽裳主編的革命先鋒雜誌《浙江潮》的同仁，後再到德國留學，據說是上海馬克思主義研究會居於領導地位的會員。以智囊的地位參與陳儀的福建施政，在同一時期主持行政幹部訓練班。立志追求與國民黨、共產黨不同的「第三路線」，把臺灣看成理想的實驗場，早在重慶策定三項「基本施政方針」：一、樹立適合臺灣實情的行政制度，及承襲日本總督府體制形式的長官公署體制，謀求如同日本總督府一樣，掌握行政與軍政的一元性權力。二、實施統一接收，要完全掌握「日產」，預先阻止大陸各勢力介入接收權益，以確保全臺財政基礎。三、隔絕大陸通貨膨脹的狂潮，意圖禁止大陸的浙江財閥系銀行和「CC派」掌握的農民銀行等向臺灣發展。這些都被臺籍的意見領袖們所不滿，視為侮蔑、剝削臺灣本省人，於是透過大眾傳媒展開批判。

204 戴國煇、葉芸芸：《愛憎228》，頁182。

205 許介鱗：《戰後臺灣史記·卷一》，頁64。

兩項關鍵的政策面分析：一、統制經濟與公營企業，二、臺幣政策與
通貨膨脹，來理解臺灣納入祖國經濟圈後，導致財政、金融情勢惡化
與民生困頓的背景。

一　統制經濟與公營企業

　　陳儀統制經濟的理念一方面源自他對孫中山三民主義之民生經
濟的認知與詮釋，一方面因他個人對社會主義的憧憬。從他長期任地
方官網羅不少幕僚是國家社會主義者、無政府主義者及共產黨員來
看，一九四九年陳儀勸說湯恩伯投誠可說是其來有自。[206]然而，統制
經濟並非陳儀個人的專利，國民政府於北伐成功，開始推動所謂的
「政治革新」與「經濟發展計劃」時，就已經在走黨國資本主義的路
線。一九三一年國防經濟建設委員會成立，其目的即在重整經濟，在
當時內憂外患的情境下，統制經濟必為當局所樂用，只是政府介入程
度深淺有別而已。事實上，不獨中國實行統制經濟，二十世紀三十年
代世界經濟大恐慌以來，計劃經濟思潮席捲各國[207]，英國實行社會主

---

206 關於陳儀政治幕僚的人脈分析可參考戴國煇、葉芸芸：〈陳儀為人、為政及治臺班
　　底〉，《愛憎228》，頁61-104。而關於他勸說湯恩伯的經過，可參考胡允恭：〈地下
　　十五年與陳儀〉，《傳記文學》第60卷第6期（1992年6月），頁59-66。

207 根據翁嘉禧的研究指出：統制經濟理念的興起始於二十世紀三十年代，凱恩斯的
　　經濟革命風潮興起，古典經濟學界的理論受到嚴厲批判，資本主義的政府角色亦
　　重新被檢討，英國採取社會主義色彩濃厚的經濟改革，美國羅斯福總統的新政，
　　亦強調政府積極介入經濟，以補市場和價格機能的不足。社會主義風起雲湧，德
　　國歷史學派主張國家主義，重視政府的角色，積極倡導社會改革。東方的日本亦
　　籠罩在國家主義與軍閥主義盛行的氣氛中，主張開明專制政府是合乎時代潮流，
　　對內強調管制經濟，對外主張擴張主義。蘇聯式的社會主義，為了對抗西方的資
　　本主義，更積極推動中央集權式經濟計劃。中國當然亦受此風潮影響，蔣介石在
　　一九四三年發表的「中國經濟學說」，即闡述國家的功能，政府干預經濟角色及統
　　治措施的合理性。見翁嘉禧：《臺灣光復初期的經濟轉型與政策（1945-1947）》，頁
　　27-30、202-203。

義濃厚的經濟改革，羅斯福的新政亦強調政府介入經濟，德國與日本於第一次大戰後籠罩在國家主義與軍國主義盛行的氣氛中，在經濟方面，對內強調管制經濟，對外主張擴張主義，開明專制政府成為時代潮流。[208]

　　曾經赴臺參觀日本始政四十年博覽會的陳儀，完全不以在福建招致民怨的統制經濟為戒，[209]仍抱著為實驗「民生主義」的高度興致欲在臺灣實行統制經濟與計劃經濟。在事關決定臺灣光復後體制、政策走向的「臺灣調查委員會黨政軍聯席會第一次會議」上，陳儀發表演說提到，「臺灣既是新闢的園地，希望施政方針能朝向黨、政、軍一致實驗三民主義的理想，實現民生主義之公營化、國有化理想。為了杜絕大陸政治惡習，應在日據五十年的統治基礎上，續走現代化之路，以謀臺灣人民福祉」。[210]

　　光復後，臺灣省長官行政公署與行政院資源委員會赴臺接收日產，公營事業的龐大，可謂當時經濟的特徵。接收日產事業劃歸國營者計有十八項單位，國省合營（國六省四）計四十二項單位，而省營事業更高達三百二十三項單位，若再加上撥交各縣市與黨部合營者，共計四百九十四項單位。這些公營事業的產值占同期工業總生產的80%以上，另外一萬多家民營企業的產值僅占約20%。[211]。這些龐大的公營事業組織中，國營的部分由行政院資源委員會統籌，省營的部

208　翁嘉禧：《臺灣光復初期的經濟轉型與政策（1945-1947）》，頁25-30。

209　陳儀從治閩省政時期就執意實行統制經濟，設貿易公司和專賣制度（甚至進行糧食專賣，稱為「公沽局」），但由於人謀不臧、與民爭利，弄得民不聊生。錢履周曾為陳儀治閩時期以及第二次就任浙江省主席時的重要幕僚，他就以「民窮、財盡、兵弱、官貪」八個字來形容陳儀主持省政下的福建錢履周：〈陳儀治閩事略〉，見李敖編著：《二・二八研究三集》（臺北市：李敖出版社，1989年），頁53-56。

210　〈臺灣調查委員會黨政軍聯席會第一次會議記錄〉，見張瑞成編：《光復臺灣之籌劃與受降接收》，頁139-143。

211　劉士永：《光復初期臺灣經濟政策的檢討》（臺北市：稻鄉出版社，1996年），頁120。翁嘉禧：《臺灣光復初期的經濟轉型與政策（1945-1947）》，頁58-59。

分則由長官公署工礦處經營管理，該處處長由資源委員會工業處處長包可永兼任，看起來兩者是共生的結合關係。事實上中央的資源委員會奪走了十項最重要的工業主控權，包括石油、金銅、鋁業三項由資委會獨辦，糖業、紙業、肥料、水泥、機械、制城等七項以「國六省四」的控股比率合營，董事長、總經理等重要職位由資委會派員擔任，資委會掌握了實際的經營管理權。[212]省營的單位都是資委會揀剩的，比起資委會所接收的企業是「小巫見大巫」。長官公署不僅喪失主導權，還要負擔企業經營的財政資金，資委會在臺的企業，完全依賴臺灣銀行供給資金，一九四六年資委會向臺灣銀行的借款占該行借款總額30%，一九四七年占20%。又例如蔣介石命資委會將大量的糖免費運送大陸，致使台糖無經費可用時，臺銀只得採取加印鈔票的方式借款給台糖對應。[213]這些措施都促使臺灣通貨膨脹極度惡化，後果則要行政長官公署承擔。[214]

公營事業的龐大，形成與民爭利的官僚資本，陳儀統制經濟的政策還被人詬病的是「貿易局」與「專賣局」的設立。「貿易局」統籌進出口貿易，其初衷在於將本省剩餘出口物資，用於交換臺灣急需之物資，一九四五年十一月二十日長官公署將日據末期控制物資的「臺灣戰時物資團」改組為臺灣貿易公司，一九四六年二月再改為臺灣省貿易局。包括米、鹽、煤油、漁產等商品的製造商，都必須把商品按規定的價格賣給貿易局，由貿易局統籌運銷至大陸及本島各市場，但成效不彰，招來與民爭利的批評。另外，陳儀鑒於日據時期專賣的規模相當可觀，為了確保龐大的重建經費財源，沿襲了日據時代的專賣制度，雖然減少了專賣物品的種類，僅剩煙、酒、樟腦、火柴、度量

---

212 翁嘉禧：《臺灣光復初期的經濟轉型與政策（1945-1947）》，頁58。

213 潘志奇：《光復初期臺灣通貨膨脹之分析》（臺北市：聯經出版事業公司，1980年），頁58。

214 許介鱗：《戰後臺灣史記・卷一》，頁69-78。

衡五項物品專賣，[215]但事實上除了鴉片有違國家的禁毒政策明令禁止外，其他排除專賣的食鹽、汽油都另外成立了公營企業接管經營，控制程度有增無減。在日據時期尚有十家私人公司領有執照可以代銷專賣局的產品，殖民當局只負責制造和加工；而在陳儀主政下的專賣制度，連專賣品的分配和銷售都由長官公署控制。[216]加上專賣局與貿易局雙雙成為官員貪汙舞弊的淵藪，專賣局長任維鈞、貿易局長於百溪營私舞弊的情形聳人聽聞，讓臺灣民眾大開眼界，是當時數一數二的大貪汙案。[217]

陳儀曾於一九四五年十二月二十日在「總理紀念周」上，為化解民間對專賣與公營事業的疑慮時說道：

> 或以政府辦理經濟事業為與民爭利，此係專制時代對皇帝而言。今日政府辦理經濟事業一方面為防止私人資本之集中與操縱壟斷，造成社會之種種罪惡；一方面乃欲為人民多賺錢，必能多用於民，多為人民謀福利。[218]

陳儀標榜要實行「三民主義」，一九四六年九月長官公署公布「五年經濟建設計劃要點」，明示推行「民生主義」，並強調計劃經濟、國有公營以達「節制私人資本，發達國家資本」之目的。[219]當時的知識分子出於對孫中山三民主義思想的認同，對於為實行「民生主

---

215 翁嘉禧：《臺灣光復初期的經濟轉型與政策（1945-1947）》，頁137。

216 柯喬志著，陳榮成譯：《被出賣的臺灣》（臺北市：前衛出版社，1991年），頁144。

217 張琴（胡允恭）：〈臺灣（二・二八事件）真相〉，見戴國煇、葉芸芸：《愛憎228》，頁114-127；李敖編著《二・二八事件研究續集》，頁31-33。

218 臺灣省文獻會主編：《臺灣省通志》（南投市：臺灣省文獻委員會，1970年），卷首下「大事記」，頁159。

219 《陳長官通知輯要》第一集，收於臺灣省行政長官公署宣傳委員會編：《臺灣一年以來之宣傳》，頁19-23，轉引自劉士永：《光復初期臺灣經濟政策的檢討》（臺北市：稻鄉出版社，1996年），頁120。

義」而辦理公營事業大抵可以同意，但是對營運的方式是否能「取之
於民，用之於民」達到「民生主義」的效用，則表示質疑，紛紛呼籲
「公營事業要民主化」、「專賣事業要合理化」，以防止公營事業成為
「官僚資本」的溫床。統制經濟與公營事業在實行一段時間後，在臺
人眼裡看來，不過是「官僚資本化」的代名詞罷了。[220]

　　關於統制經濟營運的方式如何達到「民生主義」的理想，在《民
報》擔任記者、有社會主義傾向的徐瓊二闡述得最清楚。他雖然也贊
成陳儀強化國家資本和國營企業以實行民生主義的理念，但對當時公
營企業的運作經營則多所質疑。他對「貿易局」和「專賣局」一味追
求高利潤，扮演哄抬物價的推手提出批判，並對其經營利潤收支明細
不透明化，利潤所得本該回饋省民，結果是花生、肥料比市價還高，
又例如麵粉以一百袋為最低單位的買賣方式而獨厚於「御用」的大盤
商人，迫使市民必須從二手商人手中高價購得，再加上徇私舞弊和貪
汙嚴重，被人民質疑為「剝削殖民地」而高唱公營企業廢除論。但徐
瓊二認為國營企業本質在於實現民生主義，如果「因為經營技術的拙
劣和內部的腐敗就叫囂廢除論是極大的錯誤」，則「廢除論很有可能
成為那些沒能和官僚勾結上的奸商，或指望在自由貿易下發上一筆橫
財的商業資本家的爪牙」，[221]此中清楚顯露他反資本主義、自由經濟
市場的立場。因此他對運作經營主張「企業公有，民主營運」。[222]所

220 《民報》與《人民導報》亦頻頻反映此一問題，對於公營化的原則，連右翼士紳創
　　辦的《民報》亦不反對，這是因為報社有多位具有社會主義經濟思想的知識分子任
　　職的緣故，如許乃昌、徐瓊二、蔣時欽，所以基本上《民報》的經濟主張應該是中
　　間偏「左」，只是對於公營企業的作法則質疑其不能平抑物價，反而造成「官僚主
　　義」、貪汙腐化、矯角殺牛的弊病，要求公營事業必須民主化。關於言論與集團的
　　傾向筆者將在第二章再詳述。
221 〈貿易局的存廢問題〉，見蕭友山、徐瓊二著，陳景平譯：《臺灣光復前後的回顧與
　　現狀》，頁39。
222 〈再論失業問題——並論日本的殖民政策〉，見蕭友山、徐瓊二著，陳景平譯：《臺
　　灣光復前後的回顧與現狀》，頁27。

謂「民主營運」乃指員工互相選舉選出工廠代表和主管,「由這些人決定從生產計劃到人員配置的所有事物,把支付完足夠保障生活的薪水後剩餘的工廠資金用於企業的其他面,產品盡可能減少利潤地供給於市場。這樣的工廠不是個人營利的工廠,所以從廠長到每一個員工都會兢兢業業為工廠效力」。徐瓊二認為像這樣的機構是不能指望將追求利益作為唯一目的的民營企業去實現的,所以「希望政府和民間的各專家和與此有關的工廠代表組成生產委員會,積極投入生產」,[223]

徐瓊二強調以民生主義為主旨的公營企業,必須是:強化國家資本,果斷放棄日本帝國主義的勞動力剝削,同時恢復原料生產和加工工業等各種工業,盡可能以低廉的價格供應產品。另外他還主張向耕種者開放國有土地,或開辦集體農場,使從南洋、日本各地回臺的日軍徵用的人員經營,以改善失業問題。[224]徐瓊二社會主義式的公營企業的理念,姑且不論其民主營運的方式是否可行,但他的理念和陳儀最大的差別,即在於他主張「由下而上」的民主,與陳儀「由上而下」地推行「民主」是大異其趣的。另外,徐瓊二對於公營企業未達到平抑物價的批判也是一針見血的,直指其違反「民生主義」用之於民的精神。徐瓊二不客氣地批評道:現在雖標榜實行孫總理的「三民主義」,但是「和過去日本在臺灣時的殖民地手法相比,沒有一絲一毫的進步」。[225]

在經濟利益衝突下,反對陳儀的公營企業的,自然還是臺灣少數的資產階級,尤其是關於日產的接收幾乎都轉化成公營企業,引起本省工商業界的高度反感。一九四六年月臺灣旅滬六團體向中央請願

223 〈經濟民主化問題〉,見蕭友山、徐瓊二著,陳景平譯:《臺灣光復前後的回顧與現狀》,頁52。

224 〈再論失業問題——並論日本的殖民政策〉,見蕭友山、徐瓊二著,陳景平譯:《臺灣光復前後的回顧與現狀》,頁24。

225 〈經濟民主化問題〉,見蕭友山、徐瓊二著,陳景平譯:《臺灣光復前後的回顧與現狀》,頁52。

時，亦要求廢除貿易局與專賣局。[226]公營事業嗣後亦被認為二‧二八
事件的導火線之一。[227]上一節舉陳炘籌組大公企業公司欲抵抗江浙財
閥的例子，可以說是一個典型的例子。二‧二八事件時，陳炘遭人挾
怨報復，判斷與大公企業事件應脫離不了干係。事實上陳炘想要對抗
的江浙財閥，以孔祥熙、宋子文為首，與陳儀之間的關係，不僅牽涉
派系集團的利益衝突，無論在做法和理念上都是水油不相融，互採敵
視態度。除了前述行政院資委會接收了大部分賺錢的日產事業；長官
公署這方負責省營事業的工礦處處長包可永也是從資委會借調來的，
本職是資委會的工業處處長，此一人事布局更顯現了資委會完全掌控
了國營事業的主導權。還有一個明顯的例子，陳儀最初本打算任用張
延哲為財政處長，卻在行政院宋子文的壓力下，不得不改以宋子文屬
意的嚴家淦出任[228]。嚴家淦以財政處長又兼任臺灣銀行的董事長，則
臺灣與大陸的金融一脈相通，陳儀獨立發行臺幣的隔離政策也就形同
虛設。[229]

　　戴國煇一路考察陳儀的為人、為政及其治臺班底，以及臺灣光復
後赴臺接收的官場百態、派系之鬥，從而評論顯然陳儀及其治臺班底
有意在臺施展「鴻圖」，想把在福建以及大陸上所不能實現的理想實
現於臺灣，但竟連一個處長都保不住，更遑論其他「鴻圖」，也是心
有餘而力不足的。「饒有興味的是陳儀治臺失敗反滬，再度主浙時仍

---

226 楊肇嘉：《楊肇嘉回憶錄》，頁227。

227 白崇禧：《國防部宣字第一號布告──1947.03.17》，見李敖編著：《二‧二八研究》，
　　頁247。

228 為了此事，陳儀深夜十二時許還電召民政處處長周一鶚至私邸，深有感慨地說：
　　「臺灣原有的生產事業，多未恢復，社會財富又長期遭日本掠奪，已屬外強中
　　乾，虛有其表。但當局（指中央）」惟眼前利益是圖，只想殺雞取蛋，用各種名義
　　和方式，從中搜到一些東西。……不過想做一番事業，一定要度量大，要經受得
　　住委屈，要吃得下冤枉。」周一鶚：〈陳儀在臺灣〉，見李敖編著：《二‧二八研究
　　三集》，頁159-160。

229 許介鱗：《戰後臺灣史記‧卷一》，頁76-77。

然堅持『用人不疑，疑人不用』的原則。沈仲九依舊仿效蘇聯幾個五年計劃擬定了『浙江十年建設計劃』欲求再展鴻圖。陳（儀）沈（仲久）唐吉訶德的面目仍舊栩栩生動。」[230]

二　通貨膨脹與臺幣政策

　　陳儀鑒於大陸上通貨膨脹嚴重，赴臺前特向蔣介石要求，為體恤臺胞，穩定經濟，防止大陸通貨膨脹波及臺灣，暫緩中央、中國、交通、農民等四大銀行赴臺設立分行，禁止法幣在臺流通，准許日據時代的臺灣銀行照舊營業。然而，此一立意甚佳的「臺幣政策」金融防波堤的效果卻相當有限。蓋因通貨膨脹幾乎是戰後世界各國共同的現象。又因戰爭末期臺灣成為盟軍轟炸的目標，導致戰後生產破壞而引發供給不足，自然在戰後復員時面臨通貨膨脹的壓力。綜觀臺灣光復初期四年間通貨膨脹的關鍵因素有三：（一）光復初始，臺幣的通貨膨脹，先是日本有意擾亂臺灣的金融秩序，在戰爭結束前、後濫發通貨，據聞日人所掌握的臺幣數量占總發行額的八成，特殊化的「臺幣政策」反利於日人操縱臺灣金融界；[231]（二）臺幣與法幣自始至終不合理的匯兌，致使獨立發行的「臺幣政策」形同虛設；（三）加上長官公署、省政府為支付大筆的公營企業的資金及軍政資金，以恢復生產，只能靠增印臺幣應付，通貨膨脹無疑雪上加霜。二·二八事件後，尤其是一九四八年大陸推行金圓券改革，不但無益於臺灣，反使捲入大陸通貨膨脹惡性循環的臺灣經濟急劇地惡化。臺灣貨幣金融即便在一九四九年六月十五日實施新臺幣改革，但如果沒有一九五一年的美援支撐，可能終將崩潰。下文概述這些導致臺灣經濟貧困化的結構性因素。

230　戴國煇、葉芸芸：《愛憎228》，頁134-182。

231　〈臺灣現狀報告書〉，見王曉波編：《二·二八真相》，頁17。

　　日本侵華戰爭爆發前的一九三七年七月，臺灣銀行券發行額不過七千五百萬元左右，一九四五年投降前夕，發行額已達十四億元，膨脹了十八倍之多。[232]依據前臺灣總督府主計課長塩見俊二的回憶錄《秘錄・終戰前後的臺灣》指出，他於一九四五年九月從日本重返臺灣處理戰後事宜，因臺灣通貨膨脹嚴重，「於是為瞭解決臺灣銀行發行的紙幣之不足而由大藏省決定以飛機滿載日本銀行發行的巨額臺銀紙幣運往臺灣，因此我透過終戰聯絡事務所申請，經占領軍（案：麥克阿瑟司令部）核准後於九月五日飛往臺灣。」由於飛機上載滿紙鈔「在這一段飛行時間中，一直爬在那一堆臺銀卷上」，[233]這批僅由臺銀於背後蓋印的千元大鈔，發行目的竟是為了發給在臺日本公教人員到翌年三月份的薪資及退休金，以利在臺日人的復員；儘管日後陳儀赴臺凍結了千圓券的流通，但這批臺銀券加劇了戰後初始臺灣的通貨膨脹，是殆無疑義的。

　　根據美國對華政策白皮書指出：對日戰爭結束時，中國所持的外匯數量為有史以來最鉅者。加以勝利後收復東北與臺灣，前者具有中國本土四倍的工業、三倍的發電電力與四倍的鐵路密度，後者有大量的農產品剩餘可供輸出，東北與臺灣二區亦可成為稅收豐厚的財政新資源，一般而言，日本投降時中國的財政情形還頗為良好[234]。但很快地由於通貨膨脹、戰後工廠生產停頓、內戰爆發，加速了經濟的惡化。使得社會不安，學潮、罷工四處蔓延峰起又使經濟更加惡化。

　　戰後初始，通貨膨脹的主因來自戰前日本政府發行通用的「偽幣」與「法幣」（即國幣）的匯兌不公問題。戰後全國通貨金融的處

---

232 陳翠蓮：《派系鬥爭與權謀政治——二・二八悲劇的另一面》，頁88。

233 塩見俊二：《秘錄・終戰前後的臺灣》，頁20、25。

234 美國國務院編：《美國與中國之關係》中譯本（即「美國對華政策白皮書」），近代中國史叢刊第87輯（臺北市：文海出版社，出版年代不詳），頁81-82。轉引自陳翠蓮：《派系鬥爭與權謀政治——二・二八悲劇的另一面》，頁40。

理遲遲未定案，一九四五年九月二十一日各銀行一律尊令使用法幣，但法幣與「聯儲券」和「中儲券」（都是日偽政府發行的，前者在華北通行，後者在華中華南通行，兩者均與日圓相通，以金融攻勢破壞法幣）兌換比率直到十一月二十一日才公布，造成金融黑市兌換的混亂，引起收復區民眾怨聲載道。但一經公布沒多久惡性通貨膨脹很快席捲全國，主要原因乃在於收復區的偽幣幣值遭到不合理的壓制，法幣幣值刻意地被抬高，例如偽幣與法幣的兌換，上海中儲券與法幣依照上海和後方抗戰區批發物價總額比較，其兌換比例應是三十五元中儲卷兌換一元法幣，但被規定為二百元上海中儲券對一元法幣；華北儲聯券與法幣依照華北與抗戰區批發物價總額比較，兌換比例應該是一元偽幣兌換二元法幣，但被定為五元聯儲券兌一元法幣。[235]光是憑匯兌，國民政府與接收官員就賺進五倍之多的利潤，如此一來，造成收復區接收人員一躍為暴富，大發國難財。人民頓成赤貧，為盡快脫手手中偽幣換取物資，使得物價飛快上漲。法幣供不應求，不斷加印，流通額逐漸增加，物價上漲更快。

　　光復後臺灣獨立發行臺幣，本來是為了避免大陸的通貨膨脹波及臺灣。但若要杜絕大陸經濟給臺灣帶來混亂，就要通過購買力評價機能的外匯機構——即外匯市場的操作，來保持臺灣與大陸兩地的物價體系與金融關係的距離。然而，實際上外匯機構公定的臺幣匯率一直遠低於實質購買力，臺幣購買力大概低於實質購買力約30%-50%之間。從一九四五年十月到一九四六年期間，臺灣、大陸兩地的公定匯率行情被固定維持在臺幣1元兌換30-35元法幣，臺幣的購買力與法幣相比，大約被低估了二分之一。到一九四七年底固定調整匯率幾乎每個月都要向上調整，但仍無法應付實際的激烈物價變動。一九四八年

---

235 陳孝威：《為什麼失去大陸》（下）（臺北市：躍昇文化出版社，1988年），頁334-335，轉引自陳翠蓮：《派系鬥爭與權謀政治——二・二八悲劇的另一面》，頁40。

一月開始機動調整匯率，甫開放時是92元臺幣兌換1元法幣，至一九四八年八月十九日金圓券改革之前是1元臺幣兌換1635元法幣，法幣貶值的速度和幅度已經相當驚人。但是調整的幅度還是趕不上法幣的貶值程度，實際上可以看到臺幣不斷被低估，通貨膨脹不斷持續。而一九四八年八‧一九金圓券改革時，當局不顧一切強行固定匯率，以1835元臺幣兌換1元金圓券，意圖利用臺幣的信用去支持金圓券的威信。結果，九月通貨膨脹的趨勢表面上似乎被壓抑下來了，但大量資金趁著匯率固定化，逃過管制，從上海流到臺灣。進入十月後，這些流入的資金大量囤積貨物，導致臺灣的物價比上個月陡增22.02%。金圓券的改革打從一開始就充滿了虛構，儘管有嚴格的經濟管制，但根本上無法消除內戰的前途和政情的不安，以及經濟混亂的疑惑。十月全國各地掀起囤積風潮，即使動用國家強權進行取締，商人仍以罷市來抵抗。於是黑市橫行，最後陷入麻痺狀態，只好解除管制，被壓抑的通貨膨脹一舉表面化，金圓券改革就這樣脆弱地夭折崩潰。法幣一瀉千里，十一月底剩下222元臺幣兌換1元金圓券，透過（附錄表7-3、附錄表7-4）可以清楚看出臺幣幣值長期被低估，等於變相搜刮民脂民膏。[236]

到了一九四九年，隨著國民黨在內戰中失勢，臺幣更是走上惡性通貨膨脹之途，半年內物價暴漲十倍。上海的通貨膨脹更糟，物價好比天文數字，貨幣機能幾近崩潰。五月國民黨當局退臺，臺灣物價比上個月暴漲122.2%，為臺灣史上最大漲幅，如果持續惡化，可預見臺幣的崩潰，為克服此一通貨危機，六月十五日終於實施了新臺幣改革，同時與金圓券的匯兌關係也打上休止符。新臺幣的改革等於是金圓券崩潰的宣言，更重要的，這也是臺灣經濟再度脫離中國本土經濟圈的指標。但新臺幣通貨膨脹依舊嚴重，不得不等到一九五一年美援

---

236 劉進慶著，王宏仁等譯：《臺灣戰後經濟分析》，頁43-50。

的展開才得以遏止，此一過渡期間物價還是上升416.6%。從一九四六到一九五一年，臺灣的通貨發行量竟增加了4047倍。若依物價的項目別來看，最高的上漲21400倍，最低的也上漲了4000倍，平均的紀錄是上漲9600倍。[237]

　　從大陸的通貨膨脹透過外匯通貨膨脹的形式波及臺灣的情形，我們大概可以管窺臺灣捲入中國經濟金融圈帶來的經濟混亂之一斑。同時因為外匯通貨膨脹的相關效應，促使臺灣人民（尤其是零細農民與工資勞動者）窮困化，還有包括扭曲的匯率，影響臺灣的物價騰貴，物價構造節節上升，金、銀搶購恐慌。在此情況下，國民政府罔顧人民生計，為填補內戰日益擴增的軍事耗損，又大舉進行糧食和金銀外幣的強權徵收，將負擔直接轉嫁到臺灣農民、地主、資產階級的身上。包括一九四六年第二期稻作開始實行「田賦徵實」，二‧二八事件後實施的「肥料換穀」，以及專為對付地主階層的「大戶餘糧收購」政策等等。

　　一九四八年「八‧一九改革」，為防止經濟崩潰所發布的「財政經濟緊急處分」同樣也適用於臺灣，採取了四項緊急措置：（一）金圓券的發行（二）金銀外幣的徵收（三）國民在外資產登記（四）經濟管制的強化。其中臺灣所徵收的金銀外幣數量之大，僅次於上海，徹底造成臺灣民眾的窮困化。國民政府並趁金圓券改革為契機，將巨額的大陸資金（主要為上海地區）流入臺灣，包括投機炒作的外匯，和政府「疏散應變」的軍政資金，是大陸資本移入在臺灣鞏固地位的開端。劉進慶分析說道：

　　　　固定的匯率是這些資金流入的一個原因。以往維持臺幣制度是作為臺灣經濟的「防波堤」的。而臺幣與大陸幣之間採取機動

―――――――――――――

237 劉進慶著，王宏仁等譯：《臺灣戰後經濟分析》，頁50-51。

匯率調整，大致也勉強維持了此「防波堤」的機能。但是以金圓券改革的契機而再度回到固定匯率制下，這個「防波堤」功能就停止了。[238]

　　如此看來，則無論是當時大陸或臺灣的媒體，光從「臺幣特殊化」政策這點批判陳儀搞「臺灣特殊化」、「獨立王國」、「排外政策」，恐怕僅是表象式的批評。從統計資料看來，陳儀主政期間，臺幣購買力儘管被低估，但還是發揮了一點防波堤的功能。

　　在當時中國惡性循環的經濟結構下，臺灣的經濟本來內部就要面對戰爭帶來的破壞，以及脫離從屬日本本國的產業生產加工體系，獨立重建生產的困難。而僅有的經濟剩餘又完全被國家資本體制吸納注入內戰中化為烏有。其中，光是臺幣與法幣（大陸貨幣）是否開放通匯就教主政者左右為難。陳儀主張臺幣獨立發行，以防止法幣濫發造成的通貨膨脹波及臺灣的立意，因為中央（而非長官公署）掌握臺銀的主控權，將臺銀發行的準備制度與法幣聯結，使「臺幣」獨立發行以發揮「防波堤」的功能大打折扣。最嚴重的經濟危機是在一九四七年年初，受大陸黃金風潮的波及，物價暴升，搶米騷動在民間盛傳，經濟、社會矛盾積累已深，終因一件小小緝私案引爆全臺騷動的二‧二八事件。就是後來魏道明任省主席時期於一九四八年八月開放臺幣與法幣的通匯之後，依舊解決不了臺灣因大陸金融、財政、產業惡性循環結構的影響，導致臺幣通貨膨脹一發不可收拾。糧食價格飛漲，又因失業問題嚴重，使民生更形凋敝，只是因為二‧二八事件後的清鄉壓制了民怨罷了。

　　光復初期的經濟接收和政治接收一樣，奠定了國民黨專制統治在臺灣的經濟基礎，即便二‧二八事件善後為安撫臺民做了一些經濟政

策的調整，但在內戰愈演愈烈的情勢下，中央汲取臺灣經濟剩餘注入
軍政資金的現實結構未改變的情況下，其調整幅度相當有限。例如陳
儀下臺後，為安撫工商界不滿，儘管實施了公營事業民營化，[239]但調
整的幅度並不大，民營工業產值比例從一九四七年的18.59%，到了一
九四八年上升到27.32%（見附錄表7-5）。省主席魏道明在面對必須靠
省營事業來維持本地經濟的自主性，然而中央汲取臺灣經濟剩餘依舊
的情況下，隨即通告：「前公署之單行法規、省令一律繼續有效。」
在一九四七年年底以前，只有火柴公司、臺灣工礦公司、印刷紙業及
化學製品公司，極少數縣市營企業轉移民營外，公營事業體制大體並
未有多大的變動。[240]直到一九四九年國民黨當局退臺，包括負責「生
產管理委員會」的尹仲容、經濟部次長何廉以及方顯庭、陶希聖等
「技術官僚」公開提倡自由經濟思想，才使公民營的工業產值比例有
較平衡的發展，但直到一九五二年公營事業的工產值比例仍高達
57.6%。

　　另外，二‧二八事件後，裁撤貿易局改為「物資調節委員會」，
主旨重在物資供需之調劑，而不在財政之收益，但它與其他政府單位
或公營事業仍然各自獨占各類物資的對外貿易[241]。又所謂改組專賣局
為「煙酒公賣局」，只有將專賣項目之火柴公司開放民營，樟腦公司
改歸為建設廳。改制後的「煙酒公賣局」，經營型態並無多大變化，
仍舊是政府財政的重要來源。例如一九四七年一月到五月專賣局結
束，共繳庫三億四千萬，改組後的「煙酒公賣局」一到十二月共繳庫
六億六千萬元，已占當年省庫收入百分之二十五，年底又追加了一億
五千萬元，可見其在省府財政上的重要性。[242]至於，其他與臺幣通貨

---

239 〈臺灣省各縣市公營企業民營處理實施辦法〉，《臺灣新生報》1947年7月23日。
240 翁嘉禧：《臺灣光復初期的經濟轉型與政策（1945-1947）》，頁182。
241 舉例來說，就是「物資調節委員會」獨占樟腦、菠蘿的輸出，砂糖、酒精由台糖公
　　司獨占，其他如煤、木材、水泥、重油、化肥等都有公營事業單位獨占貿易經營。
242 翁嘉禧：《臺灣光復初期的經濟轉型與政策（1945-1947）》，頁184。

膨脹效應相關的臺幣通匯政策調整、糧食收購政策等問題，儘管有調整方案，不但無助改善經濟惡化的趨勢，更加深中央對臺灣經濟剩餘的汲取，導致臺灣社會各階層的貧困化。

第四節　「光復變奏曲」：從二・二八事件到「美軍協防」

　　長官公署接收臺灣在政治、經濟、社會層面上的亂象，比諸日據戰爭期有過之而無不及，使大多數的臺灣人歷經失望、憤怒甚至對國民政府絕望的境地。這其中牽涉的還不只是島內的政經文化矛盾，還包括光復初期的國際情勢、國共內戰的結構，以及國民政府政權性質與派系鬥爭的官僚體制等種種複雜因素，影響了臺灣政局與文化社會在短短四年多之間歷經了風雲詭譎的變化。

一　島內整體社會危機與二・二八事件的爆發

　　當時負責接收的國民黨官員邵毓麟後來的回憶指出：「國府」的接收在大陸上被形容「劫收」，黨、政、軍對於接收工作未能協調，常導致權責不清，除了軍事接收獲得日軍的協助比較順利外，在行政的接收和經濟的接收，都出現接收機關多如牛毛，竟貼封條，而重建工作又找不到人負責的亂象。「上海人把那些從重慶坐飛機的來人，稱之為『重慶人』或『飛將軍』，形容他們是『五子登科』（即金子、車子、房子、票子和女子）和『有條（金條）有理，無法無天』」。[243]可見國民政府的接收工作，在大陸上已是盡失民心。

　　國民政府接收臺灣與接收全國各地一樣，落得「劫收」的惡名。

---

243 邵毓麟：《勝利前後》，頁74-83。

一九四六年三月閩臺通訊社出版的《臺灣現狀報告書》已指出臺灣人對祖國的國軍與接收官員歷經「感激和歡迎」、「懷疑和失望」到「冷淡和反抗」三個階段。[244]除了前面闡述政、經結構性問題，在臺人眼裡看來，國民政府帶來的「劫收」的態勢，表現在政治層面就是牽親引戚與貪汙歪風的盛行，軍、政接收人員目無法紀，各接收單位任意競貼封條，往往發生武力衝突，軍警人員也常持槍威脅百姓。

　　報紙頻頻登載公務人員涉足酒家、不守紀律及貪汙事件，件件令臺人瞠目結舌，民心日漸背離。光是《民報》在一九四六年二月上旬短短的半個月間，就揭露了十幾件軍、官紀律腐敗的事蹟。[245]貪汙案件的層級竟高達高等法院首席檢察官、法院院長，知法犯法，更顯露國民黨統治集團沒有現代法治的觀念，趁機大發「國難財」。連最清流的教育界也黑幕重重，向學生變相收取學費、慶祝兒童節費用，教員利用公款經商，使學校變商場等等。[246]部分赴臺接收的軍官人員懷抱優越感，公務員和士兵不守法紀，在日據下的臺灣人民雖然飽受官

---

244 王曉波編：《二・二八真相》，頁5。

245 標題如下：左營海軍人員槍殺當地民眾，一事未平，又以手槍威脅郭區長。（二月二日）「我是接收委員，憑什麼買車票？」竟以手槍威脅驗票員。（二月九日）高雄市碑子頭市場國軍白晝搶魚商卓乞食現款六百元。（二月十日）高雄國軍一群聚賭於倉庫，因被陳夫人勸止，竟毆打苓雅寮區長陳夫人。（二月十日）臺灣嘉義化學工廠白糖二百萬斤與薯乾數百萬斤，由接收委員勾結醫師盜賣數百萬元。（二月十日）為爭鹿港機場接收物品存單，彭上尉大鬧彰化市。（二月十一日）世間萬事錢第一，省垣教育界黑幕重重，先生做生意，學校變商場，並揭發非法募款事實。（一月卅一日）高雄工業專科學校，牙醫劉某任校長，擅收束修稱聘教員，竟以親族充數，目不識丁的校長岳父任教員，四百學生開會反對，向市長請願。（一月卅日）臺南接收委員貪官污吏梁克強案開第三次審判，連累者越審越多。（二月七日）高等法院首席檢察官因貪汙案被捕，院長亦因貪汙案被彈劾。（二月七日）巡警持手槍威脅商人。（二月十二日）公務員坐車不買票，都是外省人帶進來的惡習慣。（二月十二日）福州出身警官特務長，穿制服堂堂打劫人，日人家宅遭其害，手槍威脅是慣技。（二月十六日），《臺灣現狀報告書》，王曉波編：《二・二八真相》，頁6-7。

246 《臺灣現狀報告書》，王曉波編：《二・二八真相》，頁9-10。

吏作威作福的欺壓，卻未曾經歷這種上下官兵目無法紀的現象，導致
人心浮動，社會失序。二·二八事件前後在臺灣採訪的中國新聞社者
記唐賢龍都不禁慨嘆[247]：

> 自從國內的很多人員接管以後，便搶的搶、偷的偷、賣的賣、
> 轉移的轉移、走私的走私，把在國內「劫收」時的那一套毛
> 病，通通搬到了臺灣，使臺灣人看不起，以致很多貴重的東
> 西，大都散佚。臺灣同胞目睹此種情景，於失望悲憤之餘，均
> 不免眼紅耳熱，有的東施效顰，亦相率乘機偷竊，故物資損失
> 極大。……臺灣在日本統治時代，本來確已進入「路不拾遺，
> 夜不閉戶」的法治境界，但自「劫收」光顧臺灣以後，臺灣便
> 彷彿一池澄清的池水忽然讓無數個巨大的石子，給擾亂得混沌
> 不堪。[248]

　　根據胡允恭[249]的見證，幾件聳人聽聞大貪汙案，都發生在公營事
業單位，統制經濟變成「官僚經濟」，成為貪汙舞弊的大淵藪。胡允

---

247 唐賢龍：〈臺灣事件的主因〉，《臺灣事變內幕記》，南京市：中國新聞社出版部，
　　1947年。見陳芳明編：《臺灣戰後史資料選──二·二八事件專輯》，頁22-88。

248 陳芳明編：《臺灣戰後史資料選──二·二八事件專輯》，頁50。

249 胡允恭文章轉引自戴國煇、葉芸芸：《愛憎228》，頁114-127。戴國煇指出：胡允恭
　　「早在陳儀治閩時，由他在上海大學念書時的教師沈仲九引薦，受陳儀任用為縣
　　長等職，是老牌的秘密共產黨員」。一九四六年四月赴臺，被陳儀委任為「長官公
　　署宣傳委員會委員」。戴國煇分析他來臺灣的任務應該是「放長線在陳儀身邊臥
　　底」，而非從事群眾運動或組織工作。儘管身為地下黨員另有所圖，但因胡允恭與
　　陳儀的治臺沒有利害關係，他對臺灣當年的描寫應該是客觀。見戴國煇、葉芸
　　芸：《愛憎228》，頁114。從胡允恭後來的回憶〈地下十五年與陳儀〉，《傳記文學》
　　第60卷第6期（1992年6月），頁59-66，描述「策反」陳儀的經過，戴國煇的判斷應
　　屬準確的。例如胡允恭舉例的任維均貪汙案，任的靠山是胡允恭恩師沈仲九太太
　　的私人秘書，胡允恭照舉不誤。胡允恭的《臺灣事件真相》與唐賢龍《臺灣事件
　　的主因》報導的貪汙事件，內容、語氣大同小異，可參看。

恭於二‧二八事件後化名為張琴，於一九四七年四月五日在上海中共
地下黨的刊物《文萃》發表〈臺灣真相〉，揭露幾件聳人聽聞的大貪
汙案件。例如專賣局長任維均貪汙五百萬元臺幣案，因被《民報》注
銷，鬧得滿城風雨。[250]葛敬恩的女婿李卓芝，任臺灣省紙業印刷公司
總經理時，把價值千萬元臺幣的幾部大機器廉價標賣，自己則暗中以
四十萬元臺幣買下來。迄改任臺北市專賣分局長時，被繼任總經理查
德出，不得已行賄臺幣五萬元。繼任者將五萬元賄款連同報告書送長
官公署，被秘書長葛敬恩把五萬元賄款批令繳交省金庫，報告按下不
辦。後陳儀知悉，僅把李卓芝罵一頓，仍准他做分局長，等他荷包刮
滿後才離開臺灣。《民報》一九四六年八月舉出貿易局、專賣局甚多
貪汙舞弊案，中央清查團劉文島赴臺清查，查出貿易局於百溪、專賣
局任維均貪汙罪證確鑿，九月召開記者會，要求陳長官立即予以撤
職，移送法院審理。劉文島走後於、任遲遲不撤，依舊花天酒地。直
到劉文島在上海發表談話，希望陳儀速將兩局長撤職，陳儀才只好遵
辦，但卻又以移交未辦為由不准法院即予拘捕，使于、任有機會將清
帳動手腳。[251]就是這樣敗壞的政治風氣，報章媒體紛紛披露舉發，大肆
批判。「朱門酒肉臭，野有凍死屍」的主題不斷被當時的戲劇、文
學、美術等作品捕捉。受到最熱烈反響的就是聖峰演劇團一九四六年
六月九至十三日在中山堂演出的「壁」，於今看來以一牆之隔對比貧
富差距的腳本，其實是齗質樸白描、主旨顯露的話劇，卻因為演出太
成功，而於七月二日再演時，僅演出一天被以「腳本未受檢閱，以及

---

250 《民報》報導任維均的貪汙案後，任大怒，在各大報大登啟事，限《民報》三日
　　內舉出證據，否則依法訴究。《民報》第二日在報上公開舉出有證據的貪汙約有五
　　百萬臺幣之多，堅決要求任維均打官司。陳長官見報大發脾氣，把任維均叫去，
　　要他打官司，任不敢，陳看出他心虛，大聲斥他說：「既不能打官司，便不應該登
　　啟事，迫人家撿出證據，丟自己的臉呀！糊塗！你回去自殺吧！」任維均請假兩
　　個星期回來，此事不了了之。

251 轉引自戴國煇、葉芸芸：《愛憎228》，頁118-121。

劇的內容未必符合社會需要」為由禁演，[252]可見其切中當局的要害。王白淵的劇評指出其成功之處正在於「內容帶著大眾性和諷刺性」，[253]最重要的應該是「壁」道盡了當時大眾的心聲。

胡允恭又指出：陳儀整天被臺人所謂的「四凶」（長官公署秘書長葛敬恩、工礦處長包可永、財政處長嚴家淦以及民政處長周一鶚）包圍，歌功頌德，「老人家還真有點飄飄然」。[254]臺灣士紳看到政治太腐敗，貪汙橫行，不得不向陳儀略提了一下，馬上被陳儀語氣挺硬地要求提出證據。陳儀對屬下的貪汙並非完全不知情，在弊案被揭露後，卻仍有縱容包庇之嫌。對於在政、經政策底下飽受壓抑、剝削的臺民而言，不起訴嚴辦貪官污吏，不但有失政府的公信力，最重要的是對積壓難消的民怨，無異火上加油。研究臺灣的派系政治與政治變遷的陳明通指出：

> 根據各種資料顯示，無論是陳儀的僚友、部屬、甚至是政敵都認為陳儀生活儉樸，為官不貪汙。但是陳儀個人的廉潔事小，陳儀一手造就的龐大的貪汙結構卻事大。因為陳儀個人雖不貪汙，但是他為實現臺灣戰後的復興工作，所構築出來的統制經濟體制，在整個國民黨的派系生態環境下，卻為各派系提供一個很好的汲取公部門資源，培養私人派系力量的機制。[255]

而最嚴重的社會問題莫過於戰爭造成各業生產設施的破壞，戰後物資材料匱乏，導致經濟產業復工、重建緩慢。以一九三七年日本發

---

252 藍博洲：《消失在歷史迷霧中的作家身影》（臺北市：聯合文學出版社，2001年），頁51-56。

253 〈「壁」與「羅漢赴會」〉，《臺灣新生報》1946年6月10-12日。

254 轉引自戴國煇、葉芸芸：《愛憎228》，頁117。

255 陳明通：《派系政治與臺灣政治變遷》，頁72。

動侵華戰爭為基準年，至一九四四年，除了水產業生產指數低落至
21.96，其他農、工、礦業都維持在80%以上，畜牧業也還有一半的生
產力。但至一九四五年，除了林業之外，農工生產空前低落，總產值
不及日據時代最高產量的二分之一。接收後重建工作開始的一九四六
年，各類產業中，除了農業和水產業能自行緩慢恢復約一半的生產
力，其他公營企業主導的工、礦業生產均呈現復工緩慢的情況，尤其
以工業生產最為緩慢，直到「國府」遷臺的一九四九年才恢復到75%
（見附錄表7-6）。其主要原因一方面在於日本對臺灣工礦業的政策在
使其不能脫離日本而獨立，因此臺灣只生產次要機件，主要成品仍須
回到日本製造，此一依賴性導致臺灣的工業難以獨立重建。另一方面
乃在於「國府」的「中土本位」心態，為避免臺灣自給自足割據一
方，採取「規模宏大、基礎穩固及需要殷切、破壞不大之工礦為限」
作為選擇復工的對象，設定「糖業及電業」為建設核心並以此延伸之
相關事業為復健重點，不必對臺灣做巨額的投資與開發[256]。甚至有些
事業因「基礎不佳、無發展前途」而被挑肥揀瘦地標賣給民間，乏人
問津的則任其荒廢。而部分不法接收人員也因此任意變賣廠房機器，
中飽私囊。無怪乎大陸記者梁辛仁說：「有良心的當局曾慨嘆：『中國
實在不配做臺灣的祖國。機器壞了，我們不能修，缺了不能補。要什
麼沒有什麼。我們只是伸手臺灣盡取東西。』」[257]。

　　產業復甦緩慢，直接影響的就是復工不佳形成的失業問題。當大
批自戰場及南洋復員的青年回流時，失業人口驟增，導致社會治安敗
壞。根據徐瓊二的保守估計，一九四六年十月前失業人口高達二十五

---

256 陳翠蓮：〈「大中國」與「小臺灣」的經濟矛盾——以資源委員會與臺灣省行政長官
　　公署的資源爭奪為例〉，見張炎憲、陳美容、楊雅惠編：《二・二八事件研究論文
　　集》（臺北市：「吳三連臺灣史料基金會」，1998年），頁60。

257 梁辛仁：〈我們對不起臺灣〉，《新聞天地》第22期，1947年4月1日。全文轉載於梅
　　村仁（戴國煇）《二・二八史料舉隅》，原刊於葉芸芸主編、發行《臺灣與世界》
　　第3期（1983年8月）。戴國煇一文見王曉波編：《二・二八真相》，頁41。

萬人，其中還不包括因中小工廠倒閉而失業的人數，以及人數不清的知識分子失業人口。[258]二·二八事件前，「聯合國善後救濟總屬的專家估計失業人口至少有三十萬人」，尚未包括失去正當生活憑藉而回農村者。[259]長官公署接收之初就裁減了近四萬名的公務員。另外日軍徵用的軍人與軍屬約有二十萬人，以及戰前旅居日本、南洋、大陸各地的臺胞約有十萬人，這些人士至一九四六年五月從海外陸續回臺，謀職不易。如果以一九四六年五月一日民政處周一鶚所宣布的，以辦理公民宣示登記總數約二百三十九萬人，則三十萬的失業人口，已近總數的八分之一，光是臺北一地就有流氓一萬餘人，這樣一大群為數驚人的無業遊民，又遭遇空前的生活困頓，無疑為當日社會所潛藏威力強大的不定時炸彈。[260]二·二八事件中雖然有學生參加武裝行動，但以原日本軍臺籍兵員占大多數，[261]他們之所以響應武裝行動是為了維護基本的生存權，二·二八事件在短短兩天之內迅速蔓延全島，實際上農民、工人及一般民眾之介入並不深，[262]大都是各地生活無以為繼的失業人口自發起來響應，也因此大多是烏合之眾，難以確立組織與紀律。[263]

　　產業復甦緩慢、生產低落也導致物資供不應求、物價騰貴。臺灣的物價奔騰肇因於臺幣與法幣匯兌不公、大量發行臺幣已使通貨膨脹難以遏止，前文已述及。另外，在貿易局的掌控下，臺灣的米、糖、鹽、煤等物資，廉價大量輸往大陸，或是不法官員趁機轉賣到大陸營利，不公平的交易，使臺灣本地缺貨，價格高漲。[264]長官公署不反省

258 蕭友山、徐瓊二著，陳景平譯：《臺灣光復前後的回顧與現狀》，頁256。

259 柯喬志著，陳榮成譯：《被出賣的臺灣》，頁237。

260 陳翠蓮：《派系鬥爭與權謀政治——二·二八悲劇的另一面》，頁98。

261 戴國煇、葉芸芸：《愛憎228》，頁260。

262 翁嘉禧：《臺灣光復初期的經濟轉型與政策（1945-1947）》，頁181。

263 戴國煇、葉芸芸：《愛憎228》，頁260。

264 翁嘉禧：《臺灣光復初期的經濟轉型與政策（1945-1947）》，頁171-182。

政策錯誤，竟刻意抬高本地的產品價格，希望減少市面的消費量。結果造成一九四六年九月米一擔在上海賣兩千元臺幣，在臺灣卻賣四千元，素有「米倉」的臺灣，米價躍居全國第一，鹽一斤在上海賣六元臺幣，在臺灣卻要賣十五元臺幣。[265] 上述種種政策加速了臺灣的物價上升，反而造成黑市交易盛行。再加技術面上產業復建緩慢的困難，極易造成預期囤積、搶購的恐慌心理。其中又以米價問題最為嚴重，因為米價的上漲會帶動工資、其他物價的波動，米荒所引起的騷動，尤其影響人心浮動。

　　臺灣的糧食危機，並非來自生產不足，糧食大量被輸出到大陸支持內戰，導致以「米倉」竟然發生米荒，或許才是主因。日據末期臺灣糧食生產由最高的一百四十萬噸降至一九四四年的一百零七萬噸，在一九四五年時更是嚴重歉收，產量只有六十三萬九千餘噸。當時全臺消費量約需八十八萬六千噸，尚不足二十四萬七千噸，長官公署於十月三十一日公布「管理糧食臨時辦法」，實行日據末期的徵購配給制度，但執行效果不佳，於一九四六年一月廢止徵購配給制。一九四六年稻米生產達八十九萬四千噸，一九四七年增加到九十九萬九千噸，同時期的替代食糧乾薯產量亦有增加，按理糧荒應不致惡化，[266] 但米價卻節節高升。楊風在一九四七年三月四日上海的《文匯報》上發表的〈臺灣歸來〉，指出：

　　　　據糧食局的統計，三十五年度（一九四六年）臺灣兩季收成，共有六百四十萬日石的米，臺灣本省，所需食米總共僅五百萬日石左右，剩餘的百餘萬日石的米足可以應付任何意外或災害。而且三十五年度臺灣全省田賦徵實的成績在百分之九十以

---

265 許登源：〈二‧二八前夕的臺灣經濟〉，見葉芸芸編：《證言二‧二八》（臺北市：人間出版社，1993年），頁214。

266 翁嘉禧：《臺灣光復初期的經濟轉型與政策（1945-1947）》，頁170-171。

上，糧食局說徵實的本意，是政府能控制食糧，穩定米價，這些徵實的米又哪裡去了？行總運去的肥料共是二十萬噸，這些肥料都是向農民掉（案：調）的米，另再加上省公署公有土地的租穀，是足可以抑平任何囤積操縱的情形的。據可靠的消息：臺省徵實的米和肥料換的米，全部都運往蘇北和華北充軍糧了。米倉空了，自然會鬧饑餓米荒，這饑餓是整個國家的經濟浪潮帶給臺灣的，也是內戰帶給臺灣的。

由於供應內戰軍糧，導致米糧不足，米價節節高升，在一九四六年底大抵還維持緩升的趨勢。但一九四七年初受到上海爆發的「黃金風潮」的影響，法幣大跌，臺灣亦受此風潮波及，儘管長官公署二月十三日通令全省禁止黃金買賣，但物價隨之波動，久受抑制的米價，如脫韁之野馬，取黃金而代之，成為經濟風暴的中心，米價由每斤十餘元，直升到四十多元，爆發了糧食危機。[267]據當時旅滬福建臺灣各團體致各報社的文章中提到：素有米倉之稱的臺灣，米價躍居全國第一。較之接收當時，暴漲六十倍以上，就是京滬粵一帶向來缺糧之地，亦不致有此離奇現象。[268]

一九四七年二月下旬臺北市內發生搶糧的騷動，元宵節當天出現署名「臺灣民眾反對抬高米價行動團」的傳單，到處散發，其內容為：

> 本省為產米的巨區，全省所產米量，不僅供全臺消費有餘，且可輸出外地，絕非糧荒之地，純乃各地奸商巨賈地主囤戶操縱之故。……團為生活之驅使，為全臺民眾之生命鬥爭，……決定三日後，率領民眾實行搶米運動，並制裁囤積魁首，以申正

---

267 翁嘉禧：《臺灣光復初期的經濟轉型與政策（1945-1947）》，頁171。
268 陳唐興主編：《臺灣二二八事件檔案史料（上・下卷）》，頁63。

義。特先警告三點：一、自即日起，限囤戶以囤糧出售；二、米價最高不得超過二十元；三、奸商應以夆財捐獻，救濟餓死者之遺孤及失業民眾。[269]

　　搶糧的騷動似乎預告著臺灣的社會失序，已經到了隨時可以發生變亂暴動的局面。

　　另外因為人口大量移動，導致日據時代已獲得控制的霍亂、天花，甚至是鼠疫等傳染病，一九四六～一九四七年從大陸移入，重新流行。一九四六年有三八〇九人感染霍亂，二二一〇人死亡，死亡率高達58%。一九四六年有一五六一人罹患天花，三百一十五人死亡，20.2%的死亡率，一九四七年有五一九三人感染天花，一七二五人死亡，死亡率高達33.2%。形成極大的恐慌。[270]

　　上述這些社會問題已足以使臺灣人對「光復」日漸產生反感，整體社會危機一觸即發，使臺灣人對「光復」的期待，歷經失望、冷淡、甚至到了憤恨不平的地步。但陳儀即便在二・二八事件剛爆發之際，都還察覺不到人民積怨已深，並未意識到問題的嚴重性，還想透過「二・二八處理委員會」作為與民間溝通的橋樑，化解騷動的情勢。可見行政長官與臺灣民眾隔閡之深。

二　冷戰與內戰雙戰結構體制的確立與「美軍協防」

　　光復初期的臺灣，一方面是回歸到一個「內戰中的中國」，一方面又處於世界性冷戰結構的「形成期」。抗戰勝利的中國，並不意味著戰爭的結束。因此光復初期的臺灣回歸中國，並不是回歸到一個統

269　鄧孔昭：《二・二八事件資料集》（臺北市：稻鄉出版社，1991年），頁12。
270　陳淑芬：《戰後之疫臺灣的公共衛生與建制（1945-1954）》（臺北市：稻鄉出版社，1990年），頁37-54。

一的民族國家，而是回歸到國共分裂的中國。因此它牽涉的不僅是臺
灣回歸中國的問題，還涉及國共雙方如何利用美、蘇、日勢力在中國
的利益衝突，形成對自己有利的情勢。從一九四五年十月十日，在美
國赫爾利大使的調停下，蔣介石、毛澤東在重慶簽署「雙十協議」的
同意停戰後，周恩來一直是中共的談判代表，直到一九四六年十一月
九日，周恩來返回延安，表明了和談破局。一九四七年一月八日馬歇
爾宣布調停失敗返美，司徒雷登接下了這個費力不討好的工作，在這
期間國共雙方基本上都是邊談邊打。又因為戰後中國與美國、蘇聯、
日本錯綜複雜的國際關係，使國共內戰的情勢愈演愈烈。

　　首先看美國的對華政策，美國雖然力主一個統一的中國，對亞洲
和平的重要性；但由於內部意見分裂成兩派，美國的對華政策顯然充
滿了矛盾，美國一邊調停，一邊在經濟、軍事上繼續援助國民黨。不
但使調停大使的立場站不住腳，也使中國知識界日漸對美國喪失信
心，甚至對美國的介入產生懷疑，從而爆發了與反內戰結合在一起的
反美學潮。

　　蘇聯的捲入使中國各種利益之間的衝突更加複雜。一九四五年八
月十四日本投降前夕，蘇聯在美國的力邀下，終於出兵東北對日宣
戰。國民政府在美國的促使下，[271]與蘇聯簽訂了《中蘇友好同盟條
約》，導致蘇聯在日本宣布投降後，在日本扶持的傀儡政權偽滿州國

---

271 中、蘇之間所以會簽訂《中蘇友好同盟條約》的背景是出於美國為了盡快結束亞洲
　　的戰局，希望蘇聯儘快對日宣戰，羅斯福總統與蘇聯在一九四五年二月十一日秘
　　密簽訂《雅爾達協議》。而蔣介石一直希望美國能在「中蘇之間發揮『一個仲裁者
　　或中間人』的作用」，以阻止蘇聯對中共的承認和支持。《中蘇友好同盟條約》中，
　　「蔣（介石）獲得他夢寐以求的東西，蘇聯保證承認並不干涉他的政府，並允諾只
　　向這個『作為中國中央政府的的國民政府』提供道義支持和軍事援助」。但一九四
　　五年八月十九日，「俄國軍隊和中共軍隊在歷史上第一次走到一起」。見費正清主
　　編，章建剛等譯：《劍橋中華民國史・第二部》，第十二章〈中日戰爭時期的中國共
　　產主義運動（1937-1945）〉（上海市：上海人民出版社，1992年），頁782-783。

接受日本投降，並同意日本戰敗後三個月撤出東北。但後來因為國民黨接收速度落後，戰後中共勢力迅速在東北扎根。國民黨為了牽制中共接收東北，竟兩次要求蘇聯延遲撤退，希望蘇聯同意政府軍隊按商定路線開進東北。直到戰後半年，一九四六年三月蘇軍才全部撤退。蘇聯由此獲得的利益遠勝於日俄戰爭前，蘇聯軍隊得以迅速進入東北和朝鮮。[272]為日後亞洲的「冷戰」結構預先布局，也為國共內戰加溫。雖然沒有證據說明蘇聯在軍事上直接援助中共，但美國估計從東北七十萬投降日軍那裡繳械的大量武器裝備，直接或間接落到中共手中，而在美國的協助下，一百二十萬日軍在中國其他淪陷區投降繳械的武器裝備大部分交給了國民黨的軍隊。[273]

　　蔣介石為了牽制中共，對蘇聯採取妥協的態度，相同的情況也發生在對日政策上。抗戰勝利之初，國民政府為牽制中共坐大勢力，搶先接收長江以北的日佔區（包括華北和東北），希望日軍在收復區牽制中共的勢力。國民政府為了搶先受降，搶攻日佔區，蘇珊娜·佩珀指出：

> 抗戰勝利之初，政府出於自身需要，對日偽軍採取了妥協態度，依靠他們維持「治安」，或者換句話說，政府不得不借助降敵的武裝力量，來阻止共產黨接管華北的城鎮。在某個時期，日偽人員獲准充當中國政府的政治代理人。[274]

> 中國政府軍總司令何應欽將軍，於八月二十三日命令日軍支那派遣軍總司令岡村寧次，在政府軍到達之前對共產黨軍隊的進

272 費正清主編，章建剛等譯：《劍橋中華民國史·第二部》，第十三章〈國共衝突（1945-1949）〉，頁787-800。
273 費正清主編，章建剛等譯：《劍橋中華民國史·第二部》，頁791。
274 轉引自《劍橋中華民國史·第二部》，頁803。

攻進行必要的抵抗，保衛日軍據點。……從八月底到九月末，
據稱在共產黨軍隊和日偽軍之間，發生了一百多次衝突，而日
偽軍是代表國民黨政府在作戰。[275]

　　由於共產黨拒絕接受蔣介石一九四五年八月十一日命令部隊在原
地駐防待命的命令，對日勝利後，國、共兩軍的衝突不斷，內戰情勢
白熱化。「一九四五年間，中共實際占領區包括東北一半土地，及西
北、華北各省的部分，如陝西、山西、河北、河南及山東的一部
分」。[276]國民黨靠著精銳的裝備與比例懸殊的軍隊，曾於一九四七年
三月十九日一度攻克共產黨根據地延安，以為可以瓦解中共之中樞神
經，不料象徵意義大於實質意義。其實共產黨軍隊採取的是保存實力
的戰略撤退原則。國民黨軍隊卻自以為處於勝利的最高潮，欲乘勝追
擊，乃派精銳部隊及主力收復東北，卻因此過度延長戰線，造成補給
困難，加上面對中共防不勝防的游擊戰略，後繼無力。從一九四七年
的夏天逐漸失去優勢，開始轉攻為守，從此一路潰退，於一九四九年
十二月退臺。所以，整體看來，光復初期的臺灣是回歸到一個「內戰
中的中國」。國共內戰影響臺灣軍隊的調動，例如赴臺不久的第六二
軍與七〇軍之調離臺灣，導致二‧二八事件發生時，連長官公署都沒
有兵力足以自我防護。

　　另一方面戰後的國際形勢，中國大陸與日、美、蘇的關係也影響
著臺灣地區的政局。其中又以戰後美、蘇兩大強權的對峙，以及日本
軍政在臺灣的配合接收影響最深遠。二十世紀四十年代的後半期，可
以說是世界性冷戰結構的形成期，臺灣在二次大戰期間的位置，證明
了它在東亞戰略地位的重要性，從而成為美國是否要繼續支持內戰中

---

275 轉引自費正清主編：《劍橋中華民國史‧第二部》，頁790。
276 秦孝儀主編：《中華民國經濟發展史‧第三冊》（臺北市：近代中國出版社，1983
　　年），頁75。

失利的國民政府的決策關鍵。

　　目前針對光復初期社會文化的研究，尤其圍繞在二‧二八事件發生的社會背景的研究，大部分都著眼於陳儀主政時期的政策與施政，鮮少能顧及兩岸在同一政權下整體政治、經濟等社會結構性因素的影響。舉先驅研究者鄭梓的評論為例，他認為行政長官公署治臺的兩大策略是特殊化的行政體系加上全面性的經濟統治，執行雙重的隔離政策，一方面固然是杜絕國民黨政治惡習入侵、防止對岸通貨膨脹等經濟風暴的襲擊，一方面對於「本土的精英」及工商業亦採取語文、政治、經濟上歧視、壓抑、甚至迫害等決絕的手段，但亦不過是國民黨舊官僚、舊政客跨海掠地以鞏固派系地盤，並嚴防其他各路勢力的入侵及強奪，另一方面便利迎合國民黨當局的強徵調取以投入內戰。對內招致民怨沸騰，對外更抵擋不住國民黨當局各派系跨海而來的覬覦和爭食。[277]鄭梓的評論，在目前同一時期的研究中算是典型、頗具代表性的看法，他的指陳都是事實，但是問題的癥結點恐怕不在陳儀的雙重隔離政策導致治臺失敗，而在臺灣納入內戰中的中國政治經濟圈，國民政府大失民心的接收亂象等整體社會結構性的問題。

　　二‧二八事件後，臺灣省行政長官公署制改為臺灣省政府，撤換行政長官陳儀改任魏道明任省主席，臺灣的言論管制更加緊縮，經濟情勢更加惡化，可見換任何人當臺灣首長都無力回天。二‧二八事件後，陳儀被撤職，臺灣作家楊雲萍曾公開評論陳儀治臺「失敗」是殆無疑義的，但他認為：「因他（陳儀）的『失敗』，而懷疑他的主觀『意欲』或人格的某種非難，我是不敢遽爾苟從的……有一個『理想』，有一個『抱負』的政治家，而在主觀上要努力使理想實現，這是事實。不消說，一個人的主觀的意欲，有時是要有錯誤的，有時反是要阻礙客觀的進步，但是在此沒有『理想』，不想努力的所謂『政

---

277 鄭梓：《戰後臺灣的接收與重建——臺灣現代史研究論集》，頁223-224。

治家』這麼多的一群裡面，有些『理想』的，想要努力的不是已經值得我們原諒嗎？[278]」看來陳儀「唐吉訶德」式的「理想」，儘管失敗，但相對後來的「政治家」來說，還是得到當時一些臺籍知識分子的諒解的。

問題的癥結在於臺灣的光復是納入政局不穩定、內戰中的中國，在國家體制結構都處於不穩定的情勢下，國民黨政權的政治、經濟又存在許多集權專制、封建官僚的弊病，接收造成各地民心盡失，民主運動如火如荼地展開。無怪乎當時左翼文化人很快地在一九四六年初認清此一情勢後，發出「海水不由你一部分特別高」[279]的慨嘆，呼籲這是全國性的問題，要把眼光放大，投入大陸的民主運動中，共同建設民主新中國。[280]

就政治層面而言，顯然僅從省制特殊性的單一面向，就論斷長官公署是「承襲殖民遺規、翻版總督府舊制」，而忽略地方自治的施行（雖然不盡如人意）、民意代表的選舉，此一「光復派」的臺灣抗日分子在戰前念茲在茲的建言，及至光復後，事實上民意代表也部分地、逐步地擴張權能。另外，就陳儀政府遭人非議的經濟政策來看，當時的「左傾」文化人對臺幣政策與統制經濟的目的抱持肯定的看法，反而是「人治」造成的牽親引故、貪官污吏、派系鬥爭危害甚大。筆者試著舉陳戰後影響臺灣政局的結構性因素，希望提供比較多面向的思考，能使吾人對此一多變、悲劇頻生的歷史階段多一點反思的空間，這或許才是面對過去的歷史的態度，並非為某歷史人物、政權卸責、除罪，更不是滿足於將悲劇諉過於歷史人物、歷史事件，流於形式的平反。

---

278 楊雲萍：〈近事雜記（十一）〉，《臺灣文化》第3卷第1期（1948年1月1日），頁18。

279 王白淵：〈在臺灣歷史的相剋〉，《政經報》第2卷第3期（1946年2月10日），頁7。

280 另外，蔣時欽、蘇新、楊逵與大陸赴臺的王思翔都曾發表相同的論調，參見第三章第二節的討論。

　　史學家戴國煇認為以陳儀區區一個省級首長，在國民黨官僚化、派系惡鬥的政治結構中，是否能將二‧二八事件全都諉過於陳儀，因而滿足於找到一個罪惡的箭靶。[281]從二十世紀八十年代黨外運動到民進黨執政，反國民黨的本地勢力努力為二‧二八事件平反，戴國煇的論調，強調平反之餘，對於二‧二八我們應該有臺灣人自省反思的空間，多維度、多面向地反省歷史悲劇，所以我們發現在所有二‧二八的研究中，戴國煇對「臺灣人」的評價也最嚴厲。戴國煇省思陳儀是否應該為鎮壓二‧二八事件負全責的聲音與研究，也反思過於簡化的因果解釋，並且認為二‧二八事件的附和者以及民眾本身也應該從歷史中自我批判，藉此自我提升，才有更寬廣的視野，去面對歷史與未來。戴國煇認為光復初，臺灣民眾從滿懷熱情迎接接收官員，以為日本人離去，臺灣回歸祖國則立即可進入烏托邦之中。但對當時國際關係認知不足、大陸政局的變幻莫測毫無所悉，自身社會經濟條件基礎與主政者的行政長官公署狀況不能掌握，遂使過渡的烏托邦幻想剎那間破滅。破滅的烏托邦又立即轉向反面，成為二‧二八事件中一些未充分考慮的舉動，提出許多主政者難以接受的條件。戴國煇認為反思歷史，要能從歷史中獲得教訓，就要能克服這種建構在烏托邦上的認知不足，它可視為一種「innocence」，固然天真、善良，充滿可愛熱情，但另一方面卻是無知、缺乏常識甚至有些愚昧。我們在反省二‧二八時，所應克服的即是這種「innocence」所帶來的素樸性認知。[282]

　　陳明通指出陳儀的一些治臺政策立意甚佳，他舉貨幣政策為例：

　　　　以舊臺幣一元兌換總督府臺灣銀行券，這種完全承認前朝政府對人民的負債，實是世上少見，特別是臺灣銀行券在日據末期

---

281 戴國煇：《臺灣史探微——現實與史實的相互往還》（臺北市：南天書局，1999年），頁155。

282 戴國煇：《臺灣史探微——現實與史實的相互往還》，頁171。

　　許多物資實施配給制度下已無法完全反映它的購買力，陳儀卻
一手承擔下來，相對於後來的政府以四萬元換一元的政策，真
不可同日而語。但是陳儀苦心維護的舊臺幣，在孔宋集團所操
弄的法幣與臺幣兌換率下，卻很快瓦解了。[283]

　　光是從陳儀的「臺幣政策」無力抗衡國民政府「中土本位」的心
態與汲取，亦可見陳儀治臺的失敗，並非單純是陳儀治臺班底的單純
問題，而是整個國民黨統治體質的問題。[284]另外，陳翠蓮針對國民黨
封建官僚與派系主義的權力傾軋，指出：「國民政府—長官公署—臺
灣民眾之間，可說是種不等邊的三角關係。」[285]行政長官陳儀居中抗
衡中央對臺灣的汲取，但對臺灣的本地資產階級也心存拒斥。即便是
不等邊三角形一方的臺灣社會團體也存在著日據時代以來的社會革命
路線分化與派系利益之爭，這些矛盾衝突在二‧二八事件中被激化而
突顯出來。

　　中國對日抗戰驟然勝利，誠如邵毓麟所言：「對日勝利，隨著原
子彈的閃光，如疾電般襲擊我們，連迎接勝利的準備時間都沒有，因
此對收復地區的接收工作和政務工作，政府在事前並沒有建立制
度。」[286]由於國民政府必須從重慶趕往各地搶先在共產黨之前接收，
儘管美國也大力投入戰時的人力物力協助接收，[287]然而戰後一切事物

283　陳明通：《派系政治與臺灣政治變遷》，頁82。

284　陳明通：《派系政治與臺灣政治變遷》，頁82。

285　陳翠蓮：〈「大中國」與「小臺灣」的經濟矛盾——以資源委員會與臺灣省行政長官
　　公署的資源爭奪為例〉，見張炎憲、陳美容、楊雅惠編：《二‧二八事件研究論文
　　集》（臺北市：「吳三連臺灣史料基金會」，1998年），頁69。

286　邵毓麟：《勝利前後》，頁75。

287　從日本投降到一九四六年十月三十一日這一年內，美國提供給國民政府以包括軍事
　　用品在內的租借物資，達七億八千多萬美元，超過整個抗日戰爭時期的總數。一九
　　四六年八月二十一日又簽訂《中美剩餘戰時財產協議》，將在中國、印度、太平洋
　　島嶼上的價值九億美元的戰時物資，以一億七千五百萬美元的低價售給國民政府。

百廢待舉，日佔區的工廠，技術人員多為日籍專業人士，初級農業加
工品無法送至日本再加工，工商業一時之間停擺，不難理解接收的困
難與復原速度依舊緩慢的原因。僅從接收臺灣（與東北）的情況來
看，只能說是中華民國一夕之間從節節敗退的大戰危機中，躍升為戰
勝國，又被美、英、蘇同盟國認可為唯一合法的接收政權，部分接收
人員被日佔區的戰果給沖昏頭，演變成各機關爭奪「劫收」戰果的事
件頻演。而國民政府高層卻為了如何杜絕中共捷足先登而費神，已無
暇顧及、擔負接收區人民對復員的期望與義務。[288]一九四七年發生在
臺灣官逼民反的二‧二八事件，在對日勝利後四年內也在大陸各地輪
番上演。

　　一九四九年國民黨當局因內戰失敗而退臺，在臺灣卻因世界性冷
戰結構的國際局勢，一九五○年朝鮮戰爭爆發，美軍第七艦隊駐防臺
灣，導致國民黨當局的官僚體制獲得重整的機會，在臺灣實行了長達
三十八年的「戒嚴」直到一九八七年才「解嚴」，埋下了臺灣人民長
期對國民黨當局的不滿。中共因為抗美援朝戰爭的勝利，成功遏阻了
美國帝國主義想要取代戰前日本在中國東北勢力的野心，維護了東北
的領土，卻因而錯失了「解放臺灣」的時機。冷戰與內戰形成的兩岸
「分斷」也使得臺灣回歸中國的問題一直懸而未決，成為今日東亞區
域和平發展的關鍵性因素。

---

288 費正清主編，章建剛等譯：《劍橋中華民國史‧第二部》，頁802-803。

第二章
權力場域的結構與自主性文化場域的生成

　　本章分析光復後到二‧二八期間，國民黨官方與民間知識分子各方勢力在文化場域的角力，探究知識分子在文化場域的位置與介入，以進一步瞭解他們與官方文化宣傳的意識形態，或重合或抗爭的內容。首先從官方文化重編與文化人的民主抗爭兩重視角，分別展開論述，探究知識分子如何介入「文化重編」的工作，運用官方派系政治的矛盾，借由官方的文化資源，宣傳政治民主化的文化理念。其次，從知識分子的政治結社，以及民間報刊的人脈、傾向，探討權力場域與自主性文化場域生成的關係，其中某些政治團體與官方派系政治的曖昧關係，也說明了戰後之初權力場域的複雜性。

　　第一節從文化重編的角度，探討長官公署行政系統的文化政策的內容與性質。由於陳儀本人對社會主義的信仰，對文化建設的重視，邀請魯迅的好友許壽裳赴臺，主持編譯館，使得行政系統推行的「中國化」文化政策，陸續增加了「世界化」與「臺灣化」的視野，突顯了長官公署內部文化政策「民主‧保守」的縫隙，讓兩岸文化人得以透過「文化協進會」的機關刊物《臺灣文化》集結，表達「政治民主化」的要求。第二節探討黨、政、軍派系利用報刊欲擴大各自的勢力，由於黨、政、軍系統派系政治的矛盾，或拉攏或借重民間文化人的過程中，此一派系對立，促使民間文化人得以運用官辦報刊的文化資源，具體批判官僚、獨裁的作風與現象，並在其中宣傳民主政治的文化理念，達到文化抗爭的目的。第三節分析民間報刊所形構的文化

場域，從《民報》與《人民導報》兩大報的成員組成與報刊傾向，以及左翼文化人主導報刊，分析重點將側重在刊物集團的人脈關係，同時考察自大陸返臺的臺籍人士與外省赴臺的左翼文化人，在此過程中又扮演了怎樣的角色？由於政經社會面臨巨大的波動，促使他們創辦雜誌時，總是選擇政論雜誌為民喉舌，在當局控制出版言論的情況下，才退而求其次，選擇綜合文化雜誌，顯現文化人社會關懷的視野與向度。

　　臺灣剛光復之際，報刊一度百花齊放，此乃由於中華民國的統治尚未鞏固，官方與民間的各方勢力都極力搶攻文化陣地，形成媒體言論空前絕後地展現社會批判性的特殊歷史階段，唯有釐清這些問題，才能貼近當時文化場域、認同政治的複雜性，也才能清楚認知知識分子政治抗爭的歷史脈絡，以及文化抗爭在其中所發揮的作用。前行的研究者用「中國化」的「文化霸權」概括為此一時期的「主流話語」，恐怕無法道盡與權力場域有著同構的文化場域，複雜的歷史面貌。

第一節　長官公署的文化政策：保守與民主的縫隙

　　上一章我們已討論了光復初期臺灣剛回歸中國時，陳儀行政系統受制於國民黨的封建官僚統治，在政、經層面的施展空間頗受中央與派系政治的掣肘。同樣地，派系政治的勢力角逐亦反映在文化層面，甚至連陳儀的文化政策與文教班底內部就存在著「保守‧民主」的裂隙。如此一來，不但削弱了官方保守勢力的文化宣傳，也使省籍文化人得以與大陸赴臺的民主文化人合作，運用官方報刊的資源，對抗國民黨官僚的意識形態。底下將先分析陳儀「長官公署」推行文化重編時，以「中國化」的文化政策為起點，卻因陳儀本人的「開明」傾向，網羅一些進步文化人赴臺，而使「中國化」的文教政策又陸續加入「世界性」與「臺灣化」的內容。

　　陳儀負責籌備接收臺灣，始於一九四四年四月十七日出任「臺灣調查委員會」主委。五月十日，陳儀在致教育部長陳立夫的信函中，即認為有必要針對臺灣受日人的「奴化」教育、「奴化」思想予以廓清，在接收後首要加強的心理重建的文化、教育工作。[1]一九四五年三月頒布的「臺灣接管計劃綱要」，可視為陳儀的施政藍圖，其中涉及文化重編的部分，包括「通則」第四條明白訂定「接管後之文化設施：應增強民族意識，廓清毒化思想，普及教育機會，提高文化水平」；第七條規定語言政策「接管後公文書、教科書及報紙禁用日文」。文教政策實行的方法則於第八項的「教育文化」類明訂（第40條-51條），第四十四條訂定國語推行的計劃與方式：「接管後應確定國語普及計劃，限期逐步實施。中小學以國語為必修科，公教人員應首先遵用國語。各地方原設之日語講習所應即改為國語講習所，並先訓練國語師資」，第五十一條規劃設立編譯機關：「日本占領時印行之書刊、電影片等，其有詆毀本國、本黨或曲解歷史者，概予銷毀。一面專設編譯機關，編輯教科參考及必要書籍圖表。」[2]從計劃內容可知文教政策實施的範圍，並不限於學校教育，還包括社會教育，其目的在加強臺灣民眾對中國文化認識與學習，以及民族精神和民族主義的認知。長官公署赴臺設置後，教育文化政策即以此「綱要」為藍本，逐一展開推廣工作。

　　行政長官陳儀把文教政策列為建設臺灣的三大行政建設之一，是相對於「政治建設」與「經濟建設」而規劃的。陳儀對此「中國化」的文教政策，有時稱為「心理建設」，有時亦稱為「文化建設」。關於

1　〈陳儀致陳立夫關於臺灣收復後教育準備工作之意見函〉1944年5月10日，見張瑞成編：《光復臺灣之籌劃與受降接收》，收入秦孝儀主編：《中國現代史史料叢編第四集》，頁53-54。陳儀有此廓清日本「奴化」教育的想法，推測與他主閩時期日本縱容廈門地區的「臺灣浪人」橫行鄉里不無關係。

2　張瑞成編：《光復臺灣之籌劃與受降接收》，收入秦孝儀主編：《中國現代史史料叢編第四集》，頁109-115。

「心理建設」的內容，陳儀一九四五年的除夕廣播中針對「35年度的工作要領」指出：

> 心理建設在發揚民族精神，而語言、文字與歷史是民族精神的要素，臺灣既然復歸中華民國，臺灣同胞必須通中華民國的語言文字，懂中華民國的歷史。明年度心理建設工作，我以為要重視文史教育的實行與普及。[3]

　　陳儀於一九四六年二月的一次本省中學校長會議中，對於光復後臺灣的教育方針，提出更明確的說明：「本省過去的日本教育方針，旨在推行『皇民化』運動，今後我們就要針對而實施『中國化運動』。」[4]陳儀在此表達了對臺灣進行「去日本化」，「中國化」的政策理念。

　　然而，陳儀行政系統所屬的文教班底在推行「中國化」文教政策時，事實上存在著並非「中國化」所能概括的內容，是我們在探究陳儀行政系統的文化重編工作時不可忽略的。陳儀一貫所採取「集權」統治手法，向來引人爭議，然而他在政治思想上信仰孫中山的三民主義[5]，也徹底實施孫中山辭世前的聯俄容共政策，不同於國民黨保守

3　陳儀在一九四五和一九四六年的除夕廣播談話，都是以「心理建設」、「政治建設」、「經濟建設」三項來說明施政重點。〈民國35年年度工作要領——34年除夕廣播〉《陳長官治台言論集》第1輯（臺灣省行政長官公署宣傳委員會，1946年），頁41-45，另見黃英哲：《臺灣省編譯館研究（1946.8-1947.5）》，收於《二・二八事件研究論文集》（臺北市：吳三連臺灣史料基金會，1998年），頁95-96、陳鳴鐘，陳興唐主編：《臺灣光復和光復後五年省情（上）（下）》（南京市：南京出版社，1989年），頁323-327。一九四六年五月葛敬恩在臺灣省參議會的《臺灣省施政總報告》也和陳儀一樣明白指出：「今後建設臺灣的方針，我們應該努力的重心是心理建設、政治建設和經濟建設。」見陳鳴鐘、陳興唐編：《臺灣光復和光復後五年省情（上）（下）》，頁228-230。

4　《人民導報》，《本省中學校校長會議開幕，陳長官蒞會訓示》，1946年2月20日。

5　陳儀為了實現國家社會主義的政經理念，從治閩時期到赴臺主政，甚至二・二八事

派的反共立場。陳儀主政福建省（1934-1941年9月）期間，延攬與掩護不為國民政府所容的「異議分子」的做法，相較於國民黨中央，在思想、言論自由上採取較為「開明」的態度，使文化人得以進行一定程度的進步文化活動。[6]陳儀赴臺後也相當重視文化建設，對思想言論界也不改其「開明」政策，吸引了不少進步文化人赴臺，有助於促成光復之初臺灣的進步文化活動。[7]

　　陳儀延攬赴臺的文教班底包括幾位「國家主義派」組成的「青年

件下臺返滬，一九四八年六月三十日再度到杭州出任浙江省政府主席時，與他的重要智囊沈仲九仍舊不減實行國家社會主義計劃經濟的熱忱。見戴國煇、葉芸芸：《愛憎228》，頁182。戴國煇考察陳儀的政治思想與治閩業績，認為陳儀本人標榜、信仰的政治思想是孫中山主張的「三民主義」，尤其力行推動民生主義的經濟政策。他的周圍包含了幾種不同的人，有國家（社會）主義者的青年黨人如張君為、夏濤聲、無政府主義者沈仲九，以及共產黨的同路人程齡星。戴國煇指出「陳儀本身似乎不太瞭解國家社會主義與馬列主義及無政府主義的差別」，只要帶有不貪汙、不封建的社會主義色彩的人才他都敢用，由此建立了統計制度、統治經濟、土地政策和人事制度（一個縣長只能帶一名文書上任，餘由縣政人員訓練班的人員充任）。他有意建設一套現代化的行政工作、對民生主義的推行、注重人才的培養，「臺調會」期間就相當注重行政人員的培訓，赴臺後亦設立了臺灣省訓練團培養行政人才。見戴國煇、葉芸芸：《愛憎228》，頁91。

6　抗戰開始以後，基於國、共聯合抗日的形勢，當時的福建省主席陳儀，即接受了大批進步的文化人士來閩。其中較著名的例子，即曾主編上海的《申報》副刊「自由談」的黎烈文，因刊登不少魯迅的雜文，一直被國民黨視為左派。一九三八年上海淪陷後，黎烈文受邀來到福建臨時省會永安，編輯《改進》雜誌，1939年4月-1946年6月，後由沈煉之主編。臺灣光復後，黎烈文又隨陳儀赴臺，出任《臺灣新生報》的副社長，後轉任臺灣省訓團高級班國文講師，二‧二八事件以後再轉入臺大外文系，一九七二年在臺北逝世。見戴國煇、葉芸芸：《愛憎228》，頁100。除了黎烈文的例子，一九四〇年國民黨掀起了第一次的反共高潮後，陳儀仍然以不出永安、不搞政治的兩個條件，收容了擔任共產黨文化領導工作的邵荃麟及其夫人葛琴半年，保安處長黃珍吾為此向陳儀施壓多次未果。中共永安黨史辦：〈抗戰時期福建省會永安的進步文化活動〉、林洪通、杜元會：〈邵荃麟與永安進步文化活動〉，（中共福建省委黨史，1985年），頁108-135、113、149。

7　如黎烈文與王思翔、樓憲、周夢江都是抗戰時在東南地區活躍的文化人，赴臺後分別參與《臺灣新生報》與《和平日報》。事實上，抗戰時參與「東南文藝運動」的文化人，在臺灣光復後紛紛赴臺，下文再述。

黨」[8]人：宣傳會主委夏濤聲、主任秘書沈雲龍、《臺灣新生報》社長李萬居、副社長黎烈文。教育處長任命的是臺籍「左傾」知識分子宋斐如。另外，最引人注目的是陳儀邀請許壽裳[9]（1883-1948）赴臺主持編譯館。而透過許壽裳的邀聘，曾是魯迅領導的「未名社」（一九二五年九月成立）成員之一，並以翻譯俄國文學馳名的李霽野（1904-1997）也到編譯館任職。李霽野又引介同是「未名社」成員的安徽第三師範同學李何林（1904-1988），擔任編譯館「世界名著組」的編審。李何林當時以撰述五四以來的新文學運動聞名[10]，一九四六年七月李公樸與聞一多在昆明被暗殺後，也被列入雲南省的黑名單。[11]

---

8 戴國煇：青年黨「一九二三年十二月二日，由曾琦、李璜等留歐的中國知識分子在巴黎創立，其創黨精神效法『少年意大利黨』、『青年土耳其（黨）』、『朝鮮青年黨』處頗多。當時，黨是秘密的，表面上以『國家主義青年團』的名義活動，標榜國家主義，民主政治，社會福利，內除國賊、外抗強權，反對一黨專政，追求國家獨立等政治口號，吸引了一群沒有投入共產黨陣營而又對國民黨政權抱有一定程度懷疑的愛國知識青年，並且結合一些政治活動不很表面化的、『左傾』色彩較淡，或者曾被逮捕入獄的左派分子，形成中國政治的所謂第三勢力。」見戴國煇、葉芸芸：《愛憎228》，頁96-97。

9 許壽裳，字季茀，浙江紹興人。日本留學時代（1902-1908）與魯迅、陳儀定了深交。一九〇三年主編浙江同鄉會志《浙江潮》，鼓吹推翻清廷的革命運動，一九〇五年中國革命同盟會於日本成立，身為光復會會員的許壽裳亦加入，一九〇八年與魯迅等人跟從時滯日的章太炎學《說文解字》。東京高等師範學校畢業回國後，應蔡元培的邀請，和魯迅同就教育部職，並兼任北京大學的教授。見黃英哲：〈許壽裳與臺灣（1946-1948）——兼論二·二八前夕長官公署時代的文化政策〉，收於《二·二八學術研討會論文集（1991）》，頁116。戴國煇著，魏廷朝譯：《臺灣總體相——人間、歷史、心性》，頁103。據大陸學者汪暉告訴筆者，魯迅創作《孤獨者》時（1925年10月17日作）對時局相當灰心，小說主人公魏連殳的形象是魯迅投射了想投筆從戎的心境，當時魯迅欲投靠的對象正是陳儀。

10 一九四六年赴臺時，李何林已出版的著作有《中國文藝論戰》（1929年）、《魯迅論》（1930年）、《近二十年中國文藝思潮論（1917-1937年）1931初版，1939、1945、1946、1949皆有再版）。一九四八年編有《五四運動》一書，收入上海大成出版公司出版的錢歌川主編的《中華民國歷史小叢書》中，並在中華書店臺灣分局寄售。見《臺灣文化》1948年1月1日。

11 見戴國煇、葉芸芸：《愛憎228》，頁91-101、黃英哲：〈許壽裳與臺灣（1946-1948）——兼論二·二八前夕長官公署時代的文化政策〉，頁122。

　　許壽裳是陳儀、魯迅當年留學日本時的紹興同鄉，三人從此定下深交。二・二八事件陳儀下臺後，編譯館遭魏道明省政府裁撤[12]，留下許多未竟的文化事業。許壽裳失去陳儀的庇護後，於二・二八事件屆滿一年前夕的一九四八年二月十八日，據稱死於小偷高萬俥的斧頭之下。四月，由許壽裳邀請赴臺參與文化編譯事業的李何林，因暴露「民盟」在臺負責人的身份，又警覺到許壽裳的死乃「CC 派」的「政治性暗殺」，迅速離開臺灣。[13]

　　陳儀來臺後，延續主閩時期對國語教育和出版事業的重視[14]，於長官公署底下設置教育處、編譯館、博物館與省圖書館等文化機構。「教育處」作為主管教育事業的機關，接收日據時期的文教機構加以整編改制，掌管全省教育行政及學術文化事宜。又於教育處下設立「臺灣省國語推行委員會」，主要工作在調查研究國語及臺灣方言，編審國語教材，訓練國語師資及推行人員，輔導國語教學等[15]。其

---

12 二・二八事件後，四月二十二日國府行政院會議通過撤廢長官公署，改組為省政府時，二十四日許壽裳即向陳儀提出辭呈，陳儀不受。五月十五日魏道明抵臺，十六日召開省務會議通過議決裁撤編譯館。裁撤原因據李何林指稱是魏道明從南京帶來「CC派」的命令，因為許壽裳經常批評「CC派」主導的法西斯教育政策。見黃英哲：〈許壽裳與臺灣（1946-1948）──兼論二・二八前夕長官公署時代的文化政策〉，頁124。

13 見戴國煇、葉芸芸：《愛憎228》，頁101。橫地剛著，陸平舟譯：《南天之虹──把二・二八事件刻在版畫上的人》（臺北市：人間出版社，2002年），頁263。

14 戴國煇指出陳儀主閩時期：「非常重視文化與教育工作，不但積極推行國語運動，而且也重視出版事業。斯時，教育廳長通常是由CC派人士擔任，但陳儀打破了慣例。另外他還找來了眾人認為是左派文人、與魯迅有交誼的黎烈文主持『改進出版社』，出版《改進》和《現代文藝》兩雜誌，同時公開銷售郭大力、王亞南譯的《資本論》與艾思奇的《大眾哲學》等進步書籍。」見戴國煇、葉芸芸：《愛憎228》，頁92。在黎烈文之前則邀請了郁達夫，先後委以「省政府參議」、「公報室主任」（郁在此期間，訪日歸閩途中，曾訪臺與臺籍文人士紳有過相聚）之重任。後來，郁達夫去新加坡任《星洲日報》編輯，第二次大戰後不久，遭到日本憲兵的暗殺。陳儀於是與義女文瑛共同教養了郁達夫託付的孤兒──郁飛，直到大學畢業。見戴國煇、葉芸芸：《愛憎228》，頁73-74。

15 計劃於各縣市教育行政機關設置分會、工作站、國語推行所、講習所。因人力不足，

中，陳儀利用「立法權」，制訂了「臺灣省編譯館組織章程」的單行法規，從中或許可一窺陳儀的文教班底在臺灣推動「中國化」的文教政策時，以發揚「民族文化」為出發點，但其內容不僅強調「中國化」，也強調「現代化」的文化建設。

　　陳儀在邀請許壽裳擔任編譯館館長的信中，表述他的文化建設宏圖，計劃把毀於空襲、規模宏大的「臺灣總督府」，「為留紀念計，擬以三年功夫，把它修復起來，作為臺灣省文化館，其中包含圖書館、博物館、藝術館、體育館，而編譯館亦在其內，合為五館。[16]」可見陳儀從德、智、體、群、美五育兼備的構想，欲將「總督府」此一日本殖民權威的地標，改造為一個全台的「文化中心」。他在致函邀請許壽裳主持編譯館時，除了強調治臺工作首要加強「心理改造」與語言文字的改造，提出以「中國化」為當前之急務的構想。[17]另外，還頗具「世界性」視野地提出翻譯西洋新知的重要：「此外弟（案：陳儀）常常感覺到中國現在好書太少了，一個大學生或者中學教師要勤求知識，非讀外國書不可，不但費錢而且不便，我常有『譯名著五百部』的志願」。並希望許壽裳花五年的時間來完成這項計劃，立意甚佳。

　　至一九四六年止只成立九所。見夏金英：《臺灣光復後之國語運動（1945-1987）》（臺北市：臺灣師範大學歷史所碩士論文，1995年），頁58。何容、齊鐵恨等編：《臺灣之國語運動》（臺北市：臺灣省教育廳，1948年），頁11-12。

16 黃英哲：《臺灣省編譯館研究（1946.8-1947.5）》，頁109。

17 陳儀在致許壽裳的電報（一九四六年五月一日）和信函（一九四六年五月十三日）中，提及關於編譯館的工作性質與內容。其中涉及「中國化」的文教內容的，即為了「促進臺胞的心理建設」，需先從改造臺胞的語言文字工具開始，「就臺灣的應急工作而言」，必須針對臺胞的國語程度，編印中小學的文史教本、教師手冊，為宣達三民主義與政令而編適用於公務員和民眾閱讀小冊，以及辭典一類的參考書籍等，詳見黃英哲：《臺灣省編譯館研究（1946.8-1947.5）》，頁95-96。陳儀一九四六年五月十三日致許壽裳的信函的重要內容，見《許壽裳日記》，北岡正子、黃英哲：《解說》，電報內容見許壽裳一九四六年五月三日日記。見北岡正子、秦賢次、黃英哲等編：《許壽裳日記》（自1940年8月1日至1948年2月18日）（日本：東京大學東洋文化研究所，1993年），頁9、217。

　　陳儀信中提到：「臺灣經過日本五十一年統治，文化情況與各省兩樣。多數人民說的是日本話，看的是日本文，國語固然不懂，國文一樣不通，對於世界與中國的情形也多茫然。」[18]一方面展現了他對日據下臺灣文化資產——包括受中國與日本雙向影響下的新文學運動與世界性文化思潮——的無知與偏見，這一點也是某些懷抱優越感的赴臺官員的共同盲點，在當時即被臺灣文化人強烈批判。許壽裳赴臺後隨即修正了這種帶著歧視意味的文化改造論。但另一方面，陳儀對文化建設的重視，與他要在政、經建設上繼承日本「現代化」的成果，以建設臺灣為三民主義的模範省，有其一致性，其目的在推動「五四」以來的「現代化」的國民精神教育。

　　陳儀邀請向來不為「CC派」所容的許壽裳赴臺，默許許壽裳傳播魯迅思想，的確促成了兩岸文化的交流。「魯迅思想」可說是光復初期兩岸文化人共同推許並繼承發揚的文化資本。二・二八事件後，許壽裳、楊逵、藍明谷與王禹農等人，都有意透過宣傳魯迅思想來對抗當局對文化界的整肅。由於許壽裳主動邀請臺灣作家楊雲萍擔任編譯館「臺灣研究組」的組長，省內外文化人集結在長官公署外圍團體的「臺灣文化協進會」[19]（下文簡稱「文化協進會」），在其機關雜誌

18 黃英哲：〈臺灣省編譯館研究（1946.8-1947.5）〉，頁95-96。北岡正子、秦賢次、黃英哲等編：《許壽裳日記》，頁9。

19 曾健民：「『臺灣文化協進會』成立於一九四六年六月十六日，乃由官方與民間代表性人士組成，省籍的進步左翼，如許乃昌、王白淵與蘇新等也加入了行列，並實際推動會務。該會於九月十五日出版了《臺灣文化》月刊，早期階段，該刊實際上由臺灣的進步文化人蘇新等所主持，網羅了編譯館、臺大、師院（師大前身）、文化界有進步色彩的省內外知識分子參與寫作，並積極與以上海為中心的大陸進步文化界交流，可說是『二・二八事件』發生之前臺灣進步文化重鎮。」曾健民：〈建設人民的現實主義的臺灣新文學〉，收入趙遐秋、呂正惠編：《臺灣新文學思潮史綱》（臺北市：人間出版社，2002年），頁161。有關「文化協進會」的活動，已有黃英哲的專論，見黃英哲：〈「臺灣文化協進會」研究：論戰後臺灣之「文化體制」的建立〉，《葉石濤及其同時代作家文學國際學術研討會論文集》（高雄市：春暉出版社，2002年），頁155-188，茲不贅述。

《臺灣文化》上發表文章。二‧二八事件以後，臺灣文化人一度以「緘默」回應武力清鄉，《臺灣文化》也因失去蘇新、王白淵、呂赫若等左翼文化人的參與，從原先批判性的文化雜誌逐漸變成一個學術雜誌。一九四八年，許壽裳被暗殺後二個月，兩岸文化人再度在《臺灣新生報‧橋》副刊上開闢陣地進行交流，繼承了《臺灣文化》，促進兩岸文化交流的用意。

　　許壽裳身為陳儀文教班底的主事者之一，不但秉持陳儀「中國化」的民族意識和「現代化」的意識，還加入了「臺灣化」的內容。編譯館成立的第三天一九四六年八月十日，許壽裳在記者會上說明編譯館成立的要旨時，特別說道：「過去本省在日本統治下的軍閥侵略主義，當然應該根絕，可是純粹學術的研究，卻也不能抹煞其價值，我們應該接收下來，加以發揚光大。如果把過去數十年間日本專門從事臺灣研究的成果，加以翻譯和整理，編成一套臺灣研究叢書，我相信至少有一百大本。」九月五日的演講，又重申：「臺灣文化有兩種特點」，是各省所沒有且可為各省模範的，就是國民教育普及，「有真正實行三民主義的基礎」；以及日本人留下「豐富的（臺灣）學術研究」，可「把它發揚光大，作為我們建國之用」。[20]因此，在省編譯館的編制中，除了有「學校教材組」、「社會讀物組」、「名著編譯組」，還加入了「臺灣研究組」[21]，許壽裳主動網羅了熟稔臺灣文獻研究的

---

20 一九四六年八月十日在記者會上說明編譯館成立的要旨有二：第一，「促進臺胞心理建設」、第二，「對全國有協進文化、示範研究的責任」。一九四六年九月五日，許壽裳以〈臺灣文化的過去與未來展望〉為題，對臺灣省地方行政幹部訓練團的講話。轉引自黃英哲：〈臺灣省編譯館研究（1946.8-1947.5）〉，頁100-101。

21 黃英哲的研究中詳列了省立編譯館之學校教材組、社會讀物組、（中外）名著編譯組與臺灣研究組已完成和未完成的編譯書目。「社會讀物組」以「光復文庫」之名，出版叢書，兼顧了大陸與臺灣史地類的書籍。「名著編譯組」擬編譯的書目有波斯荻歌、舊俄亞克夫沙拜夫、英國哈德生、吉辛等作家的詩歌、小說、散文、哲學性著作，同時還有一本《論語今譯》，其中以英國文學占大多數。譯者包括李霽野、李何林、劉文貞、劉世模、金瓊英、繆天華等。「臺灣研究組」則包括一些琉

楊雲萍擔任組長。楊雲萍昔日《民俗臺灣》的日籍同仁，如淺井惠倫、國分直一、池田敏雄、立石鐵臣等則擔任編譯的工作。「臺灣研究組」設立的目的在整理、編譯、出版日本人的臺灣研究文獻，作為臺灣學術研究的起點，黃英哲認為許壽裳有意「繼承日本人的學術遺產」，「當作世界文化的一環」。[22]然而，筆者以為許壽裳對臺灣學術研究的重視，與其說是繼承日本人的學術遺產，不如說其出發點秉持的是五四新文化運動以來的「民主」與「科學」的精神。許壽裳赴臺後，積極宣傳魯迅思想，宣揚「五四」精神，糾正了赴臺官員把「臺人奴化」掛在口上的優越意識。[23]二‧二八事件後，編譯館被裁撤，許壽裳發表了〈臺灣需要一個新的五四運動〉（一九四七年五月四日《臺灣新生報》）一文，種種作為，皆可證明他持續以五四新文化運動「民主」、「科學」的理念來推動臺灣的文化重建。[24]

　球亡國實錄、臺灣昆蟲志、高山族語言、臺灣民俗研究等。見黃英哲：〈臺灣省編　譯館研究（1946.8-1947.5）〉，頁102-107。

22 黃英哲：〈臺灣省編譯館研究（1946.8-1947.5）〉，頁155-188。

23 陳儀邀請許壽裳來的目的，原本是為改造臺灣的語言和文化，但許壽裳赴臺後顯然對重建臺灣文化有他自己的理念、希望。根據橫地剛的研究，許壽裳於一九四七年二月一篇題為《教授國文應注意的幾件事》的演講草稿（收藏於北京魯迅博物館）中，將臺灣人受日本的「奴化教育」字眼，特別用「毛筆」修改為「殖民地教育」，演講後又加以整理發表在《中等教育研究》一九四七年四月創刊號，許壽裳此一修稿的動作，是有意識地「修正」了赴臺官員的「臺人奴化」論述。見橫地剛著，陸平舟譯：《南天之虹──把二‧二八事件刻在版畫上的人》，頁242。許壽裳一九四六年六月二十五日抵臺，從五月初以來因「范壽康發言事件」引發臺灣人反感的「臺人奴化」論爭還餘波蕩漾。許壽裳反思了赴臺的反動官僚勢力對臺灣人的「歧視」，在他的公開發言中，從未使用過「奴化教育」的字眼，而是以「日本本位」、「殖民地教育」稱之，並且主張發揚日人的學術研究精神。在《許壽裳日記》中記載了二月中旬的學校教材組務會議上「宣布三大要點」，「（一）進化（二）互助精神（三）為大眾」。透過出席會議的李何林和賀霖的證詞，橫地剛指出許壽裳根據的是五四新文化運動以來的「民主」與「科學」的精神。

24 橫地剛的〈一九四七年的「五四」文藝節──「緘默」如何被打破〉一文對此有詳盡的考察，收入黃俊傑編：《光復初期的臺灣思想與文化的轉型》（臺北市：臺灣大學出版中心，2005年），頁243-276。

　　整體看來，從一九四六年八月到一九四七年五月，臺灣省編譯館設立期間（因魏道明上任而遭撤廢），短短十個月，一方面進行中國文化的移植工作，譯介世界名著，另一方面館長許壽裳顯然認為對臺灣進行「去殖民地化」（去日本化）的文化重編，不必要全盤否定日人累積的、有助於促進學術現代化的「臺灣研究」。在許壽裳的主持下，編譯館所進行的文化重編工作實際上兼顧了臺灣化、中國化與現代化的三重格局。

　　與許壽裳一樣，把「臺灣本位」與「中國本位」視為同樣重要的是宣傳委員會主委夏濤聲，他說：

> 現在我們從事新臺灣的建設，當然不是要完全推翻日本過去在臺灣的建設基礎，但必須根據中國人的立場……採取新的方針，以民生主義來代替過去日本的剝削主義，<u>以中國本位或臺灣本位的政策，代替過去的日本依存主義或日本本位政策</u>，以改善人民生活，增進地方繁榮，與適應國家的需要。[25]（底線為筆者所加）

　　夏濤聲體認到日本的建設是剝削主義，必須針對此一殖民政策，以「中國本位」或「臺灣本位」持續「現代化」重建新臺灣的工作。一九四六年四月一日，行政長官公署成立「臺灣省國語普及運動及推行委員會」，陳儀邀請赴臺主持「國語推行委員會」的主委魏建功和副主委何容，同樣也相當重視「臺灣本位」的語言重建工作，一再呼籲「恢復臺灣話應有的方言地位」，把「閩南話」和「客家話」當成是推動「國語」的媒介，切不可用學習外國語的方式去學國語，要用方言的思路寫文章，以此學習國語水到渠成、事半功倍。何容甚至主

25　〈新臺灣與新中國〉，《現代週刊》第1卷第4期（1946年1月1日），頁2-3。

張赴臺的外省人應學習「臺灣話」，因為「臺灣話同大陸各地的方言一樣，有被學習的資格」。[26]從這些政策思維，都可以看出陳儀政府推行的「中國化」運動中，「臺灣化」是與之並行不悖的，需要清理的是日本「殖民政策」的「日本本位主義」。在陳儀政府的文教幕僚中，不可否認是有一些深具文化素質的文教人才，比二‧二八事件後掌控文教界的「CC派」[27]、以及二十世紀五十年代以後的「反共派」都識見深遠。

　　「國語推行委員會」副主委何容就曾反駁臺灣是「日語環境說」，對臺灣人說日語還會被糾正，就像勝利後去北平和北平人說日語一樣，「可見臺灣人與北平人一樣不承認自己是日本人」。[28]曾經旅居北平的臺灣作家鍾理和也有同樣的論點，他在光復後以「江流」筆名發表的〈在全民教育聲中的新臺灣教育問題〉[29]中，說道：「有許多人關心臺灣語言教育問題的人士，莫不以提心吊膽，深以臺胞受異族奴化之程度為憂。」並舉張四光在《華北新報》發表的《新臺灣的教

---

26 魏建功與和何容的相關論述，包括魏建功：〈國語的文化凝結性〉，《新生報》1946年3月16日；何容：〈恢復臺灣話應有的方言地位〉，《新生報》「星期專論」1946年4月7日；魏建功：〈何以要提倡從臺灣話學習國語〉《新生報》1946年5月28日；何容：〈方言為國語之本〉，《新生報》「星期專論」1947年6月1日；何容：〈闢《臺灣為日語環境說》？〉，《新生報》1947年6月6日；另有本省籍語言專家陳文彬以〈國語與臺語〉一文相呼應（《人民導報》1946年4月21日）。陳文彬，高雄燕巢人，因反抗日本殖民統治，赴上海、日本求學，畢業於日本法政大學，是著名的語言學家以及進步思想家，光復後，曾任臺大、師院教授、建國中學校長、《人民導報》主筆，一九四九年五月因躲避國民黨軍警追捕而逃往大陸。請參考曾健民：《打破刻板印象，重回臺灣語言問題的原點》，及其出版的相關文獻：「國語政策和閩南方言」，見曾健民等編：《因為是祖國的緣故》，頁187-212。

27 二‧二八事件後，教育處在各縣市的「國語推行所」奉令撤銷，使得四十多位國語推行員一度居無定所，見何容：〈加緊推行語文教育〉，《臺灣新生報》，1947年4月21日。

28 何容：〈闢《臺灣為日語環境說》？〉，《新生報》，1947年6月6日。

29 《新臺灣》第4期（1946年5月1日），北平：臺灣省旅平同鄉會。

育問題》為例，對當時輿論界關於臺灣「奴化教育」的普遍疑慮和「國語運動」推行的艱難，提出有力的反駁。鍾理和指出：「久離臺灣的張先生，不知道『不大會說臺灣話』的一部分人，也正如『懂得漢文』的人一樣，是少數的特殊的存在，並非普遍現象。」儘管張四光根據一九四二年日本殖民當局調查指出：「懂得日語的臺灣人已經有百分之五十八，三年後的今日，數目當然更多。」鍾理和卻認為：「縱令三年後的今日，懂得日語的人有百分之百，但『懂得』只是『懂得』而已。『懂得』並非證明他們忘掉自己的語言，而變成了日本人。」鍾理和認同普及國語的迫切性，「卻不能把它看成如何嚴重的問題」，因為臺灣話「原有的語言組織」，說「吃飯」既不是日語的「飯吃」，也不是「飯啊吃」，使臺胞能「絲毫不覺費力的去親近國語與國文」，「免卻日人硬把言語組織迥異的日文日語強迫他們學習的那種困難和窘境」，日語推行是「逆乎自然」，推行國語卻「順乎本性」，加以臺灣教育的普及，可「藉其言語組織的一致性，與日文的間接幫助」，學習國語。鍾理和並舉自身未曾受過祖國的教育，端賴這兩點粗曉國語國文，由此證成：「新臺灣的教育與其說是特異的，無寧說是一般性的。也是高呼且氾濫於全國上下的全民教育的全國性的問題，而非地方性問題，雖然吾人不能否認它目下所呈現的特殊性格。」

　　一九四六年二月十二日，長官公署公布「日文圖書雜誌取締規則」。[30]在此之前《民報》的「社論」早已自動提倡「不講日語運動」[31]，後又支持當局對定期刊物的日文廢止政策：「若干方面所議論的是廢止的時間問題。即以為：廢止的時期過早，希望當局再展延相當的時期，一年或兩年。……值得我們同情的。然而對於這個問題，我們是支持當局的措置，希望其堅決地斷行既定的方針，再沒有展延

---

30 薛化元：〈戰後十年臺灣的政治初探〉，見張炎憲、陳美容、楊雅惠編：《二·二八事件研究論文集》，頁18。

31 〈需推行廢除日文運動〉，《民報》，1946年1月22日。

的必要。」[32]

　　臺灣人對國語運動的反彈不在廢除日語，推行國語，他們反對的是具有優越意識的達官，以會講會寫「國語」來評斷臺灣人的「民族意識」以及「地方自治」的能力。例如《民報》「社論」反駁以民政處長周一鶚為代表的所謂不能講國語、不能寫國文即缺乏或是沒有國民精神、國家觀念的「高見」，「他們以為我國的語言，只有所謂『國語』而已，而且忘卻我國各地方使用方言的現實；而且更忘卻本省除了日語的流行以外，百分之九十的民眾，是還使用著我國的閩南地方的語言現實」。[33]《民報》也對陳儀長官「以語言文字為自治的條件」提出反駁、批判，指出自治最根源的在於熱意與能力，有沒有為國家為民族著想的熱情，臺灣人自負不遜於任何省份。「譬如中國化的問題，陳長官所說的是正當而且有進步性的，但卻有一部分的人們，拿這個來做辯護自己惡劣行為的護符」。[34]

　　光復以後，部分長官公署的文教幕僚為配合陳儀「心理建設」的施政理念，往往指陳日本的教育為「奴化教育」，為去除「日本化」的教育與文化，必須代之以「中國化」的教育、文化。宣傳委員會主任秘書沈雲龍指出：

> 　　單就日本人過去五十年所施於臺胞的教育政策這一點而言，應毫不客氣來一個「反其道而行之」，換言之，即是日本人所散播的文化思想上的毒素，應該馬上予以徹底大清掃。[35]

　　教育部長范壽康也指出：

32　〈關於禁止日文版〉，《民報》，1946年8月27日。

33　〈「國語國文」與國家觀念〉，《民報》，1946年8月27日。

34　〈國語國文和自治能力〉，《民報》，1946年11月28日。

35　沈雲龍：〈臺灣青年的再教育問題〉，《現代週刊》創刊號（1945年12月10日），頁3。

> 皇民化的教育是不擇手段、費盡心力，想把住在臺灣的中國同
> 胞，都教化成日本人……變成為供日本人驅使的奴隸……甚至
> 禁止他們閱讀現代中國的書籍……過去所受的不平等、不合理
> 的皇民化教育，我們自然應該從速徹底加以推翻，用最經濟最
> 科學的手段使臺灣教育完全中國化。[36]

官方這種日本「奴化教育」的論調，或形諸文字對臺人宣傳「民族教育」，使臺灣文化人對於官員時常將臺灣人受日本人的「奴化教育」掛在嘴邊感到相當刺耳，而予以反駁。於是「奴化」說的爭議，在報刊媒體上爭議不休。文化隔閡、省籍歧視最後引發「奴化論爭」，在「范壽康失言」事件中達到高峰，甚至引來省議員於議會期間質詢，要求范壽康到場說明。[37]

隨著省籍矛盾的加深、兩岸文化隔閡的問題逐漸浮現，持續多時的「臺人奴化」論爭，可說是此一社會、文化矛盾的表徵。直到二‧二八事件時，可說是省籍衝突的最高點。為了彌合兩岸的隔閡，省內、外文化人始終極力促成文化交流的工作。二‧二八事件後，此一歷史、文化問題在《臺灣新生報‧橋》副刊演繹成「特殊性」與「一般性」的論辯，就是文化人有意解決此一社會矛盾，論爭使外省人深刻地認知到承認臺灣歷史、文化「特殊性」的重要。事實上，早在二‧二八事件之前，就不斷有輿論針對「中國化」問題提出討論。其中，又以《民報》上的社論反應最熱烈，以臺灣保有「中國魂」、民族意識為傲，[38]對接收官僚貪汙腐敗的「惡性中國化」，予以譏刺，

---

36 范壽康：〈今後臺灣的教育方向〉，《現代週刊》第1卷第12期（1946年3月31日），頁4。

37 〈本省人完全奴化了‧「哲學」處長如是「認識」‧團員憤慨決議嚴重抗議〉，《民報》，1946年5月1日、〈矯正錯誤的認識‧對范教育處長暴言‧團員召開糾正大會〉，《民報》，1946年5月2日。

38 〈認（識）中國魂〉，《民報》，1946年6月19日。

「幸勿以中國化，驅我臺胞與腐化分子同流合污，中國甚幸！臺灣甚幸！」[39]

　　外省文化人王思翔在〈論中國化〉一文中，對此一問題指出：「隨著勝利而來，一種惡性的中國化正抓住整個臺灣……現階段臺灣的惡性狀態，與全國舊思想是一脈相承的。」王思翔批判「到過中國或能說國語，便一律身價百倍」的現象，以及「一切自命為『中國化』者的文化騙子和文化投機者實在不少」，「以無視一切的盲目政策來加速中國化，事實上已使殘破的臺灣遭受再度的破壞」。[40]王思翔指出：「中國化」不是「孤立、復古與自大」，而是「新世界的一分子」，傳統的繼承需經過批判與揚棄的過程，要克服「奴隸性和領袖狂，而且肅清法西斯帝在民族理論中的一切毒素」。王思翔並以〈關於「漢學」及其他……〉[41]指出：日據時代保存「民族精神」的「國粹」「漢學」與「詩社」固然功不可沒，光復以來迅速復甦，但這種形成於封建時代的舊文化，如今「古今勢異，封建制度已經消滅，配合新時代所需要，必須有一種新文化，這就是『五四』以來的新文化」。這些論點除了針對省黨部系統的「正氣學社」結交臺灣傳統士紳、鼓吹恢復「漢詩」傳統，最主要的還是要批判國民黨「封建官僚」的本質。因而指出：「臺灣的中國化，只有在可能助長臺灣同胞的生活上才有價值。假如臺灣有著某些方面的進步，我們就不必拉平它和現在的中國一樣，而且還得繼續使他進步，在完成中國化的過程中，甚至有承認『臺灣化』（暫時的）的必須；只有在遠大的計劃中，

---

39 〈如何中國化〉，《民報》，1946年6月12日。關於《民報》上對「中國化」的輿論，參見本書第三章第三節的討論。

40 王思翔在〈論中國化〉刊於《和平日報‧新世紀》第8期、《和平日報‧新青年》第3期（1946年5月20日、1946年5月22日）。曾健民指出王思翔此文：「深刻地指出來臺的封建官僚與臺灣本地的封建舊殖民勢力結合，滲透到政治、經濟、文化各領域，並遏止祖國的進步思想進入臺灣，並壓抑臺灣本地優秀、進步的文化。」見曾健民：《建設人民的現實主義的臺灣新文學》，頁160。頗能概括王思翔的主旨。

41 《和平日報‧新世紀》，1946年6月1日。

引導他走向中國化。」關鍵在於「中國化」的內容必須是能促進「建設新中國與新臺灣」，而其中「科學」與「民主」、打破「封建勢力與法西斯主義」，正是「省編譯館」與「文化協進會」、「國語推行委員會」等文教推動者與兩岸進步文化人合作的共同契機。王思翔對「中國化」的看法，與《民報》社論的觀點並無二致。

　　長期從事戰後初期臺灣文化重編研究的黃英哲，在多篇論著中指出陳儀政府推行由上而下的「國民建設」，將重新納入「中華民國」的非「國民」——日本化的臺灣人——「國民化」，以取代日本文化在臺灣的影響力。黃英哲考察省編譯館作為文化重編的機構之一，指出：「這不只是陳儀政府時期，即使是一九四九年國民黨當局『轉進』臺灣以後，仍是延續此一文化重編政策。」[42]然而，筆者想特別指出的是，陳儀主持時期的文化重編，與國民黨當局「轉進」以後著重「反共復國」的文化重編，當不可同日而語，就是緊接著上臺的魏道明省長與陳儀時期，亦稍有差異。魏道明上任撤廢省編譯館後，省編譯館的學校教材組、社會讀物組、名著編譯組的工作由教育廳編審委員會接管，原先許壽裳主持時的「世界性」視野已不復見，完全成為學校教育的一環。臺灣研究組的工作，先由一九四八年六月成立的臺灣省通志館接管，一九四九年六月，改為臺灣省文獻委員會，成為專門的文獻保存機構，已失去發揚臺灣學術研究的功能。魏道明並將原本隸屬於「長官公署」的省立圖書館和博物館也縮小規模，改隸於教育廳；他對文化事業的重視顯然不比陳儀。為此，楊雲萍發表過諷喻性的言論。[43]更遑論一九四九年「戒嚴」體制頒布後，實施「反共

---

42 黃英哲：〈臺灣省編譯館研究（1946.8-1947.5）〉，頁110-111。

43 楊雲萍在〈近事雜記（七）〉提到：「省當局將省立編譯管撤銷之後，又要將省立圖書館和博物館縮小，改隸教育廳。聽說魏道明先生以下的省政府當道諸公，多是『學者』，是以『學者從政』的。可是，這些『學者』的對於學術機關的見解，卻是如此。這有使我們知道世上的『見解』也者果有種種。」見《臺灣文化》（1947年9月），頁2、6、10。

復國」的文教體制後，有關一切「赤色」思想都在嚴禁之列。《臺灣新生報・橋》副刊在「四六」事件之後，旋告停刊，以討論透過臺灣文化重建、議論「國事」的管道，也不復存在。因此，儘管同樣在「中國化」文教政策的大前提下，這三個時期因為政治局勢的變遷，其「中國化」的內容是日漸「窄化」，必須有所分殊。

長官公署「中國化」文教政策的「內容」，雖然是為了加強「國民」意識，但並非如國民政府「轉進」後執行全然排除「異己」（無論「日本化」、「臺灣化」、「赤色化」，還有「黑色」、「黃色」等，一概列入「文化清潔運動」掃除的對象）的文化政策。尤其是陳儀的文教幕僚，一面推行「中國化」的政策，一面也著重「臺灣化」與「現代化」的必要性。其道理乃在於這些文教政策的執行者，皆認為建設「新中國」與「新臺灣」，具有「現代化」意義的世界文化資產的持續輸入是必要的，同時強調臺灣本位精神的「臺灣化」，也並不與「中國化」的民族精神相衝突，都是「去日本化」、「去殖民地化」的文化重編的一環。

第二節　官方報刊的勢力角逐與民主文化人的介入

光復初期，國民政府剛跨海赴臺布陣，國家機器的協調因派系政治的鬥爭，還有待整合，也因此削弱了官方文化宣傳的效能。省黨部所屬的「CC派」（又稱為「中統」系）、警備總部與軍方所屬的「軍統」與陳儀所屬的「政學系」，不但在政、經場域中派系之間互相攻掠地盤，借機拉攏臺灣人、擴大各自的勢力。[44]在文化場域，亦同樣

---

44 關於長官公署赴臺接收後至二・二八民變爆發期間，國民黨官僚體系與臺灣本地勢力之間的派系鬥爭，可參考陳明通、陳翠蓮的研究（陳明通：《派系政治與臺灣政治變遷》，頁35-82、陳翠蓮：《派系鬥爭與權謀政治——二・二八悲劇的另一面》，頁211-245、陳翠蓮：〈戰後初期臺灣政治結社與政治生態〉，《曹永和先生八十壽慶論文集》，頁289-327）。

出現國民黨派系政治的權力傾軋，例如在教育界的人事任命，陳儀本
有意邀請好友許壽裳擔任臺灣大學校長，被教育部長陳立夫所拒，陳
儀只好請許壽裳擔任「臺灣省立編譯館」館長。許壽裳因曾批評
「CC派」主導的法西斯教育，又長期宣揚魯迅思想。抗戰期間陳立
夫為首的「CC派」就掌控了教育界，自然不容非該系人馬、思想又
不合的許壽裳插足臺灣的最高學府。據研究指出，派往臺灣省黨部擔
任主委的李翼中，就曾擔任教育部長陳立夫的主任秘書，可見國民黨
黨部中央對於臺灣黨務的重視。[45]二‧二八事件後，行政系統的權力
核心從陳儀長官公署轉移到魏道明省政府，此一人事任命的派系矛盾
持續發生效應，省編譯館很快被撤廢。一九四七年夏天，許壽裳應臺
灣大學校長陸志鴻之聘任中文系主任，不但重演了抗戰時期被
「CC派」陳立夫排擠的命運，[46]終不被當局所容，命喪黃泉。

　　官方派系在文化場域的勢力角逐，最明顯的莫過於各派系力圖借
發行報刊來擴張力量，而使文化宣傳呈現多頭馬車的情形。陳儀掌控
的宣傳委員會接收日人唯一留下的報紙《臺灣新報》，改為《臺灣新
生報》，引發國民黨中央宣傳部的不滿。以臺灣需要辦黨報為由，要
求分出《臺灣新報》一半的印刷機器與設備，並命盧冠群為特派員赴
臺籌辦《中華日報》；陳儀以該報必須設於臺南為條件，避免在臺北
與《臺灣新生報》發行衝突，雙方勉強達成協議。[47]而隸屬於國防

---

45 陳翠蓮：《派系鬥爭與權謀政治——二‧二八悲劇的另一面》，頁225、227。

46 許壽裳不被「CC派」首腦教育部長陳立夫所容，可溯及一九三八年兼任長法商學院
　院長一事。許壽裳一九四一年三月謝絕第三十一集團軍總司令湯恩伯力邀擔任中正
　學院的院長，他堅辭不就的理由，據許壽裳一九四一年三月二十一日日記，抄錄了
　他回復友人謝似顏、朱少卿的信函內容，其中提到與陳立夫的齟齬：「弟本參同盟
　會，且加入國民黨，特以三十餘年來，一心教育，對於黨務未嘗致力，且不滿於黨
　內有黨，此為二兄所知，似顏兄共事多年，知之尤稔。自民二七秋，弟兼長法商學
　院時，教育部長（案：陳立夫）別有用意，密電常委，謂院長宜擇超然者，弟聞
　之，憤而辭職，從此不欲與陳見面。」

47 沈雲龍：〈陳儀其人與二‧二八事件〉，《傳記文學》第54卷第2期（1989年2月），頁
　58。

部、宣傳部在臺中發行的《和平日報》，也熱衷於批評陳儀的施政，成為勇於披露官吏腐敗的媒體之一。[48]一九四六年五月《和平日報》發行後，政、軍、黨系統分據北、中、南三區發行官報，形成與其他民營報社競逐的局面。[49]

　　赴臺的黨、政、軍系統深諳報紙負有意識形態宣傳的要務，極力搶占日據時期的報社資源，藉以擴大派系的宣傳勢力。然而，派系鬥爭與官僚體制腐敗的政治體質，導致戰後原本在戰爭末期已相當困頓的民間社會更加貧弱化，一般民營報紙對此無不採取「為民喉舌」的經營方式。因此，過於僵化、教條的官辦報紙在光復之初「百家爭鳴」的報業市場中，很難獲得讀者的共鳴，在經營上備感威脅。規模最大的《臺灣新生報》在一九四五年十月剛創刊時，發行量高達十七萬五千份，至一九四七年一月只剩七萬三千份，甚或三分之一而已。[50]在長官公署行政系統之外的黨、軍系統，為打擊陳儀所屬的「政學系」的勢力，也無不趁機攻訐陳儀行政系統的施政，以此拉攏民心，擴大報紙的銷路。

　　底下分別以代表政、黨、軍系統，發行量較大的《臺灣新生報》、《中華日報》、《和平日報》三份報刊為例，分析其人脈組成與報紙副刊的傾向，說明黨、政、軍系統為掌管言論公器擴張勢力，在報紙傳媒上各自為政的情形，以及文化人如何運用官方的文化宣傳陣地，展開民主思潮的傳布，以瞭解文化場域中政治、文化宣傳的角力。

---

48 另外，臺灣省黨部宣傳處也發行了《國是日報》與《臺灣通訊》，甚至駐臺七十軍都也有自己所屬的《自強日報》（社長魏賢坤，1946年8月6日創刊），其目的在宣傳黨務、政務與軍情，關於社會、文藝思潮的討論不多，影響力較小，茲不細論。

49 何義麟：〈戰後初期臺灣報紙之保存現況與史料價值〉，《臺灣史料研究》第8期（1996年8月），頁90。

50 柯喬志（George Kerr）著，陳榮成譯：《被出賣的臺灣》，頁215。吳純嘉：《人民導報研究（1946-1947）——兼論其反映出的戰後初期臺灣政治、經濟與社會文化變遷》（桃園市：中央大學歷史所碩士論文，1999年），頁54。

　　隸屬於臺灣省行政長官公署宣傳委員會的《臺灣新生報》，由返臺「半山」李萬居擔任第一任社長。在長官公署尚未渡臺辦公之前，即於一九四五年十月十日接收《臺灣新報》恢復中文欄，日文版則由省籍人士接編。[51]一九四五年十月二十五日盟軍舉行受降儀式當天，《臺灣新報》在臺北正式改名為《臺灣新生報》發行，是光復初期臺灣報業中資源最充沛的，組織規模十分龐大，員工近千人，發行量為同時期報紙的第一位。社長李萬居是青年黨人[52]，據沈雲龍和蔡憲崇的回憶文章指出：當時李萬居因志趣的關係，捨金融銀行的接收「肥缺」，而選擇新聞事業。二・二八事件以後，一九四七年九月《臺灣新生報》被迫改組，改以「公司組織」形式經營，李萬居被調職改任董事長，總經理由魏道明親信常之南擔任。李萬居有名無實，權力已被架空[53]，遂辭職，於十月二十五日另行創辦《公論報》，是二・二八事件以後最重要的民間報紙。[54]

---

51 筆者實際翻閱《臺灣新報》，發現九月即開始對臺民倡導國民政府接收的消息，如陳儀長官談實行「三民主義」（9月19日），最早報導的臺灣人動態則是「三民主義青年團」的組織方針（9月25日）、林獻堂赴京參加受降典禮後返臺的演講（9月27日）等。十月二日頭版，以中文刊出福建省政府顧問黃澄淵在臺灣的廣播詞內容，並以日文整版報導「三民主義青年團」是全島進步的組織，說明「團的歷史任務」、「黨與團的關係」。顯見張士德於八月三十一日隨美軍登陸艦返臺後，即開始積極於「三青團」的組織與宣傳。十月十三日到二十四日，共刊行過「藝文」副刊六期，寫稿者為黃得時、林金莖和黃瓊華，內容以響應「光復」、圍繞著「民族意識」做文章。黃得時的〈唐景崧與牡丹詩社〉（10月20-21日），當是光復後最早論及「臺灣民主國」的文章。

52 楊錦麟指出李萬居的思想構成中，占有一定比重的，是曾使他醉心的安那其主義和青年黨鼓吹的國家主義理念，與沈仲九、陳儀希圖能以國、共之外的「第三條道路」重建臺灣的理念相契合，因而被委以主持《臺灣新生報》的重任。見楊錦麟：《李萬居評傳》（臺北市：人間出版社，1993年），頁143。

53 李萬居於二十世紀五十年代參與雷震「中國民主籌組事件」，為當局所忌，《公論報》飽受政治壓迫，先是被迫改組，李萬居在《臺灣新生報》權力被架空戲碼再度重演。一九六〇年十一月又經法院判決《公論報》的訴訟，逼迫李萬居讓出經營權。見楊錦麟：《李萬居評傳》，頁356-357。

54 楊錦麟：《李萬居評傳》，頁139-197。

　　《臺灣新生報》副社長黎烈文，是李萬居昔日留法的同學，曾主編上海《申報》副刊《自由談》，與魯迅有密切的往來，抗戰時期，被陳儀網羅在福建省政府從事文化事業。黎烈文後因與宣傳委員會主委夏濤聲及新生報經理部關係不甚融洽，辭去報職轉入臺灣大學任教。[55]草創之初，李萬居曾邀同班機赴臺採訪的報人擔任報社主筆，包括李純青[56]（重慶大公報）、葉明勳（中央通訊社）、費彝民（上海大公報）、謝爽秋（為軍統《掃蕩報》，也是《人民導報》的創辦人之一），另一位主筆沈雲龍乃宣傳委員會主任秘書，與李萬居同為青年黨人。《臺灣新生報》的臺籍人士則有總經理阮朝日、日文版總編輯吳金煉、編譯主任王白淵，記者吳濁流、徐瓊二等，其中阮朝日、吳金煉、吳濁流曾經擔任光復前的《臺灣新民報》、《興南新聞》、《臺灣新報》的重要幹部。[57]這些幹部可謂當時兩岸報人的一時之選。李萬居的好友黎烈文、李純青，[58]前者是著名的左派文人，後者發表的言論更是具鮮明的左翼色彩，在當時臺灣文化界相當活躍。省籍人士王白淵、徐瓊二也是在當時深具活動力與批判性的兩位「左傾」文化人。《臺灣新生報》這份發行宗旨以「中國本位」、傳達政府法令、大

---

55 楊錦麟：《李萬居評傳》，頁130。

56 李純青（1908-1990），出生於福建省安溪縣，祖父、叔父和父親都是臺灣籍，在臺灣度過童年，以後來回於海峽兩岸。見李純青：《望鄉》（臺北市：人間出版社，1993年），頁3-4。鄭梓從《大公報史》（南京市：江蘇古籍出版社，1993年），頁269-272，考察出：「李純青就讀於祖籍地龍涓崇文學校、一九二四年考入集美師範、一九三三年畢業於南京中央政治學校、一九三四年在廈門加入中國共產黨、任民族武裝自衛會閩南分會組織部長、同年經臺灣赴日、進東京大學社會系、翌年九月回中國參加抗戰，先後在上海、重慶、香港任《大公報》主筆、負責撰寫社評及專欄文章。」見鄭梓：〈二·二八悲劇之序曲——戰後報告文學中的臺灣「光復記」〉，《二·二八事件研究論文集》，頁133。

57 吳純嘉：《人民導報研究（1946-1947）——兼論其反映出的戰後初期臺灣政治、經濟與社會文化變遷》（桃園市：中央大學歷史所碩士論文，1999年），頁54。

58 楊錦麟：《李萬居評傳》，頁143。

篇幅刊載祖國文化與消息的官報，[59]其文化宣傳策略乃針對臺灣「殖
民地歷史」宣揚民族意識，以貫徹「中國化」的文化宣傳。這對王白
淵、李純青、徐瓊二幾位站在人民立場的左派青年來說，還是頗受局
限，紛紛另行創辦左派刊物，關於他們如何思考「中國化」的問題以
及臺灣的政治出路，將在第三章處理左翼的民主思潮時詳論。不過他
們在該報的議論，例如前述王白淵駁斥臺人奴化的文章，還是顯現了
他們站在人民立場，善用輿論針砭時政的效用。

　　《臺灣新生報》的《新地》副刊（1946年5月20日-1947年7月31
日，共105期），創刊號編者〈談〈新地〉〉一文將《新地》定位為
「綜合性的副刊」，內容沒有範圍，無所不談，認為副刊文字應是
「軟性文字」，能讓讀者讀來輕鬆愉快；僅提出「不歡迎任何八股：
從勝利八股、復員八股……以至建設八股、民主八股，均在摒棄之
列」的限制。但到了第十期編者的一篇〈再談〈新地〉〉（1946）透露
出《新地》被批評為「意識模糊」，於是「自我檢討」十期的內容：
「……慚愧得很！世界太大姑且不說，國家事又太難，不知從何談
起。我們原打定主意專以臺灣為對象，可是──臺灣有什麼可談的
呢？談糖吧，糖是統制了；談樟腦，談煙酒吧，樟腦、煙酒是專賣
品，都沒有我們談的份兒。我們不得已只好談貓、談狗……」但又
「不想掛起『民主堂』的招牌，把民主當膏藥賣，而且現在有『民主
店』的招牌了，不便再搶人家的生意。」坦承「軟性文字」的初衷違
背現實生活。最後並語帶諷刺地說：「無所不談做不到，輕鬆愉快又
有如此困難，我們除了承認牛皮吹破還有可說？」文中所諷刺的對象

59　《臺灣新生報》頭版創刊詞載明：「言論紀事立場，完全是一個中國本位的報
　　紙。」並揭櫫：一、介紹豐富的中國文化，標準的國語寫文章、最大篇幅刊載祖國
　　消息，終極目標在驅逐日本的「皇民化」，因恐閱讀困難而附日文版，使重要言論
　　紀事可以對照。二、在傳達及說明政府法令。三、在作臺灣人民喉舌。（1945年10
　　月25日）

是《人民導報》的「民主店」這一批評時政的專欄。由於時間點剛好
是《人民導報》被迫改組，社長宋斐如改由王添灯擔任，六月九日
《人民導報》報導高雄警察與地主勾結，引發「王添灯筆禍事件」
（詳後文）。高雄警察局長童葆昭控告王添灯誣謗及煽動他人犯罪的
啟事，就是登在《臺灣新生報》的六月十一日。《新地》編者對《人
民導報·民主店》的諷刺，某種程度也代表著長官公署宣傳委員會對
《人民導報》的施壓。

　　《新地》刊登的大都是外省作家的抒懷之作，有懷念大陸故土之
作，亦有對初來乍到的臺灣風土的描寫；臺灣作家的作品僅驚鴻一
瞥。整體而言，閒談之作的確是《新地》的特色，但因政、經黑暗，
外省作家時而流露「民不聊生」的感嘆。二·二八事件以後，《臺灣
新生報》改由何欣主編的《文藝》副刊（1947年5月4日-1947年7月30
日），八月《臺灣新生報》改組後由歌雷主編的《臺灣新生報·橋》
副刊（1947年8月1日-1949年4月11日），兩份文藝副刊先後帶動了
「重建臺灣文學」的議題，並鼓勵臺籍作家發表作品，是二·二八事
件以後重要的文學園地，尤其是《臺灣新生報·橋》副刊外省進步文
化人，將大陸抗戰時期發展的「新現實主義」文藝理念介紹到臺灣文
壇，不無對政治現實批判的用意，將於第五章再詳論。

　　一九四六年二月二十日在臺南創刊的《中華日報》，隸屬於中國國
民黨中央宣傳部。接收了《臺灣新報》臺南、臺中支社，以及《大阪
朝日新聞》、《讀賣新聞》與《東京新聞》等駐臺灣分社的設備為基
礎。盧冠群、李冠禮分任正、副社長，主筆有丁文樸、林世璋等人。[60]
《中華日報》由於是省黨部的報紙，與《臺灣新生報》比較起來，《臺
灣新生報》因為有省籍中間偏左與左派人士的參與，除了宣傳政令，

---

60 吳純嘉：《人民導報研究（1946-1947）——兼論其反映出的戰後初期臺灣政治、經
　濟與社會文化變遷》，頁57。

反映了陳儀行政系統重視文化建設、國語運動，與省籍融合的問題；
雖然同樣站在官方的立場，但《中華日報》的意識形態比起《臺灣新
生報》更以「黨國」、「反共」為馬首是瞻。二・二八事件以前為了攻
擊陳儀的施政，《中華日報》還會出現反官僚、重用臺灣人才、反駁
「臺胞奴化」等，刻意拉攏臺灣人的言論。[61]但是二・二八事件後，
《中華日報》的「黨性」更是鮮明，針對肅清日本文化遺毒，強化教
育和宣傳，要臺人配合「綏靖」、「清鄉」工作等等[62]，針對國共內戰
更是充斥著反共宣傳。[63]而前此站在臺人立場批判臺灣當局的言論，

61　例如：《中華日報》「社論」〈拘捕與懲治漢奸〉（1946年3月4日）提到不能以國內的
　　漢奸標準，看待淪為日本臣民的臺胞，除非有狐假虎威的具體行為者。〈對登用人
　　才的建議〉（1946年3月15日）呼籲重用那些潛伏於中下層社會的臺灣人才，慎防革
　　了面未曾洗心的假紳士。〈心理的差異〉（1946年4月30日）說明臺灣人重法治的觀
　　念，造成與國內同胞隔閡的心理差異。〈幾句要說的話〉（1946年5月22日）反對臺
　　胞奴化說，五十年日本殖民的痛苦，更造就臺胞高度的愛國心，正確的平等觀念和
　　現代文化的深刻領會。〈為歸臺同胞呼籲〉（1946年5月20日）呼籲臺民要督促政府
　　發動歸臺同胞的救濟工作。〈論官僚主義〉（1946年8月13日）批判官僚資本壟斷財
　　政、經濟，只管營利不以生產為目的，侵蝕國家財政，變公為私等等手段。
62　如〈加強教育和宣傳工作〉（1947年3月24日）要強化國語運動與清除日本五十年在
　　精神上的毒化。〈軍事綏靖和政治善後〉（1947年3月30日）宣傳軍事綏靖上的戒嚴
　　自然免不了，更重要的是政治工作的善後，加強推行教育以樹立正確的心理認識。
　　〈盡速完成綏靖工作〉（1947年4月17日）要求人人自動竭力協助政府，自動地繳出
　　散失的軍火武器，檢舉奸究，做家長的父兄，勸導誤入歧途的子弟即日自首自新。
　　〈痛定思痛時的感想〉（1947年4月19日）指出「二・二八事件的真相，現在已完全
　　公開大白，絕不是所謂『革命性』的民變……只是都市的職業流氓想趁一次小的不
　　幸事件，來『趁機打劫』……教育文化工作的不夠，沒有能清除日本教育的遺毒，
　　這是基本的遠因，都已一致認識」。而將近因，歸於戰後世界性的生活困苦，「本省
　　同胞不能明白這個事理，夢懷往日，而把怨恨記在政府的身上」。
63　如〈人民無叛國的自由〉（1947年4月16日）引述美國總統下令肅清行政機關的不忠
　　實分子，指責「共產黨有它的怪誕的哲學，明明自己最不民主，卻反誣他人為不民
　　主；明明自己是紅色法西斯，卻反指他人為法西斯……由於美國的採取緊急措施以
　　禁制共產黨的叛國活動，更可證明：就在最民主自由的國家裡面，人民也沒有叛國
　　的自由」。〈不留破壞民主的禍根〉（1947年4月28日）指出「法西斯的日、德、意，
　　是已讓民主正義的力量打倒了，但有國際性的共產黨卻正拾法西斯黨的唾餘，在若

由於陳儀下臺後省黨部全盤接管了教育、文化以及新聞事業的大權，少了陳儀政學系的頭號政敵，自然沒有批判臺灣當局的需要，改而加強擁護中央政令的宣傳。

《中華日報・海風》副刊與《臺灣新生報・新地》副刊一樣，是綜合副刊而非文藝副刊，刊登大都是外省作家的抒懷、雜感之作，偶有一兩篇作品反映當時的文學議題。反倒是主編蘇任予強力徵求的漫畫稿，並刊登大陸赴臺作家的木刻畫，以諷刺的形象藝術貼近光復後的社會現實，對還處於語言、文字障礙的臺灣民眾而言，當能引起較大的共鳴。[64]當時外省文化人主編的文藝性副刊和文化性雜誌，大多採取木刻版畫、漫畫來增添畫面的活潑性，諷刺的表現形式的確能縮短與讀者的距離。

《中華日報》比較值得注意的是，龍瑛宗主編的另一個日文副刊《文藝》（1946年3月15日-1946年7月18日）、《文化》欄（1946年7月25日-1946年10月24日），發行至一九四六年十月二十四日，官方明令廢除報紙日文欄為止，堪稱二・二八事件前臺籍作家最重要的文藝園地。由於《中華日報》的發行網僅限於雲林到屏東，因此寫稿者大多是南部作家，包括吳濁流、葉石濤、王碧蕉、吳瀛濤、詹冰、施金池、賴傳鑒、莊世和、黃昆彬、邱媽寅和王莫愁（王育德）等年輕一代的作家為主。四十期的日文欄副刊中，以龍瑛宗的作品占大宗，他一邊觀察戰後影響臺灣動向的國內外局勢，一邊思索臺灣文化重建的問題，先後以〈名作巡禮〉和〈知性的窗〉兩個專欄，為催生「民主

干國家裡面發揮其暴力恐怖主義」。說明過去一年政府忍讓共產黨，頒布四次停戰令的後果，則變為共產黨發動全面的「叛亂」。

64 陳昭瑛曾考察光復之初，語言的變換的確對臺灣文學的發展造成重大影響。「文學的失色，使不依賴文字的戲劇、民謠、木刻版畫、漫畫等表現形式異軍突起，其中戲劇、民謠以閩南語演出，固可以深入民間，卻不若木刻版畫、漫畫形式以造型表現，能夠為本省人、外省人，甚至文盲、半文盲所欣賞。」見陳昭瑛：《臺灣文學與本土化運動》（臺北市：正中書局，1998年），頁237。

主義」的新時代，而提出「打倒封建文化」的「近代意識的覺醒」。
他一再為文指出貫串「民主主義」的文化理念，就是以「科學的世界
觀」「知性啟蒙」喚醒停留在東洋封建时代民眾，達到「近代底個性
的確立與覺醒」〈文化を擁護せよ──台灣文化協進會成立を祝す〉
（擁護文化──祝臺灣文化協進會成立，1946年6月22日）。龍瑛宗除
了積極為讀者介紹中國近代以來、現實主義的文藝與啟蒙思潮，努力
使臺灣與祖國文化接軌，在《中國文學の動向》（《中國文學的動向》
1946年8月16日）一文更顯現他對普羅文學、延安文藝發展的關注。
隨著國共內戰的開打，〈中國認識の方法〉（《認識中國的方法》，1946
年8月8日）一文更呼籲臺民臺灣作為中國的一部分，有認識中國社
會、文化性質的迫切性，要排除主觀、「正確」認識中國的現實。甚
至在廢除日文欄前夕，以〈內戰を止める〉（停止內戰1946年10月23
日）一詩為民請命！

　　考察龍瑛宗的編輯策略與作品，其社會主義立場之堅定，批判意
識之濃烈，絲毫無遜於當時的左翼作家。在廢刊前的一九四六年十月
三、四日《中華日報》龍瑛宗主編的《文化》欄上，刊登了翻譯成日
文的（葉）以群[65]的《新民主運動與文藝》，這是二・二八以前的報刊

---

65 葉以群（1911-1966），原名葉元燦、葉志泰，安徽歙縣人。一九二九秋年赴東京，
　考進法政大學經濟系。參加「日本無產階級科學研究會」與日本無產作家同盟取得
　聯繫。一九三〇年夏回上海度假，透過尹庚（樓憲）找到於三月成立的「左聯」組
　織關係，尹庚透過沈從文找到丁玲，又透過丁玲找到馮雪峰，商定建立「左聯東京
　支部」的計劃。回到日本後，以群領導了「左聯東京支部」的活動，支部成員有胡
　風、森堡（任均）等，並與森堡投稿在《文藝新聞》介紹日本進步作家的鬥爭情
　形。一九三一年回到上海擔任「左聯」秘書處幹事，參與機關刊物《十字街頭》的
　出版，翻譯蘇聯、日本的文藝理論。一九三二年與丁玲加入共產黨，「文藝大眾
　化」第二次論爭高潮時，提出許多重要見解，奠下日後成為中共重要的文藝理論家
　的基礎，一九三三年曾根據日本川口浩的《新興文學概論》編著完成《文藝創作概
　論》，見上海社會科學院文學研究所編：《三十年代在上海的「左聯」作家》（上海
　市：上海社會科學研究院出版社，1998年），頁105-117。戰後初期以群與茅盾在上海
　主編《文聯》，為「中外文藝聯絡社」機關刊物，1946年1月5日-6月10日共發行七

上，除了王思翔在《新知識》創刊號發表的〈現階段臺灣文化的檢討〉（1946年8月15日）以外，另一篇赫然出現毛澤東的「新民主主義」的文章。以龍瑛宗行事之謹慎，《中華日報》又是隸屬於臺灣省黨部的報紙，一九四六年十月時省黨部對新聞言論的整肅已經持續了好幾個月了，大陸的國共內戰已經正式開打，龍瑛宗選譯刊載這篇文章，不可忽略光復以後他好幾次公開發表社會主義的文藝理念，考察他發表的一系列作品中，這其實是有跡可尋的。如果不是二‧二八事件以後風聲鶴唳的白色恐怖，相信他在這一方面的發展不可小覷。事實上，龍瑛宗在此前後發表的文章，除了顯現他對戰後國際情勢與大陸上展開的民主運動動向相當注意，[66]他的思想發展幾乎與當時的左翼文化人亦步亦趨。這實有賴於龍瑛宗在日據時代透過日本《改造》、《文學評論》等雜誌，奠定了社會主義文藝思潮的美學素養，這部分將留待第四章進一步申論。或許龍瑛宗仗恃著編撰日文欄，不易被來臺外省官員察覺，在言論尺度把關最嚴厲、最反共的省黨部所辦的報紙上，開了一扇以「新現實主義」文藝理論對抗腐敗的官僚政治的窗子，是二‧二八事件以前利用官方文化陣地，鼓吹新現實主義思潮、「文藝大眾化」最典型的例子。

　　《中華日報》日文欄副刊停刊後，緊接著創辦的《新文藝》副刊是由江默流主編。《新文藝》一開始即引介、連載林煥平新著《文藝

期，見陳耀東等主編：《中國現代文學大辭典》（北京市：高等教育出版社，1998年），頁422。但文聯社的活動並沒有停止，一九四七年五月二十八日在香港該社與中國全國木刻版畫協會、人間畫會共同主辦了「第一屆全國木刻展」見橫地剛著，陸平舟譯：《南天之虹──把二‧二八事件刻在版畫上的人》（臺北市：人間出版社，2002年），頁222。另外以群有多篇文章鼓吹「文藝大眾化」的文章轉載於《和平日報‧新世紀》副刊。

66 例如《中華日報》上的《中国認識の方法》（認識中國的辦法）（1946年8月8日）、《理論現実──よく現実を観察せよ》（理論與現實──好好觀察現實）（1946年8月22日）、《战争か和平か》（戰爭乎？和平乎？）（1946年10月3日）、《内战を止める》（停止內戰）（1946年10月23日）。

欣賞論》的理論文章，鼓吹二十世紀三十年代以來的新現實主義美學。二·二八事件後，五月份江默流主編的《新文藝》副刊與《臺灣新生報》何欣主編的《文藝》副刊互相唱和，欲帶動「展開臺灣新文藝運動」的風氣。連帶地使《中華日報》綜合副刊《海風》刊登的文章，也開始反映臺灣的現實問題。論爭先是延續到《臺灣文化》，在「文藝大眾化」逐漸熾熱的呼聲中，《臺灣新生報·橋》副刊開始出現揚風與稚真的「純文藝論爭」，顯見親國民黨的「御用」文人似乎有意阻撓「新現實主義」的文藝思潮發展；另一個論爭是在外省人高喊臺灣是「文化的沙漠地」的壓力下，臺灣文化人毓文（廖漢臣）、王錦江（王詩琅）、歐陽明（巴特）終於打破緘默。至此，關於「重建臺灣新文學」的論爭已不可遏止。此時，陳儀下臺後，「CC 派」省黨部開始積極地引導「臺灣新文化運動」的活動與議論；積極介入而且主導半山團體「憲政協進會」推行的「新文化運動委員會」，希望臺灣文化人打破二·二八事件清鄉造成的「緘默」，以顯示魏道明省政府的「自由」作風。

　　但耐人尋味的是，無論是《臺灣新生報·文藝》、《中華日報·新文藝》由外省作家自主發起的「臺灣新文藝運動」，或是黨部官方介入主導的「新文化運動」，都提出「現實主義」與「人民文學」的呼籲，顯見大部分的外省作家延續了抗戰時期，因經濟貧困的現實困境逐漸發展出來的「現實主義」的文藝美學。由此看來，筆者認為官方黨、政、軍系統的文化宣傳，雖然也曾企圖以「軟性文字」來主導臺灣的文藝發展，例如《新生報·新地》副刊就曾有過此一嘗試，後因內戰影響臺灣經濟惡化，投稿的作品根本無從「軟性」，而坦承無法帶給讀者「輕鬆」的閱讀娛樂。換言之，在國共內戰期間，人民現實生活持續惡化之際，國民黨根本提不出一套獨有、足以和共產黨對立的文化宣傳。從一九三一年九·一八事變中國步入「戰爭期」以後，文化人或深入「解放區」，或隨著國民政府撤退後方，不但觸及了農

村的困境，其自身的生存問題也遭受著威脅，現實主義的文藝美學與意識形態也普遍深植。勝利後繼之而來的內戰，經濟問題更加惡化，更有助於中共訴諸階級平等與人民民主的文化宣傳。

更顯著的例子表現軍方在臺創辦的《和平日報》，一九四六年五月四日於臺中創刊，原是臺中駐軍第七十師的《掃蕩報》，抗戰勝利後《掃蕩報》改稱《和平日報》，總社設於南京。臺灣的《和平日報》系統上不受總社指揮，直接隸屬於國防部宣傳處。社長李上根，籌劃擴充為日報，聘任大陸赴臺的樓憲為經理、王思翔為主筆、周夢江為編輯主任，[67]此三人抗戰時期曾活躍於浙江、福建等陳儀主政的東南地區。一九四四年五月十九日，尹庚（樓憲）在張禹（王思翔）主編的《浙江日報》副刊「江風」上，發表〈建立東南文藝戰鬥堡壘〉，[68]得到《前線日報》副刊《文藝評介》主編許傑的呼應，鑒於日本進犯湘、桂後，東南地區與文化中心的大西南交通中斷，文化相對蕭條許多，連續發表了一系列關於展開東南文藝運動的文章，得到閩、浙、贛、皖等東南各地文藝工作者的支持與迴響。當日在東南地區活躍的文藝工作者，戰後赴臺的除了樓、王、周他們三人之外，還有黎烈文、揚風、歐坦生、雷石榆、王夢鷗、覃子豪、姚一葦、羅沈（陳琳）、朱鳴岡、吳忠翰、吳乃光（林基）、黃永玉、姚隼（姚勇來）和沈嫄璋等。[69]他們分別在臺灣的藝術文化界發展，留下許多不可抹滅的足跡，其中姚勇來、沈嫄璋夫婦赴臺後進入《和平日報》工

---

67 據周夢江的回憶：「當時我們名義上雖為國民黨員，但樓憲早年參加『左聯』，追隨過魯迅先生。王思翔和我則是在家鄉受到國民黨的迫害而逃到臺灣來的。因此我們對國民黨的腐敗深為厭惡，對共產黨較有好感。」見周夢江、王思翔著，葉芸芸編：《台灣舊事》（臺北市：時報文化出版社，1995年），頁119。

68 周夢江：〈戰時東南文藝——一篇流水帳〉，《和平日報·新世紀》（1946年5月20日），頁8。

69 據橫地剛先生整理的未刊稿《東南文藝運動資料》，謹此向橫地先生慷慨允借筆者資料並同意引用，表示謝意。

作，二十世紀五十年代白色恐怖時代，姚勇來被捕入獄，沈嫄璋被槍殺。黎烈文、歐坦生（丁樹南）、姚一葦、覃子豪、王夢鷗繼續在臺灣；六七十年代的文藝界發展，其中黎烈文、姚一葦、王夢鷗等人因不願意擔任國民黨「反共文藝」的旗手，以翻譯西洋文學、思潮，鼓吹現代主義的美學形式，對鼓動戰後臺灣現代派的文學發展具有一定的貢獻。[70]

　　《和平日報》發行量約一萬二千份，由於廣告量不多，南京總社也並未在經費上給予支持，為實行「以報養報」的策略，王思翔指出：「和許多半官方地方報紙並無本質上的差別。最重要是必須爭取社會讀者的同情和支持。」[71]於是積極爭取臺中當地文化人與有力人士的支持，先後拜訪過一些名流，包括「已息影家園的老一代社會運動家林獻堂，市參議會會長黃朝清（筆者案：黃朝琴），市圖書館館長莊垂勝和研究員葉榮鐘，三民主義青年團中負責人張信義，作家楊逵和張文環，實業家張煥珪」等等。[72]比較特別的是，《和平日報》雖然為國民黨軍方的機關報，卻跟曾具有臺共身份的謝雪紅合作，讓她介入《和平日報》，並將她的大批人脈安排進駐報社，[73]而日據時代的

---

70 關於「現代派」此一文藝美學觀與戰後文化場域的研究，張誦聖討論了「五四」以後的「抒情美學」與「女性書寫」戰後在臺灣文化場域的再現，見張誦聖：〈臺灣女作家與當代主導文化〉、〈當臺灣文學與文化場域的變遷〉，《文化場域的變遷》，頁113-135、196-203。此外，似乎還有一條傾向於五四「寫實傳統」——但非國民黨宣傳的「反共文藝」——的新文藝美學的繼承發展沒有被討論，而其傳播往往是透過「禁書」（例如陳映真閱讀二十世紀三十年代品）和「親炙」大陸赴臺作家（例如姚一葦二十世紀六十年代對《文學季刊》的指導、何欣對鄉土作家的鼓勵）加以傳播生根的。關於二十世紀三十年代文藝在戰後臺灣的傳播可參考（張俐璇：〈從問題到研究：中國「三十年代文藝」在臺灣（1966-1987）〉，《成大中文學報》第63期，2018年12月）。

71 王思翔：〈臺灣一年〉，葉芸芸編：《台灣舊事——台灣民眾史（14）》，頁21。

72 葉芸芸編：《台灣舊事——台灣民眾史（14）》，頁16。

73 據周夢江所言：「我們歡迎謝雪紅的支持，報社絕大多數人員都是謝氏介紹來的。如謝氏的助手以後出任臺盟秘書的楊克煌，到報社任日文編譯科長；一位曾在農民

知名作家楊逵也是他們接觸並進而邀請參與編輯的。王思翔他們三人
編輯《和平日報》的策略，就是在社論和國內新聞處理上，盡量配合
軍方的反共立場，但省內的社會新聞則以揭露陳儀政府的專斷腐敗為
能事，這自然是配合軍統打擊陳儀政府的立場。王思翔等人的真正動
機，則是藉此鼓吹「民主思潮」，他們在副刊《新青年》、《新婦女》、
《新世紀》與《新文學》從事這樣的文化工作，並刊登大陸文藝作
品，將二十世紀三十年代以及抗戰時期得到充分發展的「現實主義」
文藝美學帶進臺灣，作為對臺灣現實批判的利器。顯然楊逵頗能認同
王思翔等人的編輯理念。[74]值得一提的是，楊逵和王思翔等人的默
契，可能建立在曾經參加「左聯」的樓憲，帶了胡風翻譯的楊逵作品
《送報夫》送給楊逵。楊逵非常高興自己日據下無法在臺灣刊行的作
品，竟能在大陸流傳，隨後即出版了「中日對照本」（東華書局，
1947年10月，封面繪圖黃榮燦），並親自在序文中說明：一九三六年
胡風的譯文刊登在上海的《世界知識》、隨後收入《弱小民族小說
選》、《朝鮮臺灣短篇集》，重刊本除了補上原稿被日警刪除的部分，
其他中譯的譯文則不予改動。[75]可見楊逵很滿意胡風的翻譯。光復初
期楊逵在外省作家之間頗具名氣，顯然也是因為《送報夫》中譯本的
緣故。這個文學因緣促成了兩岸進步作家心照不宣的合作關係。

　　前文曾論及隸屬軍統的《和平日報》報社負責人李上根，有意利
用赴臺進步青年，一方面拉攏在地的文化人擴大勢力，一方面抨擊陳

協會工作的林西陸出任副總經理。此外編輯、記者以至一般職工幾乎全是謝氏介紹
的。報社還聘請她為顧問。」見周夢江：〈緬懷謝雪紅〉，見周夢江、王思翔著，葉
芸芸編：《台灣舊事》，頁119。

74 楊逵在一九八二年接受訪問時，提及《和平日報》說：「是國民黨辦的，不過編輯
比較進步。我在該報主編副刊『新文學』。」見葉芸芸編：《證言二‧二八》，頁
14。

75 王思翔：〈楊逵‧送報夫‧胡風〉，見周夢江、王思翔著，葉芸芸編：《台灣舊事》，
頁83-95。楊逵著，彭小研主編：《楊逵全集14》（2001年），頁309。

儀的施政。王思翔的回憶中，就透露了其中隱含國民黨派系鬥爭內訌
的內情：

> 李上根以及後來來到臺灣參與領導《和平日報》的陳正坤（改
> 名陳洗）、張煦本等人之所以大膽而且熱衷於揭露抨擊臺灣當
> 局，除了嘩眾取寵以擴大報社的動機之外，更隱藏了軍方及國
> 民黨「黃埔系」同陳儀所憑倚的「政學系」之間的派系傾軋——
> 企圖利用民眾對陳不滿以製造輿論，取而代之。[76]

　　報社副社長張煦本也曾提到：「民國三十五年十一月，臺灣和平
日報因被當時的臺灣行政長官公署認為不能作充分的配合，頗有難以
為繼之勢，我受臺灣社長的邀請，受聘為和平日報副社長兼總編
輯……（中略）我到了臺灣以後曾在編輯方針上做過相當的修正，以
消解行政長官公署方面的誤會。」[77]王思翔、周夢江回憶文章中也指
出《和平日報》被迫改組後，樓憲、周夢江雙雙離開報社，另謀發
展，僅剩王思翔苦撐到二‧二八事件以後的三月中。二‧二八事件爆
發後，三月一日、二日《和平日報》正常出刊，二日還可看到王思翔
主編的「《和平日報‧新世紀》」副刊最後一期（123期）。[78]後停刊數
日，三月八日、九日又開始出刊，期間王思翔一直被謝雪紅派人保
護。對照《和平日報》與王思翔回憶文章〈臺灣一年〉，可知復刊時

---

76 王思翔：〈臺灣一年〉，見周夢江、王思翔著，葉芸芸編：《台灣舊事》，頁22。

77 張煦本：《工作在浙西及臺灣　掃蕩二十年——掃蕩報的歷史紀錄》（臺北市：中華
　　文化基金會，1978年），頁30。

78 於此順帶指出一個現象。「新世紀」最後一期令人注目的是，登載了三篇紀弦的新
　　詩《虛無主義》、《故鄉》與《窒息》，大陸進步青年樓憲、王思翔、周夢江因二‧
　　二八事件返回大陸，而臺灣二十世紀五、六十年代現代詩的作者卻於此關鍵時刻在
　　臺灣的副刊露臉，於今觀之，饒富意味。紀弦、覃子豪、姚一葦都是抗戰時在東南
　　活動的文藝青年。

楊逵參與了意見，例如三月八日刊出「省處理會告全國臺胞書」全
文，並以醒目的標題：「這次事件動機單純，完全出諸愛國熱情，要
求肅清貪官污吏刷新本省政治，不僅不排外並且歡迎外省同胞合
作」，說明二・二八事件動機在「政治改革」，不在「排外」。九日，
謝雪紅的「二七部隊」撤退到埔裡，楊逵與莊垂勝避往鄉間。避居臺
北的報社社長李上根與經理韋佩弦回到臺中重新接掌報社，十二日於
臺北分社正式發行「臺北臨時版」，王思翔趁機告假還鄉。[79]「臺北臨
時版」沒有發行多久即停刊，直到一九四七年八月才遷移臺北重新復
刊，但少了這些進步青年的《和平日報》，已乏善可陳。倒是臺中的
報社、資料都還在，因緣湊巧由二・二八事件以後赴臺的張友繩頂讓
下來，與原《和平日報》的班底人員合作，於一九四七年十一月十二
日又創辦了《臺灣力行報》。一九四八年八月邀請因倡議《臺灣新生
報・橋》副刊上的「重建臺灣新文學」議論而享有盛名的楊逵，在原
有的《力行》副刊之外，另創《新文藝》副刊，由楊逵主編。[80]

---

79 二〇〇四年二月四日「中國作家協會台港澳暨海外華文學聯絡委員會」於廣西南
　寧主辦「楊逵作品研討會」會後，王思翔私下告訴呂正惠，當年他在二・二八事件
　後，所以離開臺灣是因為曾託友人秘密傳信給謝雪紅，說明自己曾隨空軍搭乘直升
　機觀察過臺灣的地形，認為臺灣腹地太小，不利於游擊戰，要她早做其他打算。但
　信交出去後，擔心信件落入國民黨手中而逃亡。後與謝雪紅在上海相會時，謝雪紅
　告訴他曾收到他的信件。日後謝雪紅成立「臺灣民主同盟」時，即邀請王思翔加
　入，筆者判斷這應該是王思翔所以在一九五五年於上海新知識出版社出版《我們的
　臺灣》的原由，此書因王思翔牽連「胡風事件」隨即被查禁。

80 二〇〇三年六月十八日筆者與曾健民往訪張友繩先生，張先生口述。張友繩，浙江
　省浦江人，抗戰時念金華中學，後流亡到貴州大學念歷史，然後到重慶參加青年
　軍。勝利後張先生響應國民政府的號召，一群知識青年共六百四十人到新疆搞文化
　建設，他同時還是《掃蕩報》和《大公報》派駐新疆的通訊記者，一行人到新疆
　後，還沒展開工作就被軍閥盛世才關起來。又正逢新疆發生「伊犁事變」，後輾轉
　向國民政府發電報求救，回到南京。然後返回浦江老家，三天後，馬上與朋友啟程
　來到臺灣，因為耳聞臺灣也發生「二・二八事件」，想來臺灣看看。來到臺中後，
　聽到被解散的《和平日報》，檔案資料和人員都還在，聽從朋友建議可以辦一個地
　方報，人員和資料都是現成的。後來看到《臺灣新生報・橋》副刊上的論爭，特地

　　二‧二八事件前，黨、政、軍系統不僅在政治、文化宣傳上互相攻訐欲擴大自己的勢力，對於新聞言論的管束也出現步調、鬆緊不一的現象。陳儀主政期間，原本抱持對各方言論兼容並蓄的態度，但省黨部主委李翼中認為是縱容異黨言論而感到不滿，曾當面指責陳儀放縱新聞言論自由，要求採取強硬的整肅態度，並指名要陳儀撤換《臺灣新生報》社長李萬居與長官公署宣傳委員會主委夏濤聲兩位青年黨人，但被陳儀婉拒。[81]另外，長官公署宣傳委員會應該是主管新聞文化事業出版的機關，受制於李翼中領導臺灣省黨部（「CC 派」），[82]與柯遠芬領導的警備總部（軍統）的壓力，又鑑於民營的報刊大肆批評政府，從一九四六年下半年開始整飭新聞言論，緊縮言論自由的幅度。

　　官方的政治、文化宣傳，因為派系鬥爭的緣故，出現多頭馬車、自我分化的現象。黨、政、軍系統自身又缺乏文化人才，往往必須借重其他民主黨派的人才，或是拉攏在地的文化人，其報刊資源反被民

另闢「新文藝」副刊，延攬臺灣作家楊逵擔任主編，以培養臺灣的青年作家。「四六事件」楊逵被抓一個月後，他也被請去警總偵訊。兩年後出獄，報社早已不存。楊逵起草「和平宣言」，他們也知道一二。牽涉較深的是鍾平山，判刑十年。還打聽到另外一位《力行副刊》主編金華智。

81 李翼中：〈帽簷述事──台事親歷記〉，見《二‧二八事件資料選輯》（臺北市：中研院近史所編，1992年），頁404-406。

82 據吳純嘉的研究指：長官公署宣傳委員會主管臺灣出版事業，其法源依據則是以國民政府一九三七年七月八日修正公布的《出版法》共七章五十四條為施行的法則，與臺灣總督府所制訂的「臺灣新聞令」相比較，登記程序的繁複不相上下；雖不必繳納保證金，但對發行與編輯人的限制更嚴格，並且限制不得詆毀中國國民黨與三民主義之言論，若有違反規定者，依情節輕重，處以警告、罰款、當期停止發行、扣押當期報紙與印刷底板、定期停止發行或永久停止發行等等行政處分。發行人、編輯人或印刷人還要懲處一千元以下罰金、拘役一年以下徒刑之不等處分，可見言論管制之嚴苛。根據吳純嘉考察《臺灣省行政長官公署公報》中宣傳委員會的公告，發現公告中「大部分的措施皆由臺灣省黨部執行委員會構想，然後去電中央宣傳部要求作法令解釋，再由中央宣傳部轉電宣傳委員會查照」，可見省黨部對宣傳委員會施壓，要求管制臺灣的新聞、出版事業。見吳純嘉：《人民導報研究（1946-1947）──兼論其反映出的戰後初期臺灣政治、經濟與社會文化變遷》，頁63-65。

　　主文化人士加以運用，宣揚戰後「民主思潮」與文藝大眾化的理念。王思翔主編《和平日報・新世紀》與龍瑛宗主編《中華日報・文藝》副刊，就是最好的例子。另外，導致國民黨喪失文化宣傳的主導權，最根本的因素是國民政府本身沒有一套足以服人的政治、文化宣傳理念，親官方的文人面對現實的苦難，也寫不出「建設性」的文學作品。

　　國民黨官方報刊所反映的文化意識形態，基本上是抗日戰爭時期的延續，其文化宣傳打的是「三民主義的文化建設論」，針對臺灣的殖民歷史，宣揚「民族主義」，延續抗戰時期提倡「民族主義文藝」的文化政策。例如「CC派」的「省黨部」，除在臺設立「文化運動委員會」，以隸屬於「國民黨中央宣傳部文化運動委員會」；一九四六年五月四日又成立「臺灣文藝社」，社長是省黨部宣傳處處長林紫貴，曾經擔任一九四一年二月黨中央宣傳部文化運動委員會成立時的秘書長，可見黨中央對臺灣省黨部文化宣傳的重視。「臺灣文藝社」的宗旨，標榜「民族文藝運動」與「三民主義文化建設」，在成立大會提出：（1）促進各地文化人士來臺（2）設置文化界招待所（3）搜集臺灣文獻（4）出版臺灣文藝月刊等宗旨。[83]「臺灣文藝社」理事、監事的人脈組成包括：林紫貴、林忠、丘念台、林茂生、曾今可、白克、黎烈文、李萬居、姜琦與藍蔭鼎等十五名理事，何容、魏建功等五名候補理事，監事謝娥、蔡繼琨等七名。[84]林紫貴、林忠、丘念台隸屬於省黨部，曾今可是軍統系，林茂生則參與曾今可的「正氣學社」，黎烈文為左派文人，李萬居是青年黨人，姜琦是臺北市教育局長，何容、魏建功屬國語推行委員會。「臺灣文藝社」有意拉攏各派人馬，造成聲勢浩大的印象。但直到一九四六年十二月十六日僅以「臺灣文藝」副刊分別登載於《和平日報》與《國是日報》（一九四七年一月

83　〈臺灣文藝社昨開成立大會〉，《新生報》，1946年5月5日。

84　橫地剛：〈「民主刊物」と臺灣の文學狀況〉，頁4。

九日又出現第二期，即未再見），前者是軍方在臺的報紙，後者是省黨部宣傳處自行發行的報紙，除此之外乏人響應。楊逵以「包而不辦」，一針見血地指出其「非民主化」的組織與作為。[85]這與官方在政治上宣稱實行「三民主義」，卻不見孫中山社會改革理念的實踐，被人民唾棄是一樣的道理。在臺灣人民看來，都是「說一套，做一套」，無怪乎被視為打高空，無法收攏民心。

　　陳儀政府時期的黨政軍系統的文化宣傳因派系政治的關係，經常出現步調不一、互相分化勢力的現象。赴臺接收的「行政長官」陳儀雖集行政、立法、司法三權於一身，又兼警備總司令掌握了軍事權，經濟制度也承襲日本的統制經濟與公營企業專賣制度。然而，從上述政治派系文化鬥爭的角度來看，陳儀政府的實際權力遠遠不及「日本總督府」。赴臺接收的黨、政、軍系統各自為政，分別向在大陸黨、政、軍系統的對口單位負責。黨、軍系統不但不服膺「長官公署」的行政要求，甚至透過大陸的黨、軍系統對行政系統的「長官公署」施

---

85 楊逵：「最近臺灣文藝社在報上浩浩蕩蕩地發表它龐大的陣容，像這種包辦式浮華不實的團體，我認為難以寄以厚望。我期待自主性的文學團體的誕生，亦即不接受包辦的文學工作和文藝愛好者所組織的文學團體。」見楊逵：〈文學再建の前提〉（文學再建的前提），《和平日報》「新文學」，1946年5月17日、彭小妍主編：《楊逵全集10》，頁215。楊逵一個星期後又發表文章指出：「聽說內地已有文聯組織，因此透過文聯，全國的文藝工作者團結工作，這是我們的好榜樣。在臺灣，也要加強本身的大團結，同時和全權性的組織『文聯』匯合。」見楊逵：〈台湾新文學停滯の検討〉（臺灣新文學滯留的檢討），《和平日報》「新文學」，1946年5月24日。其中所謂「全國性的組織『文聯』」，即楊逵同時在這兩期「新文藝」刊出的《中華全國文藝上海分會設立宣言》以及《中華全國文藝界抗敵委員會總會〈慰問上海文藝界書〉及〈覆書〉》。對於楊逵的主張，橫地剛評論說：「楊逵從正面批判了特別在文藝節設立的臺灣文藝社，其『包而不辦』的欺瞞性，並向文藝人士要求要以『自主性之大同團結』為基礎，以確立『自主性、民主性』之團體與彼等展開對峙。而對於或許即將不久之將來組成的彼等之團體，則熱烈希望能與『全國性組織』的中華全國文藝協會結合。楊逵不涉足『民族文藝運動』和『三民主義文化』（的理念批判）；而是從組織的民主性等問題切入。」見橫地剛著，金培懿譯：〈一九四七年的「五四」文藝節──緘默如何打破〉，頁5。

壓。黨、政、軍系統為了鞏固在臺灣的勢力，常常刻意放任知識分子
的言論以攻訐其他派系。另外各派系本身缺乏文化人才，急需借重省
內外知識分子辦報刊，同時為了攏絡民心，時常標舉「世界化」與
「民主化」的文化宣傳，甚至為了拉攏臺灣人，也出現標舉「臺灣
化」的文化宣傳。黨政軍派系政治造成的分化作用，不但動搖了官方
文化宣傳的機制，也使帶有進步傾向的省內外知識分子借機在官方的
報刊，運用官方的文化資源，對時局提出建言與批判。從文化場域的
結構性視角來看，布爾迪厄指出：

> 文化生產場的自主性，及決定場的內部鬥爭形式的結構性因
> 素，在同一個社會內的不同發展階段會有很大的變化，而在不
> 同的社會中同樣也會有很大的變化。因此與場的內部的兩極相
> 關力量，以及藝術家或知識分子的角色相關的重要性也是會變
> 化的。一方面，在一個極端，存在著專家或技術人員的作用，
> 他們為統治者提供象徵性服務（文化生產也有它的技術人員，
> 如同資產階級劇院有它的流水線的製作者；或者流行文學有它
> 的雇用的製作者一樣）；另一方面，在另一極端，則存在著自
> 由的、具有批判意識的思想家，他們贏得反對統治者的角色，
> 他們是一些運用自己獨特資本的知識分子，這些資本是他們依
> 據自主性的力量贏得的，並得到文化生產場的自主性的庇護。
> 他們的確對政治場做出了干預。[86]

　　黨政軍系統的報刊上的文化工作者，雖然扮演著「專家」或「技
術人員」的角色，但這些文化工作者顯然與在大陸上國民黨的「御用
文人」有些許的不同。赴臺的黨政軍系統的文化宣傳機制受制於臺灣

---

86 布爾迪厄著，包亞明譯：《文化資本與社會煉金術》，頁86。

社會現有的人脈、集團關係，這些文化工作者能提供的「象徵性」服
務，也必須配合臺灣特殊的歷史性，不能像他們在大陸時有自己的人
脈資源可資運用，對文化資本的應用也必須從臺灣的歷史中擷取，他
們很清楚一味地強調「中國化」，並不能收攏民心、拉攏文人，所以
黨、軍系統都不斷著眼於「臺灣化」的文化宣傳策略，顯然「臺灣
化」與否不能作為「抗爭」的標準。

　　我們也可以看到進步文化人許壽裳很快就找了熟悉臺灣歷史、文
獻的楊雲萍，進入「臺灣編譯館」。隨後許壽裳帶來的大陸文化人，
與楊雲萍介紹的包括日本人、臺灣人在內的文化圈，很快就隨著互
動、自發性地形成交遊網絡。他們雖在「文化協進會」或「臺灣編譯
館」所謂「中國化」的政策架構下，從事文化工作，但從《臺灣文
化》第二期發行了「魯迅逝世十周年專輯」，兩岸的文化人在這本
「半官半民」的雜誌，運用的「魯迅戰鬥精神」此一獨特的文化資
本，批判時政，自然又吸引了一批有志一同的文化人麕集。雖然臺灣
文化人與外省文化人對「魯迅精神」的理解，可能因彼此的經驗與接
收傳媒而有不同的「習性」，或對「美學形式」認知有所異同。然
而，二・二八事件以前兩岸文化人的確在陳儀行政系統的默許下，透
過彼此對「魯迅精神」的理解，而互相辨明彼此的意向或意識形態，
形成自主性的文化生產場域，用以對抗國民黨內極右派的文化勢力。
另外，龍瑛宗、楊逵分別在《中華日報》、《和平日報》主編副刊，他
們也是運用官方提供的園地，一方面呼應所謂「中國化」的政策，一
方面又在其中寄予他們的抗爭意識。

　　從國民黨當局政治、文化宣傳的意識形態來看，官方或是親官民
辦的報刊，致力於鼓吹、實踐「中國化」的文教政策。報刊、雜誌上
充斥著「建設三民主義新臺灣」的官樣文章，或是針對臺灣殖民地的
歷史背景宣揚「民族主義」的文章。民間在對日勝利、脫殖民的時代
氣氛中，對此「中國化」的文教政策並沒有太大的異議，有的只是對

於做法和進程緩急的建議，但面對未來，他們更關心的是「中國化」的內容是什麼？

「近代中國」，從「清」傳統封建王朝走向現代「民族國家」的建立，乃受西方帝國挾武力與經濟之脅迫，和近代各個民族解放運動與反殖運動一樣，要爭取政治與經濟的獨立自主，必須以民族主義作為動員的號召。民族主義理論權威史密斯（Anthony Smith），將「民族主義」定義為一種意識形態的運動，把「民族主義」當作核心理論，但他認為僅有核心理論是不夠的，不足以作為行動綱領，還必須要有「額外的理論」。[87]中國對日抗戰勝利，對外完成了現代「民族國家」爭取獨立自主的大業，國民政府也取得國際間的公認，視其為「中國」政權的代表。就在這個時候，因無力招架帝國主義入侵而被清王朝割讓出去的臺灣，回歸到中國的政治版圖。對臺灣人而言，臺灣是因為清政府腐敗而被斷尾求生的犧牲品，「臺灣光復」，臺灣人竭誠歡迎國民政府，也自發地紀念民族英雄「鄭成功」與抗日民族烈士，標舉臺灣的「民族精神」。[88]然而，二‧二八事件前黨、政系統的

---

87 安東尼‧史密斯（Anthony D. Smith）：「我們可將民族主義定義為一種意識形態的運動，目的是為一個群體取得維持自主和獨立，而在此一群體中，有些成員相信此種自治和獨立的實體為一個實際存在的『國家』──像其他『國家』那樣，或者相信它可能轉變為『國家』。」（Smith, Anthony, *Theories of Nationalism*, 2nd Edition. New York, Holmes & Meier Publishers 1983, p.15、p.171）轉引自水秉合：〈民族主義與中國政治發展〉，《當代》第17期（1987年9月），頁15。

88 民間紀念鄭成功與抗日英雄的文章列舉篇目如下：姚伯麟：〈民族英雄鄭成功（舊詩）八首〉，《民報》「學林」，1945年12月28日；楊雲萍：〈關於鄭成功〉，《民報》「星期專論」，1946年3月17日；王昶雄：〈剛健正大の精神──革命先烈雷燦南先生追悼會を控えて〉（〈剛健正大の精神──革命先烈雷燦南先生追悼會即將來臨（一）（二）〉），《人民導報》，1946年3月23-24日；楊遠輝：〈台灣革命先烈を吊う〉（〈為臺灣革命先烈弔唁〉），《和平日報‧新世紀》，1946年6月17日；賴明弘：〈「六一七」有感〉，《和平日報‧新世紀》，1946年6月17日；樓憲：〈臺灣歷史的光榮──我憶臺灣義勇總隊〉，《和平日報‧新世紀》，1946年8月15日；張深切：《在廣東發動的臺灣革命運動時》（附獄中記）（臺中市：中央書局，1947年12月）；楊雲萍：〈鄭成功之沒〉，《臺灣文化》第5卷第1期（1949年7月1日）。

報刊傳媒以紀念「臺灣民主國」作為正視或收編臺灣人的民族意識的
舉措，到了二‧二八事件後，省黨部系統的《建國月刊》與《中華日
報》開始紀念「吳鳳」，[89]顯然具有將臺灣模擬為「蕃地」的意味在其
中，完全無視於臺灣人的言論中，廢除「特殊化」的「行政體制」，
是被放在要求「政治民主化」的敘事脈絡底下被論述的。

　　臺灣文化人面對臺灣光復，中國已初步完成現代「民族國家」的
統一，儘管過去殖民地時期被扭曲的「民族意識」的清理，也很重
要，但他們更關心的是接下來的民主政治的建制。臺灣文化人從過去
與日本殖民統治抵抗的經驗中，厚實了對現代社會改革以及民主法治
國家的理論與實踐，使他們認識到更重要的是如何建立現代「民族」
國家與「民主」國家的政治、經濟體制。然而，官方的統治機構重臨
這塊被日本殖民統治了五十年的疆域，雖祭出孫中山「三民主義」的
政治理念，但面對兩岸社會、心理的隔閡，更多的時候訴諸的卻是
「民族主義」的檢驗。臺灣文化人本於對孫中山革命和三民主義社會
改革理念的認知，檢視國民政府「三民主義」的政治宣傳，口惠而不
實，反過來以「三民主義」批判政府的施政。其中，經常被提舉的就
是「民權主義」、主權在民的政治理念。官、民之間對「中國化」內
容的失焦，一方比較關注的是民族意識的向心力，一方比較關注的民
主政治的體制路線。歸根結柢的現實因素，是此一時期「兩個中國」
政治路線的鬥爭，已經日漸迫使臺灣文化人不得不認清此一政治現
實，並由此思索臺灣政治的出路與「臺灣文化」重建的方向與內容。

---

89 官方紀念「臺灣民主國」與吳鳳的文章列舉篇目如下：〈省黨部擴大舉行臺灣民主
　　國紀念〉，《中華日報》，1946年5月24日；貝紋：〈第一面的革命旗幟〉（筆者注：紀
　　念臺灣民主國的黃虎旗），《中華日報‧海風》第40期（1946年5月24日）；鋒武：
　　〈成仁取義的吳鳳〉，《建國月刊》「吳鳳紀念專輯」，1947年11月1日；記諸：〈吳鳳
　　永生在人間（報告）〉，《建國月刊》「吳鳳紀念專輯」，1947年11月1日；居仁：〈吳
　　鳳（歷史劇）〉，《建國月刊》「吳鳳紀念專輯」，1947年11月1日；本報記者符寒竹：
　　〈重話義人吳鳳公〉，《中華日報》，1948年1月29日。

第三節　民間報刊的人脈與政治傾向

　　光復之初，官方黨、政、軍系統經營的報刊，經常被批判國民黨
保守勢力的民間文化人所主導。官方保守勢力也逐漸意識到此問題的
嚴重性，開始整肅報刊的人脈、言論，逼使報社重新改組，或查禁民
間雜誌的出版，於是「民主・保守」的角力在文化場域形成拉鋸戰。

　　依據行政法規，主管臺灣地區報業的機關是長官公署宣傳委員
會，宣傳委員會於一九四五年十一月二十三日公告，要求已經發行的
報紙二十日內辦理登記，否則將處以罰款、禁止發行；儘管如此，仍
無法平息光復初期的辦報熱潮。「到一九四六年一月底為止，光臺北
市一地的報紙加上雜誌的申請登記者，就有三十九家；到五月底為
止，登記的報紙與通訊社，共計二十一家」。[90]其中，官方發行的報刊
挾接收日人龐大的文化設備資產，彼此互相搶占資源以角逐文化陣地
的現象，比民間報紙的競爭更形激烈。[91]然而，此一時期的報刊雖然
因黨、政、軍接收日人的統治資源，在數量、規模上較占優勢，但若

---

90 吳純嘉：《人民導報研究（1946-1947）——兼論其反映出的戰後初期臺灣政治、經
　　濟與社會文化變遷》，頁55。
91 二・二八前重要的報紙，官方發行的有：《中央通訊社》（社長葉明勳，1946年2月
　　15日創刊）、《臺灣通訊社》（省黨部宣傳處機關報，社長林紫貴，1946年3月創
　　刊）、《國是日報》（晚報，省黨部宣傳處機關報，社長林紫貴，1946年5月1日創
　　刊）。民間創辦的有：《民報》與《人民導報》將於下節專論。其他有《大明報》
　　（晚報，艾璐生，1946年5月5日創刊）、《國聲報》（高雄，湯秉衡、吳天賞先後任
　　社長，1946年6月1日創刊）、《自由日報》（臺中，社長黃悟塵，1946年12月1日創
　　刊）、《中外日報》（社長鄭文蔚，1947年2月1日創刊），這些民間報紙除了《國聲
　　報》繼續發行外，其餘在二・二八後皆遭查封。關於戰後初期的報紙發行，二・二
　　八以前可參看吳純嘉碩士論文的第一章《日治時期到戰後初期（1945-1947）臺灣報
　　業的情形》，有詳細的整理，見吳純嘉：《人民報導研究（1946-1947）》，頁52-73。
　　另外何義麟：〈戰後初期臺灣報紙之保存現況與史料價值〉亦鳥瞰了一九四五年到
　　一九五○年的報紙出版，見何義麟：〈戰後初期臺灣報紙之保存現況與史料價值〉，
　　《臺灣史料研究》第8期（1996年8月），頁88-97。兩文參照，足以使吾人掌握戰後
　　初期報業的發行。

要論言論思想上之深刻，所刊載的文藝、學術作品之成熟，還是以民
間或進步文化人主導的刊物略勝一籌。

　　光復之初，臺灣各地民間刊物如雨後春筍般地誕生，官方經營的
機關刊物也從接收後的十一月開始陸續創刊。根據省公署宣傳委員會
登記的資料，日本戰敗至二·二八事件期間，臺灣雜誌的發行情況，
大約有四、五十種雜誌相繼發行，[92]真可謂百花齊放。何義麟指出：
「民間與政府各機關單位競相出版刊物的情況，持續到一九四六年上
半年，也是雜誌發行最為蓬勃之時期。」[93]葉芸芸描述這些雜誌的發
行情況指出：「其中有正在出刊的，少數出刊後又停刊的，也有辦妥
登記尚未出刊的，更有出刊而未得合法登記的。」[94]這是因為從一九
四六年下半年起，受制於物價上漲、紙張騰貴，言論出版自由的限
制，以及語言轉換困境等等因素，[95]民間雜誌紛紛無疾而終，有些雜
誌甚至曇花一現僅出刊一兩期。其中影響最大的自然是新聞言論的管
制。儘管有這些困難的因素，但文化人對文化出版事業的熱忱依舊不
減，屢屢有民間刊物創刊，這部分已有葉芸芸、何義麟與莊惠惇等先
進的研究，[96]筆者希望在此基礎上，更進一步追問民間刊物的人脈組

92　一九四六年十二月臺灣省行政長官公署宣傳委員會《臺灣一年以來之宣傳》，頁26-
　　33。另外一九四六年八月十二日《新新》雜誌第六期卷頭語中，引了一段省公署宣
　　傳委員會夏濤聲對新聞界的報告：「……目前全臺灣已向公署登記經核准的新聞雜
　　誌共有七十餘種，但其中尚未出版的有二十餘家，已出版因無法支持而停刊者十餘
　　家。」以及一九四六年八月二十四日《人民導報》的報導：「報紙雜誌十二種，因
　　未經依法申請，經宣委會下令停刊。」由此可見報刊雜誌發行之情形。

93　何義麟：〈戰後初期臺灣出版事業發展之傳承與移植（1945-1950）〉，《臺灣史料研
　　究》第10期（1997年12月），頁5。

94　葉芸芸：〈試論戰後初期的臺灣智識份子及其文學活動〉，收於《先人之血、土地之
　　花　臺灣文學研究論文精選集》（臺北市：前衛出版社，1989年），頁63。

95　何義麟：〈戰後初期臺灣出版事業發展之傳承與移植（1945-1950）〉，《臺灣史料研
　　究》第10期（1997年12月），頁6。

96　有關戰後初期雜誌的發行情況，可以參看何義麟：〈戰後初期臺灣出版事業發展之
　　傳承與移植（1945-1950）〉，《臺灣史料研究》第10期（1997年12月），頁3-24。另外

成與思想傾向性的關係。第一小節探討民間兩大報《民報》與《人民導報》發行、人脈與傾向。第二小節分析左翼文化人主導的刊物。

一　《民報》與《人民導報》的成員與理念

《民報》與《人民導報》是光復後民間創辦的兩大報紙，兩報的言論、編輯走向有些許的差異。同樣都是走社會批判的言論路線，整體而言，《民報》代表的是本地資產階級自日據時代以來的民族主義與自由主義的路線，《人民導報》傾向社會主義的路線，常出現「階級性」的批判言論，並熱烈報導大陸／國、共協商的動態與內戰局勢的演變。

《民報》的創刊是一群過去參與《興南新聞》的人員共同促成的，在國民政府尚未赴臺之前，即於一九四五年十月十日在臺北創刊。林茂生被推舉擔任社長，發行人登記吳春霖，實際由總主筆陳（黃）旺成主持，總編輯為許乃昌。許乃昌是二十世紀二十年代的左翼青年；陳旺成是日據下臺灣文化協會的會員、臺灣民眾黨的中常委，曾因抗日活動遭日警拘禁二百餘日，兩位都是日據下臺灣民族運動、社會運動的活躍分子。[97]文化人楊雲萍、黃得時也是《民報》的

對戰後初期到二‧二八事件以前的雜誌作為權力分析的則有莊惠惇：〈第二章　臺灣雜誌文化發展概況〉，《文化霸權、抗爭論述——戰後初期臺灣的雜誌分析》，中央大學歷史研究所碩士論文，1998年6月。後以〈戰後初期臺灣的雜誌文化（1945.8.15-1947.2.28）〉為題，發表於《臺灣風物》第49卷第1期（1999年3月31日）。兩篇論文皆有戰後初期的雜誌目錄的編纂，何義麟針對雜誌發行的條件與現象做考察，莊惠惇則將雜誌的內容依性質分類（文藝學術性、倡導性、時事政論性與其他）的比例做整體的分析，以及針對發行者分成兩大類別：1.官辦、民營、親官民辦（統治集團的成員以個人身份創辦）；2.本地文化人、大陸赴臺文化人等分類依據作為文化權力鬥爭場域的分析，兩文對戰後初期雜誌的整體研究貢獻良多。何義麟與莊惠惇兩人對戰後初期雜誌的研究，提供了清晰的輪廓，使筆者受益良多。

97 李筱峰：《林茂生‧陳炘和他們的時代》，頁162。

主筆。吳濁流在報社擔任編輯，左翼分子徐瓊二從《民報》創刊起便一直在報社擔任記者，地下黨青年蔣時欽從一九四六年三月從大陸返臺後，也在此擔任記者。《民報》從一九四五年十二月一日至三十一日，每天都有「學林」副刊的版面，由楊雲萍擔任主編。[98]

　　《民報》從一九四五年十月十日創刊以後，幾乎每隔一段時間就發表有關經濟政策的社論，對於公營事業的質疑，尤居各報之冠。但其中反映的經濟理念，對出於實行三民主義的公營事業都表示贊成，唯獨對於公營事業不能平抑物價，反而造成「官僚主義」、貪汙腐化、矯角殺牛的弊病不滿，要求公營事業必須民主化，建議在設立監理公營事業的單位「公營事業委員會」時，必須任用半數以上的民間公正人士。[99]雖然是資產階級創辦的報紙，但經濟理念，傾向於中間偏「左」，據此判斷與主筆陳旺成、許乃昌，記者徐瓊二等人二十世紀三十年代受社會主義思潮洗禮有關。從《民報》的例子，也可以印證了左、右翼人士在二‧二八事件以前的合作關係；《民報》在經濟思想上，出現中間偏「左」的論調，並不令人意外。一方面反映了臺灣資產階級與公營經濟、官僚資本的經濟利益衝突，但一方面也反映了臺灣資產階級借重社會運動分子辦報。

　　整體而言，《民報》代表的是本地資產階級自日據時代以來的民族主義的路線，並以臺胞所具備的自由觀念與法治精神為傲，批評接

---

98 一九四五年十二月二日「歡迎惠稿」的啟示中提到「本刊內容為學術、文藝□□□、創作、文藝、介紹、歡迎惠稿。文體雖以白話為主，但亦酌用文言」。刊載的作品內容，並不完全是文藝作品，間或雜有政論時評。如秋鴻的〈談自由〉、石朝桂的〈教育與政治〉等。另有楊雲萍的幾篇評論和吳瀛濤的詩、周傳枝的小說創作，吳漫沙的小說「天明」在此連載了四十四期。

99 《民報》上關於贊成計劃性經濟、國營事業，但須杜絕官營事業變成「官僚主義」的社論不勝枚舉，其中以〈公營事業民主化〉（1947年1月23日）一文，舉出最具體的建議方案。其他與此理念相關的社論，包括：〈本省的經濟政策〉（1945年12月24日）、〈國營事業的辦法〉（1946年1月20日）、〈檢討省營事業〉（1946年2月1日）、〈國家資本與官僚資本〉（1946年3月21日）等等。

收政府的封建官僚主義，臺灣本位的色彩隨著貪汙舞弊的惡化而增強，但始終強調民族精神、與中國文化融合的必要，並訴諸「革命精神」為「中國精神」，要求中國的革新運動。[100]例如《民報》社論〈民報精神〉（1947年1月10日），首先回顧《民報》從前身《臺灣青年》、《臺灣民報》、《臺灣新民報》到《興南新聞》，展現不絕如縷的「革命精神」，直到戰爭末期被日人強迫合併為全島唯一的《臺灣新報》為止，此一「革命精神」就是中山先生秉持的革命的「中國精神」。《民報》一些關於「中國化」、省內外感情隔膜的社論，尤為引人注目，其論點不外乎釐清省內外隔閡起因於政、經的惡化，強調泯除情感隔閡，應從澄清吏治做起，而不是對民怨予以壓迫，呼籲臺灣爭取民主必須與國內澎湃的民主運動相呼應。《民報》社論這些論點基本上與《人民導報》並無二致。[101]

　　至於「臺灣本位」色彩，立足於臺灣本位、關心全中國的政治動向，但並不以此與「中國化」有衝突，尤其力主國語運動的推行。例

---

100 徐盈：〈中國需要新革命運動〉，《民報》，1946年9月12-13日。

101 《民報》上相關的社論，包括：〈國家觀念高於一切〉（1946年4月5日）認為狹義的國家主義思想應該排除，希望國父世界大同的理想能夠實現，但批判貪官污吏「將個人利益置於國家利益之上」。〈怎樣來消除隔膜？〉（1946年5月29日）認為有省籍的隔閡分為情感和理性的隔閡，第一種起因於外省人無謂的優越感，和本省人的反感，容易消除；第二種隔閡是對「官僚獨裁、貪汙成風、接收紊亂以及官商勾結其他種種不良風氣、臺胞怨惡如仇、以致反感」，在國內也有同樣的不滿，澎湃全國的民主運動，正是針對官僚獨裁而起。但也不因為國內情形比臺灣壞就應該忍受，重點在於澄清吏治，是全國一致的要求。〈認（識）中國魂〉（1946年6月19日）指出：「我們敢大膽的說：今日的中國魂，是保存在無錢、無權、無勢的老百姓裡頭」，不可因眼前的貪官污吏而感到消沉，務需「加倍勇氣發揮勇氣，打倒一切惡作風，以發揚偉大的中國魂」。〈如何中國化〉（1946年6月12日）則從日本「皇民化」運動說明日本同化臺灣人的計劃失敗，表示臺灣人除不會講中國話外，「論民族精神，臺灣人本是和全國人一樣，但自明末清初以來，得民族英雄鄭成功的薰陶，不屈服異族的意識，比任何省份的人更激烈」，「幸勿以中國化為詞，驅我臺胞與腐化分子同流合污，臺灣幸甚！中國幸甚！」

如在反駁臺灣奴化論上，強調日人的壓迫只是使臺灣的民族精神更趨強化。[102]要求各居要職的外省官員檢討貪汙、舞弊使臺民失望之責，[103]赴臺官員應學習閩南話和廣東話來與臺胞促進融合，[104]針對那些沒有法治觀念的外省人士應該來個「臺灣化」。[105]因為「臺胞之民智較高、法治觀念較深，選舉的經驗也多，所謂建設模範省的基礎堪云具備」，以臺灣的現代化法治觀念為傲。[106]同時，也駁斥本省人有「地方畛域之見」、「誤認一切可以自由」、似有欲「自立於國家之外」的嫌疑。[107]尤其《民報》社論呼應當局對「中國文化普及」的必要性，國語運動的迫切性的政策處處可見，[108]呼籲「臺灣同胞需要團結，對政治、經濟、生產、教育，均發揮全力來改革封建的惡作風」。[109]

另外，《民報》肯定長官公署對言論自由的保障，但卻強力批判某機關（案：隱指省黨部）對新聞言論、大陸書刊的整肅，[110]基本上走的是以民族主義、反封建、重自由、尊法治的批判路線。《民報》不僅批判赴臺外省官員，對臺灣省參議員的腐敗同樣予以針砭，指出民眾對省參議會「豹變」感到失望，要一部分參議員擔任某某銀行的董事長、機關的要職（意指黃朝琴議長出任華南銀行董事長之職），

102　〈臺灣未嘗奴化〉，《民報》，1946年4月7日、菊仙：〈奴化教育與民族意識〉，《民報》，1946年5月26日。

103　〈怎樣會感情隔閡？〉，《民報》，1946年8月3日。

104　〈中國文化普及的辦法〉，《民報》晨刊，1946年9月11日。

105　〈中國化的真精神〉，《民報》晨刊，1946年9月11日。

106　〈怎樣來消除隔膜？〉，《民報》，1946年5月29日。

107　〈闢謠辟謗〉，《民報》，1946年1月17日。

108　「提倡不講日語的運動」（〈需推行廢除日文運動〉，《民報》，1946年1月22日），促進我國大陸文化的盡量流入、鼓勵臺灣文化的研究、解決紙價、印刷費高漲的問題（〈促進文化的方策〉，《民報》，1946年2月3日）、〈中國文化普及的辦法〉（《民報》晨刊，1946年9月12日）。贊成廢止定期刊物的日文〈關於禁止日文版〉，《民報》「社論」，1946年8月27日。

109　〈臺灣的出路〉，《民報》，1946年8月19日。

110　〈本省言論有無自由〉，《民報》「社論」，1946年9月14日。

應避免瓜田李下之嫌，勿使監視或協力行政當局的「民意機關」變成「官意機關」。[111]這些議論時政的言論基本與《人民導報》的立場，並無二致，所不同的是《人民導報》更具「階級性」的批判言論，並熱烈報導大陸國、共協商的動態與內戰局勢的演變。

　　《人民導報》是由宋斐如、白克、馬銳籌、夏邦俊、謝爽秋、蘇新、鄭明祿等人籌備創辦的，於一九四六年一月一日在臺北創刊，宋斐如當社長，白克當總編輯，建國中學校長陳文彬擔任總主筆，副刊《南虹》先由木馬主編，不久左翼木刻畫家黃榮燦接編。[112]蘇新於同年三月接替白克出任總編輯，幾位臺灣左翼青年如：呂赫若、吳克泰、周傳枝、賴明弘，都曾先後在此擔任記者，王白淵也有幾篇重要的文章刊登在《人民導報》。創辦人當中，鄭明祿與蘇新一樣，為日據時期政治、社會運動的活躍分子。馬銳籌、夏邦俊與謝爽秋都是大陸報業人士，赴臺參加日軍投降儀式，採訪臺灣回歸祖國的消息，[113]馬銳籌後來擔任晚報《大明報》（1946年5月5日創刊）的總編輯，並曾投資黃榮燦的「新創造」出版社，二‧二八事件後、於三月十一日被捕，一九五二年死於白色恐怖。[114]謝爽秋是軍統《掃蕩報》派赴臺灣記者，[115]也是上海《新聞報》派臺記者，同時又是地下黨員，與李純青負有相同的使命，赴臺調查進步勢力，並向老臺共與進步人士宣傳中共的主張，[116]二‧二八事件後被捕，上海《新聞報》促陳儀放人，後釋回上海，[117]曾替《人民導報》、《和平日報》寫不了少赴臺見聞記。宋斐如是大陸返臺人士，光復前在重慶參加「臺灣革命同盟

111 〈民意機關的「懷柔」〉，《民報》「社論」，1946年11月2日。

112 前面十期由木馬（林金波）和黃榮燦主編，13-37期版面注明黃榮燦主編。

113 吳純嘉：《人民導報研究（1946-1947）》，頁73。

114 橫地剛著，陸平舟譯：《南天之虹──把二‧二八事件刻在版畫上的人》，頁189。

115 吳純嘉：《人民導報研究（1946-1947）》，頁73。

116 吳克泰：《吳克泰回憶錄》，頁164。

117 吳克泰：《吳克泰回憶錄》，頁174。

會」，也是「臺灣調查委員會」的成員，光復被陳儀聘任為教育處副處長。白克是宣傳委員會的專員，為電影方面的專才，負責接收日資電影事業。從這份名單可以看出《人民導報》的進步傾向，並且借重了大陸辦報的經驗。[118]

　　《人民導報》的社論不像《民報》那麼密集，《民報》幾乎天天都有社論。《人民導報》則有時開放讀者投書代替社論，設有「民主店」議論時事，以及「人民園地」讓讀者投書，就其代表當時左翼立場的報紙而言，形式、內容上比較注重傾聽大眾的聲音。另外《人民導報》比較關注民主政治體制的問題，討論經濟問題的社論篇章與《民報》相較而言，出現的比例小很多，就算是討論經濟問題，大多是與民生經濟相關的議題。例如整體經濟環境的惡化、臺幣的匯率、通貨膨脹、反官僚政治與資本與失業問題，不像《民報》社論那麼專注公營、民營的問題。吳純嘉統計《人民導報》的「社論」議題分類指出：

　　　　臺灣類（含政治、經濟、社會與文化）的論述占68%左右，大陸與國外消息的論述則占32%，顯示《人民導報》除了關切臺灣島內所發生的各種問題之外，對於大陸與國外情勢也十分注意，並且隨著局勢的演變，論述的比重也就相對提高。如一九四六年一月中旬以後，《人民導報》受到大陸上各黨派政治協商會議進行的影響，談論此一會議的社論增加；一九四六年四月份開始，因國民黨與共產黨和談破裂，國共雙方軍隊在東北、華北開始發生武裝衝突，《人民導報》對於內戰的發生，感到憂心；一九四六年八月份，除了仍有數篇論大陸經濟情勢的文章外，因應中國大陸物價高漲，《人民導報》有多篇探討

---

118 吳純嘉：《人民導報研究（1946-1947）》，頁73。

經濟危機的文章。[119]

　　由此可見《人民導報》在省內外左翼文化人的合作中，一貫秉持了左翼文化人兼顧在地性、全國性與國際性的視野。一九四六年一月「政協會議」期間，該報就不忌諱地全文刊登中共黨代表周恩來等人的談話，不僅是《人民導報》，翻閱其他左翼文化人主導的刊物，也可以說這是共同的特色，顯現他們的視野格局，並不限於臺灣島內的問題，而是隨著戰後中國與世界——尤其是美、蘇對華政策——的局勢變動，思索臺灣戰後的問題與未來。

　　翻閱《人民導報》的社會版，很明顯從五月起，除了密集報導臺灣省參議會期間的省議員的諮詢內容，另一項持續關注的焦點就是大陸國共內戰的情勢，貫串兩者的理念就是批判國民黨封建官僚的專制統治。另外也是從五月份開始，討論大陸政、經問題，尤其是國共內戰的報導明顯增加。六月七日國共雙方宣布停戰十五日以便和談，上海民主刊物《周報》第四十一期（1946）刊出周建人、郭沫若、茅盾、景宋（許廣平）、陶行知等民主人士發表的停戰感想，主編蘇新以「十五天後能和平嗎？」為標題，從六月二十三日到二十七日在《人民導報》予以轉載。

　　《人民導報》「左傾」的言論內容引來官方的持續施壓，五月八日頭版刊出「宋斐如啟事」，表明報社「為民喉舌，基礎漸趨穩固，發展可期，本人創辦初旨經已完成，特辭社長之職，以專力從事別部門之創社」。據聞肇因於當局省黨部李翼中與林紫貴，曾以教育處長的職務威脅社長宋斐如，要求改組《人民導報》。[120]於是改由王添灯

---

119 吳純嘉：《人民導報研究（1946-1947）》，頁113。

120 蘇新的〈王添灯事略〉記載，丘念台安排了秘書林憲到《人民導報》向蘇新通風報信，省黨部開會決定要向南京控告《人民導報》社長宋斐如、總編輯蘇新，根據創刊以來的言論，尤其是「東北問題」的報導立場，肯定《人民導報》有共產

接掌社長，希望保住總編輯蘇新，[121]但蘇新也無法久留，九月二十七日去職轉而擔任《臺灣文化》主編。被省黨部懷疑為共產黨的蘇新，能繼續到由陳儀行政系統支持的《臺灣文化》擔任主編，說明了行政系統對言論自由的寬鬆態度，再度說明陳儀對共黨分子的保護政策。而陳儀本人日後做出向中共投誠的決定，顯然有跡可循。

　　從版面來看，《民報》相當平穩工整，大都以中文直排，顯然較具辦報經驗。《人民導報》版面花俏駁雜，既有日文，中文標題橫排、直排不拘。新聞報導方面，《民報》受限於篇幅，多報導國際、國家及社會大事，以社論反映社會問題、批評時政，可說是《民報》的特色。《人民導報》除了兼具在地性、全國性與國際性的視野，另顧及本省社會新聞，著名的「王添灯筆禍事件」就是因為一九四六年六月九日報導高雄地主勾結劣紳警察，遭到高雄市警局童葆昭的控告，五月初才接任社長的王添灯，九月十九日又因訴訟纏身而辭退社長職務。

　　宋斐如不顧當局警告，再度接任社長（《人民導報》，1946年9月19日），一九四七年二月十九日終被免去教育處副處長一職，二‧二八事件後，雖沒有列名通緝名單上，卻被逮捕而失蹤，經夫人區嚴華四處打聽，方知憲兵團將宋斐如塞入裝了石灰的麻袋，運到基隆港，

黨員，但因丘念台反對而未決議。宋斐如得知後告訴蘇新：「以後用稿慎重一些，特別是少轉載上海民主報刊的文章。他們認為我們定跟共產黨站在同一個立場。」隔日宋斐如花去半個月薪水，主動請李翼中和林紫貴到草山吃午餐，李、林兩人「表面客客氣氣，背後卻殺氣騰騰」，要宋斐如在教育處副處長與報社社長之間擇一，並撤換總編輯由黨部派人接任，宋斐如答應辭去社長，但希望暫緩撤換總編輯。回來後找白克、蘇新開會決定敦請王添灯擔任社長。見葉芸芸編：《證言二‧二八》，頁47-49、蘇新：《未歸的台共鬥魂——蘇新自傳與文集》（臺北市：時報出版社，1993年），頁107-127。

121 蘇新：《未歸的台共鬥魂——蘇新自傳與文集》，頁114。吳純嘉：《人民導報研究（1946-1947）》，頁83-86。

繫石頭投入大海。[122]王添灯是三月八日在家中遭到張慕陶擔任團長的
第四憲兵團的逮捕，兩三天後即傳出他被殺的消息。一位廈門青年告
訴蘇新，親眼見王添灯活活被張慕陶下令燒死。[123]若果真是憲兵團下
的毒手，那麼宋斐如、王添灯就是死在「軍統」手中，雖然此一肅殺
有可能是挾怨報復，但更有可能是《人民導報》呼應大陸民主黨派
（包括共產黨）的「民主運動」的報導傾向，而引來的殺機。《人民
導報》屢屢遭到官方整肅、重組的施壓，顯係來自堅守反共立場的
「CC 派」省黨部與軍統的警總與憲兵團所為，這兩個黨、軍系統正
是戰後赴臺，連手力圖鬥垮行政長官陳儀的官方組織。

　　從《民報》《人民導報》的成員組成與言論內容，兩份報紙分別
代表本地資產階級與左翼知識分子的立場。從經濟問題的討論，又最
能顯現兩大民間報紙在階級立場上的差異性。以兩報的社論來看，顯
然代表臺灣本地資產階級的《民報》比較關注本省的經濟發展問題，
而代表左翼傾向的《人民導報》視野相對來說比較寬廣，關注的問題
傾向全國整體民主政治發展與體制的問題，即便反映經濟問題的社
論，也是傾向反映民生經濟問題，沒有《民報》那麼專注公營事業的
問題。《人民導報》對大陸政治、經濟的動向的關注，與其他的左翼
刊物有志一同。以下先介紹左翼文化人主導的雜誌，下一章將專章探
討左翼言論與大陸民主運動、思潮的關係。

二　左翼文化人主導的雜誌

　　本書關於左、右翼的定義，左翼指的是日據時期以來，實際投入
社會改革運動或具有社會主義思想的文化人，右翼指的是懷抱自由主

---

122 藍博洲：《沉屍、流亡、二‧二八》（臺北市：時報出版社，1991年），頁274。吳
　　純嘉：《人民導報研究（1946-1947）》，頁93。

123 蘇新：《未歸的台共鬥魂——蘇新自傳與文集》，頁124-126。

義思想的文化人，尤其是日據末期參與「臺灣地方自治聯盟會」的臺灣本地資產階級、地主士紳等。光復初期，臺灣復歸中國政治版圖時，左、右翼勢力仍舊建立在日據時期已然成形的基礎上繼續發展。換句話說，左、右翼在思想與路線運動的差異性已經有了歷史的基礎。但臺灣文化人的政治傾向性要到二‧二八事件前後，國、共內戰全面對立之後，才形成不得不面對的思想、路線上再度分化的現實。[124]

　　本節主要以左翼文化人主導的雜誌為分析的對象，重點側重在左翼刊物集團的人脈關係，同時考察自大陸返臺的臺籍人士與外省赴臺的左翼文化人，在此過程中又扮演了怎樣的角色？由於政經社會面臨巨大的波動，促使他們創辦雜誌時，總是選擇政論雜誌為民喉舌，但在當局控制出版言論的情況下才退而求其次，選擇綜合文化雜誌，顯現左翼文化人社會關懷的視野與向度。有關二‧二八以前左翼文化人主導的雜誌，因其人脈與《人民導報》、《和平日報》關係匪淺，依時間先後，發行情況與相關人員整理為表格，請參見（附錄表7-7）。

1　《一陽週報》（1945年9月至1945年11月17日）

　　人稱「一匹狼」的左翼文化人楊逵，可說是戰後四年，貫串二‧二八事件前後，省籍作家中最活躍的一員。同時他也最早意識到臺灣回歸祖國後與中國政治接軌的問題。在日本戰敗投降大約一個月左右、國民政府尚未赴臺接收的九月間，楊逵立即創辦了《一陽週報》。《一陽週報》從一九四五年九月間創刊至十一月十七日，共發行了九期後停刊，每週六出刊。鍾天啟曾說明《一陽週報》的內容與稿源：

---

124 臺灣社會思想左、右翼的路線分立，歷經日據時代臺灣文化協會的左、右分化，退出文協的蔣渭水等人又另立民眾黨，又因蔣渭水領導的民眾黨逐漸「左」傾，林獻堂、蔡培火、蔡式谷、陳逢源等另立「臺灣地方自治聯盟」，參考葉榮鐘：《臺灣民族運動史》。

以宣揚三民主義為主，三民主義，在當時是很吸引人的東西。
除三民主義以外，貴兄也發表些作品。因每週出刊，漸漸面臨
缺稿問題。湊巧的是，那時在臺北帝國大學（現臺灣大學）任
教的法律哲學教授中井亨、金關丈夫二位教授，因為要離臺，
無法把他們所有書籍攜回，這些書是從中國華南攜回來的，其
中不乏寶貴的珍本。他們二人表示願意送給楊貴兄，……這些
書的內容有些載入《一陽週報》。[125]

　　另外根據池田敏雄的〈敗戰日記Ⅰ〉，一九四五年十月十日臺灣
第一次慶祝國慶節那天，他攜帶了一些三民主義的相關書籍，到楊逵
家拜訪；隔日兩人又就三民主義相關書籍與小說集的出版事項，進行
討論。[126]可見楊逵從在臺日人那邊得到一些三民主義及大陸小說的相
關書籍，進行《一陽週報》的編纂工作。

　　由於《一陽週報》大多已散佚，從現存的《一陽週報》第九期
「紀念孫總理誕辰特輯」的目錄，[127]可略知刊物的內容、走向。《一
陽週報》全刊共二十四頁，中、日文合刊，從目錄上的篇名看來，刊
物內容分成兩部分：第一部分是配合專刊的部分，分別由楊逵、蕭佛
成、鄧澤如、鄧幼剛與胡漢民等人所寫的紀念先總理的雜文，還有一
篇〈孫中山先生略傳（下）〉，除此之外，還刊載孫中山的作品〈中國
工人解放途徑（二）〉、〈農民大聯合（二）〉，以上篇章為中文，另外
以日文刊登的有一篇孫中山的〈中國革命史綱要（三）〉，以及達夫寫
的〈三民主義大要（三）〉。另一部分刊登的是小說創作，有楊逵的

125 鍾天啟：〈瓦窯寮裡的楊逵〉，陳芳明編：《楊逵的文學生涯》（臺北市：前衛出版
　　社，1989年），頁307。
126 池田敏雄：〈敗戰日記Ⅲ〉，《臺灣近代史研究》第4號（1982年10月），頁75-76。
127 由於筆者無法實際考察《一陽週報》第九期的內容，僅能從目錄上推測其編輯傾向的

〈犬猿鄰組（下）〉（日文）以及茅盾的〈創造（二）〉（中文）。[128]雖然僅有一期，但從以上這些目錄篇名，可知有些是連載了兩期、三期的文章，約略可瞭解楊逵的編輯方針與內容。在時效上非常迅速地介紹三民主義，譯介孫中山思想，孫中山的〈中國工人解放途徑〉〈農民大聯合〉都是具有階級革命思想的文章，轉載胡漢民、蕭佛成、鄧澤如、鄧幼剛等國內民主人士的文章。另外除了刊登楊逵自己日據時期的小說，還刊登祖國左翼作家茅盾的作品；對睽違祖國文化五十年的臺灣思想界，積極地推展與祖國的文化交流。

2　《政經報》（1945年10月25日至1946年7月25日）

一九四五年十月二十五日長官公署赴臺展開接收工作，趕在「臺灣光復」這一天創刊的雜誌《政經報》，是由陳逸松出資，邀請蘇新[129]主編。陳逸松日據時代留學東京，返臺後成為開業律師，一九三九年曾當選臺北市議會議員，他對文化出版事業顯然頗為熱心贊助，一九四二年也曾資助作家張文環創辦《臺灣文學》。[130]光復後，陳逸松在政界活躍，一九四六年八月十六日當選了由省參議員投票選出的八名國民參政員中的一名。[131]由於陳逸松和蘇新兩人曾於留學東京時，參

128　《一陽週報》第9期目錄，見黃惠禎：《第一章第三節臺灣光復後的楊逵》、《楊逵及其作品研究》，注釋68，頁33。黃惠禎將目次頁數表列，並說明頁九有廣告，為販書內容：《三民主義解說》，孫中山先生著：《民權初步、附五權憲法地方自治實行法》、《第一次、第二次合刊，中國國民黨全國代表大會宣言》、《倫敦蒙難記》，保爾林百克著：《孫中山傳》、蔣介石著：《新生活運動綱要》。

129　蘇新（1907-1981），臺南縣佳里人，一九二三年於臺南師範學校因反抗日籍教師歧視臺籍學生發動罷課，而遭開除，故赴日留學。一九二七年加入「文化協會」，主編機關報《大眾時報》，在林木順指導下，組織「馬克思主義小組」，籌備「臺灣共產黨」建黨工作。一九二八年成為臺灣共產黨員，一九三四年入獄，直到一九四三年出獄。一九四七年二·二八事件後復往大陸。見蘇慶黎、蘇宏：〈蘇新年表〉，蘇新：《未歸的台共鬥魂——蘇新自傳與文集》，頁367-373。

130　葉芸芸編：《證言二·二八》，頁110。

131　臺灣本地士紳中，陳逸松派系身份頗為特殊和複雜。陳逸松留學日本期間同時是

加臺灣留學生團體組成的「臺灣青年會」，於一九二七年又加入會內的左翼學生共組的「臺灣社會科學研究會」，十月幹部改組時成功奪取了青年會的指導路線，該研究會對外聯繫了中國人、朝鮮人團體，欲以馬克思主義的思想，共產主義的實踐運動，企圖擴大研究會的組織力量。[132]可以說東京青年會的改組，與島內一九二七年一月臺灣文化協

東京帝大左翼團體「新人會」的成員之一，也是臺人左翼團體「臺灣社會科學研究會」的委員之一，並因此與臺共成員蘇新交好，戰後發起「臺灣政治經濟研究會」，發行《政經報》，但他同時也與臺人地主士紳階級及「半山集團」都保持良好關係，是臺人地主士紳階級所組的團體「臺灣政治研究會」的一員，又被調查局內部的資料歸為「半山派」的成員之一；並且受命於「軍統」的陳達元、積極協助張士德發展「三民主義青年團」，又參與了半官半民的「臺灣文化協進會」，也因為寬廣的人脈使他當上國民參政員。陳翠蓮認為：「由於日據時期臺灣社會運動已歷經種種論辯，左右翼明顯分歧，並存在矛盾與不和；戰後初期臺灣的政治生態更形複雜，像陳逸松這樣能同時活躍於左右翼人士間，並同時能被臺人士紳階級與『半山集團』所接受者，實為少數。」陳翠蓮並且查證陳逸松與警備總部的關係密切，說明他何以在二‧二八事件中涉入處理委員會頗深，清鄉期間卻得以逃過一劫。見陳翠蓮：《派系鬥爭與權謀政治——二‧二八悲劇的另一面》，頁244、278。二‧二八以後，陳逸松在一九四八年至一九五三年期間擔任第一屆考試委員，但一九七一年因美國花旗銀行爆炸案被調查，於是在一九七三年進入大陸，成為中共人大常委。見陳逸松口述：〈私房政治〉，新新聞，陳柔縉：《私房政治：25位政治名人的政治祕聞》，頁114-122，轉引自陳翠蓮：《派系鬥爭與權謀政治——二‧二八悲劇的另一面》，頁279。

132 青年會是一九二〇年成立的「新民會」底下的組織，受到一次大戰後民族自決的思想鼓動，民族意識的覺醒促成留學生們支持臺灣士紳尋求殖民地的政治改革運動，主要的活動乃在支持「六三法」的撤廢運動及臺灣議會設置的請願運動，與臺灣島內的文化協會共同舉辦文化講演，煽動民族意識，發行機關報《臺灣青年》，宣揚文化啟蒙的理念，一九二三年更擴大業務於島內發行《臺灣民報》，發展為臺灣社會運動全面性的指導機關。但東京青年會的學生逐漸接觸到的日本大正民主時代紛呈的世界思潮，已不限民族自決、自由主義，還包括社會主義的各種思潮，如：無政府主義、馬克思主義、甚至是共產主義等等，青年會內部也逐漸發生了思想對立的情形，例如一九二五年以臺北師範學生成員為主組織的文運革新會就不滿合法主義者的臺灣議會設置請願運動，宣稱拒絕蓋章聯署，拒絕參加請願代表來東京的歡迎會。而「臺灣社會科學研究會」則於祕密集會中明白宣稱要根據共產主義的文獻研究作為思想、運動的武器，吸引了青年會的成員於一

會的改組如出一轍，指導方針在同一年先後由向來是民族主義的啟蒙
文化團體形態，轉變為無產階級啟蒙文化團體的形態。蘇新與陳逸松
當時都擔任「臺灣社會科學研究會」的委員，由此可見兩人當時的思
想傾向。由於在二十世紀三十年代日本大肆逮捕左翼分子的白色恐怖
時期，陳逸松與蘇新有過患難之交，蘇新在日據時期經歷十二年的牢
獄之災後，一九四三年出獄後也曾拜訪過陳逸松，重新恢復了聯絡。
蘇新的自傳這樣回憶：

> 一九四五年九月初，陳逸松來信，叫我有空到臺北去看看。
> （陳在東京的時候是我比較親密的朋友之一，而且他參加過的
> 社會科學研究會，也是委員之一。我離開日本以後，發生了所
> 謂四一六事件。日本警察在東京要逮捕我的時候，我已經離開
> 日本回臺灣。敵人知道陳與我有往來，把他抓去。陳也知道我
> 已經在臺灣羅東工作，但始終沒有出賣我。因此，他也被關了
> 幾個月），由於這個緣故，我出獄後也曾經訪問過他。這次他
> 寫信來，可能有些事情可做。我於九月七、八日到臺北，住在
> 陳家裡。他給我介紹幾個朋友（顏永賢、王白淵、胡錦榮、陳
> 炘、陳逢源、王井泉等等），都是新聞記者、編輯、工廠的經
> 理、銀行的職員等上層知識分子。後來大家決定組織一個「臺
> 灣經濟研究會」，發行雜誌《政經報》，並推我為該會的常務委
> 員及《政經報》主編。[133]

九二七年的十月三十日，表決通過以青年會合法掩護非法的方式支持「臺灣社會
科學研究會」的活動，隔天的幹部選舉中，「左傾」的新幹部當選六名，壓倒了青
年會舊幹部，舊幹部以辭職抗議，因此「臺灣社會科學研究會」奪取了「臺灣青
年會」的領導權，見王詩琅譯注：《臺灣社會運動史——文化運動》，頁74、338。
其思想路線鬥爭的情勢儼然再度上演島內一九二七年年初臺灣文化協會的左右分
裂。當年參加東京青年會「社會科學研究會」同志，戰後初期在臺北活動的還有
許乃昌、陳逸松、楊雲萍、吳新榮等。

133 蘇新：《未歸的台共鬥魂——蘇新自傳與文集》，頁61。

　　蘇新因為日據時期主編過《臺灣大眾時報》，被推為《政經報》的主編。至於「臺灣政治經濟研究會」舉辦過三次座談會，討論光復後的糧食問題與金融問題的對策，刊登在《政經報》，除此之外，沒有發現其他具體的活動。《政經報》於是成為單純的雜誌事業。[134]

　　《政經報》目前發現並已復刻的卷數共有十一期，發行期間從一九四五年十月二十五日（第1卷第1期）到一九四六年七月二十五日（第2卷6期），從第一卷第一期到第二卷第四期，都在版權頁注明發行人陳逸松、主編蘇新，編輯委員除了他們兩位之外，還列名了王白淵、顏永賢與胡錦榮，第四號加入林金莖。[135]蘇新主編期間，除了編務，還要大量撰稿並擔任翻譯，尤其每一號佔據不小篇幅的《政經日誌》，編寫頗費功夫。

　　蘇新在《政經報》主編至第二卷第二號，[136]一九四六年元月他轉

134　蘇新：《未歸的台共鬥魂——蘇新自傳與文集》，頁61。

135　除了蘇新，其他編輯都各有專職，如王白淵是《臺灣新生報》的資料室主任兼評論委員，加以其他編輯有語言障礙，不能寫中文，如：胡錦榮以前是《臺灣新報》（新生報的前身）的記者，改為《新生報》以後，因不會中文，到南部另找工作，留日的顏永賢也還不會中文，只有第四期由蘇新引介的林金莖因有漢學基礎，第一卷第二期還用文言寫作，但很快就用白話文寫了三篇文章。

136　蘇新的回憶錄《蘇新自傳》中提到他在《政經報》只工作兩個多月（十月下旬到十二月下旬）就退出了（頁63），但是關於各期的主編，仔細翻查各期的編輯後記，蘇新往往以「新」署名，在第一卷第二期（1945年11月10日）、一卷三號（1945年11月25日）、第一卷第五期（1945年12月25日）和第二卷第二期（1946年1月25日）的編輯後記中都有「新」的署名，第一卷第三期陳逸松也寫了幾條編輯後記。第一卷第一期並沒有編輯後記，蘇新的回憶錄中說是王白淵代他編的。陳逸松接受葉芸芸訪問時說前兩期是他和顏永賢編的，詳情不知，但第一卷第二期的蘇新寫「編輯後記」，針對刊物內容作了評論介紹。而第一卷第四期（1945年12月25日）和第二卷第四期（1946年3月25日）的編輯後記則署名陳逸松，而第二卷第一期的編輯後記沒有署名，第二卷第三期（1946年2月10日）則沒有編輯後記。奇怪的是第二卷第二期已經是一九四六年的一月二十五日了，還出現蘇新的編輯後記，比對其他期的編輯後記，不像是他人代筆，因為署名陳逸松的編輯後記往往寫得較簡略，而蘇新的編輯後記則仔細介紹本期的文章與時事的關係，並對刊

到《人民導報》工作，[137]對《政經報》來說是一大打擊。第二卷第五、六期（1946年5月10日、1946年7月25日），陳逸松則找來了蔣時欽幫忙。[138]這兩期雖然版權頁注明發行人兼主編為陳逸松（1946年5月10日、1946年7月5日），但從這兩期的編輯後記、注明「仁」，應該是在這兩期發表〈向自治之路〉與〈憲政運動與地方自治〉文章的蔣瑞仁之署名。蔣瑞仁就是蔣渭水的次子蔣時欽的筆名。[139]

　　《政經報》創刊詞載明是「關於政治經濟全般問題的報紙」，翻閱《政經報》登載的文章，關懷的焦點為臺灣政治經濟問題，但視野相當遼闊，舉凡戰後的國際問題，包括：美國的東亞政策、東南亞殖民地的獨立運動、日本的動向、朝鮮的革命運動與獨立問題、蘇聯的

載文章加以評論。何義麟的研究指出：蘇新因自一九四六年元旦，出任《人民導報》總編輯，認為他已離開《政經報》，所以判斷第二卷第一期到第二卷第四期主編應該是陳逸松（何義麟：〈《政經報》與《臺灣評論》解題—從兩份刊物看戰後臺灣左翼勢力之言論活動〉，《臺灣史料研究》第10期，頁8）。事實上蘇新是三月才擔任《人民導報》的總編輯，而且筆者發現第一卷四期的編輯後記就已經署名陳逸松，第二卷第二期的編輯後記還有蘇新署名的「新」。從《政經報》第二卷第二期署名「新」的編輯後記，以及第二卷第一期和第二卷第三期都還有蘇新的文章發表看來，估計蘇新從一九四六年元旦雖轉到《人民導報》工作，應該還是支持了《政經報》的出刊。最明顯的證據是第二卷第二期登了一篇楊毅寫的《論目前中國政治颱風》，從文後注明「元旦寫於人民導報社」，對照蘇新的編輯後記：「楊毅先生現任臺南縣秘書長兼教育科長，先生赴任前數天，在臺北與我談論臺灣現在的政治問題，因為我有點憤慨口氣，先生就安慰我說：『這個現象，不是臺灣獨有，是整個中國普遍的政治颱風』。於是先生就馬上寫一篇『論目前中國政治颱風』給我。」另外推測第二卷第三期、第四期出現的呂赫若的小說《故鄉的戰事》（一）、（二），亦有可能是蘇新向同為《人民導報》的同仁呂赫若邀稿的。

137 根據一九四六年五月十二日《人民導報》頭版刊登的「白克啟事」：「本報創刊時本人謬任總編輯一職，為是才疏學淺，圖術虛名，毫無建樹，業餘三月間辭去該職，唯恐外界不明，有所誤會，特此聲明」，由此可知蘇新應該是三月才接任白克的總編輯職務。

138 吳克泰：《吳克泰回憶錄》，頁155。

139 何義麟：〈《政經報》與《臺灣評論》解題——從兩份刊物看戰後臺灣左翼勢力之言論活動〉，《臺灣史料研究》第10期（1997年12月），頁9。

計劃經濟與戰後經濟，大多是由編輯部搜集組稿、轉載的。從這些國際問題主題看來，除了關心戰後中、美、蘇、日的關係之外，最大的特色就是對亞洲弱小民族獨立運動的聲援，尤其是朝鮮和越南的獨立問題，觸及了美、蘇日漸對立的冷戰情勢，可見編輯者對國際情勢的敏感度。

關於臺灣的政、經問題，從蘇新主編的第二期開始，對國民政府無條件的擁護，就轉變為對政策的批評與建言。舉凡糧食、金融、物價、土地、用人、治安、失業、婦運、政治等等問題，囊括了光復後種種社會問題的面向，撰文者亦都能一一舉出實例、資料，提出改善之道，皆為具有相當專業水平的政論時評。貫串這些文章的主題思想，不外乎就是民生經濟的改善與民主政治的實現。每一期的《政經日誌》還詳列了國內外要聞，其中特別關注國內政治協商會議，國民政府接收的動向，和國、共衝突的跡象，以及各國共產黨的消息，尤其是日共的動態特別詳細。

《政經報》除了政論時評之外，亦登載了一些文藝作品。有些是日據下的作品，如王溪森〈獄中別同志〉、吳鵬博〈出獄有感〉以及由林茂生做跋之歐清石的〈獄中吟〉等漢詩，蔣渭水的文言文〈送王君入監獄序〉。賴和的散文〈獄中日記〉應該是首次面世，連載了四期。這些都是抗日知識分子出入日本監獄留下的鐵證，編者似乎有宣揚臺人不撓的抗日民族精神的意味。另外還有王白淵的〈我的回憶錄〉和江流（鍾理和）的小說〈逝〉。而最令人注目的，要屬呂赫若戰後創作的中文小說〈故鄉的戰事〉兩則，以日本小學生口中的「改姓名」等於虛假的意思，揭穿日人「皇民化」一視同仁的虛偽性；以及借由村民拾獲一顆未爆彈，繳納「一個獎品」的過程，戳破日本警察宣稱不怕死的神話，仍屬宣揚臺人民族意識的範疇。

《政經報》從第二卷第四期開始嚴重拖期，從原本半月刊，變為一個半月，最後一期還拖了兩個半月才出一期。除了折損蘇新此一包

攬各項編務的大將之外，另外一個重要的因素，應該是物價翻騰，紙價暴漲。[140]

3　《臺灣評論》（1946年7月1日至10月1日）與《自由報》週刊（1946年10月15日至1947年2月28日）

　　《政經報》在七月停刊，當時蘇新和王白淵兩人，儘管一個在《人民導報》，一個在《臺灣新生報》，各有專職，但卻從這個月開始又參與了另一份由「半山」的左翼人士創辦的刊物《臺灣評論》，兩人擔任執行編輯和翻譯日文的工作。[141]這是一份中日文合刊的綜合月刊，稿源主要是主編李純青從上海採集的，類似「文摘」性質。由於李純青在創刊號上的〈中國政治與臺灣〉一文，公開讚揚共產黨的新四軍，遭到臺灣省黨部禁售處分，反而造成轟動，形成奇貨可居的現象，定價十五元的雜誌，市價漲到四十元。[142]但《臺灣評論》卻還繼續苦撐到四期，終被國民黨中央宣傳部勒令停刊。[143]

　　從人脈背景看來，《臺灣評論》與《政經報》一樣，都是日據時代的臺灣左翼分子重新集結勢力創辦的刊物，兩份刊物也都深具左翼的批判精神。在《臺灣評論》上，這應該還是要歸諸主編李純青所主導的言論「左」傾的結果。《臺灣評論》乃由劉啟光集資，[144]由劉啟光、林忠、丘念台、李純青和周天啟等人共同創辦的。這些創辦人都

---

140 從第二卷第四期陳逸松的編輯後記，公開道歉拖了兩期，並說明因「經濟才量小，又雜誌回收金之回收很緩慢所致」。第二卷第五期除了署名「仁」的編輯後記，陳逸松也以「逸」署名，再度呼籲雜誌代金的回收，以免雜誌夭折，並說明因物價連天暴漲，不得已必須將創刊以來維持低價每期二元，調整為每期五元，但雜誌還是夭折了。

141 蘇新：《未歸的台共鬥魂——蘇新自傳與文集》，頁64-65。

142 《人民導報》，1946年8月5日。

143 何義麟：〈《政經報》與《臺灣評論》解題——從兩份刊物看戰後臺灣左翼勢力之言論活動〉，《臺灣史料研究》第10期（1997年12月），頁10-11。

144 李純青：《望鄉》，頁5。

是大陸返臺人士，其中劉啟光、林忠和丘念台同屬一九四○年九月設立的「中央直屬臺灣黨部」，劉啟光和林忠兩人還曾共同參與一九四一年國府軍事委員會設立的「臺灣工作團」。[145]劉啟光為日據時代農民組合的幹部，在大陸時又與軍統勢力過從甚密。業務主任周天啟「是一九二○年代活躍的左翼分子，曾擔任『左』傾後臺灣文化協會幹部，一九三○年代曾於上海經商，後任福建泉州培原中學教員，並參加臺灣革命同盟會。」[146]主編李純青，光復後以《大公報》的記者名義返臺，實際從事調查進步力量情形。此時，李純青在上海負責收集大陸民主刊物的文章，進行組稿的工作，在臺灣的編務實際上是由蘇新、王白淵負責，據聞楊逵也是編輯之一。[147]其他創辦人的言論傾向，基本上也反映了普遍的民主要求，例如：劉啟光、丘念台和林忠發表的文章[148]，他們的要求，主要還是基於三民主義實行地方自治，民生主義經濟下允許的產業自治，同時不忘呼籲弭平省內外的隔閡，而這些主張其實是延續了他們在重慶「臺灣革命同盟會」時期的建言。

值得玩味的，是《臺灣評論》的人脈關係比《政經報》錯綜複雜多了。「CC派」省黨部主委的李翼中曾批評《臺灣評論》：「創刊號出，異黨作品，赫然刺目，反動言論連篇累牘，余不勝駭然。」要求林忠回收停止銷售。林忠、丘念台答應下期改進，不願回收雜誌，不妥的內容僅以塗黑方式處理。[149]令人費解的是，丘念台、林忠皆隸屬

145 林忠：《臺灣光復前後史料概述》增訂版，頁26、32。

146 何義麟：〈《政經報》與《臺灣評論》解題──從兩份刊物看戰後臺灣左翼勢力之言論活動〉，《臺灣史料研究》第10期（1997年12月），頁12。

147 河原功、黃惠禎編：〈楊逵年表〉，見彭小研主編：《楊逵全集14》（臺南市：臺南文化資產保存研究中心籌備處，2001年），頁381。

148 他們發表的文章分別是：丘念台：〈對臺灣省政治的期望〉；林忠：〈臺灣政治怎樣才能明朗化〉；劉啟光：〈反省、覺悟〉（以上刊登在創刊號，1943年7月1日）以及林忠：〈我們需要的地方自治〉第1卷第4期（1946年10月1日）。

149 何義麟：〈《政經報》與《臺灣評論》解題──從兩份刊物看戰後臺灣左翼勢力之言論活動〉，《臺灣史料研究》第10期（1997年12月），頁11。

於「CC 派」的省黨部，劉啟光則既屬省黨部，又與軍統過從甚密，他們又為何願意替這份雜誌背書？筆者以為這些從大陸返臺、熟知國民政府專制體制的人士（即所謂的「半山」），一方面欲督促國民黨改革，一方面自然也想借由傳媒來爭取民意。這也說明了光復後，戰後的民主浪潮逐漸席捲臺灣，國民黨欲維持一黨專政與官僚資本的統治形態，逐漸為臺民所認識後，稍有政治意識的人都知道民心向背的重要，何況內戰雖已於一九四六年七月開打，但國、共雙方都不願意公開承認談判破裂，也就可以理解返臺的公職人員為何支持這份左翼的刊物。

李純青曾托人質問陳儀關於《臺灣評論》被查封的事，陳儀回答說：「你的文章說新四軍都是好人，問題就出在那個『都』字。如果你說新四軍也有好人，就可以無事。」[150]從省黨部李翼中和陳儀對言論自由的態度，就可以看出臺灣在二‧二八事件爆發以前，儘管被查封的報刊也不少，但陳儀對言論的管制，與二‧二八事件以後的言論控制比較起來，還是有相當彈性。當然不允許絕對的傾共，畢竟陳儀集團還是國民黨封建官僚體制的一部分，但他至少容許某種程度報導國內在野黨派的主張，這在二‧二八事件以後是完全不可能的。仔細比較二‧二八事件前後報刊的言論，也可以發現二‧二八事件以前批評時局與施政的言論，觸目皆是。但是二‧二八事件發生時，大陸的國共關係也在一九四七年二月以後全面對立，因應內戰全面開打的情勢，任何「左傾」的言論在臺灣已沒有存在的條件，公職人員與左翼分子劃清界限不說，甚至趨向於保守勢力的也大有人在。陳逸松、劉啟光在二‧二八事件以前分別為《政經報》、《臺灣評論》這兩份「左傾」刊物的出資人，二‧二八事件國民黨清鄉之際，他們扮演的角色頗受爭議，說明了在權力誘惑與生存威脅的利誘脅迫下，堅持革命、

---

150 李純青：《望鄉》，頁5。

批判之不易。二·二八事件以後，本省知識分子的政論時評明顯地減少，在有口不能言的情勢下，有些左翼分子則索性加入地下黨的組織工作，能夠發言的陣地只能退踞文藝界，尤其一九四八年在《臺灣新生報·橋》副刊的帶動下，文壇一度復甦，熱鬧非常。

　　一九四六年十月《臺灣評論》出版最後一期，《自由報》在同月的十五日緊接著創刊，但改以時效性較強的週刊發行，「每期只有十六開四頁，但因內容清新很受到讀者特別是青年學生的歡迎。各地的分銷處也很快建立起來」，並曾更名為《青年自由報》、《臺北自由報》，以躲避新聞檢查，[151]直到二·二八事件而停刊，共刊行十五期。[152]《自由報》目前尚未出土，但從它的人脈及相關人物的證言，可知它的編輯理念和《臺灣評論》一樣，圍繞著政協會議的內容展開。《自由報》籌備工作在五月份就已經開始，輪流在蘇新、王白淵家裡開會，吳克泰回憶錄提到蔣時欽找他去參加籌備工作。蔣時欽大約是一九四六年三月下旬返臺，返臺後在《民報》擔任記者，兩人光復後即在上海加入共產黨。[153]蔣時欽是透過顏永賢（是嫁給辜家顏碧霞的弟弟，又是蔣碧玉的姊夫的弟弟），先認識陳逸松，[154]在《政經報》和蘇新、王白淵搭上線以後，一九四六年五月開始籌劃《自由報》週刊的發行，[155]於十月十五日終於出刊，是一份完全以左翼立場創辦的雜誌。吳克泰指出：

151　吳克泰：《吳克泰回憶錄》，頁172。

152　何義麟：〈《政經報》與《臺灣評論》解題——從兩份刊物看戰後臺灣左翼勢力之言論活動〉，《臺灣史料研究》第10期（1997年12月），頁15。

153　吳克泰是透過震旦大學同學李承達的介紹，認識中共上海地下黨的學委會委員錢李仁，並連同蔣時欽和另一位臺灣同鄉周文，一起向錢李仁辦理入黨的手續。見吳克泰：《吳克泰回憶錄》（臺北市：人間出版社，2002年），頁148-150。

154　吳克泰：《吳克泰回憶錄》，頁155。

155　吳克泰：《吳克泰回憶錄》，頁171。

參加這一工作的有蕭來福（案：蕭友三）、《新生報》日文版的王白淵、孫萬枝副總編、記者周慶安、《人民導報》的總編蘇新、《民報》的記者徐淵琛和蔣時欽，都是臺北新聞界左翼的菁英……（中略）開始討論不久，蔡慶榮（案：蔡子民）和陳進興從日本回來，也參加了籌備工作。他們兩位剛從東京回來，沒有什麼政治色彩，就決定由蔡擔任總編，陳擔任發行人，蕭來福名義上是經理，實際上是王添灯指定的總負責人，所有稿件包括蔡慶榮（當時還不大會寫中文）寫的稿件都要經過他審閱。經費由王添灯負責籌措，秋後從高雄回來的《民報》記者周傳枝（現名周青）也成了同仁。[156]

蘇新的自傳也指出有了《人民導報》被整肅的經驗，《自由報》他不出面，其他人也只在背面寫稿。[157]蔡子民提到《自由報》創辦動機為「作為批評時政論壇，以容納當時幾份報紙所不方便刊登的言論」，關於內容和主題「一方面作為人民的喉舌，反映人民的痛苦與要求，另一方面報導大陸政局發展，並提出高度自治的政治主張」，由蔣時欽負責撰寫關於自治問題的文章。[158]吳克泰也指出：

蔣時欽感到《民報》的辦報方針有問題，主持人的思想比較舊，他在該報不能發揮，便辭職不幹，在家專門為《自由報》撰稿。他系統地整理了這一年一月份在重慶召開的國共兩黨和其他黨派、無黨無派人士參加的政治協商會議通過的五項決議。……蔣時欽把這些協議的詳細內容分期刊登在《自由報》上。他還撰寫了一篇評論：「要改變政治的腐敗，非有不流血

---

156 吳克泰：《吳克泰回憶錄》，頁171。
157 蘇新：《未歸的台共鬥魂──蘇新自傳與文集》，頁66。
158 葉芸芸編：《證言二・二八》，頁98。

的革命不可」（大意），至今記憶猶新。[159]

由此可見《自由報》的同仁有志一同，認知到臺灣「高度自治」的民主抗爭必須聯繫大陸的政局發展，因此繼《政經報》與《臺灣評論》之後，第三度更有系統地刊載「政治協商會議」的議決與相關報導。這些左翼青年在二‧二八事件前夕，觀察「政協會議」和國共內戰，已經認清國民政府黨國官僚體制的弊病，並確立了抗爭的目標與方向，即臺灣政經改革的出路在於與大陸的民主運動互相聯繫呼應，以對抗國民政府的專制體制。

二‧二八事件後，《自由報》同仁，王添灯被殺，蘇新、周青、蕭友三、蔡子民被迫逃往大陸，[160]吳克泰則到上海避難後，又曾回臺短暫從事地下黨的活動，[161]呂赫若則加入共產黨，死於「鹿窟武裝基地」，[162]王白淵二‧二八事件後被牽連入獄，出獄後長期備受特務跟監之苦。

4　《新知識》（1946年8月15日）與《文化交流》（1947年1月15日）

一九四六年八月十五日在中部創刊的《新知識》月刊，和一九四七年一月十五日創刊的《文化交流》，兩個刊物與上一章所述的《和平日報》淵源頗深。《新知識》是由《和平日報》原班人馬王思翔、周夢江與樓憲三人合編的。其動機乃鑒於：

臺灣當局除了比較認真地從事推行中文和國語外，卻竭力限制

---

159 吳克泰：《吳克泰回憶錄》，頁172。
160 葉芸芸編：《證言二‧二八》，頁41-61、94-118。
161 吳克泰：《吳克泰回憶錄》，頁243-285。
162 藍博洲：《消失在歷史迷霧中的作家身影》，頁115-153。

大陸和臺灣的正常往來，尤其是嚴格限制大陸書報的進入，既
過止了光復和臺灣文化復甦、發展的生機，更不利於臺灣人民
和全國各族人民的團結、進步。當時大陸省市出版的報紙能在
臺灣公開發行的只有《大公報》等少數幾種，還不免常被檢察
官所扣押。可見臺灣當局對思想、言論的箝制，達到何等嚴厲
的程度。在臺灣人看來，這就無異於日本殖民者的封鎖和歧
視，令人難以容忍。[163]

　　王思翔這一段證言，也解釋了《臺灣評論》、《新知識》為何紛紛
採取大量轉載國內文章的編輯策略。由於王思翔、周夢江兩人在《和
平日報》的關係，「經常可以看到一些來自大陸的報刊，其中不少與
官方持不同的觀點，但很有價值的文章和資料，是一般臺灣人無法看
到的。」因此，「萌發了辦一份刊物的念頭，想把這種一般人不易看
到的文章和資料選載或摘錄成輯，公開發行」，不僅得到謝雪紅、楊
克煌的支持，「排印期間，圖書館館長（案：莊垂勝）在印刷廠看到
部分印件，甚表讚賞，遂提筆揮毫題寫刊名」，不料雜誌才印好，還
未發行，就被臺中市政府在印刷廠查封沒收，「幸得印刷廠員工的掩
護，留下部分雜誌」，[164]被查封了三百本，剩下兩百本得以流通，其
中一百五十本交由出資的謝雪紅秘密分發，五十份由周夢江托朋友在
臺北書店銷售。[165]

　　《新知識》大量的篇幅轉載上海《文匯報》、《大公報》，南京
《大剛報》，廣州《人民報》與重慶《時事新報》等諸篇社論，都是
國內反對內戰、要求和平、爭民主的言論，揭露美國對華政策的矛盾
性。正如秦賢次在導言中所言：

163　王思翔：〈臺灣一年〉，周夢江、王思翔著，葉芸芸編：《台灣舊事》，頁28。
164　王思翔：〈臺灣一年〉，周夢江、王思翔著，葉芸芸編：《台灣舊事》，頁29-30。
165　王思翔：〈緬懷謝雪紅〉，周夢江、王思翔著，葉芸芸編：《台灣舊事》，頁124。

摘錄轉載的文章約占三分之二的比例，主要係轉載自全國各地
的報刊雜誌，內容則以政治、經濟、時評為主，著名的作者如
施復亮、許滌新（刊物上漏排成許新）、鄧初民、陶行知、費
孝通、何香凝等，均為當時重量級的左派學者或民主人士。[166]

　　這份刊物創刊於臺灣當局加緊言論控制之時，刊載對臺灣現實、
對國共內戰批評的文章，尖銳性不下於《臺灣評論》，一誕生就面臨
被查封的命運是可想而知的。

　　《新知識》的被查封，沒有打斷這群文化人欲加強兩岸「文化交
流」的意向。中央書局董事長張煥珪和經理張星健主動找王思翔合作
再辦刊物，可見臺中的文化士紳，也很能認同王思翔編輯《新知識》
的理念。這一次為求謹慎，出版純文化雜誌，盡量避談政治，並找了
不具政治色彩，曾經擔任《興南新聞》的文教記者藍更與掛名主辦
人，登記「文化交流社」，以出版不定期刊物，這就是《文化交流》
的由來。

　　《文化交流》於一九四六年年底籌劃，次年一九四七年一月十五
日創刊，王思翔負責組稿有關中國文化的部分，還邀請了楊逵負責組
稿有關臺灣文化的部分，溝通兩岸文化交流的深意相當明顯。只可惜
第二期因二・二八事變再度停刊，王思翔表示「為編好這個小刊物，
我還向上海的文化名人胡風、葉以群、許傑、趙景深諸位寫信約
稿」，都是響叮噹的左派人物。另外胎死腹中的出版計劃，還包括
「木刻家黃榮燦編寫的一套兒童閱讀的新型畫冊和《和平日報》編輯
李長和（林義）的《中國近代史》通俗讀本，都在編寫過程中即將脫
稿」。[167]

---

166 秦賢次：〈《新知識》月刊導言〉，《臺灣史料研究》第10期（1977年12月），頁4。
　　（又見《新知識》覆刻本導言）。
167 王思翔：〈臺灣一年〉，葉芸芸編：《台灣舊事：台灣民眾史（14）》，頁29-30。

　　自從一九四六年五月，隨著國共內戰局勢緊張，臺灣省黨部開始向長官公署宣傳委會施壓管制媒體言論。臺灣省黨部主任委員李翼中曾提到：「人民導報與臺灣評論均為同志所創辦而反為異黨操縱，迭與嚴切改正，終不能改……」[168]《人民導報》首當其衝，被迫改組，其他「左」傾言論的刊物如《臺灣評論》、《自由報》、《新知識》，也一直是當局整肅查禁的對象。一九四六年七月《臺灣評論》創刊後，亦被省黨部要求收回，勉強出了四期，十月終於被勒令停刊。由王添灯出資的《自由報》緊接著在這個月的十五日創刊，並以時效性較強週刊的形式維持了十五期，直到二·二八事件爆發才停刊。與此同時，八月十五日《新知識》創刊，才剛印好就在印刷廠被查扣，同一批人馬鍥而不捨於一九四七年一月十五日攜手合作創辦《文化交流》，除了介紹臺灣的抗日文化運動，又以轉載大陸民主人士的文章的方式，「盡量不談政治，只是介紹中國與臺灣的文化，以盡交流作用」，希望能延長刊物的壽命，無奈二·二八事件爆發，「一切皆成泡影」。[169]在此情勢下，臺灣進步文化人在物價攀升的經濟壓力下，仍不斷擴大集團的力量出版刊物。其目的不外乎促進省內的政治改革，並時時注意大陸國共內戰的動向，以呼應大陸的民主運動。

　　就現實的情勢來說，一九四六年年底至一九四七年年初內戰「公開」爆發之前，和平談判、組織聯合政府也是全民的希望，國、共和談完全破裂也是一九四六年十一月以後的事。[170]蔣介石一九四六年三

168　李翼中：《帽簷述事——台事親歷記》，收入中央研究近代史研究所編：《二·二八事件資料選輯（二）》（臺北市：「中央研究院」近代史研究所，1992年），頁404。

169　秦賢次：〈《文化交流》第1輯導言〉，《臺灣史料研究》第10期（1997年12月），頁5（又見《文化交流》覆刻本導言）。

170　中國國民黨於一九四六年十一月十五日至十二月二十五日，違背政治協商會議決議而召開「制憲國民大會」。一九四六年一月底政治協商會議中共與民盟主張全面改選國大被拒，後決議規定國民大會須於停止內戰、改組政府、結束訓政及修正憲草後始得召開。國民政府先於七月三日由國防最高委員會擅自決定十一月十二

月開始，以「接收主權」為名，增兵東北，搶占戰略要地，國共雙方
即在東北激戰。七月，國民政府以五十萬大軍對蘇皖占領區展開攻
擊，毛澤東以「保衛戰」為名阻止，內戰爆發。[171]但雙方更積極動員
的開戰則始於一九四七年的一月到二月之間，此乃由於一月八日美國
特使馬歇爾宣布調處工作失敗，離華返美；一月二十九日美國國務院
聲明美國退出軍事三人小組，暫停對國共內戰的調停工作。一月三十
日，國民政府宣布解散軍事三人小組、北平軍事調處執行處，[172]連談
判桌上表面的和平假象都維持不下去。一九四七年一月三十一日，華
北戰事擴大，此時國民黨的戰力正達最高峰，三月十九日甚至攻克中
央根據地延安，極欲乘勝追擊。因此，不能以後來國、共完全對立的
情形來瞭解一九四七年以前的人脈派系關係，因為勝利後到一九四七
年二月以前的國共關係，基本上還處在曖昧不明的情況下，抗戰時國
共第二次合作聯合抗日，國民黨黨員當中有許多左翼或是民主進步人
士。另外，戰爭末期國共衝突日甚，以一九四一年一月初的新四軍事
件（又稱皖南事變）為表徵，抗戰勝利後，對立逐漸表面化，兩邊陣
營互相臥底的人事是永遠不可能公開的「黑盒子」，使得考察光復初
期的歷史往往出現一些複雜難解的現象，因此比對史料文獻與事件因
果的功夫也就倍顯重要，不能以後來的情勢妄加臆想。

　　上述「左傾」刊物從光復後在北部透過《政經報》、三青團開始
集結，發展出以《人民導報》此一報社為中心，逐漸擴大人脈勢力。
與此同時在臺中，隨著《和平日報》一九四六年五月四日的創刊，透

日召開國大，後延期三天，聲稱為等候中共交出參加國大的代表名單，中共與民
盟拒絕參加。按政協決議，國大代表應為二〇五〇人，實際出席只有一三八一名，
且大多是一九三六年選出的國大。十一月十九日中共駐南京代表團周恩來等人返
回延安，象徵國共和談破裂。

171 薛化元主編：《臺灣歷史年表終戰篇I（1945-1965）》（臺北市：業強出版社，1996
　　年），頁18。

172 薛化元主編：《臺灣歷史年表終戰篇I（1945-1965）》，頁26。

過大陸赴臺進步文化人王思翔等人的串聯，也逐漸將日據時代以林獻堂為首的民族主義者（所謂的地方士紳中的「臺中派」）、臺共謝雪紅的人馬，以及人稱「一匹狼」的左翼作家楊逵集結起來，幾乎網羅了中部地區重要的社會運動者。光復後這些逐漸活絡起來的文化勢力，共同集結在這些要求自由、民主言論並透露出「左傾」的刊物上，代表著久被壓抑的社會力，透過民間的民主力量，利用各種可能的管道，甚至利用軍方報紙《和平日報》的版面，自發性地串聯起來，共同呼籲促進臺灣政治、經濟的民主，強化兩岸文化的交流，呼應大陸的民主運動，以避免臺灣走向「特殊化」與「孤立化」。可以看到這些民主勢力，包括了回臺的「半山」、大陸赴臺的進步文化人，以及本地不分左、右翼的知識分子與地方士紳。

　　二‧二八事件以前，日據時期以來臺灣的左、右翼儘管存在著思想上和路線上分化之歷史矛盾，但是兩者的關係在光復之初，並非完全延續舊有的細故嫌隙，這是因為作為與國民黨的法西斯官僚體制共同對抗的民間勢力而言，左、右翼之間有攜手合作的必要性。針對光復以後在政、經、社會出現的亂象，他們的政治要求與社會實踐集中於「民主化」與「地方自治」等實際問題的討論。因此可以看到左、右翼文化人在一些刊物集團、文化活動、組織團體上攜手合作。例如：「三民主義青年團」、半官半民的「文化協進會」主辦之文化活動與其機關雜誌《臺灣文化》，都網羅了不分左、右，不分省內、省外的知識分子。而《臺灣評論》中的「半山」人士除了具有左翼分子的背景，又具有國民黨的黨、政人員的身份。尤其是臺中的一報兩刊《和平日報》與《新知識》、《文化交流》，甚至結合了赴臺的王思翔、樓憲、周夢江等進步文化人、舊臺共謝雪紅的人馬、左翼文化人楊逵，以及臺中中央書局董事張煥珪、圖書館館長莊遂性等資產階級的民族主義人士。葉芸芸也曾指出：

中部地區的文化仙，莊遂性、陳虛谷、葉榮鐘等，在林獻堂等
地主的支助下，籌辦「中報」，似乎有意延續《臺灣民報》，在
輿論與文化上創一番事業，又在他們任職的臺中市圖書館定期
舉辦中國歷史文化以及近代民主政治、經濟講座，還有各種文
化活動——馬思聰演奏會、楊逵《送報夫》出版，曹禺話劇《雷
雨》演出等。很可能文化上的「回歸」與「交流」正是他們自
我期許的擔當。楊逵與藍更與（藍運登）與王思翔籌辦《文化
交流》，或也是同樣的用心。[173]

　　這些事例說明了二・二八事件以前，誠如林書揚指出的：國、共
合作的架構還在。[174]在期望國共和談、和平、民主的氣氛下，省籍的
左、右翼勢力儘管有人脈集團在思想、路線上的差異可供吾人判別，
但彼此合作的空間亦頗大，絕非井水不犯河水的對立關係。唯一看得
出來的齟齬，是左翼文化人呼籲反對錄用「皇民化」御用士紳。[175]關
於社會力的實踐，省籍左、右翼人士比較明顯的差異，是地主士紳、
實業資本家等右翼民主主義人士比較集中往政界發展[176]，「有板有眼
地，要執行他們在日據時代所爭取不到的質詢權」，[177]而左翼文化人

---

173 葉芸芸編：《證言二・二八》，頁296。

174 林書揚：《從二・二八到五〇年代白色恐怖》（臺北市：時報出版社，1992年），頁
　　85。

175 例如蘇新：〈人事問題〉，呼籲政府不可舉用日本帝國主義統治時期的日籍官吏、
　　御用紳士，致使民眾失望（《政經報》第1卷第3期（1945年11月25日），頁5）。徐瓊
　　二：〈停止公職問題〉中，不僅針對長官公署一九四六年九月十二日公告的曾擔任
　　「皇民奉公會」那些對象，並提出「曾任職國內偽政府組織，從事利敵行為，對
　　祖國和人民不利的漢奸就在本省的政府機關內。」原文收《台湾の現実を語》（臺
　　灣的現實）一九四六年十月大成企業局出版部出版，現收入蕭友山，徐瓊二著，
　　陳景平譯：《臺灣光復前後的回顧與現狀》，頁33。

176 關於戰後初期省籍人士參與民意代表的選舉，已有李筱峰的研究（《臺灣戰後初期的
　　民意代表》），於此不贅，並請參考本書第一章。

177 葉芸芸編：《證言二・二八》，頁296。

則集中在媒體言論界，積極結合右翼士紳的民主派、國民黨內進步人士，尤其是陳儀的文教幕僚的人力與資源，以表達政治民主化的要求。左、右翼思想傾向的差異性，分別表現在兩份發行量最大的民間報紙上：《民報》與《人民導報》。兩報的社長林茂生、宋斐如與王添灯都在二‧二八事件後遭到莫名的逮捕而犧牲。

　　二‧二八事件以前文化人在政治團體、文化界合作的機會和空間，已受到國民黨鎮壓的情勢而逐漸縮減。二‧二八事件遭受軍隊鎮壓，實施清鄉以後，此一左、右路線的分化，涇渭分明地呈現兩極化的發展。而且，受到國共內戰的影響，在臺灣不只是左翼的運動被全面禁絕，到了一九四九年五月國民黨當局退臺以後，就算是大陸赴臺人士與本地勢力結合的右翼自由、民主運動，也因為二十世紀五十年代雷震案與籌組反對黨「中國民主黨」的失敗，胎死腹中[178]，形成國民黨一黨專政的法西斯政權。

　　戰後短短的一年半的時間，臺灣的文化場域已逐漸形成一股自主性的力量，足以和官方勢力抗衡。這一股民主勢力，是臺灣文化場域在二次大戰結束後，受到世界性民主思潮的席捲，以及大陸民主運動的鼓舞，文化人出於對和平建設新中國的期許，積極於掌握文化場域的輿論主導權。然而這樣的民主思潮僅維持一年多的榮景，在二‧二八事件後受到軍事力量的鎮壓而中挫。二‧二八事件後，這股民主思潮只能轉化為文學思潮的討論，「四六事件」後則連文學思潮的討論也遭到壓制。國民黨當局對臺灣言論自由的控制隨著它在內戰中的失利而逐漸緊縮，相對地，民間自主性文化場域的空間自然也愈縮愈小。

---

178 有關「自由中國」雷震案與「中國民主黨」籌組過程，可參考謝漢儒著作：《早期臺灣民主運動與雷震紀事》（2002年），頁2。謝漢儒一九四六年在臺創辦民營的民權通訊社，三月一日發行《民權通訊社甲種槁》，又創刊了《經濟日報》。二‧二八事件後，《經濟日報》被警備總司令部命令停刊，謝漢儒於上海參加中國民主社會黨，並被委託為臺灣黨務輔導員，可視為赴臺外省人中的右翼自由主義者。

　　戰後臺灣自主性文化場域的形成，是經過二十世紀二、三十年代以來社會主義思潮洗禮的臺灣文化人，與大陸經過抗日戰爭「文章下鄉」「文藝大眾化」經驗的進步文化人，共同合作的結果。雖然雙方之間對臺灣社會、文化與文學的評價不盡相同，彼此的「習性」、在權力場域中的「位置」也各不相同。但面對國、共內戰與臺灣民生經濟貧困化的時代處境，卻有一致的行動抉擇，共同結盟對抗國民黨官方的文化勢力，這部分留待第五章進行更細緻的分析與梳理。

第三章
左翼言論、民主思潮與二・二八事件的革命困境

　　日據時期，臺灣文化人歷經「皇民化」運動的思想禁錮與言論壓制，光復後，先是對新時代充滿了期待，爾後逐漸對國民政府的接收感到不滿，於是更積極於媒體言論上提出他們的建言與批評。其中，尤其以左翼文化人最積極投入雜誌文化事業，在光復之初，他們的言論也是最能展開多面向思考，掌握世界局勢與國內政局對臺灣社會的影響，從而呼應了大陸如火如荼進行的民主思潮與社會運動。本章主要以左翼文化人主導的雜誌為分析的對象。政治的民主化與正義性可說是他們關懷的焦點，透過他們言論焦點的轉移，以釐清左翼的文化人關懷的視野，呈現怎樣變化與演繹，藉此呈現他們如何面對脫離日本殖民與回歸祖國所衍生的各種問題。

　　左翼文化人主導的雜誌，有一個很明顯的現象，就是在一九四六年的上半年以前，他們頻頻對臺灣社會的政、經現實問題，提出建言與批判。但是從一九四六年下半年起，在臺灣省黨部加強言論控制的同時，基於現實的需要，他們開始改變策略，改以轉載大陸進步刊物上民主人士的文章，報導大陸政治協商會議、國共內戰的動向，促使臺胞認清中國的政治現實與臺灣政局的關係。在此過程中，「三民主義」中民權主義、民生主義的理念，都一再作為他們思考民主政治的起點，唯有先瞭解「三民主義」在此過程轉折中發揮了怎樣的政治認知作用，才能瞭解他們思考的轉折。因此，本章第一節探討臺灣文化人對「三民主義」認知與社會改革意識的關係。第二節以左翼文化人

主導的刊物為考察對象，分析他們的言論轉折與民主思潮的內容，歸
納其論點可分為批判島內政經現實、呼應大陸的民主運動，以及圍繞
「政治協商會議」展開的民主思潮，顯然把臺灣的政治出路與國內的
政治動向聯繫在一起思考。第三節從《新知識》中王思翔的〈現階段
臺灣文化的特質〉一篇，探討臺灣社會、文化性質的文章為出發點，
思索近代臺灣「殖民地化」的歷史傷痕在復歸中國後所造成的文化困
境與二・二八事件的關係。

第一節　「三民主義熱」與社會改革意識

　　剛脫離殖民地統治的臺灣知識分子對國內政局情勢隔閡，對國民
政府的接收充滿期待，除了學習國語熱潮，就是亟欲瞭解、闡述孫中
山的「三民主義」政治理念。葉芸芸曾指出：「當時的智（知）識分
子幾乎人手一冊『三民主義』，滿懷抱負與熱情，努力要建設『三民
主義的新臺灣』，比之日據時期，智（知）識分子更形活躍。」[1]「三
民主義」熱潮從日本戰敗後在臺灣風行，隨手翻閱當時的報紙，「建
設三民主義的模範省」幾乎是每篇政論文章必呼的口號，但細讀其內
容，無論是官方或是一般的言論，大都是泛泛之論，並無特別的深
意，唯獨左翼刊物上的「三民主義」論述，別有一番深意。

　　光復之初，大部分的知識分子對國、共分合的歷史與政局情勢相
當隔閡。由於戰前日本殖民當局刻意實行隔離政策，未經申請允許是
無法進出大陸的。即便是親赴大陸日本占領區工作的臺灣人，也並不
十分瞭解大陸上國、共離合的政局演變，吳濁流的《亞細亞的孤兒》
中主人公胡太明曲折的抗日道路，可說是最好的言詮。胡太明到南京

1　葉芸芸：〈試論戰後初期的臺灣智識份子及其文學活動〉，收於《先人之血、土地之
　　花　臺灣文學研究論文精選集》（臺北市：前衛出版社，1989年），頁63。

一年便曾偶遇當年在公學校教書的同事曾君，曾君因抗議日本校長歧視臺籍教師，毅然辭職，奔赴祖國，後來在南京與「聯合陣線」搭上線，又赴「西北」[2]，參加紅軍抗日去了。但相對於曾君毅然投入革命，胡太明追根究柢是個民族主義者，而非嚮往階級革命者，所以即便他覺醒後投入抗日的行列，也是奔向昆明，而非「西北」。小說中的胡太明對「曾君」的描述，說他沉迷於打牌，而不顧小孩的生病哭鬧，似乎暗示「曾君」的家庭觀念薄弱。而胡太明對於妻子淑春從一個沉迷於打牌、跳舞，搖身一變成為街頭運動者，也認為這種鼓吹抗日而不評估兩國軍力的做法，是不負責任的群眾煽動者，因而感到不以為然。從這兩點可知胡太明對於社會運動、與激進的抗日愛國運動，起初是抱著敬謝不敏的態度，似乎也無意探究國、共合作抗戰的意義。直到回到臺灣，經歷家破人亡之後，才終於覺醒，但覺醒的是「漢魂」，無關階級革命。吳濁流在塑造胡太明這位小地主階級意識的保守性格來說，應該是相當典型的人物。

二十世紀三十年代以後，由於日本殖民當局的隔離政策，年輕一輩對中國的瞭解不如三十年代以前的知識分子。[3]吳克泰的回憶錄中

---

2 劉孝春〈試論《亞細亞的孤兒》〉中比對中譯本與日文版，日文版有「曾」君決定奔赴「西北」而向胡太明辭行，劉孝春指出：「西北」暗示的即中共的抗日根據地「解放區」，中文版刪除。見劉孝春：〈試論《亞細亞的孤兒》〉，「臺灣殖民地史學術研討會」會議論文，頁7-8。臨行前曾君對胡太明說：「空虛的理論現在絕對行不通了……只有實際的行動才能救中國。希望你趕快從幻想的象牙塔中走出來，選擇一條自己應走的路，這不是別人的事，而是你自己命運有關係的問題。」見吳濁流：《亞細亞的孤兒》，頁168。這番話對日後胡太明的「覺醒抗日」，深具啟發，但吳濁流顯然刻意對比曾君和胡太明兩種赴祖國抗日的類型。

3 二十世紀二十年代以前中國大陸的書籍、期刊，臺灣都可以直接購讀，日本殖民當局也尚未實行「隔離政策」。根據若林正丈的研究：一九二七年文協分裂前，從一九二六年八月到一九二七年二月，沫雲（上大派的許乃昌）和保守派的文協理事陳逢源，在《臺灣民報》展開一場關於中國社會性質（中國有無資本主義發展的可能性），以及關於往後的臺灣抗日運動的大論戰。論爭中許乃昌主張：中國社會可能不經過資本主義而跳躍。中國的國民革命如果由資產階級領導，終歸不徹底。如由

也指出戰爭期臺灣的知識分子，非有特殊的經歷，如少數直接參加中國國民革命運動者，很難瞭解國民黨之外共產黨的主張，或接觸共產黨的組織。[4]甚至是到後方參加國民黨抗日組織的志士，也未必深刻瞭解國共政治路線鬥爭的性質。大概只有少數尋求地下黨組織的特異分子，能夠很快地瞭解勝利後內戰的危機。

　　臺灣人不瞭解大陸的政局，但孫中山思想的傳布卻是日本殖民當局嚴禁不了的，正如吳新榮回憶錄所呈現的，戰爭末期，日本敗象逐漸顯露之際，臺灣知識分子早已偷偷地閱讀孫中山的三民主義。[5]事實上，從二十世紀二十年代開始，翁俊明、賴和、蔣渭水等總督府臺北醫學校及其他國語學校學生，已對孫中山革命投以相當的關注。[6]一九二四年十一月，孫中山北上共謀國是時取道日本，欲聯絡日本朝野之士支持中國革命，在日本的臺灣留學生不可能不注意到。這一年正是楊逵自臺南州立二中輟學赴日的第一年；曾對孫中山在日發表

無產階級指導的話，能夠爭取人民利益，與帝國主義國家人民的革命相結合，推進社會主義。見若林正丈著，陳怡宏譯注：〈尋找遙遠的連帶——中國國民革命與臺灣青年（上、下）〉，頁142。透過這場論戰，三十年代的臺灣知識分子應該比進入戰爭期的年輕一輩更瞭解國、共政治路線的差異。而當時累積的社會運動與社會主義思潮的「文化資本」，即在光復後逐漸復甦。但這個「復甦」顯然是從「紅色的三民主義」開始的。

4　吳克泰指出日據下：「在臺灣很閉塞，只知道祖國有個國民黨，在大陸後方流浪了一段時候，一心一意要找到蔣介石的國民黨，卻沒有找到。後來到了上海，不久日本投降了，自己盼望的國民黨來了，卻沒有想到國民黨那麼糟糕，那時候真是苦悶。後來，我參加一個日本人辦的『改造日報』，看到一些進步的書籍、報刊電訊。慢慢地理解中國除了國民黨外，還有一股強大的民主勢力，從斯諾（案：Edgar Snow，美國記者）的書，才知道共產黨、新四軍、八路軍的歷史。」葉芸芸：〈三個新聞工作者的回憶——訪吳克泰、蔡子民、周青〉，葉芸芸編：《證言二·二八》，頁95。

5　吳新榮：《吳新榮選集3·震瀛回憶錄》（臺南縣：臺南縣立文化中心，1997年），頁154、152。

6　林瑞明：《臺灣文學與時代精神賴和研究論集》（臺北市：允晨文化，1993年），頁8-21。

「大亞洲主義」演說表示敬仰的王白淵，以及一九二九年赴中國大陸參加抗日的謝春木，當時亦在日本求學。[7]一九二五年孫中山與世長辭，臺灣知識分子悲慟哀悼，在《臺灣民報》上發表一連串的憑弔文章。一九二六年軍閥割據、中國尚未統一之際，《臺灣民報》即尊孫中山為「國民之父、弱小民族嚮導者」，[8]可見孫中山思想在臺灣傳布情形之一斑。一九三○年謝春木在臺出版的《臺灣人如是觀》[9]中，已流露出傾向孫中山晚年的階級革命路線，比起啟發他接觸孫中山思想的蔣渭水所推崇的民族革命路線更為激進，謝春木在文中，比較列寧主義與孫中山主義，介紹孫中山、越飛的共同宣言，推崇孫中山聯俄容共、扶助農工的政策，反之，則對國民黨的「清共」及「右轉」頗有微詞。[10]由此可見，光復之初，知識分子「人手一冊三民主義」，其來有自。

　　目前所知，光復後最早積極宣揚三民主義、孫中山思想的，是左翼文化人楊逵率先發起的，他於一九四五年九月二十二日創辦《一陽週報》。[11]在一九四五年十月二十五日「臺灣光復日」這一天創辦的《政經報》，有關三民主義思想與臺灣政局的關係之文章也一再出現，可以看到甫回歸「祖國」之際，與一般知識分子一樣，左翼文化人在國民政府尚未展開接收工作時，也急欲透過三民主義的學習、傳布，努力使臺灣與祖國的政治、文化接軌，其中啟蒙民眾的政治意

7　柳書琴：《荊棘的道路：旅日青年的文學活動與文化抗爭》（新竹市：清華大學中文系博士論文，2001年），頁47-49。

8　黃煌雄：《蔣渭水傳》（臺北市：前衛出版社，1999年），頁206-220。

9　見謝南光著，郭平坦校訂：《謝南光著作選》，臺北市：海峽學術出版社，1999年。

10　柳書琴：《荊棘的道路旅日青年的文學活動與文化抗爭》，頁47-49。

11　許分口述證言：「《一陽週報》主要出資者是林幼春之子林培英與李崇禮之子李君晰，其他便是小額捐款。在有錢出錢，有力出力下，以刻鋼板、油印的方式，於9月22日出刊。」參見藍博洲：〈楊逵與臺灣地下黨關係的初探〉，《消失在歷史迷霧中的臺灣作家》（北京市：台海出版社，2005年），頁317。

識、宣揚民權意識的目的，是不言而喻的。

　　楊逵在《一陽週報》第九期〈紀念孫總理誕辰〉首先提到光復後建設新臺灣必須繼承孫總理的革命事業。文中提到必須「清明認識先生的思想、鬥志及為人來規正我們的思想、鬥志及為人、以繼承先生偉大事業」，楊逵以孫總理的革命精神砥礪臺灣光復後的新建設，尤其是即將面臨的民權、民生問題：

> 未戰而得勝的臺灣光復、雖是可慶可祝、總是因此若抱著中國革命為如桌頂拿柑之安易感，那就慘了。光復了後的新建設目前多難、民權民生的徹底解決尚有多端、孫中山先生思想與主義的完善發展全掛在我們肩上……
> 千萬不可抱著安易感、學日本紳士改裝換面就傲然成了新紳士這樣慘呵。此類是總理始終痛恨唾棄的劣紳。[12]（1945年11月17日）

　　光復之初，全臺都熱烈地沉浸在「光復」「勝利」的氣氛中，很少能意識到中國的「慘勝」，及其即將帶來復員與重建困難重重的情勢。從各地熱烈投入「歡迎國民政府籌備會」，可見一斑，楊逵也是其中的一分子。但從上面這段引文內容來看，卻不得不佩服楊逵的見識，甫光復一個月，楊逵並沒有只沉浸在「未戰而得勝」的、空虛的勝利感，也不是盲目地擁抱「三民主義」，而是「孫中山先生的思想與主義的完善發展」，有待我們徹底解決民權、民生問題，努力新建設，「才得達到美滿的社會」。從社會實踐印證理論，一直是信仰社會主義的楊逵所身體力行的，他清楚地意識到民主的成果是不可能不經

12　楊逵著，彭小妍主編：〈紀念孫總理誕辰〉，《楊逵全集》第10卷詩文集（下）（臺灣文化資產保存中心籌備處，2001年），頁211-212。

過社會鬥爭而輕取的。從接收後的臺灣社會弊病叢生，可以證實楊逵
的確有先見之明。

　　楊逵創辦《一陽週報》所欲宣揚的三民主義思想，與國民政府赴
臺後以「三民主義」為號召，欲收攬人心，事實上是兩回事，楊逵是
自動自發地宣揚三民主義的。楊逵想以三民主義提高一般大眾的政治
意識，期望在對日勝利民族問題解決之際，民權、民生的建設能透過
民眾的政治啟蒙，迅速步上軌道。這可以說是一九三〇年代以後、被
日本當局壓抑下去的社會主義思想的重新復甦的例證之一。

　　底下舉《政經報》《臺灣評論》上具體例子來說明，將會更清楚
此一思潮的形塑過程。

　　《政經報》第一卷第一期，刊載了甘乃光的〈三民主義序〉、三
民主義的提要，並節錄蔣介石《中國之命運》中不平等條約的影響。
蘇新回憶時提到，因為《政經報》的同仁起初對國民黨懷有相當大的
幻想，所以「政治傾向表現無條件地擁護國民黨、國民政府和陳
儀」。[13] 從創刊號的內容看來，的確如此。但是值得注意的是，甘乃光
寫於國民黨「清黨」（1927年4月12日）前的民國十五年的〈三民主義
序〉，應該是孫中山聯俄容共、形成第一次國共合作情勢下的產物。
甘乃光解釋孫中山主義是從國民的民族革命到社會革命進而到政治革
命，是一種社會主義的社會革命運動。文中指出：

> 中山先生講「民生主義就是社會主義。又名共產主義即是大同
> 主義」。其意就是孫中山主義的終極目的是社會革命。是推翻
> 資本制度的民生主義。是擁護最大多數民眾利益的民權主義。
> 是將來消滅各階級的民族主義。所以孫中山主義是以國民革命
> 為過渡。社會革命為目的主義。（筆者案：原文標點如此）

13　蘇新：《未歸的台共鬥魂──蘇新自傳與文集》，頁62。

　　《政經報》刊登甘乃光這篇序文，說明「三民主義」社會革命的理念，可以在此看到「三民主義」吸引臺灣左翼文化人的原因。前述楊逵的文章也是基於改革社會的理念，抱持孫中山的革命精神，欲解決光復後的民權、民生問題。而當懷抱社會改革理念的左翼文化人認識到國民黨資產階級的官僚政治性質之後，他們甚至還以三民主義為準則，從而檢驗政府的施政，例如蘇新在第二卷第三號的《政經報》就發表了一篇〈主義、機構、人物〉，呼籲臺胞不可因為實行主義和操縱機構的人物腐敗，就謾罵「三民主義」。他首先指陳光復後民心轉變的過程：

> 自臺灣光復至陳長官蒞臺，這期間中，臺灣民眾何等稱讚「三民主義」！何等仰慕「國民政府」！何等尊敬外省人！
> 但是現在呢，只因多數可敬的外省人中間混雜著不良分子，到處招搖撞騙，欺壓良民；有些官僚主義者，到處拉攏人事，非親不用；有些半官半商之輩，到處圖謀事業，奪取民營等等，致使一般省民嘲笑說：「趕出一隻狗，牽入一隻豬」，宛然把外省人當作「豬」款待；諷刺「三民主義」為「慘民主義」或「三面取利」；把各地行政機關當作「商行」──這是何等侮辱我們的政府，何等冒瀆我們的國父。[14]

　　蘇新理性客觀地反省省民的情緒化的態度，他說：「老實說，罵『三民主義』的人，大都不曾讀過『三民主義』；罵官員的人，大都不曾見過『官中的好官』；罵政府的人，亦大都不知道現在我們的政府是什麼組織。」因而奉勸臺胞：

---

14 蘇新：〈主義、機構、人物〉，《政經報》第2卷第3期，1946年2月10日。

我們須徹底的研究「三民主義」到底是什麼「主義」；糸豪
（案：絲毫）不解三民主義或一知半解，就批評三民主義，或
罵三民主義，這是不對的，尤其是看著「所謂三民主義者」
（注意，不是真的三民主義者，是所謂三民主義者）的貪汙行
為，就詆誹亂罵三民主義是什麼「慘民主義」啦，什麼「三面
取利」啦——這種罵法，未免太過於感情。[15]

　　蘇新並且呼籲無論省內省外的為官者，不可違背三民主義，抨擊
那班「揩油主義者」和假官為商之輩，勿口說一套三民主義，手做違
反三民主義之事，使人民詆毀三民主義。可見蘇新在與「祖國」政治
接觸短短的三個月期間，已經跳脫省籍衝突、矛盾的情結，並以三民
主義為準則，批評官員、政府機構違反三民主義的作為。

　　另外王溪森的〈起用臺灣人才應有的認識〉一文中，也提到：

我們相信三民主義是革命的主義，在三民主義領導下的國民政
府也是革命的政府，這種主義和政府與日本帝國主義政府的指
導精神是根本不兼容的；因此對於臺灣的政務機關的接收就不
是由帝國主義的政府移交給另一個帝國主義政府的接收，而應
當是由帝國主義政府移交革命政府的接收。……我相信六百萬
的臺胞……每個人毫無疑義都是中華民國的大國民，每個人都
有參加建設新中國新臺灣的義務與權利；……每個人都應該重
新受過一番偉大的國父的革命精神的洗禮，在這洗禮當中來充
分地懺悔我們的過去，洗淨過去半世紀所染受的帝國主義給與
我們一切精神上和物質上的毒素，而虛心坦白地，誠懇地來接

---

15 蘇新：〈主義、機構、人物〉，《政經報》第2卷第3期，1946年2月10日。

收偉大的國父的革命精神和革命思想。[16]

　　從這段文字也可以看出左翼文化人，將三民主義當作是改革社會的利器，他們對三民主義的熱衷並不等於絕對擁護國民政府，他們視三民主義為革命的主義，可作為建設新臺灣的藍圖，所以儘管「建設臺灣成為三民主義的模範省」是官方與民間文化人的共識，但是左翼文化人顯然認為國民政府不是革命的政府，而是近似於帝國主義的政府。

　　但是，批判國民政府猶如帝國主義政府，並不是不認同「中華民國」，誠如王溪森所要求的：臺胞應與中華民國的國民被一視同仁的任用，分擔建設新中國與新臺灣的權利與義務。並呼籲政府不應該像日本殖民當局政府以「皇民化」的條件，任用「經他的特務機關的調查合格了的所謂人格者——御用紳士」，那不過是「惡劣的卑鄙的奴隸根性」。而這樣的奴隸根性，也是作為中華民國國民應該要徹底懺悔革新的。王溪森批判國民政府為近似帝國主義的政府，是因為臺胞沒有被當作「國民」的一員，一視同仁地對待，於此顯然不是「民族國家」的認同出了問題，而是對執政的政府不是「革命的」、「正義的」政府，對其行徑不表認同。王溪森並呼籲執政者起用人才，必須要「抱著全副的革命熱誠到群眾裡去刻苦工作」、「在群眾中發現被帝國主義埋沒了的大批真正最優秀的人才」。所以他對國民政府有批判，對於臺胞有自省，而其中三民主義的思想扮演了改革社會的基準，用以針砭時政，也用以勉勵臺人。

　　此時已加入共產黨的蔣時欽，返臺後看到臺胞從「光復當初，如何感激，如何期待祖國官吏和同胞，如何為協力政府、黨團盡力奔走」，如今卻「變做那麼失望、懷疑、自棄」，因而提出「向光明的路

---

16 王溪森：〈起用臺灣人才應有的認識〉，《政經報》第2卷第1期，1946年1月10日。

只有一條，──向真正的民主的路，我們自己抱定主意，不管別人腐敗墮落，一直向民主自治邁進罷」，[17]並發表了社論〈向自治之路〉，同樣是基於實踐三民主義的民主理念，提出臺灣爭取地方自治的實行，作為追求光明的出路。文中一一舉孫中山「民權主義」、「國民黨政綱」與「建國大綱」中，關於地方自治的實行理念與實行細則，並認為臺灣當時的行政長官制度，「使長官掌握行政、立法、司法與軍事四權。這制度在法律學上叫做『外地法』是植（案：殖）民地制度的典型。臺灣過去著名的『六三法運動』就是反對這樣的總督專制。已經光復了的今天，還要再來一次『六三法運動』麼？」呼籲行政長官制度應迅速撤廢，堅決反對殖民化的集權專制制度。並批判赴臺官吏帶來了大陸官場的不良風氣，「甚麼揩油，甚麼馬虎，這樣的作風是臺胞所看不慣的」，認為「臺胞的知識水平較高，民主的經驗豐富，法治觀念也高」，對將臺灣建設為三民主義的模範省，深具信心。要解決光復後的民生、經濟的困難，唯有實行地方自治方能解決，才能對「建國大業」有貢獻。

　　蔣時欽這篇文章開頭，首先提出身為中國人而擁有孫中山遺教的三民主義而感到幸福，並言明願意為三民主義的實現奉獻生命，「但是，種種經驗教給我們，它頗有陷於空空洞洞的口號的危險」。這時已加入共產黨的蔣時欽的意向，已呼之欲出，也是有過大陸經驗的左翼文化人洞悉國民黨官僚腐敗的歷史、所發出的肺腑之言。一九四六年十月，他與臺灣左翼文化人創辦《自由報》週刊，透過他和同仁吳克泰（也是返臺之前在上海加入共產黨）的經驗與宣傳，臺灣左翼文化人要掌握大陸國共逐漸形成對立的情勢與民主運動的動向，應該不是難事。[18]最困難的是，要如何在言論限制的情勢下，宣揚他們的政

---

17 〈編後記〉《政經報》第2卷第5期，1946年5月10日。

18 依林書揚的回憶：「有關國共兩黨在大陸的長期紛爭，以及為了抵抗日本而實現的『國共合作』，則由所謂的『半山』──也就是日據時代便已到過大陸，在那裡住

治理念，《自由報》週刊應該就是企圖掌握言論影響力的產物。

　　當然，也可以想見光復之初有一部分人士是為了公務人員的考試而學習三民主義，《政經報》上的廣告，出售該社發行的孫總理的《三民主義》、臺北大學蕭其來編著的《中國公文用語辭典》以及金曾澄編述的《增訂三民主義問答》，可以說是為了因應大眾的這種需求。但值得注意的，是在第二卷第三期登載一則「關於本社版增訂『三民主義問答』啟事」，啟事上說：

> 民國三十五年二月二日《民報》有登「警察局搜查誹謗祖國書籍」一記事，稱：「……至近某書館刊行之『三民主義問答』亦被當局押收，查此書為曲解三民主義，違反國是云云」，但這不是指本社刊行之「金曾澄編述增訂三民主義問答」。本社刊行之「增訂三民主義問答」乃係國內最著名，最有權威的三民主義研究書，又是各種考試的最好參考用書，請讀者可以放心。只購買時須要注意「政經報社版」。

　　這則啟事說明了關於三民主義的解釋，也必須在當局思想、言論檢查的尺度內，顯然有不被當局認可的「三民主義」在坊間流傳。

　　從上文看來，左翼文化人正是憑藉孫中山逝世前聯俄容共的「民生主義」理念，提出對時局的批判。國共經過第二次合作聯合抗日勝利後，對立又逐漸嚴重之際，前文甘乃光說民生主義目的在推翻資本制度，以社會主義來詮釋民生主義，顯然並不符合此時國民黨官僚資本的黨國利益。蘇新、王溪森、蔣時欽的文章，正是他們逐漸認識國民政府封建官僚的本質後，在甘乃光以社會革命詮釋三民主義的脈絡

過一段時日，最後才回臺的人士——嘴裡傳出了一些。」林書揚：〈消失在歷史迷霧中的身影〉，見葉芸芸編：《證言二‧二八》，頁266。

下，批判國民黨的官僚主義與官商勾結。《政經報》第一卷第四期
（1945年12月10日），編輯部登了一篇方塊文章題為〈官僚主義的形
態〉，說明乃摘要自胡漢民先生之三民主義之認識，編輯部顯然意有
所指地批判陳儀集團的施政。文中提到：

> 所謂官僚主義，論其只講究政權的因襲而且只求維持其特殊勢
> 力於不替的特點，它是一種傳統的職業；論其本身不事直接的
> 生產，唯謀操縱政柄而為各種特殊利益的工具，它是奇（案：
> 畸）生的勢力；論其裹挾立法司法行政各種事權，占取一國吏
> 治上下交通的系統，而一切濫權罔法徇私舞弊的勾當皆所優
> 為，它是一種掠奪的制度。（略）他們自己沒有經國治世的主
> 張或理論，（略）剽竊民心所歸的現成主張，便是他們主張；
> 他們爭選舉政權時也有政綱政策，但是口裡所講的和手裡所做
> 的是不一樣，而心裡所想的和口裡所講的更不一樣；他們所著
> 重的只有戰略……他們的戰略專以持個人權位的升降作出發
> 點。（略）他們是和軍國主義資本主義連成一起而成為世界上
> 反革命的勢力。

　　如果不是有現實的針對性，編輯部大概也不會從清黨前胡漢民之
三民主義之認識摘要這樣一篇批判「官僚主義」的文章，《政經報》
的同仁顯然意識到內戰又重蹈了第一次國共合作「國民革命」的失敗，
因此一再引用清黨前詮釋三民主義的文章。同時，蔣時欽也以孫中山
地方自治的民主理念，批判「長官公署」沿襲總督府的「殖民制度」。
同樣一本「三民主義」，顯然國民黨光憑口說的「藍色」的三民主義
已不能服人，民間左翼認同的是孫中山「聯俄容共」時期[19]「紅色」

---

19 孫中山嘗試與共產黨合作始於一九二一年十二月與荷籍共產國際代表馬林（G.

的三民主義，並已悄然在臺灣重新集結民主運動與社會革命的力量。

　　在左翼文化人主導的刊物發行過程中，可以發現日據時代左翼的傳統適時發揮了認知作用，在經過一段時間接觸祖國的政治情勢之後，原有的世界觀使他們得以很快掌握國共對立的問題根源，從而判斷國民黨所標榜的「三民主義」與孫中山思想的差異性。並且隨著關心國共和談、政治協商會議的政局演化過程，掌握了臺灣的定位，將政治追求的目標設定在「地方自治」的要求。這與臺灣省參政會的要求是一樣的，日後也成為二‧二八事件處理委員會政治改革的最主要的要求。

　　從楊逵、蘇新、王溪森到蔣時欽的文章脈絡，可知臺籍左翼文化人對三民主義的信仰，是基於社會革命的認知，他們以此為基準批判接收臺灣的國民政府的「非民主化」，是階級平等出了問題，而不是如同日據時期以民族平等蘊含了階級平等的問題來批判日本帝國的統治。因此，是「民主政治」出了問題，而不是「民族的認同政治」出了問題。另外，從上文的考察看來，光復之初，人手一冊三民主義的臺籍知識分子中，左翼的知識分子是出於社會的民主革命意識來認知三民主義，並非僅僅是出於「祖國意識」盲目擁抱國民政府標榜的「三民主義」，這是二‧二八事件後，中共地下黨吸引臺灣青年加入，組織迅速擴充的原因。

　　國民政府赴臺接收之前，各地知識分子即熱烈響應參與「三民主義青年團」，也足以證明孫中山的三民主義對臺灣知識分子頗具有號召力。陳儀政府赴臺後，左翼文化人開始舉國民黨標榜「三民主義」的政治理念來要求政治的清明，並與往政界發展的右翼士紳、知識分子共同凝聚出「地方自治」的要求，以期實現當局所謂「將臺灣建設

Maring）在桂林會晤。一九二三年一月，越飛（Adolf A. Joffe）與孫中山在上會面後發表的「孫中山越飛宣言」，確立了孫中山「聯俄容共」的政策。李雲漢：《從容共到清黨（上）》（臺北市：中國學術著作獎助委員會，1966年），頁145。

為三民主義模範省」，這可以說是以子之矛攻子之盾。因此，究其思
想歸趨，光復之初，「三民主義」的政治理念的確凝聚了文化人對
「祖國」的向心力，加強了認同的皈依感。隨著國民黨統治下整體社
會政治結構性的黑暗、腐敗逐漸顯露，三民主義中社會改革的理念又
使左翼文化人據此追求「民主政治」的實現。尤其，在左翼人士主導
的報刊上，這是非常鮮明地蔚為當時主流的民主思潮。關於光復初期
「三民主義熱」的民主思潮，先探討到此，下一節討論左翼文化人如
何從戰後國際、國內的政治情勢的演變，看待政治協商會議與國、共
對立，並以高度「地方自治」的民主要求，呼應大陸的民主運動，作
為尋求臺灣真正解放的政治出路。

第二節　國內政治動向與臺灣政治出路

　　這一節主要以光復後左翼文化人主導的刊物為考察對象，分析他
們的言論轉折與民主思潮的內容。考察的脈絡如下：《政經報》是臺
籍左翼文化人集結創辦的第一份雜誌，它從「臺灣光復日」一九四五
年十月二十五日創刊，延續到一九四六年七月。主編蘇新的編輯理念
剛開始以批評臺灣政經現實問題為主，不過從一九四七年二月以後，
《政經報》開始出現將臺灣的政治現實與大陸的政局演變聯繫起來的
言論。蔣時欽主編的最後兩期，[20]編輯理念更鮮明地將臺灣的政治出
路置於中國政治民主化的歷程。一九四六年七月《政經報》停刊後，
蔣時欽的編輯理念，緊接著在同月由李純青主編的《臺灣評論》延續
下去。《臺灣評論》核心人士都是歸臺的「半山」，其中有不少是日據
時代的社會運動者。一九四六年十月，《臺灣評論》被勒令停刊，左

---

20 何義麟：〈《政經報》與《臺灣評論》解題——從兩份刊物看戰後臺灣左翼勢力之言
　論活動〉，《臺灣史料研究》第10期（1997年12月），頁9。

翼文化人於同月又創刊《自由報》[21]週刊以延續同樣的編輯理念[22]。
無獨有偶的是，此一編輯理念也表現在臺中文化人一九四六年八月創
辦的《新知識》、與一九四七年一月創辦的《文化交流》上。這些要
求政治民主化、夾雜「左傾」言論的刊物，呈現了光復後社會主義思
潮在臺灣復甦的過程。同時，這幾份刊物的人脈包括了省籍知識分
子、「半山」人士與外省赴臺人士，他們的交往與言論表現了左翼文
化人的匯流。這些刊物的人脈，與《人民導報》、《和平日報》關係匪
淺，發刊情形與相關人物請參考（附錄表7-7）。

21　《自由報》目前尚未得見，無法切實考察其言論內容，僅能以當事人的口述歷史、
　　回憶文章瞭解編輯理念。

22　本書有關左翼雜誌的言論轉折的考察，乃得自何義麟的研究啟發，何義麟曾指出：
　　「依照當事人的敘述，《自由報》自治言論確實明顯受中共影響，但這是結果。要
　　瞭解這種結果的產生，必須探討其言論轉化的過程。臺灣左翼人士由批判國府統
　　治，進而呼應中共政治主張是有跡可尋，其演進過程就反映在這三種刊物上。例
　　如，有關國共政治協商會議之報導，分別出現在五月份的《政經報》，七月份的
　　《臺灣評論》，以及十月份以後發行的《自由報》。雖然三種刊物都出現相同議題，
　　但其論述焦點，要到《自由報》才全面附和中共聯合政府論與高度自治論。本土左
　　翼人士經過戰後近一年的言論活動，最後高度自治論逐漸成為其政治論述之基
　　調。」見何義麟：〈《政經報》與《臺灣評論》解題——從兩份刊物看戰後臺灣左翼
　　勢力之言論活動〉，頁15。筆者對何義麟的評斷有些微不同的意見，首先是左翼文
　　化人「高度自治」的觀念在《政經報》發行的末期就已經提出了。而對於「聯合政
　　府」的政治主張，從一九四六年五月份《政經報》編纂「政治協商會議專輯」開
　　始，在蘇新、王白淵、蔣時欽、李純青等人的串聯下，這三份刊物的主要成員，對
　　國共內戰根源於政治路線的鬥爭已有清楚的認知，筆者認為這是促使他們一再連結
　　勢力創辦刊物的原因。至於此一言論轉化的過程是否受中共影響？筆者從他們言論
　　轉化的過程，評估內緣因素是日據時代抗日運動的歷史基礎與社會主義思潮的復甦
　　所發揮的效應，這部分筆者贊同何義麟在同一篇文章的說法；但認為外緣因素的觸
　　發也很重要，那就是大陸民主運動、民主思潮的傳布。筆者認為左翼文化人呼應的
　　是大陸各地的「民主運動」與民主思潮，不認為是「全面附和中共」的政治主張，
　　因為「聯合政府」在一九四七年一月內戰全面開打之前，並非中共獨有的主張。而
　　是當時各民主黨派與各地的民主運動，將「反內戰、要和平」的希望寄託在國共和
　　談、組織容納各黨的「聯合政府」。即便是當時替中共宣傳最出力的、還沒有恢復
　　共產黨籍的李純青也認為：臺灣人不要捲入國、共的政治鬥爭。見〈中國政治與臺
　　灣〉，《臺灣評論》創刊號（1946年7月1日），頁4。

一　批判島內的政經現實

光復後第一份左翼文化人主導的刊物《政經報》，剛開始關注的是長官公署接收後島內的政治現實，對陳儀的施政提出建言，誠如蘇新所指出的：「當時主要是批評陳儀留用日人官吏和起用漢奸（當時我們罵他們是奸黨），以及批評物價政策和金融政策，反對江浙財閥的進出臺灣等等。」[23]他們關心的焦點包括糧食危機、人才錄用、省籍矛盾、產業振興、社會治安等等問題，最後總結為「地方自治」的要求。

蘇新的〈論人事問題〉除了呼籲政府不可舉用日本帝國主義統治時期的日籍官吏、御用紳士，致使民眾失望，並提出登用人才的具體辦法建議政府，最後則向民眾呼告組織群眾的重要性：

> 第一，為何民眾的敵人，今日尚能夠登場起來？是不是因為我們無力？老實說，我們到底缺少了大眾的組織力，缺少了訓練，缺少了自己的充實。
>
> 第二，今後若欲清算從來的惡勢力，欲使臺灣的政治好，無論如何，我們需要組織大眾，訓練大眾，提高大眾的政治的意識……那末，我們就有驅逐反動勢力的一日。
>
> 總而言之，人事問題，不是單以空論和批判就能解決的，而且也不是單對政府要求，政府就馬上能應付我們。最要緊的，還是我們個個完成自己，加強我們的陣營。[24]

日據時期臺灣共產黨成立時，曾經到林場、礦區協助組織群眾的蘇新，雖然此時尚未重新恢復黨籍，但思維方式還是以階級的立場出

---

23 蘇新：《未歸的台共鬥魂──蘇新自傳與文集》，頁62。

24 蘇新：〈論人事問題〉，《政經報》第1卷第3號（1945年11月25日），頁3-5。

發，呼籲唯有組織群眾力量才可以驅逐反動勢力，達到政治革新的目的。〈再論「糧食問題」〉中，蘇新則針對一九四五年十月三十一日公布的「管理糧食臨時辦法」實施配給制度，建議恢復米的自由買賣，以平抑米價；[25]否則，就應該以高於黑市的價格，收購全省一切米糧，或計劃輸入外米和代替食糧，解決糧食危機。蘇新並批判當局不可沿用日本的統治手段：

> 筆者欲對當局諸公建言一句，就是要採用日官吏的意見的時候，須要十分警戒……他們的所謂「行政技術」不過是一種「邪術」，是帝國主義壓迫民眾的「技能」，決不適用於我們民主主義國家的政治。……所以留用日籍官吏的時候還要十分選擇。[26]

這自然是針對陳儀政府昧於日本建設臺灣的繁榮表象，一味迷信於日本的「技術官僚」，留任日籍官吏、技術人員，未曾考慮日據時期繁榮表象的背後是剝削臺民所造就的。

王白淵的社論〈告外省人諸公〉，文中批判少數對臺胞懷抱一種優越感的外省人，把臺省看作殖民地，勸告這些不肖的外省人：

> 現象與本質，應該要認清楚，不可以為一時的現象，例如臺胞慣用日文日語，或是帶一點日人脾氣，或是不能說漂亮的國語，寫流利的國文，就說臺胞奴化變質或是沒有用。（中略）臺胞雖是在日人高壓之下，但竟受過高度資本主義的洗禮，很

---

25 回復米糧的自由交易是當時報紙上民意調查的意見。一九四六年二月十日陳儀順應民意，公告省內食米恢復自由流通，嚴禁囤積，但無法遏止米價的飆漲。

26 蘇新：〈再論「糧食問題」〉，《政經報》第2卷第1號（1946年1月10日），頁1-2。

少有封建的遺毒，在這一點我們以為臺胞可以自慰。[27]

王白淵說臺胞的民族意識從鄭成功反清以來，又在日本殖民統治下繼續抵抗了三十年，與在重慶抗日的「祖國」同胞並無天淵之別，以此反駁「臺胞奴化說」。最後，提出「臺人治臺」的地方自治，乃建設新臺灣的政治目標：

> 川人治川，粵人治粵之主張，當前有帶著封建思想的遺毒，但是亦表現著川人粵人的堅強與愛鄉心之強盛。臺灣自有臺灣之苦衷，頂愛臺灣者亦是臺灣人。我們以為臺胞應該負起歷史的使命，不可將自己的命運送給外省人。在以臺治臺的原則上，共同奮鬥才有一天可以像人。不法日人，當然要鏟除，腐敗臺胞，應該要打倒，而不肖外省人，更須要趕他回去。[28]

王白淵於此提出「臺人治臺」的民主要求，重申了勝利前、後在重慶「臺灣革命同盟會」的政治主張。此一政治思想的承續，乃因《政經報》除了同仁編寫的文章之外，另有幾篇文章正是轉載自重慶「臺灣革命同盟會」的機關刊物《臺灣民聲報》最後一期（1945年10月25日）的文章[29]。《政經報》的同仁若不是已經看過此一刊物，顯然

---

27 王白淵：〈告外省人諸公〉，《政經報》第2卷第2期（1946年1月25日），頁2。

28 王白淵：〈告外省人諸公〉，《政經報》第2卷第2期（1946年1月25日），頁1-2。

29 《政經報》轉載《臺灣民聲報》的文章如下，謝南光：《光明普照下的臺灣》，見《政經報》第1卷第3期（1945年11月25日），頁6-7；張瑞成編：《抗戰時期收復臺灣之重要言論》，頁320。此文一一舉證說明臺灣實施三民主義的條件比國內任何一省更充分，到臺灣後要立即成立民意機關、開放言論出版集會結社的自由，實現臺灣人五十一年來的民主要求，就是政治上的自由和平等。連震東：〈臺灣人的政治理想和對做官的觀念〉，見《政經報》第2卷第2期（1946年1月25日），頁4-5、張瑞成編：《抗戰時期收復臺灣之重要言論》，頁320。敘述臺人祖先開闢臺灣、抵抗異族統治的歷史，反對臺人受日本奴化之說。他並申明臺灣「光復」，臺灣人的目的已

就是已經和在大陸從事「光復運動」[30]的歸臺「半山」人士取得了聯
繫。[31]同樣的，缺乏大陸經驗的文化人蘇新，與外省人士中的進步民

達到一半，若馬上實施民主的政治，則臺灣人的目的就全部達到了，並婉轉告誡長
官公署制中的立法權將使人產生總督府六三法復活的錯覺，希望當局不是出於與日
本同樣的立法精神；最後並舉陳儀的文章〈日本統治臺灣〉中批評日本統治臺灣的
缺點為例，希望陳儀實現他的民主政治的理想。李萬居：〈臺灣民眾並沒有日本
化〉，見《政經報》第2卷第3期（1946年2月10日），頁4-5、張瑞成編：《抗戰時期收
復臺灣之重要言論》，頁287-288，原是一九四五年七月三十一日，李萬居光復前夕
代表「臺灣革命同盟會」向第四屆的國民參政會宣揚臺人的民族意識，說明臺人在
日本殖民統治下被壓迫的痛苦。五十一年來所追求的理想，就是在中華民族的民主
政治下過著自由平等的生活，並希望中央對接收臺灣的機關有整體的計劃。另外，
宋斐如：〈民族主義在臺灣〉見《政經報》第1卷第4號（1945年12月10日），頁3-4，
是摘錄自原題〈如何收復臺灣——血濃於水臺灣必須收復〉一文，見何義麟：〈《政
經報》與《臺灣評論》解題——從兩份刊物看戰後臺灣左翼勢力之言論活動〉，頁
9，乃原登載於一九四三年七月中國國民黨臺灣省黨部編：《臺灣問題參考資料集》
第二輯，張瑞成編：《抗戰時期收復臺灣之重要言論》，頁87-92。這些歸臺「半
山」，為從事臺灣的「光復運動」而赴大陸參加抗日工作，為爭取臺灣的地方自
治，積極向國民政府官員提出建言，希望「三民主義」在臺灣實行，切實推行「地
方自治」。他們呼籲國民政府切勿歧視臺民、漢視臺民對於民主政治的認識與追
求，他們的憂心重刊在《政經報》，又成了臺人「光復」後的心聲。由此可見這些
大陸返臺人士的大陸經驗，對國民黨治下的政治現實早有認知，認為政府一意孤行
之特殊省制的接收將失去民心，卻不幸言中。也因此他們對臺灣局勢發展比本地士
紳、知識分子早有心理準備。儘管如此，在「二·二八」的肅殺中，宋斐如仍舊因
為發行《人民導報》之故難逃死劫。

30 關於這些當時被稱為「祖國派」或「光復派」在大陸從事的「光復運動」及其言
論，可參見鄭梓：《戰後臺灣的接收與重建——臺灣現代史研究論集》、曾健民《臺
灣光復史春秋：去殖民、祖國化和民主化的大合唱》、藍博洲：〈尋找祖國三千
里——日據末期臺灣青年學生的抗日之路〉等人的研究。光復前這些參與抗日革命
團體的臺灣人與國民黨政府既合作又抗爭，一方面頻頻催促收復臺灣的建軍、建
省、建制政策早日定案，另一方面亦積極爭取「臺人治臺」、「地方自治」，推動民
主政治在臺灣的實行。

31 最直接的例子就是蘇新在《人民導報》與社長宋斐如有了同事的機會，此一聯繫使
沒有祖國經驗的左翼文化人增加了對祖國政治現實的認識。王白淵也曾有過祖國經
驗，他受到謝南光的鼓舞曾於一九三三年到一九三七年間居留上海，任職於謝南光
創立的「華聯通訊社」，翻譯日本廣播電臺的消息給中國有關機關，一九三七年被
日本殖民當局逮捕押臺入獄。戰前的中國經驗，也是促使他很快能掌握中國政治局

主文化人的交流，也加速了他對大陸局勢的認知。[32]一九四六年初，
蘇新轉赴《人民導報》工作，他在回憶錄中自述：

> 到了《人民導報》以後，我的思想就開始轉變，其主要原因，
> 第一，參加《人民導報》的這些人，大多比較進步，由他們那

勢的助因。參考〈王白淵生平、著作簡表〉，見王白淵著，陳才昆譯：《荊棘的道
路》，下冊，頁418-436。另外，王白淵與謝南光的交情甚篤已經是文壇的佳話。見
柳書琴：《荊棘的道路旅日青年的文學活動與文化抗爭》，頁100-118。謝南光為日據
下臺灣民眾黨的幹部之一，一九三一年十二月赴上海，一九三二年創設「華聯通訊
社」，一九三七年八‧一三事變後轉赴重慶，任職於國際問題研究所（實為國民黨
的情報機關），戰後任職「日本管理委員會」專門委員。一九四六年四月擔任中國
駐日代表團第二組「政治經濟」副組長赴日。九月曾回臺省親，短暫停留（1946年
9月7-14日）後返滬再赴東京，十一日「文化協進會」在中山堂為他舉辦歡迎茶會，
並安排謝氏演說，各界人士三百餘人到場，博得臺民的熱烈歡迎，演講中強調臺灣
政治現狀離臺灣人的理想太遠，但這是全國性的問題，臺灣政治前途在於爭取省
長、縣市長、鄉鎮長民選的民主自治，見《民報》、《人民導報》（1946年9月12
日），並於九月十一日夜對全臺廣播，十二日《民報》刊登廣播大意，題為〈為民
主政治而奮鬥〉。十三日《人民導報》報導謝氏演講主題「爭取地方自治，是我們
目前的政治工作」。《吳克泰回憶錄》說謝南光曾與新聞界的朋友聚餐，當天到場的
有「臺北市長游彌堅、《新生報》日文版副總編王白淵、《人民導報》總編輯老臺共
的蘇新、《民報》蔣時欽、我敬陪末座。」見吳克泰：《吳克泰回憶錄》，頁169。謝
南光對臺政治理念可說與當時的左翼文化人有志一同地提倡「高度自治論」。中華
人民共和國成立後，一九五〇年謝南光先向國民黨辭去「中華民國駐日代表團專門
委員」一職，後獲選中華人民共和國「日中友好協會理事」，一九五二年在日本銀
座對日本財政界發表演說。有機會回臺，卻選擇從香港前往大陸定居，一九五九年
三月獲選為第二期中共人民代表大會華僑代表。參考羅秀芝：《臺灣美術評論集王
白淵》，頁196。

32 以蘇新為例，《政經報》第2卷第2期登了唯一一篇外省人的文章：楊毅的〈論目前
中國政治頹風〉，楊毅在文中批評中國目前政治的本質還是封建社會的「官僚主
義」，蘇新在這一期的〈編輯後記〉說：「楊毅先生現任臺南縣秘書長兼教育科長，
先生赴任前數天，在臺北與我談論臺灣現在的政治問題，因為我有點憤慨口氣，先
生就安慰我說：『這個現象，不是臺灣獨有，是整個中國普遍的政治頹風』。於是先
生就馬上寫一篇『論目前中國政治頹風』給我。」（見《政經報》1946年1月25日）
蘇新下一期的文章，隨即呼籲臺民不可對「三民主義」失望。

裡聽了不少關於大陸上的情形，特別是「國共合作」的性質和內容。同時國民黨的真面目已逐漸暴露，增加對國民黨的認識。第二，看到一些進步報刊，如《民主》、《週報》、《文萃》、《新華日報》等，從這些報刊得到不少新知識。[33]

由蘇新、王白淵的例子，可知本省文化人透過與外省人和「半山」中民主人士的接觸[34]，以及閱讀大陸一些反國民黨的進步刊物，很快地就掌握了國內的政局變化。反映在他們的言論上，就是從眼前黑暗的現實困境中抬起頭來，開始關心中國政治與臺灣的關係。

二　響應大陸的政治民主化要求

一九四六年一月，在眾所矚目的「政治協商會議」召開之後，關心政局演變的左翼文化人顯然受到相當程度的啟發。《政經報》從第二卷第三號（1946年2月10日）開始，左翼文化人言論視野也明顯地擴大，不再從「孤島」的角度批判臺灣的政經問題，一再指出要將臺灣的政治現實與大陸政局演變聯繫起來觀察。

王白淵發表在同一期的〈在臺灣歷史的相剋〉，以社會主義的觀點，闡明光復後臺灣的社會發展所遭遇的歷史矛盾。他指出接收四個月來臺省的亂象，「其根本原因可歸於從前的中國和臺灣的社會範疇之不同」。王白淵說：

> 臺灣雖在日本帝國主義高壓之下，過著半世紀之久之生活。因

---

33 蘇新：《未歸的台共鬥魂——蘇新自傳與文集》，頁63。

34 王白淵的例子，是他在《臺灣新生報》（1945年12月25日創刊）擔任資料室主任兼評論委員，社長是返臺的「半山」李萬居、副社長是被國民黨視為左派的文人黎烈文，李純青居臺期間也在《臺灣新生報》擔任主筆。

此其意識形態，社會組織，政治理念，均屬工業社會之範疇。
當然臺胞本身不能說是工業民族，但是亦不能說是農業社會的
住民，竟受過近代高度資本主義深刻之洗禮。（中略）中國在
八年抗戰中，當然許多地方，有相當地（案：遺漏掉「進」
字）步，但還脫不離次殖民地之性格，帶著許多農業社會的毛
病，……接收臺灣，就是接收日本，從低級的社會組織，來接
收高度的社會組織，當然是不容易的。米國管理日本之順利，
不是麥元帥一個人之能幹所致，是高度的工業社會，來管理其
次的工業社會所致。[35]（原文標點如此）

闡明了接收的亂象，根源於臺灣與「祖國」的社會性質的「歷史
相剋」之後；王白淵進一步呼籲臺灣人把眼光放大，將臺灣問題置於
整個中國歷史的發展階段，他說：

臺省現在所表現的種種政治姿態，無不出於這個根本的相剋，
但是這個問題係全國性的問題，不能只在臺灣解決，和整個中
國歷史發展階段有關。因此我們須要把眼光放大，看看全中國
歷史之進軍，而凝視全世界歷史之演變，然後才對臺灣的現實，
一步一步加以改革。陳長官的主觀無論什麼樣高明，但是臺灣
的政治，不是由一個人可以弄好的。臺灣在許多地方，或者會
退步，因為海水不由你一部分特別高。[36]（底線為筆者所加）

王白淵一針見血地指出回歸「祖國」後、臺灣社會問題的根源，
乃在於原本在日本殖民統治下經過殖民地資本主義洗禮的臺灣社會，
遭遇到「祖國」次殖民地社會的歷史矛盾。但又很清楚地指出臺胞

---

35 王白淵：〈在臺灣歷史的相剋〉，《政經報》第2卷第3期（1946年2月10日），頁7。
36 王白淵：〈在臺灣歷史的相剋〉，《政經報》第2卷第3期（1946年2月10日），頁7。

「不能說是工業民族，但是亦不能說是農業社會的住民」，只不過受了日本帝國主義的「近代高度資本主義深刻的洗禮」，清楚地認知到臺灣並不是由於自發的社會發展進入了「資本主義」現代化、工業化社會的階段[37]，也就是戰後經濟學家劉進慶所說「跛腳的現代化」。[38]王白淵從分析社會性質的角度，看待臺灣的回歸，此中並非以臺灣受日本的工業化洗禮而「夜郎自大」（例如一些耳熟能詳的論述，說光復後臺人因為對「祖國」失望，從而回過頭懷念日本殖民統治，或是高度頌讚日本的法治和現代化）。王白淵反而要臺胞冷靜，只因臺灣和「祖國」已經是命運共同體，「海水不由你一部分特別高」。他憂心忡忡地指出社會亂象不解決，則「亦有由社會問題，進入政治問題發生之可能」，但絕不是因此將臺灣政局全寄望在陳儀一人身上，因為臺灣問題「不是由一個人可以弄好的」，它是「全國性的問題，不能只在臺灣解決」，要臺胞將眼光邁向全中國、全世界的歷史演變。

　　王白淵這時候已經不再著眼於前述「臺灣革命同盟會」時期、臺人曾發出「臺灣省行政長官公署」是「總督府」再現的質疑，不再針對臺灣是否被國民政府當作「殖民地」對待，而是從整個中國的社會結構發展，看待臺灣政治的未來走向，唯有整個中國趨向於「工業化」（現代化）社會發展，臺灣的社會才能與中國一起提升、進步。王白淵在這篇文章僅指出「工業社會」與「農業社會」的優劣，並沒有明確地指出全中國、全世界的歷史動向會趨向怎樣的發展。我們若是僅根據此文，很容易以為王白淵抱持進化論的要求，欲追求「現代化」、「工業化」的社會發展。

---

37 可參考二〇〇〇年七月～二〇〇一年十二月於《聯合文學》上陳映真與陳芳明的論爭，關於臺灣文學史分期從而牽涉到臺灣社會性質的筆戰。其實，陳映真的認知和王白淵這一篇文章的認知是一樣的。

38 劉進慶：〈序論臺灣近代化問題──晚清洋務近代化與日據殖民近代化之評比〉，「臺灣殖民地史學術研討會」會議論文（2003年），頁10。

　　就在這篇文章發表後不久，王白淵於《新新》發表的〈民主大
路〉，更明白表現他的思想歸趨。王白淵在〈民主大路〉一文提到日
本的敗北，乃由於違反「民主主義」的歷史動向。[39]他認為臺灣從殖
民地的桎梏回到「祖國」的懷抱，踏入民主主義的國家之門，但是
「臺灣是一個民主主義的處女地、容易受騙，所以臺胞在這光復之
秋、憲政實施之前夜、應該研究誰是民眾之友、以期民主政治的完全
實現」，此乃由於：

> 憲政的施行、無論任何人都不能再阻止、但是民主主義亦有種
> 種、亦有騙人的民主主義、例如資本主義社會的民主主義、雖
> 然標榜民主、其實竟限於資本家間的自由平等、普通一般民眾
> 還置在其外。亦有掛羊頭賣狗肉的民主主義、中國的軍閥和官
> 僚的民主主義、均在此類。中國的軍閥亦唱民主、官僚亦一樣
> 大吹民主、但是民國革命以來三十多年「民主」兩字不是空
> 談。就是奴化的工具而已。然而經過這次八年之抗戰。中國民
> 眾亦醒過來了。軍閥業已完全肅清、而官僚亦無從前的權勢、
> 所以不能完全指鹿為馬。[40]（原文標點如此）

　　王白淵的思想歸趨，上述兩篇文章合起來觀看就很清楚。他認定
全世界、全中國的歷史動向，是要走向「民主主義」。筆者認為王白
淵一再強調的「世界性」，其實帶有國際主義的暗示。他強調推動歷
史前進的動力，就是社會主義的民主革命，因而提出要打破資本家、

---

39 王白淵：「日本這次的徹底敗北、中國能夠勝利、在歷史過程看來、不能說是中國人
　打勝過日本人、亦不是聯合軍使日本無條件投降、就是歷史的動向、使日本的軍閥
　葬身於太平洋的滄浪之間。因為歷史一向向民主主義的路前進、然而日本的軍閥竟
　向歷史開倒車、抱著封建反民主的殘夢、因此竟被歷史所見棄、在寬廣的世界上、
　演出無立國的餘地。」(《新新》第3期（1946年3月20日），頁10，原文標點如此)
40 王白淵：〈民主大路〉，《新新》第3期（1946年3月20日），頁10。

官僚、軍閥掛羊頭賣狗肉所標榜、壟斷的「民主」，儘管沒有用「社會主義」的字眼，但其意思已經昭然若揭；尤其是尖銳地批判「民國革命以來三十多年『民主』兩字不是空談。就是奴化的工具而已。」在國共和談僵持不下、政治協商會議「議而未決」、內戰已在華北、東北悄悄開打之際，他提出要臺胞認清「誰是民眾之友、以期民主政治的完全實現」，王白淵有沒有「傾共」的暗示很難說。無論如何，他已經認識到大陸的民主運動浪潮，認定的歷史的動向就是走向以民為主的「民主大路」。[41]

　　《政經報》的發行人陳逸松，是在《政經報》發表社論文章最多的一個，他也很快地就抓住光復後臺灣社會問題的根源，對長官公署的政策、實行皆能舉出具體的批評，切中時弊。包括〈目前緊急的政治諸問題〉〈國營乎民營乎〉、〈保持治安必須振興產業〉〈統論今日各般的問題〉〈現下臺灣政治的出路〉，皆是以社論刊登在卷頭，可以看出資產階級出身的陳逸松，跟蘇新、王白淵關注民生經濟、民主政治問題比起來，他還特別關心經濟政策中是否允許部分民營與產業自治

---

41 半年多以後，王白淵在《新新》第7期（1946年10月17日）發表的〈青年諸君に与ふ〉（給青年諸君），見王白淵著，陳才昆譯：《荊棘的道路》，下冊，頁280-281，又再次總結了他〈在臺灣歷史的相剋〉與〈民主大路〉兩文的論點，並且指出從接收後臺灣的政局亂象，可以看出臺灣就是中國的縮影，從而一窺中國次殖民地社會形態之全豹，作為歷史先驅者的青年，應該掌握「民主主義」的歷史動向，朝此目標前進以建設民主主義的新中國。另外曾健民亦摘要翻譯了〈青年諸君に与ふ〉（給青年諸君）的主要論點「中國好不容易才剛從長期的半殖民地形態解放出來，臺灣也剛剛從典型的現代殖民地解放出來，從歷史來看，兩者都只不過才剛踏入現代國家的大門口：雖然為政者和人民一開口都『民主』、『民主』，但是，不管從現實的哪一方面看，都看不到具有現實民主政治的社會條件。對我們來說，民主政治仍然屬於理想的境界，現實上，半殖民地的或是殖民地的殘渣仍然深深地纏繞著我們，形成令人窒息的空氣，這是歷史課予我們的現實。（中略）現在我們處於中國的一隅，臺灣的現實正是全中國的縮影、它的一斷面，（中略）希望好好看清歷史的方向，朝向建設民主主義中國邁進」。見曾健民：《新二二八史像：最新出土事件小說、詩、報導、評論》，頁56。

的問題。但是，值得我們特別注目的是，陳逸松在《政經報》最後一期（1946年7月25日）發表的〈現下臺灣政治的出路〉，明白指出脫殖民的臺灣再度遭遇民生困頓、省籍歧視的處境，是「民主」問題，不是「民族」問題：

> 現在我們臺灣省敢（豈）不是剛從日本帝國主義的壓制解放出來的嗎，那個壓制若是身有體驗的人，是絕不願再想日人來統治我們的。我們是靠民族主義才有重見天日的今天，才能夠做雖「實不符名」的世界四強之一的不折不扣的中華民國國民。省內外竟然因語言疏隔等因素產生對立，但這個對立不比日人對我們殖民地臺灣人的對立，這是一個國家內的可以迅速修整的對立，況且這種對立在廣東廣西福建等語言少差的地方都有呢。那末（麼）我們今日所煩悶的問題不是一個省份內的問題，是整個中華民國近代化的問題；貪汙不是民族問題，是個國內政治的正義化的問題而已。[42]（底線為筆者所加）

陳逸松從脫日本殖民實現了民族主義，說明臺灣「光復」的意義，指出「光復」後、省籍的對立不能與日據時期的民族對立同日而語，已經認清當時臺灣的政治遭遇的是「族群政治」的衝突矛盾。陳逸松在此提出與王白淵一樣的論點，把民主主義作為歷史的進程，將臺灣的政治問題置於中國政治的近代化與正義化的問題上，擺脫從「孤島」看待臺灣復歸中國後所滋生的亂象，也擺脫為了反抗特殊省制、「奴化說」、省籍差別待遇所衍生的「被歧視」感，那種殖民地式的悲情意識。文末，陳逸松還直呼「今日需要堅守民國三十數年來的革命傳統，廣遍地喚起民眾組織化，以革新眼前的現實生活的諸問

---

42 陳逸松：〈現下臺灣政治的出路〉，《政經報》第2卷第6期（1946年7月25日），頁4。

題」。陳逸松於此又呼應了蘇新的主張，呼籲民眾組織化以集結革新
現實的力量，才是「現下臺灣政治的出路」。[43]這些左翼青年所提出的
「政治正義化問題」，與組織群眾堅守革命傳統的論調，乃立基於左
翼要求徹底改變政治經濟結構的社會革命理念。

　　蔣瑞仁（蔣時欽）在《政經報》最後一期的〈編輯後記〉[44]，流
露出他對臺灣社會的隱憂：「大家卻抱著滿肚的不滿，在痛罵，在冷
笑或詛咒著，眼前社會的腐敗醜態現象。我很怕若是這樣弄下去，臺
胞不是患了精神衰弱，則會有爆炸的一天。」[45]距離二‧二八事件的
爆發還有七個月，臺灣社會的騷動不安，已嚴重到有識之士都有所警
覺。事實上，王白淵早在一九四六年二月就曾經對此發出「亦有由社
會問題，進入政治問題發生之可能」的憂慮。顯然，日據時期臺灣左
翼批判性的思潮已然復甦了，這次是國民政府官僚政治的腐敗現實，
提供了社會主義思想的溫床。

　　蔣時欽主編的最後兩期，分別為「政治協商會議特輯」和「美國
憲政研究特輯」，其中一九四六年五月二十五日發刊的「政治協商會
議特輯」，介紹了政治協商會議的辦法、蔣主席的四項承諾、中國各
政黨概要、各黨對協商會議的主張，以及各黨代表的略歷。「政治協
商會議特輯」，屬介紹性質的客觀報導，編者的立場不偏不倚，有助
於臺人瞭解大陸各政黨組織的情形，以及各黨的政治主張。最後一期
七月二十五日發刊的「美國憲政研究特輯」，則詳加介紹了美國憲
政、政黨民主政治運作的程序。從這兩期蔣時欽將政治協商會議與美
國憲政並置刊登的情形，我們可能會誤以為蔣時欽思想性質是傾向美

---

43 陳逸松此文登在《政經報》上最後一期，也是他最激進的一篇政論文章，說明了《政
　經報》發行半年多，這群左翼文化人中，連階級革命思想沒那麼強的陳逸松，都呼
　應同一期蔣時欽「再革命」的論調，則筆者推測主編蔣時欽的影響力不容小覷。
44 蔣時欽在《政經報》上的筆名是蔣瑞仁，〈編輯後記〉僅署名「仁」，見何義麟：〈《政
　經報》與《臺灣評論》解題──從兩份刊物看戰後臺灣左翼勢力之言論活動〉，頁9。
45 蔣瑞仁：〈編輯後記〉，《政經報》第2卷第6期（1946年7月25日），頁24。

國自由主義式的會議民主制。但是從他本人發表的文章來看，其實不
然。蔣時欽彙編、介紹美國自由主義政黨政治的會議民主制度，其動
機應是著眼於當時中國政治協商會議的情勢，以較務實的做法加強民
眾的民主政治意識，先推翻國民黨一黨專政的極權統治，以促成聯合
政府的組成。事實上，當時中共的軍力與國民黨對比懸殊，自估不足
以戰勝國民黨，聯合其他民主黨派與國民黨共同組織聯合政府，不但
是中共當時的政治目的，也是全國的民意所在。蔣時欽的文章所表現
的思想，則很明顯是傾向於階級革命的立場。

　　下文試從蔣時欽的文章來分析他的思想傾向。〈向自治之路〉與
〈憲政運動及地方自治〉兩文，都相當尖銳地批判國民黨的施政有違
孫中山的遺教和國民黨的黨義；〈憲政運動及地方自治〉一文可以更
清楚看出他的思想歸趨。基本上，蔣時欽和王白淵一樣，是要追求真
正以民為主的「民主政治」，而不致使「政治被官僚或資產階級操縱
獨占」。他首先提出「憲法不是萬應膏」，要臺胞從（國民黨的）歷史
中借取教訓，這和前文王白淵的呼籲是一樣的，只是蔣時欽講得更清
楚。他認為本省比一般省份法治觀念較高，對於憲法的期待特別大，
他說：

> 一部分臺胞有一種危險的樂觀，那就是他們以為一俟憲法實
> 施，眼前所有腐敗及困難就馬上可以解消，封建官僚被掃除一
> 光，真正的民主政治立刻上軌道。可是歷史及經驗的教訓不許
> 我們抱此種樂觀。
> 憲政即民主政治，決不是從天上掉下來的不勞而獲的果實。……
> 被打倒或被迫讓步的，獨裁的封建統治者，決不甘心放棄或限
> 制他自己的權力。……憲法是拿立法的手段，來鞏固革命的成
> 果，而其本身則又須革命的力量來鞏固。[46]

---

46 蔣時欽：〈憲政運動及地方自治〉，《政經報》第2卷第5期（1946年7月25日），頁5。

　　接著，蔣時欽舉了孫中山討伐袁世凱稱帝為例，說明當「護法運動」已不足以保障憲政時，孫中山唯有再度舉起革命的旗幟。[47]呼籲民主政治的憲政，必須靠革命的力量迫使獨裁的封建統治者交出權力。於是他揭示了國內的民主運動的目的：

> 眼前國內之民主運動就是……不使憲法變為「資產階級所專用，適成為壓迫平民之工具」，而實現「為一般平民所共有，非少數者所得而私」的民主政治。……
>
> 國內民主勢力為要爭取良好的憲法及真正的民主政治，所以要求國民大會代表民選，及聯合政府的成立。<u>他們反對國民黨包辦的國民大會及憲法。因為今日官僚及反動派在演著獨裁的封建性專制統治者的角色</u>，時時刻刻有推翻或背叛中山先生所指示的民主路線的危險。[48]（底線為筆者所加）

　　蔣時欽鑒於臺胞對國內政局的隔閡，一九四六年七月三日國民黨違反政協會議的決議，「片面」宣布將於十一月十二日召開國民大會制訂憲法，蔣時欽馬上寫就這篇政論，針對現實批判的意味相當強烈。

　　行文中蔣時欽明白反對國民政府「以黨治國」的獨裁制度，使「民國變做軍國，法治變做人治，再變為槍治」。蔣時欽並舉臺灣現狀說明：「半年來擺在臺胞眼前的種種事項，不是雄辯地說明，我國官僚的封建性格及反動派的反民主性？這就未免有悖中山先生的遺教及國民黨的黨義了。」[49]他將國民黨當局類比於袁世凱，要臺灣人效

---

47 蔣時欽還舉了日本的憲政為例，說明日本從「大正末期至昭和初年叫做『政黨政治』時期，其實內容不過是『為資產階級所專有，適成為壓迫平民之工具』」。一直到戰敗投降，「（日本）雖然有了憲法，但其政治完全背叛人民的意志及幸福」。

48 蔣時欽：〈憲政運動及地方自治〉，《政經報》第2卷第5期（1946年7月25日），頁6。

49 蔣時欽：〈憲政運動及地方自治〉，《政經報》第2卷第5期（1946年7月25日），頁5。

法孫中山再度揭舉革命（史稱「二次革命」）的旗幟討伐之。蔣時欽
最後指出臺灣的民主運動的目標就是「地方自治」，點出了本篇文章
的主旨：

> 自治是臺灣民主運動目標，光復與真正的解放是二件事，我們
> 須與全國民主戰線相應，結集民眾的偉大力量來爭取地方自
> 治。[50]

　　蔣時欽於此明白指出「光復」不是真正的解放，唯有與全國的民
主戰線相聯繫，爭取「地方自治」，才是實現孫中山先生所謂「自治
就是憲政的開始」的「全民政治」，「這樣才能不致使政治被官僚及資
產階級所操縱」。

　　綜上所述，蘇新、王白淵、陳逸松、蔣時欽等人對時局的認識，
使我們瞭解光復之初、政權轉換時期，省籍左翼文化人政治意識的變
化。一開始他們是關心臺灣政、經亂象，站在維護臺灣人的主體尊
嚴、政治上的權利與義務，要求廢除長官公署制此一帶有殖民地性質
的特殊省制，從「人才錄用」問題，抗議本省人外省人的社會地位的
不平等，駁斥「臺灣人奴化說」。當他們逐漸認清國民黨當局的封建
性格與官僚資本的本質，完全背叛了孫中山「三民主義」的民主路
線，因而指出臺灣的政、經危機是全國性政治「民主化」的問題，並
非僅僅是臺灣長官公署制的特殊性問題。在光復後、持續加溫的省籍
對立的情緒中，這無疑是思想、視野上的一大轉折。這些左翼文化人
都是懷抱社會主義的理想青年，除了蔣時欽比較瞭解中共以外，其他
人對於二次大戰後蘇聯和中共的動向都還在觀察中。然而，眼前國民
黨的封建官僚體制違反人民民主，也是有目共睹的，是「全民政治」

---

50 蔣時欽：〈憲政運動及地方自治〉，《政經報》第2卷第5期（1946年7月25日），頁6。

首要推翻的「公敵」，而共產黨在政治協商會議的政治主張，又是民主黨派，包括民主同盟、青年黨、無黨無派等中間派勢力的共同主張，所以他們把這些力量，統稱國內的民主運動。他們已充分認知到國內反內戰、爭和平的民主運動潮流，表現在「政治協商會議」上就是政治路線的鬥爭。

可以這麼說，到了一九四六年的六、七月，《政經報》發行的最後階段，這些左翼文化人已經很清楚臺灣的政治現實與「祖國」的政治是命運與共，唯有與國內的民主運動戰線聯繫起來，追求中國民主政治的實現，才是臺灣真正解放之日。它的方式與目標，就是集中臺灣的民主力量爭取「地方自治」。這些理念一再展現在當時的《人民導報》[51]上，以及接連創辦的《臺灣評論》、《新知識》、《自由報》週刊上，可見左翼文化人已凝聚出共識。或者應該說，中國大陸如火如荼進行的民主運動浪潮，讓他們對國民黨執政失望之餘，重新發現了新的曙光，唯有如此，才能解釋左翼文化人在省黨部大力整頓言論的同時，還愈挫愈勇地繼續創辦刊物。

三　圍繞「政治協商會議」展開的民主要求

一九四六年一月十日至三十一日，政協會議召開期間，分為建國綱領、政府組織、軍事、國民大會與憲法草案等各分組討論，最後並

---

51 吳純嘉統計《人民導報》的「社論」議題分類，指出：「臺灣類含政治、經濟、社會與文化的論述占68%左右，大陸與國外消息的論述則占32%，顯示《人民導報》除了關切臺灣島內所發生的各種問題之外，對於大陸與國外情勢也十分注意，並且隨著局勢的演變，論述的比重也就相對提高。如一九四六年一月中旬以後，《人民導報》受到大陸上各黨派政治協商會議進行的影響，談論此一會議的社論增加；一九四六年四月份開始，因國民黨與共產黨和談破裂，國共雙方軍隊在東北、華北開始發生武裝衝突，《人民導報》對於內戰的發生，感到憂心。」見吳純嘉《人民報導研究（1946-1947）──兼論其反映出的戰後初期臺灣政治、經濟與社會文化變遷》，頁113。

通過了上述五項議決案。不但牽制了國民黨一黨專政的獨裁制度和內戰政策，軍隊「國家化」的議決也牽制了共產黨。但和平的希望沒有維持太久，二月十日在重慶發生國民黨特務毆傷李公樸、郭沫若、施復亮等民主人士的「較場口事件」，三月一日至十七日，重慶召開的國民黨第六屆二中全會，推翻政協會議的國會制、內閣制、省自治制等議決案，國民黨又退回政協會議前所堅持「五五憲草」的內容。[52]「五五憲草」乃《中華民國憲法草案》，一九三六年五月二日由國民政府立法院通過，同年五月五日由國民政府宣布。《臺灣評論》最後一期曾全文刊出〈中華民國憲法草案——所謂五五憲草〉（1946年10月1日），依「五五憲草」，總統握有大權，包括：「宣布戒嚴解嚴」、「任免文武官員」、「發布緊急命令權，發布命令三個月內，提交立法院追認」，「召集五院院長，會商關於二院以上事項，及總統諮詢事項」。關於「地方制度」，「省設省政府，執行中央法令及監督權」，「省長由中央政府任免之」。《臺灣評論》第一期已刊出了政治協商會議決議通過的〈憲草審議結果〉（1946年7月25日），副標題為「加重立法監察兩院職權，約等（於）民主國（家）上下兩院制度」，內容說明「政治協商會議」議決案，縮小了總統的權限，規定：「立法院為國家最高立法機關，由選民直接選舉之」，「行政院對立法院負責」，「總統經行政院決議，得依法頒布緊急命令，但須於一個月以內報告立法院」。並決定「第一次國民大會之召開由政治協商會議協議之」。有關「地方制度」，則「確立省為地方自治最高單位，省與中央依照均權主義規定，省長民選」，「省得制訂省憲，但不得與國憲牴觸」。

　　左翼文化人體認國民黨的反動性，積極傳布「政治協商會議」議決案，欲藉此提高臺灣人對民主政治的認識。《臺灣評論》創刊號的

---

52 見金沖及：《轉折的年代——中國的1947》（北京市：生活・讀書・新知三聯書店，2002年）第一章、費正清主編，章建剛等譯：《劍橋中華民國史・第二部》，頁795。

「政治協商會議特輯」，比起五月的《政經報》上簡介會議主題與各黨派代表，更進一步報導協商的淵源與過程，最重要的是將各分組討論的過程與五項決議內容一一報導刊登。各黨派代表一一發言表達政黨主張，讀者可從中瞭解各黨派的立場與協商的結果。不知是有意還是無心，創刊號同時刊出會議決議的〈和平建國綱領〉與中共的〈和平建國綱領草案〉全文，卻錯把中共的「草案」標上「決議」兩字，刊登在前，也因此觸怒了臺灣省黨部。[53]儘管在第二期的〈編後記〉公開更正，卻使《臺灣評論》一直備受勒令停刊的威脅，苦撐到第四期終於停刊。

綜觀《臺灣評論》的編輯傾向，其主題都圍繞著以「政治協商會議」為核心發展出來的議題。《臺灣評論》主編李純青在一九四六年七月一日第一期的〈編後記〉表明，政治協商會議「為中國史的轉折點。即由戰轉和平，由一黨訓政轉到多黨的民主。協商解決了中國數十年來不斷糾紛的問題……臺胞瞭解中國政治，應從此始。」顯然認定這是和平建設民主中國唯一可能的道路。

主編李純青每期一篇的時評，刻意突顯國民黨在臺灣「避而不談」的國、共衝突的白熱化，直接觸及美、蘇對立與國共內戰之關係的敏感現實，並特別以中日對照刊登，其訴求的對象顯然是對中文閱讀還有障礙的臺灣人。[54]其中，第三期的〈給臺灣參政員〉（1946年9月1日）稱讚臺灣「國民參政員」的選舉比國內任何省份都要自由、

---

53 何義麟：〈《政經報》與《臺灣評論》解題──從兩份刊物看戰後臺灣左翼勢力之言論活動〉，《臺灣史料研究》第10期（1997年12月），頁11。

54 創刊號的〈中國政治與臺灣〉（1946年7月1日）提到東北內戰，評論指出：雖然共產黨部隊急流勇退，但中央軍補給困難，內戰延長，對國民黨不一定有利。讚揚延安及其他「解放區」無貪官污吏，努力生產、人人勞動，軍紀嚴肅。但共產黨的力量不足以覆蓋全中國，國共唯有談判和平才能建設新中國，否則仍舊要淪為半殖民地。第2期〈烤死人的夏天〉（1946年8月1日）評論美蘇是否開戰與中國內戰的關係，指出美蘇衝突不能避免，影響國共和平談判的艱難。

乾淨，「給談訓政及再教育臺灣的人一個有力的諷刺」，說明成立於民
國二十七年的國民參政會，將終結歷史任務於十一月十二日國民大會
召開之時，儘管只有諮詢權而無議決權，仍期許臺灣參政員不要受人
勾結、利用，匯集省民的意見代表臺灣出席參政會。李純青並沒有要
臺灣人站在中共的立場，拒絕出席國民政府「包辦」的民意機構，而
是建議「臺灣黨派的力量尚弱，沒有認識清楚以前，最好不要捲入黨
爭漩渦。目前臺灣創造一個臺灣黨，也許還要理想些」，他呼籲臺灣
人自己應該團結、政治家應有全國的眼光。儘管李純青身負替共產黨
赴臺調查進步勢力的任務[55]，時有傾共的言論出現，然而對於臺灣問
題，仍力主臺灣的「主體性」，認為臺灣面對國、共的政治路線鬥
爭，應保持中立的立場，對於體制內的改革機會還是要據理力爭。

　　李純青在《臺灣評論》最重要的一篇文章，是最後一期的〈客觀
的事實〉（1946年10月1日），針對七月國共內戰爆發後的時局變化多
所說明。第一，「美國投下的波瀾」，報導美國輿論界與上海輿論界反
對美軍駐華，反對麥克阿瑟扶植日本反動勢力的情形。另外，蘇聯向
聯合國理事會提出美軍撤出中國被駁回後，「觀察家認為是蘇聯過問
中國事件的徵兆，中國或將變成西班牙，給兩大集團試驗新兵器」。
第二，「內戰形勢」。說明七月十五日戰爭一開始，戰事就擴大了，除
了詳述雙方在華北、東北的戰績與傷亡，又說「因為雙方戰略不同，
國軍要的是城市，中共打的是『有生力量』——人，直到現在，沒有
一役決戰，如不談判停戰，這個戰爭是不容易打得完的」。李純青對
內戰的分析，相當精準，對不易掌握內戰情勢的臺人而言，是非常重
要的信息。第三，「國民大會問題」，闡述中共拒不出席國民大會的關
鍵，在於對《五五憲草》、國大代表的名額與國民大會召集方法有爭

---

55 根據吳克泰的說法，臺灣光復之初，周恩來透過許滌新請《大公報》的李純青（當
　　時尚未恢復共產黨黨籍）回臺調查臺灣進步力量的情形。見吳克泰：《吳克泰回憶
　　錄》，頁164。

議，拒絕參加國民黨一黨導演的國民大會。[56]並指出：「說穿了，國民黨是希望通過國民大會，繼續維持政權，而中共亦希望通過國民大會獲得政權。」政治協商因此破裂。由此點出國共內戰除了根源於政治路線的思想鬥爭，還在於政權之爭。第四，「經濟問題」，說明上海的通貨膨脹危機，外匯調整已無益於中國工業。又因美國把太平洋剩餘物資賣給中國，把中國當作獨占的市場，中國只要有買辦便夠了。因而批判道：不僅是官僚資本，而且是權貴資本，導致工業停頓，物價飛揚，饑民遍野。李純青不到五千字的時評，涵蓋國、共政治路線鬥爭最根源的矛盾問題。

　　在李純青的主導下，《臺灣評論》深具左翼批判精神，其編輯理念和其文章一樣，圍繞著政治協商會議的根源與後續發展。[57]例如：汪叔隸的〈國民大會與憲法問題〉，詳盡說明「政協會議」中決議國民大會的「制憲」原則，以及對「五五憲草」所做的重要修改。署名香汀的〈論地方自治〉，同樣在闡述政協決議案中關於地方高度自治的理念，修正了「五五憲草」中實際上剝奪地方自治權的部分。國際

---

56 李純青指出：「七月三日國防最高委員會決定十一月十二日召集國大，不是『政治協商會議協商』的，所以中共說是『片面決定』」，據「政治協商會議」決議憲法修正原則第一條附注云：「第一次國民大會之召集方法，由政治協商會議協商之」。接著詳加說明中共對「國大代表」與「憲草」兩大爭議的立場。國民大會代表總額為一千二百名，已於十年前選出百分之九十以上，『舊代表』幾乎全是國民黨員，至少也與國民黨有密切關係。政治協商決議增加黨派及社會賢達七百名，臺灣東北等新增各該區域及其職業代表七百名（筆者案：手民之誤，應該是一百五十名）。中共及非國民黨的人，只希望握有否決「五五憲草」的名額。但後來政府承認立法委員、監察委員為當然代表，這個比例又變了。」共產黨因此拒絕參加。至於「憲草」問題，李純青解釋：依「五五憲草」，總統握有大權，為縮小總統的權限，政協決議把立法、監察兩院變成民主國家的上下院，要行政院對民選的立法院負責。

57 例如編輯部組稿的文章，創刊號的「政治協商會議特輯」，第2期介紹中國重要政黨的歷史。第3期刊登了〈修正國民參政會組織條例〉與歷屆會議時間地點名單、〈我國第一期經濟建設的原則〉（1944年12月29日國防最高委員148次會議通過）。第4期刊登了「五五憲草」全文。

問題研究所的王芸生[58]的〈中國時局前途的三個去向〉，分析時局的三種可能去向：「南北朝」是中共希望達到的；仿效蘇聯十月革命，則中共主觀力量不足；唯第三條路政協協議之路，以過渡性的聯合政府籌開國大，制訂憲法，然後過渡到實施憲政，舉行民主大選，走向民主憲政的大路，才是和平統一民主進步之路。著名的左翼文人郭沫若的〈反內亂〉，代表國內要求和平的輿論。另外，關於經濟、產業問題，有轉載自《週報》上張一凡的〈經濟上掃蕩官僚資本〉、《大公報》社論〈評調整匯率案〉，以及孫曉村、陳舜年〈茶葉的危機及其前途〉、山禾〈風雨飄搖中的上海工業〉、周宗伊〈論今後我國財政的改革與建設〉、吳大琨〈如何修正五五憲草國民經濟章〉、馬寅初〈農業工業與國防工業之連鎖〉等等，對於國民黨統治下的經濟政策弊端與產業危機多所抨擊；解樹民的〈從土地問題說到土地政策〉，說明平均地權的理念及具體施行的方法。由這些文章主題看來，《臺灣評論》除了注重政治民主化的改革之外，亦相當注重與民生相關的產業、農業、土地以及民族工業資本等經濟問題，也就是關於物質經濟基礎的改革理念，處處挑戰著國民黨的官方意識形態。

　　另外，《臺灣評論》特別關注戰後美、蘇集團對立的動向。第三期有哈文生的〈美國的世界基地網〉，說明美國戰後積極發展強權政策，建設世界基地網，共和黨的孤立派分子正「進化」為積極的帝國主義，並與民主黨的某些領袖在外交政策上日益接近，雖然有許多進步人士所代表的反對派，他們反對強權政策，堅持大國須保持合作，仍無力與強權主義者相抗衡。第四期有編輯部撰寫的〈蘇聯尋求南方出海門戶關〉，說明歐洲和會上蘇聯與英美對立的尖銳化，「從東地中海到波斯灣頭，展列著一連串尖銳鬥爭的問題，土耳其的達達尼爾海峽與伊朗問題的石油開採權，是兩個最重要的問題」，並找了人畫了

---

58 曾經擔任籌備收復臺灣的「臺灣調查會委員會」的委員之一。

插圖，以示二戰後蘇聯國際地位增強，不願再被封鎖於資本主義國家包圍的孤立圈子之內。這些編輯策略，與《臺灣評論》提到美蘇對立對中國政局的影響的文章，互相呼應，一再顯示不可輕忽「國際性」社會主義陣營的動向，顯示了中國的內戰正是此一國際性政治鬥爭的一環。

臺灣當局，以警備總部、省黨部為核心，從一九四六年五月開始緊縮新聞的言論自由，並極力封鎖國內消息。《人民導報》首當其衝，社長宋斐如被迫下臺改由王添灯擔任，九月蘇新被迫離職前往《臺灣文化》，年底《和平日報》亦被迫改組。左翼文化人努力於媒體言論突破官方封鎖線，試圖讓臺灣的通訊消息盡量與國內同步，尤其是國內社會民主運動的動態，從一九四六年下半年開始，就一直是左翼刊物報導的重點[59]，一直持續到二‧二八事件爆發。

就在臺北的左翼文化人積極掌握媒體言論的同時，《和平日報》在外省進步青年王思翔、樓憲、周夢江等人的串聯下，結合了左翼作家楊逵，老臺共謝雪紅的人馬如楊克煌、林西陸等。除此之外，他們還得到與林獻堂往來密切的莊垂勝、張星建、葉榮鐘與張煥珪、藍更與等中部地區老文化人的支持，發行了《新知識》與《文化交流》。

---

59 一九四六年五月《政經報》第2卷第5期蔣時欽就曾登了一篇署名危舟的〈廣港文化在民主浪潮中〉，介紹了愛好民主自由的人民作家、民主同盟同仁主持的一些報刊，包括：廣州出版的報刊《民主生活》、《民主星期刊》，雜誌有《文藝生活》、《文藝新聞》、《新世紀》和《國民月刊》，以及香港出版的《華商報》、《正報》、《自由世界》等民主刊物。文中報導三月初茅盾來到廣州如何鼓舞了廣州文化界，使民主戰線得到生力軍。另外一篇「上海通信」署名「思鄉病者」的《一個大學生的手記》，文中報導了昆明一九四五年年底到一九四六年三月從昆明西南聯大蔓延到上海的學生反內戰運動。同樣也是不斷地透露國內的政治動向傳達給臺灣讀者。這應該就是《吳克泰回憶錄》中提到蔣時欽向他約的「一篇介紹大陸學生運動的文章」。吳克泰說：「我根據在《上海改造日報》時看到的新華社通訊稿，從『五四』運動到北京學生要求抗戰的『一‧二九』運動，一直寫到一九四六年年底的昆明學生反對內戰的運動。」見吳克泰：《吳克泰回憶錄》，頁155。吳克泰印象有誤，這篇文章主要報導昆明與上海的反內戰運動。

　　《新知識》宗旨在促進與「祖國」的文化交流，宣傳國內的民主
思潮。「創刊詞」言明刊物無黨無派、沒有立場，一定要說立場的
話，就是老百姓的立場，此一刊物宗旨與《臺灣評論》的創刊詞如出
一轍。與《新知識》創刊詞同一個版面，刊載了兩位主編的短評，王
思翔的《光復紀念》與周夢江的《反對內戰》，表明了刊物的中心思
想，為了追求臺灣真正的「光復」——新生的開始，就是要以我們的
行動來響應國內的「不要內戰，要和平」的政治民主化運動，呼籲臺
人投入「在上海，杭州，昆明等地方」千萬人的和平運動。

　　《新知識》與《臺灣評論》一樣，採取大量轉載國內各派民主人
士文章的策略[60]，為方便臺胞閱讀，某些文章還附了日文翻譯的摘要。
施復亮的《何謂中間派》[61]，宣揚自由主義的精神，表明中間派路線
在實現英美式的民主政治，發展資本主義，但絕不容許官僚買辦資本
的橫行和發展，唯有形成強大的中間派，國共問題才能合理解決。赫
生的〈馬歇爾在華的工作〉，則分析國民黨利用美國對華政策的兩面
性、壯大對中共的「圍剿」，「保障馬歇爾成功的，是人民的力量，我
們將繼續發揮這種力量，來締造中國的民主和平，只有這樣我們才可
以使美國的干涉適應我們的利益」（頁21）。費孝通的〈人民、政黨、
民主〉，闡述美國政黨政治的民主精神。鄧初民的〈一切為了人民〉，
提到一個為人民服務的國家、政府和黨，應該要有為「最廣大人民的
最大利益」服務的理念。關於經濟問題，許滌新〈論當前的中國經濟
危機〉，說明中國當前的工業、農業與財政三種危機交織在一起，到
了總破產的局面，這一切都起因於內戰危機，發展下去就是中國殖民

---

60 有關戰後初期臺灣雜誌轉載大陸的民主刊物的文章與「民主」思潮傳布的關係，請
　　參看橫地剛：〈「民主刊物」と台灣の文學狀況〉。此文乃橫地先生根據二〇〇三年六
　　月十四日臺灣第五回日本臺灣學會第四分科會「1940年代後期台灣文學研究の資料
　　と視覺」會議宣讀報告改寫，感謝橫地先生提供筆者文章。

61 施復亮，「民主建國會」成員，〈何謂中間派〉原載於一九四六年七月十四日上海
　　《文匯報》，見金沖及：《轉折的年代——中國的1947》，頁43。

地化的道路，但是「在××區，農村正在進行初步的土地改革；城市正在振興工商業；生產正在飛躍的發展，人民生活正在進行改善。這一條道路是與大後方、收復區的趨勢背道而馳的」（頁15）。尚之遠的〈國共合作的經濟基礎〉，說明國共的內戰將在經濟上形成城鄉分裂，彼此的力量都要受到削弱，國共合作基礎在於社會的經濟革命，化手工業為機器工業，化半封建社會為現代化社會，首先要停戰，「國民黨以政府領導者和第一大黨的資格，必須予共黨以生存的保障，與建國中參加一份的機會」（頁19）。《新知識》這些轉載文章紛呈著左、中、右派對時局的論點，唯一的共通點就是「反內戰」、「要民主」，與《臺灣評論》一樣從各個層面反映國共內戰的問題根源。

　　對於臺灣的政經問題，楊逵的〈為此一年哭〉，表達對光復以來民不聊生的不滿與批判，並砥礪大家拭乾眼淚「爭取民主」。賴明弘的〈光復雜感〉，與王白淵有相同的見解，光復一年：「臺灣正由高度發展的資本主義殖民地之政治形態，一變而為半封建、而帶有官僚主義性格的政治形態。」又說「臺灣問題應該放在中國問題去評論它」（頁11），接著駁斥臺民不大瞭解三民主義是不夠「資格」的新民之說法，而指出重要的是政治家在政治上究竟實行三民主義到何程度；最後並結語：「光復」在臺省人心中，並不只希望版圖的併歸中國，「應該有著更深的政治意義，就是政治的解放，只要中國政治是開明，是真正的民主，才有光復可言」（頁11）。楊清華（楊克煌）的〈臺灣經濟的現在及過去〉（日文），分析日本殖民地經濟形態，尤其在戰爭期遭遇的破壞與畸形發展，說明接收後的臺灣經濟復員的困難，濫用職權導致官僚資本的形成，以及受到中國經濟危機的影響，有賴中國全面的和平、統一與民主才能解決。這幾位具有社會主義素養的知識分子的論點，將臺灣的政、經危機繫於中國政治的民主化，也呼應了《政經報》、《臺灣評論》上的民主思潮，證明了二‧二八事件以前，省籍左翼文化人已清楚地認知大陸各地「反內戰、要和平」的民主運動思潮。

　　《新知識》被查禁，《文化交流》再接再厲地創辦，不一樣的
是，因為忌談政治現實，《文化交流》變成純文化雜誌，不再出現
國、共政治路線鬥爭的相關言論，也不見老臺共謝雪紅的人脈參與其
中。可見進入一九四七年，臺灣的媒體文化人已深諳國、共勢不兩立
的情勢，為求刊物的生存，不得不遵守「楚河漢界」。這份創刊於一
九四七年一月份的刊物，已經預示著風聲鶴唳的政治恐怖氣息。

　　《文化交流》「卷頭語」提到：不想標榜什麼旗幟，只是提供一
個文化交流的園地。冷漠的〈吵鬧要不得──祝文化交流創刊〉，談
到兩岸的文化隔閡逐漸構成省籍歧視，為避免省籍偏見，「文化交流
服務社」的負責人希望從文化人之間的交流合作開始。福建赴臺的美
術家耳氏（陳庭詩）繪的漫畫封面《奶！奶》，以一個孩子（指臺
灣）投入母親（指「祖國」）懷抱，意味著「文化交流」的目的，在
促進兩岸社會、文化的水乳交融，卷首有編輯部的詩〈一滴雨點，氾
濫的河〉，配上耳氏的一幅漫畫〈珍惜我們的成果〉，以兩支毛筆匯集
的文化成果，期許兩岸文化交流能匯流成河。

　　楊逵自己寫了篇〈阿 Q 畫圓圈〉，諷刺光復後的臺灣，「幾個禮
義廉恥欠信之士得在此大動亂下在發其大財」，使得人民「欠少做人
的條件」。另外，則製作了「紀念臺灣新文學二開拓者──林幼春、
賴和」專輯，除了刊登林幼春、賴和的遺作，楊逵自己寫了〈幼春不
死！賴和猶在〉的紀念文，介紹兩位先輩的事蹟，又彙編了葉榮鐘、
陳逢源及陳虛谷、楊守愚等八位詩人追悼賴和、林幼春的舊詩十多
首。而王思翔向許壽裳邀稿，許文《國父孫中山先生和章太炎先
生》，旨在闡明兩位革命先輩的革命理念和革命事業，尤其是其師章
太炎對孫中山革命事業的協助。兩位主編共同策劃兩岸抗日、革命事
業的人物傳記與史跡，說明在對抗異族的統治、侵略上，兩岸的革命
先烈有著命運與共的抗爭歷史。[62]

---

62 另外，曾經加入左聯的樓憲，也是《新知識》的主編之一，在《臺灣歷史的光榮》

　　《文化交流》其他比較重要的文章，一篇是王思翔的〈釋文
化〉，提出「不是為文化而文化，而是為助長人類生活而文化」，才能
使文化達到「真、善、美」，要文化工作者放棄「勞心者治人」的落
伍觀念，將文化還給廣大人類。而周夢江（署名鳳炎）的〈臺灣史
話〉，從當時出土的人類學考古研究中，佐證臺灣不論少數民族或漢
人其在種族血源與文化交流上，都與大陸的漢人有密切的歷史淵源。
王思翔與周夢江兩人基於臺灣現實的需求，一個呼籲「文化大眾
化」，一個呼籲「族群（省籍）融合」，可謂用心急切。光復初期臺中
文化人的匯集，他們功不可沒，他們掌握了《和平日報》副刊版面的
媒體資源，延續了在抗戰時期推動「東南文藝運動」[63]的熱情與信念，
繼續在臺灣發揮了文化的宣傳力。像王思翔、樓憲、周夢江這樣的赴
臺進步文化人，並非偶例，其他如許壽裳、雷石榆、黃榮燦、何欣、
歌雷，都吸引著臺灣文化人紛紛與他們攜手合作，為重建臺灣文化而
努力。這些合作關係為二‧二八事件以後，《臺灣新生報‧橋》副刊
「重建臺灣新文學」的討論奠下了基礎，尤其是二‧二八事件週年前
夕、「許壽裳」事件，強化了文化人攜手合作，促進兩岸「文化交流」
的決心，以突破國民黨「孤立化」臺灣的封鎖，積極將抗日戰爭以來
的文化統一陣線延伸到臺灣，用以推翻國民黨的黨國法西斯體制。
　　從上述左翼文化人的言論轉折看來，二‧二八事件以前、他們秉

中介紹臺灣革命黨李友邦的臺灣義勇隊、臺灣少年團與臺灣醫院抗日的光榮歷史，
為臺灣人在抗日戰爭中的貢獻留下歷史見證。一九四六年五月初，教育處長范壽康
失言引發臺灣人是否「奴化」的論戰後，這一篇指出臺灣人英勇抗日事蹟的文章，
饒富深意。雖然文中亦指出少數「臺灣浪人」被日帝利用從事不法行為，給予祖國
人民留下很壞的印象。樓憲想指出的是少數被日帝利用的「奴化」分子是有的，但
亦有為數不少勇於投入抗戰工作的臺灣人，受到祖國人民的崇敬。

63 關於「東南文藝運動」，即當日在東南地區活躍的文藝工作者，戰後赴臺的除了
　　樓、王、周他們三人之外，還有揚風、歐坦生、雷石榆、王夢鷗、覃子豪、羅沈
　　（陳琳）、朱鳴岡、吳忠翰、吳乃光（林基）、黃永玉、姚隼（姚勇來）和沈嫄璋
　　等。他們分別在臺灣的藝術文化界發展，留下許多不可抹滅的影響力。

持「高度地方自治」的理念，關心全中國政治的民主化，在政治上力主一九四六年一月「政治協商會議」中決議的「地方自治」體制的實行，反對內戰，呼籲組成「聯合政府」。但是受到二‧二八事件的激發，部分左翼文化人傾全力支持共產黨。二‧二八事件以後《臺灣新生報‧橋》副刊的論爭，顯現臺灣文化場域受到國共內戰意識形態對壘的影響，在「重建臺灣新文學」的討論中，整個場域也傾向「新現實主義」的「文藝美學」的論述。

第三節　殖民地的傷痕：二‧二八事件與臺灣文化的局限性

這一節欲從《新知識》上王思翔的〈現階段臺灣文化的特質〉為出發點，思索近代臺灣「殖民地化」的歷史傷痕，在復歸中國後所造成的文化困境與二‧二八事件的關係。王思翔的〈現階段臺灣文化的特質〉，是一篇探討臺灣社會、文化性質的文章，基本上依循了毛澤東〈新民主主義論〉[64]的史觀，分析近代中國社會、文化革命的歷程，並將臺灣的社會發展納入此一過程中予以分析。臺灣，原本就是清政府無力招架帝國資本主義的入侵過程中、被迫割讓出去的領土，王思翔從這樣的史觀出發，對中國與臺灣分離五十年各自經歷的社會革命發展分而論之，再回到復歸中國後的臺灣社會，分析「光復」的文化意義，及臺灣社會的困境與努力的方向。毛澤東的「新民主主義」文化革命的思想對冷戰以後長期缺乏左翼批判思維的臺灣而言，王思翔分析臺灣文化發展的歷史局限，具有一些啟發性，值得吾人深思。

〈現階段臺灣文化的特質〉開宗明義以馬克思主義的論點──文

---

64 〈新民主主義論〉（1940年1月9日在陝甘寧邊區文化協會第一次文化代表大會上毛澤東的演講，第一次發表於1940年2月15日延安出版的《中國文化》創刊號），見毛澤東：《毛澤東選集》（北京市：人民出版社，1991年），第2卷，頁662-706。

化是「一定的社會的政治經濟的反映」，以及「不是社會意識決定社
會存在，而是社會存在決定社會意識」——展開中國文化發展的分
析。第一，將中國自鴉片戰爭到對日抗戰勝利的文化發展，分為三個
階段。（1）從洋務運動一直到辛亥革命，雖助長了推翻封建政權的認
識，但辛亥革命「自身並沒有一個作為思想準備的『文化運動』，這
個階段達成推翻封建勢力的革命任務，是「屬世界資本主義文化革命
的一部分」。（2）五四運動是「中國歷史上第一次的自發群眾革命運
動」，拉開了新民主主義文化運動的序幕，但「由於它是半殖民地啟
蒙運動，民族資本基本上對國際帝國主義的附庸性和買辦性，它首先
反映對『西洋』資本主義文化的盲目信仰；另一方面，則由於小資產
階級功利和衝動的特性，反映出盲目反古的傾向」。所幸，部分前進
的分子「開始接觸到較資本主義更高一層的思想，展開新的思想鬥
爭，宣布了資本主義文化的沒落性」，革命力量在魯迅諸人的領導下
「經過自五卅到北伐的統一發展，經過一九二七年到一九三六年的資
產階級結合帝國主義、封建主義的圍剿，終於擴大而鞏固了革命的基
礎」，完成了對日抗戰的思想準備。（3）「在民族抗日戰爭中，中國革
命的曲線運動，又來了一次統一，而且更廣大的統一了，上層包括了
一切統治者，中層包括了一切小有產者，下層包括了一切人民」。但
武漢失陷後，抗戰的陣容也漸行分裂，「抗戰的性質一變而走入辛亥
革命末期的老路——軍事投機。……勝利就是在這種情形下取得的
『慘勝』」。軍事投機的勝利助長了封建勢力、官僚主義的「反民主」
勢力，又「由於經濟與政治的相關性，夾雜在美式配備、美國商品
中，國際資本主義文化也大量以非正常的方法輸入了」。因此，「國
家，掙脫了帝國主義的桎梏，重復投入了半殖民地的深淵，政治、經
濟仍然在半殖民半封建的危機中」。但革命的文化經過一次一次克服
雙重的壓迫達到空前的高度和深度，「在新民主主義社會運動中起了
領導的地位，而且在現實社會上占有了絕對的優勢」。

　　第二，分析臺灣「光復」的意義，從社會革命發展的歷程，指出其困境及目前的任務。王思翔認為：「臺灣的『光復』，在社會意義上只不過是軍事投機的『戰利品』而已，……這個『戰利品』是日本帝國主義所造成的最理想的『文化真空地帶』，而完整地交予中國沒落的投機家的。很快的，中國的封建勢力馬上填滿日本帝國主義所讓出來的空隙。『接收』的工作是非常徹底的，在封建中國的意義上，無論是政治、經濟、文化，可說是無孔不入，特別是文化，建築在政治、經濟的獨占性上；由紙的『配給』以至印刷的托辣（拉）斯組織，從根本上已經造成文化的專制與獨占。」因此「光復」後的臺灣文化，由於進步勢力幼小，臺灣的文化，只有「廟堂文化」和其外圍。

　　造成臺灣進步文化勢力貧弱的歷史原因，王思翔舉出四點：（1）因割臺的關係，臺灣與大陸的文化關係，便滯留在「洋務運動」與「戊戌運動」（雖已割臺，但為日帝所首肯）的時代。表現在文化上，就是在今日還可以看到迷信中國「精神文化」的人到處都是，「這種封建殘留，在過去曾依附於『故國』的意義上，因帶有消極抵抗日本文化的侵略而被擁護」。王思翔認為對於以「遺民」姿態活下來的臺人，應予以同情和欽佩，但由於客觀環境的躍進，更要促其前進，以免削弱新文化運動的力量。（2）日本的侵略雖激起數十年的反抗怒濤，「但當時的臺灣缺乏著革命的基礎──雄厚的民族資本，缺乏著革命的中堅──龐大的覺醒的工業勞動者，……因此抗日運動既沒有現實的基礎復沒有思想的準備，其本身便不能脫離農民暴動的範疇，不能展開偉大的民族革命，便逐個被迅速消滅。……而在這以後，無論是政治、經濟，臺灣是被變做典型的殖民地了，因而在文化上，我們不能否認至少在大體上是殖民地化的（這是就社會範圍，不是就個人範圍說的）」。對於「光復」，在思想的準備上也非常不夠。這種可怕的歷史過程，造成現階段臺灣文化的貧乏。（3）臺灣的社會、文化運動，至少有十年的時間被壓迫無法抬頭。這十年的「空

隙」,「由於日帝有意的分隔和現實的限制,至少在一九二七年大革命以後中國文化運動漸次不能傳達於臺灣,尤其在抗戰後,是完全隔絕了。[65]……在中國的文化革命運動上,這十幾年中卻走了遙遠的路,在實踐中得到了現實的合理的方法,並且就憑著這而獲得生存與發展的」。今日,臺灣正由「日本化」而轉變為「中國化」的激變過程。「文化革命的敵人卻是完整而鞏固的封建勢力,偽裝著『革命』、『民主』,一般的文化工作者並不能『知己知彼』,因而在戰略上犯了錯誤,招來意外的打擊,弄得動彈不得。再加上文字的阻礙,形成現階段文化的苦悶」。富有力量的組織尚未產生,遑論統一的戰略。(4)「光復」後,「抗日」此一過去臺灣文化運動的重心已不復存在,而新的重心又未能樹立,明顯的分化開始削弱了文化革命的隊伍。

　　針對「光復」後的文化困境,王思翔提出三項任務:(1)「反封建,反對政治、經濟的尤其是文化的封建性」,在新民主主義的文化革命還沒有被大眾所認識,文化運動者要參加全國性的反封建運動,即要求政治民主、經濟民主。(2)臺灣文化界先團結起來,以新民主主義的中和性爭取文化界以外、各階層的團結。我們該反分化、反國際主義、反宗派,爭取封建陣營(廣義的,包括其外圍)的進步分子,如進步官僚、開明的大中地主等都有其進步(或改良)的要求,可爭取合作。(3)「要打破本省的孤立狀態和主觀上的自封觀念,與世界尤其是國內進步文化運動取得密切的聯繫」,臺灣雖不必自己摸

---

65 王思翔認為:「在這個時期內臺灣的地下運動一方面沿用了舊的方法,一方面聯合了日本勢力,自然在實踐上有著若干進步的可能,可是一方面是本身承受的壓力過重,一方面是日本民主勢力亦受到壓迫而走了彎曲的路,進步是有限的。」(《新知識》:7)此一判斷,來自他與臺灣文化人接觸的經驗,他曾回憶道:「我所接觸的一些文化界朋友,都知道五四時代的陳獨秀、周氏兄弟和胡適,卻只有個別的人曾在日本聞知一九三〇年代左翼文化的零星消息,更不用說,偉大抗日戰爭期間中國文化界發生的巨大和深入的新變化、新動向,遠在臺灣人的視野之外。但這不是臺灣人的過錯,而是日本帝國主義侵略者宰割留下的創傷」。參見王思翔:〈臺灣一年〉,葉芸芸編:《臺灣舊事——臺灣民眾史(14)》,頁28。

索百年間中國文化運動所走的黑暗而迂迴的老路，但中國文化革命僅只有幾十年的時間，留下了較多的缺陷，不像歐洲文化革命，有數百年的歷史，「以此例彼，可以斷言若干時期內，臺灣文化定然難以可觀」。如果不能一面前進一面肅清落伍以至反動的思想，也還有很大的隱憂。這是今後必須努力克服的。

　　對照毛澤東的〈新民主主義論〉，王思翔此文，對於文化思想所賴以生成的社會條件，卻有著更精要而辯證的歷史分析。王思翔出身「黃埔」軍校，抗戰時期在國統區主編過《浙江日報》，累積了相當多年社論、雜文與報告文學的經驗，也是「東南文藝運動」的推手之一。誠如他夫子自道是「馬克思主義的同路人」、「國民黨的左派」[66]，因逃避國民黨地方官吏的追捕赴臺，卻在國、共最後的內戰中選擇認同共產黨。從他的身上可以看到身處國共分分合合的歷史中的那一代青年的某種典型，說明了毛澤東「新民主主義論」對當時進步青年的號召力。特別是毛澤東關於社會革命的「兩階段論」，以及容納各個階層的論述，吸引著傾向希望「聯合政府」得以組織成功的各民主陣營，期望能制衡在慘勝的「接收」中一躍為腐敗官僚體制的國民政府。[67]類似的例子，就是「中國民主同盟」，本是奔走於國、共之間

66 前者見王思翔：〈臺灣一年〉，周夢江、王思翔著，葉芸芸編《臺灣舊事》，頁27，後者據曾健民先生轉述筆者，曾健民與葉芸芸於二〇〇〇年至安徽拜訪王思翔時，王思翔回答曾健民關於他的身世的第一句話「我是國民黨的左派」。謝雪紅於一九五七年一月三日給周夢江的信中，提到「王思翔因受胡風思想影響」云云，周夢江：〈緬懷謝雪紅〉，周夢江、王思翔著，葉芸芸編：《臺灣舊事》，頁132。可見王思翔在「反右運動」中因「胡風案」受到波及。從王思翔晚年的回憶得知他是一九五〇年與樓憲在上海籌組「泥土社」出版社，因樓憲的介紹向胡風邀書稿，才第一次見到胡風。見張禹（王思翔）：〈我與胡風〉、〈憶泥土社〉，《從心隨筆》（北京市：中國致公出版社，2003年），頁69-71、102-109。

67 毛澤東在〈新民主主義論〉中，說明一九二四年孫中山聯俄、容共、扶助農工的三大政策，是國、共合作的基礎；由此解釋「新三民主義」（1924年以前是「舊三民主義」）與「新民主主義」兩者「社會革命」的內容與性質的一致性，在此基礎上「承認共產黨的最低綱領和三民主義的政治原則基本相同」，見毛澤東：《毛澤東選

促進和談的中間派，卻在國民政府一面分化、一面迫害領導人，雙重
夾殺之下，於一九四七年十月二十七日被內政部公告為非法團體而被
迫解散，迫使一部分民盟人士到香港重新集結[68]，公開聲明與中共通
力合作。

　　王思翔是當日外省文化人中，少數對臺灣歷史有較深刻認識，又
能站在人民立場的作家之一。[69]王思翔返回大陸後，念念不忘臺灣人
民對國民黨極權統治的抗爭，寫下二·二八事件的〈臺變目擊記〉，
曾交給耿庸、胡風設法在香港出版未成；幾經波折，一九五〇年二月
列入樓憲主編的「光與熱叢書」，更名為《臺灣二月革命記》。[70]一九

　　集》，第2卷，頁689，「是國共兩黨和各個革命階級的統一戰線的政治基礎」，「以階
　　級論，就是無產階級、農民階級、城市小資產階級、資產階級的統一戰線」，見毛
　　澤東：《毛澤東選集》，第2卷，頁701。毛澤東還特別對「新民主運動」的文化性質
　　做一番解釋，「新民主主義」雖然是無產階級所領導，其中社會主義起著領導的決
　　定性的作用，但是當前的行動綱領的基本任務是要反對外國帝國主義和本國的封建
　　主義，是資產階級民主主義的革命，還不是以推翻資產階級為主的社會主義的革
　　命。只是目前應該要擴大宣傳共產主義的思想體系和社會制度，加強馬克思列寧主
　　義的學習，才能指導現實的新民主革命達到勝利。但不能把現階段的行動綱領和思
　　想的宣傳混為一談，見毛澤東：《毛澤東選集》，第2卷，頁704-708。

68　一九四八年一月五日民盟在香港召開一屆三中全會，否認總部的解散，並聲稱以前
　　承認國民黨政府的合法領導地位，與它進行合法的鬥爭，現在公開提出推翻它，改
　　對它進行非法鬥爭。見金沖及：《轉折的年代──中國的1947》，頁430。

69　王思翔在《和平日報》發表的另一篇政論：〈論中國化〉（1946年5月20、22日），也
　　展現過同樣理論兼顧實證的論述水平，同時又能站在（臺灣）人民的立場發出對
　　「中國化」的針砭。王思翔，〈論中國化〉：「隨著勝利以來，一種惡性的中國化正
　　抓住整個臺灣……臺灣的中國化，只有在可能助長臺灣同胞的生活上才有價值。假
　　如臺灣有著某些方面的進步，我們就不必拉平他和現在的中國一樣，而且還得繼續
　　使他進步，在完成中國化的過程中，甚至有承認『臺灣化』（暫時的）的必須；只
　　有在遠大的計劃中，引導他走向中國化」《和平日報》（1946年5月20、22日）《新世
　　紀》第8期、《新青年》第3期。但其中的核心觀念到了這篇〈現階段臺灣文化的特
　　質〉中闡述得更清楚。

70　一九五〇年上海動力社初版，年底泥土社再版，見張禹：《從心隨筆》，頁118。臺灣
　　版收入《臺灣舊事》，葉芸芸編，周夢江、王思翔著：《臺灣舊事──臺灣民眾史
　　（14）》，頁170-230。又一九五五年二月張禹（王思翔）在上海新知識出版社編著

五〇年春，受樓憲之託，擔任泥土社出版總籌之一。兩岸文化人追求
新中國建立的願望，在一九四九年後，因為冷戰局勢而更難如願，對
理想主義者而言，歷史的弔詭莫過於當年的「民主」追求，多年後竟
變成「民族」問題。

　　從〈現階段臺灣文化的特質〉一文中，王思翔對臺灣文化歷程的
分析，得知他熟知臺灣從武裝抗日到各式社會、文化運動展開的歷
史。王思翔「一語中的」指出臺灣革命力量經過十幾年（一九三一年
以後）的「空白」，缺乏組織與實踐方法，正是後來二‧二八事件迅
速被鎮壓的原因。儘管我認為他低估了臺灣文化革命力量的集結。以
歷史的後見之明，從光復後到二‧二八事件期間，進步文化人連結各
階層的民主勢力，在國民黨黨、政、軍的文化宣傳機構「包辦」（楊
逵之語）文化事業的情勢下，短短一年的時間，民主思潮就攻占了大
半的文化場域，這不能不歸諸日據時代社會主義思想在戰後迅速復
甦，以及兩岸文化人的交流，積極於傳布民主運動與思潮。筆者以為
二‧二八事件得以迅速蔓延全臺，正是「社會主義民主思潮」席捲臺
灣文化場域所發揮的效應。

　　透過吳克泰的回憶錄，我們得知在一九四六年的十月，地下黨成
立臺灣省工作委員會直屬的新聞記者小組，徐淵琛擔任小組長，孫萬
枝、吳克泰為組員。而這三人都是《自由報》的同仁，也顯見地下黨
「省工委」有意在臺灣展開文化宣傳工作，開闢文化戰線。然而，
二‧二八事件事發突然，左翼文化人以個人實際的行動投入這場事
變，或是以事件調解者在「處理委員會」幕前幕後，將事變處理的要
求提高到地方自治的政治改革層次，[71]或是參與各地武裝鬥爭的準備

《我們的臺灣》一書，撰述臺灣自古代到光復四年的歷史、地形、氣候、物產與經
濟，專章敘述臺灣抗日到二‧二八事件、四六事件的革命史，提及一九四七年十一
月「臺灣民主自治同盟」在香港的成立始末，呼籲「反美蔣」與「解放臺灣」的迫
切性，承蒙戴國煇夫人林彩美女士借閱筆者參考本書，於此致謝。

71 蔡子民、蘇新曾指出《自由報》的同仁，各自和地下黨都有聯繫，除了徐、孫、吳

行動。在中共地下黨組織尚未充分建立起來之前，左翼文化人在二‧二八事件中，就地盡個人之能事抗爭。在《政經報》時期，就已經發出呼籲民眾「團結組織」、堅持繼續革命的左翼文化人，當然不可能從這場事變中怯場、退席。

當然，「地方自治」的要求，並非左翼運動者獨有的政治主張；從國民政府籌備收復臺灣期間，到二‧二八事件爆發前後，臺灣人一方面為了駁斥美國自戰前就不斷運作頻頻的「國際託管論」，一方面批判國民政府以「殖民統治者」心態接收臺灣，不斷出現與「地方自治」相關的政治要求。對文化人而言，在二‧二八事件這場群眾烽起、需要有人出面領導的社會運動中，更是把握由下而上、表達政治民主化要求的最佳時機。促使他們行動的理念，正是從《政經報》末期、《人民導報》、《臺灣評論》、《新知識》到《自由報》發刊的過程中，掌握大半文化場域的主導權，累積了半年多的時間，對國共政治鬥爭、國內民主運動浪潮有相當程度的瞭解，因而積極地參與了這場席捲全台的政治改革運動。

但話說回來，二‧二八事件，一場偶發的緝私案件引爆民怨，「民眾的『官逼民反』誘發了知識分子尚未準備好的民主化與要求自治運動（臺灣七日民主），但國民黨政權卻以報復性的虐殺作為響應」。[72]從事件涉入者大多是學生、社會運動者、地方士紳、知識分子與原日本軍臺籍兵回臺的失業「流氓」，而「農民、工人及一般民眾之介入並不深」[73]來看，的確是一場缺乏廣泛群眾支持，在群眾之間缺乏思想準備的「事變」。而一般參與其中的民眾（如失業「流

有組織關係，其他人也都有工作關係。見葉芸芸編：《證言二‧二八》，頁42、98。在二‧二八事件期間，這群人圍繞在「處理委員會」宣傳組長王添灯的周圍，作為他的「參謀」，支持他在「處委會」中爭取談判的籌碼。三月七日王添灯所提的著名的「卅二條處理條款」就是這群參謀幫忙擬定的。

72 若林正丈：《臺灣——分裂國家與民主化》，頁74。

73 翁嘉禧：《臺灣光復初期的經濟轉型與政策（1945-1947）》，頁181。

氓」），則實在是出於「活不下去」的現實處境，呼應這場「官逼民反」的事變。臺灣社會經過日本軍國主義壓制後，才短短的一年半，在一般僅受過日本「國民教育」程度的大眾之間，能凝聚多深的「民主」思想準備？或是有多少「政治認同」或「身份認同」的共識？事實證明是「農民、工人及一般民眾之介入並不深」。同時，二‧二八事件中，民間的派系、團體在北、中、南的「處理委員會」、武裝行動中互鬥，被官方的政治派系所拉攏、分化，分散革命力量，[74]又正是王思翔一語道盡的：革命力量缺乏組織與實踐方法，宗派主義削弱了革命力量。於今讀王思翔此文，令人不禁聯想起事件中平白於民眾挾怨報復與軍隊鎮壓中犧牲的亡魂。

〈現階段臺灣文化的特質〉，是一年多以後《臺灣新生報‧橋》副刊上，關於臺灣文化的「特殊性」與「一般性」論爭議題的先聲，那場論爭除了討論臺灣文化的議題之外，也重演許多大陸已經論辯過的議題，其中部分論題論辯的核心，事實上是從「新民主主義論」中衍生出來的。只是因為《新知識》被查禁，僅有漏網的兩百份在外流傳，其影響力是有限的。但推測臺中的文化人應該不難讀到的，而被邀稿的楊逵從這一年的五月開始主編《和平日報》「新文學」欄，想必也讀過。[75]二‧二八事件後，五個月的牢獄之災，並沒有改變楊逵促成兩岸的文化交流的決心，與歌雷合作，發起《臺灣新生報‧橋》副刊上重建臺灣文化的議論。

從《吳克泰回憶錄》得知，一九四六年夏天共產黨已將〈新民主

---

74 見戴國煇、葉芸芸：《愛憎228》第8章，陳翠蓮：《派系鬥爭與權謀政治——二‧二八悲劇的另一面》第4章。

75 筆者也從而推測二‧二八事件時楊逵對武裝革命與創辦刊物，相較於地下黨領導人蔡前，持較為保留的看法，與王思翔的交流不無關係。因為從王思翔的文章中，不難理解臺灣進步的力量要迎頭趕上大陸上經過二十世紀三四十年代思想論辯與實際革命的認識水平，恐怕需要一段時間的發展融合。同時亦提到臺灣革命力量要孤軍作戰是困難的。王思翔的分析對楊逵應該有相當程度的說服力。

主義論〉作為在臺思想宣傳的重點。[76]可以推測當時毛澤東的「新民主主義論」，已悄悄在臺灣私下流傳，對象是那些地下黨有意吸收的思想「左」傾人士。毛澤東的「新民主主義論」在二・二八事件以前，並沒有廣泛地被臺灣人所知悉或認同，它只是在地下黨或其外圍人士之間秘密流傳。二・二八事件時中共地下黨的組織，「並沒有多少黨員，也談不上什麼社會基礎。事實上，只有少數幾位老臺共，有草根性的社會基礎，能夠就地積極地參加，但是他們大半都沒有組織關係，不具中共黨員身分」[77]。二・二八事件時中共地下黨員，較可靠的數字是七十幾名，[78]顯然不足以應變、鼓動全島性的抗爭運動。然而，透過上述「左」傾刊物上的言論，可以顯見隨著國共內戰的開打，各地的「反內戰、反饑餓、反美援、要和平」的民主運動，已逐漸被大多數的臺灣文化人所認同，而急於將此民主思潮傳布給臺灣人民。這是臺灣二十世紀二、三十年代之交、社會主義傳統復甦所發揮的認知作用；同時，也是兩岸命運與共的文化人共同努力的成果。

　　一九四六年下半年，隨著國、共衝突的白熱化，新聞言論管制的緊縮，左翼文化人不但開始注意國內的政治動向、關心政治協商會議的內容與後續發展；同時，開始改變策略，大量轉載大陸民主刊物的文章。國民黨當局「接收」帶來的政、經腐敗，並沒有讓這些左翼文化人就此對「祖國」感到失望，因為他們看到建設新中國的希望在大陸如火如荼展開的「民主運動」，唯有與大陸的民主運動的革命力量匯流，臺灣才有真正的「解放」可言。

　　從左翼文化人針對時局所發的言論轉折，可知一九四六年初到

---

76 《吳克泰回憶錄》提到，一九四六年七月，他在《人民導報》當記者時，中共地下黨省工委的代表張志忠負責和他單線聯繫，一次張志忠來找，他正在油印〈新民主主義論〉，印好的就交給張志忠拿走。見吳克泰：《吳克泰回憶錄》，頁166。

77 戴國煇、葉芸芸：《愛憎228》，頁261。

78 李敖編著：《安全局機密文件─歷年辦理匪案彙編》（臺北：1991年），頁18。

二‧二八事件爆發之間，隨著政經局勢、國共內戰形勢的惡化，活躍於媒體的省籍文化人，積極與歸臺「半山」、赴臺進步文化人攜手合作，佔據大半文化場域的輿論主導權，逐漸形成與官方對立的政治、文化抗爭意識。此一始於批判島內政經惡化的社會現實，轉而要求國、共合作組織「聯合政府」，實踐「政治協商會議」中的「和平建國綱領」，呼應大陸民主運動的浪潮，是從北部地區的左翼文化人開始集結的。這些日據時代以來受過社會主義洗禮的文化人，包括：蘇新[79]、陳逸松、王白淵、蔣時欽、呂赫若、賴明弘、吳克泰、周青、蔡子民、孫萬枝、徐瓊二、蕭來福、王添灯，活躍於戰後的臺灣文化場域，將二十世紀三十年代社會主義有關政治、經濟批判「再生產」，把矛頭從日本帝國指向國民黨當局，由於洞悉美國在內戰中支持國民黨的政策，他們對國民黨當局的批判，兼具了反封建與反殖民的社會革命意義。這些進步的臺籍文化人，又結合了返臺「半山」中較為開明的宋斐如、丘念台，以及以黃榮燦、許壽裳為中心的外省人士延伸出去的人脈，包括黎烈文、李何林、李霽野、雷石榆、朱鳴剛、陳烟橋等，共同集結為促進民主而努力。而中部地區，在大陸赴臺的王思翔、樓憲、周夢江等人的串聯下，也結合了楊逵、謝雪紅、楊克煌、林西陸等左翼勢力。最值得注意的，是以林獻堂為首的許多老文化人如葉榮鐘、莊垂勝、張煥珪、楊守愚等，亦參與《新知識》與《文化交流》的出資或寫稿。二‧二八事件中，他們雖然不贊成謝雪紅的武裝路線，成立「臺中地區時局處理委員會」，力圖穩定秩序，後來軍隊鎮壓掃蕩時，也發揮了使臺中地區傷亡最小的功效。[80]然而，從他們願意連續支持《新知識》這份由外省赴臺進步文化人與左翼作家楊逵、臺共謝雪紅涉入其中的刊物，可以想見這些臺中地區

---

79 蘇新還主編過當時發行量最大的雜誌《臺灣文化》，可以想見他不放過任何可以擴大文化宣傳的機會。

80 戴國煇、葉芸芸：《愛憎228》，頁270-274。

的傳統士紳，與左翼知識分子一樣，致力於聯合臺灣反抗力量，共同對抗國民黨封建官僚的體制，積極促進兩岸的文化交流。誰也沒有想到兩年後國民黨會敗退赴臺，臺灣將再度與祖國隔岸「對峙」，甚至成為完全不同政治路線下，兩岸「對治」的局面。

　　二・二八事件後，美國情治單位的再度鼓動「臺灣國際託管論」，僅有一、兩位零星的人士如廖文毅、黃紀南在香港響應，被楊逵批判為「奴隸」[81]。二十世紀五十年代後，新中國成立，廖文毅才在海外發展出「臺灣獨立」的政治主張。即使是廖文毅發行的《前鋒》雜誌，在二・二八事件後發行的第十七期（1947），以抗議「二・二八事件」官方的暴行為主旨，廖文毅的〈中國之危機〉與王麗明的〈求救與自救〉兩篇文章的思維，都還是以中國為出發點觀看臺灣問題，前者認為中國目前的危機在經濟，而經濟的危機在內戰，呼籲必須在短期內謀求全面的和平統一；後者甚至批評國民黨陸續向美國借貸十五億美元，若能用之於建設「新中國」，亦不必一直向美國求救。顯然在廖文毅當時的文章脈絡中，「二・二八事件」還不是「臺灣獨立」，或他在一九五六年的《臺灣民本主義》書中所言「臺灣是臺灣人的臺灣」意識的根源。[82]當然，臺灣人要求「地方自治」、

---

81 楊逵：〈「臺灣文學」問答〉，《臺灣新生報・橋》，1948年6月25日。

82 據張炎憲的研究，一九四七年二・二八事件後的夏天，廖文毅被國民黨通緝，自上海逃抵香港，九月，籌組「臺灣再解聯盟」。一九四八年四月，廖文毅等人發行《臺灣的出路》，基本綱領第一條指出：「推翻蔣政權在臺灣的反動統治，建立代表臺灣各階層人民利益的民主獨立政府，待整個中國政治確已走上軌道時，依人民投票，以聯邦之一單位加入中國主聯邦。」還沒有排除「與中國合組聯邦」的可能。張炎憲據鐘謙德的回憶錄指出：一九四八年九月一日，「臺灣再解放聯盟」向聯合國提出託管的呼籲：「1.臺灣應如韓國受同等待遇，臺灣應予美援達成獨立。2.聯合國應調查一九四五年後，國民黨在臺灣的暴政及凌虐臺灣人的真相。3.臺灣人乃一混合民族，與附近國家無政治關係。4.經日據時代五十年後，臺灣應在和平會談上有代表權，臺灣不應該被當作一塊不動產來處理，而毫無顧到臺灣人的主張。」首次出現臺灣「獨立」的主張。但對於臺灣的「主體」，僅提出混合民族之說，還未具備完整的理論與架構。見張炎憲：〈戰後初期臺獨主張產生的探討──以廖家兄

「臺人治臺」的臺灣主體意識是有的，這是打從戰爭末期在「祖國」的「光復運動」到光復初期，就一直是以復歸中國為前提所追求的民主自治的政治目標。

臺灣文化人歷經二‧二八事件，國民黨當局不但在臺灣暴露了鎮壓民主要求的極權統治本質，也等於逼迫熟知國、共政治路線鬥爭的臺灣民主鬥士必須做出抉擇，這正是二‧二八事件以後，大批臺籍左翼青年轉入地下黨的根源。知名的文化人包括呂赫若、簡國賢、朱點人、藍明谷、郭琇琮、陳文彬、蘇新、蔣時欽、蕭來福等一長串名單；[83]他們日後不是犧牲在國民黨的槍桿下，就是被迫從此流亡異鄉。敢於公開活動的文化人只剩下楊逵、楊雲萍，積極與大陸赴臺文化人加強合作，共同促進兩岸文化交流，借由文學的討論，反映他們對時局的批判與關懷。

弟為例〉，《二‧二八學術研討會論文集》，頁296-301。但根據George Kerr的書中，與上述同樣一字不漏的主張，是一九四八年八月，廖氏兄弟派一群年輕人到日本集會，準備向外國政府及聯合國上訴，但下獄經驗使廖文奎博士（一九四八年二‧二八事件一週年前夕廖文奎在上海被捕，經上海市長吳國楨交涉，入獄百日遭釋放）體會到對蔣介石上訴是無益的。在日本的一群，經人指引，利用發行傳單、日報，以引起大眾的瞭解，影響輿論，並公布該遊行以推進上述四點主張。見柯喬志（George kerr）著，陳榮成譯：《被出賣的臺灣》，頁433。所以這四點主張到底有沒有上訴聯合國，不得而知。張炎憲上文又指出：「廖文毅在《臺灣民本主義》（臺灣民報社，1956）書中提到：『一九四七年二‧二八革命之後，臺灣人聯邦自治的幻想逐漸消失，臺灣是臺灣人的臺灣的構想急速成長，形成臺灣獨立的主張。臺灣菁英亡命香港之後，最初分成獨立派和託管派的意見。經過數日間的論爭，做出以聯合信託管理為手段，獨立為最後目標的結論。』見張炎憲：〈戰後初期臺獨主張產生的探討——以廖家兄弟為例〉，收入《二‧二八學術研討會論文集》，頁298，從廖文毅的書中亦可見，當時只能以訴諸國際力量的「國際託管」為主要策略。

83 根據《安全局機密文件——歷年辦理匪案彙編》統計，二‧二八事件後，「共產黨」的臺灣省工委組織發展迅速，至一九四八年「香港會議」時，黨員已從事件當時的七十餘名，發展為約四百名。自「香港會議」至一九四九年八月，黨員又增加到九百人。見李敖編著：《安全局機密文件——歷年辦理匪案彙編》，頁18。

第四章
臺灣文化的重建與左翼文學思潮的復甦

　　臺灣光復後，文化人自發地對「日本殖民地」時期文化遺產提出反思，文化人在清理過去文化的「殖民地性」的同時，很快即發現了接收的國民黨當局的「封建官僚」本質，在同意臺灣文化必須與中國文化接軌的前提下，又要慎防「復古」、「復舊」以「中國化」的面貌復辟。本章將進一步分析二・二八事件前文化抗爭意識在文藝思潮上的表現，探討自主性文化場域與官方文化勢力的角力。第一節探討光復後唯一的日文欄主編龍瑛宗、對「臺灣文學」的反思與展望，他如何面對身份認同與臺灣文化主體性的問題？如何繼承與發揚日據時代「反殖民」、「反專制」的文化資本，以應對光復後臺灣社會遭遇的困境？第二節討論兩岸文化人如何標舉魯迅戰鬥的現實主義精神，一方面作為溝通的精神遺產，一方面作為與現實搏鬥的基礎，將「魯迅戰鬥精神」此一文化資本進行「再生產」，與官方權力場域進行意識形態的角力。

第一節　龍瑛宗之「科學的世界觀」與臺灣文化重建

　　從光復初期龍瑛宗密集發表的評論文章看來，他對臺灣文化主體與歷史、社會的思索，與當時的左翼作家對臺灣政治出路的主張互相呼應。日據時代的龍瑛宗向來不是一個行動派的作家，卻在二・二八事件前夕一再展現他社會主義的文藝思想，由此可見在內戰加冷戰逐

漸生成的光復初期，現實主義的文學思潮是臺灣文化場域中的主潮。

　　光復後，最早針對日本殖民地時期文學遺產提出反思的，是龍瑛宗在一九四五年十二月《新新》創刊號發表的〈文學〉一文。我們先看看龍瑛宗此一思維在創作上的表現，再回頭看他對殖民地文學的反思。同一期的《新新》上，龍瑛宗發表一篇短篇小說〈從汕頭來的男子〉，而戰後龍瑛宗的第一篇小說創作〈青天白日旗〉，則發表在十一月的《新風》上。〈青天白日旗〉以阿炳父子從鄉下到市鎮賣龍眼，看到「向來沒有精神的街頭巷尾，眨眼間朝氣勃勃」，才知道「臺灣光復」了。阿炳又擔心「臺灣究竟會變怎麼樣呢？高鼻子碧眼的美國兵會來這裡嗎」？賣完龍眼，在兒子木順仔的央求下買了新國旗「青天白日旗」，迎面卻來了個日本警察。原本擔心拿著「青天白日旗」而遭平日的土霸王毒打的阿炳，轉念間一想，「現在，是不是堂堂正正的中國人民麼？害怕什麼呢」？於是牽著木順仔和旗子，挺胸昂首地走過去。隨後阿炳勉勵兒子從今以後不再是被輕蔑的「支那人」，而是「中國人」了，「木順仔，你要記住做日本人的時候，假如有什麼傑出的才華，還是得不到一官半職。現在時勢變遷了，端看你的用功如何，便可以做官了，你要專心念書才對」，小說在木順仔高叫「萬歲！萬歲！」聲中劃下句點。〈青天白日旗〉籠罩在對未來的不確定感與對日勝利的興奮中，描繪了「臺灣光復」帶給人民關於「國家認同」的心理轉折，以期待為國家社會所用的心情迎接未來，捕捉了臺灣人對「光復」最直觀的期待。

　　一九四五年十二月龍瑛宗與〈文學〉一同發表的小說〈從汕頭來的男子〉，表現了與吳濁流光復初期出版的《胡太明》（後改名為《亞細亞的孤兒》）一樣的主題——殖民地下的臺灣人國家認同的焦慮與困境，龍瑛宗借由〈從汕頭來的男子〉反思戰爭期日本殖民政策下兩種類型的臺灣人。小說中「我」悼念著在戰爭期中死於瘧疾而來不及看到「光復」的青年周福山。周福山憤慨日本殖民統治下日本和臺灣

的差別待遇，因嚮往自由，渡海到汕頭，依靠大陸經商的叔父，卻眼見「汕頭城裡的臺灣商人，仍是戴著日本帝國主義的大帽子，壓迫祖國的商人」。不願狐假虎威的周福山，為此曾有參加武裝抗日之志，卻因語言不通、戰爭爆發而返回臺灣。「我」則勉勵周福山：

> 我們生於不幸的星辰之下者，而且背著幫凶的任務而已。可是，我們冀望祖國勝利，所以，僅為消極抵抗以外，別無他途，但是，以備光榮的日子來臨，年輕人應該專心用功才對。

　　周福山聽從「我」的鼓勵，閉門讀書，對未來懷抱著一線光芒，無奈死於惡瘧。龍瑛宗透過周福山的祖國經驗，一面反省「日本帝國主義者派遣少數，寧稱漢奸的臺灣人，橫羈於對岸。經營鴉片館子、妓院、賭場等使中國人賣兒、賣淫，竟予陷入淪亡之窘境；又利用臺灣人作間諜的爪牙」，但一面卻也借由周福山的形象，說明更多「僅為消極抵抗以外，別無他途」的臺灣人，「做人家的奴隸」的無告的心情。〈青天白日旗〉和〈從汕頭來的男子〉這兩篇小說表現了龍瑛宗在臺灣光復回歸中國之際，對民族、國家認同的思索。最重要的是，龍瑛宗開始思索「文化主體性」的問題。在〈文學〉一文中，他指出：

> 回顧一下臺灣吧。臺灣無疑地曾是殖民地。在世界史上殖民地，文學能夠繁榮的，一次也沒有，殖民地與文學的因緣是很遠的。
> 儘管如此，臺灣不是有過文學嗎？是的，有過像文學的文學。然而，那不是文學。明白了嗎？[1]

1　龍瑛宗：〈文學〉，《新新》創刊號（1945年12月），頁11。

這顯然是龍瑛宗針對日本殖民統治手段的「同化政策」與「皇民化運動」時期，文學不但不得自由發展，甚至可能走上扭曲自我的歧路所提出的反思。[2]對臺灣文學進行「殖民性」的清理，是龍瑛宗在光復初期關注的理念之一。二·二八事件前，龍瑛宗在雜誌上以中文發表的最後一篇隨筆〈臺北的表情〉，首先感慨臺北漸漸失掉日本的表情，換上「上海的」、「福州的」、「祖國的」新表情。並指出：「日本的表情是還沒有完全失掉，日本的表情還留下在有著簾的光景，日本格樣的房子，這都是暫時不能從臺北被撤銷的，但現在……臺北有兩種相反的表情，要是憂鬱是地獄；歡呼是天國那麼，臺北一定是以一部分的人看來是地獄，另從一部分人看來倒是天國。」反映了「接收大員」造成社會貧、富的差距。〈臺北的表情〉與〈文學〉一樣刊登在《新新》上，前後相隔一年的期間，兩文一前一後互相呼應，顯現了光復後龍瑛宗始終關注的是殖民地文化缺乏主體性的問題。他沉重地道出：

> 總而言之，臺北的表情在變著，但是不管臺北的表情是明或是暗的，臺北的表情，似乎沒有固有的，這就是可以說是因為臺北沒有鞏固的歷史和文化的關係吧。[3]

---

2 龍瑛宗曾回憶說，〈青天白日旗〉「是描寫著鄉下的孩子，看見我國的國旗漂亮，央求父親買給他。惟日本警察還未返回，父親覺得害怕毆打的故事；而表現殖民地的悲哀和本省農民的愛國心」。〈從汕頭來的男子〉「描寫在大陸上，日本帝國偏袒臺灣人，藉資分化大陸同胞和臺灣同胞的毒計」。兩篇小說都是他苦學中文後，自己翻譯成中文，分別發表在《路工》雜誌的一九八三年的五、六月。文中並表示一九四四年寫成的〈年輕的海〉（若い海），是「無奈寫成的」，「我的小說結尾，本省人為天皇捐軀是說夢話」。見〈崎嶇的文學路——抗戰文壇的回顧〉（《文訊》第7、8期，1987年7月1日）。〈年輕的海〉發表於《旬刊台新》第1號1944年8月1日），頁3（後被收入《決戰臺灣小說集——干之卷》，總督府情報課出版，1944年12月30日。

3 龍瑛宗：〈臺北的表情〉，《新新》（1947年1月5日），頁14。

　　從〈文學〉到〈臺北的表情〉，這一整年的時間，主要是龍瑛宗迫於生計，到臺南《中華日報》主編日文欄的時期。龍瑛宗試圖為清理臺灣文化的「殖民地性」而努力，一面以中國民族主義的思維反思殖民地的文化遺產[4]，一面思索著「臺灣文化主體性」的問題。〈文學〉是與其他人的文章一同發表在《新新》題為「建設」專題中的一篇，龍瑛宗開頭即表示文學是「社會安定、黃金時代的產物」；在中國要進入「建設」時代，文學的意義就在於「參與新中國的心理建設」。[5]三個月後，龍瑛宗主編《中華日報》日文版《文藝》與《文化》副刊（1946年3月15日-10月25日），即在實踐新時代的文化建設工作。

　　從龍瑛宗《中華日報》日文欄副刊的編輯策略，與他自己的作品內容來看，龍瑛宗一邊觀察戰後影響臺灣動向的內外局勢，一邊思索臺灣文化主體的問題。當其他作家於政權轉換、時局未定之際，紛紛將注意力放在政、經社會發展，向當局提出「民主主義」的要求，龍瑛宗是這期間始終堅守以文化本位確立「民主主義」的作家。他不遺餘力地介紹中、外文藝作品與思潮，共計發表小說、新詩、隨筆與評

4　除了上文所述的〈青天白日旗〉與〈從汕頭來的男子〉兩篇思索民族認同的小說外，臺灣剛光復之際，龍瑛宗發表的「民族意識」濃厚的文章有〈民族主義の烽火〉《新青年》第1期（1945年11月），頁3，以及龍瑛宗主編的《中華》雜誌（僅發行兩期1946年1月、4月）上發表的〈民族革命：太平天國（一）、（二）〉（中日文對照），認為一八五〇年開始長達十五年，由客家籍的洪秀全領導的太平天國運動，是「建設中華民國的最初的烽火」，「是最有意義、最有組織的、最大規模的救亡運動」，此一民族精神由孫中山的革命運動所繼承，再傳至蔣介石，才終於完成我們的民族革命。從小自父老口中聽聞客家民族英雄洪秀全與孫中山的事蹟，龍瑛宗於此有意將「臺灣光復」的意義，納入反清復興、抵抗帝國侵略的中國近現代史，詳參許維育：《戰後龍瑛宗及其文學研究》，頁27、柳書琴：〈跨時代跨語作家的戰後初體驗──龍瑛宗的現代性焦慮（1945-1947）〉，頁4。另本書有關龍瑛宗作品的中譯，部分參考許維育、柳書琴兩文，有部分是筆者自譯，並請留日博士中山醫學大學應用語文系教授蕭燕婉協助校譯，於此一併致謝，不一一注明。

5　《新新》（1947年1月5日），頁14。

論等七十七篇文章（見附錄表7-8龍瑛宗光復初期作品目錄）。尤其是主編《中華日報》日文版副刊時，平均四、五天就有一篇作品產生，還將一篇大陸作家章陸的長篇小說《錦繡河山》翻譯成日文連載，可以說是龍瑛宗一生中最富朝氣的一年。他一改日據時代的「內省」風格[6]，非常重視文學與時代、社會的關係。帶有社會主義理想、卻崛起於日本軍國主義時期的龍瑛宗，在戰爭期只能內斂地以「杜南遠」系列之作來「追尋自我」。[7]在「臺灣光復」後，民族復興的契機，促使龍瑛宗興起一展文化建設的抱負。

　　光復之初的龍瑛宗，與其他臺灣文化人一樣，以「民族主義」的復興，迎接新時代的來臨。「回歸」熱潮過後，由於體認到「光復」並非真正的「解放」，文化人緊接著思索政、經、社會改革，追求「民主主義」理想社會的實現，而龍瑛宗更專注於思索近代文化啟蒙問題，認為文學隸屬於文化的範疇之中，是社會進化的基礎之一。他批判世俗的功利主義者的文學非實用論，認為只求溫飽不需要文學的社會，是原始狀態的社會，「沒有高度的文化性，就無法打開今日社會的不安狀態」〔〈文學は必要か──時代と文化の問題〉[8]（《文學是必要的嗎？──時代與文化的問題》），1946年5月14日〕。他在祝賀當時規模最大的文化聯誼組織「文化協進會」成立時，表示：首先希望在良法的制度下，使文化人獲得最低限度的安定生活，繼之期許三餐不繼的文化人，克服悲哀與絕望，推進西歐文藝復興一樣的過程，以「科學的世界觀」「知性啟蒙」喚醒停留在封建時代的四億同胞、六

6　有關龍瑛宗作品「內省」風格的分析，見朱家慧：《兩個太陽下的臺灣作家──龍瑛宗與呂赫若研究》（臺南市：臺南市立藝術中心，2001年），頁275。

7　徐秀慧：〈陰鬱的靈視者龍瑛宗──從龍瑛宗小說的藝術表現看其在臺灣文學史上的歷史意義〉，《臺灣新文學》1997年第7期，頁296-307。

8　以下龍瑛宗文章皆引自《中華日報》日文副刊《文藝》《文化》，僅標示中文題目與日期，並參見附錄表7-8龍瑛宗光復初期作品目錄。

百萬本省同胞，達到「近代底個性的確立與覺醒」[9]。龍瑛宗認為要催生「民主主義」的新時代，就必須「打倒封建文化」，提倡「近代意識的覺醒」。許維育指出此一近代國民文化啟蒙意識與民主社會發展的理念，貫串龍瑛宗戰後到二‧二八事件之間的作品，包括在「家庭」版，密集發表的女性解放的相關言論，也是為了確立「近代底個性的確立與覺醒」[10]。而「近代底個性的確立與覺醒」並不是要走向西方個人主義的道路，而是要走向終結個人主義，將自我意識提升到社會意識。

龍瑛宗在《文藝》第一期發表的第一篇評論〈個人主義的終結──老舍的駱駝祥子〉（1946年3月15日），就指出老舍的《駱駝祥子》是：「近代科學洗禮的寫實主義作品」，「老舍把駱駝祥子悲劇的原因歸咎於個人主義和利己主義」，中國的不幸孕育在這裡。他進一步闡述「唯有自我意識提升到社會意識時，才有近代意識的確立」，「假若意欲超越個人主義，必須摧毀封建社會。我以為中國個人主義的結束，帶有歷史的必然性，慢慢地會獲得其實現。在這意義下，『駱駝祥子』這部作品是觸及到中國現實的很寫實的作品，寓有深刻的暗示性」。

龍瑛宗在「名作巡禮」一欄中，介紹《阿Ｑ正傳》（1946年5月20日）時，也重申：經過三百年清廷的統治、帝國主義列強對中國的詐取和軍閥的存在，造成中國人性格的扭曲，充滿拜金主義與極端利己主義，阿Ｑ作為中國人的「國民性」至今還未被消滅，魯迅出於愛中國而憎恨此一封建性格，其堅持到最後的現實主義精神，是現在中國新文學的主流，也是未來中國文學的種子。綜觀光復初期龍瑛宗發表的文章，他的文化建設觀架構在中華民族主義與臺灣文化主體性

---

9 〈文化を擁護せよ──臺灣文化協進會成立を祝す〉（〈擁護文化──祝臺灣文化化協進會成立〉），1946年6月22日。

10 許維育：《戰後龍瑛宗及其文學研究》，頁53。

的雙重思維之下，體認到臺灣既已回歸為中國的一部分，臺民有認識中國社會現實、文化性質的迫切性，積極為讀者引介中國近代以來現實主義的文藝與啟蒙思潮；而臺灣的文化主體性與政治民主化，要靠人民秉持「打倒封建文化」的戰鬥意志去爭取。

　　許維育在她的碩士論文中，將龍瑛宗的日文欄從《文藝》欄（3月15日-7月18日）改題為《文化》欄（7月25日-10月23日）做了很詳細的整理與比較。一九四六年七月二十五日，《文化》欄刊出第一天的〈編集室より〉，說明「擴大了範圍」，「現在不限文藝，政治、經濟、教育等等相關的作品，都懇請賜稿，再者，作為編輯，期望投稿作品有艱深的學術論文，或是對大多數人教養有啟蒙的東西」。許維育認為前此《文藝》欄並不乏較大範圍的文化相關作品，因此編輯走向「並沒有因為改版而有大幅的改變」[11]。但許維育又提問一個很值得我們思索的問題：「六月二十二日〈擁護文化〉之後，六月二十五日「名作巡禮」刊出〈濁江比高〉（樋口一葉），然後一直到七月二十五日文化版『知性的窗』刊出〈饑饉與商人——悲慘的故事〉，中間整整一個月龍瑛宗沒有任何作品發表。……他再開始便以《文化》欄與『知性的窗』示人，很難說這一個月的空白與之後的改版無關。」[12] 的確，龍瑛宗於改版後，在「名作巡禮」之外，增加了「知性之窗」的專欄，在上面共發表七篇政論時評，涉及奸商批判、人才錄用、臺人奴化論、現實與理論、戰爭與和平等現實問題。又由於瀕臨日文欄廢除的政策，他在〈知性の為に一お別れの言葉〉（〈為了知性——臨別的話〉，1946年10月17日）中，再度重申「封建社會是不容許知性覺醒的。因此民眾至今仍舊被監禁在無知當中」，「知性是科學的世界觀，以及包含了良心與正義的東西。沒有知性的行動是盲目的，無法建構歷史……本省青年必須學習科學的世界觀」。聯繫到時局，龍瑛

---

11 許維育：《戰後龍瑛宗及其文學研究》，頁40-44。
12 許維育：《戰後龍瑛宗及其文學研究》，頁51。

宗停筆的一個月正是國共和談破裂、內戰開打之際，龍瑛宗於一九四六年七月二十五日將日文欄改名為「文化」副刊，除了以「知性之窗」抨擊時政，他的文章與編輯傾向都透露了他對中國與臺灣現實發展的關注，並積極引介現實主義的文藝理念。因此，改版為「文化」欄，是龍瑛宗更強烈的社會實踐力的展現。

　　「現實主義」的精神，是龍瑛宗體察中國社會、文化的性質時強調的理念；與他鼓吹「民主」、「科學」的近代意識是並行不悖的理念，也可說是他力主的「科學的世界觀」、「知性啟蒙」中最核心的觀念，並貫串他這個時期的文藝理念。[13]他在〈認識中國的方法〉（1946年8月8日）與〈理論與現實──好好觀察現實〉（1946年8月22日）中，強調要以「正確的方法」觀察中國與臺灣的現實，指陳正確認識中國的必要性，「因為我們毫無疑問的是中國人，中國的命運就是我們的命運」（〈認識中國的方法〉）。他同時認為要認識中國，則須摒除先入為主的觀念，秉持「科學的世界觀」，他說：

> 試圖以科學的、合理的角度研究中國的有胡適、陳獨秀等，其通過五四文學革命進行了啟蒙運動。還有郭沫若、呂振羽等的中國研究以及對歷史作了科學的考證的顧頡剛。在日本方面，發揮了侵略中國的參謀本部角色之滿鐵調查部，也有一中國研究的龐大組織。可是滿鐵調查部受日本政治的制約，無法朝科學的發展，故沒有真正對日本做出貢獻。然即便如此，尾崎秀

---

13 龍瑛宗主編日文欄一開始即規劃「文藝欄」，即以「名作巡禮」，介紹近代文學名著，在二十三本名著中，法國和俄國的作品就各占了八篇和七篇，中國有三篇，日本、西班牙、英國、挪威、德國各一篇。見許維育：《戰後龍瑛宗及其文學研究》，頁28。其中又以現實主義的作品居大宗，包括巴爾扎克、莫泊桑、左拉、果戈理、托爾斯泰、阿爾綏巴夫、杜斯妥也夫斯基、屠格涅夫、高爾基、魯迅等（見附錄表7-8）。其次才是浪漫主義的作品，如賽萬提斯、歌德、美里美等。

實（原臺北一中出身）的中國研究卻是相當正確的。[14]

　　龍瑛宗引進五四文學革命以來啟蒙運動的成果，說明「科學的世界觀」即從黑格爾辯證法發展而來的近代經濟政治哲學對中國研究。他批判「滿鐵調查部」作為侵略中國之參謀的功能、卻特別肯定日籍社會運動家尾崎秀實的中國研究。尾崎秀實一生為階級革命運動與中日兩國的友好關係而奔走[15]，一九二九年至一九三二年居留上海虹口期間，透過販賣日本進步書刊的內山書店，為中、日兩國的左翼文化運動搭起了橋樑。當時尾崎秀實和山上正義、鹿地亘以及書店老

14　〈中國認識の方法〉，1948年8月8日。

15　尾崎秀實（1901-1944），根據高秋福指出：「尾崎秀實是尾崎秀樹的同父異母兄長。他曾長期隨父親居住在臺灣，從小就對中國問題感興趣。一九二二年，他進入東京帝國大學法學部政治學科，開始學習和研究馬克思主義，並成為一名真誠的共產主義者。一九二六年，他離開校園到《朝日新聞》社工作。從一九二八年十一月到一九三二年二月，他任《朝日新聞》常駐上海的特派員。在上海三年多的時間裡，除新聞報導之外，他撰寫有《暴風雨中的中國人》、《現代中國論》等政論性著作。他結識許多中國左翼文化人士。他同魯迅有個人交往，這在魯迅一九三一年至一九三四年的日記中均有記錄。據日本友人增田涉回憶，魯迅對尾崎印象甚佳，說他『不但知識面廣，而且為人誠實可靠』。尾崎還與夏衍、馮乃超、王學文、鄭伯奇、田漢、成仿吾等有密切來往，參加他們組織的進步文化活動，幫助他們開展『左聯』的工作。夏衍在《懶尋舊夢錄》中回憶『左聯』時，把他同當時也在上海的另一位日本進步記者山上正義和美國進步記者史沫特萊並提，說他們是『幫助「左聯」進行了許多工作的三位外國同志』。夏衍還說，尾崎秀實『表面上看來是紳士式的記者』，實際上卻是『上海的日本共產黨和日本進步人士的核心人物』。他同受共產國際派遣來上海從事情報工作的蘇聯共產黨黨員、德國人理查德·佐爾格合作，經常把日本在華的重要情報轉報莫斯科，經常『把一些國際上的革命動態』轉告中國同志」。一九四一年十月中旬，蘇聯在日間諜佐爾格的真實身份敗露，長期提供軍情給佐爾格的尾崎秀實，與其他涉案的30多人先後被日本軍部逮捕。一九四四年十一月七日，日本軍國主義分子特意選擇十月革命二十七週年紀念日這一天，將尾崎和佐爾格兩人秘密絞死。高秋福：〈尾崎兄弟與中國〉，見《亞洲情脈漫追敘》（北京市：新華出版社，2012年），頁250-254。尾崎秀樹（1928-1999）為日本著名文藝評論家，一九二八年生於臺北，他的父親是《臺灣日日新報》的編輯幹部尾崎秀太郎，尾崎秀樹以《舊殖民地文學研究》在臺灣文學評論界享有盛名。

闆內山完造等日本左翼作家，與魯迅、夏衍結下深交，協助他們開展
「左聯」的工作。二次大戰爭期間，尾崎秀實借由擔任日本首相近衛
文麿的顧問之便，提供日本的軍事情報給蘇聯在日本的間諜佐爾格，
以及加入中國共產黨的日本人中西功，分別將情報傳達斯大林與毛澤
東方面，不幸於一九四四年與佐爾格一同被日本軍部處以絞刑[16]，轟
動一時。

　　龍瑛宗於此特別推崇將一生貢獻於國際無產階級革命的尾崎秀實
的中國研究，則其所謂的「科學的世界觀」就是文中指出的「要探索
拯救中國、復興中國的道路，首先就要正確地觀察中國的現實，非把
中國要走的必然的歷史之路搞明確不可」。龍瑛宗不便明指的其實就
是從黑格爾的辯證法哲學發展出來再加上「科學的歷史觀」，也就是
馬克思主義的歷史唯物辯證法所指向朝向社會主義發展的歷史道路。

　　龍瑛宗在此篇文章繼續借鑒西方馬克思主義與蘇聯的中國經濟研
究，指出：外國方面如德國的法蘭克福《世界經濟年報》對處於世界
經濟貧弱一環的中國經濟的詳細分析，和托洛斯基、斯大林、布哈林
對中國問題的報告等等，都可作為認識中國的入門書。但這些書沒有
觸及目前中國的問題，因此「現實是認識中國的最好教科書」，「臺灣
無疑是中國現實的一部分，只是保有尚未被共產黨和民主同盟的勢力
滲透的特殊性」，並特別指出：「要正確的認識中國，若不檢討中國獨
特的封建性、官僚主義，及觀察國際情勢（特別是美國和蘇聯）的

---

16 高秋福：「一九三七年六月，尾崎秀實成為近衛文麿首相的『囑託』（顧問）兼私人
　秘書，可以自由出入首相官邸，參加首相的智囊團會議。他的主要任務是提供有關
　中國的情況，提出對中國事務的處理意見。這使他不但對日本政府的決策非常熟
　悉，而且能施加一定的影響。在此期間，他把自己掌握的許多有關日本對華戰爭的
　情報，通過在上海已加入中國共產黨的日本人士中西功發往延安，受到毛澤東等中
　共領導人的高度重視。他向佐爾格提供的關於日本在華將陷入泥潭的情況，據說對
　斯大林作出援華抗日的決定產生一定影響。」見高秋福：《亞洲情脈漫追敘》（北京
　市：新華出版社，2012年），頁250-254。

話，則其所持的對中國的理解恐怕也認識得不夠。」

　　龍瑛宗於此特別強調臺灣「保有尚未被共產黨和民主同盟的勢力滲透的特殊性」，但又說要認識「中國獨特的封建性、官僚主義」，並要臺灣人「觀察國際情勢（特別是美國和蘇聯）」對中國局勢的影響，「正確」地從「現實」來認識中國。顯然，在美國支持的國民黨與蘇聯支持的共產黨之間，龍瑛宗由國民黨在臺灣統治的「現實」，認清了中國的封建性與官僚主義。龍瑛宗光復初期的文章中再三強調的「正確的方法」與「科學的世界觀」，所謂的「正確」與「科學」都帶有龍瑛宗處女作《植有木瓜樹的小鎮》中「林杏男的長子」所懷抱的「社會主義」的世界觀。[17]從日據時代以來，就以社會主義理想作為其思想潛流的龍瑛宗，文中列舉西方馬克思主義、蘇聯革命家到尾崎秀實的中國研究，儘管有路線之別，卻都是社會主義陣營的經典思想，由此看來龍瑛宗會對蘇聯支持的共產黨懷抱希望，是不足為奇的。如此我們才可以真正理解龍瑛宗的長子劉文甫先生所言，二十世紀五十年代時龍瑛宗對大陸極為嚮往，經常偷偷收聽大陸方面的播音節目，直到「文化大革命」才破滅，但仍不減對「文化中國」的深厚感情。[18]

17　龍瑛宗：《植有木瓜樹小鎮》中林杏南長子是個馬克思主義的信徒，卻不幸早夭。可以說是小說中唯一一個正面而積極的人物，已經透露了龍瑛宗對社會主義的嚮往之情。關於龍瑛宗社會主義思想與文學創作的關係，見施淑：〈龍瑛宗文學思想初論〉，《臺靜農先生百歲冥誕論文集》（臺北市：臺灣大學中文系，2001年），頁263-274。王惠珍考察龍瑛宗到日本去領取《植有木瓜樹的小鎮》獲《改造》雜誌第九屆懸賞小說佳作獎時，受獎之旅中所接觸的日本作家中，印象最深刻的就是日本左翼文藝評論家青野季吉。王惠珍並考察龍瑛宗小說《歌》中的白濱的形象來源就是青野季吉（龍瑛宗：〈我的足跡〉，《開南校友通訊》，1984年7月1日。見王惠珍《日本統治期臺灣人作家龍瑛宗研究──『改造』懸賞創作の入選及び、受賞の旅》，頁105、115。

18　龍瑛宗在一九八七年開放大陸探親後，從一九八八年到一九九一年以八十歲左右的高齡抱病旅遊大陸三次。見許維育：《戰後龍瑛宗及其文學研究》，頁66、118。許維育的碩論《戰後龍瑛宗及其文學研究》，又指出：根據劉文甫先生的回憶，龍瑛

　　一九四六年七月國、共衝突表面化後，大陸上民主黨派「反內戰、要和平」的運動也鼓舞了龍瑛宗，呼籲以戰鬥去爭取「民主主義的知性」：

> 現在的中國是落伍的文化。所以臺灣的文化也就不得不被落伍的文化所制約。然而，中國落伍文化的鎖必須由中國人來切斷，臺灣落伍文化必須由臺灣人來切斷。坐著等待是無法擁有這一切成果的，這是需要戰鬥才能得到的東西。(〈台南から台北へ〉，1946年9月19日)[19]

　　戰後初期，龍瑛宗從「科學的世界觀」出發，進而呼籲以「民主

宗在二十世紀五十年代經常偷聽對岸的廣播節目，對於對岸的社會主義中國多有嚮往，一直到「文化大革命」時，才對社會主義的幻想破滅。儘管中國的諸政權都沒有使龍瑛宗滿意且支持的，但他依舊稱中國為祖國，在他七十年代復出之際所寫的隨筆文章中，他對中國的形象依舊充滿嚮往，他沒有因為現實中國的令人失望而與中國撇清，或是不再談及中國。見許維育：《戰後龍瑛宗及其文學研究》，頁149。

19 本文署名李志陽，經筆者查證一九四六年九月十九日的〈台南から台北へ〉（臺南到臺北），後來改題為〈台北と台南について〉收入龍瑛宗隨筆集〈女性を描写く〉一書中的〈ある女人への書翰〉的第二信，大同書局出版，1947年，頁42-44），所以可以確定李志陽為龍瑛宗另一個筆名。龍瑛宗以「現在的中國是落伍的文化」，表達他「反封建」的批判，然而並未因此稍改對日本「反殖民」的立場，他很清楚日本的「殖民統治」帶來的只是「跛腳的近代化」（語出劉進慶：〈序論臺灣近代化問題——晚清洋務近代化與日據殖民近代化之評比〉，頁10）。在一九八〇年的一場座談會上，龍瑛宗仍明確表明：「日本的經濟侵略，其實在占領臺灣之初就開始了。……並規定『清國奴』（或稱『清僑』）不能組織公司。……日本更刻意地不培養臺灣的知識分子和工業能力，只把臺灣當作勞力和原料的供應地。當時臺灣什麼東西都從日本來，本身做一支牙膏的能力都沒有。」見瘂弦主編：〈永不熄滅的燼火——「光復」前臺灣文學中的民族意識與抗日精神〉、《聯合報》「聯副」，1980年7月7、8日。筆者認為龍瑛宗此一時期強調的「近代的啟蒙意識」和「科學的世界觀」作為「反封建」「反殖民」的方法，是介於「進化論」和「唯物辯證論」之間的歷史觀。

的戰鬥」創造自己的歷史。當日文欄廢除而刊載〈再見日文版──同仁臨別的花束〉特刊，其他同仁關心著語言轉換的問題時，龍瑛宗卻以〈台湾はどうなるか〉（〈臺灣會變怎樣？〉1946年10月24日）再度重申臺灣命運決定於美、蘇對中國局勢影響的外部要素，以及創造自己歷史的意志與力量的內部因素：

> 臺灣命運受中國全體政治所制約，而中國的命運受美國和蘇聯所制約，所以臺灣問題的解決必受世界政治所影響……
>
> 內部要素是什麼呢？就是本省人創造自己歷史的意志和力量，……現在臺灣可能發展的路線，有以下三種：
>
> 一、特殊狀態的路線
>
> 二、與國內各省同等政治狀態的路線
>
> 三、愛爾蘭式的獨立路線
>
> 第一種狀態是現在臺灣的狀態，第三種狀態，現在臺灣的歷史條件與環境尚未成熟。因此，對全中國以及臺灣都好的路線是第二種路線，這第二種路線達成的可能性以國共的和平商談為重大關鍵，若和平談判破裂、內戰長期化，則臺灣的同胞、當然還有全國同胞，必須覺悟到將有更悲慘黑暗的日子，中國將面臨有史以來最大的危機。
>
> 我們要想起最偉大的國父孫中山先生的話：「和平、奮鬥、救中國」「革命尚未成功、同志仍須努力」。

龍瑛宗如此關注國共內戰與美、蘇對立對臺灣與全國人民造成的危機，若說他將臺灣的未來「獨立」於中國的命運之外，是很難以想像的。龍瑛宗要強調的是臺灣的命運必須靠臺灣人的民主戰鬥意志去爭取，而不是在臺灣「坐著等待」國內民主運動的完成，這不就是當時左翼文化人所標舉階級革命的意義嗎？隨著國共內戰的膠著化，龍

瑛宗從強調以文藝喚醒民眾——「近代底個性的確立與覺醒」,「民主主義的知性」——的啟蒙意識,更進一步主張革命的戰鬥意志。龍瑛宗並以〈內戰を止める〉(〈停止內戰〉,1946年10月23日)一詩為老百姓請命:

> 停止內戰吧
>
> 內戰起來老百姓將越來越痛苦
>
> 會瘦、瘦、瘦死喲
>
> 沒有老百姓成什麼國家
>
> 停止內戰吧
>
> 可憐的百姓
>
> 含著眼淚含著眼淚
>
> 渴望安居樂業
>
> 停止內戰吧
>
> 內戰起來將使百姓
>
> 從黑暗中出生而依舊黑暗
>
> 不得不趕赴墳場
>
> 停止內戰吧
>
> 和平、奮鬥、救中國
>
> 在自由和繁榮之上
>
> 建設我們的美麗新中國

　　詩中的民主戰鬥意志與龍瑛宗的社會主義文藝理念相連貫。龍瑛宗在〈中国文学の動向〉[20](〈中國文學的動向〉,1946年8月16日)中

20　〈中国文学の動向〉署名李志陽,可能因署名之故,被忽略這是龍瑛宗的文章,目前未見相關討論。許維育碩論:《戰後龍瑛宗及其文學研究》(附錄一戰後龍瑛宗生平寫作年表),頁171-178,亦未列入。

曾特別標舉魯迅與高爾基現實主義的文學，就是戰鬥精神的文學典範。龍瑛宗於此表現了他對於中國現實主義文學思潮的認識，同時顯現他對中國「左翼作家」的關注。他首先感慨抗戰期間，中國失去三十幾名少壯有為的藝術家，並舉出一些聞名的例子，如郁達夫死在日軍手裡，瞿秋白在福建被殺，在昆明以詩經研究聞名的學者、詩人聞一多戰後又被暗殺。因而感慨「像中國的文學如此和政治與緊密結合的國家恐怕少之又少」，最典型的代表就是魯迅。又說「中國文學的近代出發是五四運動文學革命以後。畢竟屬於西歐意義上的科學的現實主義的產生，是魯迅以後的事」。

　　〈中国文学の動向〉通篇主旨即圍繞著現實主義闡述中國近代文學的發展，龍瑛宗指出：最明顯打著現實主義旗幟的作家是茅盾，現今正翻譯蘇聯的作品並努力創作，我們對他的期待很大。以浪漫主義出發的郭沫若，還投身於政治運動，也扮演了相當重要的角色。同屬於現實主義作家的老舍，著有知名的《駱駝祥子》、《四世同堂》。老舍和劇作家曹禺去美訪問，據報導得知，在紐約的東亞協會賽珍珠女史的主持下，為他們舉辦了歡迎會。田漢和許廣平也相當活躍。湖南的浪漫主義作家沈從文，最近來上海為湖南的饑荒救濟奔走，批評界最值得注目的是胡風，以及《母親》作者的丁玲、《第三代》的作者蕭軍，兩位都去了延安等等。翻譯方面，新近刊行了一套莎士比亞全集。此外，若從大家對巴爾扎克、福樓拜的關心來看，可見中國依然是傾向現實主義的。

　　從這篇文章中可以看出龍瑛宗清楚掌握五四以來新文學的發展[21]，包括從「文學革命」到「革命文學」的發展，清楚瞭解每個作家的創

---

21 龍瑛宗對上述中國作家的掌握，經筆者比對，當時最密切報導大陸文化動態的是《人民導報》的「南虹」副刊與《臺灣文化》，但《臺灣文化》九月十五創刊晚於這篇文章，「南虹」上的「文化消息」主要以上海文壇作家近況為主，未曾提及丁玲、蕭軍。

作派別與傾向，顯然不是光復後兵荒馬亂的一年內所累積的認識。那麼龍瑛宗是如何熟知五四新文化運動以後的文學發展的呢？包括龍瑛宗對魯迅的認識、〈中国認識の方法〉中提到的尾崎秀實，都是透過日本的《改造》、《文藝》、《文藝首都》等雜誌，而與大陸的現實主義文學互通聲息。龍瑛宗的處女作《植有木瓜樹的小鎮》得到《改造》文學獎，而登上日本文壇後，就常投稿這些雜誌，前兩個雜誌正是山上正義與尾崎秀實支持中國左翼運動的文藝陣地。而早在龍瑛宗之前，即已登上日本文壇的楊逵，早已在此文藝陣地展開文學活動。

　　二十世紀三十年代，臺灣文學界透過日本普羅文化運動的「窗口」，而知悉中國普羅文化的動向，這正是光復後臺灣文化場域傾向社會主義的思想基礎，也是目前臺灣文學研究亟待突破的「視界」，後文討論魯迅精神的繼承時將再詳論。[22]龍瑛宗雖然極力抨擊國民黨接收政權的「封建性」，但他肯定中國從「文學革命」到「革命文學」，從啟蒙進化主義到現實主義所奮鬥過來的道路，他認為復歸中國的臺灣，其命運要靠自己去戰鬥，臺灣的文化要靠自己去創造，同樣必須走上這條中國文化奮鬥過來的道路，唯有秉持民主戰鬥意志，才有臺灣的文化主體性可言，也才能「和平、奮鬥、救中國」。

　　龍瑛宗一方面針對日據時期的文學遺產提出「去殖民地化」的反思，一方面針對「當下」國民政府提出「清理封建性」文化的省思。這是因為接收臺灣的陳儀政府，雖然標榜要實行「社會主義」的民生主義經濟，但實際上繼承了日本殖民政策的「國家機器」的法西斯專制本質，在政治上又是國民黨封建官僚的一部分。龍瑛宗以「臺灣作為中國的一部分」、身為「中國人」，而提出清理「殖民性」與「封建性」的呼籲，並以「科學的世界觀」要臺灣人「正確地」認識影響中國，同時也就是影響臺灣的現實。如此具備階級性與主體性之文化批

22 關於臺灣作家登上日本文壇的討論，將於下一節予以申論。感謝橫地剛先生提供筆者魯迅在日本的傳播，與臺灣作家在日本雜誌發表作品等相關目錄與資料。

判視野的龍瑛宗，進而直接寫詩為老百姓請命，除了公開呼籲「反內
戰」，誠如呂正惠指出的：龍瑛宗始終是個堅定的中國民族主義者。[23]
更值得吾人注目的是，新詩〈心情告白〉（1946年10月17日），這首詩
清楚地表白龍瑛宗從社會主義的視角，關懷著「老百姓」的生活：

> 我
> 用異國的曲調
> 唱著歌
> 我是真正的中國人
> 真正的中國人
> 我在心中哭泣
> 為了老百姓
> 為了老百姓

　　龍瑛宗體現了日據時代受過社會主義洗禮的文化人，於戰後對
「殖民地自我」的清理，同時站在人民的立場，對國民黨當局封建官
僚的體制發出悲憤之鳴，是光復初期臺灣左翼文藝思想迅速復甦的代
表作家之一。

　　龍瑛宗的左翼文藝思想，被淹沒在語言隔閡，以及我們對光復初
期歷史的疏離之中，這與論者所謂龍瑛宗對國民政府「交心表態」
「背負著原罪意識的陰影來創作」、「否定日本文化，以示臺灣人的忠
誠」，有多麼大的差距啊。[24]龍瑛宗在日據時代的文學界向來與其他作

---

23 呂正惠：2014年〈被殖民者的創傷及其救贖——臺灣作家龍瑛宗後半生的歷程〉，
　　《澳門理工學報（人文社會科學版）》第1期（2014年），頁82-91。

24 關於戰後初期龍瑛宗的評論，林瑞明以「交心表態」質疑〈青天白日旗〉的動機，
　　並認為〈文學〉乃出於「驚弓之鳥的哀鳴」。見林瑞明：《臺灣文學的歷史考察》（臺
　　北市：允晨文化實業公司，1996年），頁288。陳建忠認為龍瑛宗描繪「臺灣人置身
　　祖國和日本兩個敵對國家夾縫中的卑微心態」，是戰後初年顯著地「背負著原罪意識

的陰影來創作的小說者」。陳建忠：《被詛咒的文學戰後初期（1945-1949）臺灣文學
論集》（臺北市：五南圖書出版公司，2007年），頁19-20。但筆者以為如果龍瑛宗真
的想向祖國政府「交心表態」，則一九四六年年初開始，他就不會開始批判接收的臺
灣政、經亂象所導致的民不聊生，如在〈兩人乘坐的自行車上〉所看到的失業遊民，
在〈海涅阿〉（1946年6月1日）的新詩中說自己是「喝著稀飯的」，在「光復的陰影下
哭泣的無歌的詩人」，在〈薔薇戰爭——臺胞被奴化了嗎？〉（1946年9月19日）中對
「臺灣人奴化論」提出反駁。甚至在「日文欄」結束之前，以〈內戰を止める〉（停
止內戰1946年10月23日）一詩為老百姓呼告反內戰！又龍瑛宗若真懷有「原罪意
識」，也不會在廢除日文欄之際發表〈日本文化に就て——これからの心構へ〉（〈關
於日本文化——今後的心理準備〉，1946年10月23日）說「對日本文化抱持關心，並
非醉心日本文化、讚美日本文化」，而是為了「中國文化的向上與進步要攝取日本文
化，另一個就是日本發展動向直接影響中國的命運」。另外，朱家慧評論龍瑛宗和呂
赫若此一時期的小說乃「在中國民族主義的一元思考下，試圖重組臺灣的歷史經驗，
完全否定日本文化，以示臺灣人的忠誠」，仍延續林瑞明、陳建忠的看法。只是朱家
慧認為龍瑛宗在接觸祖國的官僚政治後，扮演了近代文化啟蒙者的角色，「期許臺灣
知識分子以近代化素養，打破中國封建勢力，再造一次臺灣主導的中國文藝復興」。
見朱家慧：《兩個太陽下的臺灣作家——龍瑛宗與呂赫若研究》，頁230、239。只看
到龍瑛宗「歐化」的一面。許維育的碩士論文認為：「光復初期」的龍瑛宗表現了希
望「日本化」轉向「中國化」的價值觀之際，臺灣人不要被當作「漢奸」，而與祖
國發生芥蒂與誤會，筆者認為《從汕頭來的男子》的確有這樣的用心。許維育並形
容龍瑛宗「戰鬥到聲嘶力竭」，滿腔熱血關心百姓與局勢，流露對扭轉時代的無奈。
見許維育：《戰後龍瑛宗及其文學研究》，頁26。但許維育沒有提出龍瑛宗面對新時
代的積極面，直到柳書琴，〈跨時代跨語作家的戰後初體驗——龍瑛宗的現代性焦
慮（1945-1947）〉一文，始觸及龍瑛宗「光復初期」關心「文化主體性」的面向，
柳書琴認為龍瑛宗幾經辯證地觀察新時代、新政權，從而對臺灣及中國的社會文化
有所反思，表達他的社會關懷、文藝理念與文化改造理想。柳書琴歸納為龍瑛宗
「現代性的追求」，以幾近焦慮的程度反映於文藝活動中。柳書琴認為：「戰後龍瑛
宗由樂觀的民族主義者變成憂心忡忡的現代主義者，其批判焦點從『清理殖民性』
到『清理封建性』」。見「戰後臺灣文學學術研討會」會議論文，頁18。筆者受柳書
琴一文的啟發甚大，但筆者以為「清理殖民性」與「清理封建性」兩者不是轉化而
是並行不悖，始終貫串在龍瑛宗此一時期的文章裡。因此我認為「現代性的追求」，
與其說是龍瑛宗的「根本關懷」，不如說那是他對中國與臺灣社會提出「文化建設」
的「途徑」，而其「根本關懷」乃透過「文化啟蒙」達成反殖民、反封建之「民主」
與「科學」的近代化社會的實現，始終未曾稍改其民族主義者的立場。龍瑛宗雖然
不是個「行動主義」者，在日本殖民與戰後國民黨強權的壓制下也一向謹言慎行，
但在光復後，《中華日報》日文欄一年半的言論空間卻讓他發表了激越的言論，可
以說光復初期的文化場域促使他有機會展現他社會主義文藝思想的抱負與理想。

家疏離、默默耕耘，戰後機緣巧合在「半山」謝東閔的推介下，主持日文欄副刊，雖透過異國的語言孤軍奮戰。但隨著臺灣政、經的惡化與內戰的僵局，龍瑛宗的「行動力」有增強的趨勢。許維育以「戰鬥到聲嘶力竭」[25]，相當傳神地形容了龍瑛宗此一時期文化抗爭的「行動者」的形象。

　　一九四六年十月，《中華日報》日文欄副刊被廢除，繼之發生二・二八事件，在白色恐怖陰影的籠罩下，龍瑛宗於《龍安文藝》創刊號用中文發表了〈左拉的實驗小說論〉，批判左拉「自然主義」文藝理念「靜態」的世界觀：「他的世界觀帶有把自然社會和人間社會混在一起的傾向，因此不能在於本質的深度把握住歷史的潮流。左拉因此竟開錯了藥方。」龍瑛宗首先讚揚左拉的〈酒窟〉與〈娜娜〉「卓越浮雕了一八八〇年代法國社會的一個斷面」[26]。接著，龍瑛宗以盧卡奇的現實主義美學觀與世界觀，認為「正如左拉自己所說，他描寫了『社會底歷史』，但他終於不致描寫『歷史底社會』」。龍瑛宗以此批評左拉的「實驗小說論」與創作，沒有掌握歷史前進的動力，似乎也是出於對他自己日據時期小說創作的一種自我指涉與反省。龍瑛宗於此體現的儼然是盧卡奇的現實主義的世界觀，經過抗日戰爭與國共內戰洗禮的龍瑛宗，在光復初期已經擺脫了戰爭期「杜南遠」系列之作頹廢虛無的一面，吾人實應好好重新認識龍瑛宗社會主義文藝思想的一面。

第二節　「魯迅熱」與左翼文學思潮的復甦

　　「魯迅思想」，是光復初期兩岸文化人共同推許並發揚的文化資本。魯迅的好友許壽裳，赴臺後一再標舉「魯迅的戰鬥精神」，他

---

25 許維育：《戰後龍瑛宗及其文學研究》，頁26。
26 龍瑛宗：〈左拉的實驗小說論〉，《龍安文藝》創刊號（1949年5月2日），頁10-11。

說：「抗戰到底是魯迅畢生的精神」，「魯迅作品的精神，一句話說，便是戰鬥精神」[27]。胡風也指出魯迅：「表現出來的是舊勢力望風崩潰的他底戰鬥方法和絕對不被舊勢力軟化的他底戰鬥精神」，「五四運動以來，只有魯迅一個搖動了數千年的黑暗傳統，這原因就在於他底從對於舊社會的深刻認識而來的現實主義的戰鬥精神裡面」[28]。「魯迅的戰鬥精神」此一文化資產，對臺灣文化人而言，一點也不陌生。日據時代臺灣作家透過中、日傳媒的譯介，早已熟知魯迅反法西斯、反封建的戰鬥精神。臺灣進步文化人以日據時代以來對魯迅晚年思想「左傾」的認識，與外省赴臺作家結盟，共同標舉「魯迅的戰鬥精神」，在光復一年後的臺灣文化場域掀起「魯迅熱」（請參見附錄表7-9光復初期「魯迅精神」作品目錄）。並以此對國民黨當局依附在美國的軍事與經濟的援助下，發動內戰，踐踏民意所屬的「政治協商會議」議決出的「和平建國綱領」，表現了抗爭到底的決心。

對日勝利後，國民黨忙於「接收」，並發動內戰，消滅共產黨的勢力，期望在完成「攘外」之後，能繼續抗戰前剿匪的「安內」大業。然而，抗日戰爭的經驗，使進步文化人或深入解放區，或隨著國民黨當局長途跋涉「流亡」至重慶。這些下鄉經驗無疑深化了他們對中國「封建」社會的認識，使他們意識到現實主義美學要求「文藝大眾化」的迫切性。進步文化人此一「習性」的養成，戰後又因國民政府在「接收」過程中的腐敗亂象頻生，國民政府因此被他們視為封建、專制、官僚的政權，不但是舊社會封建勢力的化身，也是追求現代化獨立自主的「民族國家」，或建立民主、法治國家所要打倒的對象。這是國共內戰期間中國知識、文化界的民主勢力（除了反共的自由主義者之外），在國共之間，最後以選擇認同共產黨作為他們的實踐邏輯的原因。尤其是戰後國民黨一連串對「異議分子」的迫害，強

27　〈魯迅的精神〉，《臺灣文化》，1946年11月1日。
28　〈關於魯迅精神的二、三基點〉，《和平日報》，1946年10月19日。

化了進步文化人把建立「新中國」的希望寄託在共產黨。

　　在全面內戰的情勢下,「魯迅的戰鬥精神」發揮了召喚文化人,結成統一文化陣線的作用。本節首先回溯日據時代臺灣的魯迅接受史,進而探討光復初期「魯迅熱」現象蘊含的政治抗爭的意義,乃在於兩岸(臺灣、上海)文化界借由紀念魯迅而結盟,共同表達他們對國共內戰再起的抗議,催生「和平建國綱領」的落實。[29]

　　光復一年後,臺灣產生「魯迅熱」的文化現象,這部分已有前行的研究者專論過,例如:下村作次郎在《戰後初期的臺灣文壇與魯迅》中,介紹魯迅作品在戰後初期被譯介而廣泛流傳。[30]黃英哲也探討過許壽裳與戰後初期魯迅文學傳播的關係,指出臺灣知識分子借著書寫紀念魯迅的文章,表達對現實的不滿。[31]因此關於魯迅作品的譯介,此處不再贅述,並請參看(附錄表7-9)「魯迅精神」作品目錄。

　　下村作次郎在《戰後初期的臺灣文壇與魯迅》的結語中提到:「魯迅作品之所以在戰後立即被臺灣文壇所接受,是源於日據時期臺灣作家本身便喜歡魯迅的作品,而孕育了接納魯迅文學的土壤。」[32]下村從文學品味、解釋臺灣作家對魯迅文學的接納,恐怕忽略了「魯迅思想」才是臺灣文化人援引作為介入現實的利器。中島利郎的《日

---

29 黃英哲認為臺灣文化人借由紀念魯迅來表達對接收國民黨當局政經腐化的不滿,見黃英哲:《臺灣文化再建築1945-1947の光と影魯迅思想受容の行方》,頁165,陳芳明也認為:「日據時代臺灣作家之所以積極接受魯迅文學,就在於利用這位偉大作家的批判精神來抵抗陳儀政府的貪汙腐化與文化歧視」見陳芳明:〈臺灣新文學史・第九章　戰後初期文學的重建與頓挫〉,頁160。筆者以為臺灣作家「紀念魯迅」的視界並不僅僅針對臺灣政治現實,也不是針對陳儀政府,更何況誠如第二章的分析,魯迅思想的傳播也是陳儀所默許的。

30 下村作次郎著,邱振瑞譯:《從文學讀臺灣》,臺北市:前衛出版社,1998年。

31 黃英哲:〈許壽裳與戰後初期臺灣的魯迅文學介紹〉,《國文天地》第75期(1991年10月),頁75-78。黃英哲:《臺灣文化再構築1945-1947の光と影魯迅思想受容の行方》,收於《愛知大學國研叢書》第3期第1冊(東京:創土社,1999年),頁165。

32 下村作次郎著,邱振瑞譯:《從文學讀臺灣》,頁196。

治時期的臺灣新文學與魯迅──其接受的概觀〉，對日據時期的「魯迅接受史」做了考察，他將日據時代臺灣對魯迅的接受史分為三期：一九二三年至一九三一年轉載魯迅作品為第一期，「由到大陸的張我軍將作品轉載於《臺灣民報》的形式進行的，還有，也有相當正確地掌握而加以評論的像蔡孝乾這樣的人。他們都認為臺灣文學是中國文學的一個支流」。蔡孝乾在〈中國新文學概觀〉[33]評論魯迅的《吶喊》，是臺灣第一次出現關於魯迅的評論。一九二三年到一九三六年為第二期，這個階段是臺灣作家登上日本雜誌的階段[34]，臺灣作家或是購讀魯迅的中文作品，或是閱讀日文譯本以及日文雜志上的魯迅介紹，以理解魯迅。這兩個階段的魯迅接受史，從一九二五年一月一日開始在《臺灣民報》轉載魯迅的作品，作為臺灣新文學學習的「典範」，一直到一九三二年的《南音》、一九三三年的《福爾摩沙》都還出現。[35]而關於魯迅的消息與思想評論，也不時出現在《南音》、《臺灣文藝》與《臺灣新文學》、《臺灣日日新報》上。其中，《魯迅傳》的作者增田涉述及羅曼・羅蘭稱讚《阿 Q 正傳》的信可能遺失在創造社，為此公案，郭沫若和增田涉還在《臺灣文藝》上一來一往地交鋒過。第三期一九三七年至一九四五年，由於出版物禁用中文，魯迅作品的轉載已不可能了，連「直接寫其介紹和動向的文章也都看不到了」，中島認為是「魯迅文學的內在期」。這個階段只有龍瑛宗在〈植

---

33 《臺灣民報》第3卷第12-17期（1925年4月21日-6月11日）。

34 首開其端的是楊逵的《送報夫》刊載《文學評論》（1934.10），楊逵並經常在《文學評論》、《新潮》、《文學案內》發表隨筆和評論。接著呂赫若：〈牛車〉登載在《文學評論》（1935年10月）、賴和：〈豐作〉由楊逵日譯刊於《文學案內》（1935年10月），龍瑛宗：〈植有木瓜樹的小鎮〉當選《改造》懸賞創作（1937年4月），張文環：〈父親的臉〉入選《中央公論》懸賞小說佳作（1935年1月），翁鬧：〈憨爺〉入選改造社的《文藝》選外佳作。

35 日據時期臺灣魯迅作品轉載，見中島利郎，邱振瑞譯：〈日治時期的臺灣新文學與魯迅──其接受的概觀〉，收入中島利郎主編：《臺灣新文學與魯迅》（臺北市：前衛出版社，2000年），頁41-77，與林瑞明：《賴和與魯迅》，頁81-94。

有木瓜樹的小鎮〉[36]中描寫林杏南的長子，述及「佐藤春夫譯的魯迅的《故鄉》給我深刻的感動。……我想看看《阿 Q 正傳》」，卻沒有錢買云云。另外龍瑛宗在《文藝首都》發表〈兩篇狂人日記〉[37]，比較了果戈理和魯迅的《狂人日記》。[38]中島利郎針對臺灣刊物上轉載、介紹魯迅做了考察，雖詳盡考察了日據時代臺灣的魯迅接受史，卻未進一步分析臺灣作家對魯迅思想與政治意識形態的認知。

魯迅反法西斯的戰鬥精神，是在「光復週年」的「紀念魯迅逝世十週年」的時候，才在臺灣新文學史上構成「文化資本」的意義。這不只是一次「文學行動」，更是一次「政治行動」。而此「文化資本」的構成，首先當然是建築在長期的「魯迅接受史」。但除此之外，「魯迅戰鬥精神」被文化人從歷史遺產中挑選出來，與官方政治勢力進行現實的搏鬥，它自然必須具有相當政治意涵的戰鬥性內容，才足以作為一次「文學與政治」結合的「行動」利器。

首先追溯臺灣作家的「魯迅土壤」，其中也包括了臺灣作家對中國新文學發展的認知。[39]就當時兩岸「新文學」運動發展的歷程來看，對臺灣作家而言，魯迅一直有著「同時代性」（contemporary）。他們共同面對著中國近代以來反殖民、反封建的時代課題。

日據時代臺灣作家購讀中國新文學的作品，中島舉鍾理和為例。鍾理和在一九五七年十月三十日給廖清秀的書簡中說：「後來更由高雄嘉義等地購買新體小說，當時，隔岸的大陸正是五四之後，新文學風起雲湧，像魯迅、巴金、老舍、茅盾、郁達夫等人的選集，在臺灣

36 龍瑛宗：〈植有木瓜樹的小鎮〉，《改造》，1937年4月。

37 龍瑛宗：〈兩篇狂人日記〉，《文藝首都》第8卷第10號（1940年12月）。

38 中島利郎主編：《臺灣新文學與魯迅》，頁41-77。

39 林瑞明指出：「一九二〇年代臺灣展開新文學運動時，除了提出各種文學主張和介紹文學理論之外，《臺灣民報》亦刊載了胡適、魯迅、郭沫若、周作人、梁宗岱、冰心等中國新文學家的作品。」見林瑞明：〈魯迅與賴和〉，收於《臺灣新文學與魯迅》，頁84。

也可以買到。這些作品幾乎令我廢寢忘食……」這大約是鍾理和十六歲，一九三〇年左右的事。[40]另外，我們還可以從目前賴和與葉榮鐘公開的藏書目錄中進一步考察，他們收藏大陸出版的雜誌、書籍，一直持續到一九三七年中日戰爭爆發前，這些收藏幾乎囊括了魯迅所有的作品。其他作家的作品，包括郁達夫、郭沫若、茅盾、瞿秋白等人的作品與理論。[41][賴和收藏了許多以魯迅為首的，「文學研究會」一脈的《小說月報》、《京報副刊》、《語絲》、《莽原》、《奔流》等雜誌，以及一九三二年丁玲主編的左聯刊物《北斗》，其中也有自由主義派的《現代評論》等等。賴和還收藏了一系列魯迅翻譯的俄國、日本的作品與理論，包括魯迅與馮雪峰翻譯的盧那察爾斯基的文學理論。[42]如此看來，從新文學一九一七年的「文學革命」到一九二七年的「革命文學」時期的文學刊物、作品、理論，臺灣都可以直接購讀。

　　一九三〇年六月，葉榮鐘在東京新民會發行的《中國新文學概觀》一書中，除了介紹「文學革命的推進」、「新文學的作品」，值得注意的是他提到了：有人宣言「阿 Q 的時代是死去了的」，「但《阿 Q 正傳》不應因此而失掉他的光輝和價值」。在「文壇的派別」中，葉榮鐘第一個介紹「創造社派」，「是奉馬克思主義的所謂無產階級派……他們和中國共產黨似乎有些瓜葛，當國民黨和共產黨火拼的

40　中島利郎主編：《臺灣新文學與魯迅》，頁64。

41　賴和藏書目錄見《賴和全集3》，林瑞明主編：《賴和全集》，頁275-327。葉榮鐘藏書已全數捐給臺灣清大圖書館，「葉榮鐘藏書目錄」由葉芸芸女士提供，謹此致謝。

42　包括水沫書店出版的盧那察爾斯著、魯迅譯的《文藝與批評》（1929），盧那察爾斯著、雪峰譯的《藝術之社會基礎》（1929），波格丹諾夫著、蘇汶譯的《新藝術論》（1929），藏原、外村輯、魯迅譯的《文藝政策》（1930）以及弗里契著、劉吶鷗譯的《藝術社會學》。水沫書店是臺灣作家劉吶鷗在上海主持的出版社。有關賴和的魯迅「接受史」及魯迅對賴和的影響，見林瑞明：〈賴和與魯迅〉，頁81-94。林瑞明並指出：「賴和在日據時代就贏得『臺灣的魯迅』之稱號，說明臺灣人對賴和、魯迅都是有所瞭解的，臺灣的左翼文學也確是當時文學的主流。」見瑞明主編：《賴和全集》，頁91。

時候，受著很凶暴的壓迫，《創造月刊》被禁，創造社也被封鎖，領
袖人物如郭沫若、成仿吾、馮乃超等均亡命日本」。[43]這些都是發生在
一九二七年「四一二政變」，因應國民黨「清黨」之舉，而興起的
「革命文學論」以後的事。轉向無產階級運動的後期創造社與太陽
社，由於受到蘇聯和日本等國無產階級運動「左傾」機械論的影響，
向五四時期的代表作家魯迅、茅盾等人開刀，[44]錢杏邨因此寫下〈死
去了的阿 Q 時代〉(《太陽》月刊，1928年3月)。從葉榮鐘於一九三
○年的〈中國新文學概觀〉的內容，說明日據時代的臺灣作家已掌握
了中國新文學歷經「文學革命」到「革命文學」的進程。

　　一九三一年，日本發動「滿州事變」，在臺灣島內實施對社會運
動的鎮壓，此後大陸書籍取得逐漸不易，臺灣作家改採透過日本雜誌
知悉大陸普羅運動的發展。二十世紀三十年代以後，臺灣對魯迅思想
與左翼文藝理論的吸收，主要是透過日本綜合雜誌與左翼文化陣線翻
譯、評論、出版等「傳播魯迅」的管道。[45]雖然普羅文學最早源自蘇
聯，但中國「普羅文學」的火種另外還借助日本傳遞進來。因此就像
中國的左翼作家聯盟透過日本東京支盟，打開一條逃避國民黨肅清的
通道，臺灣一樣是透過日本的左翼文化陣線，吸取普羅文學的養分，
並且與中國大陸的左翼文化界互通聲息。[46]龍瑛宗晚年曾回憶道：「我

---

43 葉榮鐘：《葉榮鐘早年文集》(臺中市：晨星出版社，2002年)，頁252。

44 錢理群等：《中國現代文學三十年 (修訂本)》(北京市：北京大學出版社)，頁193-
　195。

45 本書討論關於從日據時代到戰後初期，臺灣島內，及透過日本左翼文化陣線對魯迅
　思想、中國左翼文化發展的接收，悉數仰賴橫地剛先生提供的資料，謹此致謝。請
　參看橫地剛：〈由《改造》連載〈中國傑作小說〉所見日中知識分子之姿態——從
　魯迅佚文、蕭軍〈羊〉所附〈作者小傳〉說起〉(《人間思想與創作叢刊：迎回尾崎
　秀樹》，臺北市：人間出版社，2005年)，頁194-248)、〈讀第三代及其他楊逵一九三
　七年的再次訪日〉(曾建民校訂：《人間思想與創作叢刊：學習楊逵精神》，臺北
　市：人間出版社，2007年)，頁50-86。

46 柳書琴的博士論文《荊棘的道路：旅日青年的文學活動與文化抗爭——以〈福爾摩

於昭和初期，閱讀過以日文敘述瞿秋白的著作，現在乃（仍）想讀他
和聞一多，陳獨秀，郭沫若的諸作品哩！……昭和初期作家郭沫若以
日文在《改造》上發表了一篇精彩的〈蔣介石論〉。」[47]郭沫若的〈蔣
介石を訪う〉是發表在《改造》一九三七年十二月的「南方支那號」，
在此之前的《改造》雜誌因為中國大陸發生「西安事變」，就極注意
國共合作的動向。六月份，曾刊出西方記者スノー（Edgar Snow，斯
諾）會見毛澤東，訪問共產黨的對日政策，以及スメドレー（Agnes
Smedley，史沫特萊）評論西安事變與國共合作文章。此後一直到一
九四一年「珍珠港事變」之前，《改造》就不斷出現有關延安方面的
報導。除了 Snow、Smedley，還有日本進步文化人山上正義、增田涉
與尾崎秀實等人，或擔任翻譯的工作，或是直接聲援中國反法西斯的
運動，是《改造》上經常出現的名字。[48]這些作家中，尾崎秀實替中

沙〉系統作家為中心》曾討論了吳坤煌與東京左聯的刊物《詩歌》，以及和日本左
翼詩刊《詩精神》、《詩人》的同仁有交往，並考察了吳坤煌、張文環與中國旅日青
年的戲劇交流。見柳書琴：《荊棘的道路旅日青年的文學活動與文化抗爭》，頁224-
248。另外，橫地剛考察了日本普羅文學雜誌《星座》，新發現兩篇楊逵的文章，題
目為《對新日本主義的一些質問》和《期待於綜合雜誌的地方》，登載於《星座》
一九三七年九月，皆未編入彭小妍主編之《楊逵全集》。橫地剛此文借由探討楊逵
與大陸作家魯迅、胡風的思想，批判了日本的軍國主義。相關文獻請參考陳映真總
編輯《學習楊逵精神：人間思想與創作叢刊》，臺北市：人間出版社，2007年6月。
47 龍瑛宗：〈楊逵與《臺灣新文學》——一個老作家的回憶〉，《文學臺灣》創刊號
　（1991年），頁23。
48 關於這些文章數量龐大，茲舉一些為例：エドガー・スノー：〈中国共産党の領袖
　毛澤東会見記——中国共産党の対日政策〉；アグネス・スメドレー：〈西安事変と
　国共合作〉，《改造》，1937年6月；エドガー・スノー手記，〈毛澤東自敘伝〉，《改
　造》1937年11月；郭沫若著、山上正義譯，〈蔣介石を訪う〉〈爆撃下を行く〉の一
　部；李初梨：〈延安の印象〉，《改造》，1937年12月「南方支那號」；アグネス・ス
　メドレー：〈共産軍從軍記〉，《改造》1938年4月；尾崎秀實：〈長期抗戰の行方〉，
　《改造》，1938年5月；毛澤東著，增田涉譯：〈持久戰を論ずる〉，《改造》1938年
　10月；毛澤東著、增田涉譯：〈抗日游擊戰論〉，《改造》1938年11月；エドガー・
　スノー，〈蔣介石〉，《改造》1941年3月。
　龍瑛宗自從《植有木瓜樹的小鎮》於一九三七年四月獲《改造》雜誌的懸賞獎之

國反侵略戰爭作情報工作，Snow 則長期為延安根據地做宣傳，其他幾位都是圍繞在魯迅身旁的友人，他們與魯迅逝世前最親密往來的胡風、鹿地亘、「內山書店」老闆內山完造等人，在魯迅逝世時，於一九三六年十二月在《改造》上發起了「魯迅追悼號」。[49]而日本自一九三五年由佐藤春夫、增田涉翻譯，曾經在岩波書店出版《魯迅選集》。不久，改造社又出版了《大魯迅全集》（1936年4月-1937年3月）。這套全集的編輯顧問是茅盾、許廣平、胡風、內山完造與佐藤春夫，譯者是增田涉、山上正義、鹿地亘與日高清磨瑳等人。上述魯迅戰鬥精神的傳布，說明了二十世紀二三十年代以來，中、日、臺反法西斯的「地下火」[50]是連成一脈的。而這些都構成閱讀《改造》的臺灣作家認知「魯迅戰鬥精神」的土壤。

後，即經常有文章在上面發表。賴和的藏書中也有《改造》雜誌。二‧二八事件時，《中外日報》記者周青曾經參與桃園林秋興領導的武裝部隊，在國軍登陸鎮壓時退往大溪奮戰。周青1970年以此經歷創作小說《烽火鐘聲》，小說中提到日據時代有青年從「日本雜誌上記載的〈論持久戰〉中，看到祖國未來光明的前途，斷定臺灣必定光復」。見橫地剛，藍博洲，曾健民編：《文學二‧二八》，頁418。周青小說中的這個情節也是根據事實改編的，〈論持久戰〉就是刊登在《改造》1938年10月，由增田涉所翻譯的毛澤東文章。

49 《改造》於一九三六年十二月推出「魯迅追悼號」，刊出的文章有：魯迅：〈深夜に志す〉（寫於深夜裡）、內山完造：〈追憶魯迅先生〉、胡風：〈悲痛なる告別〉、中西均一：〈魯迅先生語錄〉、山上正義：〈魯迅の死と廣東の想出〉、增田涉：〈魯迅書簡集〉。除了中西均一外，都是參與《大魯迅全集》編輯工作者。其中，魯迅的〈寫於深夜裡〉原為抗議左聯五烈士被殺事件，透過史沫特萊向國外媒體披露國民黨暴行的文章，其經過詳見〈斯茉特萊記魯迅〉高歌譯（《臺灣文化》，1946年11月1日）轉載自《文革》（1945年12月11日），頁4，譯者：萬歌。勝利後大陸的「左傾」刊物《文萃》登載史沫特萊這篇文章，抗議國民黨的意味相當濃厚，《臺灣文化》又轉載史沫特萊此一文章，有意向臺灣人披露國民黨對進步作家鎮壓的歷史。

50 鹿地亘：《魯迅和我》中談及他於一九三六年二月六日逃離日本，在上海第一次會見魯迅時，魯迅的風貌留給他印象：「我談了日本和日本的文學家的情形。就是自那時候，魯迅底幽靜的眼底裡也有使對方肅然正襟的誠實，就如同在地底不會消滅的火一般的情愛燃燒著。」原載1936年10月21日《作家》，見劉獻彪、林治廣編：《魯迅與中日文化交流》，頁448。鹿地亘的文章道盡了魯迅對日本「轉向作家」的關懷與情意。

　　龍瑛宗晚年的回憶文章曾論及：「那個時候（案：一九三七年），楊逵兄也去東京，找尋宮本百合子，盼望他為《臺灣新文學》，伸出義捐之手，而他為了臺灣文學大拼老命。」[51]龍瑛宗這篇名為〈楊逵與《臺灣新文學》——一個老作家的回憶〉的文章中，只有最後這段話才出現楊逵的志業，當時楊逵已過世六年，龍瑛宗流露了失去這位文學同志的寂寞。這個寂寞感從何而來呢？文章始於龍瑛宗從書房裡翻出一些書和紀念冊，使他的「文學記憶——復活」。施淑指出：

　　　　首先來到他（案：龍瑛宗）眼前的是日本普羅文藝理論大師藏原惟人，日共書記長和作家宮本顯治、宮本百合子夫婦，接下來有白樺派的志賀直哉，私小說巨匠島崎藤村，無產階級文藝運動主要成員中野重治，主持《人民文庫》的寫實主義作家武田麟太郎，新感覺派的橫光利一，藝術派的深田九彌。還有，讓龍瑛宗學到唯物辯證法的東京帝大教授大森義太郎，教給他文學常識的臺北帝大教授工藤好美，以及另一個普羅文藝理論大師青野季吉。回憶這些人物和他們作品的同時，龍瑛宗提到為臺灣文學大拼老命的楊逵曾到東京找宮本百合子，他自己曾造訪北海道的網走，那是宮本顯治及左翼文化人被囚之地，一個在日本行政區中沒有「番地」（門牌號）的所在。文章末了，老作家以眷念的筆調寫下他的感激和未了心願：「像大森先生的前輩，也像青野季吉的前輩極乏其人，所以懷念先人之情也越來越濃了。我於昭和初期，閱讀過以日文敘述瞿秋白的著作，現在乃〔仍〕想讀他和聞一多，陳獨秀，郭沫若的諸作品哩！」正如這篇隨筆的兩個小標題——〈於網走刑場〉、〈盼

---

51 龍瑛宗：〈楊逵與〈臺灣新文學〉——一個老作家的回憶〉，《文學臺灣》創刊號（1991年），頁23。

讀瞿秋白〉，半個世紀後在他的書齋裡重臨記憶現場及中、日
兩國白色恐怖歷史的龍瑛宗，透過他的藏書，為我們繪出他的
藝術生命和文學精神的系譜，在這系譜中，最醒目的仍是社會
主義和人道主義。[52]

　　施淑分析龍瑛宗的「文學記憶」，描繪龍瑛宗的藝術生命和文學
精神的系譜，說道：「在這系譜中，最醒目的仍是社會主義和人道主
義。」而這社會主義和人道主義的養料正是來自日本普羅文藝運動思
潮，而「魯迅」的「位置」在其中佔據著核心的地位。

　　楊逵是在一九三七年六月第二度前往日本，「得到《日本學藝新
聞》、《星座》、《文藝首都》等雜誌的支持，把《臺灣新文學》寄生於
他人的雜誌內」，九月返臺。不料「十月二十日，報載日本開明分子
被捕了百餘人」，「到東京談妥的計劃已經完全落空」，交給改造社預
定在《文藝》月刊刊登的〈模範村〉，也因此被退回臺灣。[53]楊逵當時
在日本購讀了蕭軍的作品《第三代》，「在盧溝橋事變後一九三七年七
月三十一日夜，正是北京、天津失守的翌日」[54]，寫下〈《第三代》及
其他〉，發表在《文藝首都》，[55]呼籲中日文化交流，並引了胡風發表
在《星座》上的文章，批判日本作家「安於過小康的紳士生活」：

　　　　我們知道，日本文壇到現在為止還不肯承認中國現代文學。但
　　　是，我們絕對沒有意思要用泥腳踏進紳士的客廳。換句話說，
　　　我們並不只是要作日本文壇的對手，還希望透過青澀的文學告

---

52 施淑：〈龍瑛宗文學思想初論〉，《臺靜農先生百歲冥誕論文集》，頁267-268。
53 彭小妍主編：《楊逵全集14》，頁8、182、256。
54 橫地剛著，陳映真、吳魯鄂共譯：《范泉的臺灣認識——四十年代後期臺灣的文學
　　狀況》，頁93。
55 楊逵：〈《第三代》及其他〉，《文藝首都》第9期（1937年9月5日）。

訴日本讀者，特別是先進的讀者，讓他們知道中國文學如何受
到欺壓，如何努力站起來，如何在失敗和犧牲中改造自己。

　　對於日本文壇對中國現代文學的冷漠，楊逵表明「我們殖民地的
人們多半有相同的感慨」。對於《第三代》描寫被凌虐的人接二連三
淪為馬賊的經過，楊逵說「我們天天被人家教我們稱為土匪、共匪、
什麼匪、什麼賊」的，「其所謂馬賊，其實並不是我們常聽說的那種
可怕的強盜，而是逐漸成長為一股和欺凌者敵對的勢力」。[56]在「滿州
事變」到「盧溝橋事變」民族存亡的危機感中，魯迅與胡風多年來致
力於讓「滿州」、朝鮮、臺灣等，同被日帝侵略的「弱小民族文學」
登上中、日文壇。楊逵在日本購讀《第三代》，正是此一成果之一。
一九三四年九月，《世界知識》與《譯文》同時創刊，魯迅與胡風多
次刊登東北作家蕭軍的《八月的鄉村》、《第三代》、《同行者》與蕭紅
的《生死場》。《八月的鄉村》與《生死場》收入《奴隸叢書》時，魯
迅分別作了序，說前者「不容於滿州國，但我看也不容於中華民
國」，說後者「如果還是擾亂了讀者的心呢？那麼我們就決不是奴
才」。胡風作了後記，說「當時國民黨欺騙宣傳什麼實際上不存在的
『抗日義勇軍』」，然而「《八月的鄉村》裡的人物還特地聲明他們是
『人民軍』」，指出其不容於中華民國的原因。[57]

　　胡風當時又從日本《文學評論》上，將楊逵的《送報夫》與呂赫
若的《牛車》翻譯成中文，分別刊登在一九三五年五月的《世界知
識》和八月的《譯文》。一九三六年四月，加入了張赫宙等朝鮮作家
的小說，由巴金創立的文化出版社發行《朝鮮臺灣短篇小說集──山
靈》。誠如橫地剛所指出的：「在上海介紹臺灣、『滿州』、朝鮮作品，

56　彭小妍主編：《楊逵全集9》，頁556。

57　橫地剛著，陳映真、吳魯鄂共譯：《范泉的臺灣認識──四十年代後期臺灣的文學
　　狀況》，頁92。

證明了日本統治的殖民地臺灣與上海的文學家是站在同樣的土壤上
的。戰爭的擴大違背了侵略者的意圖，殖民地下的作家竟通過日語為
臺灣文學與中國文學的交會開闢了一個空間。」[58]臺灣光復後，楊逵
才知道下半部在《臺灣新民報》刊登時被禁的〈送報夫〉，曾翻譯成
中文在「祖國」流傳。雖然未曾與魯迅、胡風搭上線，但是楊逵讀到
《第三代》，「覺得有難以言喻的愉快」，馬上領悟了此書的意義，呼
應了魯迅與胡風。

　　魯迅於一九二八年被介紹到日本，一九三〇年前後因《阿Q正
傳》流傳到日本，而逐漸受到敬重（詳後文）。在東亞反法西斯的文
化陣線上，魯迅率先登上日本文壇，打開了「弱小民族」的視野，開
闢了「弱小民族」的文化陣地，也讓日本普羅文學界開始注意到臺灣
與朝鮮、「滿州」的作家。楊逵[59]、呂赫若[60]、龍瑛宗[61]陸續登上日本
文壇後，三人即經常在《改造》、《文藝》、《新潮》、《中央公論》等綜
合雜誌，以及《文藝首都》、《文學案內》、《文學評論》、《星座》等
「左」傾雜誌上頻頻發表文章。他們因此透過這些雜誌瞭解中國反法
西斯、反帝的無產階級革命的進程。關於臺灣文化人在日本文壇的活
動情形，是日後研究的課題，以下僅以「魯迅」為例，說明中、日、
臺「地下火」之一脈相連，描述二十世紀三十年代國際主義的普羅文
學運動的文化場域之一隅。

　　日據時代的臺灣文化人透過日本進步刊物與反法西斯文化陣線，
不但清楚認知「魯迅左傾」時中國無產階級革命的背景，也體認了魯
迅反蔣政權的「戰鬥精神」。《南音》半月刊葉榮鐘在一篇署名「擎

---

58 橫地剛著，陳映真、吳魯鄂共譯：《范泉的臺灣認識——四十年代後期臺灣的文學
　　狀況》，頁91-93。

59 〈新聞配達夫〉，《文學評論》，1934年10月。

60 〈牛車〉，《文學評論》，1935年10月。

61 〈パパイヤのある街〉，《改造》，1937年4月。

雲」的〈文藝時評——關於魯迅的消息〉[62]中，就表明希望看到魯迅「左」傾以後的作品：

> 我很希望在不遠的將來能夠接到左傾以後的魯迅的作品，但這或者是很難的事吧。據林守仁氏的報告，現在的魯迅「是用手寫還不及用腳跑的忙」（這是魯迅對他講的）哩。他老人家的亡命生活不知到甚麼時候才能休止，實在令人記掛也令人可惜，同時也是使我感到壓迫言論之可惡，因為言論的壓迫不知道摧（筆者案：摧）殘了多小（筆者案：少）的天才，減殺了幾多的好作品呀。[63]（底線為筆者所加）

葉榮鐘的文章開頭第一段，就用極嚴厲的話批評蔣介石的政權：

> 自從蔣皇帝登極以來，中國鬧了好幾次的清共慘案，幾多有為的左翼作家，殺頭的殺頭，投獄的投獄，其餘便是逃來逃去在亡命著。我們所敬愛的魯迅先生也是其中的一個。……我們自從《壁下譯叢》——一九二九年出版——以來至今完全不能接到他老人家的作品，所以很感到寂寞。[64]

在日本殖民統治下，臺灣的葉榮鐘，不但知道追隨孫中山先生革命的蔣介石變成了「蔣皇帝」，還知道他鬧了幾次的「清共」慘案。葉榮鐘文章中的「林守仁」，是日本進步記者山上正義[65]的中文筆名。

62 又收入葉榮鐘：《葉榮鐘早年文集》，頁273-275。
63 《南音》第1卷第3期（1932年2月1日）。
64 《南音》第1卷第3期（1932年2月1日）。
65 根據丸山昇〈魯迅與山上正義〉一文所載：山上正義於一八九六年（推測）生於鹿兒島，一九三八年赴任莫斯科分局長前，死於十二指腸潰瘍。山上正義於一九二六年十月作為新聞聯合通訊社的特派員到達廣州。一九二七年四月十二日「在上海發

　　山上正義在日本一九二八年三月《新潮》曾發表過一篇〈魯迅を語る〉（〈談魯迅〉），丸山升說：「這篇文章是第一次刊登在日本的一般雜誌上以魯迅為主題的文章。」其中有一段，山上正義描述了與時任中山大學教務主任的魯迅，在廣州共同度過國民黨「清黨」的經驗：

> 　魯迅躲藏在一個民房的二樓，我和他相對無語，找不出安慰他的話。正好從這窗口可以看到大街上一隊工會糾察隊舉著工會旗、糾察隊旗，吹著喇叭通過。
>
> 　在窗子的前邊的電線杆上貼著無數清黨的標語：「打到武漢政府」、「擁護南京政府」、「國賊中國共產黨」……等。在這些標語下邊能看到幾天前剛貼上，還沒有來得及全部撕去的「聯俄容共是總理之遺囑」、「打倒軍閥蔣介石」等等完全與此相反的標語。
>
> 　魯迅一直看著工會糾察隊走過去，他說「真不知恥，昨天還在高喊共產主義萬歲，今天卻在到處搜捕共產黨系統的人了」。經他這麼一說，我才知道這支隊伍是右派工會的，他們充當警察局的走狗，正在幹搜捕左派工人的勾當。[66]

生了蔣介石的反共武裝政變。擔任國民革命軍總司令的蔣介石轉向反共，開始大量屠殺共產黨員及其外圍的學生、工人、農民。三天後的四月十五日，李濟深在廣東發動了武裝政變。據記載廣東因政變而被殺害的共產黨和工人達二千一百多人，被解職的鐵路工人達二千餘人以上。中山大學的學生也有四十多人被捕。山上正義在《新潮》雜誌上分別發表了〈南中國的文學家們〉（1927年2月）、〈談魯迅〉（1928年3月）見證當時的社會氣氛，丸山升認為：山上正義在廣東「會見了來自蘇聯的國民政府顧問鮑羅廷、會見了宋慶齡、陳友仁，並和郁達夫、成仿吾等創造社的成員交遊，還見到了魯迅。他在這個時期的文章和後來回憶當時情況的文章，在只有少數幾個日本人宣傳國民革命時期的廣東的情況下，實在是一份難得的紀錄。今天讀起來也還是耐人尋味的。」（原載日本中央公論社出版的雜誌《海》，昭和50年（1976）九月號，見劉獻彪、林治廣編，李凡譯：《魯迅與中日文化交流》（長沙市：湖南人民出版社，1981年），頁272-284。

66 同上注，見劉獻彪、林治廣編，李凡譯：《魯迅與中日文化交流》，頁278。同書亦

　　丸山升評論山上正義的這段文字：「只有對於蔣介石的反共政變
而使革命受到挫折，感到悲憤的人，才能寫出這樣的文章」[67]當時對
時局觀察相當敏銳的魯迅，在國民黨發動「清黨」的「四‧一二政
變」[68]的前兩天，曾寫下一篇〈慶祝滬寧克復的那一邊〉，從辛亥革命
的失敗經驗，談到後方普遍陶醉於慶祝革命勝利的氣氛，對革命力量
的消亡感到憂心，其中提到：

> ……最後的勝利，不在高興的人們多少，而在永遠進擊的人民
> 的多少……
>
> 慶祝和革命沒有什麼相干，至多不過是一種點綴。慶祝，謳
> 歌，陶醉著革命的人們多，好自然是好的，但有時也會使革命
> 精神轉成浮滑……
>
> ……堅苦的進擊者向前進行遺下廣大的已經革命的地方，使我
> 們可以放心歌呼，也顯出革命者的色彩，其實是和革命毫不相
> 干。這樣的人們一多，革命的精神反而會從浮滑、稀薄，以至
> 於消亡，再下去是復舊。[69]

　　收錄李芒摘譯的山上正義：《談魯迅》，經筆者比對一九二八年三月《新潮》上的原
　　文，同一段引文，在李凡中譯的丸山升：〈魯迅與山上正義〉中，譯文較簡潔，決
　　定採用李凡的中譯文。

67　劉獻彪、林治廣編，李凡譯：《魯迅與中日文化交流》，頁278。

68　丸山升所謂「反共政變」也就是史學家所稱的「四一二政變」。指的是國共合作北
　　伐的「國民革命」期間，一九二七年三月共產黨領導的上海工人第三次武裝起義成
　　功後，國民黨率領的北伐軍隊，進入上海接收革命成功的果實，但卻反過來於一九
　　二七年四月十二日發動「清黨」，肅清具有共產黨「嫌疑」的工人、學生組織，是
　　為國共第一次合作分裂。國共第二次合作則起因於張學良挾持蔣介石的「西安事
　　變」，要求蔣介石改變「攘外必先安內」的剿共政策，形成一九三七年「抗日統一
　　陣線」的告成。中日戰爭末期國共衝突日甚，以一九四一年一月初的新四軍事件
　　（又稱皖南事變）為表徵，抗戰勝利後國共內戰一觸即發。

69　發表於一九二七年五月五日廣州《國民新聞》「新出路」副刊，一九七五年才被
　　《中山大學學報》重載，筆者轉引自《文物》總5號（1976年1月）「革命文物特

　　果然，兩天後國民黨開始「清黨」。山上正義描寫與魯迅在廣州共
度的「清黨」的經驗，不僅捕捉了當時國民政府「反革命」的氣氛，
也掌握了魯迅對「革命」竟成「復舊」的激憤之情。在這樣的互信基
礎下，儘管日本已經有了《阿Q正傳》的翻譯，但是魯迅並不滿意。
山上正義受魯迅委託，展開重新翻譯《阿Q正傳》的日譯工作，但完
成時已經是兩人在一九三〇年前後重新在上海會合的事了。[70]此書於

刊」，橫地剛先生提供。「滬寧的克復」指的是一九二七年三月十二日上海工人在中
國共產黨的領導下，配合北伐進軍，舉行第三次武裝起義成功，占領上海，和三月
二十四日北伐軍攻克南京。

70 丸山升〈魯迅與山上正義〉，提到在山上正義日譯《阿Q正傳》之前，日譯《阿Q正
傳》最早的是上海的日文報紙《上海日日新聞》轉載的井上紅梅的譯作（未見），
井上紅梅的譯文又刊於一九二九年十一月《怪現象》雜誌上，作為〈支那革命畸人
傳〉而登載，是日本國內最早的《阿Q正傳》譯文。一九三一年五月「滿鐵」的外
圍團體「中日文化協會」所辦的《滿鐵》上也連載了長江陽譯的《阿Q正傳》。到一
九三一年九月白楊社又出版了松浦珪三譯的《阿Q正傳》單行本，十月山上正義的
譯文與左聯五烈士的作品一起結集出版了《支那小說集——阿Q正傳》，同前，劉獻
彪、林治廣編，李凡譯：《魯迅與中日文化交流》，頁272-284。另外，根據魯迅一九
三二年十一月七日給增田涉的信中，表示「井上紅梅翻譯拙作，我也感到意外，他
和我並不同道。但他要譯，我也無可如何」。同年十二月八日給增田涉的信中又表
示：「井上氏所譯的《魯迅全集》已出版，送到上海來。譯者也贈我一冊，但略一
翻閱，頗驚其誤譯之多。」魯迅不滿井上的譯文，因此託山上正義重譯。山上正義
在魯迅過世的紀念文章中提到：「原文有的地方引用古典和不時出現紹興土語，相
當難譯，大約用了一個半月的時間始告譯成。這之間魯迅對譯文提出意見和講解語
意達五十餘次。」見山上正義：〈魯迅的死和廣東的回憶〉，原載《改造》1936年12
月「魯迅追悼號」，轉引自劉獻彪、林治廣編，李芒摘譯：《魯迅與中日文化交
流》，頁444-445。一九七五年六月二十二日，丸山升拜訪了山上正義的夫人山上俊
子，夫人把她收藏了四十四年之久，魯迅寫給山上正義的信和為《阿Q正傳》日譯
本寫的八十五條校釋的原件拿了出來。據《魯迅日記》，一九三一年二月十七日
「得山上正義信並《阿Q正傳》日本文譯稿一本」，距離二月七日深夜國民黨在上海
龍華殺害和活埋柔石等五烈士才剛過十天。魯迅給山上的信與八十五條校釋是在一
九三一年三月三日完成的。戈寶權據此指出：魯迅「認真校閱譯稿，決不只是為了
自己的作品能有一個較好的日譯本，而且還是為了支持紀念五烈士的文集能在日本
早日出版。」戈寶權：〈談魯迅為《阿Q正傳》日譯本所寫的校釋的發現〉，見劉獻
彪、林治廣編：《魯迅與中日文化交流》，頁317-325。

一九三一年十月以《支那小說集──阿Q正傳》為名，作為「國際無產階級文學叢書」的一冊，由日本東京四六書院出版。這本《支那小說集──阿Q正傳》還應魯迅的要求，為了紀念同年二月犧牲的「左聯五烈士」，在卷首附上李偉森、殷夫、馮鏗、宗暉的肖像和悼念他們的獻詞。在小說《阿Q正傳》正文後面，收錄了胡也頻、柔石、馮鏗、戴平萬的作品和小傳，是「一本具有強烈的政治性的文集」[71]。當時提供日本軍情給中國的情報員的尾崎秀實化名為「白川次郎」，也為此書寫了序〈談中國左翼戰線的現狀〉，抗議國民黨的血腥暴力。[72]「全日本無產者藝術聯盟」的機關刊物《ナップ》（《納普》）也在隔月的雜誌上，刊出由尾崎秀實和山上正義翻譯「中國左翼作家聯盟」的〈国民党の作家虐×に対する中国作家聯盟宣言〉，以及魯迅化名为「L・S」的〈中国無産階級××文学と先駆の血〉。

　　《支那小說集──阿Q正傳》譯者林守仁（山上正義）寫了一篇介紹文〈關於魯迅及其作品〉。葉榮鐘文章中「據林守仁氏的報告，現在的的魯迅『是用手寫還不及用腳跑的忙』」就點出這篇介紹文。葉榮鐘發出「自從蔣皇帝登極以來，中國鬧了好幾次的清共慘案」，對蔣介石的政權性質的批判，表現了他於林守仁與魯迅共度「清黨」經驗的脈絡下，和日本進步文化人站在同一陣線，聲援中國左翼戰線。山上正義說魯迅以「用手寫還不及用腳跑的忙」描述自己的寫作情況。這句象徵魯迅「左傾」後亡命情狀的話語，後被增田涉的〈魯迅傳〉[73]引用而著名。[74]增田涉著的《魯迅傳》，由頑鐵譯成中文，連載於一九三四年十二月十八日《臺灣文藝》第二卷第一期至一

---

71 戈寶權：《談魯迅為〈阿Q正傳〉日譯本所寫的校釋的發現》，見劉獻彪、林治廣編：《魯迅與中日文化交流》，頁320。

72 參見柳尚彭：〈魯迅和尾崎秀實〉，《上海魯迅研究》（1995年7月），頁186-189。徐靜波：〈尾崎秀實與上海〉，《外國問題研究》2012年第2期，頁60-69。

73 增田涉：〈魯迅傳〉，《改造》，1932年4月。

74 丸山升：〈魯迅與山上正義〉，劉獻彪、林治廣編：《魯迅與中日文化交流》，頁281。

九三五年四月一日第二卷第四期。「用手寫還不及用腳跑的忙」這一
句形容魯迅戰鬥精神的話，不僅一再出現在日本作家介紹與悼念魯迅
的文章中，也一再被臺灣作家引用。除了上文葉榮鐘的〈文藝時
評——關於魯迅的消息〉，魯迅逝世時，出現在《臺灣新文學》第一
卷第九期（1936年11月5日）的卷頭語〈魯迅を悼む〉（〈悼魯迅〉），
據說出自王詩琅的手筆。其中，對魯迅的評價是：

> 他的輝煌功績用不著在此喋喋不休，正如我們論及蘇聯文學首
> 推高爾基一樣……沒有他的貢獻，胡適的文學革命主張無異於
> 空泛之論……
> 他的作品風格獨特，其對現實執拗不懈的熾烈的批判，成就大
> 半的文學價值。……雖然他生活在「逃命的腳比執筆的手還要
> 忙碌」奉為真理的地方，正因為他鍥而不捨的態度與努力，才
> 有今天的存在。[75]

　　同一期雜誌上，有黃得時寫的〈大文豪魯迅逝く〉，除了介紹魯
迅的文學生涯，並詳論了《狂人日記》、《阿Q正傳》與《中國小說
史略》。文末，黃得時所列的其所知道的魯迅作品，除了魯迅翻譯的
作品外，幾乎涵蓋了魯迅所有的作品集。引人注目的是，最能體現魯
迅戰鬥精神的雜文集，皆一一羅列，僅有《且介亭雜文集》與《故事
新編》未被列入。另外，葉榮鐘的藏書中就包括這些雜文集：《華蓋
集》（1926）、《華蓋續集》（1926）、《熱風》（1925）、《而已集》
（1929）、《三閑集》（1932）與《偽自由書》（1933），前兩本也在賴
和的藏書中。可見日據時代的臺灣作家對魯迅的認識，不僅止於他小
說創作的成就，還包括魯迅與黑暗的現實搏鬥的戰鬥精神。

---

75 轉引自中島利郎主編：《臺灣新文學與魯迅》，頁70。

　　光復初期國共內戰烽火連連的時刻，在國民黨治下，魯迅「用手寫還不及用腳跑的忙」的亡命情狀，又出現在龍瑛宗和楊逵介紹魯迅的文章中。龍瑛宗說：魯迅的文學生涯是「用手寫還不及用腳跑得忙」，所以魯迅的文學中，「具威勢且一針見血的雜文比整合性的長篇來得更多」[76]。楊逵也說：

　　　　（魯迅）結束五十六年的生涯為止。他經常作為受害者與被壓迫階級的朋友，重複血淋淋的戰鬥生活，<u>固然忙於用手筆耕，有時更忙於用腳逃命</u>。說是逃命，也許會令人覺得卑怯，但是，筆與鐵炮戰鬥，作家與軍警戰鬥，最後，大部分還不得不採取逃命的游擊戰法。[77]（底線為筆者所加。）

　　戰後，楊逵將《阿Q正傳》翻譯為日文，出版中日對照版，一九四七年一月由東華書局出版。楊逵在日據時代曾經受到日本警官入田春彥的照顧，一九三八年入田春彥因被強迫遣返日本而自殺，留下一套《大魯迅全集》給楊逵，這對楊逵日譯《阿Q正傳》當然有所幫助。[78]《大魯迅全集》採用的正是山上正義的譯文。另外，楊逵為何獨在魯迅作品中挑選《阿Q正傳》？山上正義在《支那小說集——阿Q正傳》的序文，或許提供了理解楊逵的選擇的線索：

　　　　《阿Q正傳》寫的是什麼呢？……它以阿Q這個農民形象為中心，描寫中國的農村、農民、傳統、土豪和劣紳。特別是著重描寫了他們和辛亥革命的關係，一言以蔽之，它深刻地

76　龍瑛宗：〈中国文学の動向〉，《中華日報》，1946年8月15日。

77　〈魯迅先生〉，收入楊逵譯：《阿Q正傳》（東華書局，1947年1月），轉引自彭小研編：《楊逵全集3》，頁31。

78　有關楊逵與入田春彥的交往，見張季琳：〈楊逵和入田春彥——臺灣作家和總督府日本警察〉，《中國文哲研究集刊》第22期（2003年3月），頁1-34。

描寫了這次革命的實質到底是什麼。小說中描寫的革命，是距今天二十年前的革命。他說明了這次革命的波浪波及到了浙江省的一個寒村。以及在那裡的歷程和結果。……它寫的是發生在一個寒村的「國民革命」的一次運動，如何被傳統的勢力所打敗，如何的妥協、被欺騙了，最後實質上是沒有得到什麼變革而告失敗，以及這次「革命」的結局得利者是誰，在那次「革命」中，真正受損失的、被剝奪的又是誰。

　　這篇小說是十年前創作出來的，魯迅是目睹過距今二十年前的辛亥革命和這次革命的失敗而寫了這篇作品的吧。然而，這對於瞭解辛亥革命以來二十年中、以澎湃的浪潮統一中國全國的三民主義革命真實情況的人，讀過這篇小說難道不會發現魯迅早在十年前就察知今天的事，並且預先道破了今天徒有其名的三民主義革命的罪過、失敗的真實意義嗎？

　　然而在今天，超越這個三民主義革命的失敗和毫無意義，由中國共產黨領導的紅軍、正在江西、湖南、湖北、福建、廣東展開革命的新的進軍之中。

　　這個革命，同辛亥革命，同三民主義革命是斷不能同日而語的，關於這一方面，我似乎沒有發表任何意見的資格。這只有等待魯迅寫作第二部《阿Q正傳》了。不用說，第二部《阿Q正傳》的作者，也不一定要等待魯迅吧。不論它由誰來寫，這第二部的《阿Q正傳》的作品，其正傳將不是阿Q的蒙昧史，也不是失敗史，而正應該是阿Q的覺醒史，真正的革命成功史、這一點是確信不移的。我想就這樣以相信它最後一章不會是「他的結局」，而應該是「新的生活的起點」、來結束這篇短小的介紹文字吧。[79]（底線為筆者所加）

---

79 林守仁作，戈寶權譯文，見劉獻彪、林治廣編：《魯迅與中日文化交流》，頁339-340。

　　戰後日本評論家剛崎俊夫評論這段話說：「山上明確地抓住《阿Q正傳》對於辛亥革命的批評。這種評價是先驅的，因為以後的種種往往都忽視了這一點。」丸山升說這是山上正義與魯迅共度「清黨」的體驗，使他能把「四・一二政變」和辛亥革命相結合的理解。[80]山上正義這段對《阿Q正傳》的評論，不僅適用於二十世紀三十年代「國民革命」中挫的背景，也適用於二十世紀四十年代後半期國共內戰的背景。正因為《阿Q正傳》「預先道破今天徒有其名的三民主義革命的罪過了、失敗的意義」，楊逵在光復初期選擇《阿Q正傳》在臺灣重刊，不也直指了國民黨政權標榜「三民主義」的破產？

　　本書第三章第一節曾說明光復後臺灣文化人借由「三民主義」，批判赴臺接收的國民黨當局，也可以在此得到參照。顯然臺灣進步文化人對國民黨「反革命」的認識，遠比我們現在所瞭解的還深。楊逵在《一陽週報》上發表〈紀念孫總理誕辰〉寫道：「為戰而得勝的臺灣光復、雖是可慶可祝、總是因此若抱著中國革命為如桌頂拿柑之安易感，那就慘了。（1945年11月17日）」其所體現的正是魯迅在《阿Q正傳》裡對革命走向「反革命」、「復舊」的批判。就此意義而言，楊逵參加「三青團」顯然是因為國、共合作的架構還在，當內戰爆發，他與其他進步文化人即採取了以子之矛攻子之盾地批判國民黨的「三民主義」是「指鹿為馬」。[81]國共內戰的爆發，意味著國共第二次合作因抗戰勝利而「失敗」，孫中山以來以「革命」為號召建設「新中國」的計劃又再次受阻，這樣的情境不正是阿Q所遭遇的「不准革命」的再現嗎？楊逵抓住魯迅一再批判的「革命」勝利後、竟使「革命消亡」而淪為「復舊」的要義，選擇中日對照出版《阿Q正傳》，絕不只是因為它是魯迅的成名作。更重要的，是在反帝、反殖的民族

---

80 剛崎俊夫：〈在日本的魯迅觀〉，轉引自丸山升：〈魯迅與山上正義〉，劉獻彪、林治廣編：《魯迅與中日文化交流》，頁282。

81 〈阿Q畫圓圈〉，《文化交流》，1947年1月15日。

革命課題獲得初步成功之後，接下來要面對的是建立一個民主獨立的「新中國」；從辛亥革命以來的「反封建」的社會革命，才正要進入最艱難的階段。

　　藍明谷將魯迅的《故鄉》翻譯成日文，以中日文對照版由現代文學研究會於一九四七年八月在臺灣重新發行，藍明谷在前言〈魯迅和其《故鄉》〉中提到：

> 如果把太平天國運動當作中國近代史的起點，那麼五四運動就可以說是中國近代史上有著重大意義的意識上的覺醒。勿庸置疑，直到今天，中國一直都受制於帝國主義與封建勢力雙重的桎梏之下。
>
> 如今回顧「五四」以來的歷史，即可看到這些領導人中，除有的成為帝國主義的「代言人」，倒在封建軍閥凶刀之下外，還有為數不少的自封的所謂的領導者，他們或是中途與敵人妥協，或是意氣沮喪地向「安全地帶」逃避。
>
> 然而中途不變節，自始至終都投身於反帝、反封建運動中的也並非沒有，魯迅就是其中一個。[82]

　　藍明谷同樣也精確地掌握了魯迅「反封建」的「戰鬥精神」。光復初期的臺灣文化場域，之所以在短短的一年之內從「三民主義熱」變成「魯迅熱」，就是因為他們能很快地掌握「內戰」是第二次國共合作的失敗，這意味著全國民意所囑託的「和平建國綱領」的被撕毀與被踐踏。可見光復初期的臺灣文化人一致援引魯迅的「戰鬥精神」當作反對國民黨封建官僚體制的「文化資本」。

---

82 轉引自陳漱渝著，王惠敏中譯：〈藍明谷與魯迅的《故鄉》〉，《魯迅研究》（1998年），頁52。

　　臺灣作家雖很早就認識魯迅作品深刻的批判思想，但受制於殖民地的關係，到了一九三七年以後卻不得不透過日本的「窗口」關注魯迅的動向。日本對魯迅的注目稍晚於臺灣，從一九二八年三月山上正義在《新潮》雜誌上刊登《談魯迅》，是魯迅的名字首次在日本文壇出現，一九三一年山上正義譯的《支那小說選——阿Q正傳》對魯迅以「戰鬥」的姿態登上日本文壇有深遠的影響。一九二六年七月《改造》雜誌推出「現代支那號」後，就開始介紹、刊載魯迅與中國新文學的作品，從而注意中國的政治動向。臺灣作家葉榮鐘、楊逵、龍瑛宗、王詩琅、黃得時在日據時代，透過日本進步作家山上正義、增田涉、尾崎秀實、鹿地亘、日高清磨瑳、內山完造與佐藤春夫，以及西方記者 Snow 與 Smedley，還有茅盾、胡風、許廣平、蕭軍、蕭紅等等與魯迅站在同一陣在線的進步作家，更深刻地體會到魯迅的「戰鬥到死」的精神。而讓魯迅戰鬥到死的，正是從「阿Q」的時代延續下來的「不准革命」，一次又一次的「復辟」。抗日勝利後，臺灣人看著政治協商會議議決的「和平建國綱領」被棄置，內戰爆發，終於見識到了「不准革命」。龍瑛宗高喊「和平、奮鬥、救中國」[83]。楊逵寫了〈阿Q畫圓圈〉說：

　　　　我們與阿Q一點不同的，就是，他「不多時也就釋然了」，而我們都生涯未得到釋然這一點、我們未得釋然的，卻是阿Q被槍斃結果了一生，竟然就是「幸福結尾」這一椿事。打倒敵人以後，時間已過了不短的一年餘了，我們總願意結束一番武劇，來編排一齣建設的新戲，拖來拖去總難得使這個圓圈畫得圓圓的……雖有幾個禮義廉恥之士得在此大動亂之下再發其大財，平民凡夫在饑寒交迫下總不會喜歡他們的[84]。

83　〈停止內戰〉，《中華日報》，1946年10月23日

84　〈阿Q畫圓圈〉，《文化交流》（1947年1月15日），頁17。

　　果然，接著迎面而來的「二・二八事件」，《阿Q正傳》的場景從三十幾年前的紹興搬到了臺灣，「不准革命」讓成千的臺灣人屍首異處。阿Q還可以畫圓圈、遊行示眾，而二・二八事件被秘密處刑的，有些連屍首都找不到。親眼在臺大醫院目睹這場事變的鍾理和，在一九四七年二月二十八日的日記裡，記錄了大量喊打外省人與激昂情緒的「群眾之聲」，與陸續被搬進醫院的傷者、屍首的畫面，形成強烈的對比。鍾理和評語道：「提起外省人，臺灣人全都一個情緒──恨」。一九九七年重新出版的《鍾理和全集5》，補遺了一九七六年遠行版主編張良澤因戒嚴體制而刪除部分敏感的部分，其中有一段是這樣的：

> 藥局年輕福佬人的話「人們說臺灣必須經過三個階段才能得到和平。即一、歡迎。二、……。（案：字跡模糊）三、革命。」可憐他和一般人一樣以為這回的事情即是革命。[85]（底線為筆者所加）

　　鍾理和顯然不認為臺灣人打「阿山」的省籍的情緒發洩是所謂的「革命」。三月一日的日記裡，記載了兩位看護談到對「負傷者」（從上下文指的是被圍毆的外省人）醫藥費的看法，其中一個說：「政府不拿出來也不要緊。社會是會拿出來的，只要社會還有良心、正義！」使鍾理和「意外受了一刺，不自覺地抬起眼睛來瞧那說話者」。在三月二日的日記裡，記載了基隆的「藍先生」[86]來看他，說學校罷課了，「不過這倒好像和這次的事件沒有關連，而是響應國內的罷課的」，接著鍾理和想起了前一天來探望他的一位名叫「鍾枝水」少年的話：

---

85 鍾鐵民編：《鍾理和全集5》，頁63。

86 「藍先生」就是基隆中學的藍明谷，一九五一年死於「白色恐怖」，見藍博洲：《消失在歷史迷霧中的作家身影》，頁237-332。

「就是沒有二二七的事情，過幾天也免不了要發生某種事情的。」鍾
理和稱讚他的談話是有「見識、膽量、精明、真理」的[87]。兩相比較，
則鍾理和對臺灣人把對國民黨接收當局的不滿轉化為「打阿山」的省
籍情緒是不以為然的，但對響應國內「抗議美軍暴行」——作為「民
主運動」之一環的「罷課」，則是予以肯定的。而鍾理和早在光復之
初的一九四五年十月二十八日，在北平所寫的日記裡，提到：「魯迅
的路子在現在是行不通的。他太激烈、太徹底了。把這法子適用於現
在，那是傻子才肯作的。因為這不啻自動的斷絕了升官發財的機會。
一輩子甘願作奴才。聰明人是不走這條路子的。」鍾理和模擬了魯迅
《野草》中〈聰明人、傻子與奴才〉一文的諷喻手法，對「劫收」的
官員大大地譏刺了一番。[88]

　　戰後臺灣文化人有意與赴臺的進步文化人合作，提舉魯迅的「戰
鬥精神」，表達他們對內戰再起的抗議。換言之，政治權力場域表面
上宣稱「和平建國」、卻不顧民生疾苦地爭奪政權。於是經過光復一
年觀察局勢演變的臺灣文化人，呼應上海擴大紀念魯迅逝世十周年的
號召，共同借由紀念魯迅來表達他們的民主抗爭。上海文化界繼一九
四六年十月四日抗議聞一多、李公樸被暗殺舉行追悼會後[89]，一九四
六年十月十二日「中華全國文藝協會總會」發表〈魯迅先生逝世十周
年紀念文告〉，文告中提出紀念魯迅先生要闡明魯迅的道路、發揚魯

87　鍾鐵民編：《鍾理和全集5》，頁66-67。

88　鍾鐵民編：《鍾理和全集5》，頁36。

89　一九四六年七月，李公樸、聞一多在昆明遭國民黨特務暗殺後，郭沫若、茅盾、鄭
　　振鐸、田漢、許廣平等即為此致電聯合國人權保障委員會，籲請調查這一暴行，並
　　發起《致美國人民書》簽名運動，呼籲美國人民起來制止美國政府幫助國民黨打內
　　戰。「文協」則召開大會，聲討國民黨的卑劣行為。上海作家沈鈞儒、茅盾、胡
　　風、巴金、柳亞子等三十九人聯合發表宣言，要求國民政府切實保障言論自由。十
　　月四日，上海各界隆重舉行李、聞追悼會，千餘人出席，由沈鈞儒主祭。鄧穎超在
　　會上宣讀了周恩來的親筆悼詞。見金炳華主編：《上海文化界奮戰在「第二條戰線
　　上」史料集》（上海市：人民出版社，1999年），頁18。

迅的精神，表明此一活動是「當前爭取和平、民主、改革、建設的運動裡面的重大事件」，「紀念魯迅先生應該成為新文化、新文藝現有成就的總檢閱和總批判」，號召全國一切人民團體、文化文藝團體、教育團體發動這個紀念。[90]一九四六年十月二十三日《新華日報》報導十九日的紀念活動，文協總會等十二個團體，下午二時在辣斐大戲院舉行紀念會，「這是魯迅先生逝世歷年紀念會中最盛大的一次。到邵力子、郭沫若、沈鈞儒、葉聖陶、茅盾和周恩來同志以及各方人士兩千餘人」。郭沫若的演講強調魯迅主張的「為人民服務的精神」。茅盾則強調了：「魯迅的領導，促成了文化界的統一戰線」，今天黑暗勢力還很強大，我們團結在爭民主的大旗幟下，要記取魯迅說過的在統一戰線中互相學習互相批評的指示，人民要翻身，還要進行長期的韌性的鬥爭。[91]

　　十月十九當天在臺灣，龍瑛宗主編的《中華日報》「文化」欄與王思翔主編的《和平日報・新世紀》副刊，響應了這個活動。龍瑛宗刊出了自己的一篇〈中国近代文学の始祖——魯迅逝世十周年纪念日に际して〉和楊逵的詩作〈魯迅を纪念して〉。楊逵的詩作翻譯成中文〈紀念魯迅〉，同步刊載在《和平日報・新世紀》。這說明了《中華日報》發行區雖限於南部，龍瑛宗人在臺南，但並不自外於這次文化抗爭的行動，兩個副刊互通聲息有志一同。龍瑛宗的文章開頭即表明：上海文化界盛大舉行魯迅逝世十週年紀念會，因此響應各界新聞刊出魯迅紀念特刊。顯然龍瑛宗刊出魯迅紀念文章，是以行動支持上海文藝界這次帶有政治抗爭意識的魯迅紀念運動。

　　龍瑛宗在之前的〈中国文学の動向〉（《中華日報》，1946年8月16日）中，就曾推舉魯迅的現實主義的文學與精神。龍瑛宗把魯迅與高

---

90 原載《新華日報》1946年10月13日，轉引自金炳華主編：《上海文化界奮戰在「第二條戰線上」史料集》，頁398-400。

91 金炳華主編：《上海文化界奮戰在「第二條戰線上」史料集》，頁400-402。

爾基相提並論，指出「中國文學中的高爾基也是不可被遺忘的」，他提舉五月「全國文協」上海分部盛大舉行的「高爾基逝世十周年紀念」演講會上，郭沫若、茅盾等人重新詮釋了高爾基所持的意義。郭沫若詮釋高爾基的作品是「為民眾的藝術」，而象徵著「狂飆運動」的「海燕」，就是高爾基的精神。[92]龍瑛宗在此文中即表明：像中國的文學般如此與政治緊密結合的恐怕少之又少，魯迅的現實主義的文學與精神就是最典型的代表。「魯迅的文學，依然是現在中國文學的主流所一脈相傳的⋯⋯會對爾後的中國文學產生極大的影響」。

　　龍瑛宗在〈中国近代文学の始祖──魯迅逝世十周年紀念日に際して〉一文中，介紹魯迅是五四文學革命的實踐者，與推動木刻運動的先覺者，首次介紹俄國果戈理、高爾基與波蘭被壓迫的弱小民族文學到中國來，並指出魯迅的〈狂人日記〉、比諸果戈理的同名作視野寬廣。翻譯成多國語言的〈阿Q正傳〉，捕捉了弱者向強者獻媚的一面，此一中國人的典型已在中國文學史上留下不朽的一頁。龍瑛宗推崇魯迅的精神是「喚起民族精神覺醒的永恆之聲」。早在一九四〇年龍瑛宗發表〈兩篇狂人日記〉[93]時，「把魯迅、果戈里、福樓拜對比並討論，肯定魯迅的政論性和生硬，『非但沒有銷毀身為人類的偉大，反而悲劇性地修飾了他的一生』」，[94]即已高度肯定魯迅現實主義的戰鬥性。楊逵的詩作〈紀念魯迅〉，中日文稍有不同，但文意同樣標舉魯迅革命的戰鬥精神：

　　吶喊又吶喊，真理的叫喚；

---

92 龍瑛宗也在日文欄最後一期的「名作巡禮」介紹高爾基的散文詩〈海燕〉（1946年10月23日），再度推許高爾基這位偉大的民眾作家，始終以不屈不撓的精神與惡劣的環境戰鬥。

93 《文藝首都》第8卷第10號（1940年12月）。

94 施淑：〈龍瑛宗文學思想初論〉，《臺靜農先生百歲冥誕論文集》，頁267。

針對惡勢力，前進的呼聲！

敢罵又敢打，青年的壯志；

一聲吶喊，萬省響應；

如雷又如電，閃閃，爍爍！

魯迅未死。我還聽著他的聲音！

魯迅不死，我永遠看到他的至誠與熱情！

（為十週年紀念作）[95]

《和平日報‧新世紀》副刊從十月十九日到二十一日連續三天，刊出紀念魯迅的文章，其中胡風的《關於魯迅精神的二三基點》雖然是轉載自一九三七年《民族戰爭與文藝性格》，但卻是與《希望》第二集第第四期（1946年10月18日）同時揭載的，另有許壽裳、景宋（許廣平）、秋葉、楊曼青、樓憲的紀念文章。

繼龍瑛宗之後，接編《中華日報》文藝副刊的江默流，從一九四六年十月三十一日「創刊號」起，在每週一期的「新文藝」副刊上，陸續轉載林煥平的〈文藝欣賞論〉。前面兩篇〈看了阿Q，不知阿Q為人〉（1946年10月31日）、〈阿Q相〉（1946年11月7日），從現實主義的文藝美學批評朱光潛的《文藝心理學》，針對朱光潛所謂：「在欣賞文藝時，我們暫時忘去自我，跳脫意志的束縛，由意志世界移到意向世界，所以文藝對人生是一種解脫。」批評道：

照這樣說來，我們看文藝作品看它什麼呢？這樣的「美感經驗」不是空的嗎？這樣的「美感經驗」不是像作夢一樣，醒來了，就什麼都沒有了嗎？不是像手淫一樣，過了那一回兒時間，就索然無味了嗎？不是像喝醉酒一樣，酒醒了，反覺苦累

嗎？不是看了阿Q，而不知阿Q是怎樣一個人是一樣的嗎？
而且照這樣說，不是根本就可以取消文藝批評了嗎？……把批
評和欣賞，把意志和情感對立起來，抹煞批評和意志的存在，
極端地強調情感對作品的沉醉，像這樣的欣賞，結果是什麼都
欣賞不到。

　　林煥平進而指出阿Q的形象構成「典型人物」的社會批判性，
由此指向歷史發展的社會動力。林煥平突顯魯迅作品對現實的積極介
入性，與臺灣作家突顯魯迅的「戰鬥精神」，在美學品味上都是基於
現實主義文藝美學的理念。

　　《臺灣文化》雖沒能及時趕上在十月推出紀念號，但隨後十一月
出刊的《臺灣文化》第二期也推出「魯迅逝世十週年特輯」。這一期
《臺灣文化》的「文化動態」中有一條即是「十月十九日之魯迅逝世
十週年紀念，滬各藝文團體聯合舉行紀念會，並在各重要雜誌報章出
刊紀念特輯」，說明了《臺灣文化》的「魯迅特輯」亦在此一波以紀
念魯迅為名，爭取和平、民主、改革、建設的運動行列之中。[96]發表
紀念文章的有楊雲萍、許壽裳、黃榮燦、謝似顏與雷石楡，並轉載了
《文藝春秋》上陳烟橋談魯迅與中國新木刻的文章，以及《文萃》上
高歌譯的〈史沫特萊記魯迅〉。〈史沫特萊記魯迅〉生動地紀實了魯迅
在上海租借區，如何「用手寫還不及用腳跑的忙」，也記錄了一九三
一年二月二十一日，二十四個青年藝術家（包括左聯五烈士）從監獄
拘提後被槍斃、活埋的事件對魯迅的衝擊。魯迅寫下〈寫於深夜
裡〉，托史沫特萊翻成英文發表在國外雜誌，控訴國民黨的罪行。史
沫特萊寫道：

---

96 另有一則消息是「重印之魯迅全集亦已發售，共印一千部，每部售價十二萬元，數
　　日中全部售完」，暗示著魯迅的影響力仍在擴大之中。

在那篇文章（案：〈寫於深夜裡〉）的末尾，他附一封可能正是
從獄中走漏出來的來信。那信件來自一個十八歲的囚徒。他，
連同二個學生，從上海一所大學中被拖出來，說他們是共產主
義的信徒，因為他們都屬一個魯迅所發起的研究木刻的團體。
他們犯罪的證據便是被搜得的一幀盧那察爾斯基的木刻像，根
據一種荒謬的推理，木刻是被當共產主義的東西的。不敢抓魯
迅，政府便逮捕他的學生。

這樣明白的記載國民黨迫害「異議分子」，迫害「共產主義者」
的文字，在陳儀任內被默許，很難說不會對國民黨失望的臺灣青年產
生影響，二・二八事件以後共產黨地下組織在臺灣迅速擴編，「魯迅
的戰鬥精神」應該也發揮過效應吧？

　　許壽裳的〈魯迅的精神〉指出：「抗戰到底是魯迅畢生的精神」、
「魯迅作品的精神，一句話說，便是戰鬥精神，這是為大眾而戰，是
有計劃的韌戰，一口咬住不放的」。誠如陳芳明所指出的：

此文驚人之處，就在於開頭便引用魯迅在〈無花的薔薇〉一文
的話：「血債必須用同物償還。拖欠的愈久，就要付更大的利
息。」這反映了許壽裳身處國共內戰期間所懷的心情，同時也
是對國民黨統治下臺灣人民的一個暗示。毫無疑問的，這篇文
字所蘊藏的力量是很強烈的，尤其是對於生活頓陷困苦的臺灣
人民而言，魯迅的語言是富有暗示性的。[97]

　　許壽裳在光復初期臺灣文化場域裡一再標舉「魯迅戰鬥精神」的
旗幟，對某些高度期望「光復」帶來希望的臺灣人而言，「魯迅的語

---

97 陳芳明：〈魯迅在臺灣〉，中島利郎主編：《臺灣新文學與魯迅》，頁13。

言」的確富有暗示性。但，對那些早已熟知魯迅在國民黨統治下的戰鬥性的臺灣進步文化人而言，則是有意識地與許壽裳這些赴臺文化人合作，響應上海「文協」發動的魯迅逝世十週年紀念。

　　國民黨官方在臺灣紀念「光復一週年」時，文化人卻響應上海的「魯迅逝世十週年紀念」；說明兩岸文化界借由「魯迅的戰鬥精神」此一「文化資本」，已連繫成同一民主陣線。這是光復一年後的臺灣文化界主動地與大陸赴臺作家合作，聯合發起的一次文化抗爭。省內、外文化人借由這次「政治與文學的行動」共同結盟，儘管在「臺灣人奴化」論爭中，突顯了光復後臺灣社會持續蔓延的「省籍隔閡」，但兩岸進步文化人卻不在此省籍偏見的局限中；他們努力突破中日戰爭經驗中「國籍」身份不同所造就的彼此「習性」的差異，極力促成兩岸文化的交流。由於對魯迅現實主義美學與實踐邏輯的共鳴性，這次行動為二・二八事件以後兩岸文化人突破文化隔閡奠下了基礎。

　　一九四七年二・二八事件後，六月許壽裳的《魯迅的思想與生活》由「臺灣文化協進會」出版，乃楊雲萍主動向許壽裳提出而進行編輯的工作。[98]十月許壽裳又在上海峨眉出版社出版《亡友魯迅印象記》。楊逵、藍明谷與王禹農翻譯成日文的魯迅作品，也陸續以中日文對照的方式出版[99]，表面上是為了要推動「國語運動」，實際上文化人是借由宣傳魯迅思想，來對抗三月以來的清鄉鎮壓。外省進步文化人與臺灣文化人一致標舉魯迅的戰鬥精神，顯現兩岸文化界站在同一

---

98 許壽裳在《魯迅的思想與生活》的「自序」中提到：「楊君雲萍，搜集我的關於魯迅的雜文十篇，名曰《魯迅的思想與生活》，將由臺灣文化進協會出版，其熱心從事可感。」轉引自倪莫炎、陳九英編《許壽裳文集》（上），頁4。

99 楊逵譯：《魯迅小說選》，臺灣評論社（疑未刊，預告廣告1946年9月）。楊逵譯：《阿Q正傳》（臺北市：東華書局，1947年1月）。王禹農譯：《狂人日記》（臺北市：標準國語通信學會，1947年1月15日）。藍明谷譯：《故鄉》（臺北市：現代文學研究會，1947年8月）。王禹農譯：《孔乙己・頭髮的故事》（臺北市：東方出版社，1948年1月）。王禹農譯：《藥》（臺北市：東方出版社，1948年1月）。

文藝陣線上，對抗國民黨專政的決心。紀念魯迅的活動並未就此落幕，標舉魯迅戰鬥精神、文藝思想的文章持續在臺灣的文化場域發揮效應，直到一九四八年二月在臺灣宣傳魯迅思想最積極的許壽裳被暗殺後，「魯迅熱」才冷卻下來。「魯迅」逐漸在臺灣文化場域被「噤聲」。但靠著「地下」二手書店的傳播，私密「閱讀魯迅」的經驗卻不曾止息，就像梁實秋所言：「越看不到越好奇」[100]。一九八七年戒嚴令解除後，「閱讀魯迅」的禁令才得以開放。

---

100 梁實秋：〈關於魯迅〉，《文學因緣》（臺北市：文星書店，1964年），頁149。轉引自陳芳明：〈魯迅在臺灣〉，中島利郎主編：《臺灣新文學與魯迅》，頁22。

第五章
去殖民地化與新中國的召喚

　　二・二八事件前、後，不論官方或民間，以及本省、外省的文化人，各自秉持日據時代與五四以來的「文化資本」，欲取得報刊上文化生產的支配權。文化人如何於其所據的「位置」，對抗官方的文化勢力與意識形態？本省、外省的知識分子如何因應政、經結構造成的族群矛盾與衝突？雙方文化人之間是否因戰爭經驗與二・二八事件省籍立場的差異，對臺灣文學的過去遺產、當下困境、未來走向的看法有所異同？這些因為「位置」與「習性」的差異，是否決定著「美學品味」與「意識形態」的異同？他們如何思索國家、社會的發展與臺灣文學的關係？

　　本章第一節探討二・二八事件前後有關「臺灣文學」的性質與方向的議論，分析文化人對殖民地時期文學遺產的重估，如何形成特殊性與一般性的議題？第二節總結光復初期社會主義文藝理念的復甦與中挫，探討「文學大眾化」的倡議，以及《臺灣新生報・橋》副刊上關於新現實主義論爭。從文學發展史的角度來看，這是臺灣繼二十世紀二、三十年代社會主義再出發的又一次高峰。二十世紀二、三十年代臺灣先後透過中國大陸、日本的普羅文化運動而產生的社會主義，被文化人當作對抗國民黨專政的「文化資本」，卻因內戰與冷戰雙重結構性因素而頓挫。一場社會與文學的革命因兩岸對峙胎死腹中。臺灣文化人在「白色恐怖」的專制威權之下，思想文化的抗爭被迫改以熱血之軀、禁錮歲月，堆疊成不絕如縷的抗爭，也再度步上崎嶇不平而漫漫長夜的「民主追求」的道路。

第一節　臺灣文學的「特殊性」與「一般性」

　　光復初期有關臺灣文學的「特殊性」與「一般性」的問題，在一九四八年三月到一九四九年四月的《臺灣新生報・橋》副刊上得到集中的討論，這個議題的產生，在現實上是因應脫離日本殖民、復歸中國的政治問題而來的。臺灣的地理、社會與歷史的「特殊性」，在光復後如何與祖國的社會與文化接軌？具體來說就是「如何中國化」的問題。尤其是臺灣「殖民地的歷史」的「特殊性」，不僅是國民黨官方出於「民族精神」、「民族意識」予以檢驗／收編，就是臺灣文化人基於重建臺灣文化的主體性，也自發地反省／清理臺灣文化的「殖民性」。這其中牽涉的是如何定位臺灣文學，如何重估殖民地時期的文學遺產，以及確立臺灣「文化主體性」的問題。

　　這些議題在光復後立即被關心臺灣文學發展的文化人所關心，但當時還沒有形成「特殊性」與「一般性」的問題意識，而是以「臺人奴化論」、「民族意識」與「語言隔閡」等等社會、文化性質的議題，出現在公共領域的討論中。二・二八事件無疑突顯了文化隔閡，加以國共內戰愈演愈烈的情勢，使文化人更迫切地意識到臺灣社會、文化「如何中國化」的問題。因此，除了「特殊性」的問題意識，又加入了「一般性」的問題意識，這也就觸及了臺灣與中國的社會性質異同的問題、臺灣文學與中國文學的關係、如何繼承日據時期與「五四」以來的文化資本，以及現階段臺灣文學的創作方法與方向的問題。表面上看起來是「臺灣」的社會與文學如何與「中國」的社會與文學融合的問題，背後卻有更迫切的現實問題，即國共內戰中兩條政治路線的鬥爭問題。回歸中國的臺灣，在政治、經濟、社會與文化層面，已無可避免地捲入這場內戰。二・二八事件後又因美國繼戰爭末期再度倡議臺灣「國際託管論」，使得臺灣因殖民地「歷史」而造成（相對於祖國）的「特殊性」問題，已不僅僅是「歷史」問題，而是直接面

對的「現實」問題。

首先探討二・二八事件前有關臺灣文學的性質與方向的文論展開過程，其中牽涉臺灣文學遺產的歷史回顧與評價，以及如何去殖民地化與重建臺灣文學的問題。下文討論的文獻，請參看（附錄表7-10）光復初期「臺灣新文學運動」的作品目錄。

臺灣光復後，透過兩岸文化人的交流，大陸的報刊也注意著臺灣的動向，尤其是與上海文壇也逐漸恢復了交流。戰後最早以「參與新中國的心理建設」的觀點反省「殖民地時期」文學的，是龍瑛宗的〈「建設」——文學〉一文；而最早提出臺灣文學「已進入建設期」的，卻是大陸的文化人范泉。他在一九四六年一月一日《新文學》的創刊號發表〈論臺灣文學〉[1]，因此而與臺灣文壇締結了不解之緣，是光復初期與「臺灣文學論述」發生過密切關係的大陸作家之一。[2]范泉在〈論臺灣文學〉一文中，對日據時期島田謹二〈臺灣文學的過去、現在和未來〉[3]以日本人的文學活動為主、將臺灣文學分為三期[4]，表

1　後改題為〈臺灣文學的回顧〉，署名姚群，轉載於《民權通訊社》第31號（1947年1月1日）。

2　范泉從抗戰時期主編《文藝春秋》開始，就相當關切臺灣的文藝發展的動向，跟從過臺籍學者張仲實學習日文，〈記臺灣的憤怒〉，「收集五十種以上論述臺灣以及臺灣文藝的日文期刊和書報」（文藝出版社，1947年3月6日），見范泉：《遙念臺灣》（臺北市：人間出版社，2000年），頁33。戰後初期范泉除了以編輯工作積極促進祖國對臺灣的瞭解，為兩岸文化交流費盡心思，個人也撰述文章介紹臺灣的作家、時事、戲劇、高山族傳說，分別投稿於《新文學》、《文匯報》、《星島日報》、《文藝叢刊》，共計十一篇。臺灣作家楊雲萍、龍瑛宗的作品也是他親自翻譯轉載於《文藝春秋》，又刊載了林曙光的作品，以及大陸赴臺作家歐坦生、歐陽予倩描寫臺灣的作品、文章共達十次十五篇之多，詳參橫地剛著，陸平舟譯：《南天之虹——把二・二八事件刻在版畫上的人》，頁119-129、橫地剛著，陳映真、吳魯鄂共譯：《范泉的臺灣認識——四十年代後期臺灣的文學狀況》，頁85-87。

3　島田謹二：〈臺灣文學的過去、現在和未來〉，《文藝臺灣》，1941年5月20日。

4　島田謹二的臺灣文學「三期說」：第一期是明治二十八年（1895年）到日俄戰爭的一九〇五年，日本國內對臺灣非常注意，這時期的文學是本島人的漢詩文家。第二期是一九〇五年到一九三〇年，日俄戰爭的結果，日本確保了「滿州」和朝鮮的權

示不滿。范泉指出：

> 他（島田謹二）把日本作家之居住在臺灣的，以及用臺灣的風
> 土人情作為小說題材的文藝作品，都搜集在他的論述範圍以
> 內。反之，他把本島人的文藝作品置於附錄的地位，這是令人
> 不滿意的地方。……臺灣文學的建立，以及臺灣文學的有生命
> 的新的創造，卻還是有待於臺灣本島作家們的努力。

　　范泉在批判島田謹二的觀察「不適當」後，肯定亞夫[5]「根據臺
灣本島作家的文學活動而劃分」的臺灣文學四期說，認為亞夫：「列
舉的材料也很豐富」、「完全側重在本島作家的創作，以及這些本島作
家們的活動」。亞夫的臺灣文學「四期說」，指出：第一期乃一九二四
年以前的未開拓期，臺灣文人都是弄花玩月的君子，作品以詩歌占大
部分，「卿卿我我」地吟誦得一片「烏煙瘴氣」。第二期是一九二四年
至一九三三年文學運動的醞釀期，受到大陸的胡適、陳獨秀諸人提倡
文學革命的刺激，臺灣也引起「臺灣新文學」的論爭。第三期是一九
三三年至一九三七年的文學運動的「本格化」（成熟）時期，以「臺
灣文藝協會」和「臺灣文藝聯盟」的文學活動進入活躍期。第四期是
一九三七年中日事變以來的日臺文化統一戰線的形成期，漢文欄被迫
停刊使白話文作家陷於休息狀態，日文創作被竭力提倡。范泉敘述島

利，決定大陸經營的國策，日本國民的目光也集中到北方。本島由於西洋風的思想
而喚起新文學的產生，中國的白話文運動漸漸抬頭，也影響到臺灣，在昭和初年，
出了幾種機關雜誌，這一派的主張裡，也分成「北京語」和「臺灣語」寫作的兩
派，他們的作品大抵出於模仿，優秀的作品是很少的。這一時期本島人對日語文感
到學習的興味。第三期是「九一八事變」（1931年）以後，日軍的南進使臺灣成為
發展南洋的基地。臺灣文化水平漸漸提高，本島人對於日語的運用也漸漸地增加。

5　亞夫的原文〈漫談臺灣文化〉，見上海《申報月刊》（復刊號）（1943年1月16日），
　　頁87-92。亞夫身份目前不可考。

田謹二與亞夫對臺灣文學的分期差異後，提出他自己的分期，認為戰前的臺灣文學「始終在它的草創時期」：「半個世紀以來的臺灣文學，完全陷於形式的蛻變過程中……這種蛻變是由於政治和社會的變革，所以臺灣文學的劃分必須同時顧到政治和社會的變革」。范泉對此「草創時期」，又以一九三七年禁止使用漢文為界，認為一九三七年以前臺灣文學是受了「中國新文學運動的影響」，在「學習並模擬了中國文學的形式和內容」的基礎上發展起來的，但是「在政治革命的企圖完全絕望以後，以及日本的文化侵略不斷在臺灣有力的展開以後」，「分出一部分的精力來接收另一種表現形式」。然而一九三七年「中日事變把臺灣文學的發展路線又予以主觀地改變」，在「日語的一元化運動下」，「消滅了漢文的創作……這無異消滅了臺灣文學力量的一半，削弱了臺灣文學一貫的創造力」。臺灣文學經過這次重大的挫折，走向被政治因素支配的方向。「雖然表現形式有了變革，但是形式不能決定內容，臺灣文學依然深受中國文學的影響」，「臺灣作家的作品，凡是描寫到臺灣農村以及臺灣民俗的時候，他們總是透露中國農村和中國民俗的影子」。范泉指出戰前的臺灣文學，歷經了一九二四年至一九三七年的「中國文學的共鳴階段」，以及一九三七年以後的「表現形式的改造階段」，光復後的臺灣文學已進入「建設期」：

> 重入祖國懷抱的臺灣文學，將隨時光的教養而把自己融合到母土的文學的燦爛潮流裡。臺灣文學已堂堂進入燦爛輝煌的建設期。而且我們可以預言，正像中國的新文學一樣，建設期的臺灣文學會很迅速超越，用急切的步伐走過歐洲文藝思潮所經歷的各個階段，而進入完成的時期，和母土乃至世界文學並列的時期。

雖然范泉認為「臺灣文學始終是中國文學的一個支流」，但並不

因此抹殺臺灣文化的「主體性」，他認為完成期的臺灣文學是「純粹臺灣氣派的臺灣文學，純粹具有臺灣作風和臺灣個性的臺灣文學的產生，不是過去，也不是現在，而是在不久的將來」，並指出要立刻改變文藝思潮的方向是不可能的，「我們必須等待足以改變方向的客觀條件的具備，而且也只能待於它自然的變革，人力的武斷式的支配只能改變他一部分的性質」。

范泉的〈論臺灣文學〉透過黃榮燦在臺灣傳播，得到臺灣作家的迴響。范泉回憶中指出日後即不斷收到臺灣作家的來信，其中有楊雲萍託人送來詩集《山河》，楊逵也寄了他剛出版的《鵝媽媽要出嫁》，並簽了字。[6]這篇〈論臺灣文學〉之所以得到臺灣作家的迴響，乃在於范泉對臺灣日據時期文學遺產的論評，能尊重臺灣文學的主體性。然而，因范泉對臺灣文學的成就評價過低，楊雲萍、楊逵把作品贈予范泉，多少也有向國內文化界表達應對臺灣殖民地時期的文化遺產予以「肯定」的用意。由於范泉是透過日據末期臺灣的雜誌，根據橫地剛的考察：「終歸只是日本統治宣傳範圍內的東西。」[7]范泉僅以在上海淪陷區想像臺灣的抗日文學，因為戰爭經驗與文化養成的「習性」差異，導致范泉低估臺灣文學遺產的成就。但由於范泉始終注意著臺灣的變化，二‧二八事件以後，他借由刊出〈楊雲萍——記一個臺灣作家〉，評價楊雲萍的詩，訴說了「臺灣平民的心聲」。[8]又在〈記楊逵——一個臺灣作家的失蹤〉中，指出楊逵「並不曾被任何人御用，也沒有為軍閥的侵略政策宣傳」，「開闢臺灣的革命文學的道路」。[9]《臺灣新生報‧橋》副刊論爭期間，范泉又在其主編的《文藝春秋》

6　橫地剛著，陸平舟譯：《南天之虹——把二‧二八事件刻在版畫上的人》，頁120。

7　橫地剛著，陳映真、吳魯鄂共譯：《范泉的臺灣認識——四十年代後期臺灣的文學狀況》，頁96。

8　上海《文匯報》「筆會」副刊，1947年3月7日。

9　《文藝叢刊》第一輯《腳印》，1947年10月。

上刊出林曙光的〈臺灣的作家們〉（1948年10月15日），「傳達了《新生報・橋》副刊上的論爭所獲得的成果」，[10]有意彌補他在〈論臺灣文學〉中對日據時期臺灣文學評價過低的論點。

范泉的〈論臺灣文學〉發表後，當時尚在大陸的賴明弘（二十世紀三十年代臺灣話文論戰時力主以中國白話文派的一員），隨即在《新文學》第二期發表了〈重見祖國之日——臺灣文學今後前進的目標〉予以回應。賴明弘贊同亞夫的論證，強調臺灣文學起源於中國文學革命的影響、「臺灣文學的主流」是「臺灣人自己的文學運動」，雖經「日寇嚴格的截斷，但是貫穿文化思想的民族精神之火把，終熊熊地被繼承」。賴明弘同時也贊同范泉的「臺灣文學是中國文學的一環」的說法；唯獨范泉評估日據時期的文學始終在「草創的時期」，「成就是談不上的」，對此，賴明弘以肯定亞夫的「四期說」，表示異議。賴明弘標舉他自己在二十世紀三十年代「臺灣鄉土文學論爭」中，如何力主堅持中國白話文的理由；對於「文學成就」，他列舉賴和以來的優秀作家，表明無論中文或日文的表現形式都有佳作。賴明弘也承認臺灣文學的「特殊性」：「五十年來的特殊環境，造成很多特殊的狀態，因其重重的壓迫下，文學自身所展開的步驟不免緩慢，雖有相當可觀，但還不能趕上祖國新文學的最高水平，臺灣文學的偉大成就，當待於將來。」賴明弘特別聲明臺灣作家透過日文的翻譯或自原文閱讀，比較有機會「接觸及攝取英、法、蘇等國的文學傑作」，對臺灣作家攝取世界文化充滿自信。賴明弘進一步指出勝利後中國文學與臺灣文學的目標是「寫實主義的大眾文學」，首度在戰後標舉了現實主義的創作方向與美學形式。賴明弘也指出：為了密切連結「祖國」與臺灣文化思想以及兩岸作品的交流，應設立「滬臺文化聯誼會」。日後在臺灣文化場域活動的有識之士，基本上就是以「寫實主

---

10 橫地剛著，陳映真、吳魯鄂共譯：《范泉的臺灣認識——四十年代後期臺灣的文學狀況》，頁90。

義的大眾文學」的美學理念與「兩岸文化交流」的行動準則，作為他
們的實踐邏輯。

　　范泉的〈論臺灣文學〉提醒了臺灣文化人，讓大陸文化人瞭解臺
灣文學遺產的必要性。二・二八事件前，省籍作家楊逵、楊雲萍、巴
特（歐陽明）、王白淵，又各自對臺灣文學的歷史遺產做了補充。

　　楊逵的〈台湾新文学停頓の檢討〉（〈臺灣新文學停頓的檢討〉）
發表在他主編的《和平日報・新文學》的第三期（1946年5月24日），
回應了《和平日報・新文學》第一期樓憲、張禹（王思翔）的〈一個
開始・一個結束〉（1947年5月10日）。樓憲、張禹提出要以「民主主
義」，對受日本帝國主義五十年殖民統治的文化遺產進行清理的呼
籲，以迎接「人民的世紀」：

> 　　屹立在這不幸的土地上的作家，和通過日帝主義者的毒手的優
> 秀作品，已經為臺灣文學寫上一點光榮的傳統，但更多的作者
> 和著作，因受過重的壓迫，不免有若干歪曲，也是事實，（雖
> 然對於他們是應該寄予同情的），在今天，來一次全面的嚴格
> 的清算，來一次深刻的反省，是有意義的事……
> 因此新的臺灣文學，將從這總的清算與自我批判裡得到新文學
> 的良好基礎……從今以後，文學者必須有一個深切的理解，公
> 然的歸依於民主主義，在寫作的實踐中，必須到人民中去，寫
> 出人民的思想，寫出人民所能接受的作品。[11]

　　文中並提出以「現實主義」作為新文學的武器，呼籲組成「文學
工作者的組織，文藝青年的組織與培養」。這樣的呼籲立刻得到主編
楊逵的響應。

11　《和平日報・新文學》，1946年5月10日。

　　楊逵〈台湾新文学停頓の檢討〉（〈臺灣新文學停頓的檢討〉）首先回顧臺灣新文學的歷史，是在五四新文化運動的洪流下展開的第一波新文學運動。第二波則是一九三四年臺灣文藝聯盟的組成，團結全島的文藝工作者，發行機關刊物《臺灣文藝》，與同時期楊逵創辦的《臺灣新文學》，都正視著殖民地臺灣的現實，卻在七七事變前夕被粉碎，白話文遭到強權壓制。於是第三波以日人所期望的日文侵入總督府的雜誌《臺灣文學》，揭發並諷刺他們所謂「一視同仁」和「東亞共榮」的本質。但光復後，卻虛度了漫長的九個月，一切都停頓下來，文學亦然，連該紀念的五四運動也毫無表示。楊逵呼應王思翔等人提出的文藝組織，認為文藝工作者必須自主團結，成立民主團體，應學習中國已有的「文聯」組織，全國的文藝工作者團結工作。臺灣本身應先團結一致，進而和全國的組織「文聯」匯合。[12]

　　楊雲萍在《臺灣文化》的創刊號上，發表〈臺灣新文學運動的回顧〉[13]，這篇文章是一九四〇年被日本政府禁刊的李獻璋所編的《臺灣小說選》的序文的一部分。文章開頭即說：

> 現在，似是已被忘掉了的。可是臺灣也曾經有過一番熱烈真摯的新文學運動。……
>
> 把結論先提示吧，臺灣的新文學運動，是受了中國新文學的運動與成就所影響，所促進，雖然臺灣當時還在日本的統治下。只是當然要保持了多少的臺灣的特色。

　　文中詳論了臺灣新文學的起源「新舊文學論爭」的過程，並簡單述及二十世紀三十年代文學刊物與活動躍進的「深化期」，因一九三七年六月的廢止「漢文欄」而告一個段落。

---

12 《和平日報・新文學》，1946年5月24日。

13 楊雲萍：〈臺灣新文學運動的回顧〉，《臺灣文化》創刊號（1946年9月15日）。

巴特（歐陽明）[14]的〈臺灣新文學的建設〉發表在《人民導報‧藝文》副刊，文章開宗明義提到：

> 在今天，來探討臺灣新文學的建設問題，是有著新的歷史性與現實性的。這問題，在今後中國新文學運動中也將是一部分的問題。這問題的提出，自然包括了對於過去臺灣文學的批評。

歐陽明評價臺灣文學的歷史，則指出：「臺灣反日民族解放運動使臺灣文學急遽的走上了嶄新道路。它的目標是要求『民主』與『科學』。這目標正與中國革命的歷史任務不謀而合地取得一致。」臺灣新文學「受到祖國新文學運動的影響，因而以新文學革命的姿態去批評揚棄過了時的臺灣舊的民族文學，加以新的發展」，是「一個臺灣的『五四新文學運動』」。

王白淵發表在《（青年）自由報》上的〈一年來文化界的回顧〉（1947年1月1日），回顧臺灣文學的歷史，說道：「在五四運動以後，臺灣就有民族文學的產生，此間已經有不少傑出的作家。民國十五年前後，臺灣的文學，由中文而轉入日文，更進一步深入大眾，從狹小的民族主義演進到帶世界性的文學。」期間一直到日本投降前一兩年，臺灣有過三個文學團體的組織：東京的臺灣藝術研究會、臺灣文

---

14 對照巴特，〈臺灣新文學的建設〉（《人民導報‧藝文》副刊，1946年12月1日、12月8日）與後來署名歐陽明發表的：〈臺灣新文學的建設〉（《臺灣新生報‧橋》1947年11月7日）以及〈論臺灣新文學運動〉（《南方周報》創刊號，1947年12月21日），明顯看出後面兩篇是巴特一文的擴充。根據橫地剛的考察，巴特、歐陽明很可能是賴明弘，一是因為巴特在《人民導報》發表文章時，與賴明弘經呂赫若推薦進報社時間重疊。另外，巴特、歐陽明的文章都大量引用了賴明弘：〈重見祖國之日──臺灣文學今後前進的目標〉一文的內容。因無其他直接證據，僅提供讀者參考橫地剛著，陳映真、吳魯鄂共譯：《范泉的臺灣認識──四十年代後期臺灣的文學狀況》，頁126。但從上下文脈絡，對臺灣文學的發展知之甚詳，可以確定歐陽明是臺灣人。

藝協會與臺灣文學社,「均帶有濃厚的民族主義與革命性,而不斷和日本帝國主義,在思想上和文學上鬥爭過來」。但光復後,相對於美術、音樂與演劇的活絡,臺灣文學「竟是這樣死氣沉沉」。

　　綜觀上述,從范泉到王白淵對「臺灣文學」的歷史「定位」的討論,可以看到其中的共識是:第一,「臺灣新文學運動起源受到五四運動的影響」。第二,「臺灣文學是中國文學的一環」。第三,「臺灣文學是臺灣人自己的文學運動」。第四,「臺灣文學並沒有屈服於日本的統治及『表現形式』的蛻變,始終貫串著民族精神」[15]。然而,對於過去臺灣文學遺產的「成就」,顯然兩岸文化人因為「位置」與「習性」的差異,雙方人士之間彼此對臺灣文學的認識與評價是有落差的。二‧二八事件以前,只有在上海的范泉意識到這個問題,所以此一議題暫時被擱置。

　　國民政府對二‧二八事件的處置,一面以軍隊鎮壓。省主席魏道明五月上任之後,一面又以「文化懷柔」的方式,企圖讓文化人「說話」,以顯示其自由作風。然而,整個文化場域經過三月的鎮壓,許多報社、雜誌社遭到封閉的整肅,二‧二八事件以前民間媒體的社會批判性已不復存。二‧二八事件以後的文藝園地,大多依附在官辦報紙,例如:延續二‧二八事件以前的副刊只有《中華日報》的《海風》與「新文藝」副刊,新創刊的有:《新生報》的《文藝》(1947年5月4日-1947年7月30日,共13期)與《臺灣新生報‧橋》(1947年8月1日-1949年4月11日,共223期)副刊;《國聲報》的《南光》副刊(1947年4月1日-1948年9月19日,共132期[16]),民間自行創辦的則是

15　此一論點參見橫地剛:〈范泉的臺灣認識〉(《范泉的臺灣認識──四十年代後期臺灣的文學狀況》,頁111),但筆者探討的篇章稍有不同。橫地剛把二‧二八以後的篇章納入一起討論。筆者則以為二‧二八以後逐漸形成臺灣文學的「特殊性」與「一般性」的問題意識,從而開啟《臺灣新生報‧橋》副刊的論爭。

16　無法確定《國聲報》的「南光」是否只有筆者掌握的這一百三十二期(曾健民先生提供,謹此致謝)。

《公論報》的《日月潭》副刊（1947年10月25日-1949年12月30日，共458期）、《文藝》週刊[17]（1949年9月12日-12月26日，共15期）。另有承繼二・二八事件以前在臺中的《和平日報》，原來廠房設備開辦的《臺灣力行報》，分別創刊了《力行》與《新文藝》副刊，前者推測由金華智主編[18]，後者則由楊逵繼續擔綱。《臺灣新生報・橋》與《力行報・力行》兩個副刊，是二・二八事件以後較具社會主義批判性風貌的副刊。

　　二・二八事件後，官民之間奪取文化生產的支配權的鬥爭愈演愈烈，但因為「綏靖清鄉」的緣故，本省知識分子基本上是採取「緘默」的方式，作為一種沉默的抵抗。魏道明省府面對這樣的「沉默」，感到了民間社會力採取不合作的「抗議」，一再鼓勵民間「說話」。[19]三月鎮壓後的「五四」文藝節，由外省作家江默流、何欣、夢周、沈明[20]分別在《中華日報・新文藝》與《臺灣新生報・文藝》兩

17　《公論報・文藝》副刊由江森（何欣）主編，何欣之前曾經在《新生報・文藝》副刊鼓吹學習「五四精神」與「臺灣新文學運動」，但到了《公論報》僅能傾向介紹文藝理論與世界作家、作品介紹，可視為戰後臺灣引進西方「現代派」最早的開始。

18　請參考本書第二章第二節。

19　楊雲萍在二・二八以後復刊的《臺灣文化》《近事雜記（六）》（1947年8月1日）中指出：「聽說，魏主席在參議會，說他『不怕人家說話，只怕人家不說話』。這些話是說的不錯，不過問題卻不是在『說話』和『不說話』，而是在『說什麼話』和『不說什麼話』，譬如沒有『建設性』的話，或是阿好貢諛的話，雖是『話』，卻不得不有怕之。現在本省的所謂言論機關的大部分的『性質』，聰明的魏主席，一定審之詳矣。我們似無須什麼的必要，只是『怕人家不說話』的魏主席，或有時要感覺一些寂寞罷。」

20　根據朱雙一的調查：夢周，即楊夢周，原名楊思鐸，又有小名永和，筆名雲泥、鵬圖、虹光、何人等。一九二四年生，福建省晉江縣（現晉江市）羅山鎮後洋村人。一九四六年初受族親楊鏡波邀請赴臺。當時夢周和國語推行委員會主任何容的兒子、主編「文藝」副刊的何欣頗有一段交情。據大陸學者朱雙一的採訪，夢周指出何欣主編的「文藝」另一個重要作者沈明，就是暨南大學畢業生、當時在臺北和平中學任教的金堯如。金堯如隸屬於閩西南黨組織（共產黨在福建的三大組織系統之一）的臺灣工作委員會（張連為領導人，當時任教於臺中中學），當時以「沈明」

個副刊，帶動「臺灣新文化運動」。針對外省作家江默流與夢周認為臺灣是「文藝的處女地」[21]，省籍作家王錦江（王詩琅）、毓文（廖毓文）出面闡述臺灣文學的歷史，羅列「優秀的作品」予以回應，並詳述臺灣作家保持「緘默」的理由，呼籲省籍作家「打破緘默」。兩岸文化人對「臺灣文學」評價的差異，顯示雙方的隔閡與歧見。三月開始的清鄉，導致二‧二八事件以前一度在臺灣文化場域活躍的一些省內、外文化人，枉死的枉死，下獄的下獄，僥倖逃過一劫的則西渡大陸避難。一九四七年五月四日，官民之間爭相紀念「五四」，重新打開了文化界「緘默」、「沈寂」的僵局，[22]也再度打開兩岸的「文化交流」。但活躍在臺灣文化場域的省內外人士，已經不是二‧二八事件前的「同一批人」，尤其是（如本書第三章所探討的）由「左」傾文化人主導的民間自主性文化場域全數潰散。從《中華日報‧新文藝》、《臺灣新生報‧文藝》、《臺灣新生報‧橋》副刊參與「重建臺灣新文學」議論的外省文化人，除了雷石榆、夢周、揚風，其餘大都是新面孔。此一人脈背景足以讓吾人理解：為何外省作家表現出對臺灣

為筆名在「文藝」副刊上發表了《展開臺灣新文藝運動》、《我們要這樣的新文藝》等文章，或可視之為稍後《臺灣新生報‧橋》副刊上的那場大論爭的前奏。夢周與金堯如曾於一九四七年九月南下新營的台糖中學教書。夢周受到已升任《中華日報》副總編輯的蘇任予的提攜，擔任該報駐新營的特約記者。一九四八年夏天，當局派人到新營中學來抓捕金堯如，堯如在夢周等人的協助下逃脫。學年結束後，離開了新營台糖中學，隨即離開臺灣到了香港。見朱雙一：〈尋找夢周——一位在光復初期臺灣文壇留下深深足跡的作家〉，《人間思想與創作叢刊：爪痕與文學》（臺北市：人間出版社，2004年），頁163-166。

21 有關江默流、何欣、夢周、沈明分別在《中華日報》的「新文藝」與《新生報》的「文藝」副刊上帶動「臺灣新文化運動」的討論，請參看許詩萱：《戰後初期（1945.8-1949.12）臺灣文學的重建——以〈臺灣新生報‧橋〉副刊為主要探討對象》，頁65-69；橫地剛：《范泉的臺灣認識：四十年代後期臺灣的文學狀況》，頁114-116。

22 橫地剛著，金培懿譯：〈一九四七年的「五四」文藝節——「緘默」如何被打破〉，黃俊傑編：《光復初期的臺灣思想與文化的轉型》。

新文學歷史遺產的無知。換言之，光復後到二·二八事件期間，兩岸文化人之間透過自主性文化場域所從事的一切文化交流的工作，因為二·二八事件，幾乎前功盡棄。而二·二八事件以後有關「臺灣新文學」的議論，也就產生了泯除彼此的隔閡與歧見，並進一步形成「文化統一陣線」的「迫切性」。

一九四七年年底，歐陽明在《臺灣新生報·橋》副刊與《南方週報》的創刊號發表的〈臺灣新文學的建設〉（1947年11月7日）與〈論臺灣新文學運動〉（1947年12月21日），乃前述發表在《人民導報》上〈臺灣新文學的建設〉（1946年12月1日、12月8日）一文的再擴充，整合了二·二八事件以前臺灣作家，包括賴明弘、楊雲萍、王白淵以及上述「文藝」副刊上王錦江、毓文的論點，「為兩岸文學者能在同一個平臺活動構築了基礎」[23]

一九四八年二月，許壽裳被殺事件，並未使兩岸文化人因此膽怯，反而促使了兩岸作家意識到結成「文化統一陣線」的必要性。三月底，緣於楊逵給歌雷寫了一封信，使歌雷邀請楊逵出面號召「臺灣新文學運動」的座談會，開啟了《臺灣新生報·橋》副刊的論爭。[24]

---

23 橫地剛著，陳映真、吳魯鄂共譯：《范泉的臺灣認識──四十年代後期臺灣的文學狀況》，頁116。

24 朱實在〈展望光復以來的臺灣文學〉中說：「到了去年五月（案：應該是三月），本省著名的人民作家楊逵先生給新生報副刊『橋』的主編歌雷先生的一封信為導火線，終而打破沈寂已久的臺灣文壇的空氣，惹起所謂『臺灣新文學運動』，而在『橋』展開了有一個不算短時間的轟轟烈烈的筆戰，給臺灣文運不少啟示。」（《龍安文藝》叢刊第一輯，1949年5月2日）另外，酩青（葉石濤），〈光復以來的臺灣文藝界〉（《今日臺灣》第七輯1949年9月1日）也有相同的表示。根據歌雷在《臺灣新生報·橋》1948年3月3日〈編者作者讀者〉，刊出孫達人倡議『茶會』的來信，日後又多次在〈編者作者讀者〉為籌備茶會刊出各方通訊（3月12日、3月17日、3月22日、3月24日、3月26日）。孫達人即翻譯楊逵的〈如何重建臺灣新文學〉（1948年3月29日）的外省青年作家，因此筆者判斷〈如何重建臺灣新文學〉此文即楊逵給歌雷的信，歌雷建議楊逵再以日文補充〔〈編者作者讀者〉（《臺灣新生報·橋》1948年3月15日）〕，由孫達人根據中、日文的論稿譯成〈如何重建臺灣新文學〉。見

形成省內、外作家熱烈的「文學運動」。

　　對於光復後臺灣文學停滯的現象，二・二八事件以前楊逵曾在前述〈台湾新文学停頓の検討〉（〈臺灣新文學停頓的檢討〉）[25]中，檢討光復後臺灣文學停頓的因素，並提出改善的解決之道。第一，針對光復後林紫貴的臺灣文藝社「包辦主義」、「包而不辦」的惡習提出強烈的批評，呼籲臺人打破「恨其人及其物」的觀念，民眾由下而上爭取保障言論、集會、出版、結社的自由。第二，語言問題，五十年的「日本化」政策，雖無法消滅我們的語言，卻遺留下很大的混亂，今後的「人民文學」，務求真正的文、言一致，但文學活動不能停滯，過渡期應成立翻譯機構。第三，缺乏發表的園地，要創造以大眾的支持為基礎、公正不偏的文學園地。第四，缺乏文化交流，日本極力阻礙中國大陸與島內的文化交流，為彌補這個鴻溝，必須努力於作家、刊物與作品的交流。而這些問題正是構成《臺灣新生報・橋》副刊討論「重建臺灣文學」時，必須在「中國文學」之外，另為「臺灣文學」的正名，構成臺灣文學「特殊性」的理由。楊逵不受三月清鄉的影響，仍舊朝此建立「人民文學」、促進兩岸文化交流的目標前進。

　　兩岸的「文化交流」，一直是有識之士自發地依靠民間的力量積極推展的工作。光復後，臺灣與大陸文化界的聯繫，二・二八事件以前主要是與上海文化界的聯繫。這裡借由橫地剛的研究，簡單說明二・二八事件以前臺灣與上海文化界的聯繫。橫地剛在《南天之虹——把二・二八事件刻在版畫上的人》一書，曾詳細考證了透過陳烟橋與黃榮燦，促成了楊雲萍主編的《臺灣文化》與上海范泉主編的

　　孫達人的〈譯者後記〉（《臺灣新生報・橋》1948年3月29日）。楊逵：〈現實教我們需要一次嚷〉（《中華日報・海風》1948年6月27日），也提到「這次關於『如何建設臺灣新文學』的討論是我提起的」。

25 楊逵：〈台湾新文学停頓の検討〉（〈臺灣新文學停頓的檢討〉），《和平報・新文藝》，1946年5月17日。

《文藝春秋》合作，兩個刊物有三次同步登載作品文章。[26]《文藝春秋》還刊載臺灣作家龍瑛宗、楊雲萍、林曙光的作品，以及赴臺作家歐坦生、歐陽予倩的作品、文章，共達十次十五篇之多。臺灣發生二·二八事件時，《文藝春秋》主編范泉也馬上在《記臺灣的憤怒》[27]寫下：「對於這樣一塊富有歷史意義和民族意識的土地，我們應當用怎樣的熱忱去處理呢？是不是我們要用統治殖民地的手法統治臺灣？是不是我們可以不顧臺灣同胞的仇視和憎恨，而拱手再把臺灣送到第二個異族統治者的手裡呢？」表現他與臺灣民眾站在同一陣線，對當局「用統治殖民地的手法統治臺灣」，予以同聲譴責的立場。同時，在他編輯的《文匯報》上翻譯了楊雲萍日據下的《山河》詩集中的六首詩，要「對於臺灣文學還很生疏的中國讀者」，認識楊雲萍的詩篇，「這應該是一聲臺灣平民的抑鬱的然而卻是憤怒的吶喊，這應該是一種把半個世紀葬送在被侮辱與被傷害裡的反抗的呼聲」（〈楊雲萍——記一個臺灣作家〉[28]。范泉在聽說楊逵被捕的消息後，隨即寫下〈記楊逵——一個臺灣作家的失蹤〉[29]，對一個從未謀面而理念相同的作家安危寄予深深的繫念。一九四七年七月，《文藝春秋》不但在臺北中山北路設立總銷售店，次年三月出版該雜誌的永祥印書館，

---

26 陳烟橋：《魯迅先生與中國新興木刻藝術》《臺灣文化》第1卷第2期（1946年11月1日），改題為〈魯迅與中國新木刻〉以及〈魯迅怎樣指導青年木刻家〉分別刊載於《文藝春秋》第2卷第4期（1946年3月15日）、《文藝春秋》第3卷第4期（1946年10月15日）。李何林：〈讀〈魯迅書簡〉〉，《臺灣文化》第2卷第2期（1947年2月5日）與《文藝春秋叢刊》第1卷第2期同時發表。黎烈文的〈梅里美及其作品〉（上）《臺灣文化》第2卷第8期（1947年11月1日），改題為《梅里美評傳》，載於《文藝春秋》第5卷第5期同時發表。見橫地剛著，陸平舟譯：《南天之虹——把二·二八事件刻在版畫上的人》，頁127-128。

27 范泉：《記臺灣的憤怒》（文藝出版社，1947年3月6日）。

28 上海《文匯報·筆會》副刊，1947年3月7日。

29 《文藝叢刊》第1輯《腳印》，1947年10月。

又在館前街設立臺灣分館，積極於兩岸文化交流的工作。[30]

　　橫地剛又考察了上海代表民主黨派的《文匯報》，從一九四五年八月十八日復刊，到一九四七年五月二十五日被迫停刊，遷移至香港，發行期間共刊載了六十幾篇，有關臺灣的政、經、社會與文化的評論與報導，其中可考的撰稿作家，包括赴臺文化人，如索非（巴金、柯靈好友）、黃英（鳳炎、周夢江）、馬瑞籌（《大明報》幹部、《人民導報》創始人之一，後出任《文匯報》總編）、揚風[31]。另外，黃榮燦的版畫《恐怖的檢查——臺灣二‧二八事件》就是刊載在《文匯報》，大陸作家則有文聯社的葉以群[32]，和民主同盟的論客楊奎章。尤其，在二‧二八事件爆發後，聲援臺灣民主改革要求的文章就高達三十幾篇。[33]

　　不僅是大陸文化界關心著臺灣的動向，臺灣文化界也積極報導大陸文壇的動向。楊逵曾於《和平日報‧新文學》的第一期（1946年5月10日），刊登了前一年十二月在上海成立的〈中華全國文藝協會上海分會成立宣言〉，宣言表示：「願在這『人民的世紀』裡……為中國人民的自由、幸福而奮鬥……以至誠督促政府開放言論，出版的自

---

30 橫地剛著，陸平舟譯：《南天之虹——把二‧二八事件刻在版畫上的人》，頁119-129。

31 揚風，本名楊靜明，原籍四川，又有筆名楊風，曾擔任宜蘭農工學校教員（黃惠禎：《左翼批判精神的鍛接：四〇年代楊逵文學與思想的歷史研究》），《臺灣新生報‧橋》副刊論爭作家之一。

32 葉以群，東京左聯成員之一，「光復初期」有三篇文章在臺灣的「副刊」轉載，包括：〈到民間去〉，《和平日報‧新世紀》，1946年5月6日；〈舊傳統的改造，新作風の確立〉（〈舊傳統的改造，新作風的確立〉），白英譯，《臺灣新生報‧橋》，1946年5月28日），轉載自《文哨》第1卷第1期，1945年5月4日〕；〈新民主運動と文芸〉（〈新民主運動與文藝〉）（上、下），《中華日報‧文化》1946年10月3-4日，轉載自〈新民主運動中的文藝工作〉，《文聯》第1卷第3期，1946年2月5日。

33 橫地剛著，陸平舟譯：《南天之虹——把二‧二八事件刻在版畫上的人》，頁221、266。

由」；第二期又刊登了「全國文協」[34]前身「中華全國文藝界抗敵協會總會」的《慰問上海文藝界書》與上海文藝界的《覆書》。光復後，在臺灣揭載「全國文協」動態的，楊逵並非首例，一九四六年一月二十一日黃榮燦主編的《人民導報・南虹》副刊，就曾刊出〈上海文協分會向總會與全國文藝作家致敬〉，同時以《簡略的介紹「文協」》、〈上海的「文藝復興」〉，分別介紹「全國文協」抗日統一戰線的歷史任務，以及「上海文協分會」的成立經過。龍瑛宗也曾兩度提到「上海文協」紀念高爾基與魯迅兩位大文豪逝世十周年的活動[35]。《人民導報・南虹》上不時出現的「文化情報」、「文藝消息」，與《臺灣文化》每一期的「文化動態」，都一再報導大陸文壇的消息。顯示兩岸文化人泯除文化「隔閡」，積極從事兩岸「文化交流」的用心。二・二八事件後，歌雷主編《臺灣新生報・橋》副刊的用意也在於此。

國民黨特務對「異議分子」的壓迫，從一九四六年二月「政協會議」後，發生國民黨特務毆打民主人士李公樸、郭沫若的「較場口事件」；六月又發生馬敍倫等率領的「反內戰要和平」請願代表團體，在南京被特務圍毆的「下關慘案」，驚動全國。七月昆明發生「李（公樸）、聞（一多）慘案」，更引起文藝界的憤慨，在臺灣的龍瑛宗也為之慨嘆。一九四七年，因紀念五四而引發全國性的「五二○」學

---

34 「文協」全名「中華全國文藝協會」，前身是「中華全國文藝界抗敵協會」，為抗戰時期團結文藝界抗日力量的全國性組織，一九三八年三月二十七日成立於漢口，八月遷往重慶。勝利後，一九四五年十月改為「中華全國文藝（界）協會」，一九四六年由重慶轉往上海「復員」。一九四五年十二月成立的「中華全國文藝協會上海分會」於是成為總會。在國、共內戰期間以「為人民大眾服務，實現和平民主的要求」為基本原則。一九四九年七月，作為發起團體之一，參與召開中華全國文學藝術工作者大會（第一次文代會），見陳耀東、孫黨伯、唐達暉：《中國現代文學大辭典》，頁475。

35 見〈中国文学的動向〉與〈中国近代文学の始祖──魯迅逝世十週年記念日に際して〉（〈中国近代文學的始祖──魯迅逝世十周年紀念日〉），《中華日報》「文化」副刊，1946年8月16日、1946年10月19日。

潮，國民黨頒布「維持社會臨時法」，予以流血鎮壓。在一連串國民
黨對異議分子的整肅事件，「中華全國文藝（界）協會」的行動始終
站在當局的對立面爭取民主、自由，屢屢讓周恩來代表共產黨參與他
們的各項活動，如一九四六年十月四日「李聞追悼會」上，鄧穎超朗
誦了周恩來的親筆追悼詞，十月十九日「紀念魯迅逝世十週年紀念
會」，周恩來也全程參與。一九四七年，因紀念五四而爆發的「五二
○」學潮在全國蔓延之際，毛澤東在一九四七年五月三十日在《新華
社》發表〈蔣介石已處在全民的包圍中〉，提出「第二條戰線」說，
指出：「國統區偉大的正義的學生運動和蔣介石反動政府之間的尖銳
鬥爭，是『第二條戰線』。隨即協助因戒嚴令的頒布而生命遭受威脅
的文化人南下香港避難」，[36] 顯現了共產黨積極爭取與文化界互相支持
的文化政策。「全國文協」組織的政治傾向，也如同「民主同盟」等
「中間派」一樣，在國共內戰期間逐漸傾向支持共產黨。光復初期黃
榮燦、楊逵、龍瑛宗積極報導「全國文協」的活動用意，乃在於希望
臺灣文化界能效法「全國文協」統一戰線的精神，文化人加強合作，
並與「全國文協」取得聯繫，實踐和平建國的使命。

　　《臺灣新生報・橋》副刊於一九四八年三月二十八日，舉行第一
次作者茶會，楊逵提出了「作者應到人民中間去觀察，本省外省作者
應加強聯繫」，依舊是二・二八事件前賴明弘、楊逵、歐陽明所提舉
的，「現實主義的大眾文學」與「兩岸文化交流」的兩項「行動」原
則。楊逵在《臺灣新生報・橋》副刊上帶動議論的〈如何重建臺灣新
文學〉（1948年3月29日），曾引述了范泉〈論臺灣文學〉的觀點：「現
在的臺灣文學，則已進入建設期的開端，臺灣文學站在中國文學的一
個部位，盡了他最大的努力，發揮中國文學的古有傳統，從而建立新
時代和新社會所需要的，屬於中國文學的臺灣文學。」楊逵此一引述

---

36 金炳華主編：《上海文化界奮戰在「第二條戰線上」史料集》，頁5-41。

隱含了泯除兩岸作家對臺灣文學的歧見的用心。

　　一九四八年四月四日，《臺灣新生報・橋》第二次舉辦的座談會，楊逵率先拋出了臺灣文學的「特殊性」與「一般性」的議題。[37]他在回顧臺灣新文學的歷史與成就後，指出「特殊性倒是在語言上的問題，在思想上的『反帝反封建與民主科學』這一點，與國內卻無二致」；並指出臺灣文藝的「消沈之風」，是「政治條件與政治的變動，致使作者感到不安威脅與恐懼。寫作空間受到限制」。楊逵關於臺灣的「特殊性」觸及了日本殖民統治造成的語文隔閡，以及光復後國民黨的政治高壓造成的心理恐懼，但認為在「反帝反封建與民主科學」的思想鬥爭歷程，臺灣與大陸有其「一般性」。

　　接續楊逵的論點，主編歌雷針對語文的「特殊性」指出：因日本五十一年殖民的統治，使文學語言滲進日本語文，停留在五四時期的白話語文，又夾雜閩南口語，形成詞彙混雜的現象；而思想感情上，「帶有濃厚的個人的傷感主義與低沈的氣氛」，缺少創作的活潑性與豐富性，卻因抗日的民族意識「保有民間形式與現實性」。歌雷認為「臺灣新文學在今日的現狀中所保有的特殊性，在未來新文學發展上要經過『揚棄』的過程，有的要極力追求新的道路與改進，有的則要對於原有的傳統與精神應保有與發揚」，他舉語文的例子說：「今日國內文學上語文的運用與臺灣特有的語彙的融合，這種融合過程是本省與外省文藝工作者在文字上的相互學習和創造，而不是單方面的要求普及。」

　　陳大禹認為臺灣文學的「特殊性」，在於「語文傳達技術的表

---

37 據歌雷：〈編者作者讀者〉（《臺灣新生報・橋》，1948年4月2日）指出：第二次作者茶會由「楊逵、孫達人、陳大禹、吳瀛濤負責，經負責人的討論決定這次論題為『如何建立臺灣新文學』，一、過去臺灣文學運動的回顧。二、臺灣文學有無特殊性？三、今日臺灣文學的現狀，及其應有的表現方式。四、臺灣文學之路。五、臺灣文藝工作者合作問題」。

現」，以及臺灣社會進化過程異於國內形成的「思想內容異同」；不應跨越地無視於這些特殊性的存在，但要「從特殊性的適應裡，創造無特殊性的境地」，使臺灣文化與國內文化早日異途同歸。

陳大禹所謂臺灣與國內社會進化過程的差異，形成的「思想內容的異同」的「特殊性」，指的是「臺灣的反侵略鬥爭，有點矯枉過實的現象，就是保留前清所遺留的法治與生活習慣……同時國內來臺人士，也有意無意的鼓勵這種傾向……這些封建殘遺的思想習慣，無論如何是不適於二十世紀的今天」。此言一出，吳坤煌提出異議：「陳先生所說，的確是當前的現象，可是這不能說是全部，臺灣的文化工作者，在思想上，的確做過反封建的鬥爭，但迫於時勢，沒有發生效力而已。」

日後，駱駝英針對日據時期臺灣文學的思想內容總結說：「思想上的反帝因素在文藝中表現較祖國還強。但殖民地的革命鬥爭在未得到世界特定的革命力量的援助或援助作用，是終歸要失敗的。因此失敗後的臺灣同胞就有消沈、失望和悲觀的現象……但反映人民的基本要求的反帝反封建的文藝應該算是臺灣新文學的主流。」[38]駱駝英肯定臺灣文學抗爭的傳統，要克服的只是消沈與悲觀的情緒，在二‧二八事件鎮壓之後此番話，當不無對臺人有著鼓舞的作用。綜觀《臺灣新生報‧橋》副刊上的議論，臺灣新生代作家如阿瑞、葉石濤囿於對臺灣文學史有限的瞭解，都出現對過去臺灣文學評價過低的言論[39]，反而是外省作家孫達人認為「臺灣文學的進展較國內有過之無不及」[40]，蕭

---

38 〈論「臺灣文學」諸論爭〉，《臺灣新生報‧橋》1948年7月30日-8月22日。

39 葉石濤：〈一九四一年以後的臺灣文學〉，《臺灣新生報‧橋》，1948年4月16日、阿瑞：〈臺灣文學需要一個「狂飆運動」〉，《臺灣新生報‧橋》，1948年5月14日。

40 孫達人發言：〈如何建立臺灣新文學（第二次作者茶會總報告）續完〉，《臺灣新生報‧橋》，1948年4月9日。

獲反對對臺灣文學評價過低，要赴臺作家摒棄「優越意識」。[41]

　　有關臺灣文學、社會的「特殊性」問題，省內外文化人因「習性」與「位置」的差異，一開始的確存在「歧見」。爭議即在陳大禹提出的：臺灣異於國內的社會進化發展過程、形成「思想內容」的異同，而後，在《臺灣新生報‧橋》副刊也曾針對臺灣社會特殊性的議題，展開論辯。彭明敏對雷石楡的〈女人〉一文，所流露出對臺灣殖民地歷史殘留的奴化意識的偏見，表示異議，認為把臺灣消極的事物一概說成因「日本奴化教育」的影響，這樣以偏概全的刻板印象，對科學地認識臺灣社會與建設臺灣新文學，毫無益處。兩人來回兩次的筆戰，雷石楡的申辯顯得「牽強而辛苦」。[42]楊逵針對此一問題，說「奴化教育」是日本帝國主義的國策，「但，奴化了沒有，是另一問題」，「部分臺灣人是奴化了，他們因為自私自利，願作奴才來昇（案：升）官發財……託管派、拜美派當然也是這一類人。但大多數的人民，我想未曾奴化」。[43]

　　針對「重建臺灣文學」的議題，錢歌川在回答記者訪問時，認為語文統一、思想感情又復相通的國內而談建立臺灣文學，實難樹立其分離的目標。陳大禹以日本殖民統治五十年，是臺灣相對於國內「最突出的特殊性」，加以現實的需要，肯定「臺灣文學」據以存在的必要（〈「臺灣文學」解題——敬答錢歌川〉，1948年6月23日）。林曙光除了駁斥錢歌川的「分離說」，又認為陳大禹對臺灣文學「特殊性」的解說不夠充分，而指出臺灣的「地理位置、地形地質、氣候產物——就是自然底環境，被西班牙與荷蘭人竊據，以及淪陷於日

---

41 蕭荻：〈瞭解‧生根‧合作——彰化文藝茶會報告之一〉，《臺灣新生報‧橋》，1948年6月2日。

42 陳映真（石家駒）：〈一場被遮斷的文學論爭〉，陳映真、曾健民主編：《人間思想與創作叢刊：1947-1949臺灣文學問題論議集》（臺北市：人間出版社，1999年），頁14。

43 楊逵：〈臺灣文學問答〉，《臺灣新生報‧橋》，1948年6月25日。

本──的歷史過程，並且這些歷史過程再和她的自然環境互相影響而造成臺灣的特殊」。針對陳大禹以「邊疆文學」定義「臺灣文學」，林曙光又說：「為了適應臺灣的自然或人文底環境，需要推行臺灣新文學運動，但是建立臺灣文學目標不應該在於邊疆文學，我們的目標應該放在中國文學的一個成分，而能夠使中國文學更得到富有精彩的內容，並達到世界文學的水平。」[44]

　　林曙光出於「邊疆文學」可能「矮化」臺灣文學的疑慮，楊逵卻在〈「臺灣文學」問答〉中說：「去年十一月號『文藝春秋』曾有邊疆文學特輯，其中一篇以臺灣為背景的『沉醉』是臺灣文學的一篇好樣本。」《文藝春秋》主編范泉刊出〈沉醉〉時，指出這篇小說：「揭露了我們某一部分的祖國的同胞正在如何地把輕挑與污辱拋給這塊新生的土地。」楊逵不但認同范泉的編輯理念，對「邊疆文學」的稱號是否會成為「『減少價值』的蕃族文學」、矮化臺灣文學的價值，並不以為意。楊逵認為只要是「深刻的瞭解臺灣的歷史，臺灣人的生活、習慣、感情，而與臺灣民眾站在一起」（〈「臺灣文學」問答〉），就是「臺灣文學」。

　　陳大禹回應林曙光對他用「邊疆文學」稱呼「臺灣文學」的質疑，說：「在瀨南人先生的意識裡，邊疆文學好像是在中國正統文學之外，『減少價值』的蕃族文學。」陳大禹則以「蘇聯之允許各地有其冠以地域名詞的文學（如烏克蘭文學等等），仍不失其蘇聯文學總名詞的意思」。[45]從陳大禹標舉蘇聯文學，後來又響應東南地區與香港的「方言文學運動」創作《臺北酒家》，以及前述對臺灣封建意識殘

44　三人的文章見葉石濤：〈一九四一年以後的臺灣文學〉，《臺灣新生報‧橋》，1948年4月16日；瀨南人（林曙光）：〈評錢歌川、陳大禹對臺灣新文學運動意見〉，《臺灣新生報‧橋》，1948年6月23日；陳百感（邱永漢）：〈臺灣文學嗎？容抒我見〉，《臺灣新生報‧橋》，1948年8月15日。

45　〈瀨南人先生的誤解〉，《臺灣新生報‧橋》，1948年6月25日。

遺的批評，顯見他主要是基於階級認同，聲援臺灣文學對抗官方法西斯意識形態的壓抑。

　　楊逵與林曙光、雙方的共識，在承認臺灣文學為中國文學的一部分，並不意味著放棄臺灣文化的「主體性」。但楊逵與林曙光雙方對「邊疆文學」語詞的反應差異，顯現楊逵認為更重要的是反映臺灣現實、具有被壓迫階級意識的文學內容。林曙光在〈臺灣文學的過去，現在未來〉（1948年4月12日），曾說：「究竟臺灣曾經是否有過純粹的「左傾」文學，對這一點我還有些疑問。如楊逵先生的作風，常帶有普羅文學的色彩，但當時的特權階級多為日人，因而不過是為了反抗日寇起見，喚起被榨取的仇怨而已，所以當時他的作品是反帝的因素占多。至於呂赫若先生是筆鋒冷峻，鄉土色彩的濃厚，富有反封建意識。」可見林曙光對於臺灣普羅文學傳統立足於階級意識的抗爭，缺乏瞭解，又說：「最好還是打破一切特殊性質作為中國文學的一翼而發展，今日的『如何建立臺灣新文學』需要放在『如何建立臺灣的文學使其成為中國文學』才對。」因此，林曙光反對僅以「日本殖民地的歷史」看待臺灣文學的「特殊性」，而要求正視臺灣的自然環境與人文歷史，又反對以「邊疆文學」窄化臺灣文學，顯示出於「中國民族意識」的自尊，希望臺灣文學的「特殊性」向「一般性」轉化。

　　然而，光復以來中國的局勢變動，使得林曙光所認同的「一般化」已分化成兩條政治路線。因此，雷石榆對於臺灣文學的「特殊性」向中國文學的一般性「轉化」說：

　　　　臺灣本身既具有獨自的地方色彩情調和歷史形成特異性，提供
　　　　文學創作上的主題的多樣性；同時既為祖國的一環，那就必然
　　　　受到祖國的政治的、經濟的、文化的影響，這有好的一面，也
　　　　有壞的一面，中國新文學運動就為了發展好的一面消滅壞的一
　　　　面戰鬥過來及戰鬥下去，所以臺灣的新文學運動必須觀摩這戰

　　鬥過來的經驗，與戰鬥下去的路線或方向取得一致。也同樣，
　　國內的新文學運動是依據中國本身的歷史條件，同時攝取先進
　　國及世界進步的文學運動的實踐諸經驗，乃與時代的主潮的方
　　向一致的。所以中國的新文學又是世界文學運動的一環。[46]
　　（底線為筆者所加）

　　雷石榆所言臺灣文學運動要消滅祖國化「壞的一面」，就是二‧
二八事件以前王思翔所批判的「惡性的中國化」。[47]駱駝英批評國民黨
全盤接收日本在臺灣的殖民統治手法，「但這『特殊』正表現著半個
中國的一般——『耕者無其田，封建的榨取……等複雜的一般』」。因
而指出：「某些舊的特殊的一般化（案：殖民地統治手法）與某些舊
的一般的特殊化（案：封建的榨取），其本質都是老百姓被壓迫的深
化；但消沈、傷感、麻木、『奴化』……等落後的『特殊性』，必然而
且應該向內地人民的普通覺醒的一般化轉化。文藝工作者的主觀努力
應該就在於促進這個偉大的轉變。」[48]
　　雷石榆、駱駝英共同指出的「戰鬥下去的路線或方向」，指的是
大陸正進行的階級革命的民主路線與方向。駱駝英的總結得到臺灣青
年籟亮、周青與朱實的呼應[49]，他們皆能認同駱駝英所言：「我們不能
以特殊性而抹煞一般性；同時亦不能以一般性而否認特殊性。我們應
該肯定特殊與一般是形成矛盾的統一，而且一般是決定因素。」[50]

46　雷石榆：〈再論新寫實主義〉，《臺灣新生報‧橋》，1948年6月30日。
47　雷石榆：〈論中國化〉，《和平日報》，1946年5月20日。
48　〈論「臺灣文學」諸論爭〉，1948年7月30日-8月22日。
49　籟亮（賴義傳）：〈關於臺灣新文學的兩個問題〉，《臺灣新生報‧橋》，1949年1月14
　　日。賴義傳，臺灣高雄人，當時就讀臺灣師範學院，後犧牲於二十世紀五十年代「白
　　色恐怖」之中。吳阿文（周青）：〈略論臺灣新文學建設諸問題〉，《臺灣新生報‧橋》，
　　1949年3月7日。周青曾擔任《人民導報》記者，「四六事件」後返回大陸。朱實：
　　〈展望光復以來臺灣文運〉，《龍安文藝》叢刊第一輯，1949年5月2日。
50　〈論「臺灣文學」諸論爭〉，1948年7月30日-8月22日。

　　曾健民分析有關臺灣有無特殊性的論辯，指出進步文化人對於
「臺灣的『特殊性』向中國『一般性』轉化」，皆以為：「不是機械
的、單向的、突然的轉化，而是經過改進、保有、發展的『揚棄』過
程的辯證轉化。」而有關臺灣有無特殊性，又依不同的立場存在或隱
或顯的四條文學路線：

（一）不承認臺灣特殊性只強調中國的一般性，那就是「錢歌
　　　川路線」；

（二）把臺灣的特殊性無限上綱到與中國文學對立，也就是楊
　　　逵所指的「託管派」、「拜美派」的「奴才文學」路線；

（三）把臺灣孤立起來只看臺灣的特殊性，那就是某種程度代
　　　表了當時在臺灣的國民黨官方文化政策的「被絕對特殊
　　　化」的「死的鄉土文學」路線；

（四）辯證地看特殊性與一般性問題，並主張臺灣的特殊性
　　　（不管是新的（案：國民黨的孤立政策）或舊的（案：
　　　殖民地歷史）向大陸進步的（而不是舊的）一般性辯證
　　　轉化。這就是論爭中絕大多數論者所主張的，以新現實
　　　主義為創作方法的「人民文學」路線。[51]

　　有關臺灣文學的「特殊性」與「一般性」的論爭，在一九四八年
的八月告一段落。楊逵創刊了當時唯一的文學雜誌《臺灣文學》叢
刊，於第一期（1948年8月10日）刊行宗旨，指出：「最近論爭所得到
的『認識臺灣現實，反映臺灣現實，表現人民的生活感情思想動向』
這原則，本刊認為是建立臺灣文學當前的需要，而且是最堅強的基

---

51 曾健民：〈建設人民的現實主義的臺灣新文學〉，收入趙遐秋、呂正惠主編：《臺灣
　　新文學思潮史綱》，頁181-183。

礎。」可見楊逵認為《臺灣新生報・橋》副刊的關於「重建臺灣文學」的討論，已經達成共識。楊逵陸續出版三冊的《臺灣文學叢刊》，除了收入歐坦生的〈沉醉〉外，省外作家的小說篇幅，占了三分之二強的篇幅。楊逵在〈推薦〉一文中說：「本刊的立場採取無黨無派，而同人等最討厭度量狹小的宗派主義。」光復後楊逵不止一次發言批判「宗派主義」，其目的都在呼籲「文化統一陣線」的結成。朱實也指出：

> 在《臺灣新生報・橋》筆戰的焦點，「臺灣有無特殊性」，已經下了結論。我們不能以特殊性而抹煞一般性。同時亦不能以一般性，而否認特殊性。特殊與一般是形成矛盾的統一，而且一般是決定的因素——駱駝英言。[52]

當我們疑惑為何參與《臺灣新生報・橋》副刊論爭的臺灣文化人中，除了「行動派」的楊逵是唯一一個老文化人之外，大多是新生代青年。[53]誠如朱實[54]在「四六事件」後對老文化人發出的批判：「曾經第一線活躍的本省作家都一向保持沉默。因此許多新人忍不下去，不期而同地發憤，怒喊起來，陸續發表作品，這種現象，多屬歌雷先生對於本省作家尤其是新人的切實的關心所致。」朱實認為光復後使人悲嘆的是「『作家』本身的怯懦」。他回顧日帝統治下，「信念鞏固的

---

52 朱實：〈展望光復以來臺灣文運〉，《龍安文藝》，1949年5月2日。

53 根據許詩萱的考察，《臺灣新生報・橋》論爭中的本省作者，大部分是當時還在讀書的學生，陳顯廷、葉瑞榕是臺南一中的學生，林曙光、蔡德本、林亨泰、朱實、許育誠、蕭金堆等人是臺灣師範的學生。邱媽寅、阿瑞是臺灣大學的學生。

54 蔡德本說：朱實本名朱商彝，是「四六事件」當天要逮捕的六大要犯之一。「四六事件」後，朱實轉移大陸，後來成為周恩來的秘書。歌雷、黃昆彬、小兵（毛文昌）等相繼被捕。林曙光不得不輟學隱居。龍安文藝和其他學生社團一樣，自然消滅。蔡德本：〈《龍安文藝》終於找到了〉，《文學臺灣》第46期（2003年），頁177。

作家的作品，始終以『反帝』為中心思想，『反封建』為副課
題。……偏以『反封建』為口號，不涉及『反帝』的作家，早已離反
了臺灣人民，屈服於日帝淫武之下的」。他認為即使有語言問題的阻
隔，富有正義感的作家應盡量克服，「不然的話，他們是只有一個狹
義的抗日愛國的觀念，而缺乏全心全意為受難的人民服務的決心和實
踐」。[55]姑且不論朱實對二‧二八事件以後「忍痛沉默」的臺灣老作
家，難以跨越語言障礙與政治迫害的心理恐懼，其評價是否「公
允」；[56]因為儘管有「省籍隔閡」與政治高壓等現實因素，導致日據時
期臺灣作家「忍痛沉默」。但置身於《臺灣新生報‧橋》副刊論爭之
外的臺灣作家，顯然還因為階級認同的意識分化，而保持「沉默」。
上述朱實的文章彰顯了一項事實：臺灣人內部顯然並不全然「認同」
這種傾向。二‧二八事件以後，勇於跟隨楊逵在文化場域發表「重建
臺灣新文學」的新生代，大多是與朱實一樣受到社會主義階級革命思
想鼓舞的青年。這些新生代包括朱實、周青、籟亮（賴義傳）、何無
感（張光直）、葉石濤、陳百感等，雖然有些人可能是出於血氣多於
信仰的發言，但總歸是受到當時文化場域籠罩在社會主義氛圍的影
響。他們對構成「臺灣新文學」的「特殊性」的內容，並無二致，也
同樣力主「臺灣文學為中國的一部分」。但是真正讓新生代「忍不下
去，不期而同地發憤，怒喊起來」，則是一九四八年的秋天到一九四
九年的一月，三大戰役使國共內戰出現逆轉的局勢，華北解放，解放
軍直逼長江。面對著即將完成階級革命「新中國」的來臨，陳百感發

---

55 朱實：〈展望光復以來臺灣文運〉，《龍安文藝》（1949年5月2日），頁2-3。

56 楊逵在這場論爭中扮演了「行動者」的角色，因為他的呼籲，使新生代作家積極
　參與了論戰，頗具有打頭陣的意味。其他老一輩文化人黃得時、吳坤煌、吳濁流雖
　分別參加了第一次和第二次茶會分別表示「在不能揭露黑暗的時候，就應當積極的
　追求光明」（黃得時），「過去臺灣新文藝的運動值得研究」（吳濁流），「希望大家打
　破目前文藝界的沈寂」（吳坤煌），但都未撰文助陣。《臺灣新生報‧橋》，1948年4月
　7日。

出「我們雖然喊著為人民，但事實上，我們的文藝運動卻已經給人民的時代拋在後頭了」，要求克服「主觀的弱點」，「實踐與理論並重」，因為在另一個地方的文藝運動，「已經向著『人民的』這目標大大地跨了一步」，栽出了新的花朵。[57]

　　從范泉與賴明弘在上海《新文學》上「論臺灣文學」開始，乃戰後討論「臺灣文學」的性質與方向的先聲。兩人論點的異同，正是日後《臺灣新生報・橋》副刊關於臺灣文學的「特殊性」與「一般性」論爭展開的基礎。他們兩個人分別代表大陸與臺灣文化人的論點，顯現了兩岸文化人因為「習性」與「位置」的差異，對日據時期臺灣文學的評價出現了落差。但面對臺灣復歸中國的社會生成條件，兩人的共識即在於臺灣文學已進入「建設期的開端」，「建立起新時代新社會所需要的屬於中國新文學的臺灣文學」。日後兩岸進步文化人面對臺灣政、經社會逐漸與大陸「一體化」的事實，儘管中間橫隔著「二・二八事件」，一度使彼此身分「位置」的差異性更顯突出。但是「反內戰」的實踐邏輯，讓他們的「習性」隨著時間與現實條件的生成，逐漸產生共鳴，修正差異，擴大共識。外省文化人從范泉開始，到《臺灣新生報・橋》論爭中，包括：蕭荻、姚筠、雷石榆，都一致主張「臺灣新文學」的建設，「還是要由臺灣的進步作家去開拓」，以臺人為中心建設臺灣新文學。雷石榆肯定臺灣作家對二十世紀世界思潮的理解，「不至於比我們更無知」，並指出「一些外來的膚淺的理論家，毫不慚愧地反覆著已是常識的文學理論原則」，必須摒除優越意識。蕭荻也有相同的看法，並表示五四以來國內只有一個魯迅是能躋身世界文壇的偉大作家，其餘成就不大，要赴臺作家把「能真實反映中國的作品」帶到臺灣來，促進省內外的交流與合作。[58]大陸文化人陳大禹、駱駝

57　〈答駱駝英先生〉，《中華日報》，1948年9月5日。

58　蕭荻：〈瞭解・生根・合作──彰化文藝茶會報告之一〉，《臺灣新生報・橋》，1948年6月2日。姚筠：〈我的〈新臺灣文學運動〉看法〉，《臺灣新生報・橋》，1948年6

英在《臺灣新生報・橋》副刊有關臺灣「特殊性」與「一般性」的論
爭中，皆聲援「正視」臺灣文學的「特殊性」，省內外作家在《臺灣新
生報・橋》上的此一共識，不但冰釋前嫌。同時，也顯示兩岸文化人
串聯民間自主性的文化力量，結盟為楊逵、揚風、駱駝英呼籲的「文
藝統一陣線」，共同對抗官方動輒祭出「臺人奴化」、「分離主義」之說
打壓「臺灣文學」的成立。對此「文化交流」的共識，楊逵回答「外
省人說臺灣人民奴化，本省人說臺灣文化高」的提問時說道：

> 未必外省人通通這樣說，本省人更不是個個都夜郎自大。說臺
> 灣人民奴化的與說本省人文化高的人都認識不足。大多數臺灣
> 人民沒有奴化，已經說過，<u>本省文化更不能說怎樣高，這裡認</u>
> <u>識不足是因為澎湖溝隔著，而憲政未得切實保障人民的權利，</u>
> <u>使臺灣人民未能接到國內的很高的文化所致。所以切實的文化</u>
> <u>交流是今天臺灣本省外省文化工作者當前的任務。</u>[59]（底線為
> 筆者所加）

　　楊逵所謂「因為澎湖溝隔著，而憲政未得切實保障人民的權利，
使臺灣人民未能接到國內的很高的文化所致」，意指國民黨封建極權
體制對臺灣的「孤立」、「封鎖」政策，即駱駝英所謂的「舊的一般的
特殊化」，導致臺灣不能與大陸抗日戰爭得到發展的「文藝大眾化」、
「新現實主義」思潮匯流所致，這部分將在下一節詳論。
　　兩岸文化人發起作者茶會與《臺灣新生報・橋》論爭，其目的即
在實踐無產階級革命所需的「文藝大眾化」，使臺灣文學場域恢復二
十世紀三十年代左翼傳統，並與大陸上的左翼實踐美學與行動主義接

月9日。雷石榆：〈形式主義的文學觀——評揚風的〈五四文藝寫作〉〉，《臺灣新生
報・橋》，1948年6月14、16日。

59 〈「臺灣文學」問答〉，《臺灣新生報・橋》，1948年6月25日。

軌。這就是王思翔二・二八事件以前所言的，現階段臺灣文化的任務，在彌補戰爭末期「皇民化運動」、「文學奉公」以來，臺灣社會、文化運動十年的「空隙」；為此，文化運動者要參加全國性的反封建運動，「反對政治、經濟，尤其是文化的封建性」，臺灣文化界先團結起來，以新民主主義的中和性爭取文化界以外、各階層的團結，以「打破本省孤立狀態和主觀上的自封觀念。」[60]

　　與此同時，一九四八年四月，在光復後、幾次學運與一些學生社團的基礎上，以臺大學生為主，結合大陸赴臺各省學生與進步文化人組成「麥浪歌詠隊」。借由表演歌唱大陸民歌、民謠、扭秧歌的方式，代替「學潮」，深入民間，巡迴全省演出。從事楊逵所謂的「從人民中間來，到人民中間去」[61]的「文章下鄉」的工作。楊逵為這群年輕人在臺中圖書館舉行歡迎座談會，送給他們「麥浪、麥浪、麥成浪，救苦、救難、救饑荒」的歡迎詞，以示鼓勵，也為他們安排部分行程。[62]由此看來，《臺灣新生報・橋》的議論已達成左翼「行動文學」的階段性使命，在當時也發揮了泯除兩岸文化人，因戰爭經驗的習性差異導致「文化隔閡」的社會功能。若非一九四九年毫無預警的「四六事件」，由甫接任不到三個月的省主席陳誠發起「反共白色恐怖肅清」，當時文化場域中蔚為主潮的「新現實主義」的左翼美學，與青年學子借由「麥浪歌詠隊」巡迴全省演出的「文章下鄉」行動，將持續延燒臺灣全島。

　　陳建忠評論《臺灣新生報・橋》副刊的論爭，指出外省人佔據文藝副刊主編之「文化領導權」的「位置」，取代了龍瑛宗、王白淵等臺灣人在二・二八事件前的報刊掌門人的地位。陳建忠據以指出關於

60　王思翔：〈現階段臺灣文化的特質〉，《新知識》，1946年8月15日。參見本書第三章第三節。
61　楊逵：〈介紹「麥浪歌詠隊」〉，《中華日報・海風》第397期，1949年2月15日。
62　藍博洲：《天未亮》（臺中市：晨星出版社，2000年），頁9、29。

特殊性與一般性的論爭歧見，省外作家，無論是國民黨官方右翼的「中國化」霸權論述，或是左翼社會主義者強調「特殊性」須向「一般性」轉化的「正當性」，皆有意（霸權思想）、無意（政治無意識）忽略臺灣文學的「主體性」。[63]但翻閱《臺灣新生報・橋》上的論爭，省外文化人一致聲援臺灣文化人，共同對抗國民黨內極右翼打壓「臺灣文學」的法西斯意識形態，力陳「臺灣文學」有其歷史與現實的「特殊性」，得據以存在。而所謂「特殊性」向「一般性」辯證轉化，是《臺灣新生報・橋》論爭中省內外文化人一致憧憬的「新中國」的遠景。省外文化人以抗日戰爭以來所發展出來的「新現實主義」、「人民文學」的左翼美學成規，站在臺灣人民的立場對抗國民黨的法西斯統治，其中階級認同正是他們的實踐邏輯。楊逵（與在其帶領下的新生代文化人）秉持二十世紀三十年代社會主義文藝理念，與外省文化人結盟。在此意義下，觀看《臺灣新生報・橋》副刊從臺灣（文學與社會）有無特殊性的論辯，發展為「文藝大眾化」形式與內容的論辯，包括下一節將再申論的五四新文化精神、新現實主義、方言文學的論辯與實踐。這些議題的「發生意義」，展現了兩岸進步文化人在國共內戰生死交關之際，「傾共」的政治宣示與行動抉擇。吾人若以一九七〇年至一九八〇年才產生的「臺灣民族主義」認同，強加在二十世紀四十年代後半期的楊逵（以及臺灣左翼文化人）身上，不僅忽略當時的社會情勢，漠視左翼文化人正積極介入「階級革命」的社會意義，也忽視了楊逵一再呼籲填補「澎湖溝」、兩岸文化交流與文化統一陣線的真義。就是因為他們「傾共」的「政治化」、「左翼化」的發言，對國民黨的統治造成威脅，以致在「四六事件」中遭到通緝、逮捕與驅逐的「懲治」，包括楊逵、孫達人、張光直、雷石榆，都是在《臺灣新生報・橋》論爭中明顯表現「左傾」言論的文化

---

63 陳建忠：《被詛咒的文學戰後初期（1945-1949）臺灣文學論集》，頁139。

人；僥倖免脫的駱駝英、朱實、揚風、周青若非警覺，恐也難逃「懲治」的命運。

　　《臺灣新生報・橋》副刊上有關「臺灣新文化的建設」的論爭達成的共識是：臺灣的「特殊性」要向「一般性」辯證轉化，這顯現的是《臺灣新生報・橋》論爭中省內外文化人一致憧憬的「新中國」的遠景。然而，在與國民黨「御用」文人錢歌川以分離主義打壓「臺灣文學」的自主性的論爭過程中，兩岸文化人皆力爭在「中國化」(「祖國化」)的同時，要保有臺灣文化的「特殊性」，然後逐漸將「特殊性」向「一般性」轉化，並且駁斥了日本殖民統治造成臺灣的「奴化」意識。外省文化人在聲援臺灣文化人共同對抗國民黨內極右翼以法西斯意識形態打壓「臺灣文學」的過程中，除了力陳「臺灣文學」有其歷史與現實的「特殊性」得據以存在，也修正了他們對一度淪為殖民地的臺灣存在「奴化」意識的質疑，其中雷石榆可視為最典型的例子。[64]這種在「中國化」過程中保有臺灣「特殊性」的論述，在國民黨退臺後，一概因其論爭中表現出社會主義的傾向而被消音。

第二節　社會主義文藝理念的復甦與中挫

　　光復初期兩岸文化人選擇「魯迅戰鬥精神」，進行「再生產」，作為與政治場域對抗的文化資本，批判國民黨的專制體制。當時在臺灣盛極一時的社會主義的文藝理念，亦可作如是觀。日據時代臺灣文化場域受到二十世紀二、三十年代中國大陸與日本反法西斯普羅運動的影響，社會主義思想趨於強化，雖在戰爭期被壓抑而成為潛流，光復

---

64 雷石榆一開始因〈女人〉(《橋》1948年5月3日) 一文流露出對臺灣殖民地殘留「奴化」意識的偏見，受到彭明敏的質疑，後在《再論新寫實主義》(《橋》1948年6月30日) 一文中肯定「臺灣本身既具有獨異的地方色彩情調和歷史形成的特異性，提供文學創作上的主題的多樣性」。

後，卻隨著國民黨統治下的政經惡化與國共內戰的爆發，社會主義的
批判性逐漸復甦，成為文化人對抗國民黨統治的實踐邏輯。

一　從「五四精神」到「新現實主義」論爭的意義

　　「五四精神」與「魯迅思想」一樣，乃光復初期兩岸文化人共同
推許並發揚的文化資本。本節探討光復初期臺灣文學場域，之所以引
發評價「五四」文化遺產的意義和目的。[65]在二・二八事件以後，「五
四」新文化運動被重新提舉，原本是為了打破文化界的緘默、帶動臺
灣文學運動。在《臺灣新生報・橋》副刊論爭中，卻因為國共內戰
「正在發生」的現實問題，迫使文化人重新思索臺灣新文化運動揚棄
或繼承「五四」的走向問題。

　　臺灣文化人在《臺灣新生報・橋》上發表較多的議題是關於臺灣
社會與文學的「特殊性」與「一般性」的議題，他們一致贊同楊逵提
出的加強省、內外合作填平「澎湖溝」的做法，何無感（張光直）直
呼為「文藝統一戰線」[66]。對臺灣文化人而言，這是最切身的具體問
題。至於從探討「五四」遺產的繼承，轉而探討「新現實主義」的形
式與內容的論爭中，臺灣文化人雖然沒有直接參加筆戰，但他們的相
關論述，呈現的都是「正面」肯定繼承五四精神與現實主義的立場。

　　光復後，賴明弘、楊逵、楊雲萍、巴特（歐陽明）、王白淵在有
關「臺灣文學」的歷史回顧中，一致提舉「臺灣新文學運動起源受到
五四運動的影響」。歐陽明在引起《臺灣新生報・橋》副刊論爭迴響

65　關於兩岸「五四精神」在抗日戰爭前、後的文化意義，請參看橫地剛：〈一九四七
　　年的「五四」文藝節——「緘默」如何被打破？〉一文的討論，見黃俊傑編：《光
　　復初期的臺灣思想與文化的轉型》。

66　〈致陳百感先生的一封信〉，《臺灣新生報・橋》，1948年8月25日，本小節引述《臺
　　灣新生報・橋》論爭文章僅標示日期，並請參看附錄表7-10光復初期「臺灣新文學
　　運動」作品目錄。

的〈臺灣新文學的建設〉[67]一文中，指出今後作為中國新文學一環的臺灣新文學建設的方向，要「繼承民族解放革命的傳統，完成『五四』新文學運動未竟的主題：『民主與科學』」。《臺灣新生報・橋》副刊的第二次作者茶會上，楊逵、林曙光也重申「臺灣新文學」的發生受到第一次世界大戰「民族自決」思潮與「五四」運動的影響。楊逵指出：「在其表現上所追求的是淺白的大眾的形式，而在思想上所標榜的即是『反帝與反封建』、『民主與科學』。」[68]對臺灣文化人而言，外省文化人提出學習「五四運動」所謂「民主」、「科學」的啟蒙觀，是臺灣本來就已經有的文化遺產，無須特別標舉。

外省文化人關於「五四精神」的揚棄或繼承的論爭，始於胡紹鍾〈建設臺灣新文學之路〉（1948年5月24日），指出「要建立自主的社會地方文學」，不必「回復五四時代」，那是「前期的革命」，文學應該「不斷向前革命」。孫達人先後發表〈論前進與後退〉（1948年5月28日）、〈傳統、覺醒、改造──簡論臺灣新文學的方向〉（1948年6月25日），予以反駁。他說：「『五四運動』絕不單是一個文化上的新啟蒙運動，如果單是屬文化上的，那末（麼）我們今天的確是有相當輝煌的成果，但『五四運動』卻是一個上上下下要求民族解放的思想鬥爭的運動，它所要求的是屬全面的政治的、經濟的、社會的、普遍的改革。」然而，「直到目前，『文藝大眾化』、『文章下鄉』等等舊口號，也還是被人提出來」，表示「擔負著思想鬥爭的一翼的新文藝，就沒有完成反帝反封建的崇高任務」。雖然三十年來「中國人民大眾的廣泛覺醒」已匯成一股力量，但是「人民大眾的廣泛覺醒並不就是社會的改革，但它是社會改革的前奏」，所以，「要繼承『五四』的革命精神、學習五四、跨過五四」。這有待從群眾中來的知識分子，回

---

67 《臺灣新生報・橋》，1947年11月7日。

68 《臺灣新生報・橋》，1948年4月7日。

到群眾中，以「組織和領導去推動它」，「達成經濟的、政治的、社會的普遍改革的目的」。孫達人的論點率先帶出「中國社會性質」的問題。揚風發表了〈五四・文藝寫作——不必向「五四」看齊〉（1948年6月7日），加入筆戰。揚風認為「五四」後，「中國社會的本質和形式」都已有改變，因此「不必向五四看齊」。雷石榆〈形式主義的文學觀——評揚風的「五四文藝寫作」〉（1948年6月14、16日）指出：

> 中國的「五四」運動則表現了市民革命的二重性，反封建與反帝，而且對世界資本主義發展到帝國主義的認識，與民族資本家的利益相關連，而提出「民主與科學」的口號。固然到了所謂「中國大革命」失敗以後，起了「質」的變化，但仍是走著革命之路的一面，在更具體更積極性的客觀條件上，把五四的精神提高而發展，所謂「民族革命戰爭的大眾文學」，其前提也依然是反帝反封建的。只是領導這運動的責任不是容易動搖背叛的市民層的智識階級所能擔當，也不是標榜思想前進而行動不徹底的宗派的作家們所能推動。

中國社會性質的論辯，後由駱駝英〈論「臺灣文學」諸問題的論爭〉[69]予以總結。駱駝英認為：「三十年來中國的社會雖然還是半封建半殖民地的社會，中國革命的任務還是反帝反封建，但這個社會不但發生了量的變化，同時亦發生了部分的質變了，這個革命已獲得若干程度的勝利而且臨近決定性的勝利了。」這個「質變」來自：

> 五四時期，能徹底負擔反帝反封建的任務的階級（案：無產階級），雖已由「自在」的階級轉變為「自為」的階級，但在革

---

69 1948年7月30日、8月2日、8月4日、8月6日。

命中，他們還只是居於被領導的地位的參加者，三十年中，他們由被領導的成長為參加指導的，進而為主要領導而且非他們不能領導的；而原來領導著他們反帝反封建的階級（案：資產階級），因其本身就具備著革命與反革命的矛盾性，由革命的領導者變為忽而革命忽而反革命的兩栖類，現在則變為背叛革命，跟帝國與封建勾結的作為二者的代表（和封建勢力的首腦）的反動者了。[70]

　　上述關於「中國社會性質」與「領導革命的階級」的論述，乃受到毛澤東的〈新民主主義論〉中定義「五四」以來文化革命的「四個時期」說的影響。毛澤東肯定了「五四」以後展開的革命，是「新民主主義」的文化革命，以區別「五四」以前資產階級領導的「舊民主主義」的革命。「五四運動」以後的四個時期：第一個時期是一九一九年「五四」新文化運動至一九二一年共黨成立前，革命是由共產主義的知識分子、革命的小資產階級和資產階級所領導，但沒有普及到工農群眾中。第二個時期是一九二一到一九二六年，以共產黨成立到北伐為界，「繼續並發展了五四運動時的三個階級的統一戰線，吸引了農民的加入」，並且在政治上形成了各個階級的統一戰線，這就是第一次國共兩黨的合作。第三個時期是一九二七年國民革命的挫敗（四一二政變）至一九三七年抗日統一戰爭形成前，因革命陣營中的大資產階級轉到了帝國主義和封建勢力的反革命陣營，剩下了無產階級、農民階級和其他小資產階級（包括革命知識分子）三個階級。中國革命不得不進入一個新的時期，由共產黨單獨地領導群眾進行革命。反革命的「圍剿」分為「軍事圍剿」和「文化圍剿」，前者造成紅軍北上抗日，後者使魯迅成為中國文化革命的偉人。第四期是抗日

---

70 1948年8月2日。

戰爭時期，又以武漢失陷分為兩個階段，第一個階段又來了一次更大
範圍的四個階級的統一戰線，第二階段大資產階級的一部分又投降敵
人。[71]

　　揚風提出的「不必向五四看齊」，乃根據〈新民主主義論〉中提
到「五四」時期的革命、乃是由「小資產階級」所領導，而反對「回
復五四」，顯然是犯了雷石榆所批評的「立腳於機械的唯物論，加上
宗派主義的成見」的錯誤。[72]而前引雷石榆與駱駝英兩段引文的論述
脈絡，則與毛澤東如出一轍。駱駝英根據毛澤東的論述，配合一九四
八年共產黨在內戰中逐漸占上風的情勢，指出：五四以來的反帝反封
建的革命已「獲得若干程度的勝利而且臨近決定性的勝利了」，「作為
這個鬥爭的有機構成部分的文藝……不但要繼承五四的精神和五四以
來一切優良的傳統，而且要提高那種精神，發展那種精神，克服三十
年來的缺點，配合現實的要求，才能負擔起這個使命，才能開拓文藝
自身最合理的發展道路」。[73]

　　論爭中，外省文化人眾口一致肯定五四新文化運動發展為「民族
解放運動」的歷史意義。他們之所以提出「五四精神」的繼承或揚棄
的議題，目的是為瞭解決抗戰勝利後，中國社會性質是否已經跨越
「五四」時期的「半封建、半殖民地」社會？以便決定當前「政治抗
爭」的方向，因此是二十世紀二十年代末中國社會性質問題論戰的
「再現」。一九二八年中國社會性質的論戰，源自左翼陣營對一九二
七年「四一二政變」（國民黨「清黨」）國民革命失敗的反省。「四一
二政變」象徵革命陣營的分化，帶出了「中國社會究竟是封建社會還

71　〈新民主主義論〉（一九四○年一月九日在陝甘寧邊區文化協會第一次文代表大會
　　上毛澤東的演講，第一次發表於一九四○年二月十五日，延安出版的《中國文化》
　　創刊號），見毛澤東：《毛澤東選集》，第2卷，頁662-706、669-704。
72　〈形式主義的文學觀——評揚風的「五四文藝寫作」〉，1948年6月14、16日
73　〈論「臺灣文學」諸問題的論爭〉，1948年8月2日。

是資本主義社會？經過一九二七年失敗以後的中國革命究竟是資產階級革命，還是無產階級革命？」的問題意識。[74]誠如何干之在一九三七年《中國社會性質論戰》一書的「序」中，開宗明義指出的：「中國社會性質問題的論戰，是在中國民族解放暫時停頓後才出現的。革命的實踐，引起革命的論爭，論爭所得的結果，又糾正民族集團中的偏向，幫助實踐的開展。」[75]基於臺灣與中國革命的「連帶」性，為瞭解決「抗日路線」之爭，臺灣二十世紀二十年代末有關「中國社會性質問題」的論爭，甚至早於大陸。一九二七年前後在《臺灣民報》（1926年8月-1927年2月）上，許乃昌主要依據其師瞿秋白在「五卅慘案」情勢下的無產階級革命論，與陳逢源進行了一場「中國社會性質」的論辯。[76]探討中國社會當時能否不經過「資本主義」而跳躍到

---

74 關於中國社會性質論戰的問題意識見王禮錫、陶晶清編：〈中國社會性質論戰序幕〉，《中國社會性質論戰》第一輯，上海市市：神州國光社，1932年，轉引自曠新年：《1928：革命文學》（濟南市：山東教育出版社，1998年），頁81-82。陳映真指出了一九二八年「中國社會性質」論爭的背景：這場論爭「是基於對一九二七年北伐革命的挫敗的反省，而自重新摸索中國社會性質著手，檢討中國社會形態與中國革命的性質、敵我關係、階級構造和革命的方針政策。第三國際指導下各國共產黨的綱領，都依據馬克思主義的社會形態（性質）理論，對自己當面社會進行了分析，並根據這分析來決定革命的性質、目標和方針。」見陳映真：〈以意識形態代替科學知識的災難──批評陳芳明先生的〈臺灣新文學史的建構與分期〉〉，《聯合文學》總189期（2000年7月），頁142。

75 何干之：《中國社會性質問題論戰》（上海市：生活書店，1937年），頁1。

76 根據若林正丈的研究：一九二七年臺灣文化協會分裂前，從一九二六年八月到一九二七年二月，沫雲（即上海大學派的許乃昌）和保守派的文協理事陳逢源，在《臺灣民報》展開一場關於中國社會性質（中國有無資本主義發展的可能性），以及關於往後的臺灣抗日運動的大論戰（途中只有一次蔡前加入批判陳），「一面緊盯中國國民革命的進展，一面爭論中國有無資本主義發展的可能性，在如後的臺灣抗日運動的情勢中，反映了抗日陣營內濃厚的左、右對立色彩」。論爭中許乃昌的許多論述乃大量援用瞿秋白在五卅的情勢中所寫的〈國民革命運動中的階級分化──國民黨右派與國家主義派的分析〉，主張：中國社會在資本主義的最後階段，即帝國主義的時代成為世界資本主義的殖民地，為既非封建社會亦非資本主義社會之中間形態社會，可能不經過資本主義而跳躍。中國的資產階級對帝國主義的妥協性在五卅

「社會主義」階段？中國從「國民革命」進展到「社會革命」，革命的領導權是否應該由「無產階級」領導才能克服「資產階級」領導的妥協性？二次大戰後，美、蘇兩大強國介入國共內戰，「中國社會性質」的問題意識再度出現在臺灣文化場域，表面上探討的是「五四精神」的揚棄與繼承的問題，然其終極關懷歸根結柢仍在於「冷戰」與「內戰」所引發的中國政治路線的思索。

　　揚風與雷石榆在繼承「五四」與否，和涉及「中國社會性質」的議論中，各自堅持己見，筆戰從「中國社會性質」議題，又轉而探討「新現實主義」的創作方法與世界觀的論題。新現實主義論爭，首先由臺灣青年作家阿瑞[77]寫了一篇〈臺灣文學需要一個「狂飆運動」〉（1948年5月14日），要臺灣地區學習德國十八世紀浪漫主義的「狂飆運動」，以突破日本殖民統治造成的思想、語言、文化與感情一切歷史重壓，「發揮個性的創造精神」，並「打破所謂『臺灣文學』的狹隘觀念」。雷石榆發表〈臺灣新文學創作方法問題〉（1948年5月31日），認為阿瑞提倡的「狂飆運動」雖正當卻不夠具體，而提出「新寫實主義」的創作方法與世界觀。雷石榆認為浪漫主義的「狂飆運動」，固然可以「開放個性，尊重感情，解說思想，打破狹隘的觀念，藉以剷除存在於臺灣社會下層的傳統的封建意識及殘留在市民層的被資本主義的意識形態歪曲了的觀念」；但除此之外，還要以「新的寫實主義為依據」：

　　　　涵養更高的人生觀（提高浪漫主義的個人中心到群體中心），

事件中清楚可見，國民革命如果由資產階級領導，終歸不徹底。如由無產階級指導的話，能夠爭取人民利益，與帝國主義國人民的革命相結合，推進社會主義。見若林正丈著，陳怡宏譯注：〈尋找遙遠的連帶——中國國民革命與臺灣青年（下）〉，《臺灣風物》第53卷第3期（2003年9月），頁142。

77 阿瑞本名劉慶瑞，當時就讀於臺大，見林曙光：〈感念奇緣吊歌雷〉，《文學臺灣》第11期（1994年7月），頁22。

宇宙觀（提高浪漫主義的精神超越到科學的認識），更深刻地觀
察現實，分析現實的特異，氛圍，動向，沒入生活，使用生活
的練金術；從民族一定的現實環境，生活狀態，把握各階層的
典型性格，不是自然主義的機械刻劃，不是浪漫主義的架空的
誇張。而是以新的寫實主義為依據，強調客觀的內在交錯性、
真實性；強調精神的能動性、自發性、創造性；強調發展的辯
證性、必然性。新的寫實主義是自然主義的客觀認識與浪漫主
義的個性、感情的及積極面綜合和提高。（底線為筆者所加）

　　揚風先發表〈「文章下鄉」──談展開臺灣的新文學運動〉（1948
年5月24日），批判阿瑞提出「開放個性」的「狂飆運動」，認為：「現
在整個中國的進步的文藝運動，已不再是邁著老步子要求個性奔放的
『狂飆』時代了，中國的文藝運動，已經邁著它新而健強的步伐──
那就是我們叫慣了的現實主義的大眾文學。」又說「『狂飆運動』是
開歷史的倒車，不能使臺灣新文學運動，走上堅實而健強的道路」。
雷石榆提出「新寫實主義」的創作方法世界觀後，揚風在〈五四‧文
藝寫作──不必向「五四」看齊〉（1948年6月7日）中指出：「新現實
主義是社會主義的寫實主義，是主張階級文學的（及文學階級性），
根本就拒絕雷先生裝在紙袈裟裡的『浪漫主義』的『個性』和『情
感』的。新現實主義也只是廣大勞動人民求民生、反專制、求解放、
反獨裁的積極的行動和怒潮。新寫實主義的『個性』是廣大勞動人民
的群眾性。」揚風著眼於文學的「階級性」，堅持「現實主義的大眾
文學」，完全無視於雷石榆所提的「新現實主義」是批判性的繼承浪
漫主義積極的能動性、創造性的一面，並與克服了自然主義的靜態世
界觀的現實主義之真實性與科學性相結合，辯證地融合的主觀作用與
客觀作用。揚風一再貶抑「浪漫主義」，要雷石榆「革除小資產階級

的意識和精神」[78]。

　　針對揚風強調「階級性」的文學觀，雷石榆在〈形式主義的文學觀──評揚風的「五四文藝寫作」〉（1948年6月14、16日）中以「社會主義現實主義」在蘇聯社會文藝理論的辯證發展，解釋說「蘇聯自革命，到新經濟政策，到第二次五年計劃中可說是絕對主張文學的階級性的」，但是，「問題的錯誤」不在於「階級性」，而是「立腳於機械的唯物觀，加上宗派主義的成見，在十七年前，蘇聯的作家全面地展開了『社會主義的現實主義』運動，清算了『拉普』（蘇聯左翼作家同盟）的宗派主義、教條主義把文學從圖式化、公式主義解放出來」。並引述高爾基的話「托爾斯泰、巴爾扎克、莎士比亞、佛羅貝爾……他們是浪漫主義呢？還是現實主義？大概一切偉大的作家都是兩者的融合」，以說明如何「批判地接受文學遺產」。雷石榆肯定揚風強調的文學的「階級性」，他也強調：「問題只在於你在何種立場來寫，有沒有立腳於正確的世界觀？」但也同時駁斥揚風否定「個性」、「情感」和「才能」等主觀條件的作用。

　　揚風與雷石榆又再度交戰了一回。揚風發表了〈新寫實主義的真義〉（1948年6月28日）、〈從接受文學遺產說起〉（1948年7月7日），前文認為「在新現實主義這一戰鬥的文學陣營中，不但要不斷對外展開戰鬥，對內更要不斷的批判清算。批判清算那些動搖的、消沈的、不徹底的，尤其對雷先生那樣在『浪漫主義』的尾巴上貼上『進步』的黃旗的……讓他們露出浪漫派才子的蒼白而病態的原形來」。並辯駁說他並不否定一切作者的「個性」和「感情」，而是反對雷石榆提倡的浪漫主義的「個性」和「感情」；後文則承認「接受文學遺產」的必要性，但「絕不能只著眼於過去，更應睜大眼睛看著變動中的現在。就是說過去應該是現在的過去，它應該於現在是有意義的、有益

---

[78] 〈從接受文學遺產說起〉，1948年7月7日。

的」。揚風於此表現了他對「社會變動得像滾水似的在沸騰著」的「革命」的激進與狂熱，行文中仍舊口氣強硬地批評雷石榆的「浪漫主義個人中心」，但終於改口承認浪漫主義有積極的一面。揚風在「新現實主義」的論辯中，以及前述承繼「五四精神」與否、「中國社會性質」的一系列的論辯中，都一再顯露他機械而教條的社會主義論述的一面，此處面對雷石榆引述蘇聯社會主義文藝理論的質問，顯得無力招架。

　　雷石榆於〈再論新寫實主義〉（1948年6月30日、7月2日）一文，再度引述高爾基的話，區分「被動的」與「積極的」浪漫主義的差別：「被動的浪漫主義——那是修飾現實，或使那現實和人物妥協，或從現實向自己的內部的世界作無益的逃避。……積極的浪漫主義則強化人對生活的意志，對現實和現實一切壓迫的反抗心，從人的內部喚醒起來。」雷石榆並駁斥揚風所謂的「群眾性」、「階級性」太籠統。進而提出他所謂的「個性」「感情」乃是基於「廣而深的實踐和對典型環境的典型性格的正確把握」，「不是抽象的『群眾性』或『廣大的人民性』，而是具體地被抽出自某一階層的共通的特性」，因為「革命文學不是單以無產階級對資產階級的鬥爭，或某民族對某帝國主義鬥爭為主題，而是站在最高的世界觀作更廣泛、更深入、更多樣的描寫」。雷石榆在這次關於「新現實主義」論辯中，陸續提出立足於正確的世界觀，結合寫實主義的客觀認識與積極的浪漫主義的個性與情感的主觀、能動作用，以及典型性、階級性的問題。觸及了從二十世紀三十年代發展到四十年代的社會主義寫實主義文藝理論的核心概念，同時多少受到一九四五年到一九四八年間正在發展的中共文藝理論家邵荃麟、林默涵，對胡風「主觀精神論」展開批判論爭的影響。雷石榆的觀點傾向於胡風強調的創作過程中，「主觀戰鬥精神」的「能動性」、「創造性」的作用。另外，一九三〇年代曾經留學東京的雷石榆所提出的「新現實主義」的論點，明顯受到藏原惟人「新現

實主義論」的影響，前引幾段雷石榆的主要論點，吉光片羽地表現了藏原惟人強調的「要寫本質、寫必然，寫出社會前進的趨勢」，以及要「寫複雜個性，寫心理」，「把人們和那一切的複雜性一起全體地把握」。[79]

　　駱駝英在〈論「臺灣文學」諸問題的論爭〉[80]總論《臺灣新生報・橋》副刊的論爭時，除了對揚風與雷石榆關於「新現實主義」的筆戰有持平客觀的評論外，他也對「新現實主義」理論做了補充。駱駝英針對「世界觀」指出：「新現實主義是立腳在唯物辯證論和歷史唯物論上，且站在與歷史發展方向的方面相一致的階級（資本主義社會的掘墓人）的立場的藝術思想和表現方法（合稱為創作方法）。」駱駝英並強調「新現實主義」與「革命浪漫主義」的關係，是「批判性地接受了革命的浪漫主義和舊現實主義的優良成分」，「兩者是辯證地統一著。即客觀決定存在，主觀亦能施反作用於客觀的存在」。駱駝英針對「個性、階級性、群體性與典型」的問題，批判揚風「徹底否定了新現實主義的文藝中人物的個性，同時將階級社會裡文藝的階級性都模糊了。這樣根本就是否定典型，因而也就是否定文藝，取消文藝」。駱駝英認為「人物的典型」是個性、階級性與群體性（如民族性、人民性與集團性）的統一，階級性是其中決定的因素。但取消了「個性」會「消解人類對於幸福自由的未來的渴望和戰鬥的熱情。」而文藝的目的「不只是要將人民的個性感情思想觀念等解放，

79　有關藏原惟人「新現實主義」的理論根源與主張，參見艾曉明：《中國左翼文學思潮探源》。艾曉明指出：「藏原惟人作為『納普』的發起人和理論權威，著重強調了文學運動要區別於政治運動，要求推進藝術創作的發展。他不以對大眾直接進行宣傳鼓動的藝術為滿足，還要求有『現代生活的客觀的敘事詩的展開』，認為只有向這方面努力，『才使得藝術真正成為革命的武器又是建築明日的藝術基礎』。在無產階級方向確立的基礎上，維護和重視藝術性是藏原惟人在與『納普』內其他人關於藝術性質進行論爭時一貫堅持的立場。」見艾曉明：《中國左翼文學思潮探源》（長沙市：湖南文藝出版社，1991年），頁134-135。

80　1947年7月30日、8月2日、8月4日、8月6日。

更重要的是要使人民從經濟的殘酷的榨取和政治的高壓下解放出來」。

外省文化人探討「五四精神」的揚棄與否，中國社會性質，以及「新現實主義」與革命浪漫主義的關係這些議題時，發生過激辯的揚風、雷石榆或是總結論爭的駱駝英，儘管論述有教條或辯證之別，但都是基於他們在「抗日戰爭」中對國、共兩黨的認識，而傾向支持與民主黨派站在同一陣線的共產黨。他們想借由論爭把抗日戰爭前形成的「民族革命戰爭的大眾文學」的論爭成果，引進臺灣，讓臺灣人清楚敵、友，以擴大聯合統一陣線。

揚風在一九四八年三月二十八日《臺灣新生報・橋》第一次作者茶會上，認識了楊逵，兩天後即主動往訪楊逵，揚風在一九四八年三月三十的日記裡，詳細記載了兩人第二次會面的情形，並提到《臺灣新生報・橋》副刊的論爭是為了讓文化人「認清敵友」：

> 我去看了楊逵，可惜的是：我們言語不通，否則可以交換更多的意見。我們用筆談，談到了當前的臺灣文藝界，和今後展開和推動臺灣的文藝活動。我們都迫切的感覺得到我們需要一個自己底自由的園地，我們在新生報投稿，第一被束縛了，不能大膽的寫，第二，我們反做了官報的拉拉隊，這實在是不必要，而且顯得無聊的事。但在目前我們沒有自己的園地前，可以借新生報這個小副刊做一種文藝的啟發運動，可以造成文藝的空氣，然後，再從這許多作者中去分別我們的敵人和友人，聯合一些進步的文藝作者，組成一個堅強的陣線，再來自己辛苦的耕耘自己的園地，這樣去展開和推動臺灣的文藝運動，才有一條正確的路線。[81]（底線為筆者所加）

---

81 揚風日記首次出土，轉引自黃惠禎：《左翼批判精神的鍛接：四〇年代楊逵文學與

　　揚風的日記充分說明了在《臺灣新生報・橋》論辯中，帶有「統一文化戰線」動機的文化人，企圖利用官報文藝園地先造成文藝空氣，並從中「認清敵友」，為創辦自己的創作園地做準備。揚風與楊逵從此來往密切，在一九四八年八月前後為擺脫警備總部逃離臺灣時，寄放了一大皮箱的書籍與文稿在楊逵家中。[82]楊逵則於同月推出《臺灣文學叢刊》，展開耕耘自己的園地的文藝工作，第一輯刊出的第一篇作品就是揚風的〈小東西〉，描述一位失學的臺灣女工淪落妓院的故事。

　　上述揚風的論述則幾乎是香港《大眾文藝叢刊》上喬木等人對胡風批判的翻版，而且顯然受到共產黨在內戰中節節勝利的鼓舞。但這並非揚風個人獨有的現象，臺灣的青年作家一樣也被內戰的局勢以及毛澤東「新民主主義」論述牽動著。試看他們關於文藝大眾化與現實主義的主張，歐陽明說要「培養民主的新文學的蓓蕾，讓新的文學走向人民，作為人民自己的巨大的力量，創造今天人民所需要的『戰鬥的內容』、『民族風格』、『民族形式』適合於中國人民大眾的要求和興趣」；葉石濤說「必須打開窗口自祖國導入進步的、人民文學」[83]；蔡瑞河說「（要）有社會性，以替臺灣民眾訴苦，為臺灣人民吐露希望的……大眾化的人民文學」[84]；籟亮（賴義傳）提出「不是死的鄉土文學，而是動的寫實文學」[85]；陳百感提出「為臺灣人民所易於接受和喜見樂聞」的「民族形式」，要教育人民並向他們學習，把文學作為鬥爭的武器為人民服務，[86]又說「我們雖喊著『為人民』，但事實

　　思想的歷史研究》，頁405。楊逵主編的《臺灣力行報・新文藝》（1948年9月6日），的《北平通訊》，以及《臺灣文學叢刊》第2輯（1948年9月15日）的「文藝通訊」皆刊出揚風的「通訊」。

82　黃惠禎：《左翼批判精神的鍛接：四〇年代楊逵文學與思想的歷史研究》，頁404。

83　〈臺灣新文學的建設〉《臺灣新生報・橋》，1947年11月7日。

84　〈論建立臺灣新文學〉《臺灣新生報・橋》，1948年11月30日。

85　〈關於臺灣新文學的兩個問題〉，《臺灣新生報・橋》，1949年1月14日。

86　〈臺灣文學嗎？容抒我見〉《中華日報・海風》，1948年8月15日。

上，我們的文藝運動卻已經給人民的時代拋在後頭了！……巨人的那一個『民族形式』的口號，是同時向全國進步的作家提出的，但在這裡和那裡，結果竟是如此不同，那裡的文藝運動，已經向『人民的』這目標大大地跨了一步」[87]；吳阿文（周青）強調理論與實踐的統一：作為一個人民作家，不僅要學習革命的文學理論，同時也要以革命的實踐行動配合理論，「反過來在戰鬥中提高革命文學理論的水平」，「要努力與國內的『戰鬥的民主主義文學友軍』，取得密切聯繫，而促成步調一致的新現實主義文學」[88]；楊逵提倡「人民文學」、「反映臺灣現實而表現著臺灣人民的生活思想動向的有報告性的文學」[89]。

　　上述種種臺灣文化人強調戰鬥性、社會性、人民性與寫實性的論調，都乍現著香港中共文化人宣傳的毛澤東「人民文學」的革命話語。論爭中王潚提到：「最近香港出版了一本《文藝的新方向》，荃麟寫了一篇很長的東西，說明現階段文藝的路向，《臺灣新生報・橋》也曾為了這個問題……內容是早經蓋棺論定，一致贊同，……文學是屬人民的。」[90]鄭樹森指出當時左派利用了香港的轉口港之便，展開對臺灣的初步工作。[91]可見毛澤東有關「人民文學」的無產階級革命話語透過香港傳播到了臺灣。

　　臺灣在日本殖民地統治時期於一九三〇年即展開過關於「文藝大眾化」的論爭，其中關於藏原惟人的「新現實主義」理論輸入亦曾經與大陸有過共同的語境。[92]兩岸文化人在國、共內戰期間再生產二十

87　〈答駱駝英先生〉《中華日報・海風》，1948年9月5日。

88　〈略論臺灣新文學建設諸問題〉《臺灣新生報・橋》，1949年3月7日。

89　〈歡迎投稿〉，《臺灣力行報・新文藝》創刊號，1948年8月2日。

90　〈我看「臺灣新文學運動」的論爭〉，《臺灣新生報・橋》，1948年6月4日。

91　〈三人談〉，收入鄭樹森、黃繼持、盧瑋鑾編：《國共內戰時期香港文學資料選》（香港：天地圖書公司，1999年），頁5、22。

92　徐秀慧：〈無產階級文學的理論旅行（1925-1937）——以日本、中國大陸與臺灣「文藝大眾化」的論述為例〉，《現代中文學刊》2013年第2期，頁34-43。

世紀三十年代新現實主義美學的論述，都貫串在階級認同與社會革命的意識底下。他們出於階級認同而提倡文藝大眾化與新現實主義文藝美學的論點，顯現兩岸文化人一樣是以議論文學的方式辨明行動邏輯，響應這場正在發生的社會階級革命。

　　《臺灣新生報・橋》副刊論爭的現實意義，所顯現的是面對生死攸關的內戰，文化人要如何行動？此一問題要解決的是中國社會要邁向「民族獨立」的國家，是否已經完成「反殖民」與「反封建」的課題？而其問題意識皆出自於社會革命「路線」，到底要向「左」，還是向「右」的問題？社會革命的領導權是應由無產階級領導，還是資產階級領導？對當時的文化人而言，由美國提供經濟與軍事援助的國民黨政權，從一九四七年「五二〇」大規模鎮壓學運、肅清「異議分子」以來，已充分暴露出它「反革命」的性質；因此，傾向於同情並支持與各民主黨派站在同一陣線的共產黨。密切注意國共內戰變化的文化人，認為惟有釐清這些問題才能辨明「實踐邏輯」，也才有行動的準則。外省文化人筆戰的結論，最後和本省文化人正面肯定繼承五四的「反帝」、「反封建」的革命精神以及現實主義文藝大眾化的理念，殊途同歸。

二　人民文學與文藝大眾化的倡議

　　光復初期，是臺灣社會主義文藝理論「再出發」的時期。[93]龍瑛宗在這一波社會主義文藝思想復甦的潮流中帶有相當的「先鋒性」。第四章已述及戰後龍瑛宗的一系列作品，展現他社會主義文藝理念的批判思維。龍瑛宗在《中華日報》的《文化》欄廢刊前的一九四六年

93　參見施淑：〈臺灣社會主義文藝理論的再出發——新生報「橋」副刊的文藝論爭（1947-1949）〉，《世界華文文學論壇》第33期（2000年），頁20。

十月三、四日，刊登了翻譯成日文的（葉）以群[94]的〈新民主運動與文藝〉，這是從一九四六年二月五日上海的《文聯》第一卷第三期中以群發表的〈新民主運動中的文藝工作〉[95]節錄翻譯過來的。以龍瑛宗對社會主義理論的認知，不會不知道葉以群在中共文藝運動中所擔任的要角，尤其是一九三〇年葉以群曾經領導建立了中國左翼作家聯盟東京支部，此後從事「文藝大眾化」的理論著述不遺餘力，向來注重中、日左翼文化動態的龍瑛宗，刊登（葉）以群這篇文章應該不是偶然，而是有心為之了。

　　（葉）以群在〈新民主運動與文藝〉提倡「文藝大眾化」為主旨的文章中，主張配合「政協會議」以來新民主主義革命情勢，文藝工作者應深入人民中，創作「各種形式、各種水平，各種風格的新文藝，以適應廣大人民（讀者）的需要」。從龍瑛宗刊登這篇〈新民主運動與文藝〉，說明戰後席捲中國各地的民主運動，同樣也日漸地席捲一九四六年的臺灣，使非行動派的龍瑛宗也起而呼應。《中華日報》的《文藝》／《文化》，是當時唯一的日文欄文藝副刊，龍瑛宗身為主編，他的思想軌跡也與本書第四章所分析其他左翼文化人一樣在內戰爆發後傾向於毛澤東的新民主主義運動。

　　光復初期，被日本軍國主義壓抑的社會主義思潮，又在國民黨一黨專制「接收」的腐敗溫床中，迅速復甦。除了表現在第四章所分析的左翼文化人主導的政論文化綜合雜誌上，另外當時各報的文藝性副刊（不包括綜合副刊，如《臺灣新生報‧新地》和《中華日報‧海風》），無論主編的省籍，一致地表現出社會主義的文藝美學傾向。這些副刊包括：

---

94 有關葉以群的身份，請參看本書第二章第二節。

95 （葉）以群：〈新民主運動中的文藝工作〉，見北京大學等現代文學教研室編：《文學運動史料選》，第5冊，頁190-195。

《中華日報》日文欄副刊《文藝》《文化》，1946年3月15日-
　　1946年10月25日，龍瑛宗主編。
《中華日報‧新文藝》，1946年10月31日-1947年8月24日，江
　　默流主編。
《人民導報‧南虹》，1946年1月1日-1946年1月14日，木馬主編、
　　1946年1月15日-1946年2月14日，黃榮燦主編。
《和平日報‧新世紀》，1946年5月4日-1947年2月13日，王思
　　翔主編（注：綜合副刊）。
《和平日報‧新文學》，1946年5月10日-1946年8月9日，楊逵
　　主編。

　　上述文藝副刊，常出現翻譯與介紹中、蘇現實主義文藝理念的評論或作品，奠下了二‧二八事件以後「新現實主義」文藝思潮的基礎。筆者將二‧二八事件前、後這方面的相關作品，包括《臺灣新生報‧橋》副刊「新現實主義」的論爭已列入（附錄表7-10），關於文藝大眾化思潮的論述則整理成（附錄表7-12）「民主思潮與大眾文學創作思潮」作品目錄。

　　楊逵於事變前編輯《和平日報‧新文學》時，就已大量轉載或刊登大陸二十世紀三十年代以來站在人民立場的作品，這些作家包括：樓憲、艾青、老舍、趙景深、何其芳、許傑、茅盾、臧克家、郭沫若、艾蕪、劉白羽、豐子愷、莫洛等等，有一半以上是三十年代「中國左翼作家聯盟」的作家。而高爾基和托爾斯泰、葛洛斯曼等俄國名家的名字，也閃耀其中，（請參看附錄表7-11）《和平日報‧新文學》副刊作品目錄」，可見楊逵如何積極引介社會主義文藝美學的創作。二‧二八事件以後這方面的論述，從（附錄表7-12）的作品目錄可看出主要集中在楊逵所編的《臺灣力行報‧新文藝》（1948年8月2日-1948年11月15日）副刊。繼二‧二八事件以前臺北和上海因「紀念魯

迅」促成兩岸文化界的結盟，二・二八事件後楊逵編輯的《臺灣力行報・新文藝》副刊，則因為國民黨在全國各地發動大規模的整肅，大批文化人南下香港避難，楊逵也轉而與香港左翼文化陣線互通聲息。這份二・二八事件後罕見由本省文化人主編的文藝副刊，楊逵的編輯策略如何因應詭譎的時局變化？唯有將《力行報・新文藝》副刊與當時的政治、社會、文化場域聯繫起來考察，才能突顯楊逵二・二八事件後一再鼓吹文化統一陣線，企圖以文化力量介入現實、達到社會改革的目的，由此突顯臺中的《臺灣力行報》副刊在戰後初期臺灣文化場域的重要性。

目前關於《臺灣力行報》的研究，有朱宜琪在碩士論文針對楊逵主編的《臺灣力行報・新文藝》副刊上大學院校青年的作品做過分析，[96]但未能突顯《臺灣力行報・新文藝》在文學場域的重要性。目前位於臺中的公共資訊圖書館的數位典藏資料庫的「舊報紙數位典藏資料庫」收藏上網的《臺灣力行報》僅有一九四八年的五月至七月三個月份的報紙。筆者收集的《臺灣力行報・力行》副刊從一九四七年十一月十五日創刊號至一九四八年十一月十七日第一九〇號，楊逵主編的《臺灣力行報・新文藝》副刊則從一九四八年八月二日第一期至一九四八年十一月十五日第二十期。[97]報紙一直發行到一九四九年的五月十日被警總查封。[98]雖然還有將近半年的《臺灣力行報》尚未得見，但從現有的資料中已足以管窺楊逵的編輯策略。

---

96 朱宜琪：《戰後初期臺灣知識青年文藝活動研究——以省立師院及臺大為範圍》第三章第三節〈校園創作者與〈力行報・新文藝〉副刊〉，成功大學臺灣文學所碩士論文，2003年6月。

97 感謝曾健民先生與橫地剛先生提供資料。

98 根據〈辦報坐冤獄，半世紀後獲賠〉一文報導，張友繩遭前臺灣省保安司令部指揮所指控思想偏激、報導失實、為「匪」宣傳，一九四九年五月十日查封報社，羈押張友繩，一九五〇年發交「新生總隊」感化教育一年六月，至獲釋共羈押兩年一個月。《中國時報》，2001年5月5日。

　　《臺灣力行報》剛開始創辦時是三日刊，直到一九四八年八月一日才改成日刊。七月二十八日刊出一則啟事強調：「〔本刊〕內容盡量力求充實，國家大事、國際新聞均作正面精編報導，盡量發揮地方特性，地方新聞將占全篇幅二分之一。」改成日刊的同時，特地於原有《力行報・力行》綜合副刊之外，另闢《新文藝》副刊，延攬當時在《臺灣新生報・橋》副刊論爭中具有主導作用的臺灣作家楊逵擔任主編。無論是擴大地方版，或是拉攏具有名望的本地作家楊逵，這份沿用事件前《和平日報》廠房設備的《臺灣力行報》似乎在模仿事件前《和平日報》擴大地方影響力、爭取讀者的策略。《臺灣力行報》與《和平日報》這兩份二二八事件前後在臺中創刊的報紙其實有許多相似之處。

　　相較來說，二二八事件後楊逵主編《力行報・新文藝》時編輯理念並未改變，但編輯策略卻比《和平日報・新文學》時期更謹慎了。從國民黨監獄的鬼門關走一回的楊逵，顯然對於國共的政治鬥爭有了進一步的瞭解。楊逵不再轉載大陸負有盛名的左派作家的作品，但他仍然從上海的《展望》雜誌與香港的《大眾文藝叢刊》中轉載了左翼的文藝理念與作品。同時楊逵主編的《臺灣力行報・新文藝》刊登的作品包括小說、文論與謠諺，大都是青年作家的作品，特別是臺中「銀鈴會」的作家占了大部分。相較於二二八事件前楊逵主編的《和平日報・新文學》大量轉載大陸名家作品的編輯策略，致力於祖國的新文學交流；事件後，楊逵顯然意識到文壇低迷氣氛中，培養臺灣文學的生力軍的重要性。他在座談會就表示「老先輩已經老了，沒有元氣，沒有熱情。讓我們年青的人來幹」[99]。受到楊逵的影響，原本色彩並不鮮明的《臺灣力行報・力行》綜合副刊也出現愈來愈多的現實主義的作品，從這裡可以看出楊逵當時在文化界的影響力。

99　〈本報主辦第一次新文藝座談會紀錄〉，《臺灣力行報・新文藝》，1948年8月16日。

　　《臺灣力行報》創刊於孫中山誕辰紀念日的一九四七年十一月十二日。「創刊獻辭」表明：緬懷孫中山締造民國的艱難，並哭半世紀來大好河山輾轉烽煙裡，批判「共匪」為一己利益，勾結國際外援，背叛民族主義，偽揭「民主」。以站在篤信三民主義之民營報紙的立場，肩起政府與民間橋樑的責任，使三民主義的「新中國」早日實現。創刊號頭版同時刊出晨曦的《理想之邦》說明美國的制度「政治民主，經濟放任」、蘇聯制度「經濟平等，政治獨裁」，唯有三民主義「政治經濟均獲得平等，人民均有參加政治之自由」，才是理想的政治制度。

　　這篇文章並批評共產黨不但政治方面沒有美式民主，政治方面也沒有走蘇聯的路線，不過是「掠奪」的「土匪」行徑而已。這番「反共」言論，已經是二二八事件以後所有報刊的正字標記。事件前行政長官陳儀對言論採取自由放任的態度，黨政軍的報刊勢力分化，導致官方的文化宣傳互相攻訐，出現多頭馬車的亂象。在一些民間創辦《民報》、《人民導報》也可以看到批評時政的言論，對國共內戰持比較客觀的報導，甚至在左派的《臺灣評論》上還可看到稱許共產黨的文章。事件後新任的魏道明省主席表面上一派民主作風，但由「CC派」控制的省黨部一手總攬了臺灣的文化宣傳，對報刊的言論嚴加管制。「反共」的言論比起二二八事件前，顯然佔據了所有官方報紙的頭版，成為所有報紙的每天都要強調的「霸權話語」，言論的空間並不因「改制」而享有更大的自由。「白色恐怖」的清鄉與鎮壓，也對文化界造成很大的衝擊，沈寂一陣子之後，文化人才打破沉默，卻只能轉移到官辦的報紙副刊為陣地，民間辦報刊的可能性大大縮減。例如曾經受陳儀重用的青年黨人李萬居，本來擔任《臺灣新生報》的社長，事件後報社改組，李萬居權力被架空，因此離開《臺灣新生報》，想模仿大陸《大公報》的中間派立場自行創辦《公論報》，但對內戰的報導卻必須仿效其他官報的「反共」立場。至於《臺灣力行

報》的「反共」言論應該與發行人張友繩的班底大都是青年軍有關。

　　根據一九四八年六月三日《臺灣力行報》第四版上張友繩的〈《力行報》是怎麼辦的？〉一文，乃該報為慶祝第一期青年軍復員節而作。同一版面還有鄧文僖的〈完成歷史的使命——為紀念第一期青年軍復員兩週年而作〉，以及程肇禎〈復原兩週年的感想〉等等，這些文章將有助於我們拼湊《臺灣力行報》的創辦背景。其中「復員」指的是從軍中退伍回到社會崗位之意，《臺灣力行報》的班底是一些退伍的青年軍，他們與發行人張友繩一行人都是抗戰勝利後的一九四五年十月在政府的復員令下「離開了軍營，走進工廠，走進學校」[100]。張友繩的文章指出：報社既無政府津貼又無大亨撐腰，「《力行報》的存在，完全是我們同志熱情團結的表現，全社工作人員除了印刷工人以外，其餘都是青年軍同學，而且都是第一期的二等兵，我們都很明瞭幹新聞工作唯有苦才會真實，唯有站在大眾立場說話，才會得到大眾的支持」。[101]這些受過中、高等教育的青年軍，在抗日戰爭中還沒有在前線實際作戰的經驗，就迎接勝利而復員了。但是戰爭期間跟隨軍隊一路從軍，從事「挑土、挖泥、掃糞坑」的備戰工作，[102]戰爭期間的下鄉經驗，使他們頗能體會民生疾苦。誠如《臺灣力行報》創刊辭所表明的：「我們既為民間報紙！人民有隱痛有不平，我們有代為洩漏提供政府參考之必要。」翻閱報紙的言論也的確表現出地方報紙的民間立場。

　　楊逵主編的《臺灣力行報・新文藝》為何從上海的《展望》雜誌與香港的《大眾文藝叢刊》轉載左翼文藝理念的作品？有必要從當時國、共內戰的情勢說明此一背景。

---

100 鄧文僖：〈完成歷史的使命——為紀念第一期青年軍復員兩週年而作〉，《臺灣力行報》，1948年6月3日，第四版。

101 張友繩：〈《力行報》是怎麼辦的？〉，《臺灣力行報》，1948年6月3日，第四版。

102 方剛：〈話舊〉，《臺灣力行報》，1948年6月3日，第四版。

　　一九四七年五月十八日，蔣介石鑒於學生從紀念「五四」發動的「反饑餓、反破壞、反內戰、反美、反民主」的遊行，從上海蔓延到全國各地，愈演愈烈，因而發表談話，要求嚴處學生運動。國民黨政府發布「維持社會臨時法」，終於爆發警察與學生衝突的「五二〇」流血事件，數以百計的學生遭到逮捕，五月二十五日支持學生運動的《文匯報》《聯合晚報》與《新民晚報》遭到查封。「五二〇」事件波及全國六十多個城市的五月底，國民黨下令一年之內「徹底消滅」、「奸匪」，封鎖了二百六十三種「民主刊物」。[103]一九四七年七月，國民政府發布「戡亂動員令」，頒布並實施「後方共產黨處理辦法」、「特種刑事法庭組織條例」、「戒嚴法」等一系列法令。同年五月，一向主張「和平建國」的「中間派」團體民主同盟、民主促進會與三民主義同志會等，被國民黨指稱「受中共之命，而甘為中共之新的暴亂工具」。十月，國民政府宣布「民盟」為「非法組織」，明令對該盟及其成員的一切活動「嚴加取締」，國統區籠罩著「白色恐怖」的氣息。大批民主黨派與進步文化人在共產黨的協助下，南下香港；「反饑餓、反內戰、反迫害、求民主」運動的言論據點，也轉移到了香港。[104]

　　國共內戰時期香港的文化活動，誠如黃繼持指出的：按照現存資料來看，「左翼的活動幾乎占絕大部分」。盧瑋鑾也認為：「當時左翼活動儼然是香港文壇活動主流……極多是政治宣傳表態的行為」。鄭樹森基於二十世紀四十年代後期文學的政治化、左翼化及政策化，也指出：「政治化傾向並不是當時香港文壇的特殊現象。例如英國歷史、軍事小說家狄切爾訪港搜集資料。結果也在公開講話中『譴責蘇聯支持中共』破壞世界和平，讓我看到當年東西冷戰開始後的對抗，

103　橫地剛著，陳映真、吳魯鄂共譯：《范泉的臺灣認識——四十年代後期臺灣的文學狀況》，頁89。

104　袁小倫：《戰後初期中共與香港進步文化》（廣州市：廣東教育出版社，1999年），頁18。

連一些外國作家也不得不表態，甚至是『選邊』。[105]大陸左派文人利用香港屬的英國殖民地來掩護他們顛覆國民黨政權的活動，這個時期的香港扮演過去上海租界在二十世紀三十年代的作用，提供了一個「言論空間」。鄭樹森總括國共內戰時期的南下香港文人的文學活動，指出：「左翼文藝思想作為指導原則、文藝大眾化、普及與提高、批判資產階級文藝路線、土洋結合（洋為中用）等問題，其實可以說是五十年代中國大陸文藝理論與實踐的前奏。」[106]

　　二十世紀四十年代後期香港文學的政治化、左翼化及政策化的現象，其實是共產黨有組織性地運作的結果。毛澤東在一九四八年一月十四日為中共中央起草致香港分局、上海局及各中央局電〈對可以爭取的中間派應採取積極爭取與合作態度〉中指示：

> 對一切可以爭取的中間派，不管他們的言論行動中包含多少動搖性和錯誤成分，我們應採積極爭取與合作態度，對他們的錯誤缺點，採取口頭的善意的批評態度。……要在報紙上刊物上對於美帝及國民黨反動派存有幻想、反對人民民主革命、反對共產黨的某些中產階級右翼分子的公開嚴重反動傾向加以公開的批評與揭露，文章要有分析，要有說服性，要入情入理。[107]

　　當時香港的共黨以及「左」傾刊物遵照毛澤東的指示，在各種報刊上對民主黨派中一些人的動搖傾向和活動，先從理論上批判了中間路線、第三條道路。接著又針對標榜「中間路線」、「自由主義」的文

105 鄭樹森，黃繼持，盧瑋鑾編：《國共內戰時期香港本地與南來文人作品選》（香港：天地圖書公司，1999年），上冊，頁6-8。

106 〈三人談〉，見鄭樹森，黃繼持，盧瑋鑾編：《國共內戰時期香港文學資料選》（香港：天地圖書公司，1999年），頁5、22。

107 毛澤東：《毛澤東文集》（北京市：人民出版社，1996年），第5卷，頁15。

化人，採取又團結又鬥爭的方針，並且認為這種「對中間路線的批判是在有利於統一戰線的鞏固和發展的前提下進行」。例如《群眾》週刊、《華商報》就先後針對有自由主義思想和行動的知名人士梁漱溟、曹聚仁進行了專門的批判。[108]

左傾文化人為了加強「統一戰線」，也在文藝界大張旗鼓對國統區文學右傾現象發出了批判，以思想整風要求知識分子「到民間去」「向群眾學習」。其中《大眾文藝叢刊》的發行就具有鮮明的政治目的，它是中國共產黨香港工作委員會的文委組織直接領導的刊物，也是「一本對當時文藝運動進行指導和對解放區文藝作品進行評介的理論性文藝雜誌」。[109]這份雜誌創刊的時間點一九四八年三月，剛好是中國共產黨在內戰中已逐漸扭轉敗勢的時刻。毛澤東所領導的共產黨顯然已經在為勝利後的「黨的文藝政策」進行鋪路的工作，而其目的即在貫徹毛澤東一九四二年《在延安文藝座談會的講話》（下文簡稱〈講話〉）。將二十世紀三十年代以來「文藝大眾化」諸多面向的討論，聚焦為「為群眾」與「如何為群眾」，要求知識分子作家「向群眾學習」，完成自我的改造，以服膺於毛澤東所領導的無產階級革命，走向人民共和國的建立。

筆者綜觀當時香港的《正報》、《光明報》與《群眾》上有關「文藝大眾化」的討論，在展現毛澤東的「革命話語」的論述內容上有高度的同構性，其中又以《大眾文藝叢刊》的刊行最能體現中共文藝政策的動向。下文即以這份刊物為例，說明當時中共文化人在召喚「新中國」建立的同時，由於毛澤東高舉「人民民主」、「大眾文化」的旗幟，滿足了二十世紀三十年代以後文化人對「文藝大眾化」的新文化想像，因而服膺於毛澤東「為群眾」的集體主義之下。

---

108 詳見袁小倫：〈第五章　文化陣地與民主統戰〉，收入《戰後初期中共與香港進步文化》，頁216-277。

109 袁小倫：《戰後初期中共與香港進步文化》，頁67。

　　《大眾文藝叢刊》一九四八年三月創刊號以《文藝的新方向》為書名，其指示的方向就是毛澤東在〈講話〉中提出的文藝為工農兵、為人民服務的方向。《大眾文藝叢刊》每兩個月發行一期，到一九四九年三月共發行六輯（一九四九年六月因編者作者紛紛北上而自動停刊），每輯以中心內容或文章題目作為書名。其他各輯分別是《人民與文藝》、《論文藝統一戰線》、《論批評》、《新形勢與文藝》、《論主觀問題》。[110]錢理群指出：「第一輯《文藝的新方向》一出版，就在香港與國民黨統治區的文壇上產生震動，引出各種反應，據說『發行數字與日俱增，影響也逐漸擴大』，並且十分深遠，以至今日要瞭解與研究一九四八年中國文學以及以後的發展趨向，就一定得查閱這套《叢刊》。」[111]第一輯在各大城市的書局零售，為躲避國民黨的查禁在封底聲明：「本叢刊第二輯起：國內只收預定‧概不零售」，實際上訂戶範圍廣泛，有上海、廣東、河北、浙江、福建、東南亞各國的訂戶。有資料顯示《大眾文藝叢刊》當時也在臺灣流通，這部分下文再述。

　　從《大眾文藝叢刊》的主要撰稿人與其內容看來，都展現著鮮明的黨性，這些作者包括：（邵）荃麟〔時為香港工作委員會（簡稱「工委」）副書記、兼文化工作委員會（簡稱「文委」）委員，一九四九年擔任作家協會黨組書記〕、馮乃超（時為香港文委書記，一九四九年後任中共中央宣傳部人事處處長）、胡繩（時為香港文委委員，一九四九年後任中共中央宣傳部副部長、社科院院長等職）、林默涵（時為中共香港報刊工委書記，一九四九年後任中共中央宣傳部副部長、文化部副部長）、喬木（喬冠華，時為香港文委委員，「文革」後

---

110 袁小倫：《戰後初期中共與香港進步文化》，頁67。
111 錢理群表明這六輯《叢刊》，如今很難找全，北京大學圖書館也僅藏三輯，詳見錢理群：《1948：天地玄黃》（濟南市：山東教育出版社，1998年），頁23。筆者手邊僅有《大眾文藝叢刊》第1-4輯，其他闕漏的資料則參考《邵荃麟評論選集》，北京市：人民文學出版社，1981年；以及鄭樹森、黃繼持、盧瑋鑾編：《國共內戰時期香港文學資料選》，香港：天地圖書公司，1999年。

任外交部部長）、夏衍（時為中共華南局委員、香港工委委員、書記，一九四九年後任文化部副部長）、郭沫若（時為著名「民主人士」，一九四九年後任國務院副總理、科學院院長）、茅盾（時為著名「民主人士」，一九四九年後任文化部部長）與丁玲（時為解放區著名作家，一九四九年曾任中宣部文藝處處長），幾乎都是中華人民共和國成立後主管文藝工作的領導人物，或是作為「旗幟」的文壇領袖。錢理群根據一些當事人的回憶，並從創刊號的綱領文件〈對於當前文藝運動的意見〉這份署名「本刊同仁／荃麟執筆」的文章，判斷《大眾文藝叢刊》的刊物宗旨、指導思想、重要文章與討論議題，都不是個人（或幾個人）的意見，而是代表了「集體」，即至少是與中共主管文藝的一級黨組織的意志。[112]

　　〈對於當前文藝運動的意見——檢討、批評和今後的方向〉作為《大眾文藝叢刊》創刊的綱領文件，已經確立往後刊物的走向。文中首先斷定：「這十年來我們的文藝運動是處在一種右傾狀態中」，因而展開嚴厲的「對自己的批判」，乃在於「我們忽略對兩條路線的堅持」，「對於文藝階級立場的不夠堅定，對於馬列主義的藝術觀與毛澤東所指出的文藝觀點的不夠堅持」，以至於「削弱了自己的階級立場」。並一再引用毛澤東的〈講話〉（當時稱為〈論文藝問題〉）的內容作為文藝思想的指導原則。

　　一九四八年《大眾文藝叢刊》的「左」傾文人標舉的革命理想依舊是毛澤東一九四〇年〈新民主主義論〉中提出社會革命「兩階段論」以及各階級的統一戰線的論述：「現階段的革命的基本任務主要是反對外國帝國主義和本國的封建主義，是資產階級民主主義的革命，還不是以推翻資本主義為目標的社會主義的革命。」因此其文化內容「既不是資產階級的文化專制主義，又不是單純的無產階級的社

---

112 錢理群：《1948：天地玄黃》，頁25。

會主義，而是以無產階級社會主義文化思想為領導的人民大眾反帝反封建的新民主主義」。[113]當中間派的「中國民主同盟」一九四七年被國民黨公告為非法團體而被迫解散，「民盟」於一九四八年一月五日在香港召開一屆三中全會公開聲明：一、不承認總部的解散，二、推翻蔣介石政權，三、宣布與共產黨通力合作。[114]毛澤東立即於十四日指示積極爭取「中間派」合作。內戰期間曾經在香港擔任中共工委文委委員、香港生活書店總編輯的胡繩，晚年不諱言地表示當時真正認同國民黨與共產黨的，相較於廣大的中間勢力來說，畢竟都是少數。共產黨的勝利在於廣大的中間勢力倒向共產黨。[115]

當國民黨因內戰的失利而逐漸暴露封建官僚體制的專制性格時，共產黨在當時的確代表著一股新生的力量。然而，二戰後中間派原本所主張的「第三條路線」是「拿蘇聯的經濟民主來充實英美的政治民主，拿各種民主生活中最優良的傳統及其可能發展的趨勢，來創造一種中國型的民主，這就是中國需要的一種民主制度」。[116]儘管中間派這種出於折中調和的路線，其對於人民民主的「理想新中國」的召喚同樣是一種烏托邦的想像，不見得有現實的可能。然而，自一九二七年社會運動左右分化以來，國民革命路線的分歧問題一直因為中日戰爭而被擱置多時，又受制於美、蘇兩大強國意識形態對壘的牽動，國、共兩黨透過內戰進行對決幾乎是勢不可免的，兩黨也同時祭出戰鬥性的「革命」話語。那麼當廣大的中間派為了求生存而「倒向共產黨」，也等於是被迫放棄了「第三條路線」。

---

113 毛澤東：《毛澤東選集》，第2卷，頁704。

114 金沖及：《轉折的年代——中國的1947》，頁430。

115 見「從五四運動到人民共和國成立」課題組著：《胡繩論「從五四運動到人民共和國成立」》（北京市：社會科學文獻出版社，2001年），頁3。

116 中國民主同盟中央文史資料委員會編：《中國民主同盟歷史文獻（1941-1949）》（北京市：文史資料出版社，1983年），頁77，轉引自金沖及：《轉折的年代——中國的1947》，頁406。

　　一九四七年「五二〇」學潮之後，從上海被迫轉移文化陣地到香港的大陸進步文化人，在香港的文化工作有三：第一，批判「反動文藝」；第二，宣揚「文藝大眾化」的文藝理念；第三，倡議「方言文學」。楊逵在編輯《臺灣力行報・新文藝》副刊與《臺灣文學叢刊》時，即積極於「文藝大眾化」的鼓吹，並以閩南話歌謠實踐「方言文學」[117]。誠如橫地剛指出的《臺灣力行報・新文藝》副刊轉載上海、香港進步刊物的文章：

> 楊逵從（邵）荃麟、馮乃超編的《大眾文藝叢刊》中轉載適夷
> （案：樓憲）的《林湖大隊》，他也從《展望》轉載了徐中
> 玉、姚理、石火的評論文章，傳播文學的新思潮，並且和他們
> 齊一步伐，展開「實在的故事」的徵稿企畫，召開文藝座談
> 會，推展「反映」臺灣「現實」的文學。[118]

　　在國民黨的封鎖言論的政策下，楊逵仍有辦法取得上海、香港的進步刊物，並積極將大陸反映現實的作品，以及提倡文藝大眾化的文論介紹給臺灣讀者。實踐著他所謂：「我們不能把臺灣看做孤立的，為了瞭解臺灣的現實，大家須要瞭解整個中國，整個世界，這樣來才不致犯著『看樹不看林』的毛病。」[119]

　　邵荃麟、馮乃超在香港主編的「大眾文藝叢刊」從第一輯（1948

---

117 戰後初期楊逵最早的閩南話歌謠創作，乃一九四八年八月二日刊登在《臺灣力行報・新文藝》創刊號上的〈臺灣民謠〉，內容敘述李鴻章在馬關簽下割臺條約，引起臺灣人豎立臺灣民主國的黃虎旗抗日，唐景崧卻暗藏庫銀通清，導致臺民受苦五十年。

118 橫地剛著，陳映真、吳魯鄂共譯：《范泉的臺灣認識──四十年代後期臺灣的文學狀況》，頁119。

119 〈論「反映現實」〉，《臺灣力行報・新文藝》，1948年11月11日。

年3月1日）起陸續刊出「實在的故事」專欄[120]，編者在專欄前面說明：

> 「實在的故事」是一種新的文藝形式，這是參照蘇聯戰爭中所
> 提倡的 Ture story 形式以及日本的「實錄」形式而創造的，中
> 國舊時有所謂「筆記小說」，也是屬於同類性質。我們企圖運
> 用它來作為迅速反映當前人民鬥爭的一種短小的文藝形式。它
> 比報告文學要更加經濟，通俗，樸素；把人民鬥爭和生活中具
> 有典型意義的事實，用說故事的方式樸素地記錄下來……
> ……為了加強文藝在革命中的教育和宣傳作用，我們以為這種
> 形式的提倡是必要的。

　　楊逵在主編《臺灣力行報·新文藝》時，仿效《大眾文藝叢刊》
刊登〈徵求「實在的故事」〉徵稿啟事：

> 在我們日常生活中所見所聞，如能夠使我們感奮、高興、憤
> 慨、傷心的事情，我們當要將其發端、經過、結末仔細考察一
> 下，而把它記錄起來──這叫做「實在的故事」，它已然會震
> 動我們的心，如果寫得不錯，應該也會鼓動讀者的。在取材
> 上，表現上，採取這樣客觀而認真的態度，才是「新文藝」的
> 出路，也是文藝大眾化的快捷方式。[121]

---

120 香港《大眾文藝叢刊》共有六輯，目前筆者僅見四輯。「實在的故事」專欄，第一
　　輯（1948年3月1日）《文藝的新方向》刊載六篇，第二輯（1948年5月1日）《人民
　　與文藝》刊載五篇，第三輯（1948年7月1日）《文藝統一戰線》刊載五篇，第四輯
　　（1948年9月1日）《魯迅思想發展的道路》刊載四篇，並參見橫地剛：《范泉的臺
　　灣認識──四十年代後期臺灣的文學狀況》，頁127。
121 〈徵求「實在的故事」〉（或《實在的故事》徵稿）分別刊載於《臺灣力行報·新
　　文藝》第8、9、11期（1948年9月20日、1948年9月27日、1948年10月11日）與《臺
　　灣力行報·力行》第105期1948年10月5日。

　　楊逵在日據末期鼓勵提倡「報導文學」時，曾說：「乍看下，這種小兒科的文學好像是沒水平的文學形式，卻和社會有最密切的關系。」[122]光復初期，楊逵為了推廣「文藝大眾化」，鼓勵作家將日常生活所聞所見、能震動人心的「實在故事」記錄下來，不改日據時代「行動派」的本色。他同時刊登〈「實在的故事」問答〉一文，對來稿〈囚徒〉、〈扁頭哪裡去？〉的缺點作評論，教導青年寫作。他指出青年作家的來稿：雖然「反映了現實」，卻「太感傷了」，「這憐憫與感傷是膚淺的，消極的，不能把讀者的感情化為意志或是行動」。「問題就在作者占（站）在『第三者』或者『旁觀者』的地位」，作者應進一步去考察「作品裡的人們的來歷，他們與社會的關係，而使他們踏到這地步的因素，那麼作者與作品中的人物就會發生血緣關係，憐憫就會發展到悲憤感傷就發展到熱情，為他們的明天，也即是為大家的明天就不能僅僅發洩些傷感了事，這樣一來，作品才會有力量地把讀者的感情發展為意志，統一的意志」，這就是呈現人物「典型的部分」（《臺灣力行報・新文藝》，1949年10月11日）。《臺灣新生報・橋》副刊曾經討論過關於臺灣文學「感傷」的「特殊性」，楊逵以實際的作品批評，說明作品人物的社會性、典型性。香港的《大眾文藝叢刊》第一輯〈對當前文藝運動的意見〉一文中，也曾對「淺薄的人道主義和旁觀者底微慍的憐憫與感嘆態度」表示批判，指出「人民的血肉和強大的力量，在這種憐憫與感嘆中間，變成了庸俗而無力」。楊逵這篇評論提出他對「旁觀者」憐憫與感傷問題的看法，並提出作者應進一步去考察作品裡的人們的來歷，他們與社會的關係，也響應了有關「作家與群眾結合」的問題。楊逵的目的正是隱而不宣地實踐著《大眾文藝叢刊》標舉的，「為了加強文藝在革命中的教育和宣傳作用」，卻又能不失作品的藝術性。

---

122 楊逵：〈談報導文學〉，彭小妍主編：《楊逵全集》，第9冊，頁470。

　　楊逵在《臺灣力行報》副刊轉載適夷的〈林湖大隊〉[123]，描寫的是抗日戰爭期間游擊隊與村民合作抗敵的故事。上海《展望》徐中玉的〈作家的進步〉、石火的〈文藝漫談〉與姚理的〈怎樣看今日詩風〉，一起刊登在一九四八年八月二十三日的「新文藝」。徐中玉指出：「為了要產生好詩，詩人便不能不深入到日常生活中。甚至深入到各式各樣的技術過程──事務工作中間去」，這正是楊逵指導「銀鈴會」作家「用腳寫」文藝的道理。[124]姚理的文章從屈原、陶潛、杜甫的傳統白描詩歌，說明民間故事、通俗歌謠都是今日要推行的詩歌運動。楊逵自己也實踐閩南歌謠的創作。石火的文章指出：「高度發揮文藝的戰鬥性的結果，使文藝自身變成推動人類社會的物質力量」。這也正是二・二八以後臺灣文學場域推動「新寫實主義」介入現實的理念。楊逵的編輯理念充分展現了社會性、戰鬥性、革命性與大眾化的左翼文藝理念。

　　大陸進步文化人在香港與東南地區關於方言文學的論辯與實踐，從一九四八年一月持續到四月，在《正報》、《人間世》、《展望》、《星光日報》、《大眾文藝叢刊》、《文藝生活》等雜誌，長期論辯「方言文學」的議題。這是繼一九四七年《正報》週刊華嘉（孫子牛）、司馬文森、林洛、藍玲等人長達三個月的「方言文學」的論爭後，「由馮乃超、邵荃麟總結，肯定方言文學，並馬上獲得茅盾、郭沫若的回應支持」[125]。香港方面，閩南文學的創作與討論持續在《星島日報》、《華商報》上議論，直到一九四九年的七、八月之交。除了楊逵《臺灣力

123　1948年9月20日、1948年9月27日。

124　蕭翔文：「楊逵先生在擔任『新文藝』主編時，曾大力提倡『用腳寫』，意思就是要寫自己親自經驗的事情，這樣寫出來的才是『真』的東西。這樣的作品才足以有力量去感動他人，讓他人也能夠產生力量。」見蕭翔文：〈楊逵先生與力行報副刊〉，《臺灣詩史「銀鈴會」論文集》（彰化：礦溪文化學會，1995年），頁82。

125　鄭樹森，黃繼持，盧瑋鑾編：《國共內戰時期香港本地與南來文人作品選》，上冊，頁12。

行報‧新文藝》之外，無從證明臺灣、香港兩地之間的文化人有直接的聯繫。但為瞭解決文藝大眾化的問題，普及文學的傳播，臺灣繼香港的「方言文學」運動之後，也出現「方言文學」的提倡與理論建設。首先是胡莫在《臺灣文化》發表〈廈門方言之羅馬字拼音法〉，[126]接著，一九四八年七月來自閩南地區的陳大禹創作閩南話劇本《臺北酒家》。隨即在《臺灣新生報‧橋》副刊掀起圍繞著《臺北酒家》，談論關於「方言」與「文學」的論爭，論爭密集地討論到九月，零星地持續到一九四九年的二月。期間胡莫與朱兆祥針對「廈門方言之羅馬字拼音法」問題，還在《臺灣文化》一來一往地討論過。這可以說是繼二十世紀三十年代「臺灣話文論戰」後，又一次關於方言文學的論爭，其目的正是要解決「文藝大眾化」的問題（請參看附錄表7-13光復初期「國語運動」與方言文學的作品目錄）。楊逵本人也在《臺灣文學叢刊》，發表了許多閩南語詩歌、謠諺的實踐。[127]

《臺灣新生報‧橋》副刊關於「方言」與「文學」的論爭中，臺灣文化人林曙光、麥芳嫻對陳大禹《臺北酒家》語言的「駁雜性」，夾雜著日本語、閩南語與中文的實驗性劇本，持較為保留的立場。[128]

---

126 胡莫：〈廈門方言之羅馬字拼音法〉，《臺灣文化》第3卷第5期（1948年6月1日）。

127 楊逵刊在《臺灣文學叢刊》的閩南話詩歌，包括：〈黃虎旗〉〈卻冀掃〉〈不如豬〉〈生活〉〈上任〉等。

128 林曙光：〈文學與方言──「臺北酒家」讀後〉（《臺灣新生報‧橋》，1948年7月19日）指出：陳大禹的實驗不能切實把握住臺灣的方言，形成「一些奇奇怪怪的文字排列」，「終革不了什麼命」，臺灣也曾經有過這種嘗試，但「由於帶有冒險氣味，不易克服技術上的困難。」麥芳嫻：〈文學的語言──兼評〈臺北酒家〉〉（1948年7月23日）舉高爾基的理論說明文學語言必須經過作家選擇、改造，不能像陳先生那樣以三兩句閩南語、三兩句國語、日語拼湊。麥芳嫻：〈作家的任務──答沙小風〉（1948年8月30日）又以文學作品內容應有「社會性」或「傾向性」，形式要有「藝術性」批駁沙小風的肯定意見，「完全否認了藝術的美感」。有關《臺灣新生報‧橋》副刊圍繞《臺北酒家》的方言文學論爭經過，可參考許詩萱：《戰後初期（1945年8月-1949年12月）臺灣文學的重建──以《臺灣新生報》「橋」副刊為主要探討對象》，頁77-80。

而省內文化人朱實、沙小風與省外文化人陳大禹、宋承治、胡莫、朱
兆祥等人，則積極響應東南地區的方言文學運動。[129]雙方對於「方言
文學」的熱忱差異，無涉於「臺灣化」、「臺灣文學」的自主性問題，
而是根植於雙方文化人之間，對於「無產階級文學」認知差異所致。
省內文化人朱實與省外文化人陳大禹、宋承治為了響應抗日戰爭以來
「大眾語」的實踐，而提倡方言文學，以達到真正「言文一致」的左
翼美學成規。相對來說，論述脈絡中不具有階級批判意識的麥芳嫻、
林曙光，則認為夾雜著日本語、閩南語與白話文實驗性的文學語言，
仍舊無法為「大眾」所親近，反而造成閱讀的障礙。臺灣二十世紀三
十年代「臺灣話文」意識高漲時期，就已經實證過另外在中文書寫系
統之外、改造「文學語言」，困難重重，窒礙難行。楊逵的實踐也僅
止于閩南話詩歌謠諺。

　　除了閩南話詩歌的創作，楊逵也曾熱衷於羅馬字書寫系統。楊逵
當時曾經對歌雷和黃永玉提到：

　　　　文藝運動是應該用鬥爭的方式來展開的，如果叫臺灣人放開日
　　　　文而重新學習方塊字來閱讀新的文藝作品幾乎是不可能的事，
　　　　除非以一種新的文字來代替它，易學，易懂。[130]

---

129 朱實：〈讀〈臺北酒家〉後〉（1948年7月26日），與沙小風：〈文學的生命——致林
　　曙光・麥芳嫻兩先生〉（1948年8月20日）對《臺北酒家》的實驗持肯定態度，朱
　　實認為外省作家的大膽嘗試，可引起本省作家的發憤與努力。沙小風以「文藝大
　　眾化的理念」認為「『齋雜』的語言是人民大眾生活鬥爭的一種武器」，「創作只是
　　將語言所表現的現實加以整理」。胡莫：〈廈門方言之羅馬字拼音法〉，《臺灣文
　　化》第3卷第5期（1948年6月1日），介紹羅馬字拼音法。朱兆祥：〈廈語方言羅馬
　　字草案〉，《臺灣文化》第3卷第7期（1948年9月1日），針對胡莫的拼音法提出修
　　正。宋承治：〈發展本島方言文學的文字問題〉，《臺灣新生報・橋》（1949年1月22
　　日），提倡羅馬字可消除語言與文字之間的隔閡。
130 黃永玉：〈記楊逵〉，見司馬文森編：《作家印象記》（香港：智源出版社，1949年11
　　月初版，1950年11月再版），頁81。橫地剛先生提供，謹此致謝。

　　蔡德本的回憶指出，當年就讀師範學院期間，於一九四七年八月創設臺語戲劇社，同時研究閩南話書寫的問題，楊逵曾赴臺北參加座談會，與眾人討論用羅馬字、還是漢字摻雜羅馬字比較恰當。[131]楊逵閩南歌謠詩作與羅馬字的嘗試，極有可能是受到大陸東南地區與香港《大眾文藝叢刊》「方言文學運動」鼓舞的產物，使楊逵找到了克服「語言障礙」的法門，也是實踐從閩南話學習國語的「過渡」之道。[132]不容我們忽視的是，儘管楊逵閩南話詩歌中有種種「假借字」的閱讀障礙，然而卻寄寓了對民生困頓的黑暗現實的批判，也因此主題內容的「戰鬥性」意義，恐大於方言形式實驗的意義。

　　同一時間，臺灣「當權派半山」與傳統士紳，為配合國民黨官方加速「國語運動」的推行，而實行「閩南白話字」的方式推行國語。第三章曾述及國語運動推行委員會副主委何容一向主張從臺灣話學習國語，一九四七年六月一日他在《新生報》「星期專論」發表〈方言為國語之本〉，味橄（錢歌川）也有相同的主張。[133]一九四八年四月三十日，《中華日報》的「社會服務」欄出現〈臺灣閩南白話字會創立宗旨〉的報導，發起人有：游彌堅、杜聰明、黃國書、盧冠群、劉啟光、吳三連、朱昭陽、許世賢、洪火練、劉明、林衡道、莊垂勝、韓石泉、蔡培火……等二十四人。目前並不清楚有關「臺灣閩南白話字會」的實際活動，上述發起人名單中，除了林衡道是國民黨官員，其他成員大部分是親近國民黨權力核心的「當權派半山」，和一些少數的臺灣傳統士紳。有別於在《臺灣新生報・橋》副刊，以及在楊逵主編《臺灣力行報・新文藝》、《臺灣文學叢刊》上發表作品的文化人。顯然，在民間力主社會主義的現實主義的「實踐邏輯」與「行動

131　藍博洲：《天未亮》，頁256-251。

132　「四六」事件後楊逵入獄服刑十二年，依舊努力學習中文，《綠島家書》與監獄中所創作的勵志文章還是以中文作為創作語言。

133　錢歌川：〈臺灣的國語運動〉，《臺灣文化》第2卷第7期（1947年10月1日）。

美學」之外，有一些日據時代以來的老一輩文化人（大多是士紳派），以及與國民黨過從甚密的「當權派半山」，並不支持文學場域中風行的「傾共」的社會主義的文學行動。

　　在國共內戰愈演愈烈的一九四八年，國民黨極力封鎖「傾共」言論、書籍與內戰真實消息的情勢下，「臺灣閩南白話字會」的組成，說明了二‧二八事件以後的臺灣文化人可以簡化為三種：「親共」、「親官方」與「忍痛沉默」者。其中以「忍痛沉默」者居多數，而文化場域積極活動者，表現的大都是「親共」的論述。也因此，那些主張「文化交流」、「加強省內外合作」，或者到後來乾脆標舉「統一文化陣線」者（如：楊逵、揚風、雷石榆、何無感「張光直」、吳阿文「周青」、駱駝英），基本上是看好共產黨即將「解放臺灣」的文化人。就此意義而言，二‧二八事件以後，隨著國共內戰的情勢急轉，二‧二八事件以前左、右翼結盟的臺灣文化場域，繼一九二七年「臺灣文化協會」分化後，又一次在國共的分裂情勢中分化。此一分化，或許為二十世紀七、八十年代國民黨統治力鬆動之際，文化場域分化為「臺灣結」與「中國結」，埋下了歷史契機，成為葉石濤所言的「省籍對立」的「不死鳥」。[134]但是，從當時臺灣文學的「特殊性」與「一般性」的論議中，包括葉石濤本人當年的言論，都可見「省籍對立」並非是主要因素，階級認同的意識分化恐怕是當時更根源的社會因素。

三　官方意識形態主導的文藝論調與整肅運動

　　如第二章所述，陳儀行政系統與省黨部、軍方對「社會主義」的態度，始終存在著步調不一致的問題，二‧二八事件的爆發，無疑突

---

134 葉石濤：《臺灣文學史綱》（高雄市：文學界雜誌社，1987年），頁77。

顯此一問題的嚴重性。二・二八事件爆發的時間點，剛好是國民黨與共產黨和平談判宣告破裂，內戰全面對立正式開打的關鍵時刻。國民黨將二・二八事件的爆發定調為：臺灣人受日本殖民「奴化」的影響，以及受「奸黨」鼓噪暴動兩個主要因素。[135]第一個說法延續了陳儀治臺時「心理建設」的政策，第二個說法所投射的是國民黨面對與共產黨「內戰」的焦慮。國民黨的善後應變，一面肅清「奸黨」，一面因應臺人的要求廢除「長官公署」制改為與全國各地方一致的「省政府」制，只有此項「改制」符合事變時臺灣人「政治改革」的要求。然而，魏道明省府上臺後，「CC派」操控的省黨部就一手總攬了臺灣的文化宣傳，從此「意識形態的國家機器」不再有多頭馬車的問題。「反共」的言論比起二・二八事件前，顯然佔據了所有官方報紙的頭版，成為所有報紙的每天都要強調的「霸權話語」，言論的空間並不因「改制」而享有更大的自由。二・二八事件以後，「白色恐怖」的清鄉與鎮壓，對文化界的衝擊頗大，沉寂一陣子之後，文化人才打破沉默，卻只能轉移到官辦的報紙副刊為陣地，民間辦報刊的可能性大大縮減。曾經受陳儀重用的青年黨人李萬居，在《臺灣新生報》的權力被魏道明省主席架空後，自行創辦《公論報》，以模仿大陸《大公報》的中間派立場，但對內戰的報導卻必須模仿其他官報，以「反共」立場虛應一番。

　　二・二八事件以後，國民黨官方密切注意著臺灣文化界動向，以杜絕違背「黨國」利益的言論。一九四七年五四文藝節，《中華日報・新文藝》副刊主編江默流與《臺灣新生報》何欣主編的《文藝》副刊唱和，鼓吹「臺灣新文學運動」，希望文化人打破「緘默」。一九

135　〈前日中樞紀念周中・白部長報告詞全文・闡明臺灣事變起因善後〉，《臺灣新生報》，1947年4月9日；雅三：〈「二・二八事件」的透視〉，《臺灣月刊》，1947年4月10日；白崇禧：〈臺灣事變的真相〉；柯遠芬：〈事變十日記〉，《正氣》月刊，1947年5月。

四七年七月，臺灣文化人毓文與王詩琅打破「緘默」，予以回應。論爭持續發酵，九月、夢周在《臺灣文化》拋出「文藝大眾化」的議題，至此「臺灣新文學運動」與「文藝大眾化」的兩項議題並陳。在《臺灣新生報》、《中華日報》、《臺灣文化》、《南方週報》愈論愈熱之際，十一月在《臺灣新生報》上，出現「純文藝」的論爭，有意轉移「文藝大眾化」的議題。論爭持續到一九四八年一月中。「純文藝」論點乃是由稚真提出來的，他說：

> 我們可以勇敢地指出，一個真正從事文藝工作的人，並不一定要具備功利或倫理上的修養，他像一個畫家一樣，並不一定要繪一幅反映現實的，譬如說一副貧窮而疲憊的僕人被在巨大的鐵鍊下給一個發福的胖子鞭打的圖畫，他同樣可以畫一幅蕭統的山水畫，或很平常的仕女圖；在這之間除了純藝術的技術外，我們不能把任何別的標準來衡量它們的價值。
> 「除了真正的好作品外，再也沒有什麼能在文藝的園地裡生長的了。」<u>我們同意這話，宣傳家，道德家，請你們緘默吧！</u>[136]
> （底線為筆者所加）

　　很顯然稚真語帶恫嚇，針對著夢周所倡議的「文藝大眾化」而來。揚風隨即發表〈請走出「象牙塔」來——評稚真君的〈論純文藝〉〉（1947年11月7日），批判稚真的論點，已是老生常談，字裡行間語帶諷刺，揭穿親國民黨官方的自由主義派「御用」文人「故技重施」的手法：「我疑惑今天是否是四月的『愚人節』，誰在開玩笑，將這幾十年前就送進『墳墓』的『純文藝』理論餘渣又搬出來。」揚風認為：「一個真正的文藝工作者如盡（注：原文如此）生活在大眾的

---

136 稚真：〈論純文藝〉，《臺灣新生報・橋》，1947年11月3日

生活裡面，他應該是『人民的前驅』。」揚風呼應夢周倡議的「文藝大眾化」，反駁稚真的「為藝術而藝術」的論調，說：「文藝還有它更高更大更遠的目標，這也並不是『文藝』身上的附件『功利』或『倫理』，文藝應該是大眾化的，大眾的語言，大眾的痛苦，歡樂，能為大眾所接受。」

稚真於是又發表一篇〈再論純文學——兼答揚風先生〈走出象牙之塔來〉一文〉（1947年11月19日），重申：「為藝術而藝術，是作為一個文藝作者應有的態度，但文藝的價值是由於作者的意象的價值而定。」又說：「一個文藝作者在創作的技術上不必顧到現實，因為他假使這樣做了，他的作品便有了宣傳性，而因之他的作品便難以達較高的境地。」

接著，斯妥發表〈「純文藝」諸問題〉（1947年11月24日），聲援揚風，搬出盧那卡爾斯基說「藝術是最有力的最耐久的鬥爭武器」，以及辛克萊說「藝術就是宣傳」等蘇聯左翼教條口號。但斯妥說：「現實壓迫著我們，限制著我們，使我們不敢正視它。我們很想探到大自然的美裡，去深深吸一口氣，然而山河破碎，血肉橫飛所吸滿的一口氣，也充滿了腥臭啊。」卻也說明了現實條件不容許「為藝術而藝術」的理由。斯妥批評稚真「犯了形式主義的錯誤，他把內容與形式對立起來」，而指出文藝「內容必須是現實性的，而且要有崇高的意識，同時是用美的技巧來表現」，聲明反對一切逃避現實的文藝作品。

斯妥一文引來凌風以《文藝與批評》（1947年11月22日）加入筆戰，將話題轉移到「批評的態度」，認為稚真與揚風的論爭，流於漫罵，斯妥的批評態度雖值得推許，但過於偏袒揚風。此舉使揚風更加激憤，去信給歌雷表示「不想參加這無聊的『混戰』」，絲毫不留情面地痛批凌風的狐狸尾巴。凌風又去信辯駁，主編歌雷將當事人的信刊載《臺灣新生報・橋》副刊上予以披露，希望藉此徵求「論文學批

評」的文章。[137]謝青以「人民本位」重申「為人生而藝術」的道路，[138]希望淩風和揚風取得共識。

揚風的〈雜話批評——兼答淩風致編者的信〉（1948年1月12日）除了討論文藝批評的目的，又反駁了淩風對他「天真爛漫，不顧利害，不分皂白」的指控。熊煌寫了一篇〈古怪篇〉[139]聲援揚風，諷刺地說道：「時至今日，還有人在辯論『為人生而藝術』『為藝術而藝術』的問題，已就頗得訝異了，可是那厚臉皮的作家不但不肯虛心接受指正，而且搬出美學家和色情的文學家來，做其『為藝術而藝術』的理論根據。」熊煌是當時經常在《公論報》發表現實主義文藝創作理論的作家，與同時發生的「文藝大眾化」的討論互相呼應。關於「純文藝」，稚真沒有再提出更深入的論點，這場筆戰終於不了了之，草草收場。

一九四八年一月九日，林紫貴領導的「臺灣文藝社」又設立了「臺灣省文化界動員委員會」[140]，此一行動說明了掌控臺灣文化、新聞主導權的「CC派」省黨部，對臺灣文化展開新的「動員」（「動員」的背面就是「整肅」）。光復後，陳儀時期國民黨官方屢屢宣傳「三民主義文藝」，還曾得到臺灣人的一些響應。二‧二八事件後，《臺灣新生報‧新地》副刊曾出現倡議「國民文學」[141]「民族文學」[142]的文章，但並不引人注意。

經過三月鎮壓，在「文藝大眾化」的議題被帶出後，適時出現稚

---

137 揚風、淩風的來信見〈編者讀者作者：揚風致編者的信〉，《臺灣新生報‧橋》，1947年12月26日，〈編者讀者作者：淩風的來信〉，《臺灣新生報‧橋》，1947年12月31日。

138 〈關於這次論爭的意見〉，1948年1月9日。

139 熊煌：〈古怪篇〉，《中華日報‧海風》，1947年11月25日。

140 《公論報》，1948年1月10日。

141 見惠：〈談國民文學〉，《臺灣新生報‧新地》，1947年5月27日。

142 辛洛：〈略論民族文學〉，《臺灣新生報‧新地》，1947年7月29日。

真鼓吹「純文藝」的文章，出於遏止「文藝大眾化」的討論的動機相當明顯。出面拆穿稚真「御用」文人的「面具」，也是在大陸就已熟知這套伎倆的外省文化人揚風。民間文化人在當時的文化場域中呼應的是「人民文學」、「現實主義」的文藝美學。國民黨一連串的「文化宣傳」在文化場域，始終激不起任何漣漪。換言之，國民黨官方意識形態的文藝理念，當時根本無從在原本就具有現實主義抗爭傳統的臺灣文學場域中被臺灣作家「看見」。顯然，日據時代以來臺灣作家現實主義的「習性」與「文學品味」，雖在戰爭期因為「皇民化」運動的壓制而被壓抑，但戰後歷經政、經惡化與二‧二八事件，「現實主義」的思潮重新抬頭。又因為國共內戰兩種政治路線造成的意識形態的對決，在國民黨始終缺乏一套足以服人、與現實相應的文化宣傳的情況下，整個文學場域裡，不論本省、外省文化人，目光都集中在與大陸的民主運動浪潮相呼應，同情被壓迫者的人道關懷、現實主義的社會主義文藝理念。

　　一九四八年年中，《臺灣新生報‧橋》副刊上關於「重建臺灣文化」「臺灣文學的走向」的論爭，愈演愈烈的時候，省黨部的報紙《中華日報》再度派出文化打手，企圖將「臺灣文化」的論爭導向「鄉土文學」的路向，而排除所謂「臺灣文化」的「特殊性」。這時官、民之間在文化意識形態與美學上的對立，已是相當「緊繃」的時候了。

　　在「臺灣文學的特殊性與一般性」的論爭火熱展開之際，錢歌川發表了〈如何促進臺灣的文運〉（1948年5月13日），提倡「鄉土藝術」，呼籲臺灣作家「把寫作的範圍縮小到自己的鄉土，把發表的範圍擴大到全國……不要局限在臺灣文藝協會或聯盟的小天地中」。六月開始，《中華日報》即出現了一系列杜從、段賓和夏北谷的文章，抹殺《臺灣新生報‧橋》副刊上楊逵與駱駝英等人關於「臺灣文學」的「定名」「特殊性」與「一般性」的辯證主張，其理由即在於「絕

不容與中國文學對立與分離」。杜從、段賓和夏北谷的文章語帶譏諷
與蕭殺之氣，連「邊疆文學」、「鄉土文學」也一併否定，流露出國民
黨官方法西斯封殺「臺灣文學」的意識形態。黃永玉在離臺滯留香港
期間，耳聞楊逵再度被捕而寫下〈記楊逵〉，控訴了國民黨官方對臺
灣人民作家的「圍剿」。[143]

　　國民黨官方一面圍剿《臺灣新生報‧橋》上「臺灣新文學」的論
爭，一面兼用「懷柔」的方式，以「鄉土文學」收編具有「左」傾論
述的「臺灣新文學」，一九四八年七月一日歐陽漫岡在《中華日報‧
海風》推出「鄉土文學選輯」。歐陽漫岡是一九四七年年底自《海
風》第二三〇期，繼蘇任予之後擔任《海風》的主編。[144]他在〈關於
「臺灣鄉土文學選輯」〉中呼籲臺灣作家多多投稿，除了少數不諳國
民黨官方此一「收編」政策的年輕作家投稿之外[145]，仍舊雷聲大雨點

---

143 黃永玉：〈記楊逵〉，《文藝生活》「海外版」（1949年7月15日），頁16，後收入司馬
　　文森編：《作家印象記》（香港：智源出版社，1950年），橫地剛先生提供，謹此致
　　謝。黃永玉說：楊逵的文章刊出後，編者要大家提出意見，「接著幾天就是十來篇
　　多方對楊逵文章輕薄誣陷的長短各式文章出現，顯然這些文章是受命而寫的，前
　　後一連接，尾巴就露出來了」。並替楊逵的處境擔心：「這回子是的確糟了」。對於
　　楊逵因四六事件被捕，指出：「這一次據說是他們臺中作家聯名發表反對臺灣在美
　　帝卵翼下獨立，反對以臺灣作戰爭基地的宣言，掀動了特務們的肝火，幾天之內
　　逮捕了一百二十餘人，內中有楊逵及素來不管閒事的雷石榆，『普式庚鬍子』
　　（案：指歌雷）也在內，天知道他們攪的是什麼鬼！」黃永玉此文對歌雷的戒
　　心、對雷石榆「不管閒事」的評論，有言過其實之處。但，何以「二‧二八」以
　　後在官報《臺灣新生報‧橋》上能掀起論爭，的確啟人疑竇，筆者推論歌雷剛開
　　始或許負有魏道明主席希望臺灣人多「說話」以示其「自由」作風的任務，但
　　《臺灣新生報‧橋》發展成「傾共」的左翼美學的論爭，則恐連歌雷本人都始料
　　未及。但因無任何資料足以佐證，暫時存疑。黃永玉此文對《臺灣新生報‧橋》
　　主編歌雷（史習枚）的角色頗具戒心，因為歌雷的表哥是鈕先銘，姑丈是任卓
　　宣，都是國民黨的達官顯貴。

144 歐陽漫岡：〈獨語〉，《中華日報‧海風》，1948年1月1日。

145 投稿的作品計有：葉石濤：〈娼婦〉（臺灣鄉土文學選輯），《中華日報‧海風》，
　　1948年7月1日。施捨：〈希望〉（臺灣鄉土文學選輯），《中華日報‧海風》，1948年
　　7月3日。黃黌：〈走在前面的人〉（上、下），《中華日報‧海風》，1948年7月6、8

小。一個月後，楊逵陸續推出《臺灣文學》叢刊，從刊出作品的主題內容，很明顯看出楊逵選編的作品才真正是反映大眾現實生活，承繼臺灣文學抗議精神的臺灣文學本色。

　　《臺灣新生報・橋》副刊論爭以來，「社會主義」的文藝理論與實踐，直到一九四九年「四六事件」「白色恐怖」雷厲風行而告終。議論的提倡者歌雷、楊逵，以及多位參與的作家孫達人、張光直、雷石榆一一被捕。「四六事件」時，《臺灣新生報・橋》副刊與《臺灣力行報》一併被整肅封版。《臺灣新生報・橋》副刊多位作者與楊逵一起被捕，此一逮捕行動也象徵著《臺灣新生報・橋》副刊帶動的臺灣社會主義文藝思潮的中挫。「四六事件」發生時，正是國民黨在內戰勝負關鍵的三大戰役中，已經連續輸掉了東北戰役（一九四八年十一月）與淮海戰役（一九四九年一月徐蚌會戰）之際。從一九四七年臺灣的二・二八事件、大陸的「五二〇」學潮之後，國民黨大肆搜捕「左傾」文化人與「異議分子」的作法變本加厲。臺灣島內掀起擴大肅清對象，「寧可錯殺一百，不可放過一個」的白色恐怖策略，象徵著國民黨在大陸上敗局已定，到了不得不為自己找退路的時候了。這當然不是看好共產黨即將「解放」臺灣的文化人所能預料的。歷史學者薛化元曾指出：「一九四八年十二月二十九日行政院任命自十月起即在臺灣養病的陳誠擔任臺灣省主席，由於『事出突然，連在任的臺灣省主席魏道明亦未來得及知道』。可見其決定之倉促。蔣經國則於十二月三十日被任命為臺灣省黨部主任委員（未到任）。一九四九年一月，蔣介石並派蔣經國至上海，希望央行總裁俞鴻鈞將中央銀行現金移轉至臺灣。陳誠則於一九四九年一月五日正式接任魏道明成為臺灣省主席，二月一日又兼任臺灣警備總司令。五月，陳誠更兼任臺灣

日。歐陽百川：〈訂婚〉（臺灣鄉土文學選輯），《中華日報・海風》，1948年7月11日。潛生：〈她們〉（上、下）（臺灣鄉土文學選輯），《中華日報・海風》，1948年7月13、15日。

省黨部主任委員，掌握臺灣黨、政、軍的大權。」[146]至此，二·二八事件換來的省政改革，又退回黨、政、軍集權的局面。南京《中央日報》一九四九年三月十二日在臺北市發行臺灣版，社長為馬星野，《中央副刊》主編耿修業。三月十五日闢《學報》週刊，主編孫如陵。《中央日報》的遷臺，象徵國民黨「反共文藝」的文化政策在臺灣定調的開始。陳誠於四月六日發動了對學生、文化人的大逮捕行動，即一般所謂「四六事件」，開始島內雷厲風行的「白色恐怖」鎮壓，也代表著文化場域的左右換防。一九四九年五月十九日，臺灣正式實施戒嚴令。一九四九年六月，《臺灣新生報》姚朋（彭歌）接任《新生》副刊主編，十月三十日，展開「戰鬥文藝」的討論。十一月六日，孫陵於《民族晚報》副刊創刊號提出「反共文學」一詞。十一月二十日，馮放民（鳳兮）主持《臺灣新生報》副刊座談會，是動員「反共文學」在臺灣文壇的第一場文學活動。十二月二日，馮放民接編《新生》副刊，提出「戰鬥性第一，趣味性第二」的徵稿原則。十二月七日，國民黨當局退臺。一九五〇年三月，國民黨當局公布《臺灣省戒嚴時期新聞雜誌管制辦法》，嚴格限制出版自由；五月二十一日，「臺灣省雜誌協會」成立，官方對雜誌業開始採取統制管理措施。[147]

　　一九四九年十一月二十日，《自由中國》半月刊在臺北市創刊，發行人胡適，社長雷震，主編毛子水，後由雷震接編，以自由主義的立場批判國民黨的集權體制。直到二十世紀六十年代因雷震籌組反對黨「中國民主黨」，爆發聞名的「雷震案」，以雷震入獄、雜誌停刊而

---

146 薛化元：〈戰後十年臺灣的政治初探〉，張炎憲、陳美容、楊雅惠編：《二·二八事件研究論文集》（臺北市：「吳三連臺灣史料基金會」，1998年），頁19。

147 陳國祥、祝萍：《臺灣報業演進四十年》（臺北市：自立晚報出版社，1987年），頁54；何義麟：〈戰後初期臺灣出版事業發展之傳承與移植（1945-1950）〉，《臺灣史料研究》第10期（1997年12月），頁3-24。

落幕。有十幾年的時間,《自由中國》是國民黨退臺後,唯一能發出異議的民間刊物。

　　一九五〇年朝鮮戰爭爆發,美軍第七艦隊駐防臺灣海峽,從此長期介入中國的內戰與內政後,不分省內、外被國民黨當局視為「異議分子」者,從此難逃白色恐怖的肅殺與拘禁。最典型的兩個例子,就是黃榮燦與楊逵。就算有幸躲過一劫的,從此也只能如葉榮鐘所云「餘生只合三緘口,去死猶懷一寸心」,諷刺的是這原本是太平洋戰爭末期葉榮鐘被日本軍部徵召到馬尼拉,擔任報紙漢文欄編輯時,致友人莊遂性的詩,原本表達的是「軍國主義下被殖民者的絕望與無力感」,卻「也是他們這一代知識分子,回歸祖國以後後半生的真實寫照」。[148]國民黨當局退踞臺灣以後,雖標舉「自由」、「民主」、「平等」等西方普世價值,但其所施行「白色恐怖」、「戒嚴令」等專制體制,仍然是「民國」紀元以來的法西斯體制的延續。

---

148 戴國煇、葉芸芸:《愛憎228》,頁278。

結語

　　臺灣的反殖民社會運動自一九一五年西來庵事變後，結束了武裝抗日轉向文化抗日，一九二七年臺灣文化協會的左、右分裂，說明了臺灣社會民主運動陣營的分道揚鑣。儘管臺灣的社會民主運動屢受日本殖民當局的鎮壓，尤其是一九二九年日本殖民當局以「治安維持法」，進行全島性的鎮壓，於二月十二日搜捕各地新文協、農組、工會、民眾黨的幹部成員，是為著名的「二一二事件」，鎮壓行動持續到一九三一年。然而，反殖民運動並沒有因日本殖民當局的鎮壓而完全沉寂，而是轉移陣地西渡大陸。光復前臺灣抗日團體與國民政府之間，展開了既是抗日合作又是治權抗爭的關係。臺灣回歸「祖國」後，光復初期四年，在政治、經濟、文化與社會上種種的隔閡與衝突，事實上延續了戰爭期間臺籍抗日份子與國民政府之間的政治角力。雖然有為數不少的臺灣人試圖參與抗日戰爭的行列，但誠如戴國煇所指出：「臺灣的『解放』並不是臺灣人自己與日帝對抗從日帝手中爭取過來的，而是因日帝戰敗、第二次世界大戰結束而撿來的。」[1]正因為「解放臺灣」的革命主動權不是出於臺灣自發的力量，戰後政治體制的選擇與制訂，自然還有很長的抗爭之路。

　　臺灣人不願意作為被日本殖民統治的臣民，也極力拒斥反駁美國軍方運作頻頻的「國際託管」論，要求國民黨當局維護臺灣的「法定地位」，也向國民當局要求政治地位的平等，表達以臺灣為本位之「復省建省」的治臺要求，無奈國民黨當局抱持以鞏固統治權位為優

---

[1]　戴國煇、葉芸芸：《愛憎228》，頁21-22。

先考慮的心態，對待懷抱孺慕之情回歸祖國的臺灣人民。

　　戰後國民政府赴臺接收，不僅延續大陸官僚腐敗、派系惡鬥的亂象，並且由於日本殖民統治造成臺灣與祖國五十年的隔閡，形成臺灣的特殊性，糾結了接收「殖民地」的心理問題，表現在從政策面到赴臺部分官員的優越感。而臺人方面則因備受歧視的待遇感到不平，省籍的矛盾衝突很快蔓延開來。而復員的緩慢、支持大陸內戰，使臺灣糧食出現危機，形成從政治到經濟、社會各個層面的社會問題層出不窮。

　　然而，就政治層面而言，僅從省制特殊性的單一面向，就論斷長官公署是「承襲殖民遺規、翻版總督府舊制」，而忽略地方自治的施行（雖然不盡如人意）、民意代表的選舉，此一「光復派」的臺灣抗日分子在戰前念茲在茲的建言。及至光復後，事實上民意代表也部分地、逐步地擴張權能。至於就陳儀政府最遭人非議的經濟政策來看，當時的「左傾」文化人對臺幣政策與統制經濟的目的，抱持肯定的看法，反而是「人治」造成的牽親引故、貪官污吏、派系鬥爭，危害甚大。日本敗戰後，臺灣社會曾經出現過短暫的、慶祝勝利的「民族主義」熱潮，但文化人很快地即從國民黨集權統治的「現實」當中，認知到「新中國」的建立，在完成了外抗強權的民族主義的階段後，接下來的政治課題是「民主（權）主義」的確立與「民生主義」的建設。因此，他們一開始即以政、經評論，重新在臺灣文化場域登場。當然，他們也並非因此就忽略的文化重建的任務，早於國民政府赴臺接收之前，就有文化人自發性地思索清理「殖民性」的問題。當面對部分赴臺官員與外省人抱持優越意識大談「臺人奴化」的偏見之際，他們一再提舉臺灣抗日的歷史與文化遺產與之詰抗。在奴化論爭高峰的「范壽康事件」中，甚至在省參議會演出質詢范壽康，要求他為失言臺人「奴化」之事說明、道歉。

　　由於陳儀相對開明的文化政策，使行政系統的文教幕僚一面推行

「中國化」的政策，一面也著重「臺灣化」與「現代化」的必要性。
其道理乃在於這些文教政策的執行者皆認為建設「新中國」與「新臺
灣」，具有「現代化」意義的世界文化遺產的持續輸入是必要的，同
時強化臺灣本位精神的「臺灣化」，也並不與「中國化」的民族精神
相衝突，都是「去日本化」「去殖民地化」的文化重編的一環。

　　然而，國民黨官方的政治、文化宣傳，因為派系鬥爭的緣故，出
現多頭馬車、自我分化的現象。黨、政、軍系統自身缺乏文化人才，
往往必須借重其他民主黨派的人才，或是拉攏在地的文化人，其報刊
資源反被民主文化人士加以運用，宣揚戰後「民主思潮」與文藝大眾
化的理念。《和平日報》王思翔主編的《新世紀》與楊逵主編的《新
文學》副刊，以及《中華日報》龍瑛宗主編的《文藝》與《文化》日
文欄副刊，就是最好例子。王思翔與楊逵極力引介大陸二十世紀三十
年代以來的社會主義文藝理論與作品；龍瑛宗一方面針對日據時期的
文學遺產提出「去殖民地化」的反思，一方面針對當時的國民政府提
出清理「封建性」文化的省思。龍瑛宗以「臺灣作為中國的一部
分」、身為「中國人」，而提出清理「殖民性」與「封建性」的呼籲，
並以「科學的世界觀」要臺灣人「正確地」認識戰後美蘇對立的世界
局勢，如何影響中國政局發展，因為這同時也將影響臺灣的政治出
路。如此具備社會主義批判視野的龍瑛宗，甚至以「反內戰」為主題
的詩歌，為老百姓請命，關懷下層民眾的現實生活。

　　國民政府的「國家機器意識形態」，以封建官僚的集權統治反映
在政治、經濟、社會、文化各個層面，並不僅限囿於「中國化」、「民
族教育」、「臺人奴化論」等民族主義教育此單一的面向；還包括了封
建體制、派系政治、官僚資本、省籍差別待遇、金融政策的盤削、米
糖物資的剝削、言論結社的管制，以及動員人力以支持內戰等等面
向。臺灣脫日殖民而回歸中國之際，面對國民政府在政治、經濟、
社會、文化層面延續日本法西斯統治的作風，知識分子在政治上的抗

爭，主要訴諸的是「民主政治」、「地方自治」的實施。儘管在社會上「省籍矛盾」日漸發酵，媒體言論也充斥著對「行政長官公署」特殊省制與政、經政策的批判，然而從報刊的言論看來，知識分子要求的是與其他各省政治地位的平等，並以「三民主義」中「地方自治」理念，來合理化此一政治要求，基於「族群政治平等」的理念，批判長官公署體制與治臺政策的「非民主化」。

從民間兩大報《民報》、《人民導報》的成員組成與言論內容來看，兩份報紙分別代表本地資產階級與左翼文化人階級革命的立場。《民報》整體而言，代表的是本地資產階級自日據時代以來的民族主義的路線，並以臺胞所具備的自由觀念與法治精神為傲。批評接收政府的封建官僚主義，臺灣本位的色彩隨著貪汙舞弊的惡化而增強，但始終強調臺灣抗日的民族精神與革命精神，以及與大陸五四以來的新文化融合的必要。《民報》社論曾回顧其前身《臺灣青年》、《臺灣民報》、《臺灣新民報》到《興南新聞》，展現不絕如縷的「革命精神」，此一「革命精神」就是中山先生秉持的革命的「中國精神」[2]，並認為此「革命精神」就是「中國精神」，要求中國的革新運動。《民報》上一些關於「中國化」、省內外感情隔膜的社論，尤為引人注目，其論點不外乎釐清省內外隔閡起因於政、經的惡化，強調泯除情感隔閡，應從澄清吏治做起，呼籲臺灣爭取民主，要與國內的澎湃的民主運動相應。《民報》社論這些論點基本上與《人民導報》並無二致，然而，民間這兩份報紙的差異，主要表現在經濟問題的討論，說明其在階級立場上的差異性。以兩報的社論來看，顯然代表臺灣本地資產階級的《民報》比較關注本省的經濟發展問題，而代表左翼傾向的《人民導報》視野相對來說比較寬廣，關注的問題在於全中國整體民主政治的發展，以及經濟民主化與體制化的問題。即便反映本省經濟

2　〈民報精神〉，《民報》1947年1月10日。

問題的社論，也是傾向反映民生經濟問題，沒有《民報》那麼專注公營事業的問題。《人民導報》對大陸政治、經濟的動向的關注，與其他的左翼刊物有志一同。

　　具有左翼世界觀的進步文化人，在與大陸赴臺的進步知識分子的交流、合作中，能很快跳脫省籍矛盾，認識到影響臺灣社會發展各種動因，包括戰後國際局時的發展，美、蘇冷戰陣營開始壁壘分明的對立，國共內戰的情勢演變等等，努力在國民黨言論、思想控制的層層封鎖下，屢禁屢發、再接再厲地透過報紙、雜誌等傳媒，以及各種文藝（包括文學、戲劇、美術、音樂）創作與活動，宣揚民主思潮，企圖對抗國民黨封建、官僚的統治。仔細考察此一時期的文化活動，將不難發現這個時期的文化抗爭，焦點在於民主的追求，而並非民族認同的問題。

　　二・二八事件以前，臺灣文化場域中民主思潮的傳布，從北部地區的臺灣泛左翼文化人如：蘇新、陳逸松、王白淵、蔣時欽、呂赫若、賴明弘、吳克泰、周青、蔡子民、孫萬枝、徐瓊二、蕭來福、王添灯，陸續創辦了《政經報》、《臺灣評論》、《自由報》系列週刊與《人民導報》（其中蘇新還主編過當時發行量最大的雜誌《臺灣文化》，可以想見他不放過任何可以擴大文化宣傳的機會），這些進步的臺籍文化人，結合了大陸返臺「半山」中較為開明的宋斐如、丘念台，以及以黃榮燦、許壽裳為中心的外省人士延伸出去的人脈，共同集結為促進政治民主化而努力。而臺中地區，在大陸赴臺的王思翔、樓憲、周夢江等人的串聯下，也結合了楊逵、謝雪紅、楊克煌、林西陸等左翼勢力。最值得注意的，是以林獻堂為首的許多老文化人如葉榮鐘、莊垂勝、張煥珪、楊守愚等，亦參與《新知識》與《文化交流》的出資或寫稿。二・二八事件中，他們雖然不贊成謝雪紅的武裝路線，成立「臺中地區時局處理委員會」力圖穩定秩序，後來軍隊鎮

壓掃蕩時，也發揮了使臺中地區傷亡最小的功效。[3]然而，從他們願意連續支持《新知識》這份由外省赴臺進步文化人與左翼作家楊逵、臺共謝雪紅涉入其中的刊物，可以想見這些臺中地區的傳統士紳，與左翼知識分子一樣，致力於聯合臺灣反抗力量，共同對抗國民黨封建官僚的體制，積極促進兩岸的文化交流。這些民主勢力，包括了回臺的「半山」、大陸赴臺的進步文化人，以及島內不分左、右翼的知識分子與地方士紳。戰後短短的一年半的時間，臺灣的文化場域已逐漸形成一股自主性的力量，足以和官方勢力詰抗。這是經過二十世紀二三十年代以來社會主義思潮洗禮的臺灣文化人，與大陸經過抗日戰爭「文章下鄉」「文藝大眾化」經驗的進步文化人，共同合作的結果。雖然雙方之間對臺灣社會、文化與文學的評價不盡相同，彼此的「習性」、在權力場域中的「位置」也各不相同。但面對國共內戰與臺灣民生經濟貧困化的時代處境，卻有一致的行動抉擇，共同結盟對抗國民黨官方的文化勢力。

　　光復初期的文化人，除了左翼分子積極呼應大陸民主運動與「政治協商會議」中「和平建國綱領」的「議決」案，主張建立「聯合政府」，「省」為地方自治之最高單位的「高度自治論」等；就是臺灣傳統士紳廖文毅與林獻堂提出的「聯省自治」，也是認同「和平建國綱領」下的一種「地方自治」方案。但國民政府在二・二八事件爆發後，竟無視臺灣人所要求的地方自治論，只不過是「議決」案中的範疇，而以「奸黨」「獨立運動」的罪名派軍隊鎮壓，國民政府此舉等於完全推翻了它在「政協會議」中的承諾，無疑刺激了進步的文化人加入共產黨的決心，這是二・二八事件以後、臺灣地下黨從不到百人，迅速擴展到全島性的組織的原因。只有在此脈絡下探討當時知識分子的抗爭，才能呈現臺灣脫殖民地化與回歸中國之際，政治、文化抗爭的意義。

3　戴國煇、葉芸芸：《愛憎228》，頁270-274。

　　換言之，所謂「中國化」，必須是在「民主化」的「中國化」的
前提下，這是針對國民黨政權顯露的「封建性」官僚主義所提出的政
治、文化抗爭。因此，不論是政、經評論或是文化論述，文化人始終
沒有因為承認「中國化」的必要，而放棄臺灣政治、文化的主體性及
現代性的追求。他們在政治上力主一九四六年一月「政治協商會議」
中決議的「地方自治」體制的實行，臺灣不能被排除在外而有所特殊
化，在文化上則呼籲「民主」、「科學」與現代國民意識的啟蒙的迫切
性。光復初期的臺灣文化人要求的不是脫離中國，而是要與中國境內
各民族共享自由，各省政治地位平等的「一般化」體制。兩岸的有識
之士、文化人基本上是在「一般化」的「方向」上，與官方的傳媒既
合作又抗爭，並且又基於於臺灣歷史的「特殊性」，要求尊重臺灣的
「主體性」，包括日語文化的國際視野與臺灣文學的反抗精神等等。
這是二・二八事件以後、文化界為打破「緘默」，鼓吹「重建臺灣新
文學」，卻不得不面對臺灣社會的性質到臺灣文學的「特殊性」與
「一般性」的社會、歷史課題。而導致國民黨喪失文化宣傳的主導
權，最根本的因素是國民黨當局本身沒有一套足以服人的政治、文化
宣傳理念。無論是「三民主義的文藝」、「國民文學」、「民族文學」，
還是「純文藝」，都無法在光復初期臺灣的文化場域激起漣漪。面對
內戰與現實的苦難，親官方的「御用」文人，也寫不出「建設性」的
文學作品。

　　「魯迅的戰鬥精神」是臺灣文化人與大陸赴臺作家溝通與共享的
文化資本。日據時代臺灣進步文化人早已熟知魯迅反法西斯、反封建
的戰鬥精神。戰後臺灣的文化場域在短短的一年之內，從「三民主義
熱」變成「魯迅熱」，乃臺灣文化人已清楚地認識到「內戰」是第二
次國共合作的失敗，這意味著全國民意所囑託的「和平建國綱領」的
被撕毀與被踐踏，孫中山先生以來以「革命」為號召建設「新中國」
的計劃又再次受阻。這樣的情境正是阿 Q 所遭遇的「不准革命」的

再現。國民黨官方在臺灣紀念「光復一週年」時，文化人卻響應上海的「魯迅逝世十週年紀念」，說明兩岸文化界借由「魯迅的戰鬥精神」此一「文化資本」，已連繫成同一民主陣線。這是光復一年後的臺灣文化界主動地與大陸赴臺作家合作，聯合發起的一次文化抗爭。省內、外文化人借由這次「政治與文學的行動」，共同結盟。儘管在「臺灣人奴化」論爭中，突顯了光復後臺灣社會持續蔓延的「省籍隔閡」，但兩岸進步文化人卻不在此省籍偏見的局限中。他們努力突破中日戰爭經驗中「國籍」身份不同，所造就的彼此「習性」的差異，極力促成兩岸文化的交流。由於對魯迅戰鬥精神與現實主義美學實踐邏輯的共鳴性，這次結合文學與政治的抗爭行動，奠下二・二八事件後兩岸文化人突破文化隔閡的基礎。

二・二八事件以後，臺灣文壇從「紀念五四」打開了三月鎮壓造成的「緘默」，重新展開「重建臺灣新文學」、「文藝大眾化」的討論。經過一年的醞釀，在一九四八年在二・二八事件週年前夕發生許壽裳離奇被殺事件，強化了文化人建立統一文化陣線對抗國民黨法西斯統治的決心。在楊逵的呼籲下，兩岸文化人在《臺灣新生報・橋》副刊集結，展開以文學議論介入現實的抗爭行動。臺灣歷來的文學論爭往往發生在歷史的關鍵時刻，承載著社會、歷史複雜的內容與意識。《臺灣新生報・橋》副刊的論爭作為光復初期——尤其是經歷了二・二八事件的恐怖鎮壓之後——持續相當長時間的論爭，也有其特殊的歷史背景與發生意義。《臺灣新生報・橋》副刊的議論，從臺灣文學與社會有無特殊性的論辯，又發展出「五四精神」的繼承與否、中國社會性質、新現實主義的創作方法與世界觀、理論與實踐等等議題，即反映了他們在國共內戰兩條政治路線的鬥爭中，選擇社會主義的思想作為介入現實的利器，導致當時的文化場域呈現一面倒向社會主義的現象。兩岸文化人以社會主義的批判精神、統一文化陣線，欲推翻美國扶持的蔣介石政權。

　　換言之,《臺灣新生報‧橋》副刊的議論不是憑空產生的,而是臺灣社會面對二‧二八事件後「白色恐怖」的清鄉,以及社會資源直接被捲入「國共內戰」的困境。在這樣影響臺灣人民「生死交關」的現實條件下,迫使文化人思索著「臺灣文學」的性質與定位的問題,如何依據自主性的組織力量,再生產新文學遺產中、反對統治者的「文化資本」,包括:日據時代以來的「文學生產」的抗爭意識與美學形式;以及中國「五四」新文化運動以來,從「文學革命」到「革命文學」,反殖、反專制的民主、科學精神,以及在抗日戰爭中得到發展的社會主義文藝理論。其中,牽涉文學生產所賴以生成的政治現實條件,歸根結柢乃在於國、共這兩股政治權力勢力是分或合,一直是影響中國新文學意識發展的力源。國共內戰,兩黨歷經兩次合作與失敗,逼使文化人必須在兩條政治路線的鬥爭作一抉擇。翻閱《臺灣新生報‧橋》上的論爭,省外文化人一致聲援臺灣文化人,共同對抗國民黨內極右翼打壓「臺灣文學」的法西斯意識形態,力陳「臺灣文學」有其歷史與現實的「特殊性」得據以存在。而所謂「特殊性」向「一般性」辯證轉化,是《臺灣新生報‧橋》論爭中省內外文化人一致憧憬的「新中國」的遠景。省外文化人以抗日戰爭以來所發展出來的「新現實主義」、「大眾文學」的左翼美學成規,站在臺灣人民的立場對抗國民黨的法西斯統治。楊逵(與在其帶領下的新生代文化人)秉持二十世紀三十年代社會主義文藝理念與外省文化人結盟,貫串雙方人士的實踐邏輯乃在於「階級認同」與「民主體制」的建立。

　　在國共內戰愈演愈烈的一九四八年,國民黨極力封鎖「傾共」言論、書籍與內戰真實消息的情勢下,二‧二八事件以後的臺灣文化人可以簡化為三種:「親共」、「親官方」與「忍痛沉默」者。其中,以「忍痛沉默」者居多數,而文化場域積極活動者,表現的大都是「左」傾、「親共」的論述。也因此,那些主張「文化交流」「加強省內外合作」,或者到後來乾脆標舉「統一文化陣線」者,基本上是看

好共產黨即將「解放臺灣」的文化人，展現了兩岸進步文化人在國共內戰生死交關之際，「傾共」的政治宣示與行動抉擇。兩岸進步文化人面對臺灣政、經社會逐漸與中國「一體化」的事實，儘管中間橫隔著「二・二八事件」，一度使彼此身分「位置」的差異性更顯突出。但是「反內戰」與「階級認同」的實踐邏輯，讓他們的「習性」隨著時間與現實條件的生成，逐漸產生共鳴，修正差異，擴大共識。吾人若以二十世紀七八十年代才產生的「臺灣民族主義」認同，強加在二十世紀四十年代後半期的楊逵（以及臺灣左翼文化人）身上，不僅忽略當時的社會情勢，漠視左翼文化人正積極介入的「階級革命」的現實意義，也忽視了楊逵一再呼籲填補「澎湖溝」、兩岸文化交流與文化統一陣線的真義。也正因為他們「傾共」的「政治化」、「左翼化」的發言，對國民黨的統治造成威脅，以致在「四六事件」中遭到通緝、逮捕與驅逐的「懲治」的命運。「四六事件」的整肅，也象徵著《臺灣新生報・橋》副刊帶動的臺灣社會主義文藝思潮的中挫。就此意義而言，二・二八事件以後，隨著國共內戰的情勢急轉，二・二八事件以前左、右翼結盟的臺灣文化場域，繼一九二七年「臺灣文化協會」分化後，又一次在國共的分裂情勢中分化。此一分化或許為一九八〇年代國民黨統治力鬆動之際、文化場域分化為「臺灣結」與「中國結」埋下了歷史契機，成為葉石濤所言的「省籍對立」的「不死鳥」。[4]但是，從當時臺灣文學的「特殊性」與「一般性」的論議中，包括葉石濤本人當年的言論，都可見「省籍對立」並非是主要因素，「階級認同」的意識分化恐怕是當時更根源的社會因素。「新現實主義」創作方法的提出，是對光復以後呼聲不斷的「文藝大眾化」、「人民文學」的一次理論與實踐的總結；這並不僅是大陸二十世紀三十年代以後社會主義文藝理論的指導或移植而已；而是歷史與現實條件賦

4　葉石濤：《臺灣文學史綱》，頁77。

予復歸中國的臺灣社會與文學必須面對的時代課題。

　　然而時代的課題尚未有機會以實踐檢驗論爭中凝聚的理論與共識。國民黨當局退踞臺灣後，二十世紀五十年代，尤其是抗美援朝戰爭的爆發，美國第七艦隊協防臺灣海峽，使國民黨當局無後顧之憂地發動雷厲風行的「白色恐怖」。兩岸進步文化人致力於民主追求，促使臺灣與「祖國」社會、文化、族群融合的努力，從此卻成為禁錮的歷史。

附錄一

表 7-1　臺灣省行政長官公署時期與臺灣總督府時期文官籍貫配比表

| A.行政長官公署及所屬機關各級官員籍貫配比（1946年10月） | | | | | | | | | | | |
| 總計 | | 特任 | | 簡任 | | 薦任 | | 委任 | | 其他 | |
人數	%	人數	%	人數	%	人數	%	人數	%	人數	%
計	44451	100.00	1	100.00	385	100.00	2990	100.00	20341	100.00	20734	100.00
臺灣籍	38234	63.53	-	-	27	7.01	817	27.32	14133	69.48	13257	63.93
外省籍	9951	22.39	1	100.00	358	92.99	2173	72.68	6208	30.52	121	5.84
日本籍	6266	14.09	-	-	-	-	-	-	-	-	6266	30.23

| B.臺灣總督府及所屬機關各級官員籍貫配比（1945年10月） | | | | | | | | | | | |
| 總計 | | 特任 | | 簡任 | | 薦任 | | 委任 | | 其他 | |
人數	%	人數	%	人數	%	人數	%	人數	%	人數	%
計	84559	100.00	1	100.00	109	100.00	2226	100.00	37978	100.00	44245	100.00
臺灣籍	46955	55.53	-	-	1	0.92	51	2.29	14076	37.06	32827	74.19
日本籍	37604	44.47	1	100.00	108	99.08	2175	97.71	23903	62.94	11418	25.81

資料來源：臺灣省行政長官公署人事室編：《臺灣一年來之人事行政》（1946），頁7-8。
出處：陳翠蓮：《派系鬥爭與權謀政治》，頁77。

表 7-2　臺灣省公教機構中臺籍、外省籍、日籍人員人數與比例表

年月 籍貫	1946年 3月	1946年 8月	1946年 10月	1946年 12月	1947年 6月	1947年 11月
臺籍人數	31070	24714	28234	39711	40624	45698
比例（%）	76.06	62.21	63.52	72.71	72.44	73.97
外省籍人數	2642	7940	9951	13927	14524	15857
比例（%）	6.48	19.95	22.39	25.58	25.90	25.70
日籍人數	7139	7027	6266	929	929	205
比例（%）	17.46	17.65	14.09	1.71	1.66	0.33
總數 （人數）	40851	39802	44451	54612	56082	61778

資料來源：湯熙勇：〈光復初期公教人員任用及其相關問題〉。
出處：陳翠蓮：《派系鬥爭與權謀政治》，頁79。

表 7-3　臺幣與大陸幣（法幣與金圓券）匯兌市場之變化

日期	臺幣對法幣 匯兌比率 （元）	比率調整 次數 （次）	日期	金圓券對臺 幣匯兌比率 （元）	比率調整 次數 （次）
1945年10月日	30		1948年8月23日	1835	固定比率
1946年8月20日	40		1948年11月1日	1000	機動調整 再開始
1946年9月23日	35		1948年11月11日	600	
1947年4月24日	40		1948年11月26日	370	6
1947年5月16日	44		1948年12月30日	222	10
1947年6月2日	51		1949年1月31日	80	16
1947年7月3日	65		1949年2月25日	14	9
1947年9月1日	72		1949年3月31日	3	4

日期	臺幣對法幣匯兌比率（元）	比率調整次數（次）	日期	金圓券對臺幣匯兌比率（元）	比率調整次數（次）
1947年11月22日	79		1949年4月11日	1	10
1947年12月24日	90		1949年4月30日	0.05	7
1948年1月13日	92	機動調整開始	1949年5月27日	0.0005	
1948年2月28日	142	16			
1948年3月25日	205	10			
1948年4月27日	248	7			
1948年5月20日	346	11			
1948年6月28日	685	15			
1948年7月31日	1345	11			
1948年8月18日	1635	5			
總計		96	總計		66

資料來源：

1. 黃登宗：〈臺灣省五年來物價變動之統計分析〉，《中國農村復興聯合會特刊》第3號，1952年，附表5。

2. 《臺灣銀行季刊》第1卷第1期至第3卷第1期，各期所錄之《臺灣經濟略志》。出處：劉進慶：《臺灣戰後經濟分析》，頁44。

說明：

1. 1945年10月迄1948年8月22日為兌臺幣1元之法幣的比率。

2. 1948年8月23日迄1949年5月27日為兌金圓券1元之臺幣的比率。

3. 1948年1月13日開始匯兌市場之機動的調整。調整次數顯示表兩個期間中之合計次數。1948年8月19日金圓券改革後，匯兌市場8月23日到10月31日都固定下來，但11月1日以後，重新又開始機動性調整。

4. 臺幣與金圓券之間的連帶關係，在1949年6月15日實施新臺幣改革之後被廢止了。

表 7-4　臺幣與大陸幣之公定兌換比率及購買力評價比率比較

	1947年		1948年	
	公定兌換率	購買力平價	公定兌換率	購買力平價
1月	1：35	1：71	1：102	1：148
2	1：35	1：64	1：141	1：188
3	1：35	1：54	1：205	1：248
4	1：40	1：64	1：248	1：265
5	1：44	1：86	1：346	1：413
6	1：51	1：92	1：685	1：378
7	1：65	1：103	1：1346	1：1551
8	1：65	1：101	1：1635	1：2372
9	1：72	1：113	1835：1	1285：1
10	1：72	1：120	1835：1	2467：1
11	1：79	1：107	370：1	381：1
12	1：90	1：120	222：1	281：1

資料來源：

1. 《臺灣銀行季刊》第1卷第4期，頁174-175。
2. 《臺灣銀行季刊》第2卷第5期，頁67。

出處：劉進慶：《臺灣戰後經濟分析》，頁46。

說明：

1. 臺幣：法幣、金圓券。購買力平價以一九三七年為基準年。[1]
2. 一九四八年公定兌換率，以當月最後一次調整之比率表示。

1　「購買力平價」，以一九三七年為基準年，並非沒有問題，但表7-4的指標，反映臺幣被低估還是有相當意義。至於更進一步以戰後上海和臺北兩地的物價指數的分析，參見劉進慶著，王宏仁等譯：《臺灣戰後經濟分析》，頁46-48，劉進慶總結臺幣大約被低估30%-50%。

表 7-5　1946-1952 **年公民營工業產值比例**　　　　　　　（單位%）

年份 類別	1946	1947	1948	1949	1950	1951	1952
公營	81.62	81.04	72.68	75.80	68.41	64.38	57.6
民營	18.38	18.69	27.32	24.20	31.59	35.62	42.3

資料來源：省建設廳：《臺灣的民營工業》及「行政院主計處」，《臺灣公營事業近況
　　　　　統計》。
出處：劉士永：《光復初期臺灣經濟政策的檢討》，頁123。

表 7-6　**臺灣各業生產類指數與總指數**（1937-1950）

年	農業 指數	水產業 指數	林業 指數	工業 指數	礦業 指數	畜牧業 指數	總指數
1937	100.00	100.00	100.00	100.00	100.00	100.00	100.00
1938	104.83	92.89	120.22	102.99	115.26	102.50	104.22
1939	107.96	105.81	108.01	116.79	19.29	92.44	110.57
1940	93.27	193.70	139.71	121.25	129.86	74.27	105.12
1941	92.00	98.89	172.06	100.20	129.28	63.75	95.49
1942	94.62	68.42	216.18	124.51	108.41	72.64	105.95
1943	86.77	47.03	394.12	120.57	97.82	69.93	100.80
1944	81.44	21.96	206.62	102.52	80.28	53.10	87.36
1945	47.75	14.88	355.15	36.97	33.79	41.27	45.38
1946	55.42	53.15	41.54	18.32	43.55	49.60	40.72
1947	64.68	61.01	54.01	17.57	58.72	64.05	46.94
1948	74.80	74.54	110.66	44.60	74.27	68.86	63.69
1949	91.40	77.85	81.99	75.63	71.29	82.79	83.90
1950	99.86	83.05	122.43	75.99	76.59	84.10	91.50

資料來源：夏霽成：〈論發行、物價、生產〉，《財政經濟月刊》第1卷第8期（1951
　　　　　年），頁59。
出處：翁嘉禧：《臺灣光復初期的經濟轉型與政策》，頁21。

表7-7　光復初期左翼文化人主導的刊物發行一覽表
（1945年10月-1947年2月）

刊名	日期	出資發行人（社長）	主編	其他成員
一陽週報	1945.09-1945.11.17	楊逵	楊逵	
政經報	1945.10.25-1946.07.25	陳逸松	蘇新、蔣時欽	王白淵、顏永賢、林金莖、胡錦榮
人民導報	1946.01.01-1947.03.08	宋斐如——王添灯（1946. 05.08-1946. 09.19）——宋斐如（1947.03.08）	總編輯：白克、蘇新（1946.03-1943.09）《南虹》副刊：林金波、黃榮燦（1946.01.15-1946.02.14）	總主筆：陳文彬。編輯與記者：馬銳籌、謝爽秋、鄭明錄、呂赫若、吳克泰、楊傳枝、賴明弘
和平日報	1946.05.04-1947.03.17	國防部宣傳處[2]發行人：李上根副社長陳正坤（奉警備司令部參謀長柯遠芬1946.11改組）	《新世紀》副刊：王思翔（創刊1947.03.02）《新文學》副刊：楊逵（1946.05.10-1946.08.09）每週畫報（耳氏）陳庭詩（1946.09-1947-01.12）	主筆：王思翔經理：樓憲（創刊1946.08）編輯主任：周夢江（創刊1946.07.01）日文版編譯課長：楊克煌副經理：林西陸

2　以標楷體代表「黃埔」系的「軍統」人員。

刊名	日期	出資發行人（社長）	主編	其他成員
				採訪課長：丁文治（1946.06-09）記者：施英語、蔡鐵城、鍾天啟主任秘書：韋佩弦副社長：張煦本（1946.11-）
臺灣評論	1946.07.01-1946.10.01	出資：劉啟光發行人：林忠	李純青（在上海主編）、蘇新、王白（在臺灣編譯）	丘念台、周天啟、楊逵
自由報	1946.10.15-1947.02.28	出資：王添灯發行：陳進興	掛名：蔡慶榮實際：蕭來福	王白淵、呂赫若、徐淵琛、孫萬枝、蔣時欽、周慶安、吳克泰
新知識	1946.08.15	出資：張煥珪發行人：張星建	王思翔、樓憲、周夢江	楊逵、楊克煌
文化交流	1947.01.15	出資：張煥珪主辦人：藍更與	王思翔、楊逵	樓憲、周夢江

表 7-8　龍瑛宗（劉榮宗、彭智遠、劉春桃、R、李志陽）
光復初期作品目錄

	日期	篇名	類別	期刊	作者
1	1945.11.01	民族の烽火	論著〔日〕	《新青年》1：3	缺稿，以下若未特別注明，皆為署名龍瑛宗
2	1945.11.15	青天白日旗	小說〔日〕	《新風》創刊號	
3	1945.12.20	建設：文學	論著〔日〕	《新新》創刊號	
4	1945.12.20	汕頭から來た男	小說〔日〕	《新新》創刊號	
5	1946.01.20	民族革命——太平天國（一）	論著（中日對照）	《中華》創刊號	署名劉榮宗龍瑛宗主編
6	1946.01.20	中米關係並びに其の展望（中美關係及其展望）	論著（中日對照）	《中華》創刊號	署名彭智遠
7	1946.01.20	楊貴妃の戀	小說〔日〕	《中華》創刊號	
8	1946.02.01	二人乘り自轉車	隨筆〔日〕	《新新》第2號	
9	1946.03.15	個人主義の終焉——老舍の駱駝祥子	評論〔日〕	《中華日報》日文版「文藝」	
10	1946.03.21	台南にて歌へる	隨筆〔日〕	《中華日報》日文版「文藝」	署名彭智遠
11	1946.03.21	生活と鬥ふ小孩子	隨筆〔日〕	《中華日報》日文版「文藝」	
12	1946.04.04	台北時代の章炳麟——亡命家の一つの插話	論著〔日〕	《中華日報》日文版「文藝」	署名彭智遠
13	1946.04.11	名作巡禮：カルメン	作品介紹〔日〕	《中華日報》日文版「文藝」	署名R

	日期	篇名	類別	期刊	作者
14	1946.04.23	燃える女	短篇小說〔日〕	《中華日報》日文版「文藝」	
15	1946.04.26	名作巡禮：お菊さん	作品介紹〔日〕	《中華日報》日文版「文藝」	署名R
16	1946.04.28	女性と讀書	論著〔日〕	《中華日報》日文版「家庭」	
17	1946.04.30	民族革命——太平天國（二）	論著（中日對照）	《中華》第2號	署名劉榮宗
18	1946.04.30	楊貴妃の戀	小說〔日〕	《中華》第2號	
19	1946.05.02	名作巡禮：復活	作品介紹〔日〕	《中華日報》日文版「文藝」	署名R
20	1946.05.09	名作巡禮：ランテの死	作品介紹〔日〕	《中華日報》日文版「文藝」	署名R
21	1946.05.10	名作巡禮：青鬚と七人の妻	作品介紹〔日〕	《中華日報》日文版「文藝」	未署名
22	1946.05.13	名作巡禮：ドン・キホーテ	作品介紹〔日〕	《中華日報》日文版「文藝」	署名R
23	1946.05.14	名作巡禮：波斯人の手紙	作品介紹〔日〕	《中華日報》日文版「文藝」	署名R
24	1946.05.14	文學は必要か——時代と文化の問題	評論〔日〕	《中華日報》日文版「文藝」	署名劉春桃
25	1946.05.20	名作巡禮：阿Q正傳	作品介紹〔日〕	《中華日報》日文版「文藝」	署名R
26	1946.05.20 ~09.13	陸章〈錦繡山河〉	翻譯〔日〕	《中華日報》日文版「文藝」	陸章作,龍瑛宗譯
27	1946.05.23	名作巡禮：アドルフ	作品介紹〔日〕	《中華日報》日文版「文藝」	署名R

	日期	篇名	類別	期刊	作者
28	1946.05.30	「飯桶」論	翻譯〔日〕		風人作,彭智遠譯
29	1946.05.30	名作巡禮：若キエルシ悲しみ	作品介紹〔日〕	《中華日報》日文版「文藝」	署名R
30	1946.06.01	名作巡禮：老殘遊記	作品介紹〔日〕	《中華日報》日文版「文藝」	署名R
31	1946.06.01	ハイネよ	新詩〔日〕	《中華日報》日文版「文藝」	署名劉春桃
32	1946.06.05	名作巡禮：ガルヴア旅行記	作品介紹〔日〕	《中華日報》日文版「文藝」	署名R
33	1946.06.07	名作巡禮：アルネ	作品介紹〔日〕	《中華日報》日文版「文藝」	署名R
34	1946.06.09	女性は何故化妝か	論著〔日〕	《中華日報》日文版「家庭」	
35	1946.06.13	名作巡禮：私の大學	作品介紹〔日〕	《中華日報》日文版「文藝」	署名R
36	1946.06.22	文化を擁護せよ──台灣文化協進會成立を祝す	論著〔日〕	《中華日報》日文版「文藝」	
37	1946.06.22	名作巡禮：女の一生	作品介紹〔日〕	《中華日報》日文版「文藝」	署名R
38	1946.06.25	名作巡禮：にごりえだけくらべ	作品介紹〔日〕	《中華日報》日文版「文藝」	署名R
39	1946.07.25	知性之窗：飢餓と商人－悲慘なエビソード	論著〔日〕	《中華日報》日文版「文化」	未署名
40	1946.08.01	名作巡禮：ナナ	作品介紹〔日〕	《中華日報》日文版「文化」	署名R

	日期	篇名	類別	期刊	作者
41	1946.08.04	婦人と天才	論著〔日〕	《中華日報》日文版「家庭」	
42	1946.08.08	中國認識の方法	〔日〕	《中華日報》日文版「文化」	署名彭智遠
43	1946.08.08	知性之窗：人材の扼殺——人事問題に關して	論著〔日〕	《中華日報》日文版「文化」	署名風
44	1948.08.11	女性と學問－現代の文化は跛行性	論著〔日〕	《中華日報》日文版「家庭」	署名R
45	1946.08.16	名作巡禮：罪と罰	作品介紹〔日〕	《中華日報》日文版「文化」	署名R
46	1946.08.16	中國文學の動向	介紹〔日〕	《中華日報》日文版「文化」	署名李志陽
47	1946.08.18	女性美の變遷——近代は健康美	論著〔日〕	《中華日報》日文版「家庭」	署名風
48	1946.08.22	知性之窗：理論と現實——よく現實を觀察せよ	論著〔日〕	《中華日報》日文版「文化」	署名風
49	1946.08.25	キュリ――夫人_婦人の能力について	論著〔日〕	《中華日報》日文版「家庭」	署名R
50	1946.08.29	血と涙の歷史―― 楊逵氏の「新聞配達夫」	評論〔日〕	《中華日報》日文版「文化」	
51	1946.08.29	名作巡禮：初戀	作品介紹〔日〕	《中華日報》日文版「文化」	署名R

	日期	篇名	類別	期刊	作者
52	1946.09.05	知性之窗：ロスチャイルド家——金持になる祕語	作品介紹〔日〕	《中華日報》日文版「文化」	署名R
53	1946.09.12	名作巡禮：浮生六記	作品介紹〔日〕	《中華日報》日文版「文化」	署名R
54	1946.09.12	中國古代の科學書——宋應星の「天工開物」	評論〔日〕	《中華日報》日文版「文化」	署名彭志遠
55	1946.09.15	女は何故泣くか	論著〔日〕	《中華日報》日文版「文化」	署名R
56	1946.09.19	知性之窗：薔薇戰爭——台胞は奴化されたか	時論〔日〕	《中華日報》日文版「文化」	署名R
57	1946.09.19	臺南から臺北へ	隨筆〔日〕	《中華日報》日文版「文化」	署名李志陽
58	1946.09.21	男女間の愛情	論著〔日〕	《中華日報》日文版「家庭」	署名R
59	1946.09.28	傳統の潛在力——吳濁流氏の「胡志明」	評論〔日〕	《中華日報》日文版「文化」	
60	1946.09.28	名作巡禮：外套	作品介紹〔日〕	《中華日報》日文版「文化」	署名R
61	1946.10.03	知性之窗：戰爭か和平か	論著〔日〕	《中華日報》日文版「文化」	署名R
62	1946.10.06	婦人と政治	論著〔日〕	《中華日報》日文版「家庭」	
63	1946.10.13	哀しき鬼	短篇小說〔日〕	《中華日報》日文版「文化」	

	日期	篇名	類別	期刊	作者
64	1946.10.13	名作巡禮：從妹ベット	作品介紹〔日〕	《中華日報》日文版「文化」	署名R
65	1946.10.15	新劇運動の前途——熊佛西作「屠戶」を觀て	評論〔日〕	《中華日報》日文版「文化」	
66	1946.10.17	心情告白	新詩〔日〕	《中華日報》日文版「文化」	
67	1946.10.17	知性之窗：知性の為に——お別れの言葉	論著〔日〕	《中華日報》日文版「文化」	署名R
68	1946.10.19	中國近代文學の始祖——魯迅逝世十週年紀念日に際して	論著〔日〕	《中華日報》日文版「文化」	
69	1946.10.20	貞操問答	論著〔日〕	《中華日報》日文版「家庭」	
70	1946.10.20	女性と經濟	論著〔日〕	《中華日報》日文版「家庭」	署名R
71	1946.10.23	內戰を止める	新詩〔日〕	《中華日報》日文版「文化」	署名彭智遠
72	1946.10.23	名作巡禮：海燕	作品介紹〔日〕	《中華日報》日文版「文化」	署名R
73	1946.10.23	日本文化に就て——これからの心構へ	論著〔日〕	《中華日報》日文版「文化」	
74	1946.10.24	台灣はどうなるか	論著〔日〕	《中華日報》日文版「文化」	
75	1947.01.05	台北的表情	隨筆（中）	《新新》第二卷第一號	

	日期	篇名	類別	期刊	作者
76	1947.02.17	あの女人への書翰 第一信〈男女の友情について〉、第二信〈台北と台南について〉、第三信〈文學關於〉、第四信〈別れについて〉。其中第一、四信分別為首次發表；二、三信為〈文學は必要か〉（5.14）、〈臺南から臺北へ〉（9.19）增補、改題。	書信〔日〕	《女性を描く》隨筆集	其他文章皆《中華日報》日文欄舊作結集。
77	1949.05.20	左拉的實驗小說論	理論介紹（中）	《龍安文藝》第一期	1948.03任職民政處，編輯《山光旬刊》注明作者第一篇中文文章

說明：

1. 摘錄自許維育：《戰後龍瑛宗及其文學研究》（附錄一　戰後龍瑛宗生平寫作年表），頁171-178。
2. 參照客家文學館網頁《龍英宗著作目錄》：http://cls.lib.ntu.edu.tw/hakka/author/long_ying_zong/com_list.htm
3. 筆者製表、增補校訂。

表 7-9　光復初期「魯迅精神」作品目錄

時間／篇名／作者／期刊
*1945.10.25／〈學習魯迅先生〉／木馬（林金波）／《前鋒》光復記念號
*1945.12.12／〈阿Q性〉／新人／《民報・學林》
*1945.12.21、22、24、25／〈魯迅的詩〉／鐵漢／《民報・學林》
*1946.05.20／〈名作巡禮——阿Q正傳〉／R（龍瑛宗）／《中華日報・文藝》
#1946.09／《魯迅傳》／小田嶽夫著，范泉譯／開明出版社 注：葉榮鍾藏書
*1946.10.19／〈中國近代文學の始祖——魯迅逝世十週年記念日に際して〉／龍瑛宗／《中華日報》
*1946.10.19／〈魯迅を記念して〉／楊逵《中華日報》
*#1946.10.19／〈關於魯迅精神的二三基點〉／胡風／《和平日報・新世紀》 注1.《民族戰爭與文藝性格》（1937年）より轉載としているが、い 注2.《希望》第2集第4期1946.10.18と同時揭載
*#1946.10.19／〈魯迅和青年〉／許壽裳／《和平日報・新世紀》
*1946.10.19／〈紀念魯迅〉／楊逵／《和平日報・新世紀》
*#1946.10.20／〈忘記解〉／景宋／《和平日報・新世紀》 注：同頁柳亞子詩一首、有毛潤之（毛澤東）的名字。
*1946.10.20／〈我所信仰的魯迅先生〉／秋葉／《和平日報・新世紀》
*#1946.10.20／〈追念魯迅〉／（署名不清）／《和平日報・新世紀》
*#1946.10.20／〈田漢先生的《阿Q正傳》劇本〉／楊蔓青／《和平日報・新世紀》
*#1946.10.21／〈斯くの如き戰鬪〉／樓憲／《和平日報・新世紀》
*#1946.10.21／〈魯迅的德行〉／許壽裳／《和平日報・新世紀》
*#1946.10.31／〈看了阿Q、不知阿Q的為人〉／林煥平／《中華日報・新文藝》

*#1946.11.01／〈抗戰八年木刻選集〉序／葉聖陶／《人民導報・藝文》創刊號
*　1946.11／〈中華民族之魂！〉游客／《正氣》第1卷第2期 注：批評許壽裳文章，認為魯迅不配為「民族之魂」
*1946.11.01／〈紀念魯迅〉／楊雲萍《台灣文化》第1卷第2期
*1946.11.01／〈魯迅的精神〉／許壽裳／《台灣文化》第1卷第2期
*#1946.11.01／〈斯茉特萊記魯迅〉／高歌譯／《台灣文化》第1卷第2期 注：轉載自《文萃》第10期1945.12.11。
*#1946.11.01／魯迅先生與中國新興木刻藝術／陳烟橋／《台灣文化》第1卷第2期 注：轉載〈魯迅與中國新木刻〉《文藝春秋》第3卷第4期1946.10.15 及〈魯迅怎樣指導青年木刻家〉《文藝春秋》第2卷第4期1946.03.15
*#1946.11.01／〈漫談魯迅先生〉／田漢／《台灣文化》第1卷第2期 注：轉載自《文萃》第5期1945.11.06。
*1946.11.01／〈他是中國的第一位新思想家〉／黃榮燦／《台灣文化》第1卷第2期
*1946.11.01／〈魯迅舊詩錄〉／謝似顏／《台灣文化》第1卷第2期
*1946.11.01／〈在臺灣首次紀念／魯迅先生感言〉／雷石榆／《台灣文化》第1卷第2期
*1946.11.04／〈魯迅孤僻嗎?〉／朱嘯秋／《新生報・新地》
*#1946.11.07／〈阿Q相〉／林煥平《中華日報・新文藝》
*1947.01.01／〈魯迅的人格和思想〉／許壽裳／《台灣文化》第2卷第1期
*1947.01.10／〈阿Q的私生子〉／憶懷／《中華日報・海風》
*1947.01.15／〈阿Q畫圓圈〉／楊逵／《文化交流》
*1947.01／〈魯迅先生〉／楊逵，收入楊逵譯／《阿Q正傳》東華書局　中日對照
*1947.01／〈關於魯迅〉／王禹農譯／《狂人日記》標準國語通信學會　中日對照

＊#1947.02.05／〈読《魯迅書簡》〉／李何林／《台灣文化》第2卷第2期 注：與《文藝春秋叢刊》同時發表，第1卷第2期1947.02
＊#1947.05.25／〈阿Q時候的風俗人物一班〉（文藝佳作選）／周建人／《中華日報‧新文藝》 注：轉載自《讀書與出版》第2年第4期
＊1947.06／《魯迅的思想與生活》／許壽裳，楊雲萍編／台灣文化協進會
＊1947.08／〈魯迅與《故鄉》〉／藍明谷，收入藍明谷譯《故鄉》／現代文學研究會（中日對照） 注：1948.06東方出版社再版（見下村次作郎，1998年）
＊1947.08.01／〈魯迅和我的交誼〉／許壽裳／《台灣文化》第2卷第5期
＊1947.10.22／〈魯迅──中國的高爾基〉／歐陽明／《臺灣新生報‧橋》
＊1947.11.01／〈魯迅的遊戲文章〉／許壽裳／《台灣文化》第2卷第8期
＊1948.01／〈關於魯迅〉／王禹農譯／《藥》東方出版社「現代國語叢書系列」（中日對照）
＊1948.01／〈關於魯迅〉／王禹農譯／《孔已己、頭髮的故事》東方出版社「現代國語叢書系列」（中日對照）
＊1948.4.11／〈阿Q校長演講詞補遺〉／江風／《公論報‧日月潭》第141期

說明：

1. 摘錄、整理自橫地剛先生未刊稿《臺灣文學史資料》（1945-1949）。經著者同意使用，謹此致謝。
2. 「＊」代表在臺灣發表，「#」代表在大陸發表。
3. 筆者增補。

表 7-10　光復初期「臺灣新文學運動」作品目錄

時間／篇名／作者／期刊	備註
＊1945.10.25／〈我們新的任務開始了〉／林萍心／《前鋒》光復記念號	
＊1945.11.20／〈「建設」──文學〉／龍瑛宗《新新》創刊號	

時間／篇名／作者／期刊	備註
#1945.11.16／〈台灣文化的再建設〉／《文匯報・社論》	
*1945.12.02、03／〈我們的「等路」──台灣的文藝與學術〉上、下楊雲萍／《民報・學林》	「台灣文學」的歷史評價
*1945.12.28／〈台灣新文化〉／呂伯揚／《民報・學林》	
#1946.01.01／〈論臺灣文學〉／范泉／《新文學》創刊號 *改題為〈臺灣文學的回顧〉、（署名民權社姚群轉載於1947.01.01《民權通訊社》第31期）	「台灣文學」的性質與方向
#1946.01.28／〈重見祖國之日──臺灣文學今後的前進目標〉／賴明弘／《新文學》第2期	「台灣文學」的性質與方向
*1946.04.19／〈文學革命と五四運動〉／王育德／《中華日報・文藝》	五四新文化精神
*1946.05.04／〈學習五四的精神〉／王思翔／《和平日報・新世紀》	五四新文化精神 翻譯成日文刊在〈第二版〉（日本語版）社論「發刊の辭」刊出〈封建性に對する挑戰／五四運動の精神に學ぶ〉，隔日五月五日，又刊載一次
*1946.05.10／〈一個開始、一個結束〉／樓憲・張禹／《和平日報・新文學》	「台灣文學」的性質與方向
*1946.05.10／〈來るべき文學運動〉／竹林／《和平日報・新文學》	
*1946.05.13／〈論文化運動〉／《和平日報・社說》	〈文化運動を論ず〉日文翻譯出，雙面刊出

時間／篇名／作者／期刊	備註
*1946.05.17／〈文學再建の前提〉／楊逵／《和平日報・新文學》	重建台灣文學
*1946.05.22／〈臺灣青年に送る〉／張文環／《和平日報・新青年》	
*1946.05.24／〈臺灣新文學停滯の檢討〉／楊逵／《和平日報・新文學》	「台灣文學」的性質與方向
*1946.05.20／〈讀者投稿──文藝雜誌の方針の置くべきところ〉賴傳鑑／《新新》第4・5號	
*1946.05.31／〈臺灣文學に就いて〉／張文環／《和平日報・新文學》	「台灣文學」的性質與方向
*1946.06.19／〈論本省文化建設〉／《新生報・社論》	
*1946.06.13／〈編集室より〉／《中華日報・文藝》	
*1946.06.16／〈思想の安定について〉／若雲／《和平日報・新世紀》1	
*1946.06.17／〈祝臺灣文化協進會──少數人的成功與失敗〉／《人民導報・民主點》	
*1946.06.22／〈文化を擁護せよ──臺灣文化協進會設立を祝す〉／龍瑛宗／《中華日報・文藝》	新文學：近代個性的確立與覺醒
*1946.07.18／〈訪宣伝委員會夏主委／談本省文化事業〉／丁文治／《和平日報》	
*1946.07.28／〈對當前臺灣的文化運動的意見〉／《新生報》	
*1946.07.31／〈更正に對す〉／賴起鑑／《和平日報・新世紀》	
*1946.08.15／〈現段階臺灣文化的特質〉／張禹／《新知識》	

時間／篇名／作者／期刊	備註
#1947.08.15／〈臺灣高山族的伝記文學〉／范泉／《文藝春秋》第5卷第2期	
#1947.08.15／〈高山族的舞踏和音樂〉／范泉／《文藝春秋》第5卷第2期	
*1946.08.15.21／〈青年諸君と談る〉及び（続）／楊達輝／《和平日報・新世紀》」	
*1946.08.22／〈彷徨へる臺灣文學〉／王莫愁（王育德）／《中華日報・文化》	「台灣文學」的性質與方向
*1946.08.29／〈血と涙の歷史——楊逵氏の《新聞配達夫》〉／龍瑛宗／《中華日報・文化》	
*1946.09.04／〈本省一年來的文化與宣伝〉／夏美馴／《和平日報・新世紀》	（長官公署）
*1946.09.15／〈臺灣新文學運動的回顧〉／楊雲萍／《臺灣文化》創刊號	「台灣文學」的性質與方向
*1946.09.15／〈文協的使命〉／游彌堅／《臺灣文化》創刊號	「文化協進會」、親（長官公署）
*1946.09.15／〈重建臺灣文化〉／林紫貴／《臺灣文化》創刊號	（省黨部）
*1946.09.15／〈本會的記錄——臺灣文化協進會成立大會宣言〉／《臺灣文化》創刊號	「文化協進會」親（長官公署）
*1946.09.28／〈伝統の潛在力——吳濁流氏の《胡志明》〉／龍瑛宗／《中華日報・文化》	
*1946.10.17／〈談臺灣文化的前途〉／蘇新、王白淵／《新新》第7期	「台灣文學」的性質與方向
*1946.10.17／〈青年諸君に與ふ〉／王白淵／同上	
*1946.10.17／〈知性の為に——お別れの言葉（R）／《中華日報・文化》	

時間／篇名／作者／期刊	備註
*1946.10.17／〈心情告白〉／龍瑛宗／《中華日報・文化》	
*〈文學隨筆──帰還者の弁〉／賴燿欽／《中華日報・文化》	
#1946.10.21／〈臺灣的秘密〉／黃英（周夢江）／《文匯報》	
*1946.10.23／〈日本文化に就いて──これからの心構へ〉／龍瑛宗／《中華日報》	
*#1946.10.31／〈看了阿Q、不知阿Q的為人〉／林煥平／《中華日報・新文藝》	
*1946.11.25／〈文藝家在哪裡？〉／《民報・社論》	
* 1946.11.01／〈臺灣文化的飢渴〉／姚隼／《臺灣文化》第1卷第2期	
*#1946.11.07／〈阿Q相〉／林煥平／《中華日報・新文藝》	
*#1946.11.14／〈看了旧小說去做和尚〉／林煥平／《中華日報・新文藝》	
*1946.12.01／〈近事雜記（一）〉／楊雲萍／《臺灣文化》第1卷第3期	
*1946.12.01／〈臺北之秋〉／天華《臺灣文化》／第1卷第3期	
*1946.12.01／〈文化動態〉／《臺灣文化》／第1卷第3期	
*1946.12.01／〈漫談臺灣藝文壇〉／多瑙／《人民導報・藝文》第5期	
*1946.12.08／〈臺灣新文學的建設〉（正、續）／巴特／《人民導報・藝文》第5、6期	「台灣文學」的性質與方向改署名歐陽明發表在《南方週報》、《新生報・橋》

時間／篇名／作者／期刊	備註
#1946.12.06／〈臺灣的文化〉／楊村（揚風？）／《文匯報》	
*1946.12.11／〈報紙副刊的作品問題〉／丁沖／《和平日報・新世紀》	
*1946.12.16／〈漫談文藝及其他〉／姚冷／《和平日報・臺灣文藝》（臺灣文藝社主編）	附注：臺灣文藝社（臺北市表町17號白揚采）。《和平日報》、《國是日報》分別刊載（省黨部）
*1946.12.30／〈對副刊的一個希望〉／丁開託／《和平日報・新世紀》	
*1947.01.01／〈一年來文化界的回顧〉／王白淵／《（青年）自由報》	
*1947.01.01／〈也漫談臺灣藝文壇〉／甦生（蘇新）／《臺灣文化》第2卷第1期	反駁1946.12.01多瑙一文「台灣文學」的性質與方向
*1947.01.01／〈隨想〉／雷石榆／《臺灣文化》第2卷第1期	
*1947.01.05／〈卷頭語──文化的交流〉／《新新》第2卷第1期	
*#」1947.01.12／〈談風格〉／林煥平／《中華日報・新文藝》	
*1947.01.15／〈吵鬧要不得──祝文化交流發刊〉／冷漢／《文化交流》	
*1947.01.15／〈釋《文化》〉／王思翔／《文化交流》	
*1947.01.15／〈阿Q畫圓圈〉／楊逵／《文化交流》	
*1947.01.15／〈紀念林幼春先生・賴和先生台灣新文學二開拓者〉／楊逵編／《文化交流》	

時間／篇名／作者／期刊	備註
*#1947.02.02／〈看到美人、想起戀愛〉／林煥平／《中華日報‧新文藝》	
*1947.02.05／〈隨想〉／雷石楡／《臺灣文化》第2卷第2期	
*1947.02.20／〈也是雜感〉／夢周／《中華日報‧海風》 注：本期針對《海風》的意見登載	
*1947.02.22／〈臺灣有文化嗎？〉／夢周／《臺灣日報‧台風》	
*1947.03.01／〈五分五分〉／差不多／《臺灣文化》第2卷第3期	
*1947.03.01／〈土人的希望〉／土人／《臺灣文化》第2卷第3期	
#1947.03.03／〈文協籌組臺灣觀光團〉／《文匯報》／	
#1947.03.04／〈臺灣最近物價的漲風〉／鳳炎（周夢江）／《文匯報》	
#1947.07.03.04.05／〈臺灣帰來〉／揚風／《文匯報》	
#1947.03.06《記臺灣的憤怒》／范泉 注：文藝出版社收入《創世記》（寰星圖書雜誌社，1947.07刊）	
#1947.03.07／〈楊雲萍——一個臺灣作家〉／范泉／《文匯報‧筆會》 注：收入《創世記》（寰星圖書雜誌社，1947.07刊）	
#1947.03.16／〈從文化看臺灣〉／龍新發言／《文匯報‧星期座談》	

時間／篇名／作者／期刊	備註
*1947.04.20／〈擴大新文藝的領域〉／江默流／《中華日報・新文藝》	「台灣文學」的性質與方向
*1947.04.24／〈憲政協會昨召開／新文化運委會〉／《臺灣新生報・記事》	（省新文化運委會）
*1947.04.30／〈對於提唱新文化運動的意見〉／《新生報・社論》	（省新文化運委會）
*1947.04.30／〈臺灣省新文化運委會告全省同胞書〉／《新生報・社論》	（省新文化運委會）
*1947.05.02／〈省新文化運委會宣言全文〉／《新生報》	（省新文化運委會）
*1947.05.04／〈迎文藝節〉／編者（何欣）／《臺灣新生報・記事》	五四新文化精神
*1947.05.04／〈臺灣需要一個新的五四運動〉／許壽裳／《新生報》	五四新文化精神 「台灣文學」的性質與方向
*1947.05.04／〈十年回顧——中國新文藝運動的道路〉／江默流／《中華日報・新文藝》	五四新文化精神
*1947.05.04／〈一點感想〉／明明／《中華日報・新文藝》	「台灣文學」的性質與方向
*1947.05.04／〈跨出第一步〉／遺珠／《中華日報・新文藝》	「台灣文學」的性質與方向
*1947.05.04／〈編者的話〉／《中華日報・新文藝》	「台灣文學」的性質與方向
*1947.05.11／〈展開臺灣的新文藝運動〉／夢周／《中華日報・新文藝》	「台灣文學」的性質與方向
*1947.05.11／〈文藝的教育價值〉／江森（何欣）／《臺灣新生報・文藝》	
*1947.05.13／〈挖悼爛瘡疤〉／夢周／《中華日報・海風》	「台灣文學」的性質與方向

時間／篇名／作者／期刊	備註
*1947.05.23／〈論副刊的功用及其內容〉／江黙流／《中華日報‧海風》	
*1947.05.25／〈展開臺灣文藝運動〉／沈明／《臺灣新生報‧文藝》	「台灣文學」的性質與方向
*1947.05.25／〈編後記〉／／《臺灣新生報‧文藝》	
*1947.05.27／〈談國民文學〉／見惠／《臺灣新生報‧新地》	「民族文藝」理念
*1947.06／〈第十七章　文學〉／王白淵《臺灣年鑑》（1946.12）	「台灣文學」的性質與方向
*1947.06.05／〈轉移風気〉／夢周／《中華日報‧海風》	「台灣文學」的性質與方向
*1947.06.08／〈論寫作態度的嚴肅〉／江黙流／《中華日報‧新文藝》	
*1947.06.18／〈造成文學空氣〉／江黙流《臺灣新生報‧文藝》	「台灣文學」的性質與方向
*1947.06.18／〈說教文學〉／夢周／《臺灣新生報‧文藝》	
*1947.06.18／〈編後〉／《臺灣新生報‧文藝》	
*#1947.06.22／〈小孩看了跳舞，《好，再來一個》〉／林煥平／《中華日報‧「新文藝」	
*1947.07.01／〈臺灣新文化運動的意義〉／游彌堅／《臺灣文化》第2卷第4期	
*1947.07.02／〈臺灣新文學運動史料〉／王錦江／《臺灣新生報‧文藝》	「台灣文學」的性質與方向
*1947.07.02／〈我們要這樣的新文藝——再論展開臺灣新文藝運動〉／沈明／《臺灣新生報‧文藝》	「台灣文學」的性質與方向

時間／篇名／作者／期刊	備註
＊1947.07.02／〈此風不可長〉／夢周／《中華日報・海風》	
＊1947.07.04／〈兩個世界──《八千里路雲和月》觀後〉／夢周／《中華日報・海風》	
＊1947.07.23／〈打破緘默談「文運」〉／毓文／《臺灣新生報・文藝》 ＊附〈編者按〉	「台灣文學」的性質與方向
＊1947.07.23／〈無謂的爭辯──二談舞禁〉／夢周／《中華日報・海風》	
＊1947.07.24／〈落水狗和死老虎〉／夢周／《中華日報・海風》	
＊1947.07.29／〈略論民族文學〉／辛洛／《臺灣新生報・新地》	官方「民族文藝」理念
＊1947.07.30／〈閒話官架子〉／夢周／《中華日報・海風》	
＊1947.07.30／〈編輯記〉／何欣／《臺灣新生報・文藝》	
＊1947.08.01／〈刊首序言〉／歌雷／《臺灣新生報・橋》	
＊1947.08.04／〈編者・作者・讀者〉／歌雷／《臺灣新生報・橋》	
＊1947.08.06／〈所謂《尾巴》〉／夢周／《中華日報・海風》	
＊1947.08.13／〈作者・讀者・編者──寫給橋和橋的建築者〉／林影／《臺灣新生報・橋》	
＊1947.08.17／〈文藝春秋第五卷第一期〉／《中華日報》	
＊1947.08.24／〈文藝思潮講話〉／雷石楡／《中華日報・新文藝》	

時間／篇名／作者／期刊	備註
＊ 1947.09.01／〈文藝大眾化〉／夢周／《臺灣文化》第2卷第6期	「文學大眾化」
＊1947.09.15／〈四十六天的歷程〉／歌雷／《臺灣新生報・橋》	
＊1947.09.19／〈我的感想〉／王井泉／《臺灣新生報・橋》	
＊1947.10.01／〈記省編譯館二三事〉／煩／《臺灣文化》第2卷第7期	
＊1947.10.08／〈文學通俗化與臺灣〉／黃玄／《臺灣新生報・橋》	「文學大眾化」
＊1947.10.18／〈今後文化建設的方向〉／社論／《和平日報》	
＊1947.11.07／〈臺灣新文學的建設〉／歐陽明／《臺灣新生報・橋》	「台灣文學」的性質與方向
＊1947.11.03／〈論純文藝〉／稚真／《臺灣新生報・橋》	「純文藝」論爭
＊1947.11.07／〈請走出「象牙塔」來──評稚真君的《論純文藝》〉／揚風／《臺灣新生報・橋》	「純文藝」論爭
＊1947.11.08／〈我們需要批評〉／史航／《中華日報・海風》	「台灣文學」的性質與方向
＊1947.11.08／〈檢討臺灣文壇〉／向高／《中華日報・海風》	「台灣文學」的性質與方向
＊1947.11.10／〈文學的內容與形式〉／曾子明／《公論報・日月潭》17	
#1947.11.15／〈關於三篇邊疆小說〉／范泉／《文藝春秋》第5卷第5期	
＊1947.11.15／〈文壇雜感兩則〉／易水／《中華日報・海風》	「台灣文學」的性質與方向

時間／篇名／作者／期刊	備註
*1947.11.19／〈再論純文學──兼答揚風先生《走出象牙之塔來》一文〉／稚真／《臺灣新生報·橋》	「純文藝」論爭
*1947.11.19／〈編者·讀者·作者〉／歌雷／《臺灣新生報·橋》	
*1947.11.22／〈文學的形象性〉／里子／《公論報·日月潭》29	
*1947.11.22／〈談典型〉／魯尼／《公論報·日月潭》30	「新現實主義」的提倡
*1947.11.24／〈《純文學》諸問題〉／斯妥／《臺灣新生報·橋》	「純文藝」論爭
*1947.11.25／〈古怪篇〉／熊煌／《中華日報·海風》	「純文藝」論爭
*1947.11.24／〈編者·讀者·作者〉／歌雷／《臺灣新生報·橋》	
*1947.11.26／〈編者·讀者·作者〉／歌雷／《臺灣新生報·橋》	
*1947.11.28／〈評再論純文藝〉／揚風／《新生報》橋48	「純文藝」論爭
*1947.12.8／〈略論藝術的美〉／魯尼／《公論報·日月潭》41	
*1947.12.8／〈關於短篇小說〉／吳燮山／《公論報·日月潭》41	
*1947.12.8／〈關於抒情詩〉／吳燮山／《公論報·日月潭》46	
*1947.12.10／〈文學的基本特殊性〉／里予／《臺灣新生報·橋》	
*1947.12.12／〈投槍〉／夏禾／《臺灣新生報·橋》	「純文藝」論爭

時間／篇名／作者／期刊	備註
*1947.12.21／〈論臺灣新文學運動〉／歐陽明／《南方週報》	「台灣文學」的性質與方向
*1947.12.24／〈一個希望——聽《中國文學講座》後〉／吳乃光／《臺灣新生報‧橋》	
*1947.12.26／〈揚風致編者的信〉／揚風／《臺灣新生報‧橋》	「純文藝」論爭
*1947.12.28／〈談文學的形象〉／熊煌／《公論報‧日月潭》54	
*1947.12.31／〈淩風的信〉／淩風／《臺灣新生報‧橋》	「純文藝」論爭
*1947.12.31／〈新現實主義〉／熊煌《公論報‧日月潭》57	「新現實主義」的提倡
*#1948.01／《五四運動》／李何林／中華書局臺灣分局經銷	上海「大成出版社」
#1948.01.01／〈臺灣今後的「新文化」與文化工作的任務〉／李巨伯／《自治與正統》新臺灣出版社	
*1948.01.01／〈抱著期望過新年〉／雷石榆／《中華日報‧海風》	
*1948.01.05／〈批評的批評〉／易遜／《公論報‧日月潭》60	
*1948.01.09／〈關於這次論爭的一點意見〉／謝青／《臺灣新生報‧橋》	「純文藝」論爭
*1948.01.12／〈雜話批評——兼答淩風致編者信〉／揚風／《臺灣新生報‧橋》	「純文藝」論爭
*1948.01.14／〈編者‧作者‧讀者〉／歌雷／《臺灣新生報‧橋》	
*1948.01.17／〈人物的典型性格與典型境環〉／熊煌／《公論報‧日月潭》71	「新現實主義」的提倡

時間／篇名／作者／期刊	備註
*1948.1.19／〈性格化和形象化──文藝技巧研究六〉／司徒陽／《臺灣新生報・橋》	「現實主義」文論
*1948.02.10／〈臺灣文學運動史稿〉／王錦江《南方週報》	「台灣文學」的性質與方向
*1948.02.13／〈在臺灣的作家〉／張明／《臺灣新生報・橋》	
#1948.02.24／〈追念許壽裳〉／憬心／《華商報》	
#1948.03.01／〈再談方言文學〉／茅盾／《大眾文藝叢刊》第1輯	發行地：香港 「方言文學」
*1948.03.02／〈文藝與生活〉／高怡冰／《臺灣力行報・力行》	
*1948.03.02／〈許壽裳先生追悼會〉／徐子／《中華日報》	
*1948.03.03／〈編者・作者・讀者──《橋》的作者來一次小敘〉／《臺灣新生報・橋》	孫達人提議茶會
*1948.03.12／〈讀者・作者・編者〉／《臺灣新生報・橋》／	
*1948.03.16／〈編者・讀者・作者──橋的短信〉／歌雷／《臺灣新生報・橋》	
*1948.03.17／〈編者・讀者・作者──橋的短簡〉／歌雷／《臺灣新生報・橋》	
*1948.03.19／〈編者・作者・讀者〉／《臺灣新生報・橋》	
*1948.03.22／〈編者・作者・讀者──茶會需要課題〉／《臺灣新生報・橋》	
*1948.03.24／〈編者・作者・讀者──茶會決定了〉／歌雷／《臺灣新生報・橋》	

時間／篇名／作者／期刊	備註
*1948.03.26／〈新時代・新課題——臺灣新文藝運動應走的路向〉／揚風／《臺灣新生報・橋》	「文學大眾化」（文藝統一陣線）
*1948.03.26／〈編者・作者・讀者——茶會課題：《橋》的路〉／歌雷／《臺灣新生報・橋》	
*1948.03.26／〈歡迎——為第一次茶會作〉／歌雷／《臺灣新生報・橋》	
*1948.03.29／〈如何建立臺灣文學〉／楊逵／《臺灣新生報・橋》	「文學大眾化」（文藝統一陣線）
*1948.03.31／〈編者・作者・讀者——茶會討論結果／請求速寄下短文〉／歌雷／《臺灣新生報・橋》	
*1948.04.01／〈談談寫作〉／黎牧／《臺灣力行報・力行》	
*1948.04.02／〈論文學的時代使命——藝術的控訴力〉／史村子／《新生報・橋》	
* 1948.04.02／〈編者・作者・讀者——百期擴大徵文〉／歌雷／《臺灣新生報・橋》	
*1948.04.07／〈《橋的路》（第一次作者茶會<03.28>總報告)〉《臺灣新生報・橋》／〈作家應到人民中間去觀察本省及外省作家應當加強連繫與合作〉／楊逵與鄭重、陳大禹、葛喬、史村子、子瓏、黃得時、揚風、麗葉、鄭牧之、蘇尚燿、姚隼、秦嗣人、天野、陳健夫、稚真的發言及寄稿文	楊逵：(文藝統一陣線)」 陳大禹：突破恐懼 子瓏：台灣新文學絕非鄉土藝術 楊風：文學大眾化 姚隼：接受民間遺產 稚真：文藝自由論
*1948.04.07／〈如何建立臺灣新文學（第二次作者茶會<04.04>總報告)〉／《新生報・橋》 1.〈過去臺灣文學運動的回顧〉／楊逵	台灣文學的「特殊性」與「一般性」 （文藝統一陣線）

時間／篇名／作者／期刊	備註
2.〈過去臺灣新文藝的運動值得研究〉／吳濁流 3.〈臺灣新文學運動是直接或間接受到我國五四運動影響而產生而發展〉／林曙光 4.〈希望大家能打破這目前文藝界的沈寂〉／吳坤煌 5.〈今天文藝工作者的困難〉／瀛濤 6.〈《橋》的路〉／田兵	
＊1948.04.09／〈如何建立臺灣新文學（第二次作者茶會總報告）續完〉／《臺灣新生報·橋》／〈臺灣文學之道與文藝工作者合作問題〉／楊逵與孫達人、歌雷、陳大禹、吳坤煌、馮諄的發言	「文學大眾化」、 歌雷：台灣文學的「特殊性」與「一般性」 陳大禹：封建殘遺的思想 孫達人、吳坤煌：反帝、反封建的努力 楊逵：「文藝統一陣線」
＊1948.04.09／〈編者·作者·讀者——迦尼的來信〉／《臺灣新生報·橋》	
＊1948.04.10／〈去現實問題多遠？——文藝情緒與生活情緒〉／歐陽漫岡／《中華日報·海風》	
＊1948.04.12／〈臺灣文學的過去、現在與將來〉／林曙光／《臺灣新生報·橋》	台灣文學的「特殊性」與「一般性」（打破特殊性）
＊1948.04.14／〈編者·作者·讀者——第三次茶會快舉行／本省作家請多來稿〉／歌雷	
＊1948.04.16／〈一九四一年以後的臺灣文學〉／葉石濤／《臺灣新生報·橋》	台灣文學的「特殊性」與「一般性」 反省戰爭期文學、導入祖國人民文學
＊1948.04.23／〈本省作者的努力與希望〉／朱實／《臺灣新生報·橋》	台灣文學的「特殊性」與「一般性」

時間／篇名／作者／期刊	備註
	肯定日據期文學遺產與「特殊性」
*1948.04.23／〈給各報副刊編者及文藝工作者的一封公開信〉／楊逵／《臺灣新生報・橋》	「文藝統一陣線」
*1948.04.23／〈編者・作家・讀者——第三次茶會／星期六晚<04.24>中山堂舉行〉／歌雷／《新生報・橋》	
*1948.04.26／〈文藝與成語俗諺〉／方生／《臺灣新生報・橋》	
#1948.05.01／〈略論文藝大眾化〉／穆文（林默涵）／《大眾文藝叢刊》第2輯	「文學大眾化」 發行地：香港
*1948.05.03／〈臺灣的新文學問題〉／王詩琅／《和平日報》社論	
*1948.05.03／〈代啟：歡迎全省文藝工作者參加五月三日《文藝茶會》〉／《臺灣新生報・橋》	
*1948.05.04／〈冷落的節日——今日文藝是被踐踏的野草〉／江默流／《中華日報・海風》	紀念五四
*1948.05.10／〈建設臺灣新文學・再認識臺灣社會〉／彭明敏／《臺灣新生報・橋》	台灣社會的特殊性與一般性（殖民或封建意識的殘留）
*1948.05.12／〈我的申辯〉／雷石榆／《臺灣新生報・橋》	台灣社會的特殊性與一般性（殖民或封建意識的殘留）
*1948.05.12／〈編者・作者・讀者——第四次作者茶會／在台中「05.15」、彰化「05.16」、台南「05.16」連續舉行〉／《臺灣新生報・橋》	
*1948.05.13／〈如何促進臺灣的文運〉／錢歌川／《中華日報・海風》	「台灣文學」的性質與方向提倡鄉土藝術

時間／篇名／作者／期刊	備註
＊1948.05.13／〈從玉井教員吃甘藷說起〉歐陽明《中華日報・海風》	
＊1948.05.14／〈臺灣文學需要一個「狂飆運動」〉／阿瑞／《臺灣新生報・橋》	「台灣文學」的性質與方向 個性解放的浪漫主義 文學沙漠、打破狹隘的地域觀念
＊／〈編者・作者・讀者——第四次茶會〉／《臺灣新生報・橋》	
＊1948.05.17／〈我的辯明〉／彭明敏／《臺灣新生報・橋》	台灣社會的特殊性與一般性（殖民或封建意識的殘留）
＊1948.05.17／〈尋找臺灣文學之路〉／楊逵／《臺灣力行報・力行》	
＊1948.05.17／〈建立嚴正的文藝批評〉／胡牧／《臺灣力行報・力行》	
＊1948.05.20／〈對如何建立臺灣新文藝的幾個基本問題的認識〉／《臺灣力行報・力行》	
＊1948.05.24／〈再申辯〉／雷石榆／《臺灣新生報・橋》	台灣社會的特殊性與一般性（殖民或封建意識的殘留）
＊1948.05.24／〈「文章下鄉」——談展開臺灣的新文學運動〉／揚風／《臺灣新生報・橋》	「文學大眾化」（文章下鄉）新現實主義
＊1948.05.24／〈建設新臺灣文學之路〉／胡紹鍾／《臺灣新生報・橋》	「五四精神」的揚棄 建立自主的地方性文學
＊1948.05.26／〈臺灣新文學的意義〉／田兵《臺灣新生報・橋》／《臺灣新生報・橋》	台灣文學的「特殊性」與「一般性」 「文學大眾化」、文藝陣線
＊1948.05.28／〈論前進與後退——《建設新臺灣文學之路》讀後〉／孫達人／《臺灣新生報・橋》	針對5.24胡紹鍾文 「五四精神」的揚棄或延續 台灣文學不是鄉土文學

時間／篇名／作者／期刊	備註
*1948.05.31／〈臺灣新文學創作方法問題〉／雷石榆／《臺灣新生報‧橋》	針對5.14阿瑞 「新現實主義」與「浪漫主義」 反狹隘性的地方文學
*1948.06.01／〈寫作與生活〉／志仁／《臺灣力行報‧力行》	
*1948.06.02／〈瞭解‧生根‧合作——彰化文藝茶會報告之一〉／蕭荻／《臺灣新生報‧橋》	「台灣文學」的性質與方向 肯定楊逵、賴和台灣文藝成就 「大和化」下的封建性
*1948.06.04／〈我看《臺灣新文學運動》的論爭〉／王澍／《臺灣新生報‧橋》	評彭明敏與雷石榆的論爭 台灣文學的「特殊性」與「一般性」 「文學大眾化」 批內地作家的優越意識
*1948.06.04／〈編者‧作者‧讀者〉／歌雷／《臺灣新生報‧橋》	
*1948.06.07／〈五四‧文藝寫作——不必向《五‧四看齊》〉揚風／《臺灣新生報‧橋》	駁5.28孫達人、5.31雷石榆 「五四精神」的揚棄或延續 「新現實主義」與「浪漫主義」
*1948.06.09／〈我的《新臺灣文學運動》看法〉／姚筠／《新生報‧橋》	台灣文學的「特殊性」與「一般性」 「文學大眾化」 特殊性乃因落後現象而存在 靠本地文學工作者
*1948.06.09／〈在《論爭》外〉／洪朗／《臺灣新生報‧橋》	駁6.4，王澍、抗戰時期的「文學大眾化」
*1948.06.09／〈介紹《近廿年中國文藝思潮論》〉／易軍／《臺灣新生報‧橋》	

時間／篇名／作者／期刊	備註
*1948.06.14.16／〈形式主義的文學觀——評揚風的《五四文藝寫作》〉／雷石榆／《臺灣新生報・橋》	「五四精神」的揚棄或延續「新現實主義」與「浪漫主義」批外省作家的優越意識
*1948.06.14／〈？？？〉／錢歌川／「中央通訊」	反對「台灣新文學」的名號
*1948.06.16／〈《臺灣文學》解題——敬致錢歌川先生〉／陳大禹／《臺灣新生報・橋》	台灣文學的「特殊性」與「一般性」「台灣文學」正名邊疆文學
*1948.06.18／〈編者・作者・讀者——關於錢歌川先生對《文運》的意見〉／《臺灣新生報・橋》	
* 1948.06.21／〈編者・作者・讀者——總論臺灣新文學運動（第九回茶會「06.26」）〉／《臺灣新生報・橋》	
*1948.06.23／〈評錢歌川、陳大禹對臺灣新文學運動意見〉／瀨南人（林曙光）／《臺灣新生報・橋》	台灣文學的「特殊性」與「一般性」歷史過程+自然環境目標：非邊疆文學而是一般性
*1948.06.23／〈編者・作者・讀者——第九次茶會星期日舉行〉／歌雷／《臺灣新生報・橋》	
*1948.06.23／〈所謂《建設臺灣新文學》臺北街頭的甲乙對話〉／杜從／《中華日報・海風》	台灣文學的「特殊性」與「一般性」
*1948.06.25／〈「臺灣文學」問答〉／楊逵／《臺灣新生報・橋》	台灣文學的「特殊性」與「一般性」

時間／篇名／作者／期刊	備註
	「台灣文學」正名 《文藝春秋》邊疆文學特輯、駁奴化論、澎湖溝、文化交流
*1948.06.25／〈傳統・覺醒・改造——簡論臺灣新文學的方向〉／孫達人／《臺灣新生報・橋》	繼承五四精神
*1948.06.25／〈瀨南人先生的誤解〉／陳大禹／《臺灣新生報・橋》	台灣文學的「特殊性」與「一般性」 邊疆文學非矮化
*1948.06.25／〈「臺灣新文藝運動」論文索引〉／《臺灣新生報・橋》	
*1948.06.25／〈編者・作者・讀者——本星期日晚第九次茶會〉／歌雷／《臺灣新生報・橋》	
*1948.6.26／〈所謂《總論臺灣新文學運動》臺北街頭的甲乙對話〉／段賓／《中華日報・海風》	台灣文學的「特殊性」與「一般性」
*1948.6.26／〈令人啼笑皆非〉／夏北谷／《中華日報・海風》	台灣文學的「特殊性」與「一般性」
*1948.06.27／〈現實教我們需要一次嚷〉／楊逵／《中華日報・海風》	台灣文學的「特殊性」與「一般性」
*1948.06.28／〈新寫實主義的真義〉／揚風／《臺灣新生報・橋》	「新現實主義」與「浪漫主義」
*1948.06.28／〈論爭雜感〉／姚隼／《臺灣新生報・橋》	台灣文學的「特殊性」與「一般性」
*1948.06.29／〈以鑼鼓聲來湊熱鬧〉／杜從／《中華日報・海風》	台灣文學的「特殊性」與「一般性」

時間／篇名／作者／期刊	備註
*1948.06.30／〈再論新寫實主義〉／雷石楡／《臺灣新生報·橋》	「新現實主義」與「浪漫主義」 「五四精神」的繼承與中國社會性質
*1948.07.01／〈關於《臺灣鄉土文學選輯》〉／歐陽漫岡／《中華日報·海風》	鄉土文學
*1948.07.02／〈再論新寫實主義〉（続完）／雷石楡／《臺灣新生報·橋》	「新現實主義」與「浪漫主義」 「五四精神」的繼承與中國社會性質
*1948.07.05／〈承継魯迅精神——讀魯迅全集後〉／呂宋／《臺灣新生報·橋》	
*1948.07.05／〈評雷石楡的《斷魂曲》〉／田兵／《臺灣新生報·橋》	
*1948.07.07／〈從接受文學遺產說起〉／揚風／《臺灣新生報·橋》	「五四精神」的揚棄或延續
*1948.07.14／〈歌雷致陳大禹書〉／《臺灣新生報·橋》	
*1948.07.16／〈文藝雜感〉／宇然／《力行報·船》	
*1948.07.16／〈不算批評——《知哥仔伯》讀後〉／麥芳嫻／《臺灣新生報·橋》	方言文學
*1948.07.16編者·作者·讀者——徵收對《臺北酒家》的批評與意見〉／歌雷	方言文學
*1948.07.19／〈文學與方言——《臺北酒家》讀後〉／林曙光／《臺灣新生報·橋》	方言文學
*1948.07.19／〈評《臺北酒家》〉／沙小風／《臺灣新生報·橋》	方言文學

時間／篇名／作者／期刊	備註
*1948.07.20／〈論臺灣風土的研究——致楊雲萍教授〉／林曙光／《中華日報・海風》	
*1948.07.23／〈文學的語言——兼評《臺灣酒家》〉／麥芳嫻《新生報・橋》	方言文學
*1948.07.26／〈讀《臺灣酒家》〉／朱實／《臺灣新生報・橋》	方言文學
*1948.07.26／〈讀《臺北酒家》的序幕〉／蕭荻／《臺灣新生報・橋》	方言文學
*1948.07.28／〈評鄭重《模索》〉／田兵／《臺灣新生報・橋》	
*1948.07.30，08.02、04.06／〈論《臺灣文學》諸論爭〉／駱駝英／《臺灣新生報・橋》	「五四精神」的繼承與中國社會性質 台灣文學的「特殊性」與「一般性」 「新現實主義」與「浪漫主義」
*1948.07.30／〈我對葉石濤作品的印象〉／陳顯庭／《臺灣新生報・橋》	
*1948.07／〈夢與現實〉／楊逵／《潮流》夏季號	現實主義的精神
*1948.08.01／〈楊逵先生主持本報文藝座談會〉文藝通訊之《臺灣力行報・力行》	重建台灣新文學
*1948.08.01／〈臺灣文藝叢刊〉廣告／《臺灣力行報・力行》	
*1948.08.01／〈談談民歌的搜集〉／廖漢臣／《臺灣文化》第3卷第6期	文藝大眾化
*1948.08.02／〈談青年〉／史良／《臺灣力行報・力行》	

時間／篇名／作者／期刊	備註
＊1948.08.02／〈歡迎投稿〉／楊逵／《臺灣力行報・新文藝》	
＊1948.08.15／〈臺灣文學嗎？容抒我見〉／陳百感（邱永漢）／《中華日報・海風》	台灣文學的「特殊性」與「一般性」 理論與實踐
＊1948.08.15／〈所謂《建設臺灣新文學》錢歌川說有語病　展開文學運動則有必要〉／中央社訊／《臺灣新生報・橋》	台灣文學的「特殊性」與「一般性」
＊1948.08.16／〈本報主辦第一次新文藝座談會記錄〉／楊逵／《臺灣力行報・新文藝》	重建台灣新文學
＊1948.08.20／〈文學的生命——致林曙光・麥芳嫻両先生〉／沙小風／《臺灣新生報・橋》	方言文學
＊1948.08.20／〈方生未死之間——茅盾于潮等著・小雅出版社〉／阿潛／《臺灣新生報・橋》	
＊1948.08.23／〈關於理論與實踐——駁陳百感先生《臺灣文學嗎？容抒我見》一文〉／駱駝英／《臺灣新生報・橋》	台灣文學的「特殊性」與「一般性」 理論與實踐
＊1948.08.23／〈人民的作家〉／楊逵／《臺灣力行報・新文藝》	
＊#1948.08.23／〈作家的進步〉／徐中玉／《臺灣力行報・新文藝》	轉載自《展望》第2卷第13期1948.08.??
＊1948.08.25／〈致陳百感先生的一封信〉／何無感（張光直）／《臺灣新生報・橋》	台灣文學的「特殊性」與「一般性」 理論與實踐
＊1948.08.09／〈新文藝可走的兩條路〉／許世瑛／《創作》	現實主義
＊1948.09.01／〈文化時言〉／楊雲萍、洪炎秋／《臺灣文化》第3卷第7期	

時間／篇名／作者／期刊	備註
*1948.09.01／〈文藝作品的社會價值——8.25台灣文藝社學術〉／曾今可／《建國月刊》第2卷第6期	
*1948.09.01／〈全省聯吟會祝詞〉／林獻堂／《建國月刊》第2卷第6期	漢詩
*1948.09.01／〈推進台灣文藝運動的我見〉／杜重：舊詩保留的必要／《建國月刊》第2卷第6期	漢詩保留的必要性
*1948.09.05／〈答駱駝英先生〉／陳百感／《中華日報・海風》	台灣文學的「特殊性」與「一般性」
*1948.10.01／〈五四運動對台灣的影響〉／揚風／《台灣之聲》	五四新文化精神
*1948.10.05／〈徵求《實在的故事》〉／楊逵／《力行報・新文藝》	
*1948.10.11／〈《實在的故事》問答〉／楊逵／《臺灣力行報・新文藝》	現實主義
*1948.10.15／〈臺灣要怎樣的詩和詩人〉／鴻賡／《中華日報・海風》	
*1948.11.11／〈論《反映現實》〉／楊逵／《臺灣力行報・新文藝》	現實主義
*1948.11.13／〈犧牲奮鬥創造！（續）——為本報週年而作〉河／《臺灣力行報・力行》	
*1948.11.13／〈路——一年來的副刊編輯〉／芷／《臺灣力行報・力行》	
*1948.11.14／〈路（續）〉／《臺灣力行報・力行》	
*1948.11.15／〈編者・讀者・作者——改造編輯工作〉／歌雷／《臺灣新生報・橋》	

時間／篇名／作者／期刊	備註
*1948.11.24／〈古怪篇〉／熊煌／《中華日報‧海風》	諷刺「純文藝」
*1948.11.30／〈論建立臺灣新文學〉／蔡瑞河／《臺灣新生報‧橋》	台灣文學的「特殊性」與「一般性」 文學大眾化
*1949.01.14／〈關於臺灣新文學的兩個個問題〉／籟亮（賴義傳）／《臺灣新生報‧橋》	台灣文學的「特殊性」與「一般性」 台灣新文學不是死的鄉土文學
*1949.01.24／〈臺灣文學的方向──師範學院文藝座談會講演〉／歌雷／《臺灣新生報‧橋》	現實主義的文學
*1949.01.27／〈論楊逵《萌芽》中的幾個問題〉／吳阿文（周青）／《臺灣新生報‧橋》	
*1949.3.7／〈略論台灣新文學建設諸問題〉／吳阿文（周青）／《臺灣新生報‧橋》	台灣文學的「特殊性」與「一般性」 理論與實踐、文藝統一戰線 文學大眾化
*1949.04.19／〈台灣文學的方向〉／呂熒／《公論報‧日月潭》第338期	台灣文學的性質與方向 現實主義與浪漫主義
*1949.05.02／〈展望光復以來臺灣文運〉／朱實／《龍安文藝》叢刊第一輯	台灣文學的性質與方向 台灣文學的「特殊性」與「一般性」
*1949.05.02／〈左拉的實驗小說論〉／龍瑛宗／《龍安文藝》叢刊第一輯	介紹並批評「自然主義」
*1949.05.02／〈關於寫作〉／黎烈文／《龍安文藝》叢刊第一輯	
*1949.09.01／〈光復以來的臺灣文藝界〉／酩青（葉石濤）／《今日臺灣》第7輯	台灣文學的「特殊性」與「一般性」

時間／篇名／作者／期刊	備註
*1950.06.01／〈談談鄉土文藝〉／蔡德本／《鄉曲》創刊號	
*1950.12.05／〈半世紀來臺灣文學運動〉／王錦江／《旁觀雜誌》	
*1951.05.04／〈中國文藝協會一年來的工作報告〉／《中華日報・文藝》	

說明：
1. 摘錄、整理自橫地剛先生未刊稿《臺灣文學史資料》（1945-1949），謹此致謝。
2. 「*」代表在臺灣發表，「#」代表在大陸發表，「◎」代表目前僅存目錄，尚未找到的資料。
3. 筆者增補整理、備註說明。

表 7-11　《和平日報》「新文學」副刊作品目錄

期別	日期	作者	題目	文類	備註
1	1946.05.10	樓憲、張禹	一個開始・一個結束	文藝時評・中文	
		竹林	來るべき文學運動（應該來個文學運動）	文藝時評・日文	
		A・E 霍斯曼	戰爭已經結束	新詩・翻譯詩	
			專載：中華全國文藝協會上海分會成立宣言	文學報導・中文	
2	1946.05.17	楊逵	文學再建の前提（文學再建的前提）	文藝時評・日文	
		E・Z	明天的祖國	新詩・中文	
		節錄蘇聯對外文化協會文學部副主席	他人所寄望於我們者	書信・中文	

期別	日期	作者	題目	文類	備註
		戈爾巴托夫致我國葛寶權先生信			
		中華全國文藝界抗敵協會總會／鄭振鐸等人	特載：慰問上海文藝界書&覆書	書信·中文	
3	1946.05.24	楊逵	台灣新文學停頓の檢討（臺灣新文學停頓的檢討）	文藝時評·日文	
		莫洛	走向原野——和浪浪在一起的時候	散文·中文	
		黎丁	我活著，我看到了勝利——寄台灣友人	書信·中文	
			樓憲啟事	啟事·中文	
4	1946.05.31	蒲風	奇遇	小說·中文	
		豐子愷	藝術與革命	文藝時評·中文	
		林綿	寂寞	新詩·中文	
		張禹	斷章取義之一	散文·中文	
		張文環	台灣文學に就いて（關於台灣文學）	文藝時評·日文	
5 詩人節特刊	1946.06.04	王思翔	紀念屈原	評論	
		樓憲	我們曾為生活而奮鬥	新詩	
		頓尼遜作碧淵譯	詩人的歌	翻譯新詩	
		艾青	詩人	新詩	艾青：詩人論之一節

期別	日期	作者	題目	文類	備註
		艾青	關於詩	詩論	節錄艾青：詩論
		編輯室	紀念詩人節	編者言	
6	1946.06.14	蘇・B・甫列涅夫作 首文　譯	勇敢的心	翻譯 小說	
		陳白□	無題	漫畫	
		莫洛	說話	散文	
		趙景深	山城文壇漫步	散文	
7	1946.06.21		高爾基之家	散文	
		（塔斯社訊）	蘇熱烈舉行「高爾基紀念週」	報導	
		葛洛斯曼	生命	小說	
		何其芳	工作者的夜歌	新詩	
		老舍	儲蓄思想	散文	
		佚名作	無題	漫畫	
		艾黎	歸來了	新詩	
8	1946.06.28	何其芳	叫喊（詩選）	新詩	
		郁影	寫作底態度	散文	
		凡石	夢太平	漫畫	
		葛洛斯曼	生命	小說	
9	1946.07.06	伊凡・威左夫作 星帆譯	歸來乎！	翻譯 小說	
		諸葛靈	巴黎聖母寺	散文	
		許杰	獻身文學的精神	散文	

期別	日期	作者	題目	文類	備註
10	1946.07.12	茅盾	高爾基的作品在中國	評論	
		張羽	反「肉麻主義」	散文	
		L・托爾斯泰著 星帆譯	雞蛋般大的穀	翻譯 小說	
		莫洛	槍與薔薇	散文	
11	1946.07.19	臧克家	假詩	散文	
		陳殘雲	走人民的道路	新詩	
		莫洛	紅雀	散文	
		雪萊作 葉田譯	哀英吉利人民	翻譯 新詩	
		米海登作 吳變山譯	情書	翻譯 散文	
		羽	剪刀生活		
12	1946.07.26	劉白羽	飢餓	小說	
			矛盾編文學叢書 翦伯贊貧病交迫	文藝消息	
		靜子	記女版畫家凱浮珂勒維支	評介	文末括號署名
		郭沫若	慈悲外一章	新詩	
		沙兵	都市的背面	版畫	
		唐宋	奴隸的夢	散文	
		編者	賴若萍女士	通訊	
★ 12	1946.08.02	給賽珍珠女士	靳以	書信散文	文末括號署聯合
		秥生	海	散文	

期別	日期	作者	題目	文類	備註
		彷彿	風格和模仿	評論	
		艾蕪	高爾基的小說	評論	在高爾基逝世十週年紀念會上一個簡短的報
		芳群	星光——寄給L/N/	新詩	
		莫洛	眼睛——給詩人V/G/	新詩	
		高爾基	高爾基語錄——關於寫作	語錄	
★	1946.08.09	文藝教育論	士仁	評論	
		S·赫特爾斯東 凱蒂譯	安德烈記德（上）——巴黎文人生活瑣談之一	散文	
		莫洛	黑屋	新詩	

說明：「★」表「新文學」副刊原始文獻期數有誤，表格依照原來期數編訂。

表 7-12　光復初期民主思潮與「大眾文學」創作思潮

*#1946/01/19／／〈所謂偉大的作品〉／王平陵／《人民導報‧南虹》 注：《中原、文藝雜誌、希望、文哨聯合特刊》第1卷第2期（1946/01/20）
#1946/01/20／〈陪都文藝界致政治協商會議各會員書〉／《中原、文藝雜誌、希望、文哨聯合特刊》第1卷第2期
*#1946/01/20／〈上海文協分會向總會及全國文藝作家致敬電〉／中華全國文藝協會上海分會《中原、文藝雜誌、希望、文哨聯合特刊》第1卷第2期 注：轉載自《文藝復興》第1卷第1期1946/01/10

*#1946/01/26／〈向人民大眾學習〉／郭沫若／《人民導報‧南虹》第24期 注：轉載自《文萃》第4期1945/10/30。 《文哨》第1卷第1期1945/05/04初出
#1946/01/28／〈重見祖國之日──台灣文學今後的前進目標〉／賴明弘《新文學》第2期
*1946/01/31／〈給藝術家以真正的自由／響應廢止危害人民基本自由〉／黃榮燦／《人民導報‧南虹》
*1946/05/04／〈和平‧民主‧繁榮與文化〉／張禹‧樓憲／《和平日報‧新世紀》
*#1946/05/10／〈廣港文化在民主浪潮中〉／危舟／《政經報》第2卷第5號
*1946/05/20／〈本報主催檢討省參議會座談會〉／《和平日報》 注：五月十四日，台中市民館開辦。樓憲任代理主席，楊逵、王思翔、周夢江等人發言
*1946/05/25／〈世相《目耳口》〉／賴仙夢／《和平日報‧新青年》
*1946/05/25／〈閒話──言之者無罪，聽之者足戒〉張禹　《和平日報‧新青年》
*#1946/05/28／〈舊傳統の改造，新作風の確立〉／以群、白英譯／《和平日報‧新世紀》 注：轉載自《文哨》第1卷第1期（1945/05/04）
*#1946/05/31／〈藝術與革命〉／豐子愷／《和平日報‧新文學》
*1946/06,04／〈紀念屈原〉／王思翔《和平日報‧新文學》
*1946/06/07／〈封建文化の打破──台灣青年の進むべき道〉／王育德／《中華日報‧文藝》
*#1946/06/12／〈歡送鹿地亘先生〉／馮乃超／《和平日報‧新世紀》 注：轉載自《文聯》第1卷第6期（1946/04/15）
*1946/06/22／〈文化を擁護せよ──台灣文化協進會設立を祝す〉／龍瑛宗／《中華日報‧文藝》
#1946/06/30／〈反內戰、爭自由──上海文化界對時局發表宣言〉／《文匯報》

＊1946/07/04／〈訪宋斐如副処長──他說《過去日人在台所施／〈皇民化〉教育，現在業已說明是全失敗了》／丁文治／《和平日報》
＊#1946/08/01／〈反內亂〉／郭沫若／《台灣評論》 注：轉載自／〈反內戰〉《民言》創刊號1946/06/25
＊1946/08/01／〈人民の聲を聞け〉／楊逵／《台灣評論》
＊1946/08/15／〈光復雜感〉／賴明弘／《新知識》
＊1946/08/15／〈現段階台灣文化的特質〉／張禹／《新知識》
＊1946/08/15／〈為此一年哭〉／楊逵／《新知識》
＊#1946/09/13／〈日本新憲法批判〉／林煥平／《和平日報》
＊1946/09/15／〈文化在農村〉／吳新榮／《台灣文化》創刊號
＊#1946/10/03/04／〈新民主運動と文藝〉（上下）／（葉）以群／《中華日報・文化》 注：轉載自／〈新民主運動中的文藝工作〉《文聯》第1卷第3期（1946/02/05）
＊1946/10/03／〈戰爭か和平か〉（戰爭與和平）／（R）／《中華日報・文化》
＊　1946/11/20／〈謁官記〉／夢周／《中華日報・海風》
#1947/01/01／〈民主運動中的二三事〉／郭沫若／《華商報》 注：《新文化》半月刊1947/01/14轉載
＊1947/01/01／〈關於《烏合之眾》〉洪炎秋／《台灣文化》第2卷第1期 注：轉載自《和平日報》1946/12/24
＊1947/01/04／〈談官僚政治〉／蘆天《中華日報・海風》
＊1947/01/05／〈當然的主張──言論要絕對自由〉／白龍／《新新》第2卷第1期
＊1947/01/05／〈《內地》與《內地人》〉／甦生（蘇新）／《新新》第2卷第1期
＊1947/01/05／〈希望文化人共同邁進〉／黃克正／《新新》第2卷第1期
＊#1947/01/10／〈和平禮讚〉／任鈞（盧森堡）／《和平日報・新世紀》
＊#1947/01/10／〈和平的實習〉／孫伏園／《和平日報・新世紀》

*#／〈和平・民主・建設・段階的文藝工作——在廣州三個文藝團体歡迎會上的講演〉／茅盾／《新創造》創刊號（1947/03/01）
注：司馬文森編《文藝生活》光復版第4期（1946/04/10）
注：《中原、文藝雜誌、希望、文哨聯合特刊》第6期（1946/06/25）

*1947/01/15／〈阿Q畫圓圈〉／楊逵／《文化交流》

#◎1947/04／〈展開華南通俗文藝運動（文協港粵分會通俗文藝座談會座談記錄）〉／馮乃超／《文藝生活》光復版第13期

#1947/04/20／〈台游雜拾〉（游記）／歐陽予倩／《人間世》復刊第2期
注：改題／〈一個戲劇工作者的《二二八》見聞〉，《台湾時報》1990/02/28轉載

*1947/10/08／〈文學通俗化与台湾／黃玄／《臺灣新生報・橋》

#1948,01/01／〈低沉的文壇——抗戰後近三年來的文壇動態〉／楚驥／《星光日報・星星》

#1948/02／〈當前的文藝諸問題〉／郭沫若／《文藝生活》海外坂第1期（香港發行）

#1948/03/01／〈斥反動文藝〉／郭沫若／《大眾文藝叢刊》第1輯（香港發行）

#1948/03/01／〈對於當前文藝運動的意見——檢討、批判、和今後的方向〉本刊同人、荃麟／《大眾文藝叢刊》第1輯

#1948/03/01／〈戰鬥詩歌的方向〉／馮乃超《大眾文藝叢刊》第1輯

#1948/03/01／〈略談沈從文的《熊公館》〉／乃超／《大眾文藝叢刊》第1輯

#1948/03/01〈文藝工作者的改造〉／馮乃超／《大眾文藝叢刊》第1輯上

#1948/05/01／〈略論文藝大眾化〉／穆文（林默涵）／《大眾文藝叢刊》第2輯

#1948/05/15／〈反帝、反封建、大眾化〉／《文藝生活》海外版第3/4期

#1948/07/01／〈關於當前文藝運動的一點意見〉／以群《大眾文藝叢刊》第3輯

*1948/07/01／〈與文藝大眾化有關〉／培茵／《創作》

*1948/08/01／〈談談民歌的搜集〉／廖漢臣／《台湾文化》第3卷第6期

*1948/08/11／〈歌謠偶拾——從封建社會中看被迫害的婦女〉／田家樂／《臺灣新生報‧橋》
*1948/08/23／〈人民的作家〉／楊逵／《臺灣力行報‧新文藝》
*#1948/08/23／〈作家的進步〉／徐中玉／《臺灣力行報‧新文藝》 注：轉載自上海《展望》第2卷第13期1948/08/??
*#1948/08/23／〈怎樣看今日的詩風〉／姚理／《臺灣力行報‧新文藝》 注：轉載自上海《展望》第2卷第14期1948/08/??
*#1948/08/23～24／〈文藝漫談〉／石火／《臺灣力行報‧新文藝》 注：轉載自上海《展望》第2卷第15期1948/08/??
*1948/08/09／〈新文藝可走的兩條路〉／許世瑛／《創作》
#◎1948/10/18／〈建立華南的人民文學〉／馬逸野／《星島日報‧文藝》
*1948/11/10／〈論民間歌謠特質〉／藏洛克／《臺灣新生報‧橋》
*1948/12/06／〈論文學與生活〉／楊逵／《臺灣力行報‧新文藝》
#1948/12／〈論文藝的人民性和大眾性〉／黙涵《大眾文藝叢刊》第5輯
*#1949/01/21／〈台灣人民關心大局盼不受戰亂波及〉（和平宣言）／（楊逵）《大公報》
*1949/02/03／〈由民歌到新音樂〉／孫孫／《臺灣新生報‧橋》
*1949/02/16／〈談《街頭巷尾》的主題——兼論知識分子的路向〉／姜龍昭／《臺灣新生報‧橋》
*1949/02/21／〈台語與文藝——評綠島小曲〉／林曙光／《臺灣新生報‧橋》
#1949/02/28／〈大眾化兩個徹底辦法〉／潘隽之／《星光日報‧星星》
1949/03/23／〈向民間學習〉／矗磊／《星光日報‧星星》
#1949/03/31／〈大眾文藝問題——廈門文藝座談會記錄之一〉／《星光日報‧星星》
#◎1949/03／〈新形勢下文藝運動上的幾個問題〉／荃麟／《大眾文藝叢刊》第6輯
#1949/04/19／〈建立新的文藝批評恐固文藝統一戰線——廈門文藝座談會記錄之二〉／《星光日報‧星星》

＊1949/4/8藍鍾離／〈漫談文學批評〉／《公論報・日月潭》335
＊1949/05/02／〈左拉的實驗小說論〉／龍瑛宗／《龍安文藝》叢刊第一輯
＊1949/05/02／〈關於寫作〉／黎烈文／《龍安文藝》叢刊第一輯
＃1949/05/15／〈展開華南文藝運動的幾個問題〉／黃繩／《文藝生活》海外版第14期
＃1949/07/06／〈在反動派壓迫下鬥爭和發展的革命文藝──十年來國統統革命文藝運動報告提綱〉／茅盾／「中華全國文學藝術工作者代表大會」
＃◎1949/07/06／〈談加強時間性、戰鬥性和地方性〉／司馬文森／《大公報・文藝》

說明：
1. 摘錄、整理自橫地剛先生未刊稿《臺灣文學史資料》（1945-1949）。經著者同意使用，謹此致謝。
2. 「＊」代表在臺灣發表，「＃」代表在大陸發表，「◎」代表目前僅存目錄，尚未找到的資料。
3. 筆者增補。

表 7-13　光復初期「國語運動」與方言文學

＊1945.11.08／〈國語問題〉／《臺灣新生報・社論》
＊1946.01.22／〈需推行廢除日文運動〉／《民報・社論》
＊1946.02.28／〈漫談國語與臺灣推行國語〉／金文詠／《新臺灣》第2期
＊1946.02.28／〈對於從臺灣省國語普及運動應有的認識與態度〉／曾彗明／《新臺灣》第2期
＊1946.03.16／〈國語的文化凝結性〉／魏建功／《臺灣新生報》
＊1946.03.31／〈國語比賽會に對する感想〉（／〈對國語比賽的感想〉）／陳蕙貞／《人民導報》
＊1946.04.07／〈恢復臺灣話應有的方言地位〉／何容／《臺灣新生報・星期專論》
＊1946.04.21／〈國語與台語〉／陳文彬／《人民導報》
＊1946.05.01／〈臺灣國語的推行與注音符號〉／陳鴻勳／《新臺灣》第4期

＊1946.0510、11／〈利用台語學習國語〉／陳文彬／《人民導報・專論》
＊1946.05.28／〈何以要提倡從臺灣話學習國語〉／魏建功／《臺灣新生報・國語》
＊1946.08.27／〈關於禁止日文版〉／《民報・社論》
＊1946.09.15／〈文化在農村〉／吳新榮／《臺灣文化》創刊號
＊1946.10.17／〈日文廢止に對する管見〉／吳濁流／《新新》第7期
＊1946.10.17／〈本省人と日本語〉／張・G・S／《新新》第7期
＊1946.10.17／〈知性の為にーお別れの言葉〉（／〈為了知性──臨別的話〉）／R（龍瑛宗）／《中華日報・文化》
＊1946.10.17／〈心情告白〉／龍瑛宗／《中華日報・文化》
＊1946.10.17／〈文學隨筆──歸還者の弁〉／賴燿欽／《中華日報・文化》
＊1946.10.24特集「さらば日文版」──／〈臺灣はどうなるか〉（／〈臺灣會變成怎麼樣？〉）／龍瑛宗／《中華日報》
＊1946.10.24／〈自己の文字を使用すべし〉／《和平日報》「社論」
＊1946.12.01／〈中國文字問題淺說〉／陳文彬／《臺灣文化》第1卷第3期
＊1947.01.26／〈國語推進運動的實施〉／《臺灣新生報・社論》
＊1947.06.01／〈方言為國語之本〉／何容／《臺灣新生報・星期專論》
＊1947.06.06／〈闢《臺灣為日語環境說》〉／何容／《臺灣新生報》
＊1947.06.07／〈日本語文應恢復嗎？〉／《臺灣新生報・社論》
＊1947.10.01／〈臺灣的國語運動〉／味橄／《臺灣文化》第2卷第7期
◎#1948.01.01／〈方言問題論爭總結〉／馮乃超・荃麟／《正報》第69、70期
#1948.01.29／〈雜談方言文學〉／茅盾／《群眾》第2卷第3期
#1948.03.01／〈再談方言文學〉／茅盾／《大眾文藝叢刊》第1輯
◎#1948.03.25／〈方言文學試論〉／《文藝生活》海外版第2期
#◎1948.03.28／〈談方言小說〉／司馬文森／《星島日報・文藝》
#◎1948.04.06／〈關於方言文藝的創作實踐〉／華嘉／《星島日報・文藝》
＊1948.4.30／〈台灣閩南白話字會創立宗旨〉／《中華日報・社會服務》

#1948.05.10／〈方言文學的實質──方言文學問題管見之一〉／姚理／《華商報‧熱風》
#1948.05.11／〈防止形式主義的偏向──方言文學問題管見之二〉／姚理／《華商報‧熱風》
＊1948.05.20／〈《新文藝》與方言文學──方言文學問題管見之三〉／姚理／《華商報‧熱風》
＊1948.06.01／〈廈門方言之羅馬字併音法〉／胡莫／《臺灣文化》第3卷第5期
#1948.06.02／〈談創造方言文學〉／姚理／《星光日報‧星星》 注：《力行報》1948.08.2曾轉載姚理的文章
#1948.07.01／〈方言文學的創作〉／靜聞／《大眾文藝叢刊》第3輯
＊1948.07.19／〈文學與方言──《臺北酒家》讀後〉／林曙光／《臺灣新生報‧橋》
＊1948.07.19／〈評《臺北酒家》〉／沙小風／《臺灣新生報‧橋》
＊1948.07.23／〈文學的語言──兼評《臺灣酒家》〉／麥芳嫻／《臺灣新生報‧橋》
＊1948.07.26／〈讀《臺灣酒家》〉／朱實／《臺灣新生報‧橋》
＊1948.07.26／〈讀《臺北酒家》的序幕〉／蕭荻／《臺灣新生報‧橋》
＊1948.08.20／〈文學的生命──致林曙光‧麥芳嫻兩先生〉／沙小風／《臺灣新生報‧橋》
＊1948.8.30／〈作家的任務──答沙小風〉／麥方嫻／《臺灣新生報‧橋》
＊1948.09.01／〈廈語方言羅馬字草案〉／朱兆祥／《臺灣文化》第3卷第7期
#◎1948.10.03／〈潮州語言與文藝創作〉／薛汕／《華僑日報‧文藝》
#◎1948.11.28／〈一本失敗的潮州方言文學〉／薛汕／《華僑日報‧文藝》
＊1949.01.22／〈發展本島方言文學的文字問題〉／宋承治／《臺灣新生報‧橋》
＊1949.02.21／〈台語與文藝──評綠島小曲〉／林曙光／《臺灣新生報‧橋》
＊1949.03.01／〈談談聲調問題及其他──答覆兆祥先生〉／胡莫／《臺灣文化》第4卷第1期

#1949.03.23／〈對於閩南文藝運動方向的一點意見〉／方菲／《星光日報‧星星》
#1949.03.28／〈談方言小說〉／司馬文森／《星島日報》
#◎1949.05.23／〈由方言小說而想起的〉／薛汕／《大公報‧文藝》
#◎1949.06.20／〈閩南方言文學運動〉／楚驥／《文藝生活》海外版第15期
#1949.06.29／〈關於閩南方言文學〉／張岱／《華商報‧茶亭》 注：收入張殊明／〈解放軍過長江〉詩二篇「方言文學專號」
#◎1949.07《論方言文學》／華嘉編／人間書屋 注：收入華嘉／〈方言文藝搜索實踐的幾個問題〉
#1949.07.09／〈方言文學專號──關於閩南方言文學的討論〉／《華商報‧茶亭》 　　　　　／〈答張岱先生〉／卓華 　　　　　／〈對閩南方言用字的意見──請教張殊明先生〉／吳楚 　　　　　／〈對《方言文學專號》的意見〉／老賴 其他詩三篇
#◎1949.07.11／〈談運用方言的兩種偏向〉／薛汕／《大公報‧文藝》
#1949.08.20／〈憶華南方言文藝先驅──龔明先生〉／歐陽山／《華商報》
#◎1950.02.01／〈大力開展方言文學運動〉／華嘉／《文藝生活》穗新1號

說明：

1. 摘錄、整理自橫地剛先生未刊稿《臺灣文學史資料》（1945-1949）。經著者同意使用，謹此致謝。
2. 「＊」代表在臺灣發表，「#」代表在大陸發表，「◎」代表目前僅存目錄，尚未找到的資料。
3. 筆者增補。

附錄二
從臺灣文學研究走向中國之路*

姚：呂正惠老師在您的博士論文臺灣初版的專書序言中提到，當時您
已經選好了論文題目，且開始準備，恰巧曾健民醫生搜集了一大
批光復初期的資料，希望呂老師能找一個博士生來寫論文，呂老
師便多次說服或者說是「強迫」您改變論文方向。想問問當時具
體情況是怎樣的？您是經過怎樣的思想鬥爭最終選擇了這個題
目呢？

徐：我當初本來想做臺灣鄉土文學跟大陸尋根文學的比較。臺灣鄉土
論戰是一九七七年，但鄉土文學創作其實六十年代末差不多就開
始了，黃春明、尉天驄的《文學季刊》是一九六七年創刊，所以
它其實是已經有了十年的成果，到一九七七年才有理論出來，然
後有了論爭。

　　大陸的尋根文學是一九八五年興起，也是一九七八年新時期
開始經過一段時間後才開始思考尋找文化傳統。但當時呂老師一
直覺得這個題目不好，他覺得尋根背後的意識是要走向世界，雖
然是要回到傳統去尋找中國自己的文化，但尋根受到拉美馬奎斯
（馬爾克斯）獲諾貝爾文學獎的刺激，他認為那樣的刺激是中國
想要走向西方、走向世界的意識的推動力，所以尋根在中國大陸
是要面向西方的。可是在臺灣，鄉土文學是要回歸現實的，是對
之前的現代主義跟「反共文學」的一種反動。他認為尋根與鄉土

---

*　根據二〇一四年十二月初採訪錄音整理。受訪者：徐秀慧（後簡稱「徐」）；採訪
　者：臺灣彰化師範大學大陸交換生姚婷（後簡稱「姚」）。

感覺上好像都是要回歸自身的文化，卻是完全不一樣的面向。我自己對尋根有一些地域性的寫作非常感興趣，像《最後一個漁佬兒》，李杭育作品裡還是有反現代化的一面，他認為整個鄉土的文化受到現代化的衝擊。還有像李銳的一些作品，我基本上看到了尋根文學，尤其是一些地域性的作品裡，還是有面向現代化衝擊的部分。後來我看到一些把鄉土作家跟尋根作家做比較的研究，但不是流派的比較，而是個別作家的比較。

　　當時曾健民醫生的確是有一批長期搜集來的資料，他非常關注光復初期的轉折，就希望呂老師的學生去做這個時期。我其實沒有像呂老師說的那麼排拒，他跟我講的時候，我是有考慮，但是沒有像他說的我是「被強迫」，只是我沒有馬上答應他。事實上我是樂意的，我自己其實很也想搞清楚臺灣的二二八事件，還有臺灣的歷史轉折，所以我並沒有像呂老師說的那麼為難。事實上，在我開始看資料的過程當中，就覺得這個題目是我自己也會想要研究的題目。

姚：所以就是在這種情況下，最後還是決定接受了呂老師的這個題目。

徐：對啊。其實我自己還去找了一些材料，我覺得是有意義的，最主要是我當時也確實是想瞭解二二八事件，因為當時二二八事件被炒得很凶，甚至變成臺灣所謂的「國殤日」，還放假了。光復節的放假卻取消了，變成是「二二八」放假，這一切都牽涉到整個臺灣社會意識的變化。因為研究臺灣文學，我自己對於統獨，對於怎麼詮釋臺灣文學史，怎麼理解臺灣歷史的發展，其實是困擾的。如果沒有把這些問題想清楚，你去做臺灣文學研究是有困難的，所以我如果還要繼續做臺灣文學研究，我就必須去解決這個困境，除非我不做臺灣文學研究。但是就算我不做臺灣文學研究，我還是關心這個議題，所以我並沒有像呂老師說的那麼勉強。他當然不知道啦，我也沒跟他講我自己的考慮吧，所以他也

不知道我有這些心理的轉折。事實上，當我開始看這些材料時，我就很投入，甚至覺得這個題目可能比原先那個題目更有意義，對我來說更為迫切。

姚：呂老師還提到，很多人寫論文是以一種「史觀」或理論引導，大綱的擬定先於資料的閱讀。因為您當時面對的是完全陌生的材料和時代，所以被迫從資料入手，在比較熟悉資料後卻發現，雖然您並非「臺獨」派，但在臺灣大環境中成長的「先天」具有的「省籍對立」和「臺灣、中國對立」的模糊觀念，這與論文的資料常常「打架」。請問您在這個過程中是怎樣逐步拋棄先入為主的觀念，達成呂老師所說的「自我改造」？您對左翼的選擇是如何養成的？

徐：呂老師在我的專書初版《序言》裡提到的狀況，我讀到《序言》時，還不是很清楚他為什麼會有這樣的評價和判斷。我是最終選擇了統派的左翼立場之後，才比較清楚為什麼呂老師會這樣看。他說我經過了一個自我改造的過程，是因為我是從資料入手，而不是先以一個先入為主的觀念去看這些材料，所以才能達成論文的寫作，能夠較貼近那個時代，去看那個時代的問題。但是他認為我的自我改造還不夠徹底，這是因為先天具有的省籍觀念，且還受到當時主流的，甚至一直持續到現在的統、獨對立意識的影響。我是到了比較明確自己的思想跟立場之後，才知道呂老師說的這種先天的省籍或者統、獨對立的意識，在我的論文裡還是有一些殘存。我當時不這樣想的原因是，我寫這個論文時有一個預設的讀者，我不只想寫給臺灣的讀者看，我也想寫給大陸的讀者看。所以，怎麼樣讓大陸的讀者瞭解臺灣人在去殖民與國民黨當局接觸過程當中的困境，尤其是心理上的困境，我覺得在處理時還是應該比較謹慎、比較具體地把這些轉折呈現出來。如果我現在再去處理這個部分，我可能不會像原先那樣有我自己的困擾，

但我還是會把臺灣各個立場的人在面對這個狀況時的複雜性呈現出來，只是呈現的方式可能會有所不同。我也承認呂老師所說的先天的省籍意識那個部分很難克服，它畢竟還是跟你的情感記憶和具體的生活經驗相連接。呂老師他自己當然可以完全超克，我相信除了信仰之外，還是會有其他的生活歷練去支撐他去克服這個部分，這我也是越到後來才越清楚。

姚： 您覺得自己的左翼觀受到呂老師怎樣的影響？在此基礎上又有如何的繼承與發展？

徐： 其實我並不是一開始就能夠完全接受呂老師那一套信仰。呂老師是一個非常好的老師，你有什麼問題，只要你不是用挑釁的方式去跟他討論，他都還是很有耐心的。我剛進去（臺灣）清華大學的時候，很多學長姐都說老師對我特別有耐心，也許就是因為他沒有感受到我的敵意吧。他有一些很要好的學生，比我早期的他的學生，有些是所謂「本土派」的學生，他們之間可能就會有很多不愉快，尤其是在選舉時。那時候應該是宋楚瑜競選臺灣地區領導人的時候，應該是二〇〇〇年吧。呂老師可能感受到那種敵意，所以他會不耐煩，但是因為他很清楚知道我不是那種「本土主義」的學生，我只是有一點省籍意識，而且還在摸索和探索當中。據其他學長說，他們很少看到呂老師這麼有耐心地去跟學生討論這些問題。所以包括現在也是一樣，只要有疑惑或者在研究上有一些瓶頸，我還是會去找老師討論。在臺灣，尤其是李登輝提出「兩國論」的時候，呂老師就是非常非常少的堅定的統左派，更早在陳映真訪問大陸時，呂老師應該也是一起去的吧，他們那個時候去訪問大陸，就因為這種統左的色彩，基本上被臺灣民眾認為是站在官方那一邊。所以他們長期在臺灣是非常孤立的。因為問呂老師的人太多了，有時候他會用很簡化的方式告訴你，人需要信仰，人活著就是要有信仰，人活著就是要做一點有

意義的事情。他認為統左是臺灣最好的出路，是一條比較能夠保障臺灣大多數人的幸福跟前途的路。但是你絕對不會滿足於這麼簡單的回答。尤其是我們後來去大陸，知道改革開放以後也有一些社會問題，那你怎麼會滿足於呂老師這麼簡單的回答。不過我跟著呂老師的時間比較長，我們常常有機會一起去開會和比較長時間的聊天，老師就可以比較有時間跟我解釋這些問題，我也比較明白老師的一些想法。我想每個學生都一樣，在建立自己的世界觀的過程當中，如果你是馬上就接受老師的看法，你總還是會遇到瓶頸，因為那你並不是你自己摸索出來的。我就是那種不是馬上就完全能夠接受的人，我畢竟沒有走過他走的路，所以我只是把老師的這些看法放在心裡，我自己必須去驗證。走到後來我就會發現，其實呂老師對我的影響是越來越深。就是說，我自己去轉一圈回來，就會發現，唉，又印證老師說的一些事情，然後又再去轉了一圈回來，又更多地去印證了老師的一些經驗和判斷。這些呂老師也不知道啦，我也沒有跟他講過。當然，這個過程裡面是什麼樣的一個絕對因素一刀切地讓你去確立思想，這個是沒有辦法說清的，因為思想是一個慢慢演變發展的過程。

譬如今年陳明忠先生的回憶錄的新書發表會（徐起身去拿《無悔：陳明忠回憶錄》）。他是臺灣「白色恐怖」的政治犯，前後有兩次入獄的經驗跟歷史。以前他們這些「老同學」（老政治犯彼此互稱），都不願意把他們的歷史這麼詳盡地跟世人做介紹。呂老師其實很早就要他接受採訪，可是他們都覺得說，我們都是過去的人，我們個人的歷史有意義嗎？現在應該是做事的時候，不是回憶個人事蹟的時候，所以他們以前都沒有那麼看重自己的經驗。陳明忠的回憶錄對我的啟發很大。陳明忠跟陳映真都不是日據時代的老一輩。陳映真是一九三七年出生，光復時他才八歲，「二二八」時他才十歲。陳明忠應該比較早一點，他光復

時十幾歲（徐翻書查閱陳明忠的出生日期），一九二九年出生，所以光復時他十六歲，一九四七年參加「二二八」時也才十八歲。我曾經在「中研院」當助理，幫忙編過《楊逵全集》，楊逵的資料我讀得比較熟，

以前我就認為楊逵他們入獄以後，臺灣的左翼基本就被鎮壓了。雖然後來也知道陳映真透過讀禁書的方式，透過閱讀魯迅、馬克思的讀書會，變成社會主義的信仰者。以前我們也知道有很多的老同學被關了，像林書揚被關了三十四年又七個月，據說是全臺灣政治犯被關得最久的記錄，我們當然也知道有這些老同學，我還參加過他們的聚會。我有時候會覺得人大概也有一些所謂的緣分，或者是機緣吧。就像我很早就接觸到這些老同學，你也可以說這是因為我關心這些人，所以就會有機緣，或者說身邊有呂老師這樣的長輩，自然就會有這些機緣去接觸他們。以前也知道有他們的存在，但我是透過陳明忠的回憶錄才知道，其實他們出獄以後並沒有完全放棄他們的理想，他們出獄以後也曾經涉入臺灣的黨外運動，想要發揮他們的政治作用。我們以前可能會覺得他們還有一個《夏潮》雜誌，還有陳映真的《人間》，可是你總會覺得那個是一個比較文化性的活動。透過陳明忠的回憶錄，我才知道其實他還曾經結合黨外的勢力，希望能夠跟大陸聯結，包括後來組勞動黨這些，你都可以看到他們沒有放棄他們當年的政治信仰。從這裡來說，我就會意識到，雖然臺灣社會缺乏「左眼」，可是臺灣的「左」的這個命脈一直都沒有斷，而且後來我接觸大陸學界，發現整個學界在一九八〇年代改革開放以後，有個一段時間還是比較右傾的。如果這樣子來看的話，在理解中國近代以來的這一些歷史發展的縱深，對於整個中國面向世界的壓力，面向各國的挑戰，這些臺灣的左派、大陸的左派是比較能夠看到中國大陸在面對這些事情時的複雜性，而不會只是從一個很

西方的所謂的普世價值或者是僅止於人權這樣的一個觀點，或是從個人主義的視角，很狹隘地去看中國的歷史發展。對我來說，這樣的思想的摸索跟確立的過程，其實是有很多現實的經驗去支撐，而不只是在書齋的研究或者理論能夠解決的，這其實是結合了我現實的處境跟經驗慢慢去確立出來的。

姚：今年十月十五日，呂正惠老師在上海大學發表「戰後臺灣左翼思想狀況漫談」的演講，在觀察者網刊載呂老師《臺灣左翼漫談》第五部分中提到，臺灣左翼思想復興是保釣運動開啟的風氣，一九八七年「解嚴」的空際左翼復活過，但二十世紀二十年代的「左」是虛的，真正有社會主義情懷的人並不多，他還提到臺灣的問題不是民族主義的問題，而是有錢主義的問題。對此能否談談您的看法？

徐：其實我也是要到最近才比較能夠看清楚臺灣的議題。陳明忠的回憶錄裡，他們不斷地說「二二八」不是「臺獨」的起源，「二二八」其實是跟大陸的反內戰、反饑餓、要和平是同一個脈絡底下的學運，在臺灣是一個官逼民反的運動。他們基本上清楚地知道，整個「臺獨」意識的起源就是所謂的「白色恐怖」。以藍博洲的說法，就是「四六事件」開始整個臺灣進入了被噤聲的時期，國民黨來臺灣，實施所謂的「三七五減租」、土地改革，模仿大陸的土地改革政策，把臺灣原來資產階級的權利、財力跟土地收編。可以說是國民黨退踞臺灣之後，資產階級的權益受損，再加上基本上都是以外省為主體的政治系統。當然他們慢慢地必須拉攏士紳、資產階級，也才會有後來的黑金問題，尤其是以李登輝為首的臺灣國民黨勢力壯大之後，民進黨上臺後就有了打擊黑金的號召。基本上你可以說「臺獨」意識的根源，就是臺灣的資產階級想要掌權，臺灣的資產階級想要臺灣人出頭天。像我們客家人，在臺灣族群的光譜裡是比較弱勢的，我們根本就不可能

會想要去掌權，不會想要在政治場域上有什麼作為。雖然選舉的
時候，少數民族和客家人都是被拉攏的對象，但也就是在選舉的
時候，才會想到臺灣還有客家人和少數民族。可能也正因為這樣
吧，對於我來說，我的祖國意識從來沒有因為國民黨的「反共教
育」而完全地被洗腦吧。當然我可能就是像藍博洲所說的腦筋有
問題的、不正常的學生，那種在統一化的體制下歧出的學生。我
印象很深刻的是，以前在讀國民黨的教科書時，提到「反共」教
育的部分有很多地方很難自圓其說。譬如整個教科書基本是「勝
者為王、敗者為寇」的邏輯，可是這個邏輯就沒辦法解釋國民黨
敗退來到臺灣卻又自認為是正義的一方，你會覺得它的歷史敘事
有很多邏輯不通的地方。我自己印象很深的就是整個教科書的國
民黨史裡面，大概只有孫中山還有中學時期讀的《三民主義》會
讓我覺得好像是比較理想的，而且是有理論的。我覺得國民黨向
來就沒有所謂的一套理念、一套理想去實施，在《三民主義》裡
面你會發現有很多憲法的制定，但是來到臺灣之後卻是一個架空
的所謂「憲法」，沒有辦法完全按照《三民主義》去實施跟制
定。慢慢地你就會在成長過程當中發現，那一套根本就不足以取
信於人，所以要把它丟掉也不是那麼困難的事情，比較困難的真
的還是克服省籍意識的部分。長期以來，外省人在臺灣的確有一
些優勢，在日常生活當中，的確還是會感受到彼此的文化還是有
隔閡，還有你會覺得外省族群有一種優越的意識，那樣的優越意
識是臺灣人最不能夠忍受的，這也是為什麼後來會用所謂的「他
們是外來政權」這種論述去排擠他們的一個原因。

姚：在課堂上您曾經提到，去大陸開會的時候，因為自己的左翼思
　　想，甚至被質疑是否是臺灣的學者。您認為造成當代大陸和臺灣
　　學界的左翼整體寂寞的原因是什麼？

徐：剛剛有稍微聊到了。其實歷史的轉折從來都不是直線的，現在這

個轉折期剛好就是要從右轉回到「左」，我認為就是要從過去面向西方現代化的過程慢慢回顧自己的步調，重新回頭審視自己的左翼資源的時刻，尤其是在西方的金融體系出現危機的時候。所以，我認為過去兩岸的左派在一個向右轉的時代被孤立，這實際上不只是中國向右轉，而是整個世界在東西柏林圍牆倒塌、蘇聯解體後，就是一個向右轉的時期。現在因為資本主義的發展、全球化的發展遇到了瓶頸，所以理所當然又重新在「左」的思想裡攝取資源。這就是時勢，不是個人能夠去力挽狂瀾的，基本上就是一個歷史轉折。

　　為什麼今年在國民黨的地方選舉敗選之後，報紙上說就是一九四九年以來國民黨最慘烈的失敗，輸到只剩下領導人席位，我在臉書（Facebook）上就把連勝文道歉的新聞貼上去，我說又來到了歷史的轉折期。我的判斷是，如果在二〇一六年的地區領導人選舉中，國民黨下臺的話，可以加速兩岸關係。就是民進黨執政才能讓問題繼續往前，不管是往什麼方向，但是至少可以正視統獨問題，而不是擱置。國民黨顯然沒有能力面對問題，馬英九當然很想有所作為，他其實很想要在歷史上留名，他很想要去解決這個問題，但是顯然他沒有能力。國民黨內部也不願意給他這個能力，國民黨內部也牽制他，不願意讓他去處理這個問題。

姚：您在博士畢業論文的後記中提到，一九九九年至二〇〇四年讀博期間，臺灣社會藍綠對立逐漸分化也影響了臺灣文學研究論述的統獨對立，在此之前對政治十分冷感的您因為論文方向的扭轉而被迫面對歷史。經歷認同的掙扎，直到現在成為堅定的左翼學者，您覺得政治觀和文學觀之間有怎樣交互的影響？

徐：這還是一個思想發展的過程。不是因為政治觀，而是世界觀，其實你的價值觀和世界觀影響到你怎麼去瞭解自己和自己的歷史，你也才能夠去瞭解這些文學為什麼會發生在這塊土地上。如果說

你對自己的歷史沒有一定的認識的話，你只是用現在的想法去扭曲歷史，去詮釋歷史，而不是回到歷史，然後去理解為什麼我現在會這樣子，這是一個相反的、逆反的方法。我會認為還是要從歷史的發展去瞭解臺灣的現實，而不是從現實的需要去扭曲歷史，這還是不太一樣的。

姚：您最近對《北平無戰事》十分著迷，可否談談您對這部連續劇的看法？它在學界引起廣泛關注的原因，還有您覺得它的貢獻，或者說社會效應是什麼？

徐：倒也不是因為著迷於電視劇，而是我覺得它代表了一個現象：大陸出現這樣的一個編劇，重新去詮釋國共內戰、國共諜戰的歷史。基本上它採取的敘述視角是從蔣經國的立場出發，就是從建豐同志的立場，去詮釋國民黨一九四九年面臨的挑戰。當它面對頹勢，面對國共內戰的複雜形勢，包括金融體系、政治派系的鬥爭時如何變化，當時要打內戰，又處於抗日戰爭之後的資源極度匱乏時期，又不像共產黨有農村根據地，有農民的支持，能夠解決糧食問題。也就是說共產黨的「農村包圍城市」的政策，完全讓國民黨束手無策。主要它還面向了臺灣，編劇劉和平自己就說這部戲是面向臺灣的，當然就是指他重新肯定國民黨也不是壞人，也不是國共內戰時期用「妖魔化」的方式單純的醜化對方。他現在是重新去看待國民黨在當時所面臨的困境，而且是能夠同情地去理解國民黨當時面對「外戚之患」，孔家、宋家想要趁內戰撈取民脂民膏的行為，中國歷史上不是有很多外戚之患嗎，我想國民黨也是敗在這個上面。基本上它是用國民黨內部所面臨的這種複雜的權力鬥爭、複雜的金融和政治困境去詮釋歷史。這當然是一個新的局面，也就是說一定是現實有新的需求，我們才會改變過去我們對歷史的看法，出現了這樣子重新詮釋歷史的角度。我想它能夠吸引學界眼球和大陸民眾的喜好，大概就是因為這個新的角度。

　　但是，我對於大陸的「民國熱」或者「民國範兒」還是有意見的。這跟我們前面講到的「文革」以後向右轉的風氣有關，也就是說大陸在「文革」以後對於「左」的敏感，以至於它對於國民黨的民國時期有一種憧憬跟想像，我想這種憧憬跟想像還要再面臨一次幻滅，才能夠真正地去認識歷史。在這個歷史劇裡，我們還是看到了它對國民黨有不切實際的幻想。我比較喜歡的角色是謝培東，他既是共產黨員，又在國民黨的北平分行裡擔任秘書，他既能夠瞭解當時經濟金融的困境，又能夠在國共兩黨的角力當中採取一個穩定的態度，因應了這個時代的變化。他的演技也很不錯，給人感覺演得非常自然，非常入戲，其他的年輕演員還不夠火候。另外還有北平分行的方步亭，我覺得他也演得很好。不過，這種對於「民國範兒」的幻想，我覺得是不恰當的。當然我們可以瞭解國民黨本身也有國民黨左派，從辛亥革命以來，國民黨內也有一些受到美國民主思想和蘇聯社會主義思想影響的人，這些政治人物後來到了臺灣，對臺灣的政治發展也是有一定的貢獻。在劇中不是沒有這樣的人物，可是你可以看到裡面的這些國民黨的「官二代」，如方孟敖、方孟韋、何孝鈺等，基本上他們所承擔的就是我說的「民國範兒」角色，他們既受美式的教育，又是國民黨的權貴之後，還有進步的思想，我覺得這些很難全部在當時的「官二代」身上體現，國民黨的「官二代」應該沒有這麼進步。當然，當時的很多進步青年是傾向共產黨的，可絕對不是「官二代」，我覺得這個部分還是對「民國範兒」太理想化的角色設定。

姚： 您參加了今年十一月二十三日剛剛結束的「全球華文作家論壇」，在第五場「張大春專題」中發表了論文，引起學者和作家們的廣泛討論。您以張大春為切入點，寄予了對於外省第二代作家怎樣的期許？至於很多作家響應「很多人在談論社會責任的時

候只是一種卸責，並且試圖模糊知識分子的社會責任」這個觀點，您有怎樣的看法？還有，您覺得優秀的作家和偉大的作家之間的差異在哪裡？

徐：我不是為張大春一個人寫這篇論文的，只是想要借由他外省第二代作家的身分，以討論「三一八學運」浮現的一個問題——兩岸的統獨問題。過去可以在臺灣內部的政治角力，或者說內鬥中被擱置，它好像是一個懸而未決但是又影響政局的因素，可是我覺得「三一八學運」所突顯的「兩岸問題」，其實已經到了不得不面對的時候，它已經影響到我們的生活。過去也許可以不用去面對，只要維持現狀，大陸也沒有迫切地逼著你去面對這個問題。如今是臺灣的經濟已經非常依賴大陸，這是一個事實，在這種情況下，如果臺灣自己的群眾和知識界不願意面對這個問題，只是用西方所謂的「民主」，或者說人權或內部的政黨對立，去模糊這個焦點問題的話，就還是一個鴕鳥的心態。所以我認為外省第二代作家，因為過去他們的父親曾經經歷過國共內戰、兩岸的分離與對立的過程，他們有很多歷史經驗跟歷史的記憶，其實是可以像《北平無戰事》一樣，讓人們重新去面對歷史。並不一定說失敗者的歷史就沒有可借鑒之處，它也可以讓我們瞭解我們怎麼走到現今。首先就是你得拋開自身的位置，能夠比較同情地去理解父親那一代，能夠有一個比較寬廣的視野去瞭解兩岸在帝國主義侵略的過程當中，國民黨跟共產黨因為政治路線的不同，而有了一個必然的內戰。現在經過了六十幾年之後，我們要怎樣重新去面對當年政治路線的不同。如果大家還願意去面對如何解決帝國主義侵略的歷史問題的話，應該怎麼樣才能用一個雙贏的、互惠互利的方式去解決這個民族問題，我覺得這才是一個比較有擔當的、真正有良心的知識分子作家應該去面對和思考的。

　　所謂優秀的作家跟偉大的作家，優秀的作家就是很熟悉各種

理論和套數，能寫出一個零缺點的、結構非常棒的小說。而偉大的作家是他的作品主題是跟民族、現實、社會相關的，能夠讓讀者透過他的作品去瞭解到文學與社會關係的作家。

姚：最近您和朋友新辦了一份名為《橋》的雜誌，這個名字是借用戰後初期《臺灣新生報》的副刊《橋》，可以談談如此命名的原因是什麼嗎？另外您和友人對這份雜誌的定位和期待是怎樣？還有，雜志的受眾是哪一些群體？

徐：《橋》的新書發表會是下個禮拜，十二月十三日。這個構想主要來自呂老師主持的人間出版社。醞釀了差不多兩年，比較素樸的想法就是我們兩岸交流了那麼久，但是大陸不瞭解臺灣的新生代作家，臺灣也不熟悉大陸的新生代作家，對彼此作家的理解都僅止於二十世紀九十年代之前。九十年代以後，因為彼此沒有比較明顯的流派，也就很難互相瞭解九十年代以後的寫作情況。文學畢竟有一個反映社會的功能，我們認為透過文學是可以有助於兩岸的讀者互相瞭解彼此社會的差異。當初命名為《橋》，當然也是認為戰後初期《臺灣新生報》的《橋》副刊搭建了兩岸交流的一個平臺，我們認為同樣命名為《橋》，至少可以讓熟悉臺灣文學史的同好們能夠聯想到當年在《臺灣新生報》上的前輩們。他們當時也是秉持著想要化解兩岸隔閡，深入彼此並理解對方生活現狀的理念，搭起一座橋，我們也希望以這樣的理念把文化交流的工作推動下去。

這個刊物是在臺灣發行的，所以受眾首先是臺灣讀者，大陸那邊的話，我們的稿子會發到期刊或網絡上，就是形式上不是直接凝聚成一本刊物，而是會把臺灣評論大陸的作品分散到各個期刊上去。

後記

　　本書是我在臺灣清華大學完成的博士論文基礎上修訂而成的，很高興這本書能有機會在大陸出版。在我攻讀博士學位的階段，兩岸學術界的交流已經很頻繁，因此我在寫作時的預期讀者，就不僅限於臺灣學界和讀者，雖然我主要是基於史料和學理與當時已經很盛行的「臺獨論述」展開辯駁。但我更希望能讓大陸學界和讀者瞭解臺灣光復初期「回歸中國」時遭遇的困境，並期望這段歷史與文獻的梳理能發揮鑒往知來的作用。

　　根據國際公法的協定，日本天皇一九四五年八月十五日宣布無條件投降，接受同盟國的《波茨坦公告》與《開羅宣言》，臺灣就已經回歸中國了。在世界冷戰構成的局勢下，國、共兩黨因兩條政治路線、體制的鬥爭爆發了內戰，所以臺灣回歸的是「內戰中的中國」。一九四九年國民黨因內戰失敗而退臺，一九五〇年朝鮮戰爭爆發，美軍第七艦隊駐防臺灣海峽，國民黨當局的官僚體制因此獲得重整的機會，在臺灣實行了長達三十八年的「戒嚴令」，埋下了臺灣民眾長期對國民黨當局的不滿。中共因為抗美援朝戰爭的勝利，成功遏阻了美國帝國主義想要取代戰前日本在中國東北勢力的野心，維護了東北的領土，卻因而錯失了「解放臺灣」的時機。冷戰與內戰形成的兩岸「分斷」，導致臺灣問題至今仍是東亞區域和平發展的關鍵性因素。研究這段歷史的因果關係與發展，才讓我走出僅僅從臺灣內部思考臺灣前途的偏狹意識。

　　感謝人生一連串的機遇，讓我能與致力於讓臺灣回歸中國的前行者相遇，這些現實上的前行者指引我能夠正確地認識關於回歸中國的

思想遺產，才讓我克服了乙未割臺以來因為「孤兒的歷史」導致「歷史的孤兒」的盲點。

　　首先要特別感謝我的兩位導師：施淑老師與呂正惠老師。施老師從我本科生開始從文藝作品與理論知識開啟了我的「左眼」，引發我對兩岸左翼文學與社會運動史的關注。讀博以後，呂老師則讓我擺脫了當時已成為臺灣學術主流的「臺獨論述」的限制，立足於歷史脈絡與歷史發展的道路，復歸於中國人的立場思考臺灣的前途，解決了困擾我已久的認同問題，確立了從事學術研究必不可少的世界觀、人生觀與價值觀。

　　其次，要感謝陳映真先生與曾健民醫師。在我讀博期間，陳映真先生與曾健民醫師合作的「人間思想創作叢刊」針對光復初期的史料與研究，陸續出版了《1947-1949臺灣文學問題議論集》、《噤啞的論爭》、《復現的星圖》，以及《那些年，我們在臺灣……》等，使我得以很快地掌握這段複雜的歷史脈絡。又承蒙曾健民醫師提供長期搜集的光復初期文獻史料，使我得以按圖索驥在臺灣各地圖書館補齊相關的文獻，奠基在這些文獻基礎上我才能貼近這段複雜的歷史，提出光復初期兩岸文化人致力於以人民為主體的新民主運動的論證。

　　另外，也是透過陳映真先生與曾健民醫師的組織，二〇〇〇年八月十六日至十八日在蘇州大學紅樓國際會議中心，召開了「臺灣新文學思潮（1947-1949）研討會」。會議上發表文章的大陸學者有劉登翰、古繼堂、趙遐秋、黎湘萍、周良沛等學者，從臺灣與會的有陳映真、施淑、呂正惠、李瑞騰、曾健民、施善繼、藍博洲等前輩，以及被提攜的博士生陳建忠學長和我。日本學者則有山田敬三先生帶領博士生丸川哲史、上村優美與會並發表文章，橫地剛先生雖然無法親臨但提交了關於黃榮燦的論文，由呂正惠老師代為宣讀。還有遠從紐約長島赴會的葉芸芸，更重要的是大會找來了當年參與一九四七年《臺灣新生報・橋》副刊的論爭者，計有：田野、方生、孫達人、朱實、

謝旭、蕭荻、王業偉、周青等諸位先生，以歷史的見證者在會上發言回顧這場論爭的意義。

二○○二年陳映真先生主持的人間出版社翻譯出版了橫地剛先生的《南天之虹──把二二八事件刻在版畫上的人》，透過考察黃榮燦從抗戰時期到光復初期在兩岸的文化活動，重現了二戰前後複雜的政局與各種影響臺灣文化發展的歷史作用力。這本以木刻畫家黃榮燦曾經主編的《人民導報・南虹》副刊命名的專書，既是黃榮燦的思想評傳，又是光復初期兩岸文化交流史的研究，再現了與黃榮燦一樣致力於兩岸文化交流，共同為人民的民主請命的兩岸進步文化人的思想面貌。

現在回想起來，當年陳映真先生與曾健民醫師即煞費苦心地要揭開光復初期兩岸文化交流的「歷史迷霧」，讓那段長期被埋沒的歷史可以撥雲見日。因此我才能在二○○○年的會議以及橫地剛先生的專書《南天之虹》的基礎上，達成呂正惠老師交付給我研究光復初期臺灣文化思潮的任務。寫作過程中還經常受益於健民、橫地剛與葉芸芸等前輩透過見面長談或是書信往返為我解惑、加油打氣。也因此讓我得以突破狹隘的「臺灣意識」，重新認識臺灣問題就是近代中國遭受帝國主義侵略歷史的一環。光復初期兩岸文化交流與社會主義思潮復甦的研究，也引發了我往上追溯二十世紀三十年代兩岸左翼文學的研究，使我重新思考近代中國的文化思潮，特別是關於文藝大眾化的實踐與民族革命發展的關係。

博士論文完成後，我才深刻體悟到呂正惠老師給我這個選題的意義。除了梳理臺灣光復初期文化思想的急迫性，更重要的是這個題目讓我得以克服對臺灣歷史認識不足的局限。從光復初期這個聯結兩岸現代與當代的歷史轉折期，讓想要繼續研究兩岸左翼文學的我必不可缺乏的史觀得以建立。附錄裡有篇我曾任教的彰化師大的大陸交換生姚婷於二○一四年對我的採訪稿，主要談的也是我的史觀確立的過程，希望能有助於讀者更瞭解臺灣問題的根源。

　　自從二○一四年以「反服貿」為名的「三一八學運」後，民進黨當局「去中國化」的行徑愈演愈烈，其中最令人無法接受的就是「歷史課綱」將「中國史納入東亞史」。考慮到下一代的教育，我開始積極在大陸尋求教職。在此由衷感謝福建師大文學院孫紹振、汪文頂、鄭家建、李小榮等前輩與領導的支持與提攜，讓我得以舉家在福州安家立業。

　　這本書能夠在大陸出版，還要特別感謝福建社科院劉小新副院長的引薦，並得到九州出版社王守兵副社長的支持。同時感謝福建師大幾位研究生陳詩婕、萬齊嶺、余曉釗、劉童欣幫忙修改格式與校稿。感謝家人總是給我無限的支持，讓我得以無後顧之憂繼續踐行前行者的道路。

二○二一年六月三十日

於福州

參考文獻

一　報紙

《南音》第1卷第3號（1932年2月1日）　臺北市　文藝雜誌南音社發行

《臺灣文藝》第2卷第1號-第4號（1934年12月12日-1935年4月1日）、
　　　　第2卷第2號（1935年2月1日）、第2卷第3號（1935年3月5日）

《臺灣新文學》第1卷第7號（1936年8月5日）、第9號（1936年11月5日）

《臺灣先鋒》創刊號（1940年）

《民報》　臺灣民報社、社長林茂生　1945年10月10日-1947年2月
　　　　（現存於臺中圖書館）

《臺灣新生報》　長官公署宣傳委員會　1945年10月25日至今（臺灣
　　　　圖書館、臺灣大學、政治大學皆保存完整的微卷）

《中華日報》　國民黨中央宣傳部　1946年2月21日-1991（臺灣大
　　　　學、政治大學皆保存完整的微卷）

《和平日報》　國防部宣傳部　1946年5月5日-1947年4月（臺南市立
　　　　圖書館存有1946年7月至1947年1月，1947年3月至1949年4
　　　　月）（曾健民提供筆者完整微卷）

《自強報》　基隆七十軍機關報　1946年8月6日-1947年1月11日（曾
　　　　健民提供筆者部分報紙）

《人民導報》　人民導報社、社長宋斐如（王添灯）　1946年1月1日
　　　　-1947年3月10日（臺灣圖書館、「中研院」近史所、「吳三連
　　　　基金會」）

《國聲報》　高雄湯秉衡（王天賞、彭勃）　1946年6月1日發行　1947
　　　　年4月1日-1949年4月

《臺灣省政府公報》　臺灣省政府　1947年5月6日夏字號第1-2號

《公論報》　臺北李萬居發行　1947年10月25日-1961（臺灣圖書館
　　　　存有1948年7月-1949年7月微卷　臺南市立圖書館存有1947
　　　　年11月至1952年9月原版報紙）

《臺灣力行報》　臺中市　力行出版社　1947年11月12日-1948年3
　　　　月？（曾健民提供筆者部分報紙）

《全民日報》　臺北市　全民日報社　1947年7月7日-1951年9月16日
　　　　與民族報、經濟時報合併為聯合報）（現存臺灣圖書館）

二　雜誌

《緣草》1945年5月1日夏季號　臺中銀鈴會行（現存1冊，陳建忠提
　　　　供）

《前鋒》創刊號（光復紀念號）（1945年10月25日）　原出版者「臺
　　　　灣留學國內學友會」　資料提供者臺灣史料中心　臺北市
　　　　傳文文化事業公司復刻出版

《新臺灣》1946年2月15日-1946年5月1日（共4期）　原出版者新臺
　　　　灣雜誌社　資料提供者第1-3期秦賢次、第4期臺灣圖書館
　　　　臺北市　傳文文化事業公司復刻出版。

《政經報》半月刊　1945年10月25日-1946年7月25日（共11期）　原
　　　　出版者政經報社　資料提供者臺灣史料中心　臺北市　傳文
　　　　文化事業公司復刻出版。

《新知識》月刊第1期（1946年8月15日）　原出版者新知識出版社
　　　　資料提供者秦賢次　臺北市　傳文文化事業公司復刻出版

《臺灣評論》1946年7月1日-1946年10月1日（共4期）原出版者臺灣
　　　　評論社　資料提供者臺灣史料中心　臺北市　傳文文化事業
　　　　公司復刻出版。

《正氣》月刊1946年10月1日-1947年5月（1卷1期-2卷2期）（臺大圖書館館藏）

《現代週刊》1945年12月10日-1946年11月25日（創刊號至今）臺灣圖書館發行（國家圖書館館藏）

《新新》1945年11月20日-1947年1月5日（共8期）原出版者新新月報社　資料提供者鄭世璠　臺北市　傳文文化事業公司復刻出版

《文化交流》第1輯（1947年1月15日）原出版者臺中文化交流服務社　資料提供者臺灣史料中心　臺北市　傳文文化事業公司復刻出版

《臺灣月刊》1946年10月25日-1947年4月10日（共6期）長官公署宣傳委員會發行（臺灣分館館藏）

《建國》月刊1947年10月1日-1948年9月1日（1卷1期-2卷6期）（臺大圖書館館藏）

《創作》月刊1948年4月-1948年9月（共6期，4本）原出版者臺北創作月刊社　資料提供者毛文昌　臺北市　傳文文化事業公司復刻出版

《臺灣文學叢刊》1948年8月10日-1948年12月15日（共3輯）　臺中市　臺灣文學社發行（陳建忠提供筆者）

《潮流》季刊1948年5月-1949年5月銀鈴會發行（現存共5期，陳建忠提供筆者）

《龍安文藝》創刊號臺北師院臺語戲劇社發行　1949年5月2日出版（現存一期，陳建忠提供筆者）

《前鋒》創刊號（光復紀念號）（1945年10月25日）、第17期（1949年9月2日）廖文毅發行　原出版者臺灣留學國內學友會　資料提供者臺灣史料中心　臺北市　傳文文化事業公司復刻出版

《臺灣文化》1946年9月15日-1950年12月1日（共6卷27期）原出版者

臺灣文化協進會，資料提供者臺灣史料中心、秦賢次　臺北
　　市　傳文文化事業公司復刻出版
《文學界》季刊第8、9、10期（1983年11月、1984年2月、1984年5
　　月）　高雄市　文學界出版社
《臺灣年鑑》第1-6冊原1947年《新生報》報社編輯出版　黃玉齋主
　　編　海峽出版社復刻出版　2001年3月發行

三　著作、期刊、論文

阿都塞著　杜智章譯　《列寧與哲學》　臺北市　遠流出版社　1990年
艾曉明　《中國左翼文學思潮探源》　長沙市　湖南文藝出版社
　　1991年
阪口直樹著　宋宜靜譯　《十五年戰爭期的中國文學》　臺北市　稻
　　鄉出版社　2001年
北岡正子、秦賢次、黃英哲等編　《許壽裳日記》（自1940年8月1日
　　至1948年2月18日）　日本　東京大學東洋文化研究所
　　1993年
北京大學等現代文學教研室編　《文學運動史料選》第5冊　上海市
　　教育出版社　1981年
布爾迪厄著　包亞明譯　《布爾迪厄訪談錄──文化資本與社會練金
　　術》　上海市　上海人民出版社　1997年
布爾迪厄著　劉暉譯　《藝術的法則──文學場的生成與結構》　北
　　京市　中央編譯出版社　2001年
彭明敏　《自由的滋味──彭明敏回憶錄》　臺北市　前衛出版社
　　1998年
蔡德本　〈《龍安文藝》終於找到了〉　《文學臺灣》第46期（2003
　　年4月）

蔡其昌　《戰後（1945-1959）臺灣文學與國家角色》　臺中市　東
　　　　海大學歷史所碩士論文　1994年

蔡淑滿　《戰後初期臺北的文學活動研究》　桃園市　中央大學中文
　　　　系碩士論文　2002年

曾健民　〈「戰後再殖民論」的顛倒——關於陳芳明的戰後文學史觀
　　　　的歷史批判〉　《聯合文學》第17卷第3期（總195期，2001
　　　　年1月）　頁128-140

曾健民等編　《人間思想與創作叢刊：因為是祖國的緣故》　臺北市
　　　　人間出版社　2001年

曾健民　〈建設人民的現實主義的臺灣新文學〉　收入趙遐秋、呂正
　　　　惠主編《臺灣新文學思潮史綱》　臺北市　人間出版社
　　　　2002年

曾健民　〈日據末期（抗戰末期）的臺灣光復運動〉　氏著　《臺灣
　　　　光復史春秋：去殖民、祖國化和民主化的大合唱》　臺北市
　　　　海峽學術出版社　2010年

曾士榮　《戰後臺灣之文化重編與族群關係——兼以「臺灣大學」為
　　　　討論例案（一九四五～五〇）》　臺北市　臺灣大學歷史所
　　　　碩士論文　1994年

王白淵著　陳才昆譯　《荊棘的道路（上、下）》　彰化　彰化縣立
　　　　文化中心　1995年

陳翠蓮　《派系鬥爭與權謀政治——二·二八悲劇的另一面》　臺北
　　　　市　時報出版社　1995年

陳翠蓮　〈「大中國」與「小臺灣」的經濟矛盾——以資源委員會與
　　　　臺灣行政長官公署的資源爭奪為例〉　收入《二·二八事件
　　　　研究論文集》　臺北市　吳三連臺灣史料基金會　1998年

陳翠蓮　〈戰後初期臺灣政治結社與政治生態〉　收入《曹永和先生
　　　　八十壽慶論文集》　臺北市　樂學書局　2001年

陳翠蓮　〈去殖民與再殖民的對抗──以一九四六年「臺人奴化」論戰為焦點〉　《臺灣史研究》第9卷第2期（2001年12月）頁145-201

陳芳明　《楊逵的文學生涯》　臺北市　前衛出版社　1989年

陳芳明　《殖民地臺灣──左翼政治運動史論》　臺北市　麥田出版社　1998年

陳芳明　〈臺灣新文學的建構與分期〉　《聯合文學》第15卷第10期（總178期，1999年8月）　頁162-173

陳芳明　〈魯迅在臺灣〉　收入中島利郎主編　《臺灣新文學與魯迅》　臺北市　前衛出版社　2000年

陳芳明　〈馬克思主義有那麼嚴重嗎？──回答陳映真的科學發明與知識創見〉　《聯合文學》第16卷第10期（總190期，2000年8月）　頁156-165

陳芳明　〈當臺灣文學戴上馬克思面具──再答陳映真的科學發明與知識創見〉　《聯合文學》第16卷第12期（總192期，2000年10月）　頁166-179

陳芳明　〈臺灣新文學史第九章戰後初期文學的重建與頓挫〉　《聯合文學》　2001年3月

陳芳明　〈臺灣新文學史第十章二‧二八事件後的文學認同與論戰〉　《聯合文學》　2001年5月

陳芳明　〈有這種統派，誰還需要馬克思──三答陳映真的科學創見與知識發明〉　《聯合文學》第17卷第10期（總202期，2001年8月）　頁150-167

陳芳明編　《臺灣戰後史資料選──二‧二八事件專輯》　臺北市　二‧二八和平促進會發行　1991年

陳芳明（施敏輝）編　《臺灣意識論戰選集──臺灣結與中國結的總決算》　臺北市　前衛出版社　1995年

陳芳明編　《蔣渭川和他的時代》　臺北市　前衛出版社　1996年

陳國祥、祝萍　《臺灣報業演進四十年》　臺北市　自立晚報出版社　1987年

陳建忠　《被詛咒的文學：戰後初期（1945-1949）臺灣文學論集》　臺北市　五南圖書出版公司　2007年

陳俐甫、夏榮和、林偉盛編譯　《臺灣・中國・二・二八》　臺北市　稻鄉出版社　1992年

陳明通　《威權體制下臺灣地方政治菁英的流動（1945-1986）──省參議員及省議員的流動分析》　臺北市　臺灣大學政治學研究所博士論文　1990年

陳明通　《派系政治與臺灣政治變遷》　臺北市　新自然主義出版社　2001年

陳鳴鐘、陳興唐主編　《臺灣光復和光復後五年省情（上）（下）》　南京市　南京出版社　1989年

陳少廷　〈五四與臺灣新文學運動〉　《大學雜誌》第53期（1972年5月）　頁18-25

陳淑芬　《戰後之疫臺灣的公共衛生與建制（1945-1954）　臺北市　稻鄉出版社　1990年

陳漱渝　〈藍明谷與魯迅的《故鄉》〉　《魯迅研究》　1998年

陳興唐主編　《臺灣「二・二八」事件檔案史料》（上下冊）　臺北市　人間出版社　1992年

陳耀東、孫黨伯、唐達暉主編　《中國現代文學大辭典》　北京市　高等教育出版社　1998年

陳義芝主編　《臺灣現代小說史綜論》　臺北市　聯經出版社　1998年

陳映真（許南村）　〈「鄉土文學」的盲點〉　《臺灣文藝》革新號第2期（1977年6月）

陳映真（石家駒）　〈一場被遮斷的文學論爭〉　陳映真、曾健民主

　　　　　編　《人間思想與創作叢刊：1947-1949臺灣文學問題論議
　　　　　集》　臺北市　人間出版社　1999年

陳映真（許南村）　〈「臺灣文學」是增進兩岸民族團結的渠道──讀
　　　　　楊逵〈臺灣文學問答〉〉　收入陳映真、曾健民主編　《人
　　　　　間思想與創作叢刊：噤啞的論爭》　臺北市　人間出版社
　　　　　1999年

陳映真　〈以意識形態代替科學知識的災難──批評陳芳明先生的
　　　　　〈臺灣新文學史的建構與分期〉〉　《聯合文學》第16卷第
　　　　　19期（總189期，2000年7月）　頁138-160

陳映真　〈關於臺灣「社會性質」的進一步討論──答陳芳明先生〉
　　　　　《聯合文學》第16卷第11期（總191期，2000年9月）　頁
　　　　　138-161

陳映真　〈陳芳明歷史三階段論和臺灣新文學史論可以休矣！〉
　　　　　《聯合文學》第17卷第2期（總194期，2000年12月）　頁
　　　　　148-172

陳映真　曾健民主編　《人間思想與創作叢刊：清理與批判》　臺北
　　　　　市　人間出版社　1998年

陳映真　曾健民主編　《人間思想與創作叢刊：1947-1949臺灣文學
　　　　　問題論議集》　臺北市　人間出版社　1999年

陳映真　曾健民主編　《人間思想與創作叢刊：噤啞的論爭》　臺北
　　　　　市　人間出版社　1999年

陳映真　曾健民主編　《人間思想與創作叢刊：復現的星圖》　臺北
　　　　　市　人間出版社　2000年

陳映真總編輯　《人間思想與創作叢刊學習：楊逵精神》　臺北市
　　　　　人間出版社　2007年

陳幼鮭　〈戰後日軍日僑在臺行蹤的考察（上）〉　《臺灣史料研
　　　　　究》第14期（1999年12月）　頁2-32

陳幼鮭　〈戰後日軍日僑在臺行蹤的考察（附錄）〉　《臺灣史料研究》第16期（2000年12月）　頁94-120

陳昭瑛　〈光復初期「臺灣文化」的概念學〉　收入氏著　《臺灣文學與本土化運動》　臺北市　正中書局　1998年

池田敏雄　〈敗戰日記Ⅰ Ⅱ〉　《臺灣近代史研究》第4號（1982年10月）日本　綠蔭書房

從五四運動到人民共和國成立課題組著　《胡繩論「從五四運動到人民共和國成立」》　北京市　社會科學文獻出版社　2001年

戴國煇　《臺灣史探微》　臺北市　南天出版社　1991年

戴國煇著　魏廷朝譯　《臺灣總體相──人間、歷史、心性》　臺北市　遠流出版社　1992年

戴國煇　《臺灣史探微──現實與史實的相互往還》　臺北市　南天書局　1999年

戴國煇、葉芸芸　《愛憎228》　臺北市　遠流出版社　1992年

戴維・賈里、朱莉婭・賈里著　周業謙、周光淦譯　《社會學辭典》　臺北市　貓頭鷹出版社　1998年

鄧孔昭　《二・二八事件資料集》　臺北市　稻鄉出版社　1991年

段炳麟　《世界當代史》　北京市　北京師範大學出版社　1997年

范　泉　《遙念臺灣》　臺北市　人間出版社　2000年

傅國涌　《一九四九年　中國知識分子的私人紀錄》　武漢市　長江文藝出版社　2005年

方孝謙　《殖民地臺灣的認同摸索──從善書到小說的敘事分析（1895-1945年）》　臺北市　巨流圖書公司　2001年

費正清主編　章建剛等譯　《劍橋中華民國史・第二部》　上海市　上海人民出版社　1992年

高秋福　《亞洲情脈漫追敘》　北京市　新華出版社　2012年

葛蘭西著　曹雷雨等譯　《獄中札記》　北京市　生活・讀書・新知三聯出版社　2000年

行政院文化建設委員會編　《臺灣文學發展現象》　編者發行　1996年

何幹之　《中國社會性質問題論戰》　上海市　生活書店　1937年

何容、齊鐵恨等編　《臺灣之國語運動》　臺北市　臺灣省教育廳
　　　1948年

何義麟　〈戰後初期臺灣報紙之保存現況與史料價值〉　《臺灣史料
　　　研究》第8期（1996年8月）　頁88-97

何義麟　〈戰後初期臺灣出版事業發展之傳承與移植（1945-1950）〉
　　　《臺灣史料研究》第10期（1997年12月）　頁3-24（又見
　　　《政經報》、《臺灣評論》復刻本導言）

何義麟　〈《政經報》與《臺灣評論》解題──從兩份刊物看戰後臺
　　　灣左翼勢力之言論活動〉　《臺灣史料研究》第10期（1997
　　　年12月）　頁25-43

何義麟　〈《民報》──臺灣戰後初期最珍貴的史料〉　《臺灣風
　　　物》第53卷第3期（2003年9月）　頁173-184

橫地剛著　陸平舟譯　〈販賣香煙的孩子們──臺灣現實主義美術的
　　　行蹤（1945-1950）〉　「蘇州・臺灣新文學思潮會議」會議
　　　論文　2000年

橫地剛著　陸平舟譯　《南天之虹──把二・二八事件刻在版畫上的
　　　人》　臺北市　人間出版社　2002年

橫地剛　〈「民主刊物」と臺灣の文學狀況〉（「民主刊物」與臺灣的
　　　文學狀況）　日本臺灣學會第五回學術大會」會議報告論文
　　　（未刊稿）　2003年（經作者於同年8月30日修訂，同意引
　　　用）

橫地剛著　陳映真、吳魯鄂共譯　《范泉的臺灣認識──四十年代後
　　　期臺灣的文學狀況》　收於《人間思想與創作叢刊：告別革
　　　命文學？》　臺北市　人間出版社　2003年

橫地剛著　陸平舟譯　〈由《改造》連載〈中國傑作小說〉所見日中

知識分子之姿態——從魯迅佚文／蕭軍〈羊〉所附〈作者小傳〉說起〉　《人間思想與創作叢刊：迎回尾崎秀樹》（臺北市　人間出版社　2005年）　頁198-248

橫地剛著　金培懿譯　〈一九四七年的「五四」文藝節——「緘默」如何被打破〉　收入黃俊傑編　《光復初期的臺灣思想與文化的轉型》　臺北市　臺灣大學出版中心　2005年　頁243-276

橫地剛著　陸平舟譯　〈〈讀《第三代》及其他〉——楊逵一九三七年的再次訪日〉　收入曾建民校訂　《人間思想與創作叢刊：學習楊逵精神》　臺北市　人間出版社　2007年　頁50-86

橫地剛　藍博洲　曾健民編　《文學二・二八》　臺北市　臺灣社會科學出版社　2004年

胡允恭　〈地下十五年與陳儀〉　《傳記文學》第60卷第6期（1992年6月）　頁59-66

黃煌雄　《蔣渭水傳》　臺北市　前衛出版社　1999年

黃惠禎　《楊逵及其作品研究》　臺北市　麥田出版社　1994年

黃惠禎　《左翼批判精神的鍛接：四〇年代楊逵文學與思想的歷史研究》　臺北市　秀威資訊公司　2009年

黃靜嘉　《春帆樓下晚濤急——日本對臺灣殖民地統治及其影響》　臺北市　臺灣商務印書館　2002年

黃英哲　〈許壽裳與戰後初期臺灣的魯迅文學介紹〉　《國文天地》第75期（1991年10月）　頁74-78

黃英哲　〈許壽裳與臺灣（1946-1948）——兼論二・二八前夕長官公署時代的文化政策〉　收於《二・二八學術研討會論文集》　臺北市　「台美文化基金會」　1992年

黃英哲　〈試論戰後臺灣文學研究的成立與現階段臺灣文學研究的問題點〉　行政院文化建設委員會編　《臺灣文學發展現象》　臺北市　行政院文化建設委員會　1996年

黃英哲　〈戰後初期臺灣的文化重編（1945-1947）——臺灣人「奴化」了嗎？〉　《何謂臺灣？近代臺灣美術與文化認同論文集》　行政院文建會策劃／出版「臺灣美術研討會」　臺北市　雄師美術月刊社　1997年

黃英哲　〈臺灣省編譯館研究（1946.8-1947.5）〉　收於《二‧二八事件研究論文集》　臺北市　吳三連臺灣史料基金會　1998年

黃英哲　〈戰後魯迅思想在臺灣的傳播（1945-49）〉　收入中島利郎主編　《臺灣新文學與魯迅》　臺北市　前衛出版社　2000年

黃英哲　〈黃榮燦與戰後臺灣的魯迅傳播（1945-1952）　《臺灣文學學報》第2期（2001年2月）　頁91-111

黃英哲　〈「臺灣文化協進會」研究　論戰後臺灣之「文化體制」的建立〉　《葉石濤及其同時代作家文學國際學術研討會論文集》　高雄市　春暉出版社　2002年

黃英哲　《戰後臺灣文化重建》　鎮江市　江蘇大學出版社　2016年

黃永玉　〈記楊逵〉　收於司馬文森編　《作家印象記》　香港　智源出版社　1950年

黃昭堂著　黃英哲譯　《臺灣總督府》　臺北市　前衛出版社　2002年修訂一版。

蔣梨雲等編　《蔣渭川和他的時代附冊》　臺北市　前衛出版社　1996年

金炳華主編　《上海文化界奮戰在「第二條戰線上」史料集》　上海市　人民出版社　1999年

金沖及　《轉折的年代——中國的1947》　北京市　生活‧讀書‧新知三聯書店　2002年

金重遠　《戰後世界史》　上海市　復旦大學出版社　1996年

柯喬志著　陳榮成譯　《被出賣的臺灣》　臺北市　前衛出版社　1991年

曠新年　《1928　革命文學》　濟南市　山東教育出版社　1998年

賴澤涵　〈陳儀在閩、臺的施政措施〉　《中國論壇》第31卷第5期
　　　　（1991年2月）　頁27-32

賴澤涵總主筆　召集人陳重光　葉明勳　「二‧二八事件」研究報
　　　　告》　臺北市　行政院研究二‧二八事件小組　2000年

藍博洲　《沉屍、流亡、二‧二八》　臺北市　時報出版社　1991年

藍博洲　《尋訪被湮滅的臺灣史與臺灣人》　臺北市　時報出版社
　　　　1995年

藍博洲　《天未亮》　臺中市　晨星出版社　2000年

藍博洲　《麥浪歌詠隊》　臺中市　晨星出版社　2001年

藍博洲　《臺灣好女人》　臺北市　聯合文學出版社

藍博洲　《消失在歷史迷霧中的作家身影》　臺北市　聯合文學出版
　　　　社　2001年

藍博洲　〈楊逵與臺灣地下黨關係的初探〉　《消失在歷史迷霧中的
　　　　臺灣作家》　北京市　台海出版社　2005年

藍博洲　〈尋找祖國三千里──日據末期臺灣青年學生的抗日之路〉
　　　　《雨花》2015年第9期　頁104-109。

李敖編著　《二‧二八研究》　臺北市　李敖出版社　1989年

李敖編著　《二‧二八研究續集》　臺北市　李敖出版社　1989年

李敖編著　《二‧二八研究三集》　臺北市　李敖出版社　1989年

李敖編著　《安全局機密文件──歷年辦理匪案彙編》　臺北市　李
　　　　敖出版社　1991年

李純青　《望鄉》　臺北市　人間出版社　1993年

李瑞騰　〈光復初期臺灣新生報〈文藝〉副刊研究〉　收入陳義芝、
　　　　瘂弦主編　《世界中文報紙副刊學綜論》　臺北市　「行政
　　　　院文建會」　1997年

李翼中　《帽簷述事──台事親歷記》　收入中央研究近代史研究所

　　　　編　《二・二八事件資料選輯（二）》　臺北市　「中央研
　　　　究院」近代史研究所　1992年

李友邦　〈臺灣要獨立也要歸返祖國〉　《臺灣先鋒》第1期（1940年
　　　　4月）　頁7-8

李雲漢　《從容共到清黨（上、下）》　臺北市　中國學術著作獎助
　　　　委員會　1966年

李筱峰　《臺灣初期的民意代表》　臺北市　自立晚報出版社　1986年

李筱峰　《林茂生・陳炘和他們的時代》　臺北市　玉山社　1996年

李筱峰　〈從《民報》看戰後初期的政經社會〉　《臺灣史研究》第
　　　　8期

李筱峰、林芳微　〈回憶錄與自傳中的二二八史料〉　《臺灣史料研
　　　　究》第11期（1996年8月）

梁華璜　〈臺灣總督府在福建省的教育設施──東瀛學堂與旭瀛書
　　　　院〉　《成大歷史學報》第11期（1984年12月）　頁39-56

廖封德　《學潮與戰後中國政治（1945-1949）》　臺北市　東大圖書
　　　　公司發行　1994年

林梵（林瑞明）　〈讓他們出土〉　《文學界》第10期（1984年）

林瑞明　《臺灣文學與時代精神賴和研究論集》　臺北市　允晨文化
　　　　實業公司　1993年

林瑞明　《臺灣文學的歷史考察》　臺北市　允晨文化實業公司　1996
　　　　年

林瑞明　〈魯迅與賴和〉　收入中島利郎主編《臺灣新文學與魯迅》
　　　　臺北市　前衛出版社　2000年

林瑞明主編　《賴和全集》　臺北市　前衛出版社　2000年

林書揚　《從二・二八到五○年代白色恐怖》　臺北市　時報出版社
　　　　1992年

林曙光　〈感念奇緣吊歌雷〉　《文學臺灣》第11期（1994年7月）
　　　　頁40-47

林　忠　《臺灣光復前後史料概述》　臺北市　皇極出版社　1985年
增訂版

劉進慶著　王宏仁等譯　《臺灣戰後經濟分析》　臺北市　人間出版
社　1995年

劉進慶　〈序論臺灣近代化問題──晚清洋務近代化與日據殖民近代
化之評比〉　收於夏潮聯合會　臺灣大學東亞文明研究中心
主辦「臺灣殖民地史學術研討會」會議論文　2003年3月29-
30日

劉進慶、涂照彥、隅谷喜三男、雷慧英等譯　《臺灣之經濟──典型
NIES 之成就與問題》　臺北市　人間出版社　1993年

劉士永　《光復初期臺灣經濟政策的檢討》　臺北市　稻鄉出版社
1996年

劉獻彪、林治廣編　《魯迅與中日文化交流》　長沙市　湖南人民出
版社　1981年

劉孝春　〈「橋」論爭及其意義〉　《世界新聞傳播學院人文學報》第
7期（1997年7月）　頁291-320

劉孝春　〈試論《亞細亞的孤兒》〉　收於夏潮聯合會　臺灣大學東
亞文明研究中心主辦「臺灣殖民地史學術研討會」會議論文
2003年3月29-30日

柳尚彭　〈魯迅和尾崎秀實〉　《上海魯迅研究》第7期（1995年）

柳書琴　〈跨時代跨語作家的戰後初體驗──龍瑛宗的現代性焦慮
（1945-1947）〉　收於臺中市　修平技術學院主辦　「戰後
臺灣文學學術研討會」會議論文　2002年10月19日

柳書琴　《荊棘的道路旅日青年的文學活動與文化抗爭》　新竹市
清華大學中文系博士論文　2001年

龍瑛宗　〈崎嶇的文學路──抗戰文壇的回顧〉　《文訊》第7、8期
（1987年7月）　頁252-260

龍瑛宗　〈楊逵與〈臺灣新文學〉──一個老作家的回憶〉　《文學臺灣》創刊號（1991年）

羅秀芝　《臺灣美術評論集王白淵》　臺北市　藝術家出版社　1999年

呂芳上　《臺灣革命同盟會與臺灣光復運動（一九四〇～一九四五）》收入中華民國研究中心編　《中國現代史專題研究報告　第三輯》　臺北市　中華民國史料研究中心　1973年

呂芳上　〈抗戰時期在大陸的臺灣抗日團體及其活動〉　《近代中國雙月刊》1985年第49期

呂正惠　〈陳芳明「再殖民論」質疑〉　《聯合文學》第18卷第2期（總206期　2001年12月）　頁138-145、146-152

呂正惠　〈被殖民者的創傷及其救贖──臺灣作家龍瑛宗後半生的歷程〉　《澳門理工學報（人文社會科學版）》第1期（2014年）頁82-91

毛文昌　〈《創作》的點點滴滴〉　《臺灣史料研究》第9期（1997年5月）　頁55-161

毛澤東　《毛澤東選集》第2卷　北京市　人民出版社　1991年

毛澤東　《毛澤東文集》第5卷　北京市　人民出版社　1996年

倪莫炎　陳九英編　《許壽裳文集（上下卷）》　上海市　百家出版社　2003年

歐坦生　《鵝仔》　臺北市　人間出版社　2000年

潘志奇　《光復初期臺灣通貨膨脹之分析》　臺北市　聯經出版事業公司　1980年

彭明敏　《自由的滋味──彭明敏回憶錄》　臺北市　前衛出版社1988年

彭瑞金　〈記一九四八年前後的一場臺灣文學論戰〉　《文學界》第10期（1984年5月）

彭瑞金　《臺灣新文學運動四十年》　臺北市　自立晚報社文化出版部　1991年

彭瑞金　〈「橋」副刊始末〉　《臺灣史料研究》第9期（1997年5月）　頁34-47

彭小妍主編　《楊逵全集（一）～（十四）》　臺南市　臺南文化資產保存研究中心籌備處　2001年

錢理群　《1948：天地玄黃》　濟南市　山東教育出版社　1998年

錢理群等　《中國現代文學三十年（修訂本）》　北京市　北京大學出版社　2001年

秦賢次　〈《新知識》月刊導言〉　《臺灣史料研究》第10期（1977年12月）　頁49-52（又見《新知識》覆刻本導言）

秦賢次　〈《文化交流〉第1輯導言〉　《臺灣史料研究》第10期（1997年12月）　頁53-55（又見《文化交流》覆刻本導言）

秦孝儀主編　《中華民國重要史料初編——對日抗戰時期：第四冊》臺北市　中國國民黨中央委員會黨史委員會　1981年

秦孝儀主編　《中華民國經濟發展史　第三冊》　臺北市　近代中國出版社　1983年

丘念台　《嶺海微飆》　臺北市　海峽學術出版社　2002年

全國政協等編　《陳儀生平及被害內幕》　北京市　中國文史出版社1987年

若林正丈　〈臺灣抗日運動中的「中國坐標」與「臺灣坐標」〉《當代》第17期（1987年9月）　頁14-57

若林正丈　《臺灣——分裂國家與民主化》　臺北市　月旦出版社2000年

若林正丈著　陳怡宏譯注　〈尋找遙遠的連帶——中國國民革命與臺灣青年（上）〉　《臺灣風物》第53卷第2期（2003年6月）頁131-166

若林正丈著　陳怡宏譯注　〈尋找遙遠的連帶——中國國民革命與臺灣青年（下）〉　《臺灣風物》第53卷第3期（2003年9月）頁137-172

上海社會科學院文學研究所編　《三十年代在上海的「左聯」作家》
　　　　上海市　上海社會科研究院出版社　1998年

邵毓麟　《勝利前後》　臺北市　傳記文學出版社　1967年

沈雲龍　〈陳儀其人與二‧二八事件〉　《傳記文學》第54卷第2期
　　　　（1989年2月）　頁57-59

施敏輝編　《臺灣意識論戰選集——臺灣結與中國結的總決算》　臺
　　　　北市　前衛出版社　1995年

施　淑　〈臺灣社會主義文藝理論的再出發——新生報「橋」副刊的
　　　　文藝論爭（1947-1949）〉　《世界華文文學論壇》第33期
　　　　（2000年）

施　淑　〈龍瑛宗文學思想初論〉　《台靜農先生百歲冥誕論文集》
　　　　臺北市　臺灣大學中文系　2001年

水秉合　〈民族主義與中國政治發展〉　《當代》第17期（1987年9
　　　　月）　頁14-57

司馬文森編　《作家印象記》　香港　智源出版社　1950年再版

蘇　新　《憤怒的臺灣》　臺北市　時報出版社　1993年（蘇新以莊
　　　　嘉農筆名，於1949年3月在香港智源出版社發行初版）

蘇　新　《未歸的台共鬥魂——蘇新自傳與文集》　臺北市　時報出
　　　　版社　1993年

孫萬國　〈半山與二‧二八初探〉　《二‧二八事件研究論文集》
　　　　臺北市　吳三連臺灣史料基金會　1998年

臺灣省行政長官公署宣傳委員會編　《臺灣一年以來之宣傳》　編者
　　　　印　1946年

臺灣省文獻會主編　《臺灣省通志》卷10「光復志」　南投市　臺灣
　　　　省文獻委員會　1952年

臺灣省文獻會主編　《臺灣省通志》　卷首下「大事記」　南投市
　　　　臺灣省文獻委員會　1970年

臺灣省政府　《臺灣省政府公報》夏字號第1-2號

臺大四六事件資料蒐集小組　《臺大「四六」事件考察・四六事件資
　　　　料蒐集小組總結報告》　1997年

湯熙勇　〈臺灣光復初期的公教人員任用方法留用臺籍、羅致外省籍
　　　　及徵用日人（1945.10-1947.5）〉　《人文及社會科學集刊》
　　　　第4卷第1期（1991年11月）　頁391-425

涂照彥　《日本帝國主義下的臺灣》　臺北市　人間出版社　1999年

王詩琅　《臺灣社會運動史──文化運動》　臺北市　稻鄉出版社
　　　　1995年

王曉波編　《二・二八真相》　臺北市　海峽學術出版社　2002年
　　　　（重新出版1985年「夏潮論壇」為避免查緝未署名出版、編
　　　　者　補入江鵬堅　〈為平反「二・二八事件」再質詢〉1986
　　　　年3月1日）

翁嘉禧　《臺灣光復初期的經濟轉型與政策（1945-1947）》　高雄市
　　　　復文圖書公司　1998年

吳純嘉　《人民導報研究（1946-1947）──兼論其反映出的戰後初
　　　　期臺灣政治、經濟與社會文化變遷》　桃園市　中央大學歷
　　　　史所碩士論文　1999年

吳克泰　《吳克泰回憶錄》　臺北市　人間出版社　2002年

吳新榮　《吳新榮選集3・震瀛回憶錄》　臺南縣　臺南縣立文化中
　　　　心　1997年

吳濁流　《亞細亞的孤兒》　臺北市　遠行出版社　1977年

吳濁流　《臺灣連翹》　臺北市　前衛出版社　1988年

吳濁流　《無花果》　臺北市　前衛出版社　1990年

吳原編　《民族文藝論文集》　臺北市　帕米爾書店　1976年

下村作次郎著　邱振瑞譯　《從文學讀臺灣》　臺北市　前衛出版社
　　　　1998年

蕭阿勤　〈1980年代以來臺灣文化民族主義的發展　以「臺灣民族文學」為主的分析　《臺灣社會學研究》第3期1999年7月

蕭阿勤　〈民族主義與臺灣一九七〇年代的「鄉土文學」　一個文化集體記憶變遷的探討〉　《臺灣史研究》第6卷第2期（1999年12月）　頁77-138

蕭友山、徐瓊二著　陳景平譯　《臺灣光復前後的回顧與現狀》　臺北市　海峽學術出版社　2002年（重新出版一九四六年書籍蕭友山《台灣解放運動的回顧》與徐瓊二《談談臺灣的現狀》）

蕭翔文　〈楊逵先生與力行報副刊〉　《臺灣詩史「銀鈴會」論文集》　彰化　礦溪文化學會　1995年

夏金英　《臺灣光復後之國語運動（1945-1987）》　臺北市　臺灣師範大學歷史所碩士論文　1995年

謝漢儒　《早期臺灣民主運動與雷震紀事——為歷史見證》　臺北市　桂冠出版社　2002年

謝南光著　郭平坦校訂　《謝南光著作選》　臺北市　海峽學術出版　1999年

謝　泳　〈打撈歷史解讀一份文件——以《中央宣傳部關於胡風及胡風集團骨幹分子的著作和翻譯書籍的處理辦法的通知》為例〉　《南方文壇》第98期　2004年

徐靜波　〈尾崎秀實與上海〉　《外國問題研究》第2期（2012年）

徐秀慧　〈陰鬱的靈視者龍瑛宗——從龍瑛宗小說的藝術表現看其在臺灣文學史上的歷史意義〉　《臺灣新文學》1997年第7期

徐秀慧　〈無產階級文學的理論旅行（1925-1937）——以日本、中國大陸與臺灣「文藝大眾化」的論述為例〉　《現代中文學刊》2013第2期　頁34-43

許介鱗　《戰後臺灣史記・卷一》　臺北市　文英堂出版社　1998年3版

許詩萱　《戰後初期（1945.8-1949.12）臺灣文學的重建──以《臺灣新生報・橋》副刊為主要探討對象》　臺中市　中興大學中文系碩士論文　1999年

許維育　《戰後龍瑛宗及其文學研究》　新竹市　清華大學中國文學系碩士論文　1998年

薛化元主編　《臺灣歷史年表終戰篇Ⅰ（1945-1965）》　臺北市　業強出版社　1996年

薛月順編　《資源委員會檔案史料彙編──光復初期臺灣經濟建設（上、下冊）》　臺北市　國史館印行　1993年

瘂弦主編　〈永不熄滅的爝火──光復前臺灣文學中的民族意識與抗日精神〉　《聯合報「聯副」》　1980年7月7日-7月8日

亞　夫　〈漫談臺灣文化〉　上海《申報月刊》復刊號（1943年1月16日）　頁87-92

塩見俊二　《秘錄・終戰前後的臺灣》　臺北市　文英堂出版社　2001年

楊聰榮　《文化建構與國民認同戰後臺灣的中國化》　新竹市　清華大學社會人類所碩士論文　1992年

楊錦麟　《李萬居評傳》　臺北市　人間出版社　1993年

楊肇嘉　《楊肇嘉回憶錄》　臺北市　三民書局　1980年

姚辛編　《左聯辭典》　北京市　光明日報社　1994年

葉明勳　〈後世忠邪自有評〉　《傳記文學》第52卷第5期（1988年5月）　頁44-48

葉榮鐘　《臺灣民族運動史》　臺北市　自立晚報出版社　1987年5版

葉榮鐘　〈臺灣省光復前後的回憶〉　《臺灣人物群像》改版　臺中市　晨星出版社　2000年

葉榮鐘　《葉榮鐘早年文集》　臺中市　晨星出版社　2002年

葉石濤　〈臺灣鄉土文學史導論〉　《夏潮》第2卷第5期（總14期　1977年5月）　頁68-75

葉石濤　〈流淚撒種的，必歡呼收割──光復初期的日語文學〉　《文
　　　　學界》第9期（1984年2月）

葉石濤　《臺灣文學史綱》　高雄市　文學界雜誌社　1987年

葉石濤　《一個臺灣老朽作家的五○年代》　臺北市　前衛出版社
　　　　1991年

葉芸芸　〈試論戰後初期的臺灣智識份子及其文學活動〉　收於《先
　　　　人之血、土地之花──臺灣文學研究論文精選集》　臺北市
　　　　前衛出版社　1989年

葉芸芸編　《證言二‧二八》　臺北市　人間出版社　1993年新校增
　　　　訂2版

游勝冠　《臺灣文學本土論的興起與發展》　臺北市　前衛出版社
　　　　1996年

漁　父　〈馬克思主義與民族主義〉　《當代》第17期（1987年）。

袁小倫　《戰後初期中共與香港進步文化》　廣州市　廣東教育出版
　　　　社　1999年

張光直　《蕃薯人的故事》　臺北市　聯經出版事業公司　1998年

張季琳　〈楊逵和入田春彥──臺灣作家和總督府日本警察〉　《中
　　　　國文哲研究集刊》第22期（2003年3月）　頁1-33

張炎憲　〈戰後初期臺獨主張產生的探討──以廖家兄弟為例〉　收
　　　　入《二‧二八學術研討會論文集》　臺北市　「台美文化基
　　　　金會」發行　1992年

張炎憲　陳美容　楊雅惠編　《二‧二八事件研究論文集》　臺北市
　　　　吳三連臺灣史料基金會　1998年

張炎憲、李筱峰編　《二二八事件回憶集》　新北市　稻香出版社
　　　　1993年三刷

張俐璇　〈從問題到研究：中國「三十年代文藝」在臺灣（1966-
　　　　1987）〉　《成大中文學報》第63期（2018年12月）　頁159-
　　　　161+163-189

張良澤編　《吳新榮全集》　臺北市　遠景出版社　1981年

張瑞成編　《臺籍志士在祖國的復臺努力》　收入秦孝儀主編　《中國
　　　現代史史料叢編第二集》　臺北市　國民黨黨史會　1990年

張瑞成編　《抗戰時期收復臺灣之重要言論》　收入秦孝儀主編　《中
　　　國現代史史料叢編第三集》　臺北市　國民黨黨史會　1990年

張瑞成編　《光復臺灣之籌劃與受降接收》　收入秦孝儀主編　《中國
　　　現代史史料叢編第四集》　臺北市　國民黨黨史會　1990年

張誦聖　《文化場域的變遷》　臺北市　聯合文學出版社　2001年

張煦本　《工作在浙西及臺灣　掃蕩二十年──掃蕩報的歷史紀錄》
　　　臺北市　中華文化基金會　1978年

張炎憲　李筱峰　莊永明編　《臺灣近代史名人志（第五冊）》　臺
　　　北市　自立晚報出版部　1990年

張　禹（王思翔）《我們的臺灣》　上海市　新知識出版社　1955年

張　禹（王思翔）《從心隨筆》　北京市　中國致公出版社　2003年

章子惠　《臺灣時人志》　臺北市　國光出版社　1947年

鄭樹森、黃繼持、盧瑋鑾編　《國共內戰時期香港本地與南來文人作
　　　品選（上下冊）》　香港　天地圖書公司　1999年

鄭樹森、黃繼持、盧瑋鑾編　《國共內戰時期香港文學資料選》　香
　　　港　天地圖書公司　1999年

鄭　梓　《本土菁英與議會政治──臺灣省參議會史研究（1946-
　　　1951）》　作者發行　1985年

鄭　梓　《戰後臺灣的接收與重建──臺灣現代史研究論集》　臺北
　　　市　新化圖書公司　1994年

鄭　梓　〈二‧二八悲劇之序曲──戰後報告文學中的臺灣「光復
　　　記」〉　《二‧二八事件研究論文集》　臺北市　吳三連臺
　　　灣史料基金會　1998年（首次發表於1997年5月《臺灣史料
　　　研究》第9號）

中島利郎編　邱振瑞譯　〈日治時期的臺灣新文學與魯迅〉　收入中
　　　島利郎主編　《臺灣新文學與魯迅》　臺北市　前衛出版社
　　　2000年

中共福建省委文件史資料徵集編輯委員會研究室編　《福建抗日救亡
　　　運動》　福州市　福建人民出版社　1985年

鍾鐵民編　《鍾理和全集1-6》　高雄市　「財團法人鍾理和文教基
　　　金會」　1997年

鍾逸人　《辛酸六十年》　臺北市　前衛出版社　1993年

周夢江、王思翔　《臺灣舊事》　臺北市　時報文化出版公司　1995年

朱家慧　《兩個太陽下的臺灣作家─龍瑛宗與呂赫若研究》　臺南市
　　　臺南市立藝術中心　2001年

朱雙一　〈略論光復初期臺中《和平日報》副刊─兼及《新知識》月
　　　刊和《文化交流》輯刊〉　收入《人間思想與創作叢刊　那
　　　些年我們在臺灣》　臺北市　人間出版社　2001年

朱雙一　〈尋找夢周──一位在光復初期臺灣文壇留下深深足跡的作
　　　家〉　《人間思想與創作叢刊：爪痕與文學》　臺北市　人
　　　間出版社　2004年

朱宜琪　《戰後初期臺灣知識青年文藝活動研究──以省立師院及臺
　　　大為範圍》　臺南市　成功大學臺灣文學所碩士論文　2003
　　　年

莊惠惇　《文化霸權、抗爭論述──戰後初期臺灣的雜誌分析》　桃
　　　園市　中央大學歷史研究所　1998年

莊惠惇　〈戰後初期臺灣的雜志文化（1945.8.15-1947.2.28）〉　《臺
　　　灣風物》　第49卷第1期（1999年3月）　頁51-81

資中筠　《追根與溯源（1945-1950）──戰後美國對華政策的緣起
　　　與發展》　上海市　上海人民出版社　2000年

何義麟　《臺灣人の政治社會と二・二八事件──脫植民化と國民統
　　　合の葛藤》　東京　東京大學大學院總和文化研究所　1998年

黃英哲　《臺灣文化再構築1945-1947の光と影魯迅思想受容の行
　　　　方》　收於《愛知大學國研叢書》第3期第1冊　東京　創土
　　　　社　1999年

間ふさ子　《40年代後期の臺灣演劇──語言問題を手がかりとし
　　　　て》　福岡市　九州大學大學院　2003年

王惠珍　《日本統治期臺灣人作家龍瑛宗研究──『改造』懸賞創作
　　　　の入選及び、受賞之旅》　吹田市　關西大學文學研究科
　　　　2002年

Antonio Gramsci (葛蘭西), 1979. *Selection From the Prison Notebook.*
　　　　New York: International Publishers.

Pierre Bourdieu (布爾迪厄), 1993. *The Field of Cultural Production.*
　　　　Polity press.

作者簡介

徐秀慧

　　臺灣清華大學中國文學系博士。現任福建師範大學文學院教授、閩台區域研究中心臺灣文學所所長，兼任中國丁玲研究會理事、臺灣夏潮聯合會副會長，著有《戰後初期臺灣的文化場域與文學思潮（1945-1949）》、《跨際的臺灣文學研究——鄉土、左翼與現代性的反思》、《光復變奏》等專書。曾在《文學評論》、《魯迅研究月刊》、《臺灣社會研究季刊》等兩岸核心期刊發表數十篇學術論文，近年持續研究兩岸左翼文學思潮，梳理中、日普羅文學的理論旅行；探討魯迅、瞿秋白的左翼文學思想；丁玲從上海到延安的革命實踐路徑；臺灣抗日文人葉榮鐘、保釣健將郭松棻的民族革命思想，展現自一九二〇年代以來兩岸反殖民、反壓迫的民族復興運動與左翼文學的連動關係。

本書簡介

　　本書爬梳了臺灣光復初期（1945-1949）政治、經濟、社會、文化等等權力場域對文學生產的影響。以二‧二八事件為界，分析省內外文化人如何占據報刊雜誌的位置，集結勢力，爭取文化生產的支配權，與國民黨官方進行意識形態與美學的鬥爭。這是經過二、三十年代以來社會主義思潮洗禮的臺灣文化人，與大陸經過抗日戰爭「文章下鄉」、「文藝大眾化」經驗的進步文化人，共同合作的結果。

　　省內外文化人此一「民主化」的追求，在二·二八事件的清鄉鎮壓後，僅能以文學議論的方式介入社會現實的改革。在冷戰與內戰交迫的局勢下，省內外文化人以社會主義的寫實批判精神、統一文化陣線，展現他們對美國扶持的蔣介石政權的批判。

福建師範大學文學院百年學術論叢·第八輯 1702H10

光復初期臺灣的文化場域與文學思潮

作　者	徐秀慧
總 策 畫	鄭家建　李建華

發 行 人	林慶彰
總 經 理	梁錦興
總 編 輯	張晏瑞
編 輯 所	萬卷樓圖書股份有限公司
	臺北市羅斯福路二段 41 號 6 樓之 3
	電話 (02)23216565
	傳真 (02)23218698

發　　行	萬卷樓圖書股份有限公司
	臺北市羅斯福路二段 41 號 6 樓之 3
	電話 (02)23216565
	傳真 (02)23218698
	電郵 SERVICE@WANJUAN.COM.TW
香港經銷	香港聯合書刊物流有限公司
	電話 (852)21502100
	傳真 (852)23560735

ISBN 978-626-386-098-8

2024 年 6 月初版二刷

定價：新臺幣 760 元

如何購買本書：

1. 劃撥購書，請透過以下郵政劃撥帳號：

　帳號：15624015

　戶名：萬卷樓圖書股份有限公司

2. 轉帳購書，請透過以下帳戶

　合作金庫銀行 古亭分行

　戶名：萬卷樓圖書股份有限公司

　帳號：0877717092596

3. 網路購書，請透過萬卷樓網站

　網址 WWW.WANJUAN.COM.TW

大量購書，請直接聯繫我們，將有專人為您服務。客服：(02)23216565 分機 610

如有缺頁、破損或裝訂錯誤，請寄回更換

國家圖書館出版品預行編目資料

光復初期臺灣的文化場域與文學思潮/徐秀慧著.-- 初版.-- 臺北市：萬卷樓圖書股份有限公司, 2024.06 印刷

　面；　公分.-- (福建師範大學文學院百年學術論叢. 第八輯；1702H10)

ISBN 978-626-386-098-8(平裝)

1.CST: 臺灣文化 2.CST: 文化政策 3.CST: 臺灣文學 4.CST: 臺灣光復

733.409　　　　　　113006011